JN322563

THE RELIGIONS BOOK 宗教学大図鑑

宗教学大図鑑

ドーリング・キンダースリー社 編

島薗進・中村圭志 日本語版監修

豊島実和 訳

THE RELIGIONS BOOK

三省堂

Original Title: The Religions Book
Copyright © Dorling Kindersley Limited, 2013

Japanese translation rights arranged with Dorling Kindersley Limited, London through Fortuna Co., Ltd. Tokyo.

For sale in Japanese territory only.

Printed and bound in Malaysia

For the curious
www.dk.com

執筆者

シュラミット・アムバル
ロンドンのレオ・ベック・カレッジで修士号を取得し、また、2004年にはラビに叙階される。現在は同カレッジで、パストラルケアとラビ文学についての講義を行う。

マーカス・ウィークス
哲学を学び、教員職を経て、作家・音楽家として活動する。『哲学大図鑑』(三省堂)を始め、美術、通俗科学、思想に関する多くの本の執筆に加わる。

マイケル・クーガン
アメリカ合衆国の聖書研究の第一人者の一人。ハーヴァード大学セム博物館編集長。ハーヴァード大学神学大学院講師で、旧約聖書とヘブライ語聖書についての講義を行う。著書多数。

アンドリュー・ストバート
メソジスト教会の牧師。ロンドン神学学派、ダラム大学、アバディーン大学の博士課程でキリスト教神学を学ぶ。その後、教会の歴史や聖書など、キリスト教神学の分野において、執筆活動と指導を行う。

チャールズ・タイソン
ハーミンガム大学にて、中世におけるイスラム教徒とキリスト教徒の関係についての論文で博士号を取得する。現在はイスラム教研究の研究員・外部教授。専門は、イスラム教、キリスト教徒とイスラム教徒の関係、信仰の自由。

メル・トンプソン
学士号・修士号(哲学)・博士号を持ち、宗教学の講義を行っていた。現在は、哲学、宗教学、倫理学に関する執筆活動を行う。著書多数。

イヴ・レバーヴィー・ファインシュタイン
カリフォルニア州パロアルトにて、執筆活動、編集、指導を行う。ヘブライ語聖書を専門とし、ハーヴァード大学で博士号取得。ジューイッシュ・アイディアズ・デイリー等にも寄稿。

ニール・フィリップ
神話学・民俗学に関する著書多数。オックスフォードとロンドンの複数の大学で学び、博士号を持つ。現在はいずれにも所属せず、作家・学者として活動する。

ポール・フリードマン
ブリストル大学で物理学を、ケンブリッジ大学で教育学を学ぶ。教員職を経て、ロンドンのレオ・ベック・カレッジにてラビの叙階を受け、また、ヘブライ語とユダヤ関連の研究で修士号を取得。

監修者

島薗　進〔しまぞの・すすむ〕
東京大学名誉教授。上智大学神学部特任教授・グリーフケア研究所所長。『スピリチュアリティの興隆』(岩波書店)、『宗教学の名著30』(ちくま新書)、『日本仏教の社会倫理』(岩波書店)ほか著書多数。

中村圭志〔なかむら・けいし〕
東京大学大学院人文社会系研究科博士課程満期退学。宗教学者・編集者・翻訳家。『教養としての宗教入門』(中公新書)、『信じない人のための〈宗教〉講義』(みすず書房)ほか著書・訳書多数。

訳者

豊島実和〔とよしま・みわ〕
東京大学大学院総合文化研究科博士課程後期満期退学。現在、東京外国語大学、昭和大学ほか講師。専攻は英語学。英和辞典編集委員も務める。訳書に『政治学大図鑑』(三省堂)がある。

目次

10 はじめに

原初の信仰
先史時代〜

20 目に見えない力が働いている
世界を理解する

24 岩にも魂が宿る
初期のアニミズム

26 特別な人間は
異世界を訪れることができる
シャーマンの力

32 なぜ我々はここにいるのか
創造された目的

33 なぜ我々は死ぬのか
死の起源

34 永遠とは今である
ドリーミング

36 祖先が我々を導いてくれる
死者の魂は生き続ける

38 我々は
善良でなければならない
調和の中で生きる

39 万物はつながっている
神々との生涯の絆

40 神々は血を求める
供犠と血の捧げもの

46 我々は聖なる空間を
作ることができる
象徴主義が現実を作る

48 我々は宇宙と調和している
人間と宇宙

50 我々は神に奉仕するために
存在する
儀礼を行う責務

51 我々の儀礼が世界を支える
儀礼による命の再生

古代の信仰と
古典的信仰
紀元前3000年〜

56 神々と人間の序列が存在する
新しい社会のための信仰

58 オシリスの王国で
永遠に続く素晴らしい生活
死後の世界への準備

60 善が悪に勝利するかどうかは
人間次第である
善と悪の戦い

66 宇宙の道を受け入れる
自己を道と調和させる

68 五つの大いなる戒め
苦行が霊的解放への道である

72 徳は
天から授けられるものではない
知恵は君子に属する

78 神の子が生まれる
神話の融合

79 巫女は神々の意志を語る
未来の予言

80 神々は我々に似ている
信仰は社会の反映である

82 儀礼が我々と過去をつなぐ
神々の道を生きる

86 神々は死ぬ
世界の終末

ヒンドゥー教
紀元前1700年～

92 供犠によって、我々は宇宙の秩序を維持する
合理的な世界

100 神には女性の面がある
偉大な女神の力

101 導師の傍に座れ
高次の教え

102 ブラフマンは心の中の自己である
究極の真理

106 我々は学び、生活し、退き、去る
四住期

110 殺すことがあなたの義務かもしれない
無私の行為

112 ヨーガは魂の解放への道である
肉体的・精神的鍛練

114 日々の儀礼によって神々と話す
プージャーによる礼拝

116 世界は幻影である
純粋な意識で見る

122 数々の信仰、数々の道
神を意識する

124 非暴力は強者の武器である
政治的時代のヒンドゥー教

仏教
紀元前6世紀～

130 中道を見出す
ブッダの悟り

136 苦しみには終わりがある
永遠の繰り返しから脱する

144 金の質を吟味するようにブッダの言葉を吟味せよ
個人的な真理の探究

145 戒律は必要である
受戒・出家の目的

146 殺生をやめれば善意が生まれる
思いやりと慈悲による統治

148 人が何であるかを言うことはできない
絶えず変化する自己

152 悟りには多くの相がある
諸々のブッダと菩薩

158 信仰を身体に現せ
儀礼を繰り返し執り行う

160 自分の中にブッダとしての本性を見出す
言葉を超えた禅の洞察

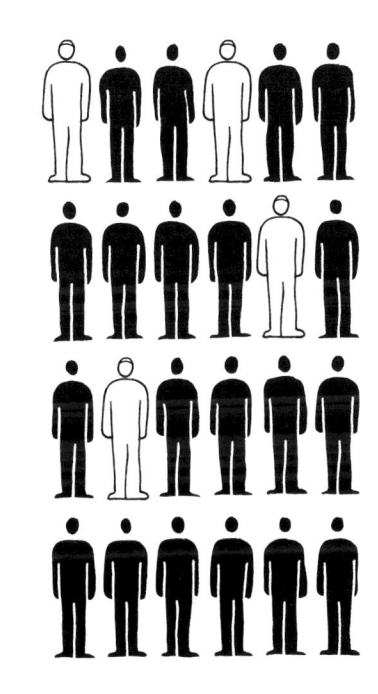

ユダヤ教
紀元前2000年～

168 あなたたちを私の民とし、私はあなたたちの神となろう
神とイスラエル人の契約

176 私のほかに神は存在しない
拝一神教から一神教へ

178 メシアがイスラエルを救う
新しい時代の約束

182 宗教の戒律は日常生活にも適用できる
口伝律法の文書化

184 神は実体を持たず、不可分で、唯一無二の存在である
定義できないものを定義する

キリスト教
1世紀〜

- **204** イエスは終わりの始まり
  全世界へのイエスのメッセージ
- **208** 神は我々のために
  一人息子を送った
  イエスの神性
- **209** 殉教者の血は教会の種
  教えのために死ぬ
- **210** 肉体は死んでも
  魂は生き続ける
  キリスト教における不死
- **212** 神は三であり一である
  三位一体
- **220** 神の恩寵は
  決して失敗を犯さない
  アウグスティヌスと自由意志
- **222** この世にありながら、
  この世に属さない
  人々のために神に仕える
- **224** 教会の外に救いはない
  信仰に入る
- **228** これは私の体、
  これは私の血である
  聖体（聖餐）の秘跡
- **230** 神の言葉に仲介者は必要ない
  プロテスタントの宗教改革
- **238** 神は心の内に隠されている
  キリスト教の神秘体験
- **239** 魂と同様に
  体も救いを求めている
  社会的ホーリネスと福音主義
- **240** 科学的な発展は
  聖書を否定するものではない
  近代の挑戦
- **246** 我々は神に
  影響を及ぼすことができる
  なぜ祈りは通じるのか

イスラム教
610年〜

- **252** ムハンマドは
  神の最後の使徒である
  預言者とイスラム教の起源
- **254** コーランは天から与えられた
  神の言葉と意志
- **262** イスラムの五行
  主要な信仰行為
- **270** イマームは
  神に選ばれた指導者
  イスラム教シーア派の誕生
- **272** 神はシャリーアによって
  我々を導く
  調和のとれた人生への道
- **276** 我々は神について
  考えることはできるが、
  理解することはできない
  イスラム教の神学的な見解

- **186** 神と人類は
  宇宙をさまよっている
  神秘主義とカバラー
- **188** 聖なる輝きは
  すべての人に宿る
  神は人の中に現れる
- **189** ユダヤ教は
  国家ではなく宗教である
  信仰と国家
- **190** 過去から学び、現在に生き、
  未来のために働きなさい
  進歩主義ユダヤ教
- **196** もしあなたが望むなら、
  それは夢ではない
  近代の政治的シオニズムの起源
- **198** ホロコーストの間、
  神はどこにいたのか
  契約への疑念
- **199** 女性もラビになることができる
  ジェンダーと契約

- 278 ジハードは
我々の宗教的な義務である
神への信仰を深める努力

- 279 この世界は
神への旅路の1段階だ
正しい人々への究極の報い

- 280 神は無比の存在である
神の唯一性が必要

- 282 アラブ人、水差し、
天使はすべて我々自身である
スーフィズムと神秘主義

- 284 後に現れた新たな預言者
アフマディーヤの起源

- 286 イスラム教は
西洋の影響を脱するべきである
イスラム復興運動

- 291 イスラム教は
現代的な宗教となることが
できる
信仰の適合性

近代・現代の宗教
15世紀～

- 296 我々は聖戦士として
生きなくてはならない
シク教の行動規範

- 302 神へと続く我々の道は
万人に開かれている
階級制度と信仰

- 304 故郷へのメッセージ、
故郷からのメッセージ
アフリカ起源のサンテリア

- 306 「イエス様ならどうなさるか」
と自問せよ
キリストに倣う

- 308 我々は使者を通して神を知る
バハーイー教の啓示

- 310 罪の埃を払う
天理教と陽気ぐらし

- 311 これらの贈り物は
我々のためのものに違いない
太平洋諸島のカーゴ・カルト

- 312 すべての宗教は同等である
カオダイ教は
全信仰の統合を目指す

- 313 私にとって
真実であることが真理である
すべての信仰を受け入れる信仰

宗教・宗派解説

- 316 宗教解説
- 318 ヒンドゥー教の宗派
- 320 仏教の宗派
- 322 ユダヤ教の宗派
- 324 キリスト教の宗派
- 328 イスラム教の宗派
- 330 その他の宗教・宗派
- 335 日本の新宗教

参考資料

- 338 用語解説

- 344 索引

- 351 出典一覧
- 352 監修者・訳者あとがき

はじめに

はじめに

宗教とは何か。宗教の持つあらゆる側面を余すところなく取り込んで、明確な定義を行うことは不可能である。大まかに定義するならば、宗教とは、霊的、個人的、社会的な要素を併せ持ち、すべての文化において生じる、普遍的な現象だと言えるだろう。我々の祖先が洞窟に描いた壁画や、彼らが執り行った複雑な埋葬の儀式の名残を見れば、遠い昔から宗教が存在していたことは明らかである。そしてそれは、時を経ても変わることはなく、今も多くの人々が、生きることの意味を求めて精神的な探究を行っている。

旧石器時代の人々にとって(実際には人間の歴史の大半において同じことが言えるのだが)、宗教は強大な自然現象を理解する手段であり、同時に、自然に対して働きかけるための手段であった。天気、季節、創造、生、死、死後の世界、そして宇宙の構造といったものすべてについて、宗教がその説明を試みてきた。その説明の過程において、宗教は、あらゆるものを司る神々について、また、神話に登場する神々や精霊の住む目に見えない世界について、さまざまな物語を生み出した。そして、その神々との交流のために、儀礼が行われ、祈りが捧げられた。そのような儀礼や祈りを、共同体の人々が共に行うことによって、共同体の団結力が強まり、集団内での階級が生まれ、また、集団としてのアイデンティティが深まっていった。

社会が複雑になるにつれて、信仰が体系化されていき、宗教は次第に政治的な道具として用いられるようになる。また、戦いの後には、負けた民族の神々が、勝利した民族の神々に取り込まれるという流れが確立する。王国や帝国は、神々や司祭階級の力で守られるものと考えられた。

個人にとっての神

宗教は、古代の人々が必要とする多くのものを提供した。宗教で定められた儀礼を実践し、規則を守ることによって、人々は生活の指針を得ることができたのである。宗教はまた、人々が宇宙における自らの位置づけを探求する際にも、重要な役割を果たした。以上のような点から、宗教とは社会的なものであると結論づけることは可能だろうか。おそらく、多くの人々が、そのような単純なものではないと異議を唱えることだろう。何世紀にもわたって、人々は自らの信仰のために戦ってきた。迫害に耐え、命を賭けて、自らの信じる神を信仰する権利を主張してきたのである。そして、かつてないほど物質主義的な時代と言える現代においてさえ、世界の4分の3以上の人々が、自分は何らかの宗教を信仰していると述べている。宗教は、人間の存在にとって不可欠な要素であるように思われる。場合によっては、言語を操る能力と同じくらい、生きる上で重要なものだと言えるかもしれない。宗教を、強烈な個人的体験(心の中で神を認識すること)と見なす人々もいれば、重要なことや意義深いものを見つけるための手段であり、人生におけるあらゆる試みを開始するためのきっかけであると考える人々もいるだろう。そのどちらであるとしても、宗教は、我々の人生にとって、社会的にも個人的にも重要な基盤であると言えるだろう。

起源

最初期の社会で信奉されていた宗教については、残されている遺跡や、その後に発達した文明に関する記録から推し量ることができる。また、南アメリカのアマゾンの森林、インドネシア諸島、アフリカの一部などの隔絶された地域に住む部族は、数千年前とほぼ同じ信仰を今も守っていると考えられている。このような原始宗教においては、魂と自然との結び付きを信じていることが多く、人間と周囲の環境とが分かち難い密接な関係を保持している。

信仰が発展するにつれて、儀礼や宇宙観は複雑化していく。先史時代の遊

> "あらゆる人間が
> 神を必要とする。
> **ホメロス**"

牧民や半遊牧民が信仰していた原始宗教に代わって、古代の宗教が生まれ、更に、文明の時代の宗教が現れる。先史時代の宗教は、今では「神話」として片づけられてしまうことが多いが、古くからの口承に見られるさまざまな要素が、今日の信仰の中にもはっきりと受け継がれている。古い時代の信仰がその後に興った社会の宗教に吸収され、異なる戒律と儀礼を備えた新しい信仰が現れる、という形で、宗教は時代と共に姿を変え続けてきた。

古代から現代へ

多くの宗教は、その起源がいつであるのかを明確に示すことが難しい。最大の理由は、その起源が先史時代であること、そして、その起源について残されている記録があるとしても、かなり後の時代になってから書かれたものだということである。しかしながら、現存する最古の宗教は、ヒンドゥー教だと考えられている。ヒンドゥー教はインド亜大陸の民間信仰に起源を持ち、紀元前13世紀という早い時代に、その思想がヴェーダの文献にまとめられた。この文献ヴェーダに基づいた信仰から、さまざまな宗教が生まれてくることとなる。その宗教には、我々がヒンドゥー教と総称している多元的な宗教だけでなく、ジャイナ教や仏教、更には、15世紀に現れたシク教までが含まれる。

同じころ東洋においては、別の信仰体系が発達していた。紀元前17世紀より、中国では、いくつかの民族国家や帝国が現れ、そして消えていった。そのような中で、伝統的な民間信仰や祖先崇拝が生まれる。それらは後に、より哲学的な宗教体系である道教と儒教に組み込まれることとなる。

地中海地方東部では、古代エジプトとバビロニアにおいて、それ以前からの宗教が保持されていた一方で、ギリシャとローマという新興都市国家が独自の神話と神々を作り上げていく。更に、それより東方では、ペルシャにおいてゾロアスター教（主要な一神教の中で最初のもの）がすでに確立されていた。また、ユダヤ教がアブラハムの宗教の一つ目として現れ、それにキリスト教とイスラム教が続いた。

多くの宗教には一人または複数の創設者が存在し、信者に崇敬されている。その中には、イエスやクリシュナのように神の化身とされる人々もいれば、モーセやムハンマドのように特別な神の啓示を受け取った人々もいる。

近代に入り、宗教は、社会の発展と共に変化し続ける。状況によるやむを得ない変化もあれば、いくつかの宗派への分裂であることも多かった。また、新しい宗教が生まれるようになり、特に19世紀及び20世紀には多くの宗教が出現したが、それらの新宗教には、必ず、既存の宗教から受け継いだ要素が含まれていた。

宗教の要素

有史以来、無数の宗教が生まれ、そして消滅していった。そのそれぞれが独自の信条、儀礼、神話を持っていた。大きな宗教との類似点を持ち、その宗教の分派だと見なされるものもあったが、その一方で、相反する教義を持ち、対立し合う宗教も数多く存在した。

たとえば、多くの神々を崇拝する宗教もあれば、一神教の宗教もある。比較的新しい主要な信仰は一神教であることが多い。また、死後の世界に関してなど、教義の内容に大きな違いがあることも少なくない。しかし実際には、ほぼすべての宗教に共通する要素を特定することが可能であり、それを用いて宗教間の類似点と相違点を分析することができる。それらの要素とは、宗教の教義の内容と実践に関するもので、イギリスの著作家で宗教哲学者のニニアン・スマートはそれを宗教の「諸次元」として捉えている。

宗教を理解して比較するために用い

> 宗教的欲求が
> 最大の欲求であるという事実を
> 隠そうとしても無駄である。
> この宗教を求める気持ちが満たされるまで、我々に平安は訪れない。
> **アイザック・ヘッカー**
> **ローマ・カトリック教司祭**

ることができる要素のうちで最も扱いやすいものは、おそらく信仰の実践に関するものだろう。祈り、巡礼、瞑想、祝宴と断食、服装、祭典や儀礼がそれに当たる。宗教の物質的側面もまた、わかりやすい要素であり、それには、遺物、遺跡、礼拝の場、聖地が挙げられる。それに対して、判断が難しいのは宗教の主観的要素である。それはつまり、宗教の神秘的・感情的側面だ。たとえば、忘我の境地・悟り・内なる平和に達する際や、神との個人的な関係を確立する際に、信奉者がその宗教をどのようなものとして体験するか、ということである。

大半の宗教が共通して持っているその他の要素は、神話や物語である。これは、単純な口承の物語の場合もあれば、複雑な教典の場合もある。いずれの場合も、天地創造に関する物語や、神々・聖人・預言者の歴史が語られることが多く、更に、教義を説明して、より説得力を持つものにするための寓話が添えられる。現存する宗教は通常、それぞれの教典を持っており、そこには中心的教義やその宗教の歴史が記されている。多くの場合、これらの教典は神から直接授けられたものであると見なされ、礼拝や教育に用いられる。

多くの宗教には、こういった物語的な文書に加えて、より洗練された体系的な文献が存在する。そのような文献においては、その宗教の持つ思想と教義が説明され、独自の神学理論が提示される。このような補助的な文献の中には、権威を持っていると見なされるものもある。また、道徳的な要素を備えているものも多く、行動規範や禁止事項が記されている。更に、社会的な要素を含む場合もあり、その宗教と社会についての定義が示されていることがある。以上のような規範は、ほとんどの場合、簡潔にまとめられている。典型的な例としては、ユダヤ教とキリスト教の十戒や仏教の八正道が挙げられる。

宗教と道徳

多くの宗教にとって、善悪の概念もまた、極めて重要な要素である。宗教は、社会に対して道徳的指針を示す役割を果たすことがしばしばある。「有徳な生き方」とはどのようなものであるかについて、主要な宗教の立場はそれぞれ異なっており、また、道徳哲学と宗教の違いをはっきりと示すこと

> 人がどの宗教を
> 信じることになるかは、
> どの言語を話すことになるかと
> 同様に、歴史的な偶然である。
> **ジョージ・サンタヤーナ**
> スペイン出身の哲学者

は、特に儒教や仏教などにおいては非常に困難である。それでもなお、ほぼ普遍的と言える基本的な道徳規範が存在することは明らかである。宗教的な禁止事項や戒律などは、神の意志に従うためだけのものではなく、人々が平和に共存していくための社会の枠組みと法を形成するものでもある。宗教上の権威は、多くの宗教において預言者の受け取る天啓によって決まるものとされ、聖職者階級の人々が指導権を持たされることが一般的であった。その結果、共同体における聖職者階級の重要性が高まり、多くの共同体において聖職者は不可欠なものとされた。更に、宗教によっては、聖職者が政治的権力を手にする場合もあった。

死と死後の世界

死という人間の最大の関心事について、大半の宗教では、何らかの形で死後も魂が消えずに存在することを約束している。ヒンドゥー教などの東洋の宗教では、魂は死後に再び新しい肉体を得て転生するとされている。それに対して、魂は死後に裁きにかけられ、天国または地獄という非物質的な世界に行くのだと信じている宗教もある。輪廻からの解脱や不死といった目標を達するため、信者たちは宗教上の戒律を順守する。

争いと歴史

宗教は、社会をまとめる役割を持つ一方で、しばしば争いの原因（もしく

は旗印）となってきた。主要な宗教はすべて、平和を基本的な徳と見なしているが、信仰を守るためや勢力拡大のためといった特定の条件下においては、武力行使を認めるような規定を設けている。宗教は歴史を通じて、権力間の敵対の言い訳となってきた。宗教においては「寛容」も徳と見なされているものの、「異教徒」や「異端者」は、その信仰のためにしばしば迫害を受けることとなった。また、宗教は、ホロコーストのような虐殺計画の口実にも使われている。

宗教への疑念

宗教の持つ負の側面を受けて、また、人道主義哲学と科学という新しい分野の知識を得たことで、多くの思想家が宗教の正当性に疑問を抱くようになっ

> 宗教、芸術、科学はすべて、同じ一本の木から生える枝である。
> アルベルト・アインシュタイン

た。信仰ではなく理性に基づいて組み立てられた、論理的で一貫性のある宇宙論が確立したため、宗教の存在意義はなくなったと、主張する思想家もいた。マルクス・レーニン主義のような新しい哲学では、宗教は人類の発展に負の影響を与えるものと見なされた。その結果、無神論で反宗教であることを公言する共産主義国家が成立するに至る。

新しい方向性

社会的変化と科学的発展を受けて、伝統的な宗教の中には、新たな状況に適応するものもあれば、いくつかの宗派に分裂するものもあった。一方で、そうした変化を断固として拒み、合理主義・唯物論・無神論へと傾いていく世界を異端であると非難する宗教もあった。キリスト教、イスラム教、ユダヤ教の原理主義運動は、現代の世界の自由主義的な価値観を認めない多くの信者を引き付けている。

また、現代の社会では霊性（スピリチュアリティ）が失われていると感じる人々も多くいる。そして、主要な宗教のカリスマ的宗派や、ここ200年ほどの間に現れた新しい宗教運動が、注目を集めるようになってきている。

20世紀末のニューエイジの思想に影響を受けた人々は、古代の信仰を再発見し、あるいは、現代世界と関わりを持たない異国の伝統的宗教に引き付けられた。そういったさまざまな動きはあったものの、世界の主要宗教は着実に影響力を増していった。そして今日においても、宗教と完全に関わりを持たない国家は、ほとんど存在しない。■

原初の信仰
先史時代〜

はじめに

原始宗教（最初期の宗教であるため、このように呼ばれる）は世界中で信仰され、現代のすべての宗教の基盤となった。今日まで信仰されているものもある。

- ポーニー族は、宇宙の縮小版を作ることで、聖なる場所を作った。
- 命の再生と世界の維持のための儀礼が、フーパ族の宗教の中心であった。
- ワラオ族は、神々とのつながりを通して、すべてのものがつながっていると信じている。
- ケチュア族とアイマラ族は、亡くなった祖先の魂がこの世に留まって彼らを導くと信じていた。
- アステカ族とマヤ族は、血を求める彼らの神々に人間の生贄を捧げた。
- ドゴン族は、すべてのものに宇宙の縮図が内包されていると信じている。

狩

猟採集民族であった我々の遠い祖先たちは、自然界には超自然的な何かが存在すると考えていた。そしてそれを説明するために、動物、植物、物質、自然の力には、人間と同様に霊魂があるのだと主張する人々が現れた。このようなアニミズム的な世界観においては、人間は自然の一部であり、自然から切り離された特殊な存在とは見なされない。そして、自然と調和して生きるために、人間はそれらの霊魂に敬意を示さなくてはならないと考えられた。

最初期の人類の多くは、この世界を理解するために、神々がそれぞれ特定の自然現象と結び付いているのだと説明した。たとえば、毎朝、日が昇るのは、夜の暗闇からの解放であり、太陽の神によって支配される現象であると考える。同様に、自分たちの生活にとって重要な意味を持つ、月の満ち欠けや季節の移り変わりといった自然界における循環も、それぞれが特定の神によって支配されているのだと説明した。宇宙の仕組みを理解するために宇宙に関する物語が作られ、また、創造に関する物語が人々の信仰の中に組み込まれていった。創造の物語は、人間の生殖になぞらえたものが多く、母親となる女神がこの世界を生んだのだという説明が与えられる。そして、文化によっては、そのようにして生まれた世界を、別の父神が育てるという物語も存在する。時に、これらの母神と父神は、動物として描かれ、あるいは川や海といった自然として語られることもある。また、母なる大地と父なる空といった形をとることもあった。

儀礼

最初期の宗教には、「死後の世界」についての思想が組み込まれていることが多く、通常それは、現実の世界とは別のもう一つの世界であるとされる。神々と、神話に出てくる生き物が住んでいるその世界に、死者の魂が入っていくのだと考えられる。このもう

原初の信仰 19

- サーミ人は、シャーマンにはこの世以外の世界を訪れる力があると信じていた。
- バイガ族によると、神々は大地の守護者として我々を創造した。
- アイヌは、岩をも含めたすべてのものに魂が宿ると考える。
- マオリ族をはじめポリネシア人は、死の起源を説明する。
- チェウォン族によると、我々の目的は、調和の中で善い人生を送ることである。
- サン人の宗教においては、自然界と超自然界が結び付いている。
- オーストラリアのアボリジニは、創造とはドリーミングによって永続的に行われるものだと考える。
- ティコピア族は「神々への務め」という儀礼において、神々に仕える責務を果たした。

一つの世界と交信を行い、先祖の霊の導きを得ることが可能であるとする宗教もある。神聖な力を持つ人々（シャーマン、あるいは「呪医」と呼ばれる）は、その世界に行き、霊と接触することによって、また時に霊に憑依されることによって、神秘的な癒やしの力を得ることができた。

初期の人類はまた、人生の通過儀礼を行った。そのような通過儀礼や季節の節目を記念する行為が、霊や神々と結び付いた儀礼へと発展していった。神々を喜ばせて大猟や豊作を約束してもらおうという発想からも、礼拝の儀礼が行われるようになった。また、神が人間に命を与えてくれたことに対する返礼として、生贄を捧げる文明も現れた。

初期の文明における宗教では、象徴という概念が大切な役割を果たしていた。仮面、飾り、偶像、お守りが祭儀で用いられ、それらの中に霊が宿るのだと考えられた。特定の場所が宗教的に重要な意味を持つとされ、聖地や神聖な墓地を定める地域もあれば、宇宙をかたどった建物や村を築く地域もあった。世界中の、西洋文明と接触のない少数民族の間で、このような最初の宗教のいくつかが今も信仰されている。失われた文明を再構築しようとする先住民によって、このような宗教をよみがえらせようという試みも行われてきた。我々現代人の視点から彼らの信仰を見ると、原始的であるという印象を受けるかもしれない。しかし、近現代において発展を続ける主要な伝統宗教や、「ニューエイジ」における「スピリチュアリティ（霊性）」の探究の中にも、これらの宗教から受け継いだ要素を見出すことができるのである。■

目に見えない力が働いている
世界を理解する

背景

主な信者
サン人のハム族

時代と場所
先史時代より、サハラ砂漠以南のアフリカ

後史

紀元前4万4000年 現代のサン人が使用しているものとほとんど同じ道具が、クワズールー＝ナタールの洞窟に捨てられる。

19世紀 ドイツの言語学者ヴィルヘルム・ブリークが、サン人が代々語り継いだ物語を書き留める。

20世紀 サン人の生活様式を狩猟採集から定住農耕に移行させる政府の諸政策が実行される。

1994年 サン人の長でありヒーラーであるダビッド・クレイパーが、広がりつつあったサン人の人権と土地所有権を求める運動を国際連合に持ち込む。

　なぜ人間は、自らの住む目に見える世界とは別に、もう一つの世界があると考えるようになったのか。この問いに答えることは非常に難しい。古代の人々は、彼らが直面した危険や不幸にどのような意味があるのか、また、生きていくために必要なものが自分たちにもたらされる仕組みについて知りたいと考えた。自らを取り巻く世界を理解したいという思いから、彼らは、彼ら自身には見えないものの、自分たちの人生に影響を与えるような、もう一つの世界が存在するのだと考えるようになったのである。

　そのような「霊の世界」という考え方は、「眠り」や「死」という概念と結び付きが強い。眠りや死は「夜」を連想させるものであり、それに対して目覚めている状態は「昼」を思わせる

原初の信仰　21

参照：初期のアニミズム 24–25　■　シャーマンの力 26–31　■　創造された目的 32
■　神々の道を生きる 82–85　■　合理的な世界 92–99

ものである。眠りと目覚めの間、生と死の間、そして光と闇の間には「薄暗い領域」が存在する。そのような世界で見られるものは、夢であり、幻覚である。このように、はっきり目覚めているときとは異なる意識状態を体験した人々は、自らの住む目に見える現実的な世界とは別に、超自然的な霊の世界があると考えるようになった。そしてその霊の世界が、人間の世界とつながりを持っていると考えたのである。霊の世界に住むものたちが、人間の精神や行動を操り、更には動物の体や命のない物に乗り移って自然現象を引き起こすことで人間の人生に影響を及ぼすこともあるのだと、彼らは考えた。

2つの世界の境界

旧石器時代の洞窟壁画には人間、動物、そして人間と動物の混血種が描かれているが、そこにはある独特の模様が添えられていることが多い。それらの模様は、眼球内部で「網膜の裏側に映る」模様を表していると考えられる。実際に我々が体験する際には、点や格子模様、ジグザグや波形の線として見えるもので、覚醒時と睡眠時の間や、現実と幻覚が切り替わるときに現れる。つまり、これらの洞窟壁画は、現実の世界と霊の世界との境界を描いたものだと考えられるわけである。

その壁画を描いたヨーロッパ旧石器時代の狩猟採集民族に、彼らの信仰や儀礼について直接尋ねることは不可能である。しかし、南アフリカのハム族の文化と宗教に関する19世紀の記録を手掛かりにすることはできるだろう。ハム族は、狩猟採集民族であるサン人の消滅した一派で、旧石器時代のものとよく似た洞窟壁画を描いたことで知られる。彼らの壁画もまた、旧石器時代の壁画同様に、現実の世界と霊の世界との境界を描いたものであったと考えられている。ハム族の精神生活には、考古学者が初期の人類のうちに見出した宗教観が息づいているのである。そのような古い時代の名残は彼らの言語にも見られ、彼らが用いた吸着音（舌打ちの「チェッ」などに似た音で、たとえば族名の「ハム」という語の「ハ」

先史時代から、サン人は洞窟壁画を描き直すことで、物語や思想を代々伝えてきた。

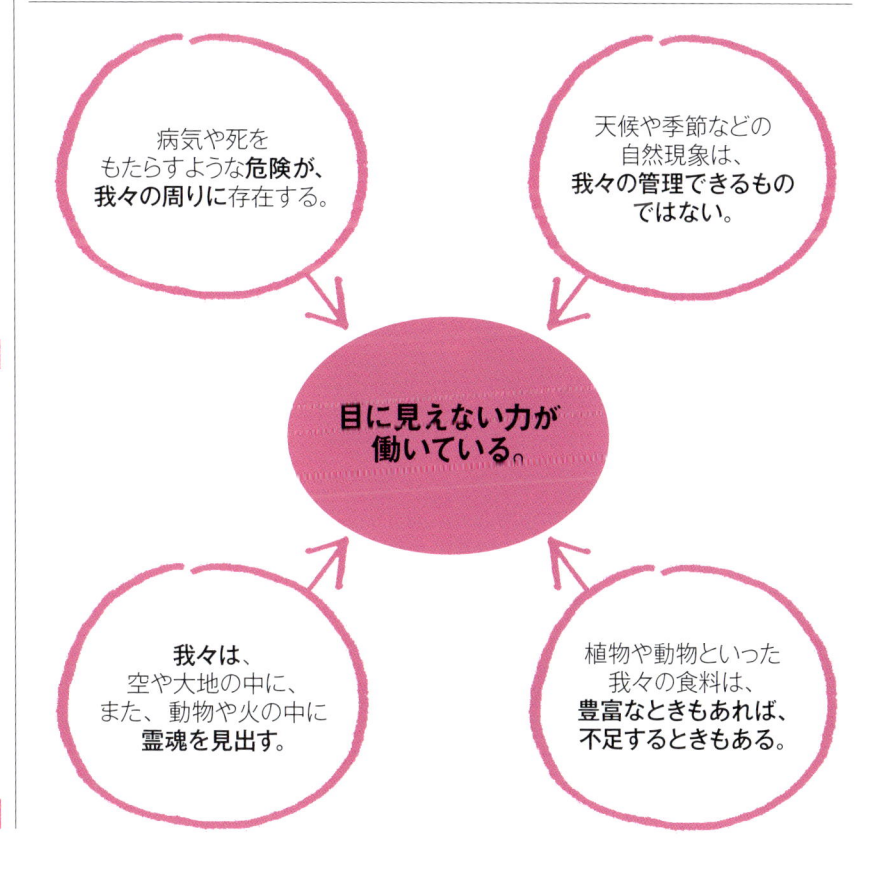

> 「嵐の鳥」が
> 人間と動物の胸に風を吹き込む。
> その風なしでは、
> 我々は呼吸することができない。
> **アフリカの神話**

- 病気や死をもたらすような**危険が、我々の周りに存在する**。
- 天候や季節などの自然現象は、**我々の管理できるものではない**。
- 我々は、空や大地の中に、また、動物や火の中に**霊魂を見出す**。
- 植物や動物といった我々の食料は、**豊富なときもあれば、不足するときもある**。

→ **目に見えない力が働いている。**

22　世界を理解する

の前にも入っている）は、人類最古の言語から使われてきた音だと考えられている。

宇宙の層構造

　サン人の神話はすべて、彼らを取り巻く環境と強く結び付いたものである。また、自然界と超自然界とが存在し、その2つの世界が相互に影響力を持っているのだという彼らの思想が、神話の中核を貫いている。彼らは世界が3つの層に分かれていると考え、中央の層に人間の住む自然界があるとした。そしてその上下に霊界が置かれ、すべての世界の間で行き来が可能であると考える。1つの世界で何かが起きると、他の世界にも影響が及ぶ。特別な力を持った人間は、天上の霊界に行くことができるし、水中や地中に潜って自然界の下にある霊界に行くこともできる。

　サン人のハム族は、天上の世界に、天地の創造者でもトリックスター（神話的な「いたずら者」）でもあるカッゲン（マンティスとも呼ばれる）とその家族が住んでいると考えた。その世界には多くの動物や死者の魂も暮らしており、その中には「原初の種族」である人間と動物の混血種も含まれているとされた。その混血種は、生物を創り、変身する能力を持っており、最初に地球上で暮らした生物であると信じられていた。

自然の力

　ハム族の神話においては、自然の中に超自然的な力が存在し、その力が人間の姿をとって現れることもあるとされていた。その力は、地上で暮らす動物の姿をとることもあり、エランド（アンテロープの一種）やミーアキャット、そしてカマキリなどの姿で現れる。この世界を夢によって創り上げたカッゲンもまた、普段は人間の姿をとっていたが、何にでも変身することができた。そしてしばしば、カマキリやエランドに姿を変えた。カッゲンは動物たちの守護者でもあったが、時には自ら動物へと姿を変え、人間に狩られ、人間の食料となることもあったという。

　人々は、彼ら「原初の種族」に対して畏敬の念を持っていたが、崇拝の対象とはしておらず、カッゲンに対して祈ることもなかった。カッボという名のサン人のシャーマン（次ページ下段参照）のように、人間とカッゲンの間に立って狩猟の成功を祈る人々は存在したが、これも崇拝ではなかった。カッゲンはトリックスターであり、カッゲンとその家族に関する神話は喜劇的な色合いが強い。カッゲンがエランドを創造したという重要な神話にさえ、無力なカッゲンがミーアキャットの家族に打ち負かされる場面が出てくるほどである。

> "
> （最初の種族の）少女が手を灰の中に入れ、その灰を空へと撒いたときに、天の川ができたのだと、母が私に話してくれた。
> **アフリカの神話**
> "

　自然の中に存在する力や天体についても物語が作られ、それらの力や天体がどのように生じたのか、また、それらがなぜそのような動きを見せるのかについて語られた。たとえば、「原初の種族」の子供たちが、眠っている太陽を空に投げた結果、太陽の脇の下から差す光が世界を照らすようになったという物語がある。また、少女が灰を天の川に撒いたところ、星が生まれたとされている。そして雨は自然現象とは捉えられておらず、大きな動物だと考えられた。激しい雷雨は「雨の雄牛」と呼ばれ、穏やかな雨は「雨の雌牛」と呼ばれる。雨を降らせる特殊能力を持つカッボのような人々が霊的な旅をして、満々と水をたたえた泉へと雨の雌牛を探しに行く。雨の雌牛を捕まえると、空を渡って、水を必要とする土地へと連れていく。そしてそこで雨の雌牛を「殺す」と、牛の血と乳が雨となって地上に降り注ぐのである。

　ハム族の暮らす乾いた砂漠では、雨は不可欠なものであった。広く点在する泉を渡り歩く彼らにとって、その泉に十分な水を満たすことは非常に重要だった。ククミと呼ばれる彼らの神話には、それらの泉に関するさまざまな物語が含まれている。これは、オース

自然現象の中には、日食・月食のように、現在生きているサン人は見たことがないであろうものもある。しかし、そのような現象でさえ、彼らは、代々語り継いだ物語によって説明することができるのかもしれない。

原初の信仰

> 昔、ヒヒたちは、
> 我々と同じような小さな人であった。
> もっとも、人間よりも
> いたずら好きで
> けんか好きであったが。
> **アフリカの神話**

トラリアのアボリジニが語り伝える「ドリーミング」という物語(34〜35ページ参照)によく似ている。

異界との接触

ハム族の物語で描かれる自然界においては、超自然的存在と人間とのやりとりが数多く見られる。超自然的存在が人間の世界にどのような影響力を持っているかについて、また、逆に人間が彼らに影響を与え彼らを喜ばせるために何ができるかについて、多くのことが語られている。「ギ」と呼ばれる特殊能力を持つ人々は、通常と異なる意識状態に入ることで霊の世界に行くことができるのだと、サン人は信じており、その能力は創造者が人間と動物に与えたものだとされた。サン人は、この特殊能力を用いて霊界へ行く際に、トランス状態に入るためのダンスを行う。これは彼らにとって重要な宗教儀礼であり、このダンスによって彼らの意識が頭頂部から抜け出し霊界へと昇っていくのである。そして霊界で病人の回復を祈願し、癒やしの力を手に入れた後、彼らは人間界に戻り、異界の死者によって放たれた病の矢を払いのける。

ハム族は、狩猟がうまくいくように、また、霊的な力を得ることができるように、月や星に祈りを捧げた。トランス状態に入ると、一時的に死んでいるものと見なされ、心臓は星になっているのだと考えられた。人間と星とは密接なつながりを持っているとされていたため、人間が死ぬと「星は人間の心臓が止まったことを感じ取り、そのために星も空から落ちる。星は人間の死期を知っているのだ」と言われていた。

人間の世界、霊の世界、自然現象の世界は、互いに結び付いているとハム族は信じていたが、その結び付きは、死後においていっそう明白である。死者の髪の毛は雲となり、人々を太陽の熱から守るとされた。また、死について語る際に、自然の力を表す語が用いられた。たとえば、すべての人の中に「風」が存在し、人が死ぬとその風が足跡を吹き消すために、その人が生者の世界から死者の世界へ移ったことが決定的となるのであった。もしも足跡が残っていると、「まるでその人がまだ生きているように見えるだろう」と、彼らは言う。■

「人間」の性質は、動物の性質(たとえばミーアキャットの好奇心)を引き継いだものであると考えたことが、初期の神話の中心であった。そのような考え方を中核に、世界の成り立ちについての物語が作られていった。

カッボの夢の世界

我々が今日持っているサン人ハム族に関する情報の大部分は、カッボという名の男性によってもたらされたものである。彼は、1870年代に監獄から出されてヴィルヘルム・ブリーク博士の保護下に置かれるようになった、数名のサン人ハム族の中の一人である。ブリーク博士は、彼らの言語を学び、彼らの文化を研究したいと望んでいた。その囚人たちは、飢えた家族に食べさせようと、羊を盗んだ罪などにより囚われていたのだった。カッボは、いくつもの「自分の」泉について語った。ケープ植民地の中央にある砂漠において、彼の家族はその泉を渡り歩くのだという。そして、塩分のある水を飲むために泉にやって来る動物たちを怖がらせないように、泉からいくらか離れたところで野宿するのだと話した。ブリーク博士はカッボについて、「この心優しい老人は、自らの夢の世界をさまよっているかのようだ」と記した。実際、カッボという名前は「夢」を意味する。創造主カッゲンは、この世界を夢見によって創り出した。カッボはそのカッゲンと特別な関係にあったとされる。カッボは「カッゲンに仕える者」として夢の世界に入っていくことができ、それによって雨を降らせ、病気を治し、狩猟を成功に導くことができるというのであった。

岩にも魂が宿る
初期のアニミズム

背景

主な信者
アイヌ

場所
日本の北海道

前史
紀元前1万年〜前300年 アイヌの遠い祖先にあたる新石器時代の縄文人が北海道に住み、おそらくは部族神を崇拝する。

600年〜1000年 オホーツクの狩猟採集民族が北海道沿岸に住みつく。彼らの熊を祀る儀礼は、後にアイヌにも見られるようになる。

700年〜1200年 オホーツク文化が北海道の擦文(さつもん)文化に取り込まれ、擦文文化からアイヌの文化が形成される。

後史
1899年〜1997年 アイヌが強制的に日本文化に吸収され、アイヌの宗教的習慣の多くが禁止される。

2008年 アイヌは独自の文化を持つ先住民族であると、正式に認められる。

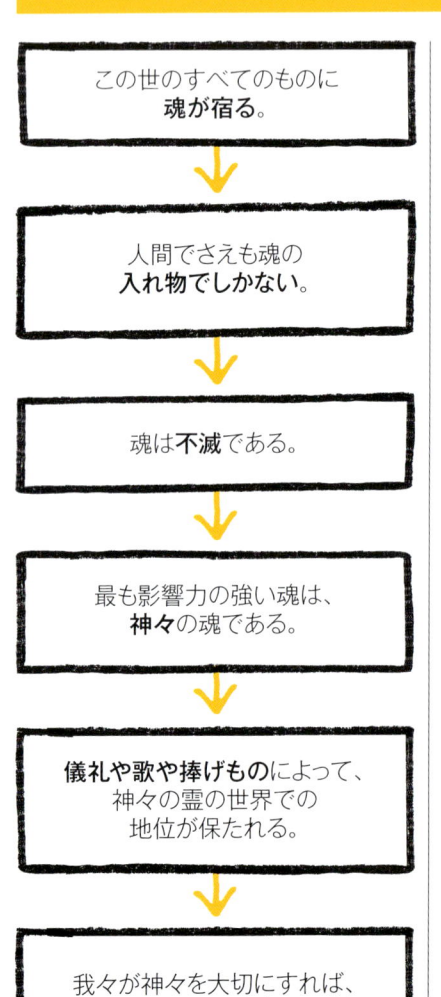

この世のすべてのものに**魂が宿る**。
↓
人間でさえも魂の**入れ物でしかない**。
↓
魂は**不滅**である。
↓
最も影響力の強い魂は、**神々の魂**である。
↓
儀礼や歌や捧げものによって、神々の霊の世界での地位が保たれる。
↓
我々が神々を大切にすれば、**神々は我々に食べ物を与えてくれる**。

「アイヌ」という語は「人間」を意味し、主に北海道に住んでいる日本の先住民に対して用いられる。アイヌは、北部環太平洋地域に住む他の民族(チュクチ族、コリャーク族、ユピック族といったシベリアの民族)やカナダとアラスカに住むイヌイットと、文化的に深い関係を有している。特に、これらの民族にはアニミズム的な世界観という共通点があり、彼らは、存在するすべての生物や物体が霊魂を持っており、動いたり話したり歩いたりすることができるのだと考える。彼らはまた、物質的世界と霊魂の世界は薄い一枚の膜で隔てられているに過ぎず、その膜を通して行き来することが可能であると信じている。

アイヌは、体は魂の入れ物に過ぎないと考えてきた。死後、魂は口や鼻から抜け出し、他界ではカムイ(神霊的な存在)となる。そして、カムイの世界から、再び人間界に生まれるとも言われている。魂は常に同じ種の同じ性別を備えているとされ、たとえば、男は男のままである。

動物、植物、鉱物、自然現象や特定の地域に特有の現象、そして人間が作った道具でさえ、カムイであり得る。あらゆる魂が不滅であるとされ、通常は命を持たないと見なされるような物体に宿る魂さえも滅びないと、アイヌは考える。そのため、かつて人が亡くなると、他界でも家を持てるようにその人の家を焼くことがあった。同様に、

原初の信仰

参照： 神々の道を生きる 82-85 ■ プージャーによる礼拝 114-15

1946年に撮影された写真。アイヌの長が、殺した熊の霊魂を拝し、神々の世界へと送り返す儀礼を執り行っている。

その人が使っていた道具を壊し、死者とともに他界に送ることもあった。

言葉の力

カムイは一般に、人間に大きな影響を与える存在である。国を造ったカムイ（コタンカラカムイ）のような、日常的な姿を持たないカムイもある。動物のカムイは、超自然の世界と人間の世界の両方で、役割を果たす。たとえば、コタンコロカムイは村の神であり、シマフクロウという鳥の姿で、人間界を訪れる。

人間とカムイとは非常に親密な関係にあり、カムイは「共に議論することができる神」だと言われるほどである。祈りのために特別に削り出した棒（イナウと呼ばれる木幣）を使ってカムイに祈りを捧げることがあるが、これもカムイに対する崇拝の儀礼ではなく、人間とカムイがお互いを尊重し正しい振る舞いをするということに重点が置かれた儀礼である。人間が不注意や無礼な態度によってカムイを怒らせた場合、人間は後悔の念を示す儀礼を執り行わなくてはならない。しかしその一方で、人間がカムイに対してしかるべき敬意を持って適切な儀礼を行ったのにもかかわらずひどい目に遭った場合には、アイヌは火の女神アペフチカムイに頼んで、悪運をもたらしたカムイに謝罪と償いを求めることができるのである。

アイヌは、言葉にさえも魂が宿ると信じている。人間は語らぬ神々や物体のかわりに語る能力をもつ。人間は神々や物体と交渉する際に言葉を用いるが、神々を喜ばせるために言葉を使うこともある。たとえば、カムイユカラと呼ばれるアイヌの神謡において、歌い手が一人称で語るとき、人間ではなくカムイの視点で語る。このように人間が神謡を歌い踊る姿を見て、カムイは楽しむのだと言われている。■

> " 私は
> 人間たちの後ろに坐して
> いつも人間を
> 見守っています。
> **シマフクロウのカムイの神謡**
> "

魂を送る儀礼

狩猟に関わる儀礼は伝統的なアイヌの生活の中核であり、動物の姿で人間界を訪れた神々の魂を鎮めるために執り行われた。人間が捧げものをして儀礼を行うことへの見返りとして、神々は動物の体を食料として与えてくれた。

熊を殺して食べた後、アイヌはイオマンテという魂送りの儀礼を行った。熊の霊は、キムンカムイ（山の神）として崇められ、食べ物と酒、そして歌と踊りでもてなされる。その後、キムンカムイが神々の世界へ戻るための道しるべとなるように、空に向かって矢が放たれる。神々の世界に戻ったキムンカムイは、地上の儀礼において人間が捧げた酒、鮭、柳などを削って作られた神聖な木片（イナウ）を、他の神々と分け合うとされた。

同様に、役目を終えて壊れた道具に対しても、イワクテと呼ばれる魂送りの儀礼が行われた。

特別な人間は異世界を訪れることができる
シャーマンの力

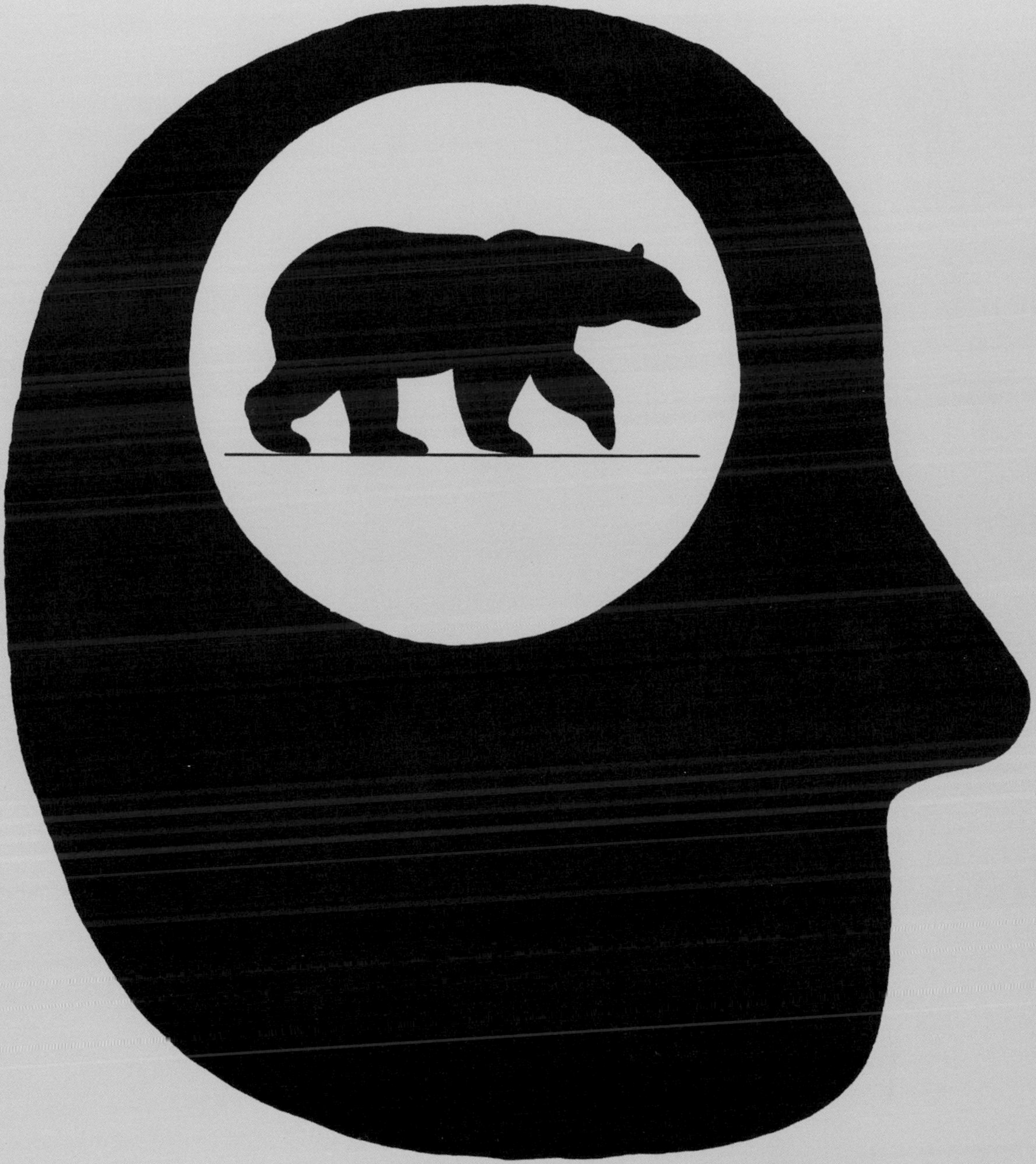

シャーマンの力

背景

主な信者
サーミ人

時代と場所
先史時代より、サーミ（かつてのラップランド）

後史

紀元前1万年 サーミ人の祖先がヨーロッパの北極圏において岩絵を描く。

98年頃 ローマ人歴史家タキトゥスが、初めてサーミ人についての記録を残す（彼は「フェンニー」と呼んでいる）。

13世紀 カトリックの宣教師がキリスト教を伝えるが、シャーマニズムの伝統は生き続ける。

1720年頃 「サーミ人の使徒」と呼ばれたトマス・フォン・ウェステンが、サーミ人を強制的にキリスト教に改宗させ、シャーマンの太鼓や聖地を破壊する。

21世紀 サーミ人の多くはキリスト教を信仰するようになるが、近年になってサーミのシャーマニズムが再興される。

シャーマニズムとは、人類が最も古くから最も多くの地域で信仰してきた宗教の形態であり、シャーマンと呼ばれる人々が行う霊との交信を特徴とする。シャーマンには男性も女性もいるが、彼らは総じて大きな力と特殊な知識を持つ「特別な人間」であると信じられている。シャーマンは、トランス状態と呼ばれる通常とは異なった意識状態に入ることで異世界へと入り込み、そこに住む霊と接触することができる。

そのような霊の世界を支配する強力な霊と交渉することが、シャーマンの重要な役割であると考えられることが多い。たとえば、シャーマンは、強力な霊に対して、狩猟のために動物を霊界から人間の世界に送り込んでくれと要求することがあり（これこそが重要な役割だと考える伝統的社会も存在する）、あるいは、未来に起きることや病気の治療方法を教えてほしいと要求することもある。霊はその見返りとして、シャーマンを通じて人間に捧げものを求めたり、ある種の規則や行動規範を守るようにと要求したりするとされる。

病気を治すという行為も、シャーマンの重要な役割である。ここからわかることは、シャーマンの異世界への旅は、シャーマン自身の個人的な目的のために行われるものではなく、人々の苦しみを和らげることを第一の目的とするものだということである。そのよ

> 我々は夢の世界を信じる。人間は現実世界から離れて、眠っている間に訪れることのできる世界で生きられると我々は信じている。
>
> **ナルンギアク**
> （ネツリクの女性）

うな治療者としての側面が、シャーマンの呼び名に表れていることも多い（ただし、それらの呼び名の多くは、今では時代遅れとなっている）。たとえば、サハラ以南のアフリカでは「ウィッチドクター」、北米では「メディスンマン」（どちらも「呪医」の意）という呼び名が用いられた。

ヨーロッパでは約4万5000年前から近代にかけて、多くの社会においてシャーマニズムが強い信仰を集めてきた。たとえば、ヴァイキングは8世紀から11世紀にかけてセイズと呼ばれる占いを行っていたが、これもシャーマニズムの一形態である。また、中世

我々の目に見えない世界では、強い力を持った**超自然的存在**が動物や天候を操っている。

→ 人間も動物も**不死の魂**を持っており、我々に見えない異界には**多くの霊**が存在する。

↓

これらの人々は、**霊の助けを得て**、狩猟の成功や好天を願い、また、病気を治すことができる。

← そのような霊の住む**世界を訪れることのできる特別な人々**がいる。

原初の信仰

参照：世界を理解する 20-23 ■ 初期のアニミズム 24-25 ■ 未来の予言 79

北欧の神オーディンにまつわる神話の中にも、シャーマニズムの要素が見てとれる（オーディンは、宇宙の軸と見なされる世界樹に自らを吊るして身を捧げたことで知られている）。

同様に、16世紀及び17世紀のイタリアでは、フリウリ地方のベナンダンティ（異教的豊穣信仰）の霊的戦士の信仰に、シャーマニズムの形跡がうかがわれる。また、同時代のスコットランドでは、夜になると現れて空を飛ぶとされるシーリーワイト（妖精の姿をした精霊）の存在が信じられていた。さらに近年では、コルシカ島の夢の狩人マッツェーリの姿に、明らかにシャーマニズムの影響が見られる。

サーミのシャーマン

シャーマニズムに関してはこのように多くの信仰が伝えられているが、記録に残っている中でヨーロッパ最古のシャーマニズムは、スカンジナビア北部のサーミと呼ばれる地域（かつてのラップランド）のものである。この地域に住む半遊牧民のサーミ人は、トナカイを飼い、沿岸で漁を行う民族で、18世紀初期に至るまで完全なシャーマニズム信仰を保持していた。そして彼らは、一度は失われかけたその信仰の一部を、ここ数十年の間に取り戻している。史料を用いることで、また、北アジアやアメリカ大陸の北極地方に見られる類似した文化と詳細に比較することによって、彼らの宗教は再構築が可能だったためである。

サーミのシャーマンはノアイデと呼ばれ、シャーマンとしての役割を親から受け継ぐこともあれば、精霊によって直接選ばれることもあった。他の文化では、このようにシャーマンになるべく「選ばれた」人間が、一定期間にわたってひどい病気やストレスに苦しめられたり、自分が殺されて生き返るという幻覚を見たりすることがしばしばある。

サーミのシャーマンがトランス状態に入る際には、精霊が手助けをした。精霊は、狼や熊、トナカイ、魚などの姿で現れ、シャーマンはそれらの動物を真似ることでトランス状態に入る。シャーマンは、真似るというよりも、実際にそれらの動物に「なる」のだという表現がよく使われ、それは目に見える外見的な変身ではなく、内面的な変化として起きるのだと考えられた。

サーミのシャーマンがトランス状態に入る手助けをするものが、他に3つあった。1つ目は極度の身体機能喪失である。これは、北極地方という極寒の地で裸で儀礼を執り行うために生じるものである。2つ目は「ルーン」と呼ばれる神聖な太鼓が刻むリズムである。サーミ人と類似点を持つヤクート族やブリヤート族の人々は、この太鼓を「シャーマンの馬」と呼んでいる。この太鼓には、世界樹でつながる3つの世界（人間の住む地上の世界、その上にある神々の世界、そして下にある死者の世界）の絵が描かれていた。シャーマンがトランス状態に入るのを手助けした3つ目のものは、向精神作用のあるベニテングタケ（学名「アマニタ・ムスカリア」）であった。このキノコを摂取した後、シャーマンはトランス状態に入り、まるで死んでしまったかのように身体が硬直して動かなくなる。その際、男性のサーミ人はシャーマンを守り、女性のサーミ人は歌を歌うことになっている。その歌は、シャーマンが神々の世界または死者の世界で行うべきことについてのものや、シャーマンが地上の世界に戻ってくるための道を見付ける手助けをするためのものであった。

サーミのシャーマンの太鼓は、霊界と交信するために使われた。この太鼓の大部分はキリスト教宣教師によって焼かれたが、いくつかは残っている。

> 人間は存在することをやめない。
> なぜなら、
> 病気や事故で死ぬのは、
> 地上における動物としての
> 命に過ぎないからである。
> 我々の魂は生き続ける。
> **ナルンギアク**
> （ネツリクの女性）

シャーマンの力

北極圏には、動物も守護霊を持っていると信じる文化がある。それらの守護霊は、動物たちが幸せに暮らせるように守っているとされる。シャーマンは人間を代表してこれらの霊と交信し、狩りや漁の獲物として、霊界から人間界へ動物を放ってくれるようにと交渉する。

異界に旅立ったまま、二度と戻ってくることのなかったシャーマンたちについての物語が残されている。その原因は、多くの場合、呪文によってシャーマンを目覚めさせる役目の人間が、その呪文を忘れてしまったことであった。あるシャーマンは3年間目覚めることがなかったが、それは、彼を守る役目の人間が、彼の魂を「カワカマスの曲がりくねった腸の中の、3番目の暗い曲がり角」から呼び戻す必要があることを忘れてしまっていたためであった。3年後にようやくその呪文を唱えたところ、シャーマンの足が震え、シャーマンは目を覚まし、3年間も呪文を忘れていたその人間をなじったという。

精霊との交信

サーミのシャーマンは、世界の中心（宇宙の軸）にある山へと飛んでいき、その山の上と下にある霊の世界に入ると信じられていた。彼らは通常、魚の精霊に乗り、鳥の精霊に導かれ、トナカイの精霊に守られた。山の上にあるサヴィオという世界に行く目的は、狩猟の成功を願うため、またはその他の助けを求めるためであった。山の下にあるヤミーモへの旅は、病人の魂を取り戻すために行われた。魂を取り戻すには、事前に捧げもので地底の世界の女王をなだめる必要があった。シャーマンは天上界の霊とも地底界の霊とも交信することができたが、それは通常の人間には理解できない霊の言葉をシャーマンが学んでいるからである。

北極圏文化に属するネツリク・イヌイット（現在のカナダの、ハドソン湾の西側の地域に住んでいた）のシャーマンも、サーミ人とよく似た信仰を持っていた。彼らは、嵐を鎮め、病気を治し、また、人間と地球上・空・海の精霊とをつなぐ役割を果たした。シャーマンによる降霊会は、必ず、テントやかまくらのような場所で、薄暗い灯りの中で行われた。まずはシャーマンが特殊な歌を歌い、手助けをしてくれる精霊を呼び出す。そしてトランス状態に入ると、シャーマンは普段の声とはまったく違う声で話し始める。よく響く低い声で話すことが多いが、甲高い裏声で話す場合もある。

このようなトランス状態において、シャーマンは自分の魂を空へと送り出し、月に住むタキークを訪れる。タキークは、女性が子宝に恵まれるように、また、狩猟が成功するようにという願いを聞いてくれる。シャーマンが差し出す捧げものに満足した場合、タキークは狩猟のための動物を与えてくれるという。空に月が出ていないときは、タキークが死者に食べさせるための動物を狩りに出かけているのだと信じられていた。

空へ、海へ

あるネツリク・イヌイットの話によると、ある日、クキアクという偉大なシャーマンがアザラシを捕まえようとしていた。彼は、氷に開いた穴からアザラシが呼吸のために顔を出すのを待っていた。彼がふと空を見上げると、月が彼の方へと近づいてくるところで

> 食料と衣服、飢えと不猟、カリブー・アザラシ・肉・脂肪が十分に手に入るか否か。それらすべてを決定し人間に与えるのはヌリヤークである。
> **ナルンギアク**
> （ネツリクの女性）

原初の信仰 31

カナダ北部ジョア・ヘヴンのイヌイットの中には、今もシャーマニズムを信仰する人々がいる。彼らは、シャーマンが彼らの住む土地やその土地を支配する精霊と特別な関係を結んでいると考える。

あった。月は、彼の傍まで来て動きを止め、クジラの骨でできたソリへと形を変えた。ソリを操っていたのはタキークであった。タキークはクキアクに、ソリに乗るようにと合図を送り、クキアクが乗り込むやいなや、上空にある自分の家へと飛び立った。家の入口は何かを食べている口のようにモグモグと動いている。ある部屋の中では、太陽が赤ん坊の世話をしていた。月はクキアクに、そこに留まってくれと頼んだが、クキアクは月に住みたいとは思えなかった。そこで月の光を滑り降りて、最初にアザラシを待っていた場所に無事に戻ってきた。

時に、ネツリクのシャーマンは、自らの魂を海底へと送り、ヌリヤーク(別名セドナ)という海と陸の女王のもとを訪れることがあった。ヌリヤークはアザラシの数を制御する力を持っていた。そのため、アザラシを食料とし、衣類にも用いていたネツリクに対して、大きな影響力を持っていた。ヌリヤークは厳しい禁止事項を定めており、ネツリクがその決まりを破った場合には、アザラシを閉じ込めてしまうのだった。しかし、シャーマンが危険を冒して海の中へと降りていきヌリヤークの髪を結い上げると、たいていの場合、彼女は怒りをおさめ、アザラシを海に放った。

ネツリクのシャーマン文化は、1930年代、そして1940年代に至るまで続いた。ネツリクの中で、この世界にあふれる危険で邪悪な精霊を恐れなかったのは、自らを守ってくれる精霊を持つシャーマンたち(彼らの言語では「アンガコック」と呼ばれる)のみだった。ネツリクのシャーマンの中には、複数の守護精霊を持つ者もいた。たとえば、ウナラルクという名のシャーマンは、彼の死んだ両親、太陽、犬、カジカの霊に守られていた。これらの精霊たちが、ウナラルクに、地上や地下、海や空に何が存在しているのかを教えたという。■

アウのシャーマンへの神秘的覚醒

　イグルーリク・イヌイットのシャーマンであるアウは、自らのシャーマンへの覚醒について、デンマーク人探検家クヌート・ラスムッセンに、次のように語っている。アウはかつて孤独を求めた時期があり、ひどい憂鬱を経験し、涙が止まらなくなることがあったという。そんなある日、彼は説明のつかないとても大きな喜びに包まれた。突然やってきた強烈な喜びの中で、彼は感じた。「私はシャーマンになった。どうしてそうなったのかはわからない。しかし、私は確かにシャーマンなのだ。」この時からアウは、それまでとは違うものを見て、違うものを聞くようになった。「私はクアマネック(「悟りの光」)を得た。その光のお陰で、私は人生の暗闇の向こう側を見ることができるようになった。そしてそれだけでなく、その同じ光が私自身から出るようになったのである。その光は、人間には見えないものの、大地・空・海に宿るあらゆる精霊たちには見えるものだった。そしてその精霊たちが、私のところに来て手助けをしてくれるようになったのだ。」

クヌート・ラスムッセン(1879年〜1933年)は、探検の旅の中で、北極圏に暮らす人々の文化を長年にわたって記録した。

なぜ我々は
ここにいるのか
創造された目的

バイガ族は、インド中央部に住むアディヴァーシーと呼ばれる先住民の一部族である。彼らバイガ族は、自身をダーティ・マータ(「母なる地球」)の息子・娘と呼び、自分たちは森の守護者となるべく創造されたのだと信じている。彼らはその務めを、この世界が始まった時から果たしてきた。

創造主バガヴァンがこの世界をチャパティというパンのように平らに伸ばしたのだと、バイガ族は信じている。平たくなった世界はパタパタとはためき、安定しなかった。母なる地球から森の中へと生み出された最初の男性ナンガ・バイガと最初の女性ナンガ・バイギンは、4本の大きな釘を打ち込んで大地の四隅を固定した。バガヴァンはその2人に、釘がそこから動かないように大地を守ることを命じ、その見返りとして質素ではあるが満ち足りた生活を与えると約束した。

バイガ族は、ナンガ・バイガがそうであったように、森の中で自由に狩りを行い、自らを動物たちの主であると考えた。彼らは、母なる地球の体を鋤で引き裂くのは間違いであると信じており、ビワールと呼ばれる焼畑農業を行っていた(ただし、インド月桂樹の切り株には神が宿ると考えていたので、それだけはいつも焼かずに残した)。そして、3年たつと森の中の新しい地域へ移動する、ということを繰り返していた。ところが、19世紀になるとイギリスの役人がバイガ族の農法を否定し、彼らが伝統的に行ってきた斧と鍬を用いる農業をやめさせて、彼らの嫌っている鋤を使わせた。彼らは、マンドラ・ヒルズにあるバイガ族のための特別保護区においてのみ、ビワールを行うことが許可された。■

> あなた方は大地の土から作られた。
> あなた方は大地の主であり、
> 大地を見捨てることは許されない。
> あなた方は大地を
> 守らなくてはならない。
> **創造主バガヴァン**

背景

主な信者
バイガ族

時代と場所
紀元前3000年より、インド中央のマディヤ=プラデーシュ南東部にあるマンドラ・ヒルズ

前史
先史時代〜 バイガ族はオーストラリアのアボリジニと共通の祖先を持つと考えられる。

前史
19世紀半ば イギリスから来た森を監督する役人が、神聖なビワール農業を禁止し、結果として食料不足が起きる。バイガ族の人々は、カリ・ユガ(「暗黒時代」)が始まったのだと考える。

1890年 バイガ族の8つの村の周りに設けられた特別保護区において、ビワール農業が許可される。

1978年 バイガ族のための開発機関が設立される。

1990年代 30万人以上のバイガ族がインド中央部に暮らしている。

参照:ドリーミング 34-35 ■ 神々との生涯の絆 39 ■ 儀礼による命の再生 51

原初の信仰　33

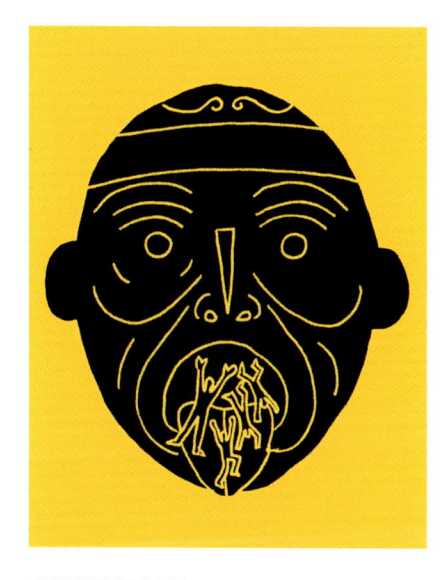

なぜ我々は死ぬのか
死の起源

背景

主な信者
マオリ族

時代と場所
先史時代より、ニュージーランド

前史
紀元前3000年代及び紀元前2000年代　アジアに起源を持つとされるポリネシア人の祖先が、環太平洋地域一帯に住むようになる。彼らはそれぞれの土地で宗教と神話を発展させていくが、広大な地域にわたって類似性は保たれる。

1300年以前　マオリ族がニュージーランドに定住する。

後史
19世紀初期　ヨーロッパ人の入植が始まり、マオリ族の中にもキリスト教に改宗する人々が現れる。

1840年　ワイタンギ条約により白人とマオリ族の関係が定められる。

現在　約62万人のマオリ族がニュージーランドで暮らしている。

　死は、この世界が始まったときには存在していなかったものの、近親相姦が行われた結果として生じたのだと、マオリ族の人々は信じている。あるマオリ族の神話によると、森の神タネは、空の神ランギと地の女神パパとの間に育ったが、彼らに暗闇に住むことを強制されたために、この父と母を別れさせたとされる。その後、タネは母親であるパパに求婚するが、パパにそれは不可能だと説かれたため、泥で女性を創り、その女性との間に子供をもうけた。

　そのようにして生まれた美しい娘ヒネ・ティタマは、タネが自分の父親であるとは知らないまま、タネの妻にされてしまう。しかしある日、彼女はこのおぞましい事実を知り、自らを恥じて地底の暗闇へと下り、黄泉の国ポーに入ってしまう。この瞬間から、人類に死が訪れるようになったとされる。

　タネが黄泉の国のヒネ・ティタマのところへ行くと、彼女は次のように言った。「あなたは光の世界に留まって、私たちの子孫を育ててください。私は闇の世界に住んで、私たちの子孫をこちら側へ引きずり込みたいと思います。」このような経緯で、ヒネ・ティタマは、闇と死の女神ヒネ・ヌイ・テ・ポという名で知られるようになった。トリックスター（神話上の「いたずら者」）的な英雄であるマウイは、この一連の出来事を覆し、人間のために再び不死を取り戻そうと考えた。そして、ヒネ・ヌイ・テ・ポが眠っている間に彼女を犯した。マウイは、これによって彼女が死んで、死というものも消えてなくなるだろうと考えていた。しかし実際には、その行為の最中に彼女は目を覚まし、太腿でマウイを絞め殺したのだった。その結果、人類は死から逃れることができなくなったのである。■

森の木々や植物、そして生き物たちは、森の神タネの子孫であるとマオリ族の人々は信じている。そのため彼らは、木を切り倒す前に精霊に捧げものをする。

参照：死後の世界への準備 58-59　■　神々の道を生きる 82-85

永遠とは今である
ドリーミング

```
ドリーミングによって祖先が大地を創造した。
          ↓
彼らは自分たちの霊的な力を大地に封じ込めた。
          ↓
この力によって大地は生命を持つ。
          ↓
ドリーミングの力は永遠に失われることがない。
          ↓
我々はその力に触れ、永遠を感じることができる。
```

背景

主な信者
オーストラリアのアボリジニ

時代と場所
先史時代より、オーストラリア

後史

紀元前8000年 アボリジニの伝承によると、オーストラリアの景観に変化が起きたとされる。地質学的証拠によっても裏づけられている。

紀元前4000年～前2000年 ドリーミングを行う祖先が、アボリジニの岩絵に描かれる。最古の虹蛇の岩絵については、更に古く、約8000年前のものと考える専門家もいる。

1872年 アボリジニではないアーネスト・ジャイルズが最初にウルルを発見し、「驚くべき小石」と呼ぶ。1873年にヨーロッパからの入植者がエアーズロックという名前をつける。

1985年 ウルルの所有権がピチャンチャチャラ族とヤンクニチャチャラ族に返還される。

オーストラリアのアボリジニは、かつて、創造の時代のことをドリームタイム(「夢幻時代」)と呼んでいた。しかし今ではドリーミングと呼んでおり、この呼び方の方がアボリジニの信仰の中核をより明確に表現していると言えるだろう。その中核とは、「創造とは継続的なものであり、遠い昔に終わってしまったわけではなく、これからも永遠に続いていくこの現実世界において今まさに進行中なのだ」という考え方である。そしてその永続的な創造のために、アボリジニは儀礼を行い、歌い、踊り、物語を伝えるのである。彼らはまた、神聖な道具を使うことや、砂・岩・樹皮・人体・画布に絵画を描くことによっても、創造が促進されると考える。

創造に関する神話もまたドリーミングと呼ばれ、「初代民族」や「永遠の

原初の信仰　35

参照：世界を理解する 20-23　■　創造された目的 32　■　死者の魂は生き続ける 36-37　■　神々の道を生きる 82-85

アボリジニの言い伝えによると、ウルルには強い霊的な力がある。ウルルは、祖先の通ったソングラインの中心にあると言われ、そのしるしが岩の地形に認められるという。

「夢の民族」という名で知られる祖先たちについて、また、彼らの役割について語られている。アボリジニの物語では、できたばかりの安定しない原始世界で、祖先がどのように目覚めたかが伝えられる。彼らは、はるばる旅をした。彼らの通ったところは聖なる道とされ、ソングライン（「歌の道」）、ドリームトラック（「夢の道」）などと呼ばれるようになった。その旅の途中で彼らは、人間、動物、植物、景観を作った。そして儀礼を設け、物と物との関係性を定めた。彼ら自身は人間や動物の姿をとっていたが、最終的に、星、岩、泉、木といった自然の一部に溶け込んでいった。

生きている大地

そのため、ドリーミングは、丘、岩、川、といった自然や、ソングラインなどの道と強い結び付きを持っており、アボリジニの人々は、オーストラリアの大地の諸相に聖性を読み取っている。オーストラリアの大地は、祖先が旅をした場所として、彼らにとっては精神的拠り所である。同時に、祖先の体が自然の中に溶け込んだ形で今も生きている場所なのである。グンウィング族の人々は、大地を、祖先のジャング（「霊的な力」）が吹き込まれた場所と呼ぶ。そしてそれゆえに、大地には命と聖なる力が与えられていると考えるのである。

特に聖なる場所と考えられているのが、ノーザンテリトリーにある巨大な砂岩の一枚岩ウルルである。このウルルを中心として、ソングラインが放射状に広がっていると言われている。ウルルはジャングの巨大な貯蔵庫とみなされ、オーストラリアという生きた大地のヘソにあたる中心部として崇拝されている。

アボリジニは、オーストラリアの大地は彼らが受け継いだ遺産であり、守っていく責任を負うものだと考えている。そのため、彼らは大地を守り、ドリーミングを大切にする。アボリジニはいずれこの世から消えるかもしれないが、彼らの祖先のジャングは永遠に生き続けることだろう。■

> " ジャング（精神的な力）とは神秘的な場所のようなもので、そこでドリーミングが行われるのである。"
> **ビッグ・ビル・ネイジー**
> （ガガジュ族の長老）

ウルルの起源

ある伝説によると、まだウルルがなかったころ、そこにはクニア族（ニシキヘビの民）が住んでいた。そしてその西側に、ウィンドゥルカ族（マメ科の植物の男たち）が住んでおり、クニア族を儀式に招いた。クニア族の男たちは出発したものの、ウルルの泉で休憩した後、メタルンガナ族（アオシタトカゲの女たち）に出会い、自分たちが招待されていることを忘れてしまった。ウィンドゥルカ族は、クニア族を見つけるためにスズドリ（鳴き声が鈴の音に似た鳥）のパンパンパラナを送った。クニア族の男たちは、自分たちは結婚したところで、儀式に参列することはできなくなったとスズドリに言った。怒ったウィンドゥルカ族は、友であるリル族（毒蛇の民）にクニア族を攻撃してくれるようにと頼んだ。激しい戦いの末、リル族はクニア族を破った。クニア族の人々は、戦死した部族長ウンガタを囲み、自分たちの命が尽きるまで歌い続けた。ウルルは、彼らが戦っている最中にでき上がった。ウルルの上部にくぼみが3つあり、そこはウンガタが血を流して死んだ場所である。そのくぼみから流れ出る水は、ウンガタの血だとされる。その水は流れ落ちて、虹蛇の王ワナンピの泉を満たしている。

祖先が我々を導いてくれる

死者の魂は生き続ける

背景

主な信者
ケチュア・インディアン

時代と場所
先史時代より、南アメリカのアンデス地方中央部

後史

紀元前6000年～ アイユと呼ばれる血族よりも大きな共同体が、アンデス地方で作られるようになる。

紀元前3800年 遺体がミイラにされ、神聖なものとして崇拝されるようになる。

1200年頃 インカ帝国が成立する。

1438年 インカ帝国の勢力がアンデス地方中央部全域に及び、1532年には最盛期に達する。

1534年 スペイン人の征服により、インカ帝国が滅亡する。

21世紀 植民地時代以降、カトリック信仰がこの地域に定着していく。しかし、ケチュア族は今も、彼らの伝統的な信仰をキリスト教に融合させた形で保持している。

- 我々は祖先から**この土地を受け継いだ。**
- → 祖先の魂はこの土地に**祀られている。**
- ↓ 祖先と土地に、**血と脂肉を捧げなくてはならない。**
- ← 祖先と土地を崇めれば、**土地は我々に食物を与え、祖先は我々を導いてくれる。**

アンデス高地における宗教は、本質的には死者への崇拝であると言えるだろう。祖先を崇拝するという伝統は、短命に終わったインカ帝国の時代より遙か昔に始まり、現代に至るまで続いている（アンデス高地は、インカ帝国の文化が残っていることで最もよく知られている地域である）。

アンデス地方にはケチュア語を話す民族が数多く存在し、インカ族はその中の1つであった。そのインカ族が13世紀に台頭し、現在のペルー・エクアドル・チリの大部分、そしてボリビア・アルゼンチンの一部に当たる地域を支配した。インカ族は帝国を拡大していき、支配した地域に自らの文化を押しつけた。その文化は、同時代のメソアメリカに存在したアステカ族（40～45ページ参照）の文化と多くの点で似ていた。インカ族の文化は、彼らが最高神と崇める太陽神への崇拝を中心としたものだった。

インカ帝国の首都クスコには聖職者がおり、儀礼が執り行われ、金細工なども作られていた。しかしクスコ以外の地域では、インカ族がアトゥン・ルナと呼んだ一般人たちにより、先史時代から続く祖先と大地への崇拝が行われていたのである。インカ帝国の強力な支配にもかかわらず、彼らの信仰は途絶えなかった。そしてついに、16世紀にインカ帝国がスペイン人の征服者によって滅ぼされるまで、彼らの信仰は生き延びたのである。

原初の信仰　37

参照：世界を理解する 20-23 ■ 創造された目的 32 ■ 供儀と血の捧げもの 40-45 ■ プージャーによる礼拝 114-15

山に住む人々

有史以前より、アンデス地方の諸民族はアイユという組織を作り上げてきた。アイユとは、家族や氏族といった血縁関係よりも大きな集団で、土地を共有する人々の集まりである。彼らは共に土地を耕し、資源を分け合い、ワカ（聖所としての遺構や自然物）に祈りを捧げた。彼らの信仰は大地に向けられており、十分な食料を得られるようにと祈るものだった。農耕が困難で過酷な作業となる山岳地帯において、大地の助けは不可欠であった。彼らは、大地が自分たちを助けてくれると信じていた。彼らの祖先に恵みを与えてきた大地に対して、祖先の霊を通して、自分たちにも同様の恵みを与えてくれるようにと、彼らは祈った。

それぞれのアイユにおいて、人々は死者をミイラにし、礼拝した。彼らは、祖先が宇宙の秩序を維持し、大地とそこに住む生き物たちの繁栄を守ってくれると信じていた。遺体は織物に包まれ、山頂にある岩でできたミイラ用の祭壇（チュルパ・マヒュラ）に安置された。冷たく乾燥した空気の中で完成したミイラを人々が担いで畑の周りを歩き、豊作を祈る儀礼があった。その儀礼の際には、聖職者や予言者が、ワカ（祭壇）や墓所に、コカの葉や血や脂肉を捧げた。大地の精霊や祖先に十分な食べ物を捧げれば、見返りとして彼らが人間に食べ物を与えてくれるのだと、人々は信じていた。

永遠の力

17世紀になると、キリスト教の宣教師たちが、異教徒の信仰を消し去ろうとしてアンデス地方のミイラの多くを焼いた。しかし、ミイラの中には焼かれずに残ったものもあり、現代のケチュア族は、その残存するミイラが最初期の人間であると信じている。チュルパ・マヒュラは、今ではただの岩のくぼみにしか見えないが、それでも神聖な祭壇と見なされており、予言者たちが今も血や脂肉を捧げている。そうすることで、その場所に生命とエネルギーを吹き込むことができるのだと、彼らは信じているのである。カリャワヤ・インディアン（下段コラム参照）のように、ラマの毛の束で包んだコカの葉を、その場所で燃やす人々もいる。かつてそこに安置されていたミイラがなくなっても、その祭壇にはミイラの力が今も残っているのだと、彼らは信じている。11月2日は「死者の日」で、アンデス地方では非常に大切な日とされている。この日は、乾季が終わり、作物を植えるべき雨季が始まる日でもある。アンデス地方の人々は、死者をこの世に招く儀式を行い、彼らと収穫を分かち合うのである。■

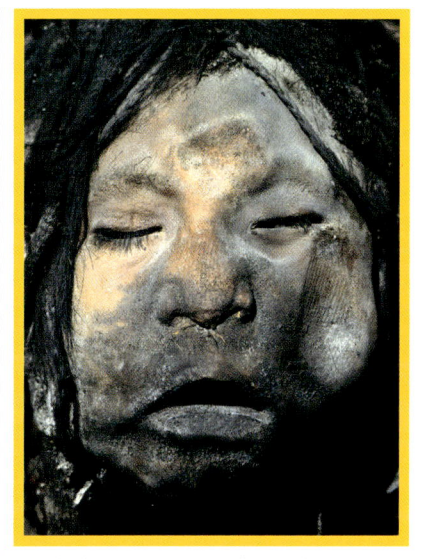

500年前に死んだインカ時代の少女のミイラが、今も保存されている。アンデス地方では、祖先が崇拝され、人々の生活において中心的な役割を果たしている。

> 死者が我々のもとにやって来て、仕事を手伝ってくれる。死者は多くの恩恵をもたらしてくれる。
> **マルセリノ**
> （カータ族の長老）

山と神

現在ボリビアにいるカータ族は、チチカカ湖の北東地域に居住しており、9つあるカリャワヤ・インディアンのアイユの1つを形成している。カータ族は未来を予言することで歴史的に有名で、15世紀には、カータ族の予言者たちが、インカ帝国皇帝の椅子を持つという名誉ある任務を負っていた。儀礼に携わるカリャワヤ・インディアンの人々は、カータ山の祖先の墓から特別な力を得ていると考えられていた。祖先の墓だけでなく、カータ山自体も崇拝の対象であり、あたかも一人の超人的な祖先のように敬われている。そしてまた、山が物理的に人体を表していると見なされており、山頂部が頭、草が髪の毛、洞窟が口、湖が目であるとされる。中腹部分は胴体で心臓や腸があると考えられ、すそ野は脚だと見なされている。山は命を持った人間で、カータ族に食料を与えてくれ、また、未来への導きも与えてくれるのである。

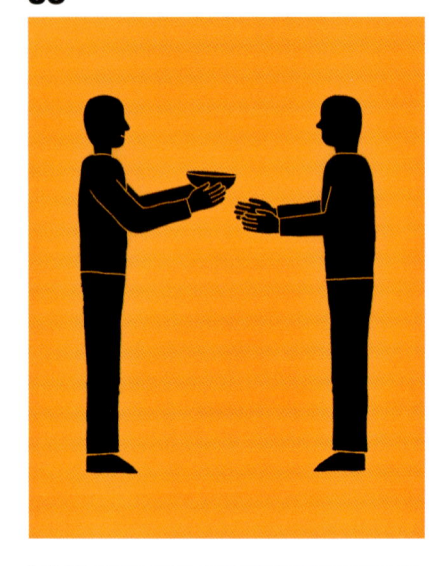

我々は善良でなければならない
調和の中で生きる

背景

主な信者
チェウォン族

時代と場所
紀元前3000年より、マレーシア半島

前史
先史時代〜 チェウォン族は、マレーシア半島に住むオラン・アスリ(「最初の人々」)と総称される18の土着の部族の一つである。それぞれの部族が独自の言語と文化を持っている。

後史
1930年代 ヨーロッパ人が初めてチェウォン族に出会う。チェウォン族は森の奥深くに住んでいるため、中国人や他のマレー系の民族との接触も、この時期までほとんどない。

1950年代〜 チェウォン族は、マレー人社会の主流に同化してイスラム教に改宗することを迫られる。しかし多くの人々が、自分たちの伝統的習慣を守ることを選ぶ。

ほぼすべての社会に、道徳の体系が存在する。人間の善性に訴え、宗教的・社会的権威による制裁を設けることによってこの体系は強化されてきた。「罪」や「戦い」といった概念を持たない文化はほとんど存在しない。わずかに見られる例外は、熱帯雨林に住む数少ない狩猟採集民族であった。その一つが、マレーシア半島に住むチェウォン族である。彼らがヨーロッパ人と初めて接触を持ったのは1930年代で、現在の全人口は約350人である。

チェウォン族には暴力も競争もない。彼らの言語には「戦争」、「戦闘」、「罪」、「罰」という語が存在しない。最初の人類は、インルゲン・ブドという森の精霊(人類が出現する前から存在し、人間のために文化を創り上げた)から、正しい生き方を教えられたと、彼らは信じている。インルゲン・ブドはチェウォン族に、マロという規則を授けた。これは、食べ物は常に分け合わなくてはならないというもので、チェウォン族にとって最も重要な決まりである。一人で食事をとることは、危険で悪いことだと見なされる。公平さと分け合いの精神を大切にして部族全体のことを考えなくては、この部族は存続が難しくなるのである。チェウォン族は、道徳的規則を破った場合に、超自然的な力によってその報いがもたらされると信じている。規則の違反とは、たとえば、食べ物を分け合わない、不運に際して怒りを露わにする、楽しいことへの期待感を表す、満たされない欲求を抱く、といった行為であり、それに対する報いとは、病気になる、虎・蛇・毒ヤスデ・ルワイ(動物の魂)によって肉体的・精神的攻撃を受ける、といったことである。■

> 人は、決して一人で食事をしてはならない。常に他者と分け合わなくてはならない。
> **インルゲン・ブド**

参照：創造された目的 32 ■ 儀礼を行う責務 50 ■ 苦行が霊的解放への道である 68–71

原初の信仰

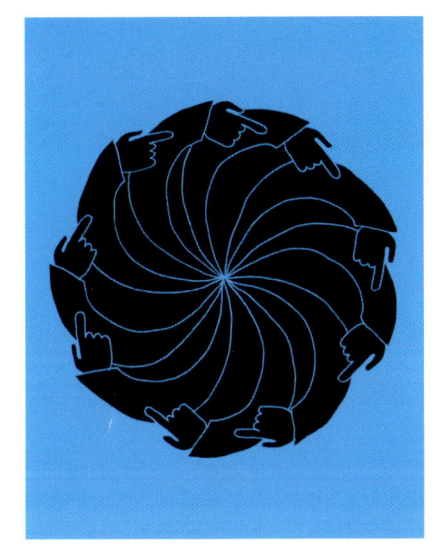

万物はつながっている
神々との生涯の絆

背景

主な信者
ワラオ族

時代と場所
紀元前6000年より、ベネズエラのオリノコ川デルタ地帯

前史
先史時代〜 ワラオ族は、ラテンアメリカの低地に住む最大規模の先住民族の一つである。

後史
16世紀 ヨーロッパ人が初めてワラオ族に出会い、その集落がベニスに似ていることから、そこをベネズエラ（スペイン語で「小ベニス」）と名づける。

1960年代〜 環境の悪化により不漁となり、ワラオ族の人々が都市部へと移動する。カトリックに改宗する人々も現れる。

2001年 3万6000人以上のワラオ族の人々が、オリノコ川デルタ地帯の居住者として登録される。

オリノコ川のデルタ地方では、網目状に広がる水路によって、陸地がいくつもの島になっている。そこに暮らすワラオ族は、世界は平らだと信じている。彼らにとって地球とは、水と空の間に存在する薄い地殻に過ぎない。蛇の神ハフバ（すべての生物の祖母とされる）が地球に巻き付いていて、彼女が呼吸をすると潮の満ち引きが起きるのだと、彼らは考える。「古代の神々」と呼ばれるさまざまな神が、地球の四隅にある神聖な山々に住んでおり、その山々に囲まれた土地の中央部にワラオ族が住んでいる。それぞれの村には特定の守護神がいて、その神が宿る聖なる岩を祀った小屋が建てられている。

神々との関係性

ワラオ族の神々は、人間からの捧げもの（特に煙草の煙）を糧としている。そしてワラオ族はその見返りに、神々から健康と命を授かる。このような神々との関係性は、生まれた瞬間に結ばれ、一生涯続くものだとされている。赤ん坊の産声は、世界中に響き渡り、始まりの神アリアワラの住む世界の西端の山まで届くという。そして産声を聞いたアリアワラは、歓迎の叫びを送り返してくるとされている。赤ん坊が

ワラオ族の神話では、美しい羽を持った鳥が、超自然的な力で子供を守ると信じられている。子供が死ぬのは、黄泉の国の霊たちに食べられてしまうからだとされる。

生まれるとすぐに、蛇の神ハフバが、その村に優しいそよ風を吹きかけて新しい命を包み込む。その瞬間に赤ん坊は、ワラオ族の日常生活を作り上げる自然と超自然との複雑な調和関係の一部に組み込まれることとなる。■

参照：ドリーミング 34–35 ■ 死者の魂は生き続ける 36–37 ■ 象徴主義が現実を作る 46–47 ■ 人間と宇宙 48–49

神々は血を求める
供犠と血の捧げもの

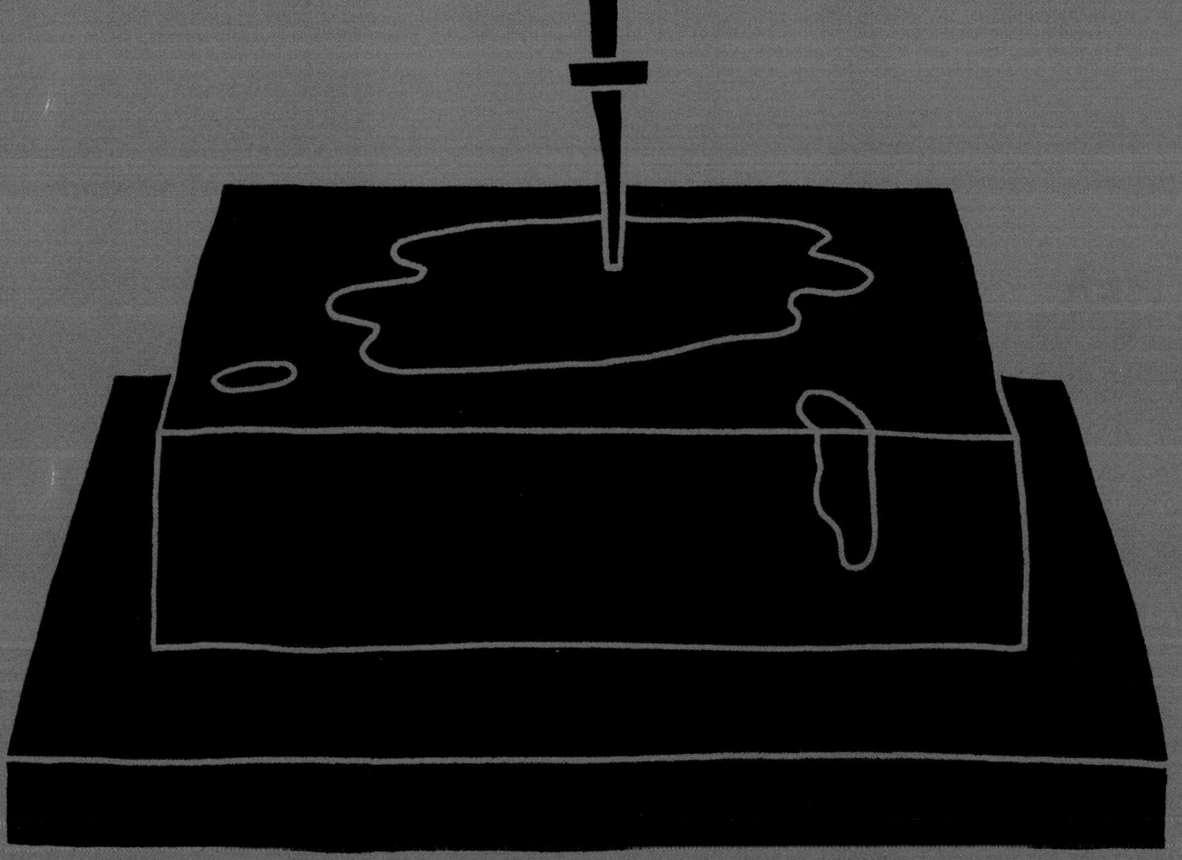

42 供犠と血の捧げもの

背景

主な信者
アステカ族、マヤ族、その他のメソアメリカの諸民族

時代と場所
3世紀〜15世紀、メキシコ

前史
紀元前1000年〜 マヤ文明が徐々に発展し、3世紀から10世紀にかけてその頂点(古代マヤ時代)に達する。

12世紀〜 アステカ帝国が成立する。

後史
1519年 アステカ族(人口2000万〜2500万人)が、征服者エルナン・コルテス率いるスペイン軍の支配下に置かれる。

1600年 強制的なカトリックへの改宗や、ヨーロッパから持ち込まれた病気により、アステカ文明は崩壊し、人口も約100万人に減少する。

世界中の多くの伝統的宗教において、動物や人間の生贄を捧げる儀礼(供犠)が行われているが、メソアメリカの古代文明、特にマヤ文明やアステカ文明にとって、供犠は欠かせないものであった。

メソアメリカの諸民族は、現在のメキシコ中央部からニカラグアにかけての地域に居住していた。マヤ文明は西暦250年から900年にかけて最盛期を迎え、それに続いてアステカ文明が興った。アステカ文明の最盛期は1300年から1400年頃で、アステカ文明はマヤ文明を引き継いでいるとされる。この両文明においては、崇拝される神や精霊に共通するものがあるなど、同じ特徴が見られる。

互いに血を流す

メソアメリカの文化においては、世界を存続させるために神々に血を捧げることが不可欠であると信じられていた。この伝統は、メキシコで興った主要な文明の中で最初期のものであるオルメカ文明(紀元前1500年〜紀元前400年)にまでさかのぼる。伝説によると、神々は多大な犠牲を払ってこの世界を創り上げたとされる。その際に神々は、人間を創造するために自身の血を流したという。そのため、今度は人間が神のために血を流すことを求めているのだとされている。

犠牲と創造

血の重要性と犠牲の必要性が、アステカの創造神話の中心である。その神話によると、神々はまず4つの時代(すなわち4つの太陽)を創造したが、それらを自ら破壊した。4つ目の時代を洪水で破壊した後、風の神ケツァルコアトルとその弟テスカトリポカが女神トラルテクトリ(男神であったという説もある)を二つに引き裂き、新たな天地を創った。トラルテクトリの体の中から、樹木、花、草、泉、谷、山など、人間の生活に必要なものがすべて出てきたという。トラルテクトリはこれによってひどい苦痛を受けたため、夜通し泣き叫び、人間の心臓を取り出して捧げるようにと要求した。

さらに宇宙を創造する話が続くが、そのすべてが人間の犠牲を求め血を捧げるようにと要求するものである。ケツァルコアトルが舌を貫いて流した血で最初の星々が生まれる場面を描いた浮き彫りも残されている。最も注目すべきなのは、5番目の太陽を創造するために、火葬用の薪の中に神が身を投じることが必要になる場面である。テクシステカトルとナナワツィンという神々が栄誉を求めて競い合い、結局どちらも火の中に身を投じることとなる。ナナワツィンは太陽になり、テクシステカトルは月になった。他の神々は、新しい太陽が空を渡っていけるようにするため、自らの心臓を捧げた(心

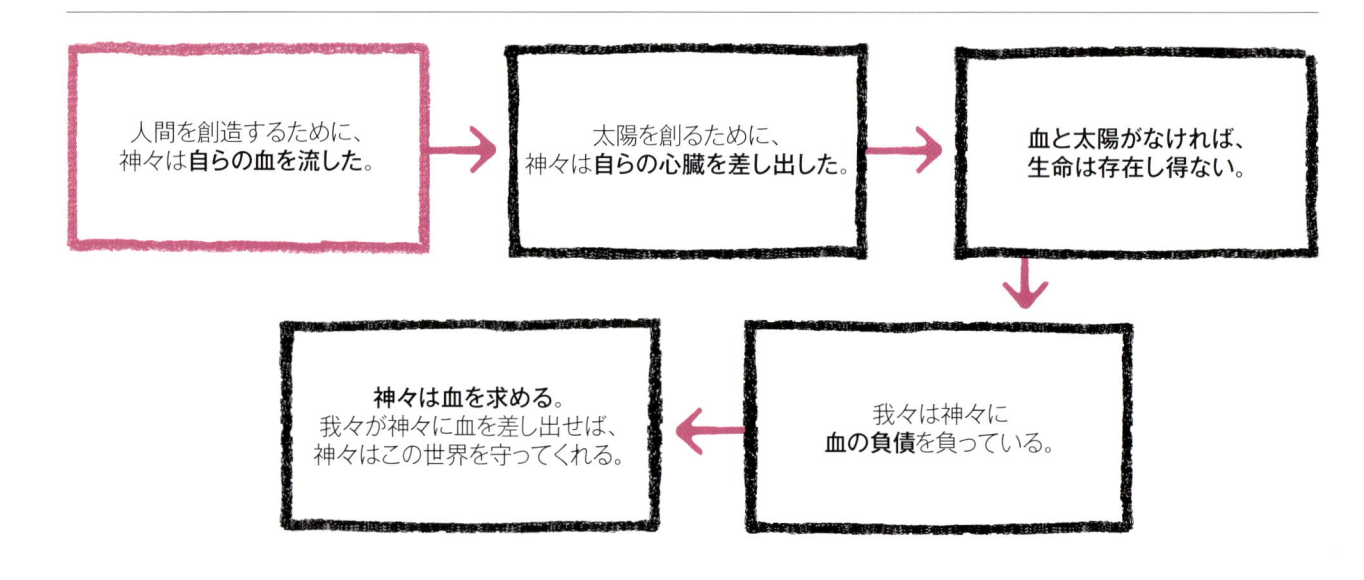

- 人間を創造するために、神々は**自らの血を流した**。
- 太陽を創るために、神々は**自らの心臓を差し出した**。
- **血と太陽がなければ、生命は存在し得ない。**
- 我々は神々に**血の負債を負っている**。
- **神々は血を求める。** 我々が神々に血を差し出せば、神々はこの世界を守ってくれる。

原初の信仰　43

参照：創造された目的 32　■　神々との生涯の絆 39　■　儀礼を行う責務 50　■　儀礼による命の再生 51　■　新しい社会のための信仰 56–57

> お前はまだ、
> 耳から血をとっておらず、
> 両肘にひもを通していない。
> 神を崇めなさい。
> これがお前の神に
> 感謝を捧げるための方法なのだ。
> **マヤの神トヒル**

アステカ族の捧げる生贄は、通常は戦争で捕虜になった人々であった。そのためアステカ族の兵士たちは、神々に多くの捧げものができるように、敵を殺さず生け捕りにするよう努めていた。

臓を捧げるという行為は、メソアメリカの神話と儀礼に繰り返し現れる）。

人類の恐ろしい負債

神々が犠牲を払って世界を創造したことで、マヤ族とアステカ族の人々は、決して返すことのできない血の負債を神々に対して負うこととなった。ケツァルコアトルが黄泉の国に降りていき、1つ目から4つ目までの時代の人間の骨を拾ってくると、神々はその骨をすりつぶして粉にした。そして自らの血をその中に垂らして命を吹き込み、新しい人間を作った。その人間が心臓を捧げることで、神々の血を求める欲求は満たされるという。

メソアメリカの神話では、一つの時代の循環が52年であるとされ、52年たつとその時代が終わると考えられていた。人間が生贄や血を捧げることで神々はなだめられ、その時代（5番目の太陽の時代）が終わらないようにしてくれるのだと、人々は信じていた。マヤ族の人々は、太陽が毎朝空に昇るようにするためには、血を捧げることが必要だと考えていた。

アステカの太陽の神ウィツィロポチトリは、暗闇との戦いで身動きが取れなくなり、太陽をきちんと動かすためには、血の捧げもので力を与えられなくてはならない状況だった。メソアメリカ世界の存続は極めて危ういものに思われ、絶えず血を差し出すことで支えなくてはならないと、人々は考えた。

神々に血を捧げる方法は2つあった。1つは自身の体に傷をつけて血を差し出すというもので、もう1つは生贄として人間を捧げるものである。マヤ族とアステカ族はどちらも、前者の方法をとっていた。メソアメリカの貴族たちは、貴族としての特権を享受すると同時に、神々に自らの血を捧げるという義務を有していた。そのために、たとえば、アカエイの棘や黒曜石のナイフ、あるいはリュウゼツランの鋭い棘（これが最も頻繁に用いられた）を、自らの体に突き刺すことが求められた。血を流す部位は、耳、すね、膝、肘、舌、陰茎の包皮などであった。このように自らの体に傷をつけるという行為は、オルメカ文明に始まり、1519年にスペイン人がメキシコを征服した後まで続いた。マヤ族の貴族は男女ともにこの儀礼に参加し、男性は包皮から、女性は舌から血を採った。彼らは樹皮から作った細長い紙の上に血を垂らし、それを燃やした。その際に立ち上る煙によって、彼らは祖先や神々と交信したとされている。

生贄の儀礼（供犠）

人間を生贄として差し出す行為は、マヤ族よりもアステカ族において遥かに頻繁に行われた。マヤ族は、新しい寺院を建てたときなど、特別な場合においてしか生贄は捧げなかった。

アステカ族の生贄の儀礼では、通常、

44　供犠と血の捧げもの

> そしてこの女神は、人間の心臓が食べたいと、夜中に何度も叫んだ。
> **アステカの女神トラルテクトリに関する言い伝え**

> そしてその神のための祭典が催されたとき、捕虜たちが殺され、また、浄められた奴隷たちも殺された。
> **ウィツィロポチトリを称えるアステカの賛歌**

生贄となる人間の体から心臓が取り出された。心臓は太陽のエネルギーの一部であると考えられており、心臓を取り出すことで、エネルギーを太陽に返すことができると信じられていた。生贄となる人間は、多くの場合、4人の僧によって寺院の石の台の上に寝かされた。そして5人目の僧が黒曜石のナイフを使って心臓を取り出し、まだ動いている心臓を、クアウシカリ（「ワシのウリ」）と呼ばれる容器に入れて神々に差し出した。心臓を取り出された人体は、ピラミッド型の寺院の階段を下まで転がされた。その頭部は切り離され、腕や脚まで切り取られることもあった。頭蓋骨は、陳列台に並べられた。生贄が捧げられる神によっては、格闘の儀礼で殺されたり、溺死させられたり、矢で射られたり、皮膚を剥がされたりすることもあった。

生贄の儀礼がとてつもなく大規模になることもあり、たとえば、1487年にテノチティトランのアステカ寺院において、神ウィツィロポチトリのための再奉献式が行われたときには、約8万400人が生贄として神に捧げられたと言われている。それは、寺院の周りにいくつもの巨大な血の池ができるほどであったという。より少なく、生贄は2万人程度であったという説もあるものの、それにしても極めて大規模であったことに変わりはない。

アステカの暦は、さまざまな神や女神への供犠で構成されていた。神々をなだめるために、香や煙草の煙、食べ物、貴重な品物なども用いられたが、神々が最も強く求めるものは血であったという。

儀礼と暦

メソアメリカの1年は260日であった。マヤ族もアステカ族もその暦を用いていた。アステカにおいては、毎年、年の終わりに、黄泉の国の神ミクトランテクートリへの生贄として、トラルクシッコ（「世界のヘソ」）という寺院において男性が1人捧げられた。生贄となった男性は、その後、僧たちによって食されたと考えられている。神々が人間の肉を食したように、人間が神を食い尽くすことで（生贄になった人間は、神を体現するとされた）、神と人間が一種のコミュニオン（共食＝聖餐）を行ったのかもしれない。位のそれほど高くない僧は、練った粉に生贄の人間の血を混ぜて、人間の形に形成されたトゾアリと呼ばれるものを食べた。このトゾアリを壊しながら食べることもまた、神との交わりであると見なされた。

このように神話を再現してみせるという行為は、アステカ族の信仰と通年の儀礼の特徴であった。シペ・トテック（「皮を剥がれた神」）という神を祭る大きな祭典では、シペ・トテックに扮した僧が人の皮膚を被った。その皮膚は、戦争で捕虜として捕らえた人間から剥がしたものであった。ぴっちりと身にまとった皮膚を破って僧が現れると、まるで朽ちた種子の殻から新しい芽が現れたように見え、それは成長と再生を意味するとされていた。アステカ族は、彼らの主食であるトウモロコシへの感謝を示す際にも生贄を差し出した。毎年、収穫時期になると、トウモロコシの女神チコメコアトルに対して少女が捧げられた。少女は首をはねられ、その血はチコメコアトルの像に注がれた。そしてその皮膚を僧が身にまとった。

征服と融合

1519年にスペイン人の征服者エルナン・コルテス一行がメキシコに上陸した際、アステカ族は、コルテスのことを神ケツァルコアトルであると思い込んだと言われている。その理由の一つは、コルテスの帽子が、ケツァルコアトルが被っているとされる帽子に似ていたためであるという。アステカ族

マヤ族の子孫であるツォツイル人は、スペインから来た入植者のもとで働かされた。彼らは自分たちの伝統的な信仰とキリスト教とを融合させた。

原初の信仰　45

はコルテスに、トウモロコシで作ったパンを人間の血に浸して差し出した。しかし、ケツァルコアトルであれば喜んだであろう、その捧げものによって、コルテスを喜ばせることはできず、アステカ文明はスペイン人によって滅ぼされた。アステカ文明は、コルテスが上陸した時点で成立してからまだ4世紀しかたっておらず、短命に終わった文明であった。

対照的に、マヤ文明がそのような末路をたどらずに済んだのは、おそらく、マヤ族がより広く分散していたためであると思われる。今日、メキシコ南部に暮らすツォツィル人は、マヤ族の子孫にあたる人々で、1年が260日からなる暦など、古代マヤの文化や宗教から多くのものを受け継いでいる。

ツォツィル人の宗教は、カトリックと伝統的なマヤの信仰とが融合したものである。彼らの故郷であるメキシコ南部のチアパス高地には、木製の十字架が点在している。これらはもちろんキリスト教の十字架としての意味合いを持つが、同時に、地の神ヤイヴァル・バラミルと交信するための道具であるとも考えられている。ヤイヴァル・バラミルは非常に強力な神で、この地上で何かを行おうとする場合には、必ずなだめなくてはならない神だとされている。ツォツィル人は、自らの伝統的な信仰とキリスト教とを融合させる際に、太陽をキリスト教の神とみなし、月を聖母マリアと考えた。そして、キリスト教の聖人たちの像への崇拝も行った。■

この石でできたアステカの太陽の暦では、中央に太陽を表す浮彫が置かれ、それを取り囲むように、時間を計るのに用いた象形文字が配置されている。アステカ族にとって、いかに太陽が大切であったかが如実に表れている。

ツォツィル人の魂

ツォツィル人の宗教には、カトリックとキリスト教以外の信仰が取り込まれている。ツォツィル人は、人間は皆、魂を二つ持っていると考え、それをウェイエルとチュレルと呼ぶ。チュレルは体の中にある魂で、心臓と血の中に宿っているとされ、神々が、誕生前の胎児に授けるものだと言われている。人間が死ぬと、この魂は、地球の中央部にあるカティバク（死者の国）へと入っていく。そしてそこに、その人間が生きたのと同じ年数だけ留まる。その間、魂は徐々に若返り、最終的には赤ん坊に戻る。そして、その前とは反対の性別の赤ん坊の体に入れられる。

もう一つの魂であるウェイエルは、チャヌル（野生動物）と共有する魂であり、ツォツィル人の神々のもとに留まっていると考えられている。一つのウェイエルを共有する人間と動物は、同じ運命をたどることとなる。したがって、その人間に起きたことはその動物にも起き、その動物に起きたことはその人間にも起きるのである。人間とウェイエルを共有するとされる動物には、たとえば、ジャガー、オセロット、コヨーテ、リス、オポッサムなどがいる。

> この（シペ・トテックのための）祝宴においては、男性も女性も子供も、すべての捕虜が殺された。
> **ベルナルディーノ・デ・サアグン『ヌエバ・エスパーニャ総覧』**

我々は聖なる空間を作ることができる
象徴主義が現実を作る

背景

主な信者
ポーニー族

時代と場所
1250年頃より、アメリカのグレートプレーンズ

後史

1875年 ポーニー族が、もともと住んでいたネブラスカからオクラホマの新しい保留地に移る。

1891〜92年 ポーニー族の多くが、ゴーストダンスという新しい宗教運動を取り入れる。その教えは祖先の復活を約束するものである。

1900年 アメリカの人口調査によって、ポーニー族の人口が、わずか633人とされる。その後の40年間で、ポーニー族の伝統的宗教儀礼は次第に失われていき、ついには消滅する。

20世紀 ポーニー族の人々は主にキリスト教を信仰しており、インディアン・メソジスト、インディアン・バプティスト、フルゴスペルなどの教会に属しているが、中にはネイティヴ・アメリカン・チャーチに属している人々もいる。

世界も我々も、広大な天空そのものである**神ティラワハット**によって**創造された**。彼は我々に、**大地は我々の母**であり、**空は我々の父**であると教えた。

↓

我々が**大地と空を包み込むように、我々の住む小屋**を建てれば、我々は母と父を招いて一緒に暮らすことができる。

↓

我々の小屋の入口を東側に作ることで、ティラワハットが朝日と共に入ってくることが可能になる。**我々の小屋は宇宙の縮小版である。**

初期の宗教において最初に聖なる場所とされたのは、森、泉、洞窟といった自然の空間であった。しかしながら、信仰が儀礼化されていくにつれ、神聖な場所を明確に定める必要性が生じた。そのため、信仰のための建物が建てられ、それらの建物がそれぞれの宗教を象徴するようになっていった。

また、信仰が日常生活に溶け込んでいる文化においては、日々の活動が行われる建物が宇宙を表すことが多くなった。グレートプレーンズに住むアメリカの先住民の一つであるポーニー族が、その例として挙げられる。彼らは儀礼を行う場所として土の小屋を建てるが、その構造は聖なるものであると見なされる。この世界が始まるときに、創造主でありすべての神々の中の最高神であるティラワハットが、天と地を創り、最初の人間を創った（次ページ下段参照）。その後、宇宙の構造を定めたが、ポーニー族の土の小屋はその宇宙の縮小版であるとされている。

彼らの小屋は四隅に一本ずつ柱が建てられており、その四本の柱で支えられている。それらの柱が表すものは、神であり、同時に星である。北東、北西、南西、南東で天を支えている四神を、彼らは「四方角の星」と呼んだ。ティラワハットがポーニー族を創った際に手助けをしたのが星であると、彼らは信じており、また、世界が終わるときにポーニー族は星になるのだと考えていた。

原初の信仰　47

参照： 世界を理解する 20-23 ▪ 人間と宇宙 48-49 ▪ 神々の道を生きる 82-85

ポーニー族は伝統的に、自分たちの土の小屋を小さな宇宙であると考え、そのための決まりごとに則して小屋を建てた。写真は1873年、ネブラスカ州ループ。ポーニー族の家族が土の小屋の入口に立っている。

　彼らの土の小屋の入口は、夜明けに日の光が差し込むように東を向いており、小屋の中央には炉床（ろしょう）があった。西には祭壇として小さな土の塚が作られ、スイギュウの頭蓋骨が置かれていた。朝、太陽の光に照らされた瞬間に、その頭蓋骨にティラワハットが入り込むのだと、ポーニー族は考えた。ティラワハットは、この頭蓋骨を媒体にしてこの世にやって来て、ポーニー族と接触を持つのだと言われていた。その頭蓋骨の上の垂木には、夜空の星の位置を記した図など、儀礼に用いる道具をはじめ、神聖な星に関わるものの入った包みがいくつかぶら下げられている。この包みによって、それぞれの村に独自性が与えられ、エネルギーがもたらされるのだと言われていた。

世界の中の世界

　冬になると、ポーニー族の土の小屋の中に、小さなドーム型のサウナ小屋が作られることが多かった。土の小屋自体が縮小された宇宙と見なされていたが、このサウナ小屋は更に小さな宇宙であるとされた。サウナは、宗教的な目的や治療目的で用いられ、外側の小屋同様、聖なる空間であると考えられていた。サウナで使われる熱した石は「（男性の）先祖」と見なされ、深い敬意を持って扱われた。その石を水に入れた際に発生する蒸気は、先祖の息であるとされていた。

　伝えられているところによると、最初のサウナ小屋を作ったのは、星に関わるものの包みを管理していた人の息子であったという。その息子を守護する動物たちが、儀礼の中で、彼にサウナのことを教えたのだと言われている。儀礼を執り行った際に、彼は次のように述べたとされる。「我々は今、暗闇の中に座っている。ティラワハットも、万物を創り、我々のために天に流れ星を置いたとき、同様に暗闇の中に座っていた。我々を守ってくれる柱は、その星を表している。……私が息を吹き掛けると、その石から青い炎が立ち上るだろう。これは、ティラワハットと先祖たちに祈りを捧げるようにという、我々への合図なのである。」■

ティラワハットの伝承

　ポーニー族の神話によると、創造神ティラワハットは、太陽、月、星、大、大地、そして地上のすべてのものを創造した後で、話をしていたという。すると、彼の声を聞いて女性がやって来た。そこでティラワハットは男性を創り、その女性のもとに送った。そのとき、ティラワハットは次のように言ったとされる。「お前に大地を与えよう。大地を『母』と呼びなさい。そして天を『父』と呼びなさい。……お前に小屋の作り方を教えてやろう。小屋があれば寒さをしのげ、雨で濡れることもないだろう。」

しばらくして、ティラワハットは再び口を開き、その小屋が何を意味するのか知っているかと、その男性に尋ねた。男性は知らなかった。そこでティラワハットは言った。「私はお前に大地を『母』と呼ぶように言っただろう。この小屋はその母親の乳房である。小屋の入口から出てくる煙は、母親の乳房から流れ出る母乳のようなものだ。……（小屋の中の炉で）作られた料理を食べることは、乳房から母乳を飲んでいるようなものである。なぜなら、その料理を食べることで、強くなっていくからだ。」

> 我々一族は星によって創られた。
> すべてのものが
> 終わりを迎えるとき、
> 我々一族は
> 小さな星々に姿を変える。
> **ヤング・ブル**

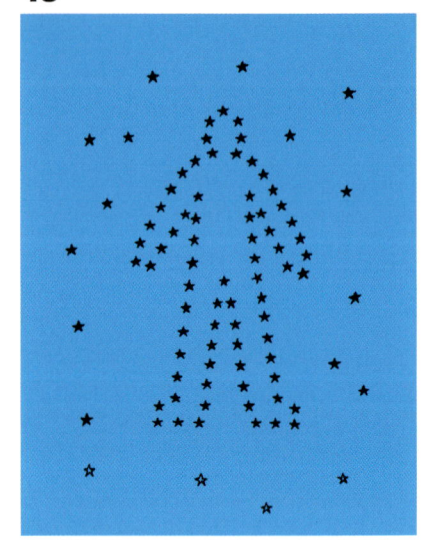

我々は宇宙と調和している

人間と宇宙

背景

主な信者
ドゴン族

時代と場所
15世紀より、西アフリカのマリ共和国

前史

紀元前1500年～ 伝えられてきた神話がエジプトの神話に似ていることや、天文学の知識を有していることなどから、ドゴン族の祖先は古代エジプトで生まれ、その後、今日のリビアにあたる場所へ、それからブルキナファソやギニアに移り住んだ可能性があるとされる。

10世紀～ ドゴン族という民族が、西アフリカにおいて徐々に確立していく。もともとは複数の民族の集合体であり、その多くはイスラム教徒による迫害から逃れてきた人々である。

後史

現在 ドゴン族の人口は40万～80万人であるとされる。大多数は現在も伝統的な宗教を保持しているが、少数派ではあるもののかなりの数の人々がイスラム教やキリスト教に改宗している。

西アフリカのマリ共和国のバンディアガラ山地に住むドゴン族は、伝統的なアニミズム信仰を行っている。彼らは、すべてのものに霊的な力が与えられていると信じている。また、彼らの信仰の根底には、人間は宇宙の「種子」であるという考え方がある。人間とは、宇宙創造の最初の瞬間を、そしてでき上がった宇宙全体を体現する存在であると考えるわけである。そのため、ドゴン族の村はすべて、人間の体の形になるように作られており、生きた人間として扱われる。

神聖で象徴的な空間

ドゴン族の村は、南北の方向に横たわる人間の形をしていて、鍛冶場がその頭部に、そして社（やしろ）が足の部分に建てられている。このような配置がとられるのは、創造神アンマが土で世界を創ったときに、同様の姿勢で横たわる女性の姿をかたどったとされているためである。村にあるものはすべて、人間の形になるように配置されている。女性の月経のための小屋は東と西に置かれており、両手にあたる。村人の家は村の胸部にあたるが、そのそれぞれの家もまた、男性の体を模して建てられている。台所が頭部、中心の大きな部屋が腹部、左右に伸びる納屋が両腕、二つの水がめが胸、そして入口の通路が陰茎を表している。この家屋の構造は、ノンモ（男女の双子の精霊、次ページ参照）の持つ創造的な力を反映しているという。

ホゴン（ドゴン族の宗教的指導者）が暮らす小屋は宇宙を表しているとされ、その小屋の家具や装飾はすべて、象徴的な意味を持っている。また、ホゴンの動作は宇宙のリズムと調和していると考えられている。ホゴンは、夜明けに東を向いて朝日に向かって座

仮面を付けて踊る人々が、ダマと呼ばれる葬儀を行っている。この伝統的なドゴン族の儀礼は、死者の魂を安全に死後の世界へと送るために行われる。

参照： 象徴主義が現実を作る 46-47 ■ 究極の真理 102-105

原初の信仰

ノンモ

ノンモはドゴン族が崇拝する祖霊であり、水陸両生で両性具有の魚に似た生き物として描かれることが多い。神話によると、ノンモは、神アンマが世界卵を創ったときに、アンマを父として生まれたとされる。この卵は、ドゴン族が育てるとても小さな種子に似ており、同時に、夜空で最も明るく輝いているシリウスの姉妹星にも似ていると言われる。そしてこの卵の中には、あらゆるものに育っていく胚が入っている。

ある神話では、男女の双子のノンモが2組、世界卵の中で誕生の瞬間を待っていたのだと語られる。彼らはこの世界に秩序をもたらすはずの存在であった。しかし卵が揺れたときに、その4人の中の1人であるユルグと呼ばれる男の子が、まだ時が満ちていないにもかかわらず卵の外に出てしまった。そして、自分と共に卵から出てきた胎盤を使って世界を創ってしまった。そこで、アンマは残された3人のノンモを地上に下ろす。この3人が生命の再生・継続のために必要な決まりごとや儀礼を取り決めた。しかし、ユルグが未成熟のまま卵から出てしまったために、世界はその始まりから不完全なものになったのだという。

全宇宙はもともと、**種子である卵**の中に入っていた。

↓

この世に存在するすべてのものは、この卵の中の**振動として始まった**。

↓

人間の姿はこの卵の中で**あらかじめ決められており、**
その姿は宇宙の形と一致する。

↓

極めて小さな種子から広大な宇宙に至るまで、
すべてのものが互いの存在を反映し合い、互いの存在を表現し合っている。

↓

村も家も帽子も種子も、**全宇宙を内包する**ことができる。

り、それから東西南北を決まった順番で歩いて回る。そして日没には西を向いて座る。ホゴンの持っている袋は「世界の袋」と呼ばれ、彼のもとで働く人々は「世界の軸」と呼ばれている。

宇宙を表す

ホゴンの着用している衣服さえも、世界の縮小版であるとされる。たとえば、彼の被っている円筒形の帽子は、「世界卵」（右側のコラム参照）を振動させる七種類のらせん振動を表すべく織り上げた布を使って作られている。危機が発生すると、長老たちがその帽子の周りに集まる。そしてホゴンが帽子に話しかけ、その後、帽子を地面の上に逆さまにして置く。その帽子は、まるでひっくり返ってしまった世界を表すかのようであり、神アンマによって秩序ある状態に戻してもらうことを期待しているかのようである。

ドゴン族は複雑な宇宙を象徴化して写し取り、「世界卵」の殻であるホゴンの帽子の中に取り込んでいる。宗教、社会、宇宙、神話、農耕、日常生活など、すべてのものが細部に至るまで互いに結び付いており、ドゴン族の人々のあらゆる行動に反映されているのである。■

> （ドゴン族にとって）
> 社会生活は、
> 宇宙の動きと一致するものである。
> **マルセル・グリオール**
> （人類学者）

我々は
神に奉仕するために
存在する
儀礼を行う責務

背景

主な信者
ティコピア族

時代と場所
紀元前1000年頃より、太平洋ソロモン諸島のティコピア島

後史

1606年 ヨーロッパ人探検家が初めてティコピア島に上陸する。

1859年 英国国教会メラネシアン・ミッションがティコピア族に接触する。

1928〜29年 人類学者レイモンド・ファースがティコピア族の文化を研究し、ティコピア族が4つの氏族からなることを示す。

1955年 伝染病が蔓延し、「神々への務め」が放棄される。信仰を固持していた指導者たちも、キリスト教に改宗する。

2002年 サイクロン・ゾーイによりティコピア島は壊滅的被害を受けるが、島民は避難して生き延びる。

2012年 ティコピア族の人口は約1200人とされる。

1950年代にティコピア島にキリスト教が伝えられるまで、この太平洋の小さな島の住人たちは皆、年に2回、2週間かけて行われる儀礼において「神々への務め」を一心に果たしてきた。ティコピア族はこの儀礼で、アトゥアと呼ばれる存在（精霊もしくは神）を鎮める役割を果たしていた。そしてその見返りとして、豊作が約束されるのだと信じていた。

「神々への務め」は、人間と霊的存在との間の取り引きの形をとった信仰であった。ティコピア族が儀礼を行い、それに対して、神々は彼らの生活のために必要なものを授ける、という取り引きである。更に、ティコピア族が神々を喜ばせるために行う活動の多くは、ティコピア族に経済的な利益をもたらすものだった。たとえば、カヌーの修理、栽培と収穫、ウコンの生産といった活動がそれにあたる。また、食べ物とカヴァ（酒ではないが酔う飲み物）を捧げても、神々はその「本質」しか消費しないため、その後でティコピア族の人々がそれらを食べて飲むことができたのである。

「神々への務め」に参加することは特権と見なされており、また、それによって人々は地位を得ることができた。ティコピア族の信仰のために行われる儀礼は、彼らの社会の基盤構造及び経済構造を支えるものであり、同時に彼らの社会をまとめ上げる役割を持っていた。■

ティコピア族の男性がカヌーの櫂を持って踊っている。カヌーに関係した踊りと太鼓演奏の儀礼は、「神々への務め」の一部であった。

参照：世界を理解する 20-23 ■ 神々との生涯の絆 39
■ 供犠と血の捧げもの 40-45 ■ プージャーによる礼拝 114-15

原初の信仰　51

我々の儀礼が世界を支える
儀礼による命の再生

背景

主な信者
フーパ族

時代と場所
1000年頃、アメリカ合衆国カリフォルニア州北西部

前史
900年頃〜1100年　フーパ族の祖先が亜北極圏から南下し、カリフォルニア北西部にたどり着く。

後史
1828年　フーパ族がアメリカ人の猟師と初めて接触する。フーパ・ヴァレイには約1000人のフーパ族が住んでおり、1848年にゴールドラッシュが始まるまで毛皮の取り引きを行う。

〜1900年　病気によってフーパ族の人口が約500人に減少する。

1911年　初めて現代的なフーパ族会議が組織される。

現在　2000人以上のフーパ族が、古くから住んでいる土地で自治権を認められて暮らしている。

カリフォルニア北西部に住むフーパ族は、儀礼における歌と踊りによって世界を再生させ（彼らは「大地を安定させる」と言う）、大地に新たな活力を吹き込んで、翌年のために十分な蓄えが確保できるようになると信じていた。フーパ族による世界再生の踊りの中で最も重要なものの一つは、毎年秋に行われる「白い鹿の皮の踊り」であった。この踊りの目的は、神話においてフーパ族の祖先とされ、彼らが「最初の人々」と呼ぶ、キクシュナイ族の歴史を再現することであった。

フーパ族は、キクシュナイ族の聖なる物語を演じることによって、創造の力を引き出すことができると考えていた。そしてその力を用いることで、人々の健康を守り、狩りの季節に動物や魚をたくさん捕ることができるとされた。10日間続く踊りの間、富と地位の象徴とされるアルビノ（先天的色素欠乏のため白色）の鹿の皮が、入念な装飾を施され掲げられていた。参加する人々は、上部に鹿の像を取り付けた棒を手にして、毎日、朝は丸木舟で川を進み、昼と夜は踊り続けた。

最初の人々

キクシュナイ族とは、人間の姿をし

> （キクシュナイ族は）
> 自分たちの体に色を塗り、
> そこで一晩踊った。
> そして次の朝、
> 彼らは再び踊った。
> **フーパ族の神話**

ているものの、通常の人間とは異なる性質を持った存在であると、フーパ族の人々は信じていた。彼らの行為はすべて、後世のフーパ族の風習となることが、あらかじめ定められていた。そのため、フーパ族の日常生活は、細部に至るまで、彼らが「最初の人々」と呼ぶキクシュナイ族の行動によって決められていた。キクシュナイ族は後に海の中へと消えていき、最終的には神話上の存在であるイマントゥウィンヤイだけが残って、地上の人々の生活を助けているのだと、フーパ族の人々は信じていた。■

参照：死者の魂は生き続ける 36-37　■　信仰は社会の反映である 80-81

古代の信仰と古典的信仰

紀元前3000年～

はじめに

紀元前3000年頃	紀元前25世紀〜前24世紀	紀元前1700年〜前1400年	紀元前1200年頃
古代エジプトが統一され、**初期王朝時代**が始まる。エジプト王ファラオが神として崇拝されるようになる。	「**ピラミッド文書**」として知られる碑文（知られている中で最古の宗教的文書）から、**古代エジプト人**が死後の世界を信じていたことがうかがわれる。	クレタ島のミノア文明においてギリシャの神々の神話が成長する。	ペルシアにおいて**ゾロアスター教**が始まる。より早く、紀元前18世紀であるという説もある。

紀元前3000年頃	紀元前20世紀〜前16世紀	紀元前1600年頃	紀元前8世紀
ケルト民族がヨーロッパの多くの地域に住むようになり、それぞれの部族がその地域固有の神々を信仰する。	メソポタミアの**バビロン第一王朝**時代に、シュメール神話を取り込んだ複雑な神話が叙事詩**エヌマ・エリシュ**として語られる。	スカンディナヴィアの諸民族が彼らの神や女神を作り上げ、いわゆる**北欧神話**ができ上がっていく。	伝説によると、ロムルスが双子の弟レムスを殺し、**ローマ市**を創建する。

　世界最古の諸文明が現れたのは、さまざまな地域で、遊動民族が作物を育てるために定住し始めたときだった。狭い地域に限られていた宗教的信仰や慣習が発展し、異なる部族の信仰が、両者に共通する神や神話を懸け橋として融合していった。その結果、多様な神々が崇められるようになり、また、さまざまな神話が組み合わされたことで、多くの地域で非常に複雑な神話が生まれた。それらの神話においては、神々や神話に出てくる生き物が、この世界でどのような役割を果たすのかが描かれている。

　このような、それ以前より形式の整ってきた宗教においては、太陽、月、季節、天気といった自然現象についての説明が行われ、その自然現象に神々がどのような影響力を持っているのかも語られた。そのような物語には、天地創造に関する話や、神と人類との関わりについて語られる話も多い。また、古代エジプトなどの古代文明によって残された精巧な墓からは、死後の世界の存在が信じられていたことや、死や埋葬にまつわる儀式が宗教において重要な役割を果たしていたことが見てとれる。そして、共同体が更に大きくなる中で、神々を祭った神殿や寺院が、その共同体の中心となっていった。

　文明はまた、さまざまな書記体系を生み出した。そこで作られた文字のおかげで、神々や創造に関するこれらの物語が記録され、その後何世紀にもわたって後世の人々の手が加えられていくことになったのである。宗教関係の記録として残る最古のものは、古代エジプトなどの古代文明において見られる、墓や神殿の壁の文字である。他の地域でも固有の伝統が形作られていき、たとえば、インド、中国、日本、スカンディナヴィア、ケルトの民族が信仰してきた宗教が、その地に新しく生まれた国家の宗教に取り込まれていった。

信仰の融合

　紀元前1500年頃までに、世界中の多くの地域でその土地固有の宗教的伝統が確立していたが、社会が発展していくにつれて、宗教をきちんと体系立てる必要性が生じた。そのような中で、おそらくは最初の一神教型の宗教であるゾロアスター教を始めとして、新しい宗教が生まれていった。また、ユダヤ教の基礎が築かれたのもこの時期である。

　インドでは、多数の小さな信仰が、ヴェーダという古い聖典に基づいた信仰に取り込まれた。この流れは、後にヒンドゥー教と呼ばれる多数の要素が入り混じった宗教へとつながる。同時期に、ジャイナ教、そして仏教が誕生した。ジャイナ教は神を崇拝することではなく、正しい生活を送ることに重点を置いた。仏教もまた、神を必要とせず、自ら悟りを開くことを目指すものであり、宗教というよりは哲学であると言うこともできるだろう。

古代の信仰と古典的信仰

紀元前8世紀〜前7世紀
ギリシャの詩人ホメロスが『イーリアス』と『オデュッセイア』を著し、ヘシオドスが『神統記』（神々の起源）を著す。

紀元前599年〜前27年
インドの賢者マハーヴィーラがジャイナ教の中心となる教義を作り上げる。

紀元前5世紀〜前4世紀
古代ギリシャ文明の古典時代が、地中海東岸で始まる。

9世紀〜10世紀
ヴァイキングが力を持ち、彼らの宗教がヨーロッパ北部に広まり、アイスランドやグリーンランドでも信仰される。

紀元前6世紀
伝説では中国の賢者老子が「道」について説く（道家の伝統）。後世の道教は老子を祖の1人としている。

紀元前551年
儒教の創始者孔子が、中国の魯国の曲阜で生まれる。

8世紀
日本の神話を記した『古事記』と『日本書紀』が編纂される。両書は神道の重要なテクストとなる。

13世紀
アイスランドで北欧の神々の叙事詩が作られ、『エッダ』にまとめられる。

このように道徳的側面を重視するという方向性は、中国や日本で発達した宗教においてもよく見られた。大規模な朝廷によって社会秩序が作られていった中国では、宗教と政治組織が密接な関係を持つに至った。伝説的学者である老子を「開祖」と仰ぐ道教においては、中国社会に合った形の宗教的生き方が奨励された。他方、孔子が展開した新しい信念体系では、序列を尊重する考え方が再解釈された。孔子はまた、儀礼を重視し、儀礼を通してその信仰を強固なものにしていった。日本では、伝統的な信仰が統一されて、国家的祭祀としての神道が作られた。神道においては祖先祭祀が大切であり、信者は、儀礼を通じて祖先とのつながりを持つことが求められる。

紀元前6世紀には、ギリシャに都市国家が生まれ、古代ギリシャ文明が地中海沿岸の地域に強い影響を及ぼしていた。宗教（ギリシャ人は「宗教」という単語を持たなかったが）は、彼らの生活の一部であった。彼らは、神々は人間の世界から遠く離れたところに暮らしていると信じていたものの、神々も人間とよく似た生活を送っていると考えていた。ホメロスの叙事詩からうかがえるように、ギリシャ人の歴史は、彼らの神々の歴史でもある。神々の序列、人間のような生活、また、神々同士の激しい関係性は、まさにギリシャ社会を映し出すものであった。神々は、世界のさまざまな事柄について説明を与えてくれる存在であり、人間の不可思議な行動についても理由を与えてくれた。更には、神々の力を借りることで、将来を占い、行動を起こすのに縁起のいい時を選び、また、敵を打ち負かすことさえできた。神々は、ほぼ常に人間のそばにいた。神々は人間社会の出来事にはあまり関心がなかったが、ギリシャ人は神々を喜ばせるために、神殿を建て、儀礼を行い、定期的に祭りを開いた。

古代文明が滅びると、その文明において信仰されていた宗教も共に消滅するか、あるいは、別の宗教に吸収されることが多かった。たとえば、ギリシャ神話の神々はローマ神話に取り込まれた。そしてローマの信仰は、ケルトやその他の文明の信仰と共にキリスト教に飲み込まれた。しかしその一方で、北欧の宗教のように中世まで信仰され続けたものもあり、また、神道、ジャイナ教、道教、儒教のように現代まで生き残ったものもある。■

神々と人間の
序列が存在する
新しい社会のための信仰

背景

主な信者
古代バビロニア人

時代と場所
紀元前2270年頃、メソポタミア（現在のイラク）

前史
紀元前5000年～前4000年　ウバイド人がティグリス川とユーフラテス川の間の肥沃な地域（メソポタミア）に住みつく。

紀元前3300年頃　ウバイド人に代わってシュメール人が台頭する。

後史
紀元前1770年頃　バビロニア王ハンムラビがバビロンを統治するための法律を導入する。

紀元前1750年頃　バビロニア人がメソポタミアの支配民族となり、バビロニアの最高神マルドゥクの権力と権限を示すため、シュメール人の信仰していた宗教を作り直す。

紀元前691年　アッシリア人がバビロンを支配し、マルドゥクの神話がアッシリアの神アッシュールの神話に置き換えられる。

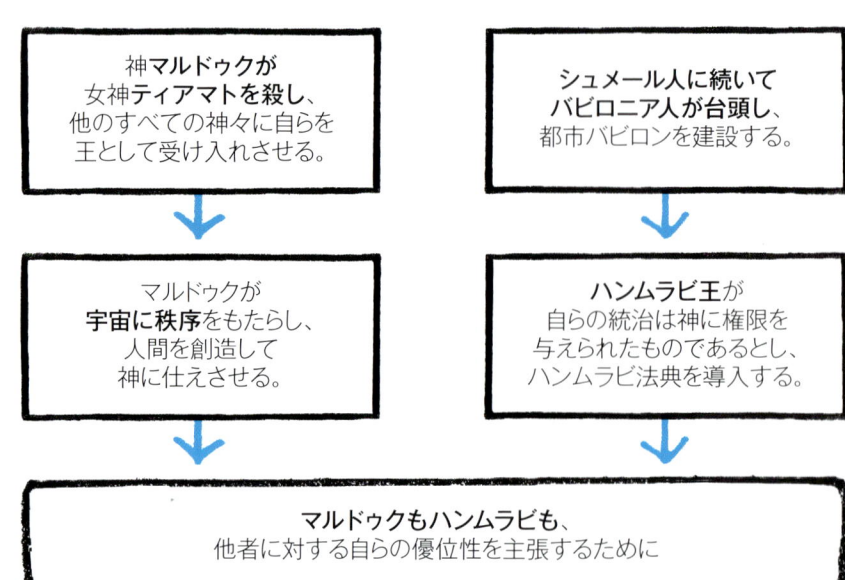

神マルドゥクが女神ティアマトを殺し、他のすべての神々に自らを王として受け入れさせる。
↓
マルドゥクが宇宙に秩序をもたらし、人間を創造して神に仕えさせる。

シュメール人に続いてバビロニア人が台頭し、都市バビロンを建設する。
↓
ハンムラビ王が自らの統治は神に権限を与えられたものであるとし、ハンムラビ法典を導入する。

↓

マルドゥクもハンムラビも、他者に対する自らの優位性を主張するために

↓

神々と人間の序列を確立する。

メソポタミアは、ティグリス川とユーフラテス川に挟まれた現在のイラクにあたる地域で、西洋では「文明のゆりかご」と呼ばれることが多い。青銅器時代に小さな共同体が初めて町や都市へと発展したのは、まさにこの地域であった。

このように、より規模の大きな共同体が確立していくにつれて、住民をまとめ上げて政治組織を強化するために、新しい社会構造を作り、住民全体で共有できる文化を調え、皆が信仰することのできる宗教を提示することが必要となっていった。宗教は、自然現象を説明してくれるだけのものではなく、一貫性のある神話をもたらしてく

古代の信仰と古典的信仰

参照： 創造された目的 32 ■ 儀礼による命の再生 51 ■ 信仰は社会の反映である 80-81 ■ 合理的な世界 92-99

バビロンへと続くイシュタル門に見られる、バビロニアの兵士の浮彫。この門からバビロンまで、「行列通り」という大通りに沿って神々の像が並べられていた。

れるものでもあった。

紀元前4000年から紀元前3000年の間に、シュメール人がこの地域に住みついた。シュメール人が特に多かった都市国家はおよそ10か国あり、それぞれがその国の王によって支配されていた。しかし実際に政治的権力を持っていたのは、それぞれの国の宗教において高い位に就いている聖職者たちであった。シュメール人は、水と豊穣の神エンキや、天空の神アヌなどの神々を祭る神殿を崇拝していた。紀元前3000年から紀元前2000年にかけて、バビロニア人がメソポタミアに定住し始めると、彼らはシュメール人とその文化を自らの帝国に吸収していった。その際にバビロニア人は、シュメール人の神話も取り込んだ。バビロニア人の指導者たちは、その神話を利用することで、シュメール人が確立した階級制度を強化したのである。そのようにして指導者たちは、バビロニア人のみならず、シュメール人をも、効率よく自らの支配下に組み込んでいった。

バビロニアの宗教

バビロニアの宗教の中心にあるのは、7枚の粘土板に刻まれた、エヌマ・エリシュという天地創造についての叙事詩である。この詩に描かれた物語の大半はシュメール神話から継承されたものである。が、バビロニア人は、語り直す際にバビロニアの神々、特にマルドゥク（シュメールの神エンキの息子であり、アヌの正統な後継者）を物語の中心に据えた。その結果、マルドゥクは若い神々の序列の頂点に立つ者として描かれた。マルドゥクは、母なる女神ティアマト（右のコラム参照）を始めとする古い神々に勝利したことで、世界を創造し秩序立てる力を手にした。そして、自らが住処として選んだバビロンに身を置いて、そこから世界を治めた。エヌマ・エリシュは明らかに、バビロニア人によるシュメール征服とバビロン建国を基にして作られた物語であるが、マルドゥクが最高神として世界に秩序をもたらしたという内容は、バビロニア王が統治権と法を作成・施行する権限を持つのだということを示すものであった。

王であることの証

バビロニア人の優位性を強化し、帝国を統一するために、毎年エヌマ・エリシュが新年の祭りで朗読され演じられた。この祭はアキトゥと呼ばれ、春分の時期に開催されていた。エヌマ・エリシュの上演は、新しい年が始まることを示す以上の意味を持っていた。それは儀礼として定着した娯楽であり、また、宇宙の活力を回復させることで、マルドゥクがそこから一年間の星と惑星の運命を決めることを可能にするものでもあった。そのような神話を用いた点、そしてそれを儀礼という形に仕立て上げた点から、アキトゥの第一の目的は王権を正当化することであったと言える。アキトゥは、バビロニア王がその王権を直接神から与えられたのだということを、民衆に示すためのものだったのだ。マルドゥクがティアマトに勝利した物語を再現することによって、バビロンの持っている力を改めて認識させることを目的としていたのである。 ■

エヌマ・エリシュ

アキトゥの儀礼においては、エヌマ・エリシュの創造物語が再現された。この物語の始まりは、アプス（淡水の海）とティアマト（塩水の海）しか存在しなかった有史以前にさかのぼる。アプスとティアマトは、天の神アンシャルや地の神キシュといった最初の神々を生み出した。そしてアンシャルとキシュは、空の神アヌや大地と水の神エア（シュメールの神話ではエンキと呼ばれる）を生み出した。若い神々の大声がアプスとティアマトの平和を乱したため、アプスは若い神々を滅ぼそうとする。しかし、逆にエアに殺されてしまう。エアは、その戦いが行われた場所に神殿を建て、父親の名前にちなんでアプスと名付けた。そしてその神殿で、エアの息子マルドゥクが生まれた。ティアマトは、夫アプスの敵を討つためにマルドゥクに戦いを挑み、自らの息子キングに陣営の指揮をとらせた。マルドゥクはティアマトの軍勢と戦うことを承諾するが、その条件として、他のすべての神々が自分を宇宙の支配権を持った王と認めることを挙げた。戦いの結果、マルドゥクはティアマトとキングを殺し、宇宙に秩序をもたらした。そして、キングの血から人間を創り出した。

> 私はそこをバビロンと名づけ、
> 偉大なる神々の住処としよう。
> そしてそこを
> 宗教の中心地としよう。
> **マルドゥク**
> （エヌマ・エリシュ）

オシリスの王国で永遠に続く素晴らしい生活

死後の世界への準備

背景

主な信者
古代エジプト人

時代と場所
紀元前2000年～前4世紀

前史
エジプト統一王朝時代以前 砂の中に埋められた遺体が、乾燥して水分が抜けることで保存されている。このことが後のミイラを作る習慣につながった可能性がある。

紀元前2400年頃～前2100年
サッカラの王家の墓の碑文（ピラミッド文書）には、王に対する「あなたは死んでいない」という記述が見られ、死後の神の世界の存在を信じていたことがうかがえる。

紀元前2100年頃 棺柩文（裕福な男女の棺に刻まれた呪文）から、死後の世界はもはや王族のためだけのものではなくなっていたと考えられる。

後史
紀元前4世紀～ エジプトを征服したギリシャ人が、エジプトの信仰（特にオシリスの妻イシスへの信仰）を取り入れる。

神オシリスのように、**死後も生き続けたい**。

↓

アヌビスがオシリスをミイラにしたことを真似れば、我々は**死者の国でオシリスと一緒になれる**。

↓

死者の国では**オシリスが我々を裁き**、我々は心臓の重さで罪の重さを測られる。

↓

罪がないと判断されれば、我々は**永遠の命**を享受するだろう。

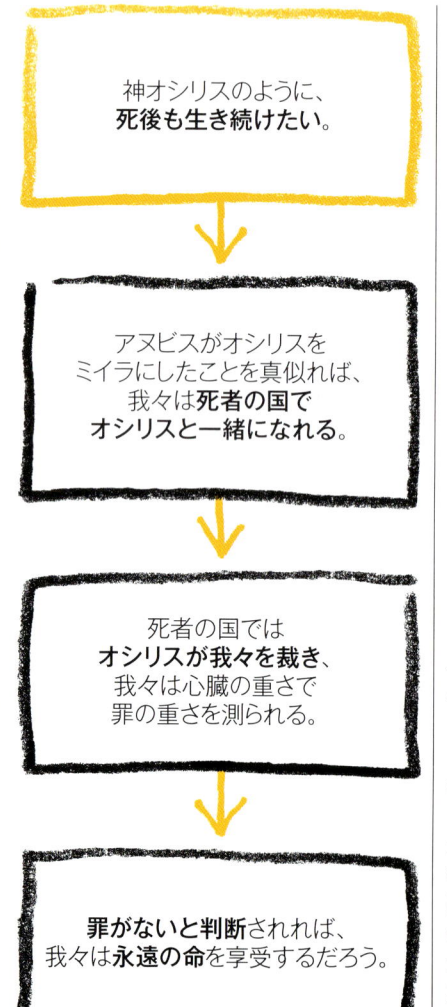

古代エジプト人の死者に対する敬意の示し方は、他に類を見ないほどであり、大ピラミッド、巨大な墓地、地下の墓地を作り上げ、途方もなく豪華な副葬品や芸術品を捧げている。しかし、これは、彼らが死に取りつかれているということを意味するわけではないようだ。むしろ彼らは、死後の世界への準備をしていたのだと言えるだろう。

遺体に防腐処置を施してミイラを作り、埋葬し追悼するという、古代エジプトにおける埋葬の儀礼はすべて、死後に新しい命を確実に手に入れることを目的としていた。エジプト人は、死後、完全な存在としてアアルで生きることを望んだ。アアルは「葦の原野」とも呼ばれ、我々の知る現実のエジプトがより完全な形になった楽園であると言われていた。

アアルは死者の神オシリスの支配する領域であり、そこでは、神の祝福を受けた死者たちが、大麦やエンマー小麦などの豊富な作物を刈り取っているとされた。そのような刈り入れの様子は、エジプトの墓地の壁に生き生きと描かれている。

完全な人間になるためには、肉体、名前、影、カー（霊的生命力）、バー（人格）、アク（カーとバーが再結合して楽園で生きる魂）といったさまざまなものが必要だと、エジプト人は信じていた。確実に楽園で暮らせるようにするために、これらすべてをそろえなくてはならなかった。死者を神オシリスと

古代の信仰と古典的信仰 59

参照：死の起源 33 ■ 死者の魂は生き続ける 36-37 ■ 信仰に入る 224-27 ■ 社会的ホーリネスと福音主義 239 ■ 正しい人々への究極の報い 279

死後の世界への安全な旅のために入念な準備が行われたが、それは初めは高貴な身分の人々に限られていた。しかし後に、すべてのエジプト人に対して永遠の命が約束されるようになった。

同化させる儀礼を執り行い、その際に、肉体はミイラにすることで保存し、内臓を入れた壺などの副葬品と共に埋葬する。死者の肉体で神オシリスの死と復活を再現することによって、死者は次の世界に旅立つ準備ができるのだと考えられていたためである。

ミイラを作る際のあらゆる段階において、必ず宗教的儀礼が行われた。遺体に防腐処置を施す人々は、死者の守護神アヌビス（頭部がジャッカルの姿をしている）の役を演じた。アヌビスは殺されたオシリスをよみがえらせるために、遺体の防腐処置という秘儀を編み出したのである。防腐処置を施す際の呪文「お前は再び生きるであろう。お前は永遠に生きるであろう」は、死者を安心させるものであった。

死者の旅

ミイラにして肉体を保存することが重要な理由は、カー（魂の生命力）が栄養を摂取するために戻らなければならない場所が肉体だからである。もし肉体が朽ちてしまえば、カーは餓死する。カーは、死後の世界でバー（人格）と再び結び付くために、肉体から力を得る必要がある。カーとバーが結び付くことで、アクが作られる。そしてアクは、死後の世界に入る許可を得なければならない。

その後、死者が、こちらの世界から死後の世界への道をうまく通り抜けることができると、アヌビスによって「二つの真理の間」という部屋に導かれる。ここでは心臓が天秤に乗せられ、真実の女神マアトの象徴である羽根と重さを比べられる。もしその心臓が罪によって重くなっていて、羽根よりも重いようであれば、その心臓はアメミット（死者を食らう女怪物）に食べられてしまう。もし重さが釣り合えば、その人は、オシリスが門を守っている楽園に入ることができる。

位の高いエジプト人は、『死者の書』、あるいは『日のもとに出現するための呪文』と呼ばれる手引書とともに埋葬される。それには死後の世界での呼吸法、話し方、食べ方、飲み方などが書かれている。また、この書に含まれる重要な呪文として、「死者の国で二度と死なない」ための呪文がある。■

オシリスの死

オシリスの死と復活の物語は、（初めは王にとってのみ、そしてエジプト中王朝期にはすべてのエジプト人にとって）死後に新しい命を得られるという希望を与えてくれる神話であった。

神オシリスは、嫉妬した弟セトによって殺されたと言われている。セトはオシリスの遺体をずたずたに切り裂き、エジプト中にばら撒いたとされる。「神の体を滅ぼすことは不可能である。しかし、私はそれをやった」とセトは言った。オシリスの妻イシスと、イシスの妹ネフティスは、その遺体のかけらを一つ一つ集めた。そして神アヌビスが、この世で初めて、それをミイラにしたという。イシスはトビへと姿を変え、ミイラになったオシリスの上を飛び続けた。そして、とても長い間、オシリスに命の息を吹き込んだところ、イシスはホルス（後に、父オシリスの敵を討つこととなる）を身ごもった。その後、オシリスは黄泉の国の王になったとされる。

> ああ、私の心臓よ。
> 私に不利な証人になるのは
> やめてくれ。
> 裁きの場で
> 私の敵にならないでくれ。
> **古代エジプトの『死者の書』**

善が悪に勝利するかどうかは人間次第である

善と悪の戦い

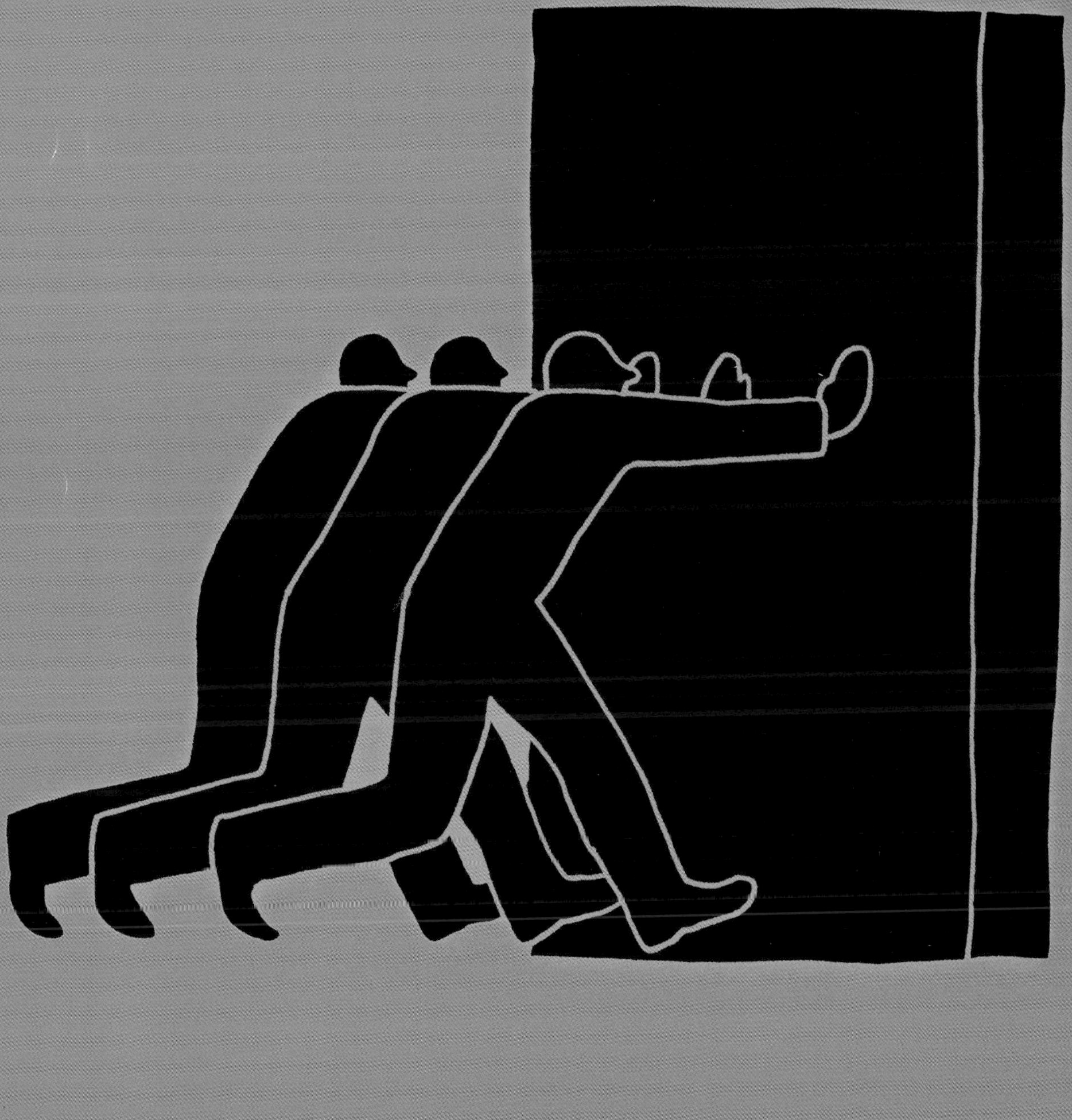

62　善と悪の戦い

背景

主な信者
ゾロアスター教徒

時代と場所
紀元前1400年〜前1200年、イラン（かつてのペルシア）

前史
先史時代〜　多くの宗教において、慈悲深い神と対立する、破壊的な、または悪意を持った神や精霊が存在する。

後史
紀元前6世紀　ペルシア帝国とメディア王国が一つの国となり、ゾロアスター教が世界最大の宗教の一つとなる。

紀元前4世紀　プラトンを始めとする古代ギリシャの哲学者がゾロアスター教の司祭らと共に学ぶ。アリストテレスはプラトンをゾロアスターの生まれ変わりだと考えていたと言われる。

10世紀　ゾロアスター教徒がイスラム教への改宗を拒んでイランからインドへと移住し、今日最大のゾロアスター教徒の共同体であるパールシーを形成する。

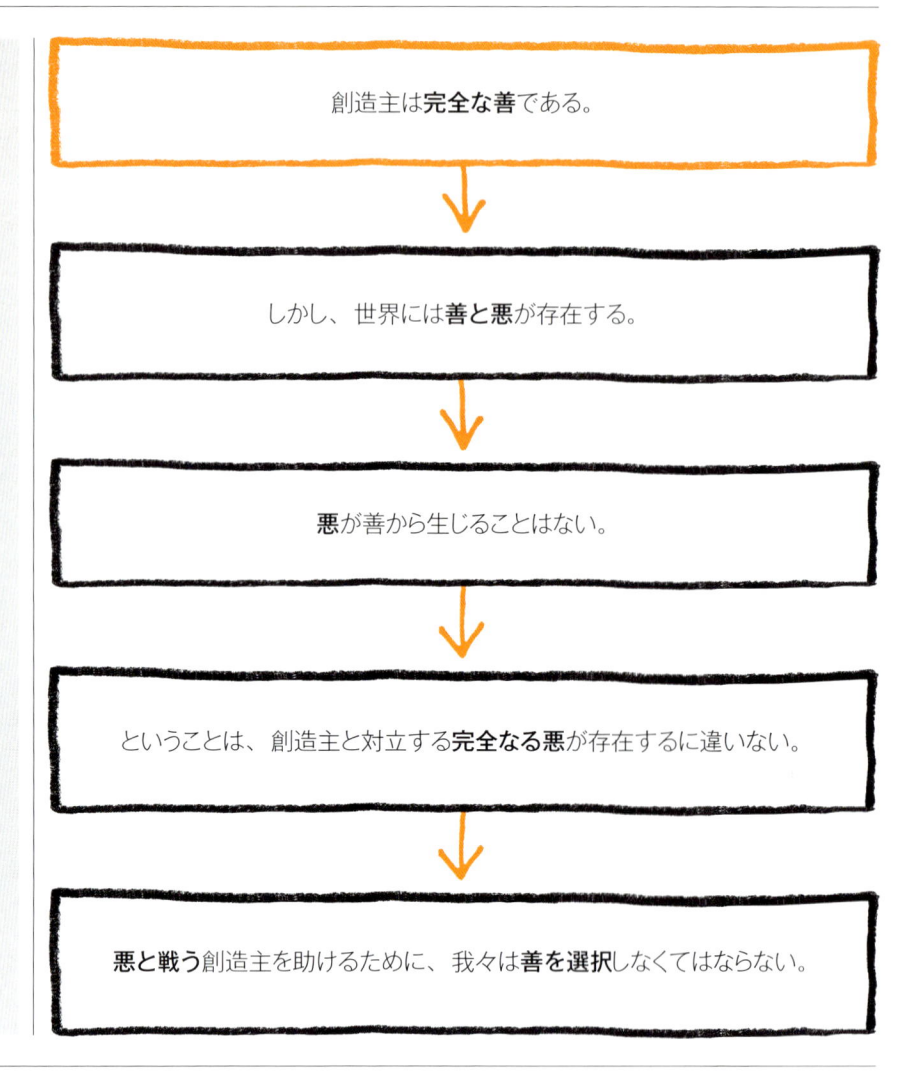

創造主は**完全な善**である。

↓

しかし、世界には**善と悪**が存在する。

↓

悪が善から生じることはない。

↓

ということは、創造主と対立する**完全なる悪**が存在するに違いない。

↓

悪と戦う創造主を助けるために、我々は**善を選択**しなくてはならない。

　ゾロアスター教は、現在も信仰されている世界最古の宗教の一つであり、記録に残っている最古の一神教的信仰の一つである。開祖は古代ペルシア（現在のイラン）の預言者ゾロアスターである。

　ゾロアスター教は、アフラ・マズダー（「叡智の神」）を始めとする昔からのインド・イランの神々の神話体系より発達した。ゾロアスター教において、アフラ・マズダー（時にオフルマズドとも呼ばれる）は唯一の最高神とされており、すべての善いものを生み出す賢明な創造主であり、悪と無秩序に対抗する秩序と真実を表す存在であると見なされる。アフラ・マズダーには、マズダーが創造したアムシャ・スプンタ（「恵み深い不滅のものたち」）が仕えている。アムシャ・スプンタは6体の神霊である。7体目のスプンタはスプンタ・マンユと呼ばれ、その定義は難しいが、アフラ・マズダー自身の「恵み深い霊」であり、その意向を実現する存在と見なされている。

　ゾロアスター教によると、歴史が始まって以来、善の神アフラ・マズダーは、悪の神アフリマン（「破壊神」、アンラ・マンユとも呼ばれる）と戦い続けてきたという。アフリマンとアフラ・マズダーは双子であるとされている。しかし、アフリマンは悪の存在であり、アフラ・マズダーと対等な位置づけではない。アフラ・マズダーが光の中に住まう神であるのに対して、アフリマンは闇の中に潜む神である。悪が善を打ち負かそうとする、彼らの果てしない戦いは、ゾロアスター教の神話全体の基盤となっている。

　アフラ・マズダーは、自らの霊であり創造的エネルギーであるスプンタ・マンユを用いてアフリマンと戦うが、この三者の関係性ははっきりしない。人間もまた、アフラ・マズダーの創造物である。人間には、自由意志を用いて善を促進することによって無秩序と悪を退けるという重要な役割がある。善い考え、善い言葉、善い行いは、アシャ（宇宙の根本的秩序）を支える。

古代の信仰と古典的信仰

参照：世界の終末 86–87 ■ 拝一神教から一神教へ 176–77 ■ 全世界へのイエスのメッセージ 204–207

> 賢明な創造主が
> 善であることは、
> その創造の行為を見ればわかる。
> **マルダン＝ファッルフ**

アシャは、ドゥルジ（悪い考え、悪い言葉、悪い行いによって促進される無秩序）という対立原理のために、常に危険にさらされているとされる。両者の対立は、つまり、創造と反創造との対立であり、秩序ある世界構造を悪が絶えず脅かしていると考えられている。

ゾロアスターは、人間に、この善と悪との戦いに参加することを促すという宿命を負って生まれてきた。彼の誕生により、戦いは善の勝利へと傾いた。ゾロアスター教では、最終的に勝利を収めるのは善であるとされている。

善からなる世界

ゾロアスター教によると、アフラ・マズダーは、完璧な世界を創造しようとしたとき、まずはアムシャ・スプンタを創り、そして完全なる存在を含む目に見えない霊的世界を創ったという。この世界の霊的本性はアフリマンを倒すことに向けられているが、アフリマンもまたこの世界を攻撃し続ける。アフラ・マズダーは、アフナワールというゾロアスター教の最も神聖な祈りを唱え、アフリマンを再び闇の中へと送り返す。

アフラ・マズダーは、それから、その霊的世界に物質としての形を与える。彼は一頭の原初の動物（雄牛）を創る。そして、完全に霊的な存在である彼の霊性はガヨーマルト（「有限の命」、「人間の命」）という人間になる。

しかし間もなく、アフリマンが復活し、攻撃を再開する。アフリマンは炎に包まれて、空を引き裂くかのように現れた。彼と共に、飢餓、病、苦痛、

ゾロアスター教のシンボルであるファラヴァファーは、「フラワシ」という守護天使を描いたものだと言われている。人間が悪と戦う際に、人間の魂を守るとされる。

ゾロアスター

預言者ゾロアスター（ザラスシュトラとも呼ばれる）が生きていた時期について、正確なことはわかっていないが、紀元前1400年から紀元前1200年頃であるという説が有力である。彼の思想は、原始のヒンドゥー教の『リグ・ヴェーダ』に類する聖典に依っていたが、彼は、直接神から洞察力を与えられて、そういった教えを解釈したのだと述べていた。ロシア南部の草原地帯で生活するイラン系半遊牧民の祭司であったゾロアスターは、アフラ・マズダーの崇拝を説き始めた。当初、信者はほとんどいなかったが、彼はその地方の支配者をゾロアスター教に改宗させた。そしてその支配者によって、ゾロアスター教はアヴェスタ語を話す人々の公式の宗教とされた。しかし、ゾロアスター教がペルシア帝国全土に広がったのは、紀元前6世紀のキュロス2世の時代になってからのことである。

主な文献

- **紀元前4世紀** ゾロアスターの教義が『アヴェスタ』にまとめられる。彼自身の作とされる「ガーサー」と呼ばれる韻文詩17編も含まれる。
- **9世紀** 『断疑論』において、ゾロアスターの思想に見られる二元論が詳細に説明される。

善と悪の戦い

担当の司祭が火の番をしている。彼らはパダンと呼ばれる白い布で口を覆い、息や唾液で聖火を汚さないようにする。

> 善と悪、光と闇は、
> その機能ではなく
> 本質において異なっている。
> 互いの性質が結び付くことはなく、
> その性質同士が
> 互いに破壊し合う。
> **マルダン＝ファッルフ**

欲望、そして死がやって来た。アフリマンは自らの手勢として悪魔たちを創り出す。ガヨーマルトと雄牛は最終的に殺されるが、その際に彼らの精液が地上にこぼれ落ちる。太陽が大地を温め、アフラ・マズダーが雨を降らせた。すると、ガヨーマルトの精子から人類の父マシュヤと母マシュヨイが生まれた。そして雄牛の精子からは人間以外のあらゆる動物が生まれた。

アフラ・マズダーの完全な創造は、アフリマンの破壊によって損なわれてしまった。そのためにアフラ・マズダーは、それまでは無制限であった「時間」に制限を設けた。

悪と人間の意志

ゾロアスター教では、すべての人間が善い者として生まれるとされる。にもかかわらず人間が誤った行動をとってしまうのは、悪を促す存在であるアフリマンのせいだと説明される。また、善い神のいるこの世界に、なぜ悪が存在し得るのかについて、ゾロアスター教の書物には次のような説明が見られる。「完全に完璧に善であるものが、悪を生み出すことはない。悪を生み出すものは、完全な善ではないということである。もし神が完全に善であり、完璧な知識を持っているのであれば、その神から無知や悪が生まれることはない。」これはつまり、この世界に悪が存在することの原因は、アフラ・マズダーではないということだ。悪の根源はアフリマンなのである。

アフラ・マズダーが人間に自由意志を与えたことにより、人間はあらゆる局面において善か悪を選択しなくてはならなくなった。我々人間には、悪ではなく善を選び取る責任があるということである。

このように道徳的な選択を重視しているために、ゾロアスター教は個人の責任と道徳を大切にする宗教だと見なされる。そしてそれは、概念的な側面のみならず、日常生活においても実践されるべきだとされる。アフラ・マズダーを信じる者にふさわしく、アフラ・マズダーの助けとなるような人間の美徳には、誠実、忠実、寛大、寛容、そして、年長者を敬い、約束を守ることが挙げられている。反対に、責められるべき悪徳としては、怒り、傲慢、復讐、貪欲、悪い言葉などがある。これらの悪徳が責められるのは、現世においてのみではない。

善と悪の双子

ゾロアスター教の一派であるズルワーン教（現在はない）においては、アフラ・マズダーは唯一の創造主ではない。アフラ・マズダーとアフリマンは、それ以前から存在していた神ズルワーン（「時」）の息子であるとされる。この説は、（聖典に書かれているように）アフラ・マズダーとアフリマンが双子の神であるならば、その親が必要だという理由から生まれた。中性で両性具有のズルワーンは、息子を生み出すために1000年という時を費やす。やがてズルワーンは、自分には息子を生み出す能力がないのではないかと思い始める。その疑いはアフリマンを生み、希望はアフラ・マズダーを生むこととなる。ズルワーンは、自分の最初の子供が世界を統治することになるだろうと予言する。するとアフリマンがアフラ・マズダーを押し退けて先に生まれ出てきて、自分がアフラ・マズダーであると名乗る。しかしズルワーンはだまされず、次のように述べる。「私の息子は光であり、かぐわしきものだ。だが、お前は闇であり、悪臭を放っている。」ズルワーンは、自らがそのような忌まわしいものを生み出してしまったことを嘆き悲しんだ。

古代の信仰と古典的信仰

> マズダーのために、そして、
> 貧しい人々の指導者となった主のために、
> 善い目的を持って生きる
> 人生から生じる行為の力を
> 確かなものとせよ。
> **アフナワールの祈り**

審判と救済

　ゾロアスター教では、人間は死後に二度、裁きを受けるとされている。一度目は個人の死に際して、そして二度目は世界の終末に際して、である。一度目の審判では個人の思想の道徳性が問われ、二度目の審判では個人の行動の道徳性が裁きの対象となる。いずれの場合も、有罪であると見なされたときは地獄で罰を受けることとなる。ただしその罰は永遠に続くものではなく、道徳的な過ちを死後の世界で改めれば許されると信じられている。そして許された人々は、天国でアフラ・マズダーと共に暮らすことができる。

　ゾロアスター教の教えによれば、世界の終末が近づいてくると、サオシュヤント(「救世主」)が現れて世界を建て直し、アフラ・マズダーがアフリマンを倒す手助けをするとされている。人間は汚れのない存在となり、肉を食べることをやめる。そして、乳、植物、水を摂取することもなくなり、最終的には何も必要としなくなる。すべての人間が悪ではなく善を選択するようになると、罪が存在しなくなるため、アフリマンが創り出した欲望の悪魔アズは飢えて、彼女を創ったアフリマンに泣きつく。そこでアフラ・マズダーは、アフリマンがこの世にやって来たときに開けた穴を通して、アフリマンをこの世界から投げ落とす。世界の終末が訪れるのは、このときであるとされている。

　このときが来るとサオシュヤントが死者を復活させ、復活した人々は、溶けた金属の流れる中を歩いて自らの罪を焼き払うという。ゾロアスター教では、この後に世界が再び始まるとされており、その新しい世界は、汚れのない、永遠に続く世界であると信じられている。

　最後の審判の際に罪を浄めるために火と溶けた金属を使うことは、ゾロアスター教において、火が清浄の象徴として重要視されていることを物語っている。火は、何よりも汚れのない物質であると考えられているのである。アフラ・マズダーは、火と、そして太陽と、密接な関係があるとされている。そのため、ゾロアスター教の寺院においては、神の永遠の力を表すものとして絶やすことなく火を焚いている。中には、何世紀にもわたって火を焚き続けている寺院もある。信者が薪(聖火には薪以外はくべられない)を持ち寄り、司祭がそれを聖火にくべる。参拝者はその灰を体に塗るのである。

終わらない戦い

　ゾロアスター教に見られる、善と悪の永遠の対立という考え方は、哲学においては「二元論」と呼ばれる。ペルシアに存在した二元論的なもう一つの宗教、マニ教は、3世紀に預言者マニによって創始された。マニは、自らの「光の宗教」が、ゾロアスター・ブッダ・キリストの教義を完成させたと考えていた。

　ゾロアスターと同様に、マニは世界を善と悪、光と闇の永遠の戦いであると見なした。このような見方は、キリスト教の思想家たちに強い影響力を持ち、アルメニアのパウロ派、ブルガリアのボゴミル派、そして最も有名なものとしてはフランスのカタリ派といった中世キリスト教の異端宗派に多大な影響を及ぼすこととなる。■

ゾロアスター教徒が集まって共に祈っている。非常に道徳的な彼らの信仰を的確にまとめた、アヴェスタ語の古い表現がある。「善い考え、善い言葉、善い行い。」

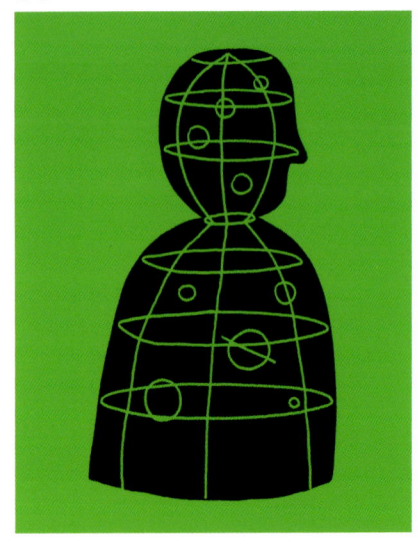

宇宙の道を受け入れる
自己を道と調和させる

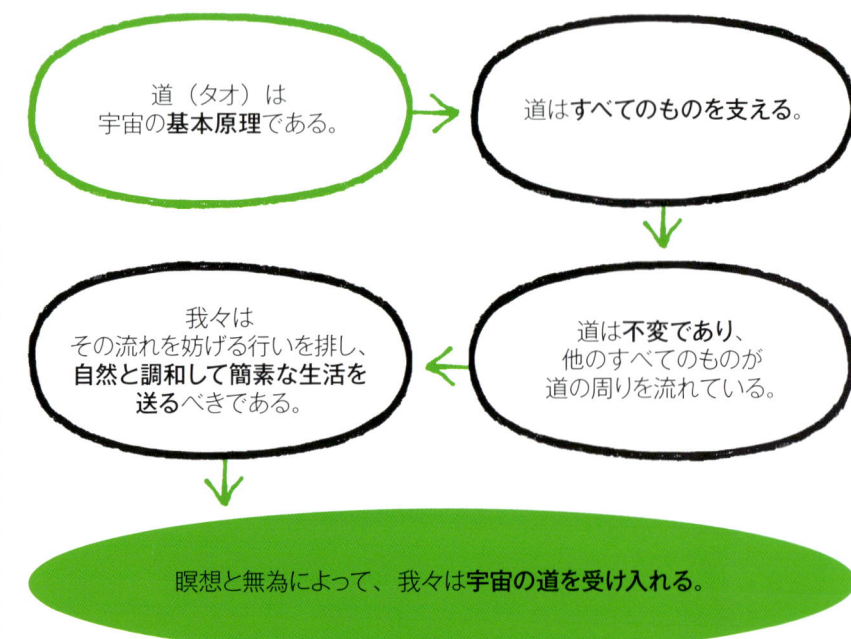

背景

主要人物
老子

時代と場所
紀元前6世紀、中国

前史
紀元前7世紀 中国では一般的に神々が人間の運命を支配していると考えられ、祖先崇拝が行われる。

後史
紀元前6世紀 孔子が道徳的な社会の仕組みを提唱し、徳と孝によって公正で安定した社会を作ることができると述べる。

1世紀頃 個々人が悟りの探求を行うことに主眼を置いた仏教が、中国に伝来する。

20世紀半ば 中国で共産主義政権によって道教が禁止される。この禁は1978年に解かれる。

20世紀 太極拳による身体的・精神的鍛練が西洋で人気となる。

道（タオ）は宇宙の**基本原理**である。 → 道はすべてのものを支える。

道は**不変**であり、他のすべてのものが道の周りを流れている。

我々はその流れを妨げる行いを排し、**自然と調和して簡素な生活を送る**べきである。

瞑想と無為によって、我々は**宇宙の道を受け入れる**。

道教（タオイズム）の起源は、自然と調和を大切にする古代中国の信仰に求められる。紀元前6世紀に老子が書いたと伝えられる『道徳経』が、道教の最初の書物とされている。紀元前6世紀前後は、他に類を見ないほど思想が活発化した時代であり、中国の儒教、インドのジャイナ教と仏教、ギリシャの初期哲学が現れた時代である。『道徳経』（「道とその力」）には、「道（タオ）」とは力であり原理であり、すべてのものの基盤となり、すべてのものを持続させ、また、宇宙の秩序の源となるものだと書かれている。道を妨げず道に従うことは、宇宙の調和を守る助けになるだけでなく、個人の精神的成長を促し、有徳で満ち足りた、長寿を全うできる人生につながるとされる。「道に従う」とは、より現代的にわかりやすく言うと、「流れに身を任せる」ということである。

古代の信仰と古典的信仰

参照：知恵は君子に属する 72-77 ■ 肉体的・精神的鍛練 112-13 ■ 言葉を超えた禅の洞察 160-63

道に沿って流れるように生きるためには、我々は自身を道と調和させ、自然が持つ本来のバランスを保てるような単純な行為のみを行うべきである。

有為と無為

　道自体は永久に続く不変のものである。そして、その道の周りで渦を巻いているのが人間の暮らしである。道に従って生きるためには、人間は、物質への執着を捨て、野望や怒りといった破壊的感情を消し去らなくてはならない。自己の衝動に突き動かされるのではなく、自然に身を任せ、自然と調和し、平和で簡素な生活を送るべきなのである。これが、道に備わっているとされる「無為」である。『道徳経』には「道は何も為さないのに、すべてのことが為される（道は常に為す無くして、しかも為さざるは無し）」と書かれている（第37章）。老子は、謙虚、従順、不干渉、無抵抗、超然、といった徳が無為につながるものだと考え、日常生活においてそれらを重んじるべきであるとした。

　老子の思想は、宇宙の性質とその成り立ちについて熟考するところから始まっている。中国思想においてはこれは陰と陽ということになる。陰は、闇・湿・柔・寒・女といった性質を持つもので、陽は、光・乾・剛・暖・男といった性質を持つものである。あらゆるものが、この陰と陽とで成り立っているとされ、そのバランスが保たれているときに調和が生まれるとされる。

　道教では、精神的にも身体的にも陰と陽のバランスを保つことが大切であるとされ、そのために瞑想や太極拳が行われる。太極拳とは、体内の気の流れを整えるための身体的・精神的鍛練である。

　漢王朝の時代（紀元前206年～紀元後220年）に、『道徳経』などの道家思想を取り込んで、宗教としての道教が始まった。道教で行われる瞑想を極めた者には、不死への道が開かれると考えられた。しかし『道徳経』で論じられている「不死」は、文字通り「死なない」という意味ではない。そこに書かれている内容は、道を完全に受け入れた者は物質的世界を超えた境地に達し、死という概念をも超越するというものである。ところが、道を受け入れた者にとっては「死の世界はない」というその記述を、道教の信者たちは文字通りに解釈し、道を受け入れることによって実際に不死を手に入れることができると信じたのである。■

> 私の言葉はとてもわかりやすく、行動に移すのも簡単である。しかし、この世の中に、私の言葉を本当に理解できる人はおらず、行動に移すことができる人もいない。
> **老子（『道徳経』第70章）**

老子

　ある書物によれば、『道徳経』の著者は、周王朝の蔵室（宮廷図書館）の管理者であった。彼は非常に博学であったため、老子という名を与えられた。より年少の賢者、孔子が、儀礼について老子の教えを請うために旅をして来たという説もある。しかし、老子については、確かなことはほとんど何も知られていない。老子という人物は実在しておらず、『道徳経』は、後の時代に名言・格言がまとめられたものであるかもしれない。

　伝説によると、老子は不可思議な状況で姿を消した。風に乗って天に昇っていく龍のようであったと、孔子は述べたという。また、周王朝の衰退を目にした老子は朝廷を出て、人のいない地を求めて西へと旅立ったという話もある。老子が旅立つのを見た関所の役人が、教えを残してほしいと頼んだところ、老子は『道徳経』を著して立ち去ったとされる。その後、老子の姿を見た者は一人もいない。

主な文献

紀元前6世紀頃　　『道徳経』（『老子』）

五つの大いなる戒め

苦行が霊的解放への道である

背景

主要人物
マハーヴィーラ

時代と場所
紀元前6世紀より、インド

前史
紀元前1000年〜 インドで伝統的にシュラマナ（沙門）と呼ばれている修行者たちが、輪廻の概念を発展させる。

後史
紀元前6世紀頃 釈迦（ブッダ）が悟りによって輪廻を解脱する道を見出す。

紀元前2世紀〜 大乗仏教において、菩薩（他者を救うためにこの世に留まる求道者）が崇められる。

20世紀 インドにおいてジャイナ教がヒンドゥー教と法的に区別される。

ジャイナ教は、インドの宗教の中で最も禁欲的である。苦しみの世界における輪廻からの解脱を目指して、信者たちは苦行を行う。今日のジャイナ教は、ブッダと同時代を生きたマハーヴィーラによって、紀元前6世紀に開かれた。しかしジャイナ教側は、その歴史的発展を、より長期的なものと見ている。彼らは、ジャイナ教はこれまでずっと存在してきたし、これからも変わらずに続いていくものだと考えている。ジャイナ教に伝わる伝説によると、マハーヴィーラはこの時代における24番目の祖師であるとされる。ジャイナ教徒は、一つの時代が途方もなく長く続き、そのような時代が無限に繰り返されていくと信じている。マハーヴィーラのような祖師は、ジナ（「勝利者」）と呼ばれるが、ティッタンカラ（「転生の海に渡し

古代の信仰と古典的信仰　69

参照： 四住期 106-109 ▪ 永遠の繰り返しから脱する 136-43 ▪ 諸々のブッダと菩薩 152-57 ▪ 正しい人々への究極の報い 279 ▪ シク教の行動規範 296-301

生とは、無限に**繰り返される輪廻転生**である。

↓

蓄積された業（ごう）から逃れることによってのみ、悟りに達し、この繰り返しから解放される。

→

そのためには、魂の解放を実現したマハーヴィーラのような偉大な**師に倣わなければならない**。

↓

その道筋は、**五つの誓戒**（不殺生、不妄語、不淫、不盗、無所有）に示されている。

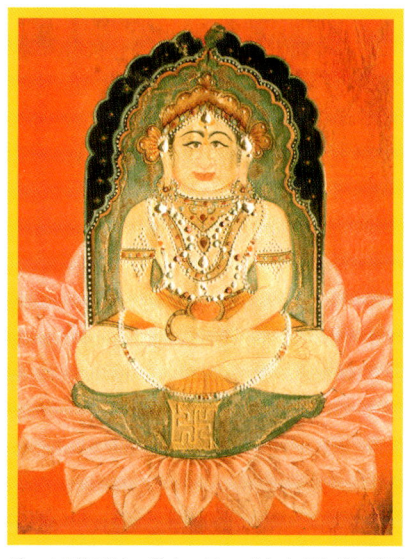

←

この道をたどることで、我々も最終的に**悟りに達する**ことができる。

ジャイナ教では、ジナ、ティッタンカラなどと呼ばれる祖師が崇められる。そしてその像が、礼拝において、祈りやマントラを唱える瞑想の際に用いられる。

場を作る人」）と呼ばれることも多い。ジャイナ教徒は、この物質世界における無限の転生から魂が解き放たれることを願って、ティッタンカラの説く苦行の道に従う。この望みがないとしたら、人間は、生・死・転生を繰り返すしかないということになる。

個人の責任

ジャイナ教ではいかなる神も認められておらず、個人の行動にすべての責任があるとされている。禁欲的な生活から逸れることのないように、ジャイナ教の出家修業者は五大誓戒を厳守する。五大誓戒とは、不殺生（生き物を傷つけないこと）、不妄語（真実を話すこと）、不盗、不淫（性行為を行わないこと）、無所有（人・場所・物への無執着）である。この5つの戒めの中で最も重要なものは不殺生であるとされているが、これは人間に対してだけでなく、水中や空中の微生物まで含むあらゆる生き物に対する不殺生を意味している。その他の4つの戒めは、托鉢僧として放浪生活を送り、説法・断食・禅定・学習に打ち込むために必要となる誓約である。

苦行は、ジャイナ教の教えの眼目である。ジャイナ教で伝えられるところでは、マハーヴィーラは放浪の旅の初めに、あまりにも深く思想にふけっていたために、僧衣がイバラの茂みに引っかかって脱げてしまったことに気づかず、裸のまま歩き続けたという。しかしマハーヴィーラの死後しばらくたって4世紀になると、どの程度の無執着が求められるのかという論争が起こり、シュヴェーターンバラ派（「白衣〔びゃくえ〕派」）とディガンバラ派（「空衣〔くうえ〕派」）との間に分裂が生じた。シュヴェーターンバラ派の僧は、簡素な僧衣をまとうことで、無執着・清浄といった精神的特性が損なわれることはないと考える。それに対してディガンバラ派の僧は、衣服をまとうことは、その人が性的感情や偽りの慎み深さを捨て切れていないことを表していると

見なし、僧衣を身につけない。ディガンバラ派の僧は托鉢のための鉢を持ち歩くことも許されない場合があり、そのときは両手を差し出して食べ物を受け取らなくてはならない。また、ディガンバラ派は、女性は転生から解放さ

> " マハーヴィーラは知恵を持った存在であり、自ら罪を犯すことも、他者に罪を犯させることも、他者の罪に同意することもなかった。
> **アカランガ経典** "

70　苦行が霊的解放への道である

ジャイナ教で用いられる記号は、宇宙を表す枠組みの中にいくつかの要素を組み合わせて描いたものである。下方世界の世俗的な要素は、天的存在の住する上方世界を目指す。

- **解脱した魂**が天の高いところにいる。
- **三宝（3つの宝）**とは、正しい信仰、正しい知識、正しい行いである。
- **魂の生きる4つの状態**は、天（神々）、人、畜生（動物）、地獄である。
- **開いた掌**は、立ち止まってすべての行いについて考えるように促す。
- **車輪**は死と再生の繰り返しを象徴している。
- **アヒンサー（不殺生）**は、ジャイナ教徒の人生の原則を表す。

れることができないと考える。男として生まれたときに初めて、魂の解放が可能になるのだと、彼らは信じている。

在家信者

ジャイナ教の在家信者は、より緩やかな五つの小誓戒に従う。内容は五大誓戒に似ており、不殺生・不虚言・不盗・不淫（妻以外の女性との関係において）・無所有（一定程度の無執着）とされている。すべてのジャイナ教徒が、不殺生戒に従って、厳格な菜食主義を実行し、殺生を伴う仕事をしてはならないことになっている。中には、生きている花を切り取ることも殺生にあたるとして、祈りの際には自然に落ちた花のみを用いるというジャイナ教徒もいる。在家信者には結婚が許されているが、その場合は最も厳しい基準に則って行動することが求められる。結婚においても、他のすべての場合と同じように、ジャイナ教徒は「三宝（3つの宝）」（正しい信仰、正しい知識、正しい行い）を何よりも重んじる。

4つ目の宝として、正しい懺悔が挙げられることがある。ジャイナ教においては、罪の償いが重要とされている。毎年モンスーンの季節に、8日間の断食と禁欲の後に行われるサムヴァトサリという祭りにおいて、ジャイナ教徒は家族や友人にその1年のすべての罪を告白し、また、次の年まで恨みを持ち越さないという誓いを立てる。瞑想も重要とされており、ジャイナ教の日々の儀礼では、48分間の瞑想が行われる。瞑想の目的は、宇宙と一体になること、そしてすべての罪を許し許されることである。（なお、48分間という時間は1日の30分の1にあたり、ムフルタと呼ばれるインドの標準的な時間の単位である。儀礼においてしばしば用いられる。）

その他にジャイナ教で徳と見なされるものは、他者への奉仕、宗教的思索、情念を離れること、そして礼儀正しさと謙虚さである。また、男女の出家者に食べ物を提供することで、徳を積むことができると考えられている。在家信者の誓戒でも求められている禁欲と同様に、これらの行為はすべて、ある種の物質として魂に蓄積されると言われる業（〔ごう〕過去の行いの影響）を減らしてくれると信じられている。魂を解放するためには、善い業も悪い業も、あらゆる業を消し去らなくてはならない。それはつまり、転生によって人生をいくつも経験しながら、少しずつ徳を積んでいき、精神的な悟りの道を徐々に進んでいくという考え方である。ジャイナ教の聖典の一つ『タットヴァールター・スートラ』では、解放に向けて魂が通過しなくてはならない14段階について論じられている。第1段階はミスヤドリシュティと呼ばれ、ここでは魂が眠っている状態である。そして最後の第14段階はアヨガ・ケヴァリといい、完全に解放を実現したシッダと呼ばれる魂が到達する段階で

古代の信仰と古典的信仰　71

ある。在家信者はこの最終段階にたどり着くことはできないとされている。

礼拝の形式

　ジャイナ教徒の礼拝の場は、寺院、または自宅の祭壇である。ジャイナ教の寺院は、解放を実現したティッタンカラ（祖師）たちが説法を行うとされる天国の広場を模したものであると言われ、その寺院においてティッタンカラの像を崇め礼拝を行うことで、魂の変容がもたらされると信じられている。最も簡単な礼拝は、ヒンドゥー教でも行われているもので、ダルシャンと呼ばれる。ティッタンカラの像と目を合わせるようにするという方法だが、多くの場合、その際にマントラ（神聖な呪句、真言）を唱える。ジャイナ教において基本とされる祈りはナヴカール・マントラあるいはナマスカール・マントラと呼ばれる。このマントラを声に出して「ナモー・ナマハ」と唱えることは、解放されたティッタンカラの魂を称えることであり、また、その信者自身が悟りへと続く道をたどるた

ジャイナ教徒の中でも、禁欲に徹し執着を断ち切った生活を完全に実践する出家信者のみが、14段の階段を上り、悟りに達することを望み得る。

> 「
> わたしは
> あらゆる生き物の赦しを請います。
> あらゆる生き物が
> わたしを赦しますように。
> あらゆる生き物と
> 友好な関係を結べますように。
> **ジャイナ教の祈り**
> 」

めの導きをティッタンカラから得ていることにもなる。■

マハーヴィーラ

　宗教改革者マハーヴィーラは、紀元前599年頃にインド北東部で、王シッダールタと王妃トゥリシャラーの間に王子ヴァルダマーナとして生まれた。王妃トゥリシャラーは、妊娠中に多くの不思議な夢を見たと言われている。ジャイナ教で伝えられるところによると、マハーヴィーラは、ヴェーダの神々の王であるインドラによって、王妃の子宮に入れられたという。マハーヴィーラは非暴力を貫いていたため、母親に痛い思いをさせないように、子宮の中を蹴らなかったと言われている。

　30歳のときに、王子ヴァルダマーナは修行者として生きるために宮殿を出た。彼は物質的に恵まれた環境を捨て、ひたすら瞑想に打ち込んだ。そして12年後に悟りを開き、祖師となり、マハーヴィーラと呼ばれるようになる。彼はジャイナ教の男女の出家者を集めて大きな共同体（5万人以上が集まったと言われている）を築き、現在の形のジャイナ教を作り上げた。マハーヴィーラは72歳で、インドのビハールにあるパーヴァという町で没した。このとき彼は、解脱（転生の繰り返しからの解放）に達していたと言われている。

徳は天から授けられるものではない

知恵は君子に属する

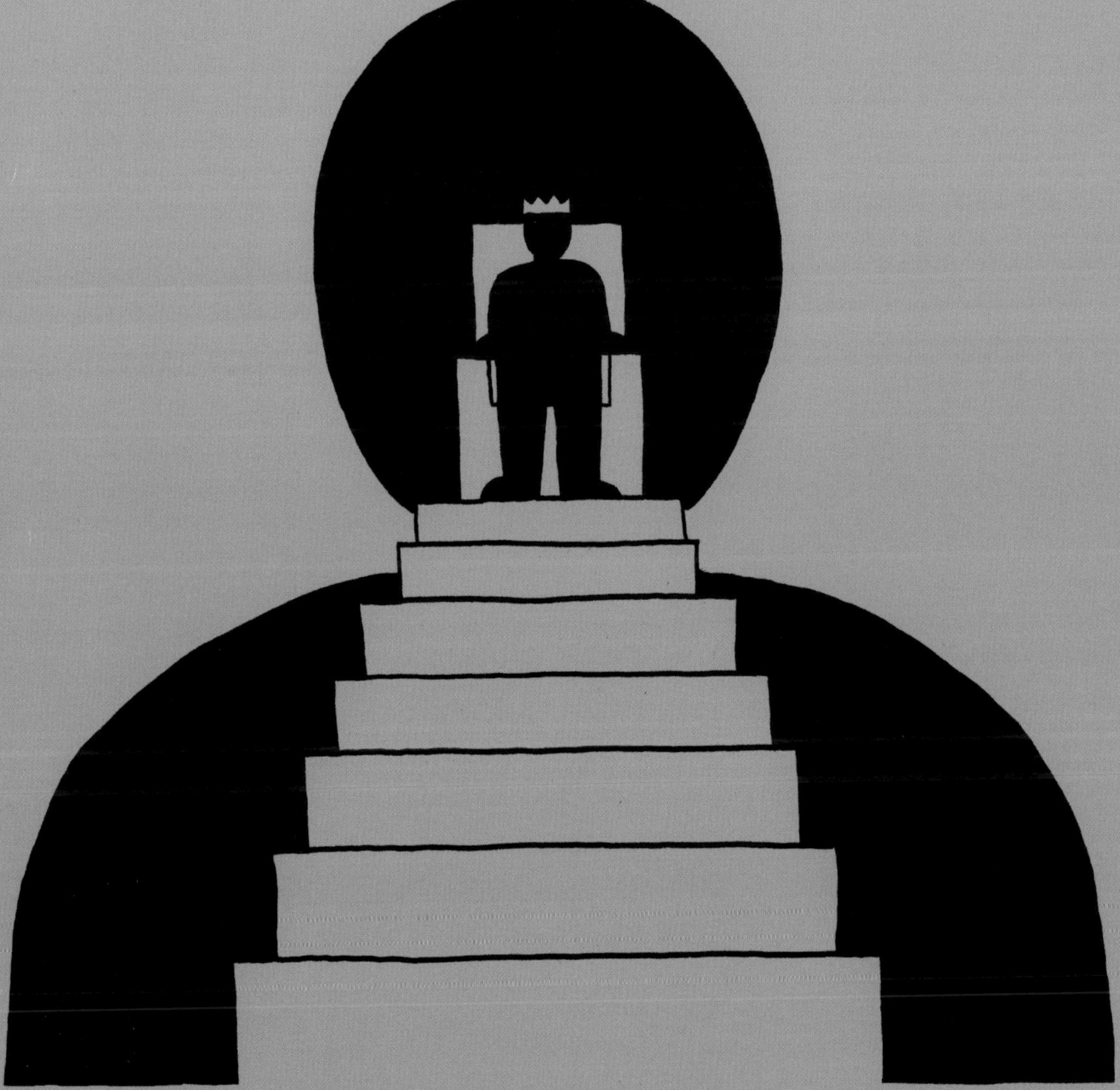

知恵は君子に属する

背景

主要人物
孔子

時代と場所
紀元前6世紀〜前5世紀、中国

前史
紀元前11世紀〜 周王朝が、中国の伝統的な祖先崇拝を天の概念に重ね合わせ、周の王をその頂点に置く。

紀元前6世紀 （伝承によると）老子が、宇宙の調和を維持するために、道に従って行動することを提唱する。

後史
紀元前6世紀〜 孔子の提示した徳や責任に関する理念が、周王朝の統治や、その後の王朝の政治的イデオロギーの基盤となる。

18世紀 孔子の説いた能力主義が、教会や国家の絶対的権威に反対する西洋の啓蒙思想家に支持される。

孔子は、西洋でもConfuciusという名で広く知られている。彼は、善の概念について初めて体系的な探究を行い、また、高い道徳心とは天から与えられた特別な資質なのか、それとも人間にもともと備わっていて高めることのできる資質なのかについて初めて体系的な思索を行った思想家の一人である。

孔子は、紀元前6世紀に現在の中国山東省にある曲阜で生まれた。彼は、新たなタイプの学者であり（実際、彼は最初の「公務員」であったと言える）、世襲ではなく自身の能力によって中産階級から権力ある地位へと登り、王室の助言者となった。当時の厳格な階級社会において、これは異例なことであった。そして、その異例さこそが、孔子の思想の中心であったと言っていい。

周王朝の統治者たちは、自分たちの権力は天命によって神から直接授けられたものであり、仁（思いやり）という資質は支配階級の特質であると信じていた。孔子もまた、天が道徳的秩序の源であると考えていた。しかし、孔子は、天の恵みはすべての人に与えられるもので、仁という資質は誰にでも身に付けられるものなのだと説いた。実際、仁を構成する性質（真面目さ、寛大さ、誠実さ、勤勉さ、思いやり）は、誰もが身に付けなくてはならないものである。これらの徳を実践することは、天の意志を支持することだと孔子は述べた。

> 徳による統治を北極星に喩えてみよう。
> 北極星は、無数の星々を率いながら、自らの位置に留まっている。
> 『論語』(為政第2)

『論語』（孔子の言葉や教えを弟子たちがまとめたもの）によって、新しい「道徳の哲学」が確立された。この哲学においては、君子（優れた人物）は、自ら仁を身に付けたいと望んで仁の習得に励むのだとされる。学びたいから学ぶのであり、善を好むからこそ善なのだ。

善を身に付けたいと望む人が守るべきことを教えてほしいと弟子に頼まれたとき、孔子は、次のように答えた。「礼にはずれたことは見ず、礼にはずれたことは聞かず、礼にはずれたことは言わず、礼にはずれたことはしないことだ（礼に非ざれば視ることなかれ、礼に非ざれば聴くことなかれ、礼に非

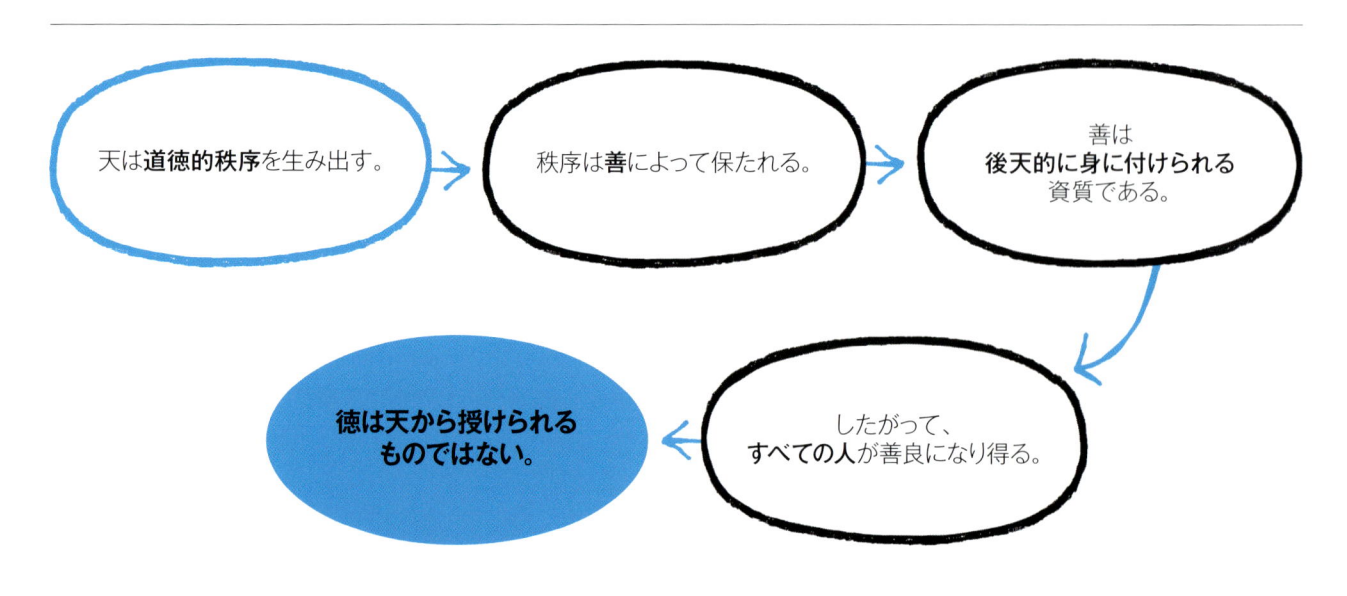

- 天は**道徳的秩序**を生み出す。 → 秩序は**善**によって保たれる。 → 善は**後天的に身に付けられる**資質である。
- → したがって、すべての人が善良になり得る。 → **徳は天から授けられるものではない。**

古代の信仰と古典的信仰

参照：調和の中で生きる 38 ■ 自己を道と調和させる 66-67
■ 無私の行為 110-11 ■ 神は人の中に現れる 188

ざるは言うことなかれ、礼に非ざれば動くことなかれ）」（顔淵第12）

孔子は、自己修練だけでなく、人と人との関係も重視しており、家族・地域社会・より大きな共同体における適切な振る舞いも大切であると考えていた。また、孔子はあらゆる階級から弟子を受け入れており、基本的には、徳は高貴な血筋によってではなく自己修練によって身に付くものだと信じていた。しかし中国の封建社会においては階級制度が確立していたため、孔子は、あからさまな能力主義の導入を求めるわけにはいかず、能力主義に訴える以外の方法で個人の徳を高めるように推奨する道を見出さなくてはならなかった。そこで孔子は、有徳な人物は社会の階級における自らの地位を理解して受け入れるべきであると説いた。そして、より上を目指そうとするのではなく、徳を活かして与えられた役割をこなすべきであると述べた。「（君子は）自分に与えられた地位にふさわしいことをするものであり、それを越えて口出ししようとはしない（其の位に在らざれば、其の政を謀らず）」（泰伯第8、憲問第14）と、孔子は述べている。

賢明な統治者の資質

統治者は、独断的で不公正な方法で権力を行使するべきではなく、模範を示すことで人民を率いるべきであると、孔子は説いた。寛大さと優しさを持って統治を行うことで、人民の徳や忠誠心を向上させ、正しい行いを引き出すことができるのだと、孔子は述べている。しかし、人民を治めるためには、まず自身を治めることが必要である。思いやりのある統治者になるためには仁の実践が不可欠であり、仁が身に付いていない統治者は、天から与えられた統治者としての権限を失う可能性すらあると、孔子は考えた。多くの点において、孔子の示した理想的な統治者像は、老子の説いた「道」という概念に似ている。道の場合と同様、孔子によれば、統治者が行うことが少ないほど、より多くのことが成し遂げられる。統治者は揺るがず中心に座しているべきであり、国は統治者を軸として展開していくのである。

孔子の助言に従った場合、有徳で、

中国では皇帝の権威が強力な支配によって示され、その支配が中央集権制度を更に揺るぎないものにした。賢明な助言に従って行われた政策ほど、見直しの必要がなかった。

孔子

伝承によれば、孔子は、紀元前551年に中国の魯国の曲阜で生まれた。本名は孔丘といい、後に孔夫子、孔子と呼ばれるようになった。彼の人生についてはほとんど知られていないが、裕福な家庭に生まれたものの早くに父親を亡くし、その後、家族を養うために使用人として働いたと言われている。孔子は、そのような状況においても時間を見つけて勉学に励み、魯国の行政官となった。しかし、統治者への助言が聞き入れられなかったことから、孔子は職を辞して、教えることに専念した。

孔子は自説を説きながら中国各地を旅して回り、晩年に曲阜に戻って、紀元前479年に死去した。孔子の教えは、弟子たちが口頭で伝えた言葉によって断片的に残り、後に『論語』にまとめられた。また、儒者たちによって選集も編まれた。

主な文献

紀元前5世紀　『論語』、『中庸』、『大学』

知恵は君子に属する

五倫

主君と臣下（義）
統治者は慈悲深く、臣下は忠実であること。

父と息子（親）
親は愛情深く、子は従順であること。

夫と妻（別）
夫は善良で公平、妻は寛容であること。

兄と弟（序）
年長者は親切に、年少者は礼儀正しくあること。

友人同士（信）
年長者は思いやりを持ち、年少者は敬意を払うこと。

技量もあり、信頼できるような助言者や文官が必要となる。そのため、紀元前136年に、漢王朝は、孔子が理想とした能力主義に基づく文官登用のための試験を導入した。その結果として、中国における「天」の概念は明らかに官僚的な色合いを持つようになり、宋王朝の時代（960年〜1279年）には、天は中国の朝廷と同じような場所であると考えられるようになった。つまり、天にも中国と同様に皇帝がいて、その皇帝に仕える天の役人たちがいるのだと、人々は考えていた。

孔子は、天について語ることが多かったものの、自らの説く道徳が天から与えられたものだとは考えていなかった。孔子は、それは初めから人間の心に存在しているのだと考えた。この点では、儒教は、宗教というよりも、人間的な道徳哲学であると言えよう。しかし実際には、500万〜600万人の信従者がいる今日においても、儒教が宗教なのか道徳哲学なのかは、はっきりしていない。中国では一般的に、孔子は多くの神々と同列に扱われているものの、信従者の多くは、孔子を、神ではなく偉大な師として、また偉大な思想家として崇拝しているのである。

儀礼の重要性

儒教がしばしば宗教と見なされる主な理由は、孔子が、祖先を崇める儀礼や式典を義務としたことにある。孔子によれば、これは、家族や友人への忠誠・年長者への敬意というより広範囲にわたる義務の一部である。この義務を儒家の孟子は、五倫（人が守るべき5つの関係、左図参照）と規定した。これらの関係においては、相互関係という概念が重要な役割を果たす。儒教の中核には、「自分がされたくないことを、他人にしてはいけない」という黄金律が存在するためである。愛による結び付き、忠誠心、儀礼や伝統、有徳な行為、敬意を大切にすることによって、すべての人々が善良さを身に付けることができ、さらに、社会全体が肯定的で正しい考え方に沿ってまとまることになると、孔子は信じていた。祖先を敬い、崇拝の儀礼を行うことによって、人間は、この世界と天との調和を保つことができる。統治者が祖先に捧げものをして、自分が天から統治権を与えられていることを示す儀礼を行うように、各家庭でも祖先を敬う儀礼が行われていた。

孝は、今も儒教で最も重要な徳の一つであり、孝による結び付きや義務は、死によっても断たれることがない。息子は、両親の墓に供え物をして、祖先の霊が宿っているとされる位牌の祭られている自宅の祭壇で祖先への敬意を示すことが求められる。今日でも、儒教の結婚式で最も重要なのは、新郎新婦が新郎の祖先の位牌に礼をして、祝福を願って、新婦を新郎の祖先に正式

孔子はあしかけ14年間、自説を説きながら旅をし、弟子を増やした。同時代に古代ギリシャにおいても、同様の形でいくつもの学派が作られていった。

> 天の下（もと）に存在し得る
> 最も完璧な誠意を
> 備えた人のみが、
> 変化を及ぼすことができる。
> 『中庸』

古代の信仰と古典的信仰

に「紹介する」瞬間なのである。

儒教の発展

朱熹(1130年〜1200年)という学者が現れ、儒教に道教や仏教の要素を取り入れて「新儒教(新儒学)」とも呼ばれる確固たる宗教を創出したのは、宋王朝時代のことであった。孔子は、中国で初めて永遠の真理について考えた賢人だったわけではない。孔子自身も、自分は何も生み出してはおらず、単にそれ以前の思想家の考えたことを研究して、その思想を五経と呼ばれる5冊の経書にまとめただけだと述べている。西周王朝(紀元前1050年〜前771年)では学者が重用されており、紀元前7世紀には諸子百家が登場するに至る。そして、孔子が生きた時代は、周皇帝の力が弱まり、社会体制全体が崩壊の危機にさらされていた時代だったようである。そのような中で、哲学者が盛んに活動し、社会も変革期を迎えていた。孔子が秩序と調和を重視したのは、社会が崩壊するのではないかと心から憂えていたためである。その後、漢(紀元前206年〜紀元後220年)、宋(960年〜1279年)、明(1368年〜1644年)などの王朝の皇帝たちは、儒教の掲げる理想が社会体制を維持する上で役に立つものであることに気づき、ついに儒教が国教とされる。儒教は、また、20世紀に至るまで日常生活や思想に多大な影響を与え続けた。文化大革命の際には、儒教に見られる社会的な保守主義が批判を浴びたが、近年では、現代新儒学の登場によって、儒教に現代中国の思想や西洋哲学が取り込まれるまでになっている。孔子は、自らの哲学を構築するにあたって、確かに既存の概念や慣習に頼ったかもしれない。しかし、注目すべきは、人間は

> 忠実さと誠実さを
> 第一の原則としなさい。
> **『論語』**(学而第1)

> 生まれつきの性質は、
> 誰でも似たようなものである。
> 違いをもたらすのは習慣である。
> **『論語』**(陽貨17)

生まれながらに善であり(徳の高い人間になるために必要なのは、教育と励ましだけである)、上流階級だけでなくすべての人々がその善性を備えているのだと、孔子が主張した点である。■

年長者や祖先を敬うことが儒教の基本理念である。若い中国の学生たちが、孔子の誕生日を祝い、孔子像に敬意を表している。

神の子が生まれる
神話の融合

紀元前1420年頃、クレタ島のミノア文明は、ギリシャから来たミケーネ人の侵略を受けた。ギリシャ人はミノア人の文化を取り込み、その結果としてクレタとギリシャの神話が1つに融合された。ミノアの神々の中に、偉大な母と崇められる女神がおり、伝説によると、彼女はプシクロにあるディクテオンと呼ばれる洞窟で男の子を生んだという。以来、この洞窟はその女神を祭る最も神聖な場所となり、神も人も、誰一人立ち入ることは許されなくなった。年に一度、火のように赤い光がその洞窟から吹き出すと言われ、それは、神の子が生まれる際にあふれ出る血なのだと信じられている。

神の子は成長して立派な青年（クーロス）になった。彼は毎年人間に豊穣と幸運をもたらす半神半人として、聖歌にもしばしば登場する。

ミケーネ人の後にこの地を支配したのは、同じくギリシャからやって来たドーリス人であった。彼らはミノアのクーロスに、自分たちの神であるゼウスの名をつけた。ゼウスは、オリンポス山に住む古代ギリシャの神々を束ねるギリシャの最高神である。ディクテオン洞窟は、ゼウスの母レアが、嫉妬深い夫クロノスに見つからないように息子を隠した場所とされ、数ある古代ギリシャの聖地の中の一つと見なされるようになった。

レアは、ミノア文明においては、偉大な女神の一人であったと思われる。しかしギリシャ神話では、神々を生んだ母親であったにもかかわらず、レア自身はオリンポス山に住む神には数えられていなかった。しかし、彼女が生んだ神の子は、ギリシャの最高神と見なされるようになり、他のすべての神々の父親とされたのである。■

背景

主な信者
古代ミノア人と古代ミケーネ人

時代と場所
紀元前14世紀、クレタ島

前史

先史時代～ 西アジアから来たと思われる初期の移住者が、クレタ島の洞窟に礼拝や儀礼の痕跡を残す。

紀元前25世紀頃～前1420年 ミノア文明の時代、クレタ島で崇拝されていたのは主に女神であり、その多くがヘビ、鳥、蜂との結び付きを持つ。

後史

紀元前7世紀 ギリシャの詩人ヘーシオドスが、プシクロの洞窟でレアがゼウスを生んだという話と、レアが息子を夫の怒りから隠したという話を結び付ける。

紀元前5世紀 共和制ローマが、ゼウスの神話と像を、ローマの最高神ユーピテルに同化させる。

カルロ・チニャーニ（1628～1719年）による幼子ゼウスの絵。幼子ゼウスが、ディクテオン洞窟に住む妖精（ニンフ）、雌ヤギ、蜂に世話をされる姿が、神話でさまざまに描かれた。

参照： 象徴主義が現実を作る 46–47　■ 新しい社会のための信仰 56–57
■ 偉大な女神の力 100

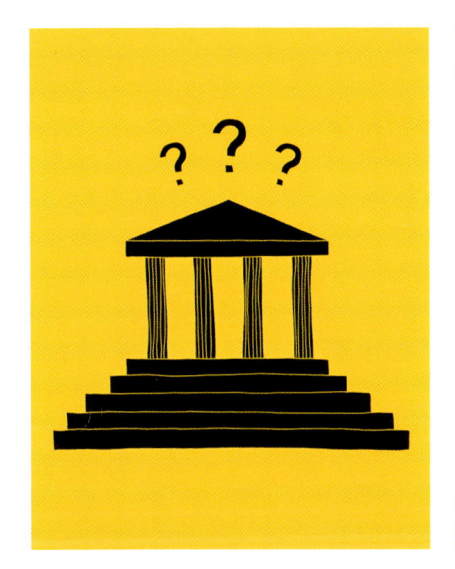

巫女は神々の意志を語る
未来の予言

古代ギリシャ人は未来の予言を非常に重視した。最も貴重で影響力を持つ予言を行い、示唆に富んだ助言を与えるのが神託を受ける人間の務めであり、通常は巫女がその役割を果たした。巫女がトランス状態に入ると、神々は巫女の口を通して直接「語る」。神託は難解なこともあったが、司祭によって解釈された。神託が行われる場所や巫女の住む場所（洞窟であることが多かった）に供物を捧げると、より意義深い神託が得られるとされていた。

恋愛や結婚といった個人的な事柄から国政に至るまで、巫女はあらゆる問題について助言を行った。巫女の予言は、政治目的で利用されることもあった。たとえば、アレクサンドロス大王は、紀元前332年にエジプトを征服した際に、エジプトの神アメンの神託所を訪れた。そこで巫女により、彼が「アメンの息子」であるという神託が下されたことで、彼のエジプト支配が正当化されたのであった。しかしながら、巫女の人数がそれほど多くなかったことや、高価な供物を捧げることが望ましいとされたことにより、巫女という「人間に宿った神」と接触することができるのは裕福な権力者に限られた。巫女の神託を聞くことができない人々は、卜者と呼ばれる人々のところへ予言を聞きに行くことが多かった。彼らは巫女とは違って一つの場所に留まるわけではなかったため、ギリシャの軍隊が戦場へと向かうときに、彼らを連れて行くこともできた。卜者は、神の「お告げ」を読み解くために、夢を分析し、偶然の出来事の意味を解釈し、鳥を観察した。また、動物を生贄として捧げることで、未来の出来事の予兆を受け取った。■

背景

主な信者
古代ギリシャ人

時代と場所
紀元前8世紀〜4世紀、ギリシャと地中海沿岸地域

前史
紀元前2000年代〜 エジプトで最も有名な神託がペル・ウアジェトの神殿（コブラの頭を持つ女神ウアジェトの神殿）で行われる。

紀元前800年頃 アポローンの神託がデルポイで行われるようになる。

後史
紀元前1世紀〜 ローマ帝国で腸卜（ちょうぼく）僧が影響力を持つようになり、エトルリアの占い技術を用いて、牛贄となった動物の内臓を読み解く。

1世紀〜 キリスト教教会が占いを異教の慣習であると批判する。占いは旧約聖書『申命記』において禁じられている。

> その巫女は、
> うわごとを話しているかのように
> 千年以上離れた
> 時代のことを話す。
> 彼女の中にいる神の助けによって。
> **ヘラクレイトス**

参照：シャーマンの力 26–31 ■ アフリカ起源のサンテリア 304–305

神々は我々に似ている
信仰は社会の反映である

背景

主な信者
古代ローマ人

時代と場所
紀元前8世紀、ローマ

前史
紀元前8世紀〜前6世紀 ギリシャ文明が栄え、ギリシャの神々が信仰を集める。

後史
紀元前8世紀 ローマが建国される。

紀元前509年頃 王政ローマが倒され、共和制ローマが成立する。

紀元前133年〜前44年 内乱により共和制ローマが倒れる。ユリウス・カエサルが「終身独裁官」となるが、紀元前44年に暗殺される。

紀元前42年 ユリウス・カエサルが神格化される。

335年頃 ローマ皇帝コンスタンティヌス1世がキリスト教に改宗する。

391年 皇帝テオドシウスが異教の神々への崇拝を禁じる。

- 神々は我々の社会における**出来事**に強い関心を持っている。
- 神々は我々の**家庭**での**出来事**に強い関心を持っている。
- 家庭の神**ペナーテース**は、我々の家に住み、我々の必要なものを与えてくれる。
- 指導者は政治における意思決定について、**神々の助言を得る**。
- **政治指導者**は神と見なされることがある。
- 祖先の霊である**ラレース**は、我々の守護神である。

→ **神々は我々に似ている**

古代ローマの神々の多くは、もともと、ギリシャを始めとする他の文明において崇められていた神々だった。ギリシャの神々と同様に、ローマの神々も生活し、愛し合い、戦った。それは人間の人生、さらには人類の歴史を反映するものであった。このような類似点を持つ一方で、両文明の神々には違いもあった。ギリシャ人にとって神々は、遠く離れた場所から宇宙を支配する存在であったのに対して、ローマの神々はローマ人の生活の中に存在し、物事のあらゆる側面に直接影響を与えるものと考えられ

古代の信仰と古典的信仰

参照： 新しい社会のための信仰 56-57 ■ 神話の融合 78 ■ 神々の道を生きる 82-85

た。ローマ人は、国をうまく治めるには神々の助けが不可欠であると信じており、神々の協力を得るために、神々への礼拝・儀礼・供儀を国家の公式行事として行っていた。そのような公式行事は政権の権威を強める助けにもなった。また、宗教的な祭日は休日とされ、競技会が催されることも多く、政治面での団結力を高める効果があった。宗教と政治とは相互に依存し合う関係であったため、政界の上層部には神官の一団が組み込まれており、政治指導者が宗教的義務を負うことも多かった。ついには、統治者が特定の神と結び付けられるようになり、神そのものと見なされる統治者も現れた。多くは死後に神格化が行われたものの、中には存命中に神格化される統治者さえいた。

さまざまな宗教、家庭の神々

国教とされた宗教と共存する形で、他にもさまざまな宗教が存在していた。特定の神を崇拝する宗教もあり、その多くはローマの伝統的な神々以外を対象としていた。また、時にはローマによって征服された国の神が「招かれて」ローマで暮らすようになったという場合もあった。しかし大多数のローマ市民にとっては、ラレースやペナーテースと呼ばれる、各地域や家庭の守り神こそが、日々の生活と直結した神々であった。ラレースやペナーテースは人間の生活に強い関心を持っていたため、至る所に存在した。そして、交渉を行える神々であると見なされていたことから、彼らに祈る際には「私はこれを捧げますので、あなたはこれをください」という取り引きの形をとることが多かった。

ローマ人にとって、信仰の基盤は家庭だった。家長が精神的指導者であり、道徳的権威であった。家長は、一家の財産に対する法的権利を持つと同時に、家族全員について社会的責任を負っていた。ローマ人は家を神聖な場所と考えており、家の中心に位置するのは暖炉と決まっていた。家長は、ペナーテース（食料品戸棚の神で、この神に捧げるために食事の度に食べ物が暖炉の火に投じられた）を始めとする家庭の神々すべてを統率する役割を担った。■

ローマの神々は人間的な特徴を持っており、大いに食べ、眠り、酔いつぶれる姿が、しばしば描かれている。

ラレース

ラレースは、すべての人々を守る神々と、家庭の神々との間に位置する守護神で、特定の地域の人々の暮らしを守るとされていた。多くの家にその土地のラレースを祭る祭壇があったが、ラレースの守る範囲は、家庭の神ペナーテースの力が及ぶ範囲より広かった。その地域のラレースを祭る建物は十字路に建てられることが多かった。農業と家畜の守護神であるラレースの起源は、英雄的祖先への崇拝であったとも、農地に埋葬された祖先への崇拝であったとも言われている。共和制ローマでは、ラレースは、商業、輸送、伝達の守護神と見なされた。ラレース信仰は各地の地域社会に浸透し、一般の人々の日常生活に深く根付いていた。そして、支配階級である貴族よりも一般庶民（兵士、船乗り、農民、商人など）に崇められ、「国教」の主要な神々の補佐役とも言える役割を担っていた。

> 他の場所でもそうであるように、ローマにおいても、神々の社会を理解するためには、人間社会の様相を参考にする必要がある。
> **ジョルジュ・デュメジル**

儀礼が
我々と過去をつなぐ
神々の道を生きる

背景

主な宗教
神道

時代と場所
8世紀、日本

前史
先史時代〜 日本において自然界の精霊に対するアニミズムと祖先崇拝とが融合する(後世、天皇は神々の子孫を称するようになる)。

紀元前2000年〜1000年 古代中国において、正当な統治者は神から権威を与えられていると見なされる。

6世紀 仏教が日本に伝えられ、帰依者が現れ始める。

後史
19世紀 神道が日本の「国教」となる。

1946年 日本の天皇が神の子孫であることを否定する。国家神道は廃されるが、神道の信仰は続く。

神道は、日本の伝統的な宗教である。神道は宗教というよりも日本人の生活様式だと言われることもあるが、それは、神道が日本の土地、歴史、伝統と非常に強く結び付いているためである。神道の起源は、自然や自然現象を崇拝するアニミズム的信仰が一般的であった有史以前にまでさかのぼる。

日本という島国には、長い間、神道以外の宗教が存在しなかった。そのため、6世紀に仏教が伝えられるまで、神道はその教義を明確に示す必要がなかった。その結果、日本の伝統的な信仰には詳細な教理がなく、仏教と儒教が日本の神学と哲学に大きな影響力を持つこととなった。8世紀初頭、天皇の命によって『古事記』や『日本書紀』

古代の信仰と古典的信仰　83

参照：世界を理解する 20-23 ■ 初期のアニミズム 24-25 ■ 新しい社会のための信仰 56-57
■ プージャーによる礼拝 114-15 ■ 儀礼を繰り返し執り行う 158-59 ■ イエスの神性 208

> 偉大なる日本は
> 神々の国である。
> ここに、
> 太陽の神が、
> その永遠の統治を開始した。
> **『神皇正統記』**

```
天と地の始まりに、カミ(神々)によって世界が創られた。
        ↓
世界はカミという聖なる力に満ちていた。
        ↓
造化のカミがあり、自然の力としてのカミがあり、祖先の魂としてのカミがある。
        ↓
カミが我々の国家を築き、文化を形成した。
        ↓
カミを拝する儀礼が、我々と過去をつなぐ。
```

といった長大な書物が編纂された。そして『日本書紀』に「神道」という語が現れ、この語が、日本古来の信仰を強化するために用いられることとなった。

これらの書物は、日本の歴史や神話に関する口承を書き起こしたものであるが、それに併せて、神々の血をひくとされる日本の天皇の系譜も記された。これらの書物では、更に、一連の儀礼も定められ、それ以来、儀礼は神道において最も重要な要素となり、信仰自体よりも重視されていると言っても良いほどになった。神道は今も日本人の生活のあらゆる面に浸透しており、宗教的な場面においても非宗教的な場面においても、「祓い(清め)」を中心とする神道の儀礼が執り行われる。たとえば、スポーツの大会のとき、自動車の部品製造作業場を新しく作ったとき、建築事業を行うときなどに、神道の儀礼が行われている。伝統が重んじられるこの儀礼では、「カミ」と呼ばれる聖なる存在が崇められ、祈りが捧げられる。神道という語の意味は、文字通り「カミの道」なのである。

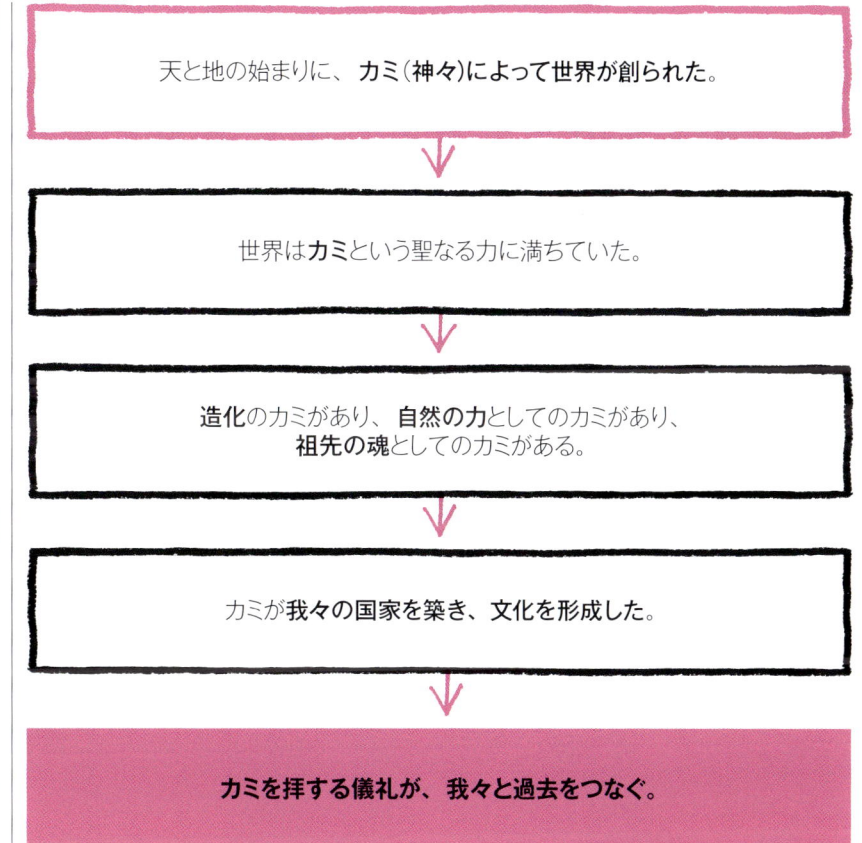

すべてのものの本質

「カミ」という語には「籠もり隠れるもの」という意味があり、英語ではgod(神)、spirit(霊)、soul(魂)と訳すことが可能である。しかし、神道における神は、さまざまな超自然的存在だけでなく、あらゆるものに内在しそのものを特徴づけているような「霊的エネルギー」や「本質」と言うべきものをも含意している。つまり、自然現象(嵐や地震)や自然環境(川、木々、滝)の中にも、その本質として神々が宿っていると考えるのである。山(特に富士山)は、とりわけ神聖なものと見なされている。

神が「神」としての形をとる場合には、男神、女神、氏神(一族の祖先の霊)となるが、特殊な人間が生き神と見なされることもある。あらゆる神々は超自然的世界に存在しているわけではなく、人間と共にこの世界に住んでいるのだと、神道は説いている。神道の神々は、祈りに応えて、物事を良い方向に動かしてくれる。しかし、他の多くの宗教の神々とは異なり、彼らは全能ではない。彼らの力は限られたもので、過ちを犯すこともある。更に、すべての神々が善良なわけではなく、邪悪な神も存在する。神々の慈悲深い側面としては、誠実であり、「誠」(真実)を重んじ、「むすび」という創造的能力

神々の道を生きる

を用いて宇宙の調和を保っていることが挙げられる。

神道における創造の神

『古事記』によると、宇宙の創造の際に3柱の神が現れたという。その中にはカミムスビという神（生成の神）がいたが、信仰の対象となるには抽象的過ぎた。そのような実体を持たない抽象的な神々が何代か続いた後、神道の主要な神となるイザナギとイザナミが現れ、世界を「生み出した」。神道の神話の多くは、イザナギとイザナミ、そしてこの系譜に属するスサノオ（嵐の神）、ツクヨミ（月の神）、アマテラス（太陽の神）についてのものである。

神とはすなわち、日本の創造主、国土そのもの（自然現象・自然環境に宿る魂として）、日本人の祖先たちである。これらの神々を拝する儀礼は、日本の歴史や伝統に深く根差したものなのである。

神社と寺院

神々と人間との良好な関係は、神社や寺院で祈りを捧げ、供え物をすることで保たれている。神社に入る際には、現在でも身を浄めるしきたりがあり、そのようなしきたりが、浄・不浄という考え方を重要視する神道の中核となっている。神道には原罪という概念はなく、人間は生まれたときは清い存在で、不浄によって穢れるだけだとされている。不浄には、罪のように我々が制御できるものと、病や死との接触といった我々には制御できないものがある。こういった罪などの不浄は、儀礼によって浄めなくてはならない。浄めのための儀礼にはさまざまな形があるが、手を洗って口をすすぐという一連の流れは、ほとんどの儀礼に含まれている。

日本の多くの家庭には、祖先やその他の神々を拝むために祭られた、神棚と呼ばれる小さな祭壇がある。公の神社には、村ほどの大きさを持つものもあれば、極めて小さなものもあるが、驚くべきは、その簡素さである。多くの神社が、木、池、岩といった自然界にある物体を中心に作られたことが、その理由である。神社には、通常2本の垂直な柱と横木で作られた、鳥居と呼ばれる門がある。また、神社には絵馬掛けと呼ばれる場所があることが多く、参拝者は試験合格や良縁など、神への願い事を書いた絵馬をそこに奉納する。

神社の拝殿では、参拝者は身を浄めた後に次の四段階の手順を踏む。まずは賽銭箱にお金を入れる。次に拝殿の前に立ち、二度深く礼をする。それから二度柏手を打ち、祈りの締めくくりとして最後に深く一礼をする。神社では、こうした参拝が行われ供物が捧げられるが、それに加えて「祭り」と呼ばれる行事も執り行われる。祭りにおいては、神への崇拝を表す儀礼が行われ、また、4月の田植えのような農業において重要となる季節の節目が祝われる。神道の信者は、こういった儀礼を正しく執り行うことによって「和」（世界を浄め、世界を滞りなく動かすための調和）が得られると信じている。

神々の子孫

最も尊崇を集めている神社は、本州の伊勢にある太陽の女神アマテラスの神宮である。木でできた簡素な神社は、この1300年の間、20年ごとに改築されてきた。これは、改築することで神が喜ぶと考えられているためである。多くの日本人が、一生に一度は伊勢を

> あなたが統治者の治世を
> 祝福してくださるので
> 私は鵜のように頭を深く垂れて
> たくさんの供物を
> 捧げます。
> 祝詞

神主には男性も女性もいる。巫女と呼ばれる、白衣をまとった神主の助手は、神主の娘である場合が多い。彼らの伝統的な装束は、神道が強い力を持っていた時代から続くものであることを明確に示すものである。

古代の信仰と古典的信仰

訪れたいと願っている。

日本の天皇は、伝統的に、アマテラスの直系の子孫であると考えられており（紀元前660年に即位した初代天皇である神武天皇は、アマテラスから5代後の子孫であるとされる）、7世紀から8世紀にかけて、このことは神道における正式な説となった。当時、このようにして神道を宗教として整えたことで、神道は仏教の影響を逃れることができた。また、日本人全体に、日本民族の卓越した地位の意識を植え付けることにも成功した。そしてこの考え方が、日本の政治的・軍事的野心の根拠として使われるようになる。特に19世紀になって、明治維新により日本が天皇制に戻ってから、その傾向が強まった。

神々が日本を見守りその繁栄を約束してくれるように、天皇と朝廷には式典を執り行う義務があった。そしてその伝統は、第二次世界大戦の終戦まで続いた。しかし、敗戦により日本は連合国側への譲歩を強いられ、神道の置かれた状況も変化した。アメリカの占領軍が、神道はあまりに軍事的で国家主義的であると判断したため、神道は1946年に「国教」としての地位を失った。そして同じく1946年に、昭和天皇が自らの神性を否定した。しかし、もはや天皇は神と見なされていないにもかかわらず、天皇による式典は、今日でも重要なものとされている。神道では、秩序と調和を重視し、社会規範・儀礼・伝統を尊重し、天皇に敬意を払う。その特性ゆえに、神道は、日本社会の保守的側面を支える基盤としての役割を果たしてきたのである。■

神々の怒りを鎮め、神々を喜ばせる儀礼は、はるか昔から続いており、現在も神道の敬虔な信者によって執り行われている。狐の像に穀物や油揚げなどを供えることは、稲荷神（豊穣の女神の性格を持つ）への祈りであり、豊作が約束されると信じられている。

> 「人間の本性は善であり、人間の住む世界も善である。これが神の世界である。したがって、悪（罪穢）は人間やこの世界からは生まれない。悪とは外部からの侵入者なのである。」
> — 小野祖教

浄めの儀礼の起源

浄めの儀礼である「祓い」は、神道において重要な役割を持つ。この儀礼の起源は、創造主イザナミとイザナギについての神話にあるという。妻イザナミは、火の神カグツチを生む際に火傷によって命を落とし、黄泉の国へと旅立った。悲しみに打ちひしがれたイザナギは、彼女を追って黄泉の国へと下りていく。ところが、イザナミは黄泉の国の食べ物を口にしてしまっており、もはやそこから出ることは叶わなかった。イザナミはイザナギに自分の姿を見ないでくれと頼むが、イザナギはたいまつに火をつける。すると、彼女の体は腐り、ウジがわいていたのだった。イザナギは生者の国へと逃げ帰り、海に身を浸して浄め、死の穢れを祓ったという。神道においては、死は究極の穢れと見なされる。神道式の葬儀（神葬祭）も考案され、近世以降普及したが、一般に日本人は仏教式の葬儀を行う。

神々は死ぬ
世界の終末

背景

主な信者
ヴァイキング

時代と場所
8〜12世紀、スカンディナヴィア

前史
先史時代〜 現在のデンマークにあたる地域で発見されたトーロン人など、泥炭地でミイラ状で発見された遺体から、人身を用いた供儀が行われていたことがうかがえる。北欧の神々（オーディンを頂点とするアサ神族）の信仰者が増え、ヨーロッパ北部の広い地域で崇拝される。

後史
13世紀 キリスト教が北欧に広まり、ヴァイキングの信仰は伝説化する。この信仰を残すために『エッダ』（北欧神話の詩編）が編まれる。

19世紀〜 スカンディナヴィアとヨーロッパ北部において、アサ神族を崇拝するゲルマン新異教主義運動が組織される。

北欧のヴァイキングの神話を貫いているのは破滅への予感であり、すべての神話が同様の悲劇的結末を迎える。その結末とは、「すべての父」であるオーディンと悪神ロキが、神々と巨人との長年にわたる戦いを恐ろしい形で終わらせる、というものである。この世界最後の戦いはラグナロクと呼ばれ、それによって神々は死に、世界は破壊される。

悪神ロキは、オーディンの盲目の息子ヘズをだまし、ヘズの兄にあたるバルドル（「光の王子」と呼ばれる善神）を殺させた罰として、永遠に3つの岩につながれることとなる。ロキが逃れようともがくため世界が揺さぶられ、木々は倒れ、山々は崩れる。そしてロキが力を取り戻していくと、それにつ

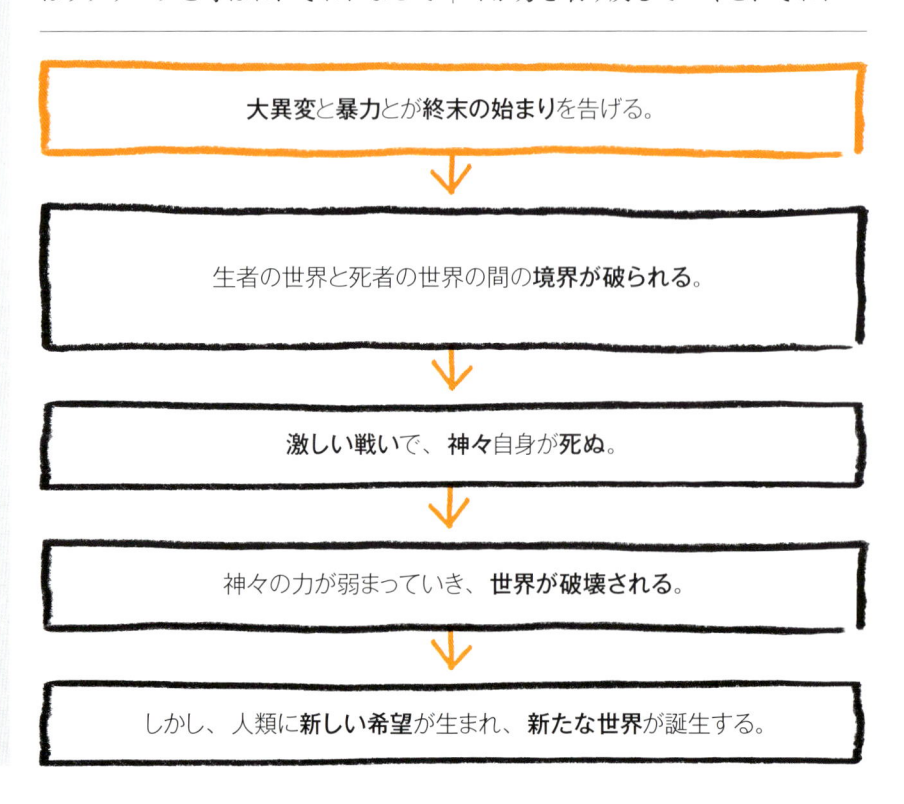

大異変と暴力とが**終末の始まり**を告げる。

↓

生者の世界と死者の世界の間の**境界が破られる**。

↓

激しい戦いで、**神々自身**が**死ぬ**。

↓

神々の力が弱まっていき、**世界が破壊**される。

↓

しかし、人類に**新しい希望**が生まれ、**新たな世界**が誕生する。

古代の信仰と古典的信仰　87

参照：世界を理解する 20-23 ■ 善と悪の戦い 60-65 ■ 信仰は社会の反映である 80-81 ■ 信仰に入る 224-27

巨大な狼の姿をしたフェンリルがオーディンを飲み込んでいる。フェンリルは、ロキとヨトゥン（巨人の一種族で、神々と敵対関係にある）の女との間に生まれた。

れて自然はバランスを失う。雪が降り、霜が降り、冷たい風の吹く冬がいつまでも続き、夏はもはや訪れることはない。あらゆる場所で戦いが起こり、兄弟が戦い、父と息子が戦い、世界は荒廃する。そしてついに、鎖につながれていたロキが自由になると、空が引き裂かれ、ロキの息子フェンリル（巨大な狼の姿をしている）が太陽を飲み込む。ロキは、巨人と怪物、そして、黄泉の国から連れてきた死者たちで作った軍隊を率い、死者の伸びた爪で作った船でやってくる。

オーディン軍の報復

オーディンは、詩と魔法の神であると同時に、戦いの神でもある。彼は、戦場に倒れた兵士たちで死者の軍隊エインヘルヤルを作り、ロキの率いる黄泉の国の軍隊と戦った。

しかし、このような強力な軍隊を結成しても、神々は戦いに敗れ滅ぼされることになると、北欧の神話にははっきりと書かれている。神トールは、オーディンの息子で強い力を持つが、大蛇ヨルムンガンドによって殺される。そしてオーディンは、フェンリルに食われる。トールの弟ヴィーザルがフェンリルを顎骨のところから二つに切り裂くが、オーディンを救うことはできず、世界を救うことも叶わない。世界は燃え尽き、そして海に沈む。

しかし、この世界崩壊によって新たな世界が生まれることとなり、新しい大地が海の中から現れる。一組の男女リーヴとリーヴスラシルが世界崩壊の中を生き延び、二人の間に新しい人類が生まれる。神々の中では、オーディンの息子ヴィーザルとヴァーリ、そしてトールの息子モディとマグニだけが生き残る。そしてそこに、死んだ美神バルドルとその盲目の弟ヘズ（ロキにだまされた二人である）とが、黄泉の国から解放されて帰ってくる。■

> 太陽は暗くなり、
> 大地は海に沈み、
> 輝く星は空から消え失せる。
> 『エッダ』

ヴァイキングにとっての天国

自然死したヴァイキングは、ヘルという寒くじめじめした死者の国に送られるとされている。オーディンに仕えるヴァルキュリヤ（ワルキューレ、人間界の外に住む好戦的な女性の種族）によって戦場で死ぬようにと選ばれた者たち、あるいは生贄に選ばれた者たちのみが、「虹の橋」を渡り、神々の国アースガルドに入ることができる。戦死した兵士の半分は女神フレイヤに仕えることとなり、フォールクヴァングと呼ばれる平原へと向かい、フレイヤの宮殿の広間に迎えられる。英雄的な死を遂げた女性たちも、同様の扱いを受ける。戦死した兵士の残りの半分はオーディンに仕えることとなり、盾の屋根で覆われた死者の国ヴァルハラで死後の暮らしを送る。兵士たちは毎日戦うが、夜には無傷で目覚め、魔法の猪の肉と魔法のヤギから絞った蜂蜜酒で宴会を行う。これは、ラグナロクの最後の戦いにおいて、彼ら兵士がヴァルハラから出陣し、神々のために戦う日への備えなのである。

倒れた兵士たちは、オーディンの命令によって火葬される。武器、食料、道具が、死後の世界でも使えるように、彼らと共に燃やされた。

ヒンドゥー教

紀元前 **1700年〜**

はじめに

紀元前1700年
神々に供物を捧げる儀礼を行うヴェーダの伝統が、インドで発達し始める。

紀元前6世紀
卓越した力であるブラフマン(梵)の概念に基づくバラモン思想が現れる。

紀元前6〜前5世紀頃
マハーヴィーラを開祖とする、ジャイナ教が創設される。

紀元前500年頃〜前100年
詩人ヴァールミーキが、サンスクリット語の叙事詩『ラーマーヤナ』を著す。

紀元前1700年〜前900年
4種のヴェーダ聖典が書かれる。これは、ヒンドゥー教最古の教典であり、最も古いサンスクリット語の文献である。

紀元前6世紀
ウパニシャッドの初期の文献が書かれ、宗教に対する哲学的な取り組みが始まる。

紀元前6世紀
後にブッダとして知られるようになるガウタマ・シッダールタ(釈迦)が、ヒンドゥー教の家庭に生まれる。

ヒンドゥー教はおそらく、現存する宗教の中で最も古いものだと言っていい。しかし、「ヒンドゥー教」という名前自体は比較的新しく、このような名前がついたために、統一された信仰のもとに、共通の信条と慣習を持つ信者が集っているかのような、誤った印象を与えることとなった。ヒンドゥー教の起源は鉄器時代にまでさかのぼることができるが、実は「ヒンドゥー教」とは、インド亜大陸のさまざまな地域で生まれた多様な信仰の総称なのである。これらの信仰には確かに共通の特徴が見受けられるものの、実際には極めて多様な慣習を持つさまざまな伝統的信仰がまとめられており、中には、その信仰が生まれて以来ほぼ変化せずに保持されてきたものも含まれている。

インドに住む人々の4分の3以上が、自らを「ヒンドゥー教徒」であると述べている。しかし、「ヒンドゥー教」とは、多様な信仰をそのように緩やかにまとめた総称であるため、宗教名であると同時に、社会政治的な意味合いを持つ名称でもある。そもそも「ヒンドゥー」という語は、「インダス川」や「インド」と同語源で、「インド人」という意味を持っており、「ヒンドゥー教」という言い方は、その他の宗教(イスラム教のように他の国から入ってきた宗教、ジャイナ教や仏教のようにヒンドゥー教から派生したと言える宗教など)とは区別して、インド固有の宗教を指す表現なのである。

ヒンドゥー教を定義することの難しさは、1995年にインドの最高裁判所において出された次の文章によく表れている。「ヒンドゥー教には特定の預言者はいない。特定の神を崇拝しているわけでも、特定の教義を持つわけでもない。また、特定の哲学的概念を奉じているということもなく、特定の宗教的儀礼や実践を定めているということもない。実際のところ、宗教や信条を定義するために従来使われてきたどの表現を用いても、ヒンドゥー教の特徴を捉えることはできない。ヒンドゥー教とは、広く、生活様式を指す概念にほかならないと言えるだろう。」

共通する概念

ヒンドゥー教という語が多様な信仰の総称であるとは言っても、それらの信仰には、やはり共通点があり、いくつかの概念がそれらの信仰の基盤となっている。代表的な概念は、魂が転生する輪廻(サンサーラ)や、それとセットになる解脱(終わりのない転生からの解放、モークシャ)の可能性、などである。解脱を実現するために重要なことは、ダルマという語でまとめられる。このダルマという語は、「徳」、「自然法」、「正しい生き方」、または「正しさ」など、さまざまに訳されている。

このダルマの多義性のため、解脱実現の道に関しては多様な解釈がなされていた。しかし、そのような中から、解脱を達成するための主な3つの道(マールガ)として挙げられるのは、ジュニャーナ・マールガ(知識と洞察に

ヒンドゥー教

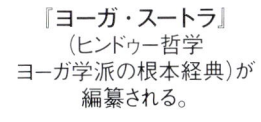

紀元前4～前2世紀頃
『ヨーガ・スートラ』（ヒンドゥー哲学ヨーガ学派の根本経典）が編纂される。

788年～820年
アディ・シャンカラが、ヴェーダーンタ学派の不二一元論を創設する。

1836年～86年
シュリ・ラーマクリシュナがヒンドゥー教改革運動の指導的人物となる。

1869年～1948年
マハトマ・ガンディーが、不正と差別に対する平和的抵抗の中で、宗教と政治を結び付ける。

紀元前2世紀
『バガヴァッド・ギーター』（神の詩）を含む『マハーバーラタ』が、ヒンドゥー教徒のあるべき姿を描く。

6世紀
バクティ（個人的な献身を重視するヒンドゥー教の概念）が一般に広まる。

1526年
イスラム教のムガル帝国が設立され、1858年に英国のインド統治が始まるまで、インドの大部分を支配する。

1788年～1860年
ドイツの哲学者アルトゥル・ショーペンハウアーが、インドにおける信仰を観念主義哲学に取り込む。

よる道）、カルマ・マールガ（適切な行為と正しい振る舞いによる道）、バクティ・マールガ（神への献身による道）である。これらの道においては、さまざまな伝統的信仰に合うように多様な宗教的実践が認められており、その中には種々の儀礼、瞑想、ヨーガ、日々の礼拝供養（プージャー）などがある。

神という概念

事実上、ヒンドゥー教のすべての宗派において受け入れられている考え方は、最高神であり創造主であるブラフマーが存在し、ヴィシュヌ（維持者）とシヴァ（破壊者）と共に三神一体を形成している、というものである。しかし、多くの宗派では、その三神に加えて、独自の神々や、その地域の神々、そして個人が信仰している神々が存在する。更に紛らわしいことに、その三神すら（加えてそれほど有名ではない神々も）、しばしば異なる姿で現れるのである。

そのため、ヒンドゥー教は多神教の様相を呈しつつも、多くの宗派において信者は最高神の存在を信じており、その最高神の下に特別な力や特定の役割を持った神々が補佐役のような形で入っているのだと考えられていることが多い。

聖典

ヒンドゥー教のさまざまな宗派はすべて、4種のヴェーダ聖典に基づいて発達してきた。ヴェーダとは、紀元前1200年から紀元前900年にかけて編纂された古い文献の総称である。そして、ヴェーダの注釈書ブラーフマナと、その後に書かれたウパニシャッドは、ヒンドゥー教の理論的基盤を築き上げた。また、その他の文献（特に有名なのが二大叙事詩『マハーバーラタ』と『ラーマーヤナ』）には、歴史、神話、宗教、哲学についての詳細な記述が残されている。

伝統的なヒンドゥー教の諸宗派に共通する特徴として、その寛容性が挙げられる。ヒンドゥー教は、古くはアレクサンドロス大王率いるギリシャ人の侵略、その後にイスラム教徒とキリスト教徒による侵略を経験しており、そのためにさまざまな影響を受け、多様な要素を受容してきた歴史を持つ。

しかしながら、植民地支配を受けた結果として改革の動きが生じ、この一連の宗教をまとめてヒンドゥー教と呼ぶことで、政治的な力を手にしようという機運が高まった。この動きが最高潮に達したのは、20世紀にインド独立のための闘いが本格化した際のことであった。モーハンダース・ガンディー（通称マハトマ・ガンディー）が、非暴力的抵抗と市民的不服従をヒンドゥー教の武器として打ち出したことは、よく知られている。その後インドは独立を果たした。インドではすべての宗教が許容され、更には尊重されている。■

供犠によって、我々は宇宙の秩序を維持する
合理的な世界

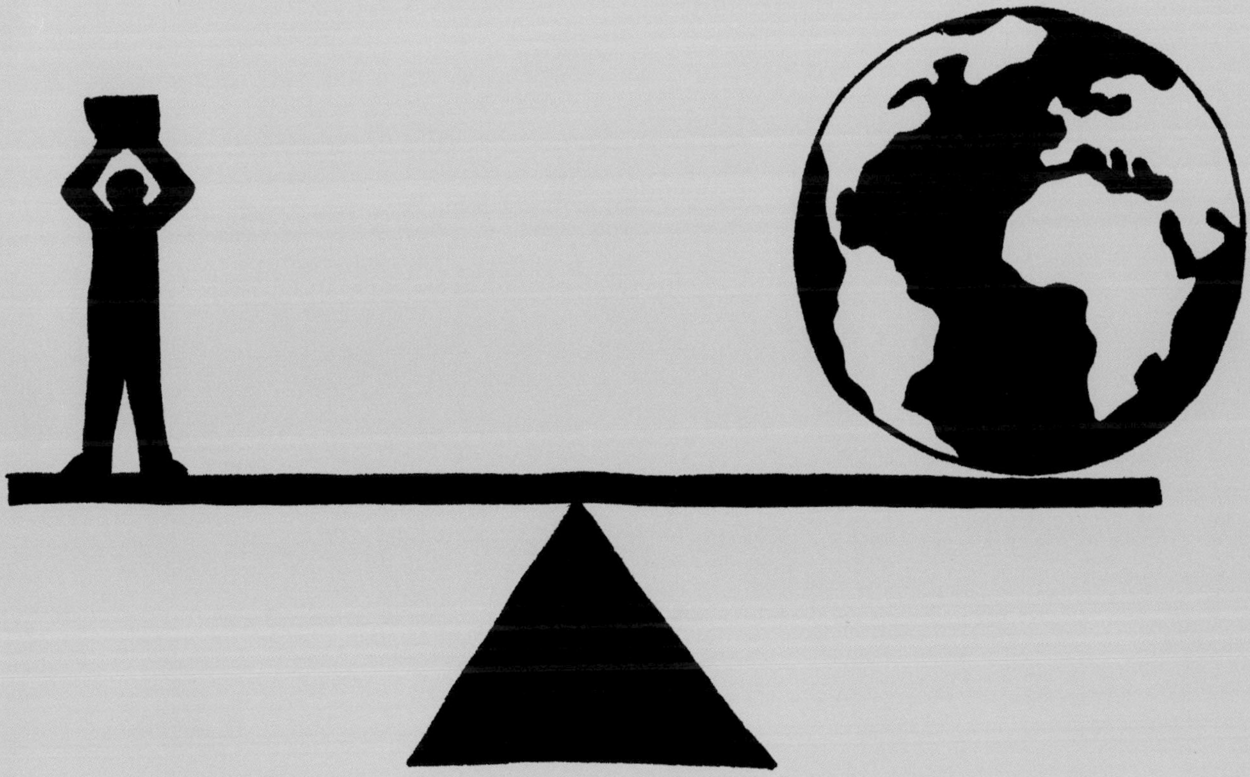

合理的な世界

背景

主な文献
ヴェーダ

時代
紀元前1500年〜前500年

前史
先史時代〜 初期信仰においては、物事は予測不可能であり、神々の気まぐれに左右されると考える。

紀元前1700年 アーリア人がインド亜大陸への移住を始める。

後史
紀元前6世紀 祭祀を行うバラモン階級に、ブッダ（釈迦）とマハーヴィーラ（ジャイナ教創始者）が異議を唱える。

6世紀 バクティ（信愛）が広まる。信者は神々と個人的なつながりを作り上げるために、個人的に供物を捧げる。ヴェーダに基づく、供犠による秩序の確立という考え方とは大きく異なる。

厳密には、これこそが「ヒンドゥー教」であると言えるような宗教は存在しない。「ヒンドゥー教」という語は近代西洋で使われ始めた表現であり、インド亜大陸で生まれたさまざまな宗教や哲学を指す総称的用語である。しかし、それらの宗教的な考え方や習慣全般に共通するいくつかの特徴が存在しており、ヒンドゥー教徒の多くがそれを共有しているという事実がある。そのような共通点があるために、それらの思想すべてが包括的に「ヒンドゥー教」と呼ばれているわけである。実際には、ヒンドゥー教徒は、自分がどの神を崇拝するか、家で礼拝を行うか、それとも寺院で行うか、また、どのくらいの頻度で宗教活動に参加するかなどを、自由に決めることができる。それでもなお、ヒンドゥー教徒に共通する社会的・宗教的背景というものがあり、彼らが共有するその特徴こそが、ヒンドゥー教を他の宗教（とりわけ一神教）とは異なるものにしているのである。

しかしながら、この宇宙の中で人間の人生というものがどのような位置づけであるのかを説明しようとしているという点では、ヒンドゥー教も他の宗教と同じである。ヒンドゥー教において、儀礼などの宗教的行為の目的は、三つの次元の関係性（人間と神、人間と人間、人間と自己）について理解しようとすることであり、また、これらの関係性が、あらゆるものを支配する宇宙の秩序とどう関わっているのかを知ろうとすることである。

宇宙の永遠の秩序

ダルマ（「正しい道」）は、ヒンドゥー教の目指すところが何であるかを説明する際に、重要な語となる。より長く言うとサナータナ・ダルマとなるが、このサンスクリット語は「物事の永遠の秩序」、「真実」、「現実」といった意味を持つ。この語が示す考え方は、世界の基底部分に、基盤となる構造と意味があるというものである。物事が複雑で一見偶発的であるように見えても、その下にはいくつかの基本原理が隠れており、更にその諸原理を支える唯一不変の真理があるのだという思想である。ヒンドゥー教の神々の階層には、この考え方が反映されている。つまり、真実は一つだけであるが、神々がその真実のさまざまな側面を、それぞれ表していると考えるわけである。

「永遠の秩序」という概念は、個々の人間や社会に関して考えるときにも、意味を持つ。宗教とは、実際のところ、この世界における人間の位置づけについて理解するための手段である。もしも世界が理解可能なものであるならば、そして、もしも世界が明確な階層や構造を持っているのだとしたら、その秩序を理解して、それに従うことによって、個人は社会と調和して生きることができ、更には宇宙全体と

宇宙には、その根底に、合理的な秩序が存在している。 → その秩序を理解するためには、**神々に犠牲を捧げること（供犠）が必要となる。**

↓

供犠によって我々は宇宙の秩序を維持する。 ← 供犠によってその秩序の中での**自分の位置づけと、正しく生きる方法**を知ることができる。

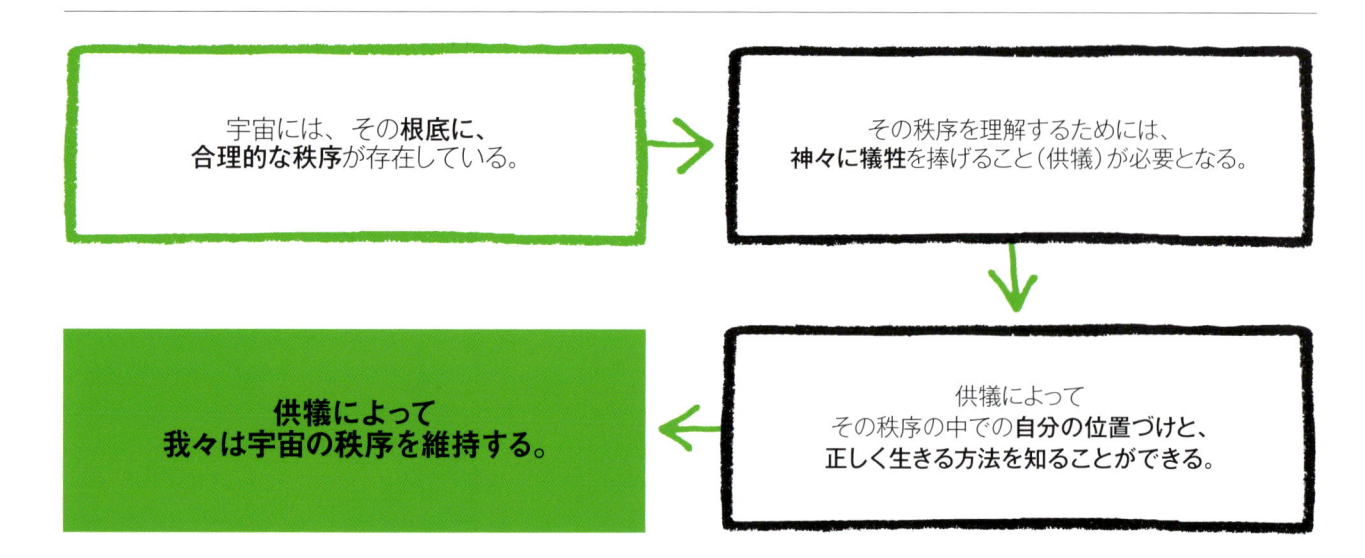

ヒンドゥー教

参照： 世界を理解する 20–23 ■ 供犠と血の捧げもの 40–45 ■ 人間と宇宙 48–49 ■ 新しい社会のための信仰 56–57 ■ 究極の真理 102–105

> ❝ ヒンドゥー教は単なる信仰ではなく、理性と直感の融合である。それを定義することはできず、ただ経験するしかない。 ❞
>
> **ラーダークリシュナン、『バガヴァッド・ギーター』**

の調和の中に生きることができるはずである。「ヒンドゥー教」という名前でまとめられている諸宗教の共通点は、まさにこの点である。つまり、ダルマと呼ばれるこの宇宙の秩序に従おうとするために、人々は、儀礼を執り行い、供物を（供犠の形で）捧げなくてはならなくなるのだ。これらは秩序の維持のために必要なのである。

ヒンドゥー教の時間の概念

ヒンドゥー教においては、時間は周期的なものだと見なされる。そして、この宇宙はすでに、長大な周期を3周巡ってきたのだと信じられている。1つの周期は途方もなく長く、そのような周期が1つずつ、やって来ては過ぎ去っていくのである。

時間を周期的に捉える考え方は、宗教的思想に大きな影響を与える。西洋では時間が直線的に捉えられているために、あらゆる物事は、それ以前の物事の結果として起きているのだ（原因と結果の法則）と、単純に考えることができる。このような視点に立ったときに、世界はどのようにして始まったのだろうという疑問を持つのは自然な流れである。時間を直線的に捉えた場合、世界が始まるこの瞬間だけは、世界の外側からの関与が必要となるためだ。原因と結果という黄金律を始動させるために、時の始まる瞬間には、何らかの力が働いたはずなのである。

それとは対照的にヒンドゥー教は、永遠に繰り返す周期を持つ時間をブラフマンと組み合わせて提示することで、この問題を回避する。ブラフマン（梵）とは、あらゆるものの中に存在する永遠不変の真理である。この世界の時間が周期的であるのに対して、ブラフマンは時間を超越しており、ブラフマンの力によって時間は周期的に巡ることが可能になるのだとされている。人間の世界の特徴とも言える創造と破壊という過程を、その背後で司るのが、この永遠の真理ブラフマンであると考えられる。

もしも、この長大な周期が、永遠の真理に完全に依存しているのだとすれば、絶えず変化する世界を正しく秩序づけるためには、その永遠の真理を知らなくてはならないということになる。このように考えていくと、宗教の目的の一つは、世界の正しい秩序を理解し維持することであると言えるだろう。

儀礼と秩序

おそらくは紀元前1700年という早い時期から、その後数百年間にわたって、アーリア人が中央アジアからインドへと徐々に移住してきた。その際、アーリア人によって、アーリア人が信仰していた神々と、古代ギリシャ人の思想とよく似た思想が持ち込まれた。当時、インド北部ではインダス文明が栄えており、独自の宗教的伝統を持つことで知られる古い社会が確立していたが、アーリア人は徐々にその地に溶け込んでいった。この地域では宗教儀礼として沐浴が行われていたということ、また、女神が崇拝されていた（100ページ参照）ということをはっきり示す証拠が残っている。他にも、火葬が行われていたことを示す骨壺や、角を持ち、あぐらをかいた神が描かれた印鑑などが見つかっている。

そこで起きたことは、突然の暴力的な変化ではなく、緩やかな文化の融合である。宗教に関して言うと、この融合によって、供犠を行う儀礼的伝統が

定められたとおりに儀礼を行うことによって、世界の秩序と調和して、自らもその秩序の一部になれるのだと、ヒンドゥー教徒は信じている。表象も行為も極めて象徴的である。

合理的な世界

> 天と地と天地の間とを養う
> 太陽の神の輝かしい光を、
> 我々は一心に思う。
> ガーヤトリー・マントラ、
> 『リグ・ヴェーダ』

生まれた。その様子は、ヒンドゥー教最古の聖典であるヴェーダに見られる賛歌の中で描かれている。こうして生まれた新しい伝統においては、儀礼と供犠は、宇宙の秩序を維持するために必要なものとして重視されていた。また、儀礼と供犠によって、人々が宇宙の秩序の中での自らの位置を知ることができ、その秩序と調和して生きることができるようになるとも考えられていた。

供犠はヴェーダの伝統の中核的儀礼である。それは、世界の創造を象徴的に再現しているものと見なされ、同時に神々（唯一の真実が持つさまざまな普遍的特性を表す存在）への祈りであるとされた。このように神々を崇拝することによって、人間は、神々とのつながりを実現するという、人間にとって最も重要な課題を達成することができるのである。供犠を通じて目に見えない世界とのつながりを実現できるだけでなく、物事の正しい秩序も作り上げることができると信じられていた。また、供犠への見返りとして、悪の力から守ってもらうことや、世俗的な恩恵（豊作、好天、健康、幸福）を受けることもできると考えられた。

ここで言う「供犠」は、神に捧げ物をするということであり、通常それは（犠牲獣よりも）食べ物や飲み物の奉献であった。供物を捧げる儀礼において

は、火が不可欠なものとされていた。火は、天にも地にも存在するものであると考えられていたため、天上の神に届くような聖なる力を持っていると信じられていたのである。

聖典ヴェーダに基づく宗教が確立されていくにつれて、祭祀も、それにふさわしい身分の人々（バラモンという司祭階級）によって正式に執り行われることが重要になっていった。そして、儀礼で使われる賛歌やさまざまな所作が、詳細に定められた。

祭祀が執り行われる場所についても、聖典ヴェーダの儀礼に関する箇所に記されている通りに、所定の場所で入念な準備を行うことが求められた。ヴェーダには、祭祀の火を燃やす際に必要な木の種類や、供物（フティ）を入れるための容器の種類なども定められていた。司祭者は、ヴェーダで定められた賛歌を歌いながら、祭火に、バター、穀物、果物、花などの供物を投じることになっていた。

祭祀を執り行う日にちに関しても、適切な日が決められていた。供物は、その時々によって特定の神・女神に捧げられたようであるが、特にその対象となることが多かった神は、アグニ、ヴァルナ、インドラであった。アグニは火の神で、その最も重要な役割は、供犠の祭壇に火として姿を現し、儀礼の邪魔をしようとする悪魔を倒すこと

である。ヴァルナは天空・水・天空の海の神であり、リタ（宇宙の秩序）の守護神でもある。ヴァルナは、『リグ・ヴェーダ』（聖典ヴェーダの儀礼に関する文献）において特に重要な神で、昼と夜を分けるという役割を担っている。また、水に関する部分の創造を行ったのもヴァルナであるため、川や海が溢れるのを防いでくれていると信じられていた。そして更には、宇宙を支えているのもヴァルナであるとされた。雷・雨・戦いの神であるインドラは、供物のソーマ酒（下のコラム参照）を好むことで知られているが、彼を喜ばせることは非常に大切なことだと考えられていた。というのも、インドラは無秩序・非存在の勢力と戦い続ける神だとされており、また、天と地を分かち、両者を支えているのも彼だと信じられていたためである。

秩序の諸側面としての神

ヒンドゥー教が発展するにつれて、それまで崇拝されていた神々とは別の神々が登場するようになり、聖典ヴェーダに描かれていたアーリア人の神々は、多くの場合、その地位を奪われていった。同時に、ヴェーダではあまり重要視されていなかった神々の中からも、主要な地位に昇格する神々が現れた。後のヒンドゥー教の文献に多種多

神々の飲み物

儀礼で用いるソーマ酒は、聖典ヴェーダやゾロアスター教の聖典に登場する。（古代ペルシアの宗教であるゾロアスター教は、ヒンドゥー教と同様に、極めて早い段階のアーリア人の文化から生まれた。）ソーマ酒は、ある種の植物から絞り出した液体を使って作るもので、飲んだ人を酔わせ、おそらくは興奮させ、幻覚を引き起こすような作用を持っていたと考えられる。『リグ・ヴェーダ』では「王者ソーマ」と呼ばれており、「我々はソーマ酒を飲み、不死の存在となった。我々は、神々の見つけた光を獲得したのだ」という記述が見られる。司祭者はソーマ酒が神々にエネルギー

を与え元気づけることを願って、神々への供物としてソーマ酒を用意した。もっとも、司祭者も、神々に供えたソーマ酒を飲んでいたようである。

ベニテングタケ（学名アマニタ・ムスカリア）、またはサイロシビンを含む幻覚を起こすキノコが、ソーマ酒の原料だったようである。こういったキノコは、シャーマンの儀礼においても、トランス状態を引き起こすためによく用いられていた。マリファナとマオウがソーマ酒の原料であったという説もある。マオウは強い興奮作用があり、インドラが戦いの前にソーマ酒を飲み干すくだりは、確かにマオウを思わせる。

ヒンドゥー教

シヴァの踊りは、創造と破壊という宇宙の循環、つまり、生と死の間のバランスを表している。シヴァは破壊神であるが、同時に変化を生み出す存在でもある。

様な神々が大勢現れることになるのは、インドの初期宗教において、さまざまな伝統とさまざまな時代の神々が、このようにして取り込まれていったためである。そして、それらの神々の中から、宇宙の存在・秩序・破壊を司る3柱の神々が現れる。トリムールティ（三神一体）と呼ばれるこの3柱の神々は、それぞれが真理の異なる側面を表しているとされ、ブラフマー（「永遠不変の真理」を意味するブラフマンとの混同に注意）は創造神、ヴィシュヌは人類の守護神、そしてシヴァは破壊神、あるいは創造と破壊のバランスをとる神と位置づけられた。

シヴァは絵や彫刻に、踊りの王シヴァ・ナタラージャとして登場することが多い。シヴァが炎の輪の中で宇宙の踊りを踊っているさまは、誕生と終焉の過程を表すとされる。シヴァには腕が4本あり、上の右手には太鼓を持っている。その太鼓の音は創造をもたらすとされている。上の左手は破壊の際に用いられる炎を持つ。そして左右の下の手は創造と破壊のバランスをとるリズムを表しているとされる。右足は踊るために上げられているが、左足は無知を象徴する悪魔を踏みつけている。この激しく力のみなぎる姿は、常に変化を続ける世界における完璧なバランスを象徴しているのだと考えられている。時間が周期的に巡ってくるという前提であるため、シヴァによる宇宙の破壊は、その後の有益な変化のための建設的な破壊であると見なされるのである。

社会の秩序

ヴェーダ期から、インド社会は大まかに4つの階級に分けられていた。その階級は、ダルマという概念を基盤とし、宇宙の秩序と構造という概念を拡大して、人間の生活と社会の秩序にまで適用したことで生まれた階級であるとされる。歴史的に見ると、おそらく、肌の色の白いアーリア人が移り住んできたことによって、元々インドに住んでいた肌の色が濃い人種との間に格差が生じたことが原因であると思われる。浅黒い肌を持つ人々が、徐々に劣った存在として扱われるようになり、これが、4つの大きな階級を持った、ヴァルナ（「色」）という社会制度につながったものと考えられる。

しかしながらヒンドゥー教においては、階級制度の起源についてこのような歴史的な説明はなされず、神話による説明で事実が隠されてしまっているようである。『リグ・ヴェーダ』には、「神人」（プルシャ）に捧げられた賛歌がある。それによると、その聖なる原人プルシャの体が生贄に差し出されて、切り分けられ、ヴァルナの4つの階級（バラモン、クシャトリヤ、ヴァイシャ、シュードラ）ができ上がったとされる。バラモンは司祭階級で、プルシャの口の部分から作られたと言われている。同様にクシャトリヤは戦士・王族階級で、プルシャの両腕から、ヴァイシャは商人で両腿から、シュードラは一般労働階級で足首から下の部分で作られたという。彼らはすべてプルシャという同じ人間から作られているため、相互に依存し合う存在であり、社会秩序を守るためにそれぞれが欠くことのできない役割を担っているとされる。そしてその役割は、それぞれのダルマ（神聖な義務）を反映したものであると見なされた。

> あなたは万物の中に存在する。
> あなたは完璧で、
> どこまでも広がり、力強く、
> 何も見逃さない。
> あなたは
> すべての生命に宿る命だが、
> 人間の目には見えない存在である。
> **ヴィシュヌへの賛歌より**

合理的な世界

ヒンドゥー教の教えによると、ヴァルナの4つの階級は、プルシャという原人の体の部位から作られたという。

- バラモン（司祭者）
- クシャトリヤ（戦士）
- ヴァイシャ（商人）
- シュードラ（労働者）

> 生きているものはすべて、異なる特性と義務とを持っており、それによって互いに区別される。
> **バヴィシュヤ・プラーナ**

ヴァルナの上位3階層は、ウパナヤナ（入門儀礼）において「二度目の誕生」を迎えるとされる。この儀礼は、ヒンドゥー教徒としての責任を受け入れる証として行われる。一般的には子供が8歳になったときに行われるもので、その子供の社会的な地位が確立されることとなる。ヴァルナの4階層の下には、完全に階級制度の外に置かれている人々がおり、「カースト外の人々」（不可触民）と呼ばれていた。現在では、彼らは一般的に「ダリット」（「抑圧された人々」）と呼ばれている。

階級の区別

ヴァルナの4階級が「カースト」と呼ばれることがあるが、これは厳密に言うと正しくない。インドのカースト制は、ヴァルナと同じくらい古くからある身分制度で、こちらは主に職業に基づいた分類である。非常に多くの階級（ジャーティと呼ばれる）が存在し、それぞれの階級に対応する社会的地位が決まっている。ヴェーダ期後期（紀元前1100年頃から）にヒンドゥー社会が発展していく中で、これら2つの階級制度が混じり合うようになり、明確な違いを示すことが難しくなっていった。

ヴァルナの制度においては、すべての社会階級が世界の秩序にとって欠かせない存在である。というのも、すべての階級がプルシャという一人の原人の体から作られたものであり、相互に依存し合う関係だからである。バラモンのみが他よりも優れた階級として扱われているが、それは、聖典ヴェーダにおいて、バラモンに宇宙の秩序を維持する力と権限が与えられていることを考えれば、自然なことだと言えるだろう。それとは対照的に、カースト制度は差別的なもので、「穢れ」を避けるためには分離が必要であると主張する。上位のカーストに属する人々は、下位のカーストの人々と接触することによって、自分が穢れてしまうのではないかと恐れるようになった。異なるカーストに属する人々が交流すること、特に結婚することを禁じる規則が定められたこともあり、カースト制度によって社会の分裂が助長されていく。この差別については、1950年に施行されたインド憲法でも取り上げられ、下位カーストに対する差別が禁じられた。とはいえ、根強い偏見を取り除くには、長い時間がかかっている。

社会的から個人的へ

紀元前6世紀にインド国内を回って説教を行っていたブッダやマハーヴィーラなどは、聖典ヴェーダに基づいた形式的で階級に縛られた信仰に批判的であった。彼らはあらゆる階級から弟子を受け入れ、すべての弟子に対して公平な態度で接した。これらの指導者は、世襲による特権よりも、個人の洞察力の方が大切であると説いた。彼らはまた、聖典ヴェーダの権威を否定し、そのために「異端」の烙印を押された。しかし紀元前500年頃になると、ヒンドゥー社会全体において、宗教というものに対する考え方が大きく変化した。それまでのような、「宗教は秩序を維持する手段である」という見方に変わって、「宗教とは、純粋に精神的な存在になることによって物質的世界における生活の束縛から逃れる道を提供してくれるものである」という考え方が広まった。確立された秩序との調和を求めるのではなく、そのような秩序からの自由が求められるようになった。そしてその後の数百年の間に、ヒンドゥー教は、自由を得るための個人的な信仰という考え方を取り入れた。その結果、神への崇拝は、祭祀を正しく執り行うことではなくなり、より個人的な祈りへと変化した。そして徐々に、個人による礼拝と儀礼という形が発達していき、各家庭に祭壇が置かれ

ヒンドゥー教

るまでになった。神への崇拝を実際の行為として示す際に、もはやバラモンは必要なくなったのである。

宗教と社会

ヴェーダ期の宗教において重視されていたことは、宇宙や社会の中で個人が自らの位置づけを理解し、ヴァルナに応じて定められた道に従って生きることであった。したがって宗教には個人的側面と社会的側面とがあり、宗教とは、その両側面がどのような関係性を持つべきかを合理的に規定した制度であるように見えた。

ヒンドゥー教のこの初期段階は、宗教は主に個人のためのものであるべきか、それとも社会全体のものであるべきかという、すべての宗教に共通する問題を浮き彫りにする。宗教とは社会に深く根付いているものであるため、その宗教の属する社会の政治的・文化的環境から生まれた姿勢や信念の中から、真に「宗教的」な考え方だけを区別して取り出すことは難しいこともある。また、支配者階級が、自らの地位を守るために、宗教的規則や伝統を利用するということも起こり得る。

宗教は個人のためのものであるべきか、社会のためのものであるべきか、という問いを提示することさえも、実は問題になる。なぜなら、この問い自体から、社会的なものであるよりも個人的なものである方が望ましいという含みが感じ取れてしまうからである。

> 生まれながらにカースト外（不可触民）であったり、バラモンであったりするわけではない。行いによってカースト外（不可触民）になり、あるいは、バラモンになるのだ。
> **ブッダ（ヴァルナに関して）**

21世紀のインドで使えるようにするためには、ヴァルナという概念は定義し直す必要があるだろう。新しい役割が定義され、非伝統的な職業が生まれる中、既存の階級制度では対応できなくなっている。

ヒンドゥー教の聖典

ヒンドゥー教の聖典は、シュルティ（天啓聖典）とスムリティ（伝承聖典）の2種類に大別される。シュルティとは「聞かれたもの」という意味で、聖典ヴェーダとしてまとめられる一連の文献を指す。これらの文献は、天啓を通して、あるいは真実を悟る過程において、司祭や学者によって「聞かれたもの」である。そしてその知識が、権威あるものとして、バラモン階級において代々口承された。

ヴェーダ聖典のうち、賛歌をまとめたものは4種類あり、それらは1000年にわたって編まれたとされている。その最初のものは『リグ・ヴェーダ』で、紀元前1200年にまでさかのぼると考えられる。これらの賛歌をまとめた文献と関連が深いものとして、同じくシュルティと分類される「ブラーフマナ」（祭祀の手順の指示）、「アーラニヤカ」（瞑想や儀礼に関する考察）、「ウパニシャッド」（哲学的解釈）が挙げられる。シュルティとされる聖典ヴェーダは、ヒンドゥー教徒にとって絶対的な権威を持つ経典である。

スムリティは「記憶されているもの」という意味であり、現在まで残っているヒンドゥー教の文学作品を指すが、特に二大叙事詩の『マハーバーラタ』と『ラーマーヤナ』を指すことが多い。これらは神に導かれて書かれたものとは見なされておらず、シュルティと同等の扱いは受けていない。しかし、自由な解釈が許されるという点で、これらの文献は重要である。スムリティと呼ばれるこれらのインド古典文学作品は、現在も非常に大きな影響力を持っており、ヒンドゥー教徒の間で最も重要視されている聖典とも言える『バガヴァッド・ギーター』も、『マハーバーラタ』の一部である。

神には女性の面がある
偉大な女神の力

背景

主な文献
ヴェーダ

時代と場所
紀元前1700年より、インド

前史
紀元前3000年 インダスヴァレーで見つかった、この時代の小立像が、豊穣の女神への信仰を示す。

後史
紀元前5世紀〜前3世紀 ヒンドゥー教の古典であるプラーナ聖典では、女性の力が称えられている。また、ヴェーダでは男神の妻として描かれていた女神たちに信者が付き始める。

300年〜700年 ヒンドゥー教の儀礼において、瞑想の際に男女一対の神々が拝まれる。シャクティ崇拝がヒンドゥー教の一派となる。

800年頃 アディ・シャンカラが、パールヴァティーと彼女の性的な力を称える賛歌サウンダリャラハリ（「美の波」）を作る。

多くの宗教において神は主に男性として描かれるが、ヒンドゥー教には、創造、豊穣、力を象徴する女神が数多く存在する。女神の力を表す一般的な語は「シャクティ」（「力」、「能力」）である。そして、シャクティが神としての姿をとったのが、マハーデーヴィー（神の母、「偉大なる女神」）である。マハーデーヴィーは、育む力に加えて、神の強力な活力をも表しており、ヒンドゥー教でシャクティ崇拝を行う諸派においては、最高神として崇められている。この偉大な女神は、さまざまな姿をとって現れ、それぞれが特定の性質を表しているとされる。たとえば、シヴァの妻として現れるときには、優しく愛らしいパールヴァティーの姿をとる。しかし、彼女はまた、カーリーやドゥルガーといった恐ろしい脅迫的な姿も持っている。

とぐろを巻いた蛇

「シャクティ」は神の創造的な力を表す語であると同時に、人間の中の女性的な要素をも指している。ヒンドゥー教徒は、性的なエネルギーと生命力（クンダリニー）が、背骨の基底部のあたりに、とぐろを巻いた蛇として、あるいは眠れる女神の姿で存在していると信じている。ヨーガを行うことでこの力に気づき、この力を高めていけば、ある種の精神的な解放を経験することができるとされる。この秘儀は、体に働きかけるものとして行われることもあるが、通常は瞑想という形で行われる。この儀礼によって、一人の人間の中の男性的要素と女性的要素の調和を高めることができるとされている。■

幸運、美、豊穣の女神ラクシュミーは、ヴィシュヌの妻である。彼女は4本の腕を持ち、信者に物質的・精神的恩恵をもたらす。

参照： 肉体的・精神的鍛練 112–13 ■ プージャーによる礼拝 114–15 ■ 諸々のブッダと菩薩 152–57

導師の傍に座れ
高次の教え

背景

主な文献
ウパニシャッド

時代と場所
紀元前6世紀、インド

前史
紀元前1200年〜 ヴェーダには、バラモン僧のみが使う、儀礼のための文書や指示が含まれる。

後史
紀元前6世紀 インドで各地を回って説教を行う人々の中にブッダやマハーヴィーラが現れ、弟子を集める。

紀元前1世紀〜 ダルシャナと呼ばれるヒンドゥー哲学において6つの学派が発展する。

800年 アディ・シャンカラが4つの有名な僧院（マタ）を創設し、ウパニシャッド思想を教える。

1500年 シク教が、サンスクリット語のシシュヤ（「グルの弟子」）という語から取って、教団名を「シク教」とする。

すべての人間に対して、同じレベルの宗教的教えや真理を提示することは現実的だと言えるだろうか。ヒンドゥー教においては、宗教を理解し実践する上で、異なる段階が存在する。ヒンドゥー教の初期の聖典ヴェーダや、その後に編まれたヴェーダの注釈書には、供犠を始めとする公共の場での儀礼を執り行うために必要となる文書、祈り、指示が記されている。後に、神々の物語が読んで楽しめるような叙事詩の形で描かれ、『ラーマーヤナ』や『マハーバーラタ』（111ページ参照）といった作品が、一般の人々の信仰の拠り所として用いられるようになる。しかし紀元前6世紀には、また別の種類の書物（「ウパニシャッド」と総称される）が広まり、すでに宗教的原理を理解した人々が、より高次元の宗教的知識を得るために読むようになった。

難解な概念

ウパニシャッドという語は「傍に座る」という意味で、指導者である導師（グル）から直接宗教的教えを受けられる人にのみ伝えられる「奥義」を指している。ウパニシャッドでは、自己や宇宙の性質に関する抽象的概念が主に論じられる。

特にウパニシャッドが強調している点は、唯一の普遍的真理「ブラフマン（梵）」というものが存在し、それは思索と経験の分析によってのみ理解できるのだということである。このように、ウパニシャッドによって、インドにおける宗教的議論に、極めて哲学的な分野が新たに加えられた。「導師の傍に座る」という表現から読み取れることは、宗教の教えには複数の段階があるということだ。普遍的で揺るがない真理を求めて宗教的思索を重ねていくことで、伝統的な宗教に新たな深みを見出すことができるのである。∎

> 66
> この世界で
> 偉業を成し遂げる人々は、
> 集中力によって
> それを実現するのだ。
> **ウパニシャッド**
> 99

参照： 究極の真理 102–105 ■ 絶えず変化する自己 148–151 ■ プロテスタントの宗教改革 230–37

ブラフマンは
心の中の自己である
究極の真理

背景

主な文献
ウパニシャッド

時代と場所
紀元前6世紀、インド

前史
紀元前2000年〜 魂は肉体から分離し得る存在であるという概念は、インド・ヨーロッパ地域の信仰に古くから存在する。しかしそれは、究極の真理と同一のものとしての魂ではなく、個人の本質としての魂である。

後史
紀元前400年頃 インド哲学が古代ギリシャの思想家たちに影響を及ぼす。プラトンが、すべての生物を生み出す究極の存在を仮定する。

1世紀 仏教徒の賢者ナーガセーナが、すべての存在が絶え間なく変化しているのだというブッダの教えに従って、固定された「自己」の概念を否定する。

　ウパニシャッドとは、かなりの冊数に及ぶ哲学的文献の総称であり、その最初期のものは紀元前6世紀に編まれたと考えられている。そこには、宗教的教えの中でも最も次元の高い奥義とされるものが記されており、厳しい鍛練を積み、瞑想によって精神を研ぎ澄ませたヒンドゥー教の賢者や導師たちのために伝えられてきた。ウパニシャッドが中心的に論じているのは、自己の本質についてである。ウパニシャッドの主張を端的にまとめると、自己を理解することがすべてのものを理解することだ、ということになる。
　伝統的な西洋哲学においては、自己の本質について2つの立場がある。二元論者は、自己は非物質であり、肉体とはっきり区別されるべきものだと言う。その自己を魂と呼ぶことも精神と

ヒンドゥー教　103

参照： 初期のアニミズム 24-25　■　人間と宇宙 48-49　■　純粋な意識で見る 116-121
■　神は人の中に現れる 188　■　キリスト教の神秘体験 238　■　スーフィズムと神秘主義 282-83

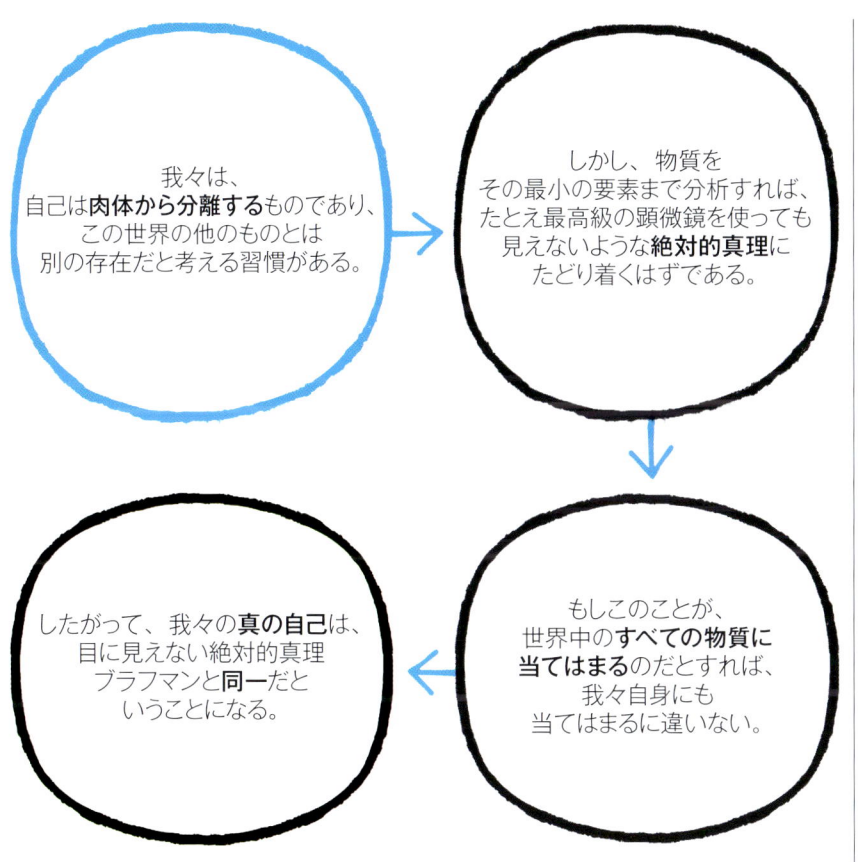

> 我々は、自己は**肉体から分離する**ものであり、この世界の他のものとは別の存在だと考える習慣がある。

↓

> しかし、物質をその最小の要素まで分析すれば、たとえ最高級の顕微鏡を使っても見えないような**絶対的真理**にたどり着くはずである。

↓

> もしこのことが、世界中の**すべての物質に当てはまる**のだとすれば、我々自身にも当てはまるに違いない。

←

> したがって、我々の真の自己は、目に見えない絶対的真理ブラフマンと**同一**だということになる。

呼ぶこともできるが、いずれにしてもそれは、我々の中の考えたり感じたりする部分を指している。つまり、この世界を体験する「私」という部分である。感じたことを取り込んで、それを理解するのは、まさにこの「私」である。もう一方の唯物論者は、この世に存在するのは物質的なもののみであると主張する。したがって彼らにとっては、「自己」というものは、脳の活動を説明する手段に過ぎない。

それに対してヒンドゥー教では、ウパニシャッドが、これらの西洋の見解とは異なる考え方を発達させてきた。ウパニシャッドには、自己は3つの要素を持っていると記されている。それは、物質的な肉体と、より「捉え難い」肉体（思考・感情・経験によって作られている）と、純粋な意識（アートマンと呼ばれる）である。このアートマンは、ブラフマン（普遍的な絶対的真理）と同一のものであるとされる（梵我一如）。したがって、我々は個々の小さくて弱い人間として、この世界を経験しているかもしれないが、我々の真の自己は、実際は、宇宙の根源的真理と同一のものなのである。

「無」としての自己

ウパニシャッドでは、アートマンとは何であるかを、問答と象徴を駆使して説明している。その中で最も有名なものの一つは、『チャーンドーギヤ・ウパニシャッド』である。物語は、賢者ウッダーラカ・アールニとその息子シュヴェータケートゥの対話の形で進められる。賢者は息子に、イチジクを一つ持ってきて割るように言う。賢者がそのイチジクの中に何が見えるかと息子に問うと、息子は「種」と答える。賢者は次に、種を一つ割るように、息子に指示する。そして、その種の中に何が見えるかと問う。息子は「何も見えない」と答える。すると賢者は、大きなイチジクの木が、そのような「無」から生じたのだということを指摘する。その「無」こそがイチジクの木の本質であり、魂であり、実体なのである。この問答は、賢者の次の言葉で締めくくられる。「お前はそれである、シュヴェータケートゥ。」

この「お前はそれである」（サンスクリット語では「タット・トヴァム・アスィ」）という表現は、ヒンドゥー教哲学において、おそらく最も有名な言葉であろう。この言葉の裏には、どのようなものであっても、一つの物体を分析していくと、最終的にブラフマン（あらゆるところに存在する、目には見えない本質）にたどり着くのだという考え方がある。これは、イチジクから人間の自己まで、すべてのものに当てはまる。自己には物質的・精神的側面があるが、更にその上にアートマンというものが存在するのだと、ヒンドゥー教は説く。そしてそのアートマン

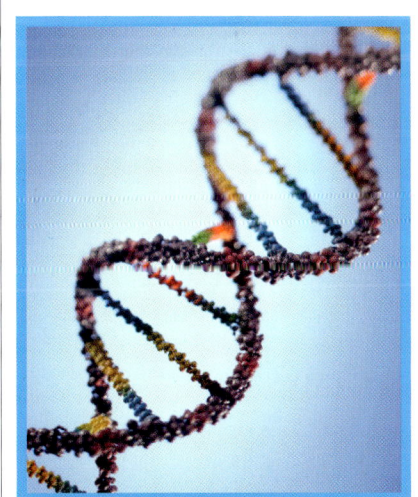

科学は、顕微鏡を用いて、人間の体全体がDNAから作られているのだと結論づけた。しかし、DNAに、我々が「自己」と見なすものが入っているのだろうか。

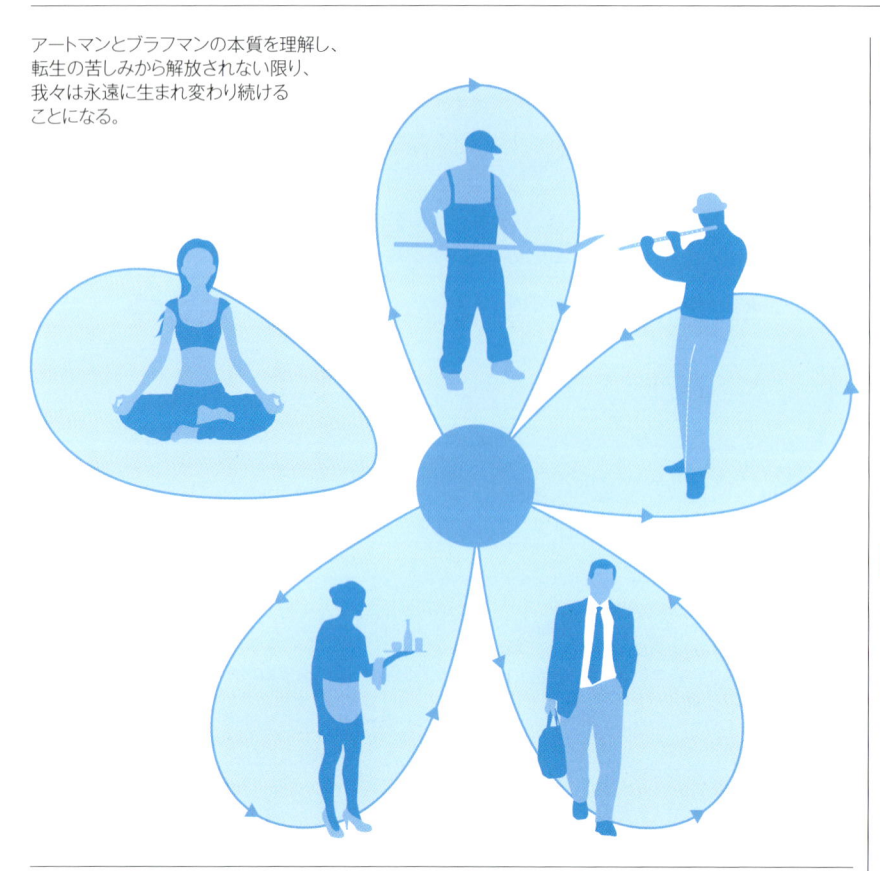

究極の真理

アートマンとブラフマンの本質を理解し、転生の苦しみから解放されない限り、我々は永遠に生まれ変わり続けることになる。

> あらゆるものがブラフマンである。ブラフマンは、心の中の自己であり、米粒よりも小さい。
>
> **『チャーンドーギヤ・ウパニシャッド』第14節**

とは、真理ブラフマンにほかならない。我々と、究極の真理との間に、違いはないのである。

ブラフマンを理解する

『チャーンドーギヤ・ウパニシャッド』の別の対話では、ブラフマンがどのようなものであるかという説明が試みられる。水の入った器が用意され、息子は、その水を器のいくつかの場所から飲むようにと言われる。どこから飲んでも、水は水の味しかしない。そこで、その水に塩を溶かしてみる。すると今度は、見た目は同じ水であるのに、どこから飲んでも塩の味がする。塩が器の水全体に行きわたっているように、絶対的真理であるブラフマンは、目には見えないが、すべての場所に存在しているのである。

『ムンダカ・ウパニシャッド』では、ブラフマンについて、また別の説明がなされている。大きな焚き火を焚いたときに、その焚き火から何千もの火花が散って、その火花がまた焚き火の中に落ちてくるという情景を思い浮かべてみよう。まさにこれと同じように、ブラフマンから無数の生命が創られるのである。ブラフマンとは、「不滅の存在」であり、「偉大なるもの」である。まだ生まれておらず、呼吸もせず、心も持たず、純粋無垢な存在である。しかし同時に、呼吸や心やあらゆる感覚をもたらしてくれる存在でもある。「ブラフマンの本質こそが全世界なのである。まさにそれこそが、すべてのものの内なる自己である」。

我々は感覚を通して世界を体験し、世界は自分自身とは切り離された事物で構成されているのだと考える。しかしブラフマンについて理解すれば、世界に対するそのような理解は、正しいものとは言えなくなる。すべてのものの根底にあって、すべてを支える真理が存在しているのである。そしてその目に見えない真理こそが、我々の最も深いところにある自己なのだ。

業（ごう）と転生

聖典ヴェーダに基づく宗教の初期の段階においては、供犠によって宇宙の秩序が保たれると信じられていた。ウパニシャッドもまた、この精神を受け継いでいる。ウパニシャッドには、真理とは自己の深いところにある、この上なく純粋で静かな場所のことだと書かれている。そしてその真理は、普遍的なものであって、個人的なものではない。かつて、正しい方法で供物を捧げることで、自身を宇宙の秩序と調和させることができると考えられていたのと同じように、ブラフマンが真の自己であると理解することによって、自身を宇宙の真理と調和させることができるのだと、ウパニシャッドは説いている。

ヒンドゥー教では、業（カルマ、行為）は良い影響と悪い影響の両方をもたらすものだと考える。その影響は、その行為が行われた世界だけでなく、その行為を行った人間自身にも及ぶ。また、ヒンドゥー教においては、転生という概念が発達した。自己が何度も生まれ変わり、別の体に宿るという考え方である。次に生まれ変わるときにどのような体に宿るかは、その前の人生の業によって決められる。しかしながら、「アートマンはブラフマンである」と知ることによって、人は、誕生・死・生まれ変わりの繰り返し（輪廻転生）から解放される。業は、ヒンドゥ

ヒンドゥー教

> 一本のロウソクで
> たくさんのロウソクに火をつけた場合、
> すべてのロウソクで燃える炎は
> 同じものである。
> まさにそのようにして、
> ブラフマンは多くのものの中に
> 存在するのだ。
> **賢者ヴァシュシタ**

一教で信じられている3つの自己のうちの2つである、物質的な肉体と、より「捉え難い」肉体(思考・感情など)によって積まれていく。ところが、その人が自己の内部の深くにあるアートマンを理解している場合(それはつまり、ブラフマンを理解していることにもなる)、その人は、業が作用する2つの「肉体」(物質的な肉体と、より「捉え難い」肉体)を超越しているのである。

ヒンドゥー教徒は良い業を積むことで、次に生まれ変わるときに恵まれた人生を手にしたいと願っているが、悪い業を積んでしまって、低いカーストに生まれてきたり動物に生まれてきたりするのではないかという恐怖を常に感じている。しかしこのことは、実はそれほど重要ではない。なぜなら、良いものであれ悪いものであれ、輪廻転生はヒンドゥー教における最終目的ではないからである。死後の世界での幸せな暮らしが約束されている一神教とは異なり、ヒンドゥー教の目的は、輪廻の苦しみから解放されることなのである。

直観によって得られる意識

『チャーンドーギヤ・ウパニシャッド』のイチジクの種と塩水に関する対話は、非常に論理的である。それらの議論は物事の科学的分析に過ぎないとも言えるが、これは、近代科学が生まれる前に書かれた文献なのである。今日、同じような文献が書かれるとすれば、「すべてのものが、亜原子粒子と、エネルギーと、粒子間の基本的相互作用によってできている」というような表現になるであろう。

だが、ウパニシャッドの対話と近代科学とでは、その目的も含意するものも全く異なる。ウパニシャッドの議論は、それ自体が目的なのではなく、言葉を超えたところにある直観の世界に、人々を導くための手段に過ぎない。アートマンとブラフマンとは同一のものだという議論は、あくまでも、それらについて理解するための出発点でしかない。ウパニシャッドの教えが目指すところは、学習者がその議論を理解した上でそれについて深く考えることを促し、最終的にはそこで読んだ内容を(理性や言葉を超えた形で)体験できるところまで連れて行くことなのである。このような言葉を超えた理解が起きたときには、無上の喜び(アーナンダ)を感じることができる。

感覚を通しての経験と理性のみで形成される「自己」でも、人間の人生の目的は十分に果たすことができるのではないかと思われるかもしれない。しかし、ウパニシャッドの賢者はこれに反対する。『カタ・ウパニシャッド』では、自己は馬車に喩えられる。感覚が馬であり、精神が御者である。そしてその馬車に乗っているのはアートマンである。この喩えは、感覚と理性しか知らない人間は、目的もなく前進する馬車のようなものだということを意味する。なぜなら、その馬車にはアートマンが乗っていないからだ。目的地を決めるのが、アートマンの直観なのである。

ヒンドゥー教によれば、アートマンを意識することは容易ではない。他のあらゆる可能性を検討し、それらを不十分だとして放棄してはじめて意識することが可能になる。知識として学習するものではなく、直観を通じて徐々に意識を高めていくものなのである。

死後

自己すなわち魂が非物質的存在であり、肉体から分離できるものだとしたら、肉体の死後も存在し続け、また別の肉体に宿るということも、理論的には可能である。西洋の宗教の多くは、個々の魂とは、ある瞬間に創造され、肉体の死後も永遠に生き続けるものだと考えている。ヒンドゥー教においては、自己とは、時間という概念にとらわれず、始まりを持たない存在であり、また、この宇宙に1つしかない不可分の真理と同一のものであると考える。そして、そのような自己が次々に肉体に宿り、人生を繰り返していくという、輪廻転生を信じている。西洋の一神教の宗教では、魂が本当に肉体から分離できるのかどうか、そして、もしできるとすれば、どうやって個々の魂が独自性を保つのかが問題となる。ヒンドゥー教徒にとっては、問題は、自己と生命とは、より大きな存在の一部に過ぎないという事実、そして、自己は宇宙の根源的真理と同一のものなのだという事実を、直観的に理解することである。

> すべての存在の心臓に
> 隠されているのがアートマンだ。
> それは魂であり、自己である。
> 最小の原子よりも小さく、
> 広大な空間よりも大きい。
> **『カタ・ウパニシャッド』**

我々は学び、生活し、退き、去る

四住期

背景

主な文献
ダルマ・シャーストラ

時代と場所
紀元前5世紀、インド

前史
先史時代〜 初期宗教の多くは、年齢に応じた決まりごとと通過儀礼を持つ。

紀元前1700年〜 聖典ヴェーダに基づく信仰では、伝統的に禁欲主義的な教育を行うが、多くの人々にとって、主要な目標は社会的義務を果たすことであるとされる。

紀元前6世紀 転生と解脱という考え方がヒンドゥー教において重要になってくるにしたがって、多くの人々が社会生活・家族生活を拒んで、禁欲的な生き方を選ぶようになる。

後史
現在 ヒンドゥー教徒の多くが、「家長」の段階に留まったまま、人生の大部分を過ごす。

あらゆる宗教で半ば暗黙の了解とされている考え方として、人生にはいくつかの目的があり、それらの目的を果たすことができるような正しい生き方がある、というものがある。ヒンドゥー教においても、主要な人生の目的が示されている。それは、ダルマ（正しい生き方）、アルタ（富）やカーマ（喜び）につながる概念、そして、モークシャ（解脱）である。ダルマを追求すること（義務に従って生きること）によって、人は正しい道から逸れずに済む。富と喜びを求めることで、人は貴重な教訓を学ぶ。また、子供をもうけ、家族を養い、施しを与えるような立場にも立つ。最後の目的である解脱は、この世界での心配事を始めとするさまざまな事柄から解放されることである。

紀元前6世紀には、インドには全く

ヒンドゥー教

参照：苦行が霊的解放への道である 68-71 ■ 合理的な世界 92-99 ■ 無私の行為 110-11
■ ブッダの悟り 130-35 ■ 受戒・出家の目的 145

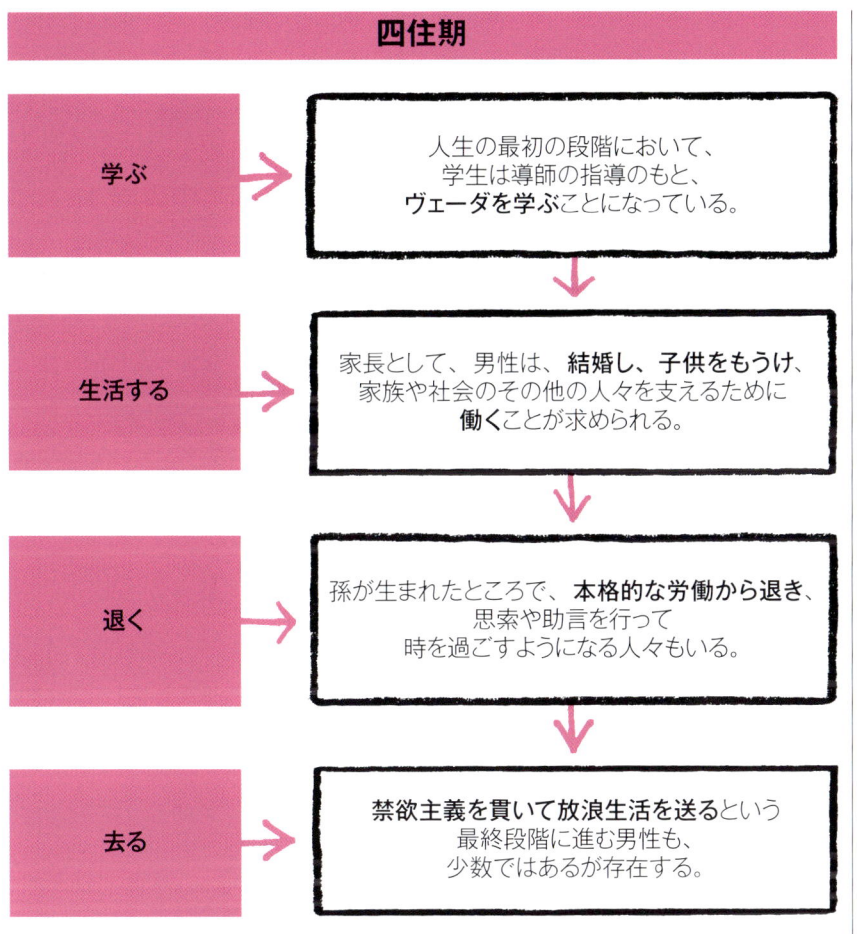

四住期

学ぶ → 人生の最初の段階において、学生は導師の指導のもと、**ヴェーダを学ぶ**ことになっている。

生活する → 家長として、男性は、**結婚し、子供をもうけ**、家族や社会のその他の人々を支えるために**働く**ことが求められる。

退く → 孫が生まれたところで、**本格的な労働から退き**、思索や助言を行って時を過ごすようになる人々もいる。

去る → **禁欲主義を貫いて放浪生活を送る**という最終段階に進む男性も、少数ではあるが存在する。

義を選ぶ（アルタ〔富〕やカーマ〔喜び〕の追求よりも禁欲主義に精神的価値を置く）ということは、聖典ヴェーダに従うというもう一つの伝統とは逆の立場になる。というのも、ヴェーダではおよそ1000年にわたって、正しい方法で追求されるのであれば、物質的な快適さや個人的な満足も人生の崇高な目的になるのだと教えられていたのである。このような全く異なる2つの選択肢のうちの、どちらかを選ぶことが本当に必要だったのだろうか。また、そもそも一人の人間が、伝統的に信じられてきた4つの目的（ダルマ〔正しい生き方〕、アルタ〔富〕、カーマ〔喜び〕、モークシャ〔解脱〕）のすべてを実現することなどできるのだろうか。

すべてを手にする

紀元前5世紀頃、シャーストラ（ダルマについて詳細に説明された法典の総称）において、新しい道が示された。それは、最終選択として生き方を1つだけ選んで固定してしまうのではなくて、人生の段階に応じて目的を選び直していく、という道である。人生には4つのアーシュラマ（段階）があるとされ（学生、家長、引退者、禁欲者）、その段階ごとに、適切な目的を選べばよいという考え方だ。人生における正し

異なる2つの宗教が存在した。ほとんどのインド人は聖典ヴェーダに従う道を選び、神々に捧げ物をし、裕福で喜びに満ちた人生を望み、ダルマ（徳、「正しい生き方」）に合致する道徳的・社会的原理に従うことで節度を持って生活していた。その一方で、それとは異なる生き方に魅力を感じる人々もいた。それは、禁欲主義を貫いて放浪する生活であった。魂の解放を実現するために過酷な肉体的・精神的鍛練を積み、富や喜びを完全に退ける生活である。この伝統的な禁欲主義はシュラマナ（苦行者、遊行僧、沙門）と呼ばれ、仏教とジャイナ教の発展に大きな影響を与えた。ダルマ・スートラ（正しい振る舞いに関する規則を記した教典）に

は、ダルマについて学んだ者の前に現れるであろう3つの道が記されている。1つ目は、ヴェーダの諸文献を研究し続け、それを人生の主要な目的とするという道、2つ目は、富と喜びを追求する人生を送るという道、そして3つ目は、禁欲主義者になるためにすべてのものを放棄するという道である。この時代のインドでは、この3つ目の選択肢を選ぶ人間も少なくなかった。その最も有名な例がブッダ（釈迦）である。彼は、指導者として各地を歩き回る生活に入るため、王子ガウタマ・シッダールタとしての特権階級の生活を放棄し、妻と幼い息子のもとを去った。

このシュラマナという伝統的禁欲主

> アルジュナよ、バラモン、クシャトリヤ、ヴァイシャ、シュードラのそれぞれは生まれつきの性質に応じて義務が与えられているのだ。
> 『バガヴァッド・ギーター』

四住期

> 心に生じるすべての欲望を
> 捨て去ることができたとき
> そして自分自身に満足することが
> できたとき、
> その人は不動の智に達した
> 人と呼ばれる。
> 『バガヴァッド・ギーター』

い目的や正しい行いは、個人のヴァルナ（社会的階級、92～99ページ参照）によって単純に決められるものではなく、人生において到達した段階によって変わるのだとされたわけである。

しかし、すべての人々がこの4つの段階（四住期）を経験できると考えられていたわけではない。女性は通常除外されており、シュードラ（労働者）や階級制度の外に置かれた人々（ダリット、「不可触民」）も除外された。ヴァルナの上位3階層（バラモン〔司祭〕、クシャトリヤ〔戦士・王族〕、ヴァイシャ〔商人・農民〕）に属する男性のみが、8歳になる頃に入門の通過儀礼（ウパナヤナ）を受ける。その儀礼において彼らは「二度目の誕生」を迎え、人生の4つの段階へと進み始めることになるのである。

学び、生活する

人生の1つ目の段階はブラフマチャルヤ（学生期）である。男の子はグールクラ（学校）に行き、指導者であるグル（導師）のもとでヴェーダの文献を用いて勉学に励む。彼らはダルマ（正しい生き方）について学術的な方法で学び、同時に、歴史、哲学、法律、文学、文法、修辞学も学ぶ。通常は25歳から30歳頃まで、このような教育が続く。この段階においては、学生は、両親や指導者に敬意を示すようにと教えられ、また、性的な行為を慎み、全エネルギーを学問に向けるようにと指導される。

教育が終わると、ヒンドゥー教徒の男性は、結婚して家庭を持つことになる。これがガールハスティア（家住期）の始まりである。この段階において、男性は、積極的に経済活動を行い、自分の妻や子供だけでなく、年老いた親族をも養うことが求められる。伝統的なインドの家庭は、3世代から4世代に及ぶ大家族であり、この家族全体で収入を出し合って生計を立て、1つの台所を共有する。このような大家族は、男性も女性も取り込んだ階層構造になっている。家長はまた、禁欲主義を貫く修行者への援助も行うこととされている。

家長はダルマやヴァルナ（階級）に応じた義務を負うが、他の3つの段階と異なる点として、この段階においてはアルタ（富）とカーマ（喜び）の追求も義務と見なされ、それには性的な喜びや子供をもうけることが含まれる。しかし、「この段階の主な目的は富と喜びの追求である」という言い方は、この段階における義務を的確に捉えているとは言い難い。なぜなら、この段階の主たる義務は、大家族を養うことや修行者への施しなどであり、富と喜びの追求はその一部に過ぎないからである。

世俗から退く

人生の3番目の段階は、ヴァーナプラスタ（引退期、林棲期）である。伝統的に、初めての男の子の孫が生まれたときに、この段階に入るとされている。もともとは、世俗から身を退いて「森の住人」になることを意味しており、妻と共に隠遁生活に入り（ただし性行為は避けられるべきだとされる）、思索にふけりつつ簡素な生活を送る時期である。今日では一般的に、仕事面・経済面での責任を負う必要がなくなる時期とされており、次世代への引き継ぎを行う。この時期に入ると、研究を行ったり、若い世代に助言を与えたりする時間を持つことができるようになる。

大方のヒンドゥー教徒にとっては、この3つ目の引退期が最終段階であり、その次の禁欲主義の段階まで進む人はほとんどいない。人生の4つ目の段階に入ることが許されるのは、家族に対する義務をすべて果たしたときのみである。この段階に入った人間は、この世界での心配事や人とのつながりをすべて手放し、最終的な魂の解脱（モークシャ）の追求に自分の人生を捧げるのである。

階級との結合

この四住期が階級と結び付いて、道徳基準や生活様式を決定づける概念ができ上がる。それはヴァルナーシュラマ・ダルマと呼ばれ、階級（ヴァルナ）と人生の段階（アーシュラマ）によって、人生の正しい秩序（ダルマ）が決まるという考え方である。他の多くの宗教では、「正しい生き方」を規定する原則として、道徳的な決まりごとが一種類だけ指定され、すべての人々がその原則に沿って生きることとなる。ヒンドゥー教はその点が極めて特殊であり、それぞれの信者の置かれた環境に応じて、柔軟に差異を認める道徳体系であると言える。このヒンドゥー教の方式には、高い階級に属する人々が傲慢になることを防ごうという意図もあ

男性が仕事場で布を測っている。人生の「家長」の段階において、男性には、富を追求し、数世代に及ぶ大家族を養うことが求められる。

ヒンドゥー教

ヒンドゥー教にはさまざまな宗教的義務があり、一回の人生においてそのすべてを果たすことは難しいと思われるかもしれない。しかし、人生を4つの段階に分けて、そのそれぞれに主要な目的を定め、限られた期間で特定の義務を果たすようにすることで、達成できる可能性が高まるように思われる。

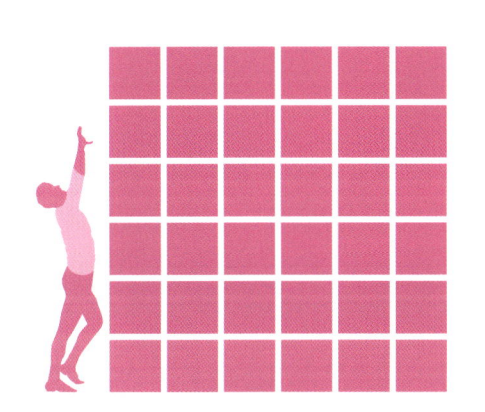

る。階級の高い若者には厳しい教育が用意されており、自己を客観視する訓練が施され、晩年になってから、この世界で得たものや責任などを手放すための精神的な準備ができるようにと育てられる。また、この方式においては、家長の労働は重要なものだとされている。なぜなら、人生の2番目の段階にいる人々は、経済的にも実際の生活においても他のすべての人々を支えていると見なされるからである。そして、この方式は、年老いた人々が威厳を持って暮らせるように考えられた仕組みでもあり、彼らは最終的に経済面や家庭における責任を解かれ、精神的な成長のために時間を費やすことができるのである。

現代の世界

つい最近まで、ヒンドゥー教徒の社会では、数世代にわたる大家族という形が一般的だった。そのような環境で、男性は、道徳的・宗教的原則に従って人生の4つの段階を生きていた。この伝統的な生活においては、男性の人生の1番目と4番目の段階に、女性は登場しない。また、結婚は、ロマンティックな恋愛の結果ではなく、家族間の契約と見なされる。妻を迎えるときに、もしもその女性が、ダルマ、ヴァルナ、アーシュラマといった点で夫と釣り合わないとしたら、それは大きな問題になる。そのような事情からヒンドゥー教徒の社会に生まれた慣習や伝統がいくつもあるが（たとえば、見合い結婚）、これらの多くは、より個人主義的で宗教色の薄い環境で育てられたヒンドゥー教徒には受け入れ難いものである。

ヒンドゥー教には、信仰というよりも慣習と呼んだ方がふさわしいと思われる点が非常に多く、年齢や階級が重要な要素となっている。更に、ヒンドゥー教の伝統的な教えの中には、「個人の権利」、「平等」といった西洋的な概念とは相容れないものもある。現代のインドでは人々の考え方の西洋化が進み、社会も流動化している。また、インド以外の国々で、インドとは異なる環境においてヒンドゥー教を信仰する共同体も多数存在する。このような状況下で、ヒンドゥー教徒がこれからも「四住期」を理想的な生き方として維持していくことができるのかどうかは、今後の課題である。■

道徳的原則

ヒンドゥー教には大きな道徳的原則が5つ存在する。それは、不殺生（非暴力）、真実（正直）、不盗、不淫（梵行、節度ある性行為）、無所有（無執着）である。これらのそれぞれが、人生の段階に応じて実践される。たとえば、家長が性的な禁欲を行うことはない。家長には子供をもうける義務があるためである。これらの道徳的原則は、主に外部との関わり方に関するものであるが、人生の全段階を通じて実践することが求められる内面的な修養も存在する。それは、清潔さを保つ、満足する、邪心を排して集中する、集団学習を行う、神への献身を貫く、という5つの資質を身に付けることである。ヒンドゥー教は、初期ヴェーダ期から何世紀にもわたって進化しており、かつての儀礼を中心としたものから、個人の精神面での発達と献身を目指す宗教へと変化した。この5つの資質には、その変化が反映されている。

殺すことが あなたの義務かもしれない

無私の行為

背景

主な文献
『バガヴァッド・ギーター』

時代と場所
紀元前2世紀、インド

前史
紀元前1700年〜 ダルマ(宇宙の秩序を守るための正しい生き方)が初期のヒンドゥー教の思想の中核的特色となる。

紀元前6世紀 ブッダが無私の行為を支持するが、殺人はどのような場合でも間違いであると説く。

紀元前3世紀 インドの国王アショーカが、自身の行う統治に非暴力とすべての人々への慈悲を取り入れる。

後史
15世紀〜 シク教では、弱者を保護し信仰を守ることが義務とされる。

19〜20世紀 マハトマ・ガンディーが、不正に対して非暴力という武器を用いる消極的抵抗を打ち立てる。

『バガヴァッド・ギーター』は、徳と義務について書いた古代の聖典であり、クリシュナ(最高神ヴィシュヌの化身)と王子アルジュナとの対話という形式をとっている。アルジュナの一族では、誰が王国を統治すべきかという問題でいさかいが起きており、彼はこれから身内との戦いに向かおうとしているところである。クシャトリヤ(戦士・王族)という階級に属するアルジュナにとって、戦いは義務である。しかし、今回彼が「敵」として殺さなければならない相手は、彼の親族や、彼が偉大な師として尊敬する人々であり、彼はそのことに絶望している。

『バガヴァッド・ギーター』の始めの部分で、アルジュナは、そのような殺人を犯すくらいならば、王国の統治権をめぐる争いから身を退きたいと言う。親族や師を殺めることは、彼にとって嫌なことであるばかりでなく、それによって悪い影響が出て、関係するすべての人々に悪しき業(ごう)が生じるのではないかと、彼は心配したのだった(ヒンドゥー教においては、親戚殺しは家の没落につながる行為であり、次は地獄に生まれ変わるとされている)。

アルジュナは、明らかに矛盾する2つの原則の間で苦悩する。自らの戦士という階級に課された義務を果たすべきなのか。それとも、殺人によってもたらされる恐ろしい業を避けるべきか。彼に助言を与えたのは、彼の馬車の御者だった。その御者は、クリシュナであったのだ。

クリシュナはアルジュナに、自らの義務を全うして戦うべきであると助言する。人を殺すという行為が悪しき業をもたらすのは、正しくない理由(たとえば、憎悪や貪欲)によって殺人を犯したときのみである。理想的な生き方とは、とにかく義務を果たすことであり、その義務が何であれ、どれほど気が進まないことであろうとも、私心を排して義務を遂行することである。そのような行為から悪い影響が生じることなどなく、それどころか魂の解放に一歩近づくことになるのである。

どのような種類の行為について考える際にも、その行為に至った動機は重要であると、クリシュナは述べる。自己中心的な好みに従うのではな

> 人は、生まれ持った
> 義務を果たしたことで、
> 悲しい思いをする必要などない。
> **クリシュナ**

ヒンドゥー教

参照：調和の中で生きる 38 ■ 合理的な世界 92-99 ■ 政治的時代のヒンドゥー教 124-25 ■ 思いやりと慈悲による統治 146-47 ■ 神への信仰を深める努力 278 ■ シク教の行動規範 296-301

アルジュナ / クリシュナ

- アルジュナ：私は戦いに行くことを考えると絶望する。
- クリシュナ：あなたは王子だ。戦うことはあなたの義務だ。
- アルジュナ：私は、愛する人や尊敬する人を殺したくない。
- クリシュナ：あなたの感情などどうでもよい。感情を排し、義務を果たしなさい。
- アルジュナ：私の親族や師が死ぬのは悲しい。
- クリシュナ：自己とは不滅で永遠の存在である。人が死ぬと考えるのは間違っている。
- アルジュナ：人を殺したとしても、私は罪を犯したことにはならないのか。
- クリシュナ：正当な戦いにおいて戦うという義務を果たさなかったときにのみ、あなたは罪を犯したことになる。

クリシュナはアルジュナに対し、人を殺すという行為は、正しい戦いにおいて立派な戦士が果たすべき義務であると説く。

く、自我を排し、進んで義務を果たすという行為こそが褒められるべきものだと彼は言う。クリシュナは更に、アルジュナが戦うべきである2つ目の理由を挙げる。それは、人間の「自己」というものは不滅であり、転生を繰り返して生き続けるものであるから、本当の意味で人を殺すことなどできないのだ、というものである。死ぬのは肉体のみであって、魂は別の肉体に宿って再び生を得る。

変化の背景

『バガヴァッド・ギーター』が編纂されたころ、インドの宗教には、全く異なる2種類の流れがあった。その2つのうちの古いものは、ヴェーダ期初期に発生した流れであり、道徳の基盤として、社会秩序を守り義務を遂行することを奨励した。しかし、それに対して新しい哲学（特に仏教とジャイナ教）が疑問を投げ掛ける。その新しい流れは、「不殺生」を第一の戒として掲げ、また、道徳の基礎と見なしていた。そのため、新しい流れを支持する人々は、ヴェーダに定められた階級制度や、その階級ごとの伝統的な義務といったものを重視しない。アルジュナの葛藤は、道徳原則の衝突を反映したものである。クリシュナの助言は、業と転生を中心に据えた哲学からの批判に対して、階級的義務を弁護するものであった。■

叙事詩

自我を排しての義務の遂行は、『バガヴァッド・ギーター』のテーマの一つに過ぎない。『バガヴァッド・ギーター』は、『マハーバーラタ』（一族内の争いを描いた叙事詩）の一部で、使われている言葉と比喩表現の美しさで知られている。

『マハーバーラタ』と共に二大叙事詩と並び称される、『ラーマーヤナ』は、ラーマ王子とその妻シーターの物語で、シーターが魔王ラーヴァナにさらわれるという出来事を中心に展開されている。この叙事詩には魅力的な登場人物が多い。

これらの叙事詩は、バラモンやヴェーダの供犠といった伝統的要素を肯定する立場から書かれており、王族が争うことで悲惨な結末が訪れるという点が強調されている。また、道徳的な難問について論じ、人間の持つ資質を称賛するなどしつつ、ヒンドゥー教徒の生き方の模範を示すという性格も強い。どちらの叙事詩も紀元前4あるいは5世紀に書き始められ、その後長期間にわたって書き継がれたものらしい。

『ラーマーヤナ』に悪役として登場する執念深い魔王ラーヴァナ。インド南部のケララ州において、舞踏家が『ラーマーヤナ』を演じている。

ヨーガは魂の解放への道である
肉体的・精神的鍛練

背景

主な文献
『ヨーガ・スートラ』

時代と場所
紀元前2世紀、インド

前史
紀元前1700年以前 インダス川流域で見つかった粘土板に、足を組んで座る人の絵が描かれており、ヨーガのポーズであると考えられている。

紀元前1000年 インドの医学アーユルヴェーダにおいて、人体の分析が行われ、運動が奨励される。

紀元前6世紀頃 仏教において(また、後の道教において)、調和と洞察力を高めるために精神的・肉体的鍛練が推奨される。

後史
12世紀以降 日本の禅宗において、精神の静寂を求め、精神統一を図るための手法の洗練化が図られる。

20世紀 宗教とは無関係な身体的・精神的健康法として、ヨーガが西洋で一般化する。

「ヨーガ」というサンスクリット語は、一連の肉体的・精神的鍛練を表す語として用いられる。この鍛練により、精神面では洞察力が高まり、肉体面では身体能力の限界を超えることができると考えられている。

ヨーガについての記述は、紀元前6世紀の初期ヒンドゥー哲学の文献(ウパニシャッド)に見られ、また、サンスクリットで書かれた古い聖典『バガヴァッド・ギーター』にも、ヨーガに関する節が存在する。ヨーガについて最初に体系的な記述を行ったのは『ヨーガ・スートラ』である。この書は、紀元前2世紀の哲学者パタンジャリによるものだと考える学者もいるが、現在では一般的に、2世紀から4世紀の間に2人以上の著者によって書かれたもので、著者たちが生きていた時代以前の伝統や慣習も取り込んだものだと考えられている。『ヨーガ・スートラ』には、精神的な静寂を手に入れ集中力を高めるための手法が記されている。静寂と集中によって、深い洞察力を身に付けるのである。

ヨーガはもともと、禁欲主義の実践者のためのものであるが、後に、誰にでも行うことのできる鍛練法となった。ヨーガにおいては、ある姿勢をとることや呼吸を整えること自体が目的ではない。それらの姿勢や呼吸法によって心を鎮め、精神統一を行っているのである。自らの感覚をコントロールできるようになると、精神の静寂を感じられるようになる。その段階まで達して初めて、精神的な自由が手に入り、洞察力が高まってくるのである。

解放への道

『ヨーガ・スートラ』によると、ヨーガを実践することで精神的な苦痛(たとえば、無知、自己中心的な思考、極端な感情)から逃れることができるとされている。また、ヨーガによって「三毒」(貪欲、怒り、迷い)からも解放されると信じられている(これは仏

肉体と精神の両面を落ち着かせるために、ヨーガではポーズと呼吸法を用いる。その技術を高めていくことで、より高次の意識に到達できるとされている。

ヒンドゥー教 113

参照：自己を道と調和させる 66-67 ■ 純粋な意識で見る 116-21
■ 言葉を超えた禅の洞察 160-63

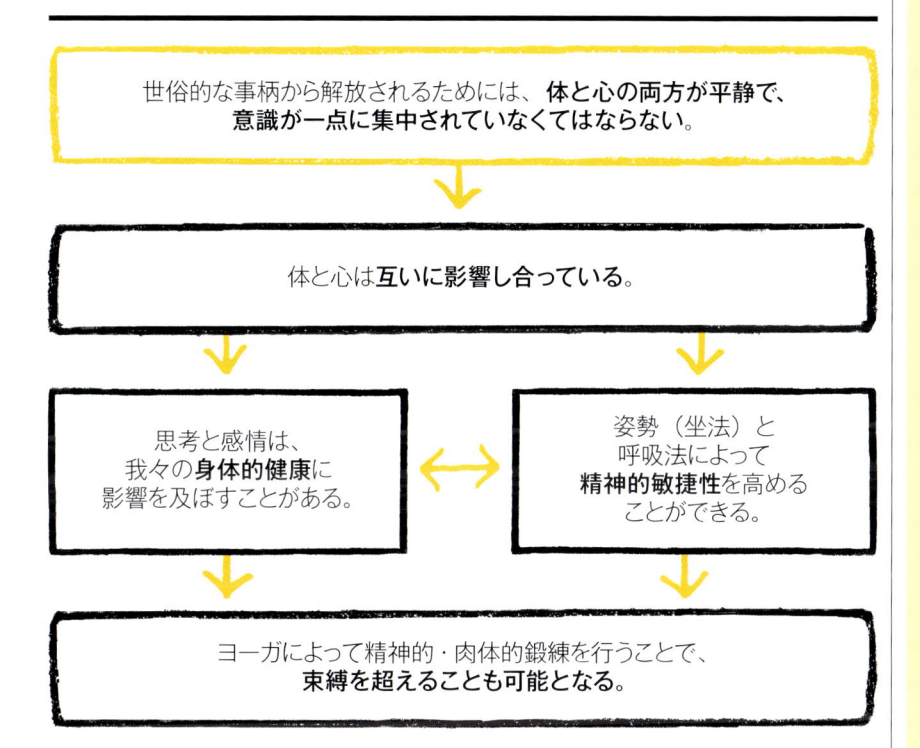

```
┌─────────────────────────────────────┐
│ 世俗的な事柄から解放されるためには、**体と心の両方が平静で、** │
│       **意識が一点に集中**されていなくてはならない。    │
└─────────────────────────────────────┘
                    ↓
┌─────────────────────────────────────┐
│         体と心は**互いに**影響し合っている。          │
└─────────────────────────────────────┘
          ↓                    ↓
┌──────────────┐     ┌──────────────┐
│ 思考と感情は、  │     │ 姿勢（坐法）と  │
│ 我々の**身体的健康**に │ ←→ │ 呼吸法によって  │
│ 影響を及ぼすことがある。│    │ **精神的敏捷性**を高める │
│              │     │ ことができる。  │
└──────────────┘     └──────────────┘
          ↓                    ↓
┌─────────────────────────────────────┐
│ ヨーガによって精神的・肉体的鍛練を行うことで、         │
│         **束縛を超えることも可能となる。**           │
└─────────────────────────────────────┘
```

教においても目標とされている）。

『ヨーガ・スートラ』には、8段階でヨーガを実践するようにと書かれている。最初の2つは準備段階とされており、ヨーガの効力を高めるための基礎を身に付けるものである。第1段階では、道徳的抑制（とくに不殺生）によって道徳性を鍛える。第2段階では、直観を磨くために、やるべきこと（哲学書を学び、神について思索する、など）をきちんと行う、という点が焦点となる。第3段階から第5段階においては、体と感覚をコントロールすることを目指す。具体的には、体をコントロールするために正しい坐法を覚え、呼吸法を身に付け、そして、自らの感覚に注意を払うことをやめる。第6段階から最後の第8段階は、精神的な面に取り組む段階である。意識を1つの対象物に集中させ、その対象物について瞑想を行い、極限の集中力を身に付けることが最終目標である。自己や世界に対して世俗的な認識しか持っておらず、精神的な苦痛に悩まされる状態から始まり、これらの段階を1つずつ登っていくことで、ついにはそのような世俗的な認識を脱し、より高い意識状態に到達するのだとされている。

今日、ヨーガは、健康を維持するための運動の一つとして広く実践されており、精神的な静寂をもたらしてくれる効果もあるとされている。しかし、ヒンドゥー教においては、ヨーガとは、正しい姿勢を習得するだけでなく、道徳や知識を身に付け、瞑想や献身を実践するという総括的な鍛練なのである。そのような鍛練を積むことで、入り組んだこの物質世界（プラクリティ）から真の自己や意識（プルシャ）を解放し、自己や意識を本来の自然な姿に戻してやることが、ヨーガの目的である。西洋人の多くはヨーガを身体的運動だと考えているが、ヒンドゥー教徒にとっては、ヨーガは最終的な解脱への道なのである。■

神を持たない哲学

ヨーガにおいては、自己の外部に存在する神への信仰は行われない。ヨーガとは、自らの体がこれまでに積んできたさまざまに入り組んだ経験を手放し、真の自己を解放し、自己とは絶対的な存在と同一のものなのだという気づきを深めていく自然な過程である。ただし、これは、ヨーガが基盤としている哲学（サーンキヤ学派）の思想である。

サーンキヤ学派は、インド哲学の最古の学派の一つであり、プラクリティ（物質）とプルシャ（純粋な意識）との完全な二元論を唱えている。哲学の中には物質と精神とを対立するものと見なす学派もあるが、サーンキヤ学派では、精神とは物質が洗練されたものであると考える。したがってこの学派によると、人間は3つの要素でできていることとなる。肉体、世俗的な自己（あらゆる精神活動と、感覚を通した経験とを含む）、そして、純粋で永遠の自己である。純粋で永遠の自己とは、永遠のプルシャと同じもので、時間や場所に関する制限を一切受けない存在である。

サーンキヤ学派においては、神に対する献身ではなく、自己を解放し、自己の中に存在する物理的制限を受けない純粋に精神的な性質を見出すことを目指している。そして、そのための手段が、ヨーガなのである。

❝
ヨーガとは、
心を鎮めることである。
パタンジャリ
❞

日々の儀礼によって
神々と話す
プージャーによる礼拝

背景

主な動き
バクティの発達

時代と場所
6世紀、インド

前史
先史時代〜 神の像の前に捧げ物をするという行為は、多くの文化において崇拝を表す。

紀元前1700年 聖典ヴェーダに基づく宗教では、他の古い文明においても見られるように、司祭階級の人々が一般の人々のために宗教儀礼を執り行う。

紀元前6世紀 ウパニシャッドにより、ヒンドゥー教思想に、それ以前よりも抽象的な概念が導入される。

紀元前2世紀〜 大乗仏教では、ブッダと菩薩（悟りを開いた存在）の仏画や仏像が、信仰を手助けするものとして用いられる。

後史
15世紀 シク教における崇拝では、神への賛歌が歌われる。

ヒンドゥー教に欠かせない要素は、儀礼と礼拝である。聖典ヴェーダに記された初期からの伝統においては、神聖な火を用いる供犠の祭式は、定められた正しい方法で、司祭階級バラモンによって執り行われることが必須であった。しかし時代が下り、紀元前から紀元後に移行すると、そのような厳格さは徐々に緩やかになっていき、バクティ（献身的な愛、信愛）と呼ばれる方法が定着していった。神々の像を安置するための寺院が建てられ、信者が各自で参拝を行うことができるようになった。また、依然として司祭が、誕生、成人、結婚、死に関する儀礼を執り行ってはいたものの、それと並行して個人による礼拝が徐々に一般的になっていく。そのような礼拝はプージャーと呼ばれ、階級とは無関係に、すべての人が個人的に神々への崇拝を行うことができるようになった。

神々への礼拝

プージャーとは、神々の像の前に簡単なお供え物（菜食主義の食物、お香、花）を捧げるという行為であり、寺院においても自宅においても行うことができる。プージャーを行う人々は、粉などで額に印を付けていることが多く、それは、自分がプージャーを行っているということと、それによって神々からの祝福を受けているということの目印なのである。プージャーが終

信者が神の像に食べさせるかのように食物を捧げ、プージャーを行っている。このような像には神の霊的エネルギーが満ちていると信じられている。

わると、信者たちは、供えた食物を受け取っていいことになっている。また、実際に供物を捧げるという行為よりも、その行為を行おうとする意志の方が大切であると見なされる。単に寺院を訪れて神々の像を見るだけで十分だとされることさえある。

プージャーを行うことで、人々は神々への崇拝を示すことができるが、

ヒンドゥー教

参照：供犠と血の捧げもの 40-45 ■ 神々の道を生きる 82-85 ■ プロテスタントの宗教改革 230-37

> 聖典ヴェーダによると、バラモンによって行われる**儀礼**は、**世界の秩序を保つために**重要なものであったとされる。

> しかし、司祭に頼らなくても、**直接神々に話し掛けることが可能である。**

> **献身と供物によって**、我々は神々と**個人的な関係を築くことができる。**

> **我々は、日々の儀礼によって神々と話す。**

同時に、神々に願い事をすることもできる。ヒンドゥーの神々は、その神が果たす役割に応じた名前で呼ばれることが多い（たとえば、「障害を取り除く神ガネーシャ」）。したがってヒンドゥー教徒は、自分が必要とする助けに合った名前を持つ神を選び、その神に対してプージャーを行ってお願い事をするのである。しかし、プージャーという行為は、必ずしも個人的な願い事や感謝のために行われるわけではない。ドゥルガー・プージャーという祭りのように、多くの信者が集まる際にプージャーが行われることもある。ドゥルガ・プージャーとは、毎年、9日間にわたって行われる祭りで、女神ドゥルガーを崇めるものである。神の持つ力の女性的側面を体現したのがドゥルガーであるとされ、そのドゥルガーが、恐ろしいマヒシャースラ（水牛の姿をした悪魔）を殺したことを記念するのが、この祭りである。信者たちは、供物を供え、祈りを捧げ、賛歌を歌い、踊り、断食をし、ごちそうを食べる。

神の愛

礼拝を行う際に、信者は神々（像という形で目に見えるようになっている）と容易に交流を持つことができると考えられている。信者は、自らが選んだ神と、バクティ（献身的な愛、信愛）を通して強い感情的な絆を結ぶとされる。絆が結ばれると、神は信者の心の中に住むようになる。ヒンドゥー教においてバクティが支配的になったのは12世紀のことであった。寺院での礼拝の際には歌や踊りが行われ、信者と神々との関係は、恋人同士の関係に喩えられた。

さまざまな神がバクティの対象になっているものの、最も多くの信者を引き付けているのはヴィシュヌ（左下のコラム参照）である。ヴィシュヌは、人類を救うために地上に降りてきた神として、インドの二大叙事詩『ラーマーヤナ』と『マハーバーラタ』に描かれている。ヴィシュヌはいくつもの化身を持っており、その化身の姿で現れる。ヴィシュヌの8番目の化身はクリシュナといい、クリシュナの信仰者たちは、バクティこそが魂の解放へと続く正しい道であると信じている。■

9通りのヴィシュヌ崇拝

『ラーマーヤナ』において、王子ラーマの姿をしたヴィシュヌが「必ず自分の心を打ち、自分を喜ばせることを保証する」9種類のバクティを示している。「1つ目はサットサンガ、つまり、愛にあふれた信者たちの集いである。2つ目は、美酒にも似た私の話に耳を傾ける姿勢を身に付けること。3つ目はグル（導師）への奉仕である。……4つ目は私への賛歌を歌うこと。……私の名前を繰り返し唱えること（ジャパ）と、神を称える歌（バジャン）を歌うことが5つ目である。……宗教的にやるべきだとされていることに常に従い、鍛錬を積んで感覚をコントロールし、気高い人格を保ち、無私の奉仕を行うことが6つ目のバクティである。7つ目は、私がこの世の至る所に現れることに気づき、私の聖人たちを私にも増して敬愛すること。……他人のあら探しをせず、自らの運命に満足することが8つ目だ。……私の力を完全に信じ、全面的に身を任せることが9つ目であり、バクティの最終段階である。」

> "
> 愛に満ちた心を持って
> 目から愛の涙を流し、
> 感情の高まりで声が出なくなり、
> 踊り、音楽を奏で、歌う。
> 皆がしばしばそのようにして、
> 私を満足させるべきである。
> **デーヴィー・ギーター（女神の歌）**
> "

世界は幻影である

純粋な意識で見る

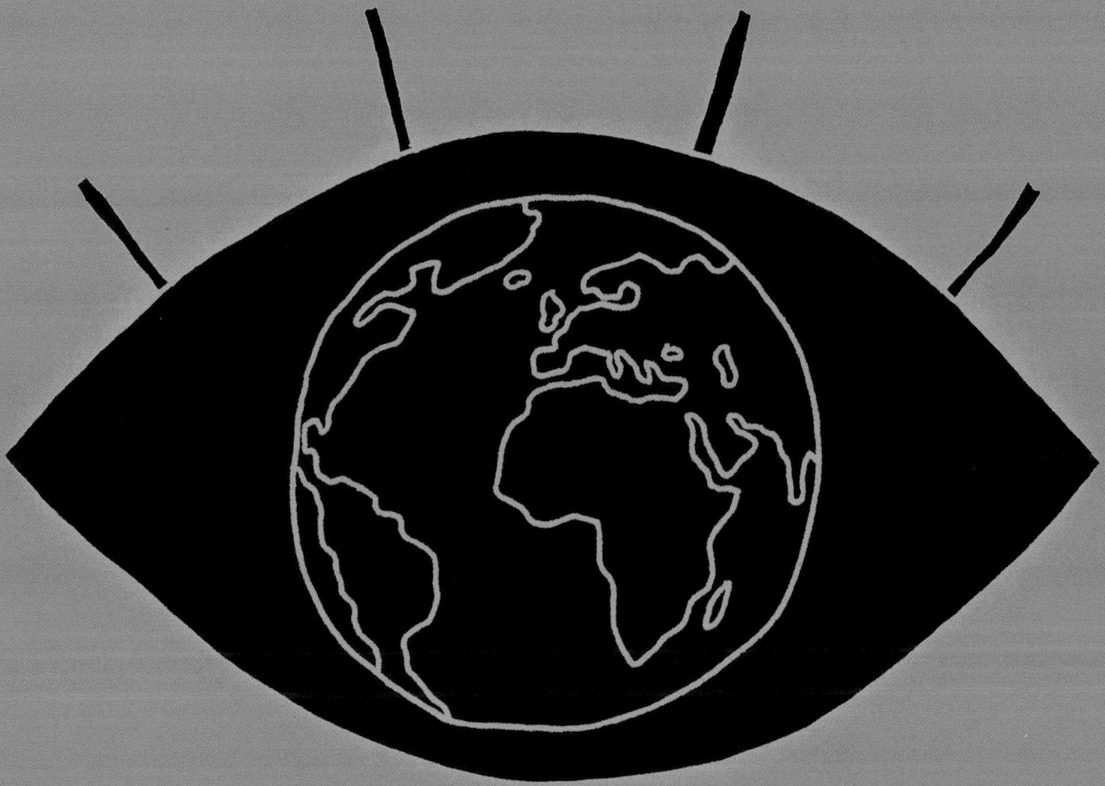

118 純粋な意識で見る

背景

主要人物
アディ・シャンカラ

時代と場所
788〜820年、インド

前史
紀元前6世紀 ウパニシャッドに究極の真理としてブラフマンが登場する。

紀元前4世紀 ギリシャの哲学者プラトンが、感覚で体験できる物質と真理との比較を行う。後のプラトン哲学において、この究極の真理は、「超越者」すなわち神と同一であるとされる。

2世紀 ナーガールジュナが仏教哲学の中観派を創始する。中観派が中心概念として奉じるのは「空(くう)」である。

後史
13世紀 曹洞禅では、純粋な意識を高めることによって、感覚で経験できる世界の理解を超越することを目指す。

9世紀に、インドの哲学者アディ・シャンカラにより、ヒンドゥー哲学の新学派ヴェーダーンタ(「ヴェーダの最終」)が創設された。ヴェーダーンタの目的は、ヴェーダに書かれている内容を体系化し、説明すること、そして、哲学的文献ウパニシャッドで論じられているブラフマンの本質を探ることであった。

ヴェーダーンタ学派ではさまざまな学説が提示されているが、シャンカラの打ち立てたものは不二一元論と呼ばれる。実在は一つしか存在せず、人間がその実在をさまざまな方法で経験しているに過ぎない、というのがその主張である。この「不二一元論」のヴェーダーンタは、後に展開されることとなる、神が人格的役割を担うようなヴェーダーンタとは対照的であった。

シャンカラは、人間の理性が及ぶ範囲は、本人が感覚で経験することのできる対象物までに限られていると述べる。それはつまり、自らの感覚で経験できる領域を超えて、世界をありのままに理解することは不可能だということである。実際、経験できる範囲内でさえ、誤解が生じることがある。感覚を通して得た知識とは、それほどあいまいなものなのだ。シャンカラが例として挙げたのは、人間がロープを蛇だと思ったり、蛇をロープだと思ったりする、という事実だ。人間は、自分が視覚や聴覚や触覚によってだまされる可能性があると知っている。だが、もしも、感覚を用いて情報を集めるという試み自体が幻想だとしたらどうなるだろう。

ブラフマンは理解不能か

ウパニシャッドの教えによると、唯一絶対の真理であるブラフマンというものが存在し、それは人間の奥深くにある自己(アートマン)と同一のものだという。しかし問題は、ブラフマンを感覚によって経験することができないということだ。この世に存在する物質は実在の一部分であるが、ブラフマンは実在そのものなのである。通常の物質は、感覚によってその性質を把握し、他の物質との違いを識別することで認知できる。それに対してブラフマンは、物質的な特性を持たないため、感覚から得られた知識で理性的に理解することができないのである。

それでは、絶対的存在と呼ばれるものや、宗教に登場する神々などは、どのようにして理解すればいいのだろうか。崇拝の対象である神や女神に関して、ウパニシャッドに書かれている哲学的議論と、ヴェーダに記されている実践的な内容とを比べてみると、そこには大きな違いがあるように思われる。たとえば、ブラフマンが人格的(可知)であると同時に非人格的(不可知)である、などということがあり得るだろうか。また、もしブラフマンが永遠の絶対的存在であるとしたら、そのブ

| 我々が持つ**世界に関する知識**は**感覚**を通して得たものであり、誤りが生じがちである。 | 我々は、ブラフマン(絶対実在)が**我々の内なる自己であり魂であるアートマン**と同一のものであることを、感覚を通してではなく直接知っている。 |

↓ ↓

従来、我々が知っているとされる世界は、幻である。 ← 絶対実在を、感覚を通して知ることはできない。

ヒンドゥー教 119

参照：高次の教え 101 ▪ 個人的な真理の探究 144 ▪ 近代の挑戦 240-45
▪ すべての信仰を受け入れる信仰 313

> 不二一元論の
> 課題は、どのようにして
> 純粋なブラフマンから
> 人間と物質の不純な世界が
> 生まれたのかを説明することだ。
> **T・M・P・マハーデーヴァン**

> ブラフマンは実在である。
> 世界は見せかけだけの幻影である。
> いわゆる魂とは
> ブラフマンそのものであって、
> 他の何物でもない。
> **アディ・シャンカラ**

ラフマンについての記述などできるのだろうか。

シャンカラの答え

シャンカラはこの疑問に答えるために、ニルグナ・ブラフマン（属性のない実在）とサグナ・ブラフマン（属性を備えた存在）を区別した。ニルグナ・ブラフマンは、純粋意識によってしか感じ取ることのできない、実体を持たないブラフマンである。それに対してサグナ・ブラフマンは、より伝統的な神の概念に近いもので、この世に現れ、行動するブラフマンである。どちらのブラフマンも同じ実在であるが、人間がその両者を理解する方法が異なるのである。ブラフマンを次のように説明することもできる。「この世界にブラフマンでないものは存在しない。なぜならブラフマンは根源的な実在だからである。しかし、これがブラフマンだと言えるものも存在しない。ブラフマンという概念に対応し、他の物体とはっきり区別して認知できるような実体はないのである」。より具体的な説明として、シャンカラは太陽と壺の喩えを用いた。太陽の出ているところに、水をたたえた壺をたくさん置いた場合、それぞれの壺の水が太陽の光を反射して輝くが、太陽自体は1つしかない。それでは、その太陽にあたるブラフマンを、どのようにして知ることができるだろう。シャンカラは、ブラフマンがアートマン（純粋意識の奥深くに存在する自己）と同一のものであることが鍵だと言う。ブラフマンを感覚で感じ取って外部から知ることはできないが、我々の本質であるアートマンを介して、内部から知ることはできるのである。

意識と知識

実在は1つしか存在しないが、それを理解するには2つの全く異なる方法があるのだと、シャンカラは言う。従来の一般的な考え方では、我々人間は感覚によって体験することのできる、多様性を備えた世界に住んでいるとされる。それに対して、極限まで突き詰めて考えた場合、我々は、自らが体験しているこの世界が実際には存在しない幻影であることを認識しなければならなくなる。我々は、感覚を排した純粋な意識を用いることでのみ、幻影を退け、究極の実在を体験することができるのである。

シャンカラは、仏教から着想を得て、このように真理を2段階に設定した可能性がある。仏教ではこの当時、実用的真実と絶対的真実という、シャンカラが示したものと同じような区別が行われていた。ヒンドゥー教においても仏教においても、宗教の基盤となっている哲学的思想と実際の慣習とを結び付けるために、この区別が必要だった。ヒンドゥー教が生まれてから1000年

シャンカラの思想によると、人間の理性は、人間が感覚によって集めた知識の範囲に限られたものである。究極の実在について知るためには、異なる種類の知識・理解が必要となる。

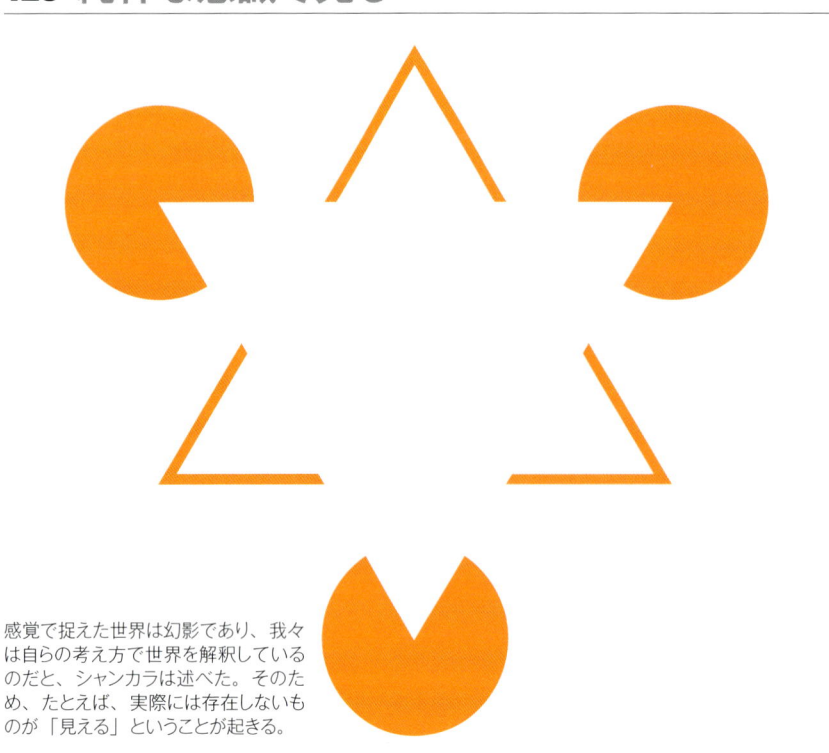

純粋な意識で見る

感覚で捉えた世界は幻影であり、我々は自らの考え方で世界を解釈しているのだと、シャンカラは述べた。そのため、たとえば、実際には存在しないものが「見える」ということが起きる。

> この世界は、儚いものである。この世界に生まれた人間は、夢の中で生きているようなものだ。
> **『ニルヴァーナ・ウパニシャッド』**

の間に、さまざまな神々への崇拝が行われるようになっており（仏教ではさまざまな菩薩への崇拝が行われた）、それらの神々は、実在の本当の姿を映し出す存在であると考えられていた。そのような状況に、この区別が持ち込まれたわけであるが、それは決して、多くの神々（あるいは菩薩）を崇拝していたそれまでの伝統的宗教を否定しようという動きではない。ヒンドゥー教も仏教も、そのような区別を導入することで、伝統的宗教をより広い哲学的枠組みの中に取り込もうとしたのだった。

単なる幻影ではない

シャンカラの世界観を最も簡潔に説明すると、彼は世界を幻影（マーヤー）と見なしていたのだと言えよう。とはいえ、シャンカラ本人は、もう少し複雑な表現を用いている。シャンカラは、「実在」には2つの段階があり、そのどちらもある意味では偽物なのだと述べている。その2つとは、見かけの世界（我々が見たり触れたりしていると思われる世界）と便宜的世界（我々が先入観によって見ている世界）である。見かけの世界とは、我々が自らの感覚を通して解釈した世界のことを言う。もう一方の便宜的世界は、我々の精神が外部に投影された世界、つまり、我々の考え方に基づいた世界の解釈である（たとえば、先のとがった緑のものを「葉」と分類することなど）。しかしこれら2つは、どちらも人間が世界を表現したものに過ぎず、不正確な概念と見なされる。このように、我々が感覚を通して経験する世界は幻影（マーヤー）だと言えるだろう。しかし、世界そのものは、感覚によって得られる知識を超越したものであり、幻影などではない。

この主張ゆえに、シャンカラの学説は「不二一元論」と呼ばれる。彼は、2つの異なる実在（世界とブラフマン）が存在しているのではなく、実在はただ1つだと主張した。

人は、アートマン（真の自己）とブラフマン（単一の実在）とが同じものであると気づいたとき、それまで抱いていた「自己」という概念（この世界に存在するさまざまな物体の中の1つ）が、部分的には幻であったということを知る。悟るということはつまり、我々人間の正体（純粋な意識であるアートマン）を理解することである。アートマンと比べれば、常に変化する表面的な肉体は、偽りであると言っていい。

神々が道を示す

ニルグナ・ブラフマン（属性のない実在）とサグナ・ブラフマン（属性を備えた実在）との区別、そして、感覚を通して得た知識と純粋な意識によって得られた理解との区別は、ヒンドゥー教のみならず、宗教一般を理解する際の基盤となる重要な点である。

これらの区別が示すことは、宗教には2つの段階があるということである。一般的な宗教においては、（バクティという伝統に見られるように）各自が選んだ神々への崇拝が行われ、この世界において特定の恩恵をもたらしてくれる存在として、神々の像を崇める。しかし、このような信仰は、知識を得て解脱を実現するための準備段階に過ぎない。解脱を達成するには、洞察に至るような瞑想を行うための精神的鍛練が必要となる。そのようにして得られる洞察こそが単一の実在なのだと、シャンカラは考える。神々の世界などというものが、どこかに存在しているわけではないのである。もし、人間の内部にある意識を通してしか知ることのできない唯一の実在というものがあるならば、宗教の儀礼は不要となる。我々は、瞑想によって洞察を得さえすればいいのである。

シャンカラが提唱したものは宗教で

はなく哲学だったのだと言えるようにも思われるが、厳密な意味では、それは正しくない。アートマンとブラフマンが同一のものだと知るためには瞑想による鍛練が必要であり、そのような鍛練は、やはり、哲学的探究というよりは宗教的修練と見なされるべきものだろう。洞察を得るために求められる克己心は、知性のみで操れる類いのものではないのである。シャンカラの示した方式によって、2つの全く異なる伝統を結び付けて1つの体系にまとめることが可能になった。その1つは、聖典ヴェーダに基づく宗教の儀礼と、後に編まれたヴェーダの注釈書である。そしてもう1つは、自ら儀礼の段階は超越したと自認している苦行者たちが行う精神的鍛練である。

科学と実在

この宇宙は、物体、構造物、事象、そして感覚を通した経験によって構成されており、そのすべてが測定可能で理解可能であるというのが、現代科学理論の前提である。多くの人々が、そのような理論は世界を理解するための信頼できる手法であると考えているが、実際には、そのような理論は、科学者たちが自らの調べた現象を解釈したものに過ぎず、常に改良の余地が残されている。たとえば、感覚によって経験したものを最新の科学知識を用いて研究したとしても、それはせいぜい、その時点で手に入れることのできる道具で測定した実在の近似値に過ぎず、実在そのものではないのである。

更に、実在を理解しようとする過程で用いられる科学的手法が、測定しようとしている事象に干渉し、影響を及ぼしてしまう可能性も否定できない。たとえば、実験において量子による測定を行う場合、測定するという行為自体によって、結果が大きく変わってしまうということが起こり得る。

科学が真理あるいは実在と見なすであろうものが、シャンカラの学説では幻影であると判断される。なぜなら、真理には全く異なる2つの段階が存在しており、神々が示す真理も科学的法則が導き出す真理も、1つ目の段階の真理だからである。それは、理性や感覚による経験を超えたところにある究極の実在の近似値に過ぎない。瞑想を通じて幻影を超越することによってのみ、純粋な意識に到達することができるのである。■

> 幻影の下に埋まっている
> アートマンという純粋な真理には、
> 瞑想や黙想など、
> ブラフマンを知る者が定める
> 精神的鍛練によって
> 到達できる。
> **アディ・シャンカラ**

ヒンドゥー教 121

アディ・シャンカラ

ヴェーダーンタ学派の不二一元論を確立したアディ・シャンカラは、788年にケーララのバラモン階級の家庭に生まれ、7歳からグル(導師)のもとで教育を受けた。その後、ヴァーラーナシーに行き、そこで初めての弟子を得た。それからバドリーナートに移り、わずか12歳で『ブラフマ・スートラ』の注釈書を書いたとされている。

シャンカラは師となり、多くの弟子を集めた。彼はまた、ヒンドゥー教の再興と、多くの修道院の設立に貢献した。シャンカラは32歳で亡くなったが、ウパニシャッドの注釈書を中心に、数多くの著作を残したと考えられている。彼の学説によって、ウパニシャッドの伝統の中にヴェーダーンタ学派の哲学が体系的に組み込まれることとなった。これは、ヒンドゥー教の教義への大きな貢献である。

主著

8世紀	『ブラフマ・スートラ注釈』
8世紀	『ヴィヴェーカ・チューダーマニ―識別の宝玉』
8世紀	『ウパデーシャ・サーハスリー―真実の自己の探求』

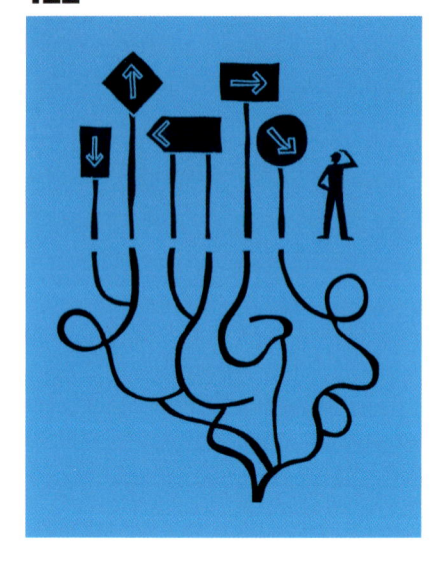

数々の信仰、数々の道
神を意識する

> 霊的探究の途上にある人々は、特定の神を崇めたり、特定の宗教を信仰したりする。

> しかし、ヒンドゥー教の神々がすべてブラフマンのさまざまな側面の表れであるのと同様に、**あらゆる宗教が唯一の霊的実在に至る**ための道なのである。

> 他人をある宗教から別の宗教へと改宗させようとするよりも、それぞれの人に、**自らの選んだ宗教を信仰する**自由を認める方がいい。

背景

主要人物
シュリ・ラーマクリシュナ

時代と場所
19世紀、インド

前史
紀元前3世紀～ 仏教が広まるにつれて、崇拝の際に用いる仏画・仏像や習慣が多様化する。

6世紀 ヒンドゥー教で伝統的に行われているバクティにおいて、神を崇拝するにあたり、さまざまな像を用いることが認められる。

15世紀 グル・ナーナクが、階級やどの伝統的宗教を信じているかにかかわらず、唯一の神を崇めるすべての人々のための新しい宗教、シク教を立ち上げる。

後史
20世紀 異なる宗教の信者間での対話が一般的になる。

20世紀 新宗教が無数に誕生し、文化的・宗教的背景を問わない霊性への道が開かれる。

すべての宗教が最終的には同じ神にたどり着く、という考え方を提示したのは、19世紀の神秘主義者シュリ・ラーマクリシュナであった。彼はバクティ（ヒンドゥー教における神への献身）を実践し、アディ・シャンカラが創設したヴェーダーンタの不二一元論（121ページ参照）を信奉していた（不二一元論において最も重要な概念は、すべてのものの基底に存在する唯一の実在ブラフマンで、それが人間の自己〔アートマン〕と同一のものであると考える）。ラーマクリシュナの思想の出発点となった考え方は、瞑想によって人は自分の中に存在する神を感じ取ることができるようになるということ、そして、どのような神を崇めていたとしても、最終的に行き着く霊的実在は1つしかないのだということであった。そのため、ヒンドゥー教では、究極の存在が「聖なる力」（ブラフマン）だけであるとい

ヒンドゥー教 123

参照：究極の真理 102-105 ■ 階級制度と信仰 302-303
■ カオダイ教は全信仰の統合を目指す 312 ■ すべての信仰を受け入れる信仰 313

> 我々は、信仰の自由が
> あらゆる状況で認められるべき
> だと考えるだけでなく、
> すべての宗教を
> 真理として受け入れる。
> **スワーミー・ヴィヴェーカーナンダ**

うことを認識している限りにおいて、信者には自分の選んだ方法で信仰する自由が認められているのである。ここからラーマクリシュナが得た着想は、どのような宗教であっても、ヒンドゥー教と同様の内面的・個人的方法で信仰を深めていくことが可能であり、そうであれば、すべての宗教の道が、最終的には同じ目的地にたどり着くようになっているのではないか、というものであった。

内的変化

自らのそのような理解を実践に移すため、ラーマクリシュナは、短期間、イスラム教徒として暮らすことを宣言した。彼は、イスラム教の教えを深く学び、イスラム式の礼拝を行った。あまりにイスラム教に集中したために、その期間、ヒンドゥー教の寺院の写真を見たいという気持ちにさえならなかったと、彼は述べている。

ラーマクリシュナはイスラムの文化的・社会的慣習すべてを実践したわけではないので、これでは本当の意味でイスラムを経験したとは言えないと、多くのイスラム教徒は考えるだろう。しかし、ラーマクリシュナがこの完全に内的な経験から得た結論は、自己発見のための内なる旅をしていけば、どのような道をたどったとしても、最終的に同じところにたどり着くというものであった。そのたどり着く先は、ラ

ーマクリシュナの弟子ヴィヴェーカーナンダが後に「全宇宙との霊的合一という永遠の理想」と呼んだものである。「宗教」が内的変化の過程であり、「神」が究極の実在であるとするならば、どのような既存の宗教概念を用いたとしても、自己発見のための探究の道はすべて最終的にその同じ場所にたどり着くのだと、彼は言う。ラーマクリシュナは、どのような宗教を信仰しているとしても、人は「内なる神」に出会うことができると信じており、それは外面的・文化的・教義的違いを超越した真実であると考えていた。したがって、真に宗教的な人間は、宗教とはすべて同じ真理に至る別々の道なのだと認識すべきであると、彼は主張した。人々に改宗を促すようなことはすべきでなく、それぞれの人が自らの信じる宗教を信仰し、最終的に同じ目的地にたどり着くというのが、自然なあるべき姿だと、ラーマクリシュナは考えた。■

イマーム（導師）が祈りを捧げるようにと、イスラム教方式で呼び掛けている。ワシントンD.C.の大聖堂で、キリスト教徒、ユダヤ教徒、イスラム教徒による合同礼拝が行われたときのことである。

シュリ・ラーマクリシュナ

ラーマクリシュナは本名をガダーダル・チャテルジーといい、1836年にベンガルの貧しいバラモン階級の家庭に生まれた。彼はコルカタ郊外にあるカーリーを祭る寺院の祭司となり、カリスマ的存在として知られるようになる。ラーマクリシュナは非常に若い頃から宗教的なトランス状態を体験しており、女神カーリー（宇宙の母）を至る所で目にしていた。カーリーが自らの像の前で恍惚と踊る姿を見たこともあったという。

1866年にラーマクリシュナは、イスラム教徒の指導者のもとで学び、数日間、イスラム教を信仰したと言われている。その後、同様にキリスト教も学び、キリスト像を持ち、キリスト教式の祈りを捧げたという。

ラーマクリシュナの思想を広め体系化したのは、彼の弟子のスワーミー・ヴィヴェーカーナンダ（1863年～1902年）であった。ヒンドゥー教を信仰するということは、特定の教義や哲学的命題を信じようとすることではなく、実際に体験することであると、ヴィヴェーカーナンダは主張した。彼はこのような考えを1893年の万国宗教会議で発表した。彼はまた、ラーマクリシュナ・ミッションを創設し、シュリ・ラーマクリシュナの活動を発展させた。

非暴力は強者の武器である
政治的時代のヒンドゥー教

背景

主要人物
マハトマ・ガンディー

時代と場所
1869〜1948年、インド

前史
紀元前6世紀〜 アヒンサー（非暴力、不殺生）は、ジャイナ教と仏教において重要な道徳的原則である。

紀元前3世紀 インドの王アショーカが不殺生に触発されて、仏教に改宗し、社会改革を始める。

紀元前2世紀 ヒンドゥー教の聖典『バガヴァッド・ギーター』では、不殺生と、正しい戦いにおいて戦士階級が戦う義務との間での葛藤が論じられる。

後史
1964年 バプテスト派の牧師マーティン・ルーサー・キングが、アメリカにおける人種差別と闘う際に非暴力的手段を用いることを説く。

ガンディーがサチャグラハ（「真理の堅持」）という概念を創り上げたのは、南アフリカで人種差別と闘っていたときのことだった。この概念は、南アフリカにおいて、そして後にインドにおいて、ガンディーの非暴力による市民的不服従運動を象徴するものとなった。

ガンディーはヒンドゥー教徒の置かれた状況を改善したが、そのガンディーに大きな影響を与えていたのは、実はジャイナ教であった。ジャイナ教は、非暴力を掲げ、すべての生き物の幸福を願う宗教である。とはいえ、ガンディーは、社会の不正と直面したときに私的な精神世界に逃げ込んで対決を避ける、という考え方には反対であった。ヒンドゥー教は、長い間、大きく2つに割れており、階級と人生の段階によって決まる社会的義務を果たすべきだと考える人々と、個人的に宗教的鍛練を積むために社会から離れて禁欲主義の道を選ぶ人々とに分かれていた。ガンディーは政治的・社会的正義の追求に取り組んでいたが、同時に、禁欲主義者として生きる上で非暴力を貫くことが重要だという姿勢も崩さなかった。ガンディーはまた、暴力に暴力で

> **怠惰**と**無関心**によって社会の**不正**は野放しになる。
>
> ⬇
>
> しかし**暴力**は、報復と更なる暴力を生むだけで、**自滅的**である。
>
> ⬇
>
> したがって、**社会的・政治的変化**を達成するための最善の道は、どのような結果になろうとも、**非暴力的抵抗**に徹し、**真理**に与すると決意することである。

ヒンドゥー教 125

参照：苦行が霊的解放への道である 68–71 ■ 無私の行為 110–11 ■ 思いやりと慈悲による統治 146–47 ■ 教えのために死ぬ 209 ■ 神への信仰を深める努力 278

> 「 神は真理である。
> 真理への道は
> 非暴力の中にある。
> **マハトマ・ガンディー** 」

抵抗することは、自滅的で無意味な行為であると考えていた。

本当の意味で真実を探求するためには、自分の利益を求めず、社会的地位を手放すことが不可欠であると、ガンディーは信じていた。それゆえ、不正に対抗するには、自分にどのような結果が降りかかることになろうとも、真理を堅持する勇気と力強さを持つことが重要であると主張した。そして彼自身、数年間を牢獄で過ごすことになるが、実際にその主張を貫いている。ガンディーは、非協力と市民的不服従を「真の武器」と見なしており、交渉が決裂した場合には、個人または社会は、ためらうことなくその武器を使うべきであると考えていた。自らの掲げる真理が道徳的に正しいものであるならば、自分の行動の結果を受け入れることが、強さの証なのである。

すべての人を愛し、誰も憎むな

ガンディーは、アヒンサー（非暴力、不殺生）という概念を最も広い意味で解釈すべきであると主張した。つまり、アヒンサーとは、単に人を殺さなければいいという意味ではなく、すべての人々に対する愛を育てるべきだということである。このような考え方は、抑圧された人々への支援につながるものであるため、社会的・政治的意義を持っていた。ガンディーは、たとえば、カースト制度の外に置かれ「不可触民」と呼ばれた人々のために闘った。彼らは穢れた存在と見なされていたが、ガンディーは、「不可触」などという扱いは人間性を踏みにじる犯罪行為であると批難した。実際、この「不可触民」という身分は、後にインドの法律で違法とされることになる。ガンディーは、また、信教の自由を強力に擁護し、あらゆる種類の搾取と闘った。

残念なことに、ガンディーは暗殺されるという形で人生を終えている。また、ヒンドゥー教国インドからイスラム教国パキスタンが分離するという結末は、ガンディーの望まないものであった。しかし、非暴力による抗議を始めとするガンディーの教えは世界中に広まり、多くの指導者や政治運動に影響を及ぼした。その中には、南アフリカの反アパルトヘイト運動、アメリカや中国などの公民権運動も含まれている。■

一人の抗議者が、北京の天安門広場の近くで、戦車に立ち向かっている。この写真は消極的抵抗という原則を象徴するものとして、世界中に知られるようになった。

モーハンダース・カラムチャンド・(マハトマ・)ガンディー

モーハンダース・カラムチャンド・ガンディー（「偉大なる魂を持つ」という意味の「マハトマ」の尊称で知られる）は、1869年にインドのポールバンダルで生まれた。ロンドンで弁護士となり、短期間インドに戻っていたが、その後、南アフリカに渡り、その地で21年間を過ごすこととなる。ガンディーは南アフリカで、インド人の共同体への法的支援を行っており、インド人移民の強制登録と指紋採取が定められたことに反対して消極的抵抗計画を実施した。

1914年にインドに戻ると、ガンディーは、イギリス人統治者の不正な支配と闘った。1920年代に市民的不服従運動を始め、そのために2年間刑務所に入れられた。それでも不服従運動を続けたため、ガンディーは再び投獄される。ガンディーは、インドがイギリスの支配から自由になり、すべての宗教が共存できる社会が実現することを望んでいた。ついに1947年にインドは独立を果たすが、ガンディーの願っていた宗教の平和的共存は実現されず、パキスタンとの分離独立という形になってしまった。ガンディーはこの分離独立に反対している。

ガンディーはインド国内のイスラム教徒の要求に迎合しすぎているという非難を受け、1948年に、熱狂的なヒンドゥー教徒によってデリーで暗殺された。

仏教
紀元前6世紀〜

はじめに

紀元前563年頃 — ガウタマ・シッダールタ（釈迦、ブッダ）がインド北東部に生まれる（日本の通説では前463年頃）。

紀元前5世紀 — ブッダの死の翌年に、**第一回仏典結集**が開かれる。

紀元前3世紀 — インドのアショーカ王が仏教に改宗し、**第三回仏典結集**を開く。

紀元前1世紀 — ブッダの教えを集めた**パーリ仏典**がスリランカで文書化され、**上座部仏教**の基盤となる。

紀元前5世紀 — 釈迦を開祖とする仏教が、以降、アジア中に広まるにつれて、**仏教のさまざまな宗派**が発展する。

紀元前4世紀 — 第二回仏典結集が開かれ、その結果、仏教内部に初めての対立が生じる。

紀元前3世紀 — 仏教がスリランカに伝わり、おそらくは中央アジアにも広まる。

1世紀 — インドで、菩薩の理想を説く**大乗仏教**が生まれる。

仏教においては、神への崇拝が明確にうたわれていないため、仏教は宗教ではなく哲学であると考える人々もいる。仏教の始まり方もまた、他の宗教とは大きく異なっていた。仏教の創始者であるガウタマ・シッダールタ（ブッダ〔「悟りを開いた者」〕と呼ばれる）は、神秘的な体験や啓示によってではなく、長期にわたる体験の反省や思索の結果によって、仏教の教えを導き出した。つまり仏教は、天啓ではなく悟りに基づいて作られた宗教なのである。ブッダは神の存在について肯定も否定もしておらず、仏教の教えに神は無関係であると述べている。しかし、仏教の中にも、神への崇拝を信仰の中心には据えないまでも、有神論へと傾いていった宗派もある。

ブッダすなわち釈迦の育ったインドでは、バラモン僧が支配力を持つヒンドゥー教が広く信仰されており、輪廻転生（サンサーラ）という概念が確立していた。この輪廻を断ち切る方法に関して、仏教は、ヒンドゥー教とは全く異なる考え方を提示した。ヒンドゥー教のように崇拝や儀礼といった宗教的な行為に頼るのではなく、生き方を変えるべきだとブッダは説いた。神々の啓示や権威に基づく伝統的な聖典を用いる代わりに、仏教では開祖の教えを瞑想修行の出発点とする。

基本的な教義

仏教の教義はまず、ブッダの直接の弟子たちに口承で伝えられた。そしてその後は、ブッダの作った僧の共同体で指導者役を務める人々によって伝えられていった。ブッダが亡くなって数百年がたち、紀元前1世紀になると、ブッダの教えが初めて三蔵と呼ばれる文書群として定着する。三蔵は、学問的言語であるサンスクリット語ではなく、当時のインドの方言であるパーリ語で書かれた。パーリ語で書かれた一連のパーリ語経典に続いて種々の二次的文献が現れる。その中にはブッダの教えに解釈を施した大乗仏教も含まれる。

仏教には神学がないかわりに、自我が輪廻に囚われる理由についての分析がある。仏教は、悟りを開いて涅槃（欲望、嫌悪、幻滅からの究極的な解脱）を達成する道を探求する。輪廻から脱する際に最大の障害となるものは、人生の苦しみであると、ブッダは説く。その苦しみは、決して満たされることのない欲望や執着によって引き起こされる。ブッダは苦しみの本質とその克服法を説明するために、「四諦（したい）」を示した。それはすなわち、苦諦（苦の真理）、集諦（苦の原因の真理）、滅諦（苦の終わりの真理）、道諦（苦の終わりへと至る道の真理）である。これは仏教の中心教義となっている。4つ目の道諦は「中道」と呼ばれ、ブッダが説いた生き方を示す。その生き方は、考え方としてはとても単純であるが、達成するのは困難なものである。

仏教　129

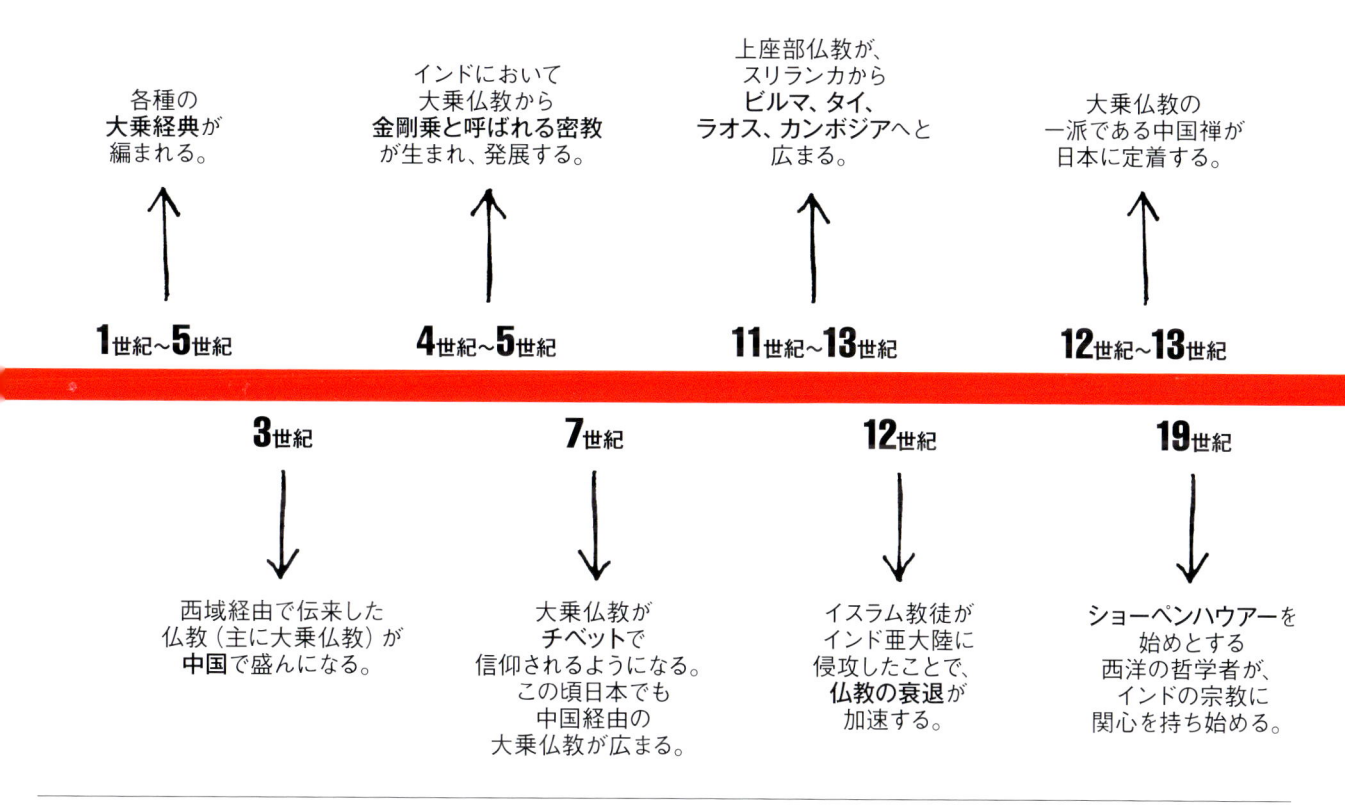

各種の**大乗経典**が編まれる。

↑

1世紀～5世紀

↓

3世紀

西域経由で伝来した仏教（主に大乗仏教）が**中国**で盛んになる。

インドにおいて大乗仏教から**金剛乗と呼ばれる密教**が生まれ、発展する。

↑

4世紀～5世紀

↓

7世紀

大乗仏教が**チベット**で信仰されるようになる。この頃日本でも中国経由の大乗仏教が広まる。

上座部仏教が、スリランカから**ビルマ、タイ、ラオス、カンボジア**へと広まる。

↑

11世紀～13世紀

↓

12世紀

イスラム教徒がインド亜大陸に侵攻したことで、**仏教の衰退**が加速する。

大乗仏教の一派である中国禅が日本に定着する。

↑

12世紀～13世紀

↓

19世紀

ショーペンハウアーを始めとする西洋の哲学者が、インドの宗教に関心を持ち始める。

普及と多様化

　仏教はインド北部で興ったが、南方はインド亜大陸ほぼ全域へ、北方は中国に至るまで急速に広がっていった。それに伴い、さまざまな宗派が生まれたが、その中でも中心的であった上座部仏教と大乗仏教は今日も多くの人々に信奉されており、それぞれの地域で独自の発展を遂げている。

　上座部仏教は保守的で禁欲的な姿勢を守っており、もともとのブッダの教えに近いものであるが、信仰する人々が徐々に減少し、インド南部とスリランカといった特定の地域に限られるようになった。しかし12世紀になると、交易が盛んになったのに伴って、ビルマ、タイ、ラオス、カンボジアへと広がり、再び信者を増やしていく。

　大乗仏教の信者の実践法はより明確に「宗教的」である。寺院や儀礼が整えられ、仏画や仏像などが用いられるようになった。上座部仏教と同様に、大乗仏教もインド国内では衰退していったが、チベット、中国、ベトナム、韓国、そして日本において、熱心な信者を獲得した。大乗仏教の大きな特徴は、菩薩と呼ばれる存在である。菩薩は、悟りの境地に達しているにもかかわらず地上に留まり、人々を正しい道へと導く役割を引き受けているとされる。

　さまざまな分派の中から成長してきた二大宗派が上座部仏教と大乗仏教であるが、この大乗仏教の内部にもさまざまな実践形態が分化している。たとえば禅宗とチベット仏教は、極めて対照的である。禅宗は、儀礼や教典や理論を用いず、心を無にすることで自然に悟りの境地に到達することを目指す。それに対してチベット仏教は、華やかな寺院を備え、仏画や仏像を取り入れ、大々的な儀礼を執り行うことで知られている。

　今日、仏教徒の総数は5億人を超えると言われており、（キリスト教、イスラム教、ヒンドゥー教に次いで）世界で4番目に信者の多い宗教であるとされる。また、西洋においては、宗教としても哲学としても、多くの人々の関心を引くようになっている。しかし、20世紀後半には世俗化や政治的イデオロギーによる教勢の衰退が目立っている。■

中道を見出す

ブッダの悟り

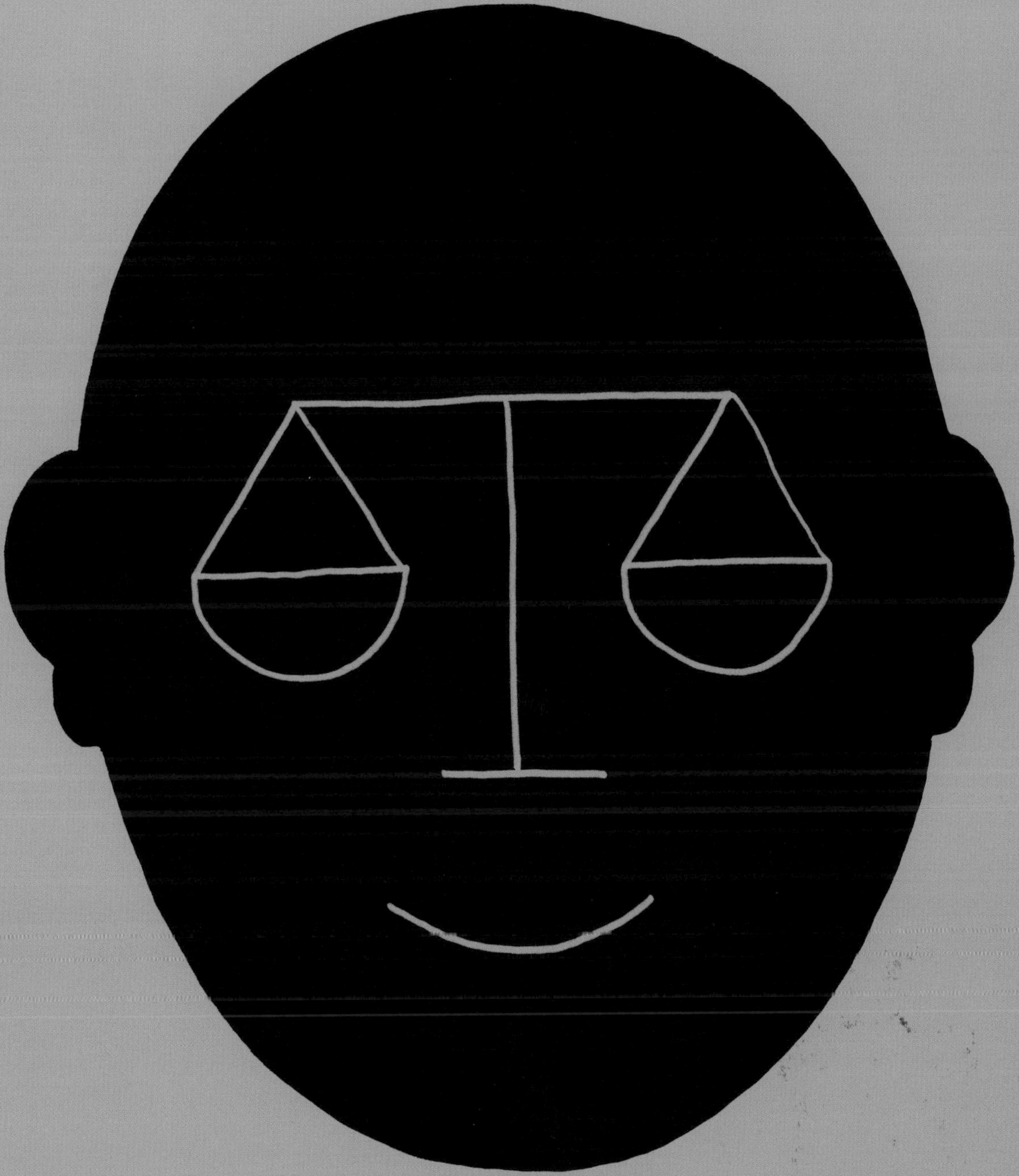

ブッダの悟り

背景

主要人物
ガウタマ・シッダールタ

時代と場所
紀元前6世紀頃、インド北部

前史
紀元前1700年〜 インド北部のヴェーダの宗教では、儀礼を行ってさまざまな神々を崇拝する。

紀元前6世紀 中国において、道教や儒教によって、個人の精神的成長を促す哲学が示される。

紀元前6世紀 マハーヴィーラがインドの王子という自らの運命を拒絶し、極端な禁欲主義をとる。彼の教えからジャイナ教の経典が生まれる。

後史
1世紀 ガウタマ・シッダールタ（釈迦）の教えを含むテクストが文書化される。この時期に仏教は中国にも伝承する。

インド北部において、紀元前6〜前5世紀は、社会的にも政治的にも急激な変化が訪れた時期だった。それぞれの部族が各地を統治していた時代が終わり、新しい王国が支配力を強めていく中で、おびただしい血が流された。都市部が拡張し、人々は簡素な農村の暮らしを捨て、商業が盛んになった。人々はそのような状況下で、人生について、また、宗教の基盤について、大きな疑問を抱くようになっていった。

当時のインドにおいては、聖典ヴェーダに基づく宗教が確立されていた。この宗教は、供犠などの祭祀を重視し、聖典ヴェーダの権威を重んじるものであったが、インド社会では司祭階級のバラモン以外、ほとんどの人がこの聖典を読むことができなかった。ヴェーダの宗教は形式や体制を大切にする宗教で、伝統に従うことが求められ、階級による区別も肯定されていた。しかし、そのような形式的な宗教に対して、多くの人が異を唱えるようになった。彼らはインドの各地を歩きながら、自分の思想を説いて回る人々であった。彼らの中には、精神的な成長を求めて社会から身を退く人々もおり、そのような人々は物質的な快適さを手放して質素な禁欲生活を貫いていた。彼らは快適な生活と社会規範を拒み、階級制度から外れた場所で生きることを選んだ。その一方で、同様に自説を説いて回る人々の中に、順世派と呼ばれる唯物論を奉ずる人々もいた。彼らは、精神面を重視する伝統的な教えには従わず、快楽を伴う生活を選んだ。彼らは、この物質的世界を唯一の世界と見なしていた。

答えを求めるシッダールタ

ガウタマ・シッダールタ（ゴータマ・シッダッタ）という一人の裕福な男性

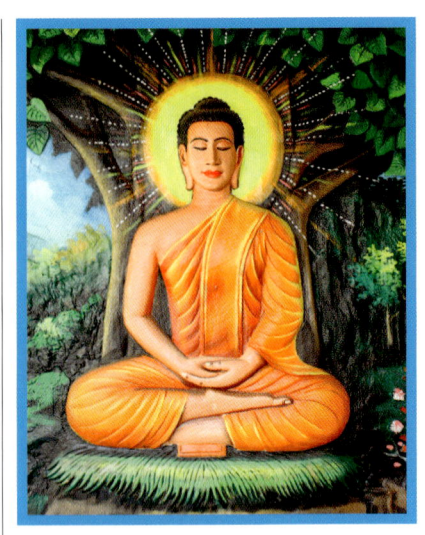

菩提樹の木の下で瞑想を行った後で、シッダールタは悟りの境地に至った。この菩提樹の子孫にあたる木が、紀元前288年にブッダガヤに移植された。ブッダガヤは今では仏教徒の巡礼の地となっている。

ガウタマ・シッダールタ

ガウタマ・シッダールタ（ゴータマ・シッダッタ、釈迦）は、紀元前563年（日本の通説では紀元前463年頃）にインド北東部のシャーキャ族の王家に生まれた。彼は社会的に重要な地位に就くことが期待されており、何不自由なく育てられ、高い教育を受けた。16歳で結婚して、息子を一人もうけている。

しかし29歳のときに、自らの生活に満足できなくなり、家を出る。その後数年間、苦行の生活を送る。後に彼は「悟り」を開いたとされ、教えを説いて歩くようになる。そしてすぐに、ガンジス平原の都市を中心に多くの信奉者を集めた。

シッダールタは、比丘（男性出家修行僧）と比丘尼（女性出家修行僧）の共同体を作った。また、在家の信者の数も増えていった。彼は、統治者である王族や、他の宗教の指導者と議論を行うこともあった。シッダールタが80歳で没したときには、仏教はすでに宗教として十分確立していた。

主著

紀元前29年 『ダンマパダ』（『法句経』。ブッダの教えとされる初期の経典で、パーリ仏典〔140ページ参照〕の一つ）

参照：自己を道と調和させる 66-67　■　苦行が霊的解放への道である 68-71　■　知恵は君子に属する 72-77
■　合理的な世界 92-99　■　すべての信仰を受け入れる信仰 313

がいた。彼は、成人してすぐに、自らが送ってきた快適な生活は、彼が気づきつつあった人生の苦しみや確実な死の訪れといった現実からあまりにかけ離れていると感じた。しかも、物質的な豊かさによって、そのような厳しい人生の現実から守られることはないと、彼は考えた。そこで彼は、苦しみはどこから生じるのか、また、その苦しみから逃れる術があるのかを見極めるために、宗教的な探究を行うことを決意した。

シッダールタは、7年間にわたって厳格な禁欲主義に徹した。彼は、生命維持に必要な最低限のもの以外は、すべてを断った。しかし、そのような生活を送っても、求めている答えは得られなかった。そこで彼は禁欲生活を捨てるが、苦しみが生じる原因を突き止めようという決意は変わらなかった。彼は、夜を徹した瞑想の間に「悟り」（真理の本質を理解すること）を開き、苦しみ、老い、死という問題への答えを得たと言われている。このとき以来、彼の弟子たちは、シッダールタを「ブッダ」と呼ぶようになった。ブッダとは、「目覚めた人」、「悟った人」という意味の尊称である。シッダールタは東アジアでは民族の出自にちなんで釈迦と呼ばれている。

中道

釈迦すなわちブッダの教えは「中道」として知られている。最もわかりやすい段階としては、ブッダが拒否した2種類の生き方の間の道を意味する。つまり、物質的快適さによって苦しみから守られたいと願う贅沢な生活と、精神的成長を求めてはばすべてのものを断つ極端な禁欲主義の生活との間の道である。ブッダが見出した「道」は、快楽主義にも陥らず苦行にも偏らず、道徳的な生活を送るために適度な自制心を持って生きるというものである。しかしブッダの中道には、また別の段階も存在する。それは、個人の生に目的と永続性を認める「永遠主義」と、人生におけるあらゆるものの価値と意義を否定する極端に懐疑的な「虚無主

人生において**生活を快適にしてくれるもの**をどれだけたくさん得たとしても、それらの**物質**は、私を苦しみから**守ってくれることはない。**

↓

生活を快適にしてくれるものをすべて放棄し、禁欲生活を送ったとしても、それもまた私を苦しみから**守ってはくれない。**

↓

各自が自らの状況を考慮し、極端な規律に縛られ過ぎない、**バランスのとれた生活を見つけ出す**必要がある。

↓

中道を見出す。

義」という2つの対極の間の道である。

永遠主義と虚無主義

ヴェーダの宗教では、人間の自我はアートマンと呼ばれ、転生を繰り返す永遠の存在であるとされる（この考え方は、特に、ウパニシャッド（102ページ参照）と総称される諸文献において発展した）。アートマンと肉体との結び付きは一時的なものに過ぎず、本質的に、アートマンは肉体から独立した存在であると見なされる。

重要な点は、ヴェーダの宗教において、アートマンがブラフマン（すべてのものの根底にあるとされる神性を備えた存在）と同一のものだと考えられていることである。この世に存在するもの（木、動物、岩など）は、幻影（マーヤー）であり、真理は、これらの物質を超越したところにあるのだとされる。ブッダが自我の永続性を否定した

ということは、ヒンドゥー教にとって思想的にも宗教的にも重要な主張を、ブッダが否定したということになる。

ブッダは、永遠主義の対極に位置する虚無主義（あらゆるものが無意味で無価値であるとする）も退けている。虚無主義的な生き方は2種類あり、ブッダの生きた時代にもその両者が見られた。1つ目は禁欲主義の道であり、可能な限り厳しい苦行によって肉体を浄化し、世俗で価値があるとされているすべてのものを退ける生き方である。ブッダはこの道を自ら経験し、理想的な生き方ではないと結論づけている。虚無主義を奉じる2つ目の生き方は、非正統派の一派である順世派の人々がインドで実践したもので、全面的に唯物主義に従う生き方である。この世のあらゆるものが、一時的に物質的要素を配しただけのものであるならば、生きている間の善行や悪行によって影響を受けるような永遠の魂などと

ブッダの悟り

いうものは存在しないと、彼らは考える。そして、死後の世界もないのであれば、現世にいる間にできるだけ多くの喜びを甘受するのが最善の策だとする。

ブッダは、永遠主義と虚無主義という両極端を退けて「中道」を選んだが、これは単なる妥協策ではなかった。ブッダが中道を選んだのは、仏教の教え全体を理解する鍵となるような、深い洞察に基づいてのことである。その洞察とは、縁起という概念である。

存在の三つの相

ブッダは、人生におけるあらゆる物事が、特定の原因や状況の結果として生じるのだと述べた。原因や状況が存在しなければ、その原因や状況によって生じるはずだった物事も存在しなくなる。したがって、永遠の存在も独立した存在もあり得ないのである。このような相互依存を表すサンスクリット語は「プラティートヤ・サムトパーダ」で、「縁（よ）って起こったもの（縁起）」という意味である。これは、「物事がそれ自体で生じることはない（すべての物事は原因があって生じるものだ）」という思想を的確に表している。つまり、我々の生きる世界においては、あらゆるものが相依相関の関係にあり、自己完結しているものなど一つも存在しないのだということである。

この単純ながら深遠な考察から、存在の三つの相についての概念が導き出される。1つ目の相は無常（アニッチャ）といい、あらゆるものが一時的存在であり常に変化するものだ、ということを表す。我々人間も例外ではなく、常に変化する一時的存在である。

物事が一定の性質を保持したまま、永遠に確実に変わらずにいてくれればいいと願うとき、人は人生に対して「苦（ドゥッカ）」を抱くことになる。これが2つ目の相である。この「ドゥッカ」という語は、肉体的苦しみや死の不可避性といったものを超えた意味を持っている。それはつまり、存在すること自体に関する不満である。人生は、必ずしも我々の欲するものを与えてはくれない。また、我々は生きていく中で、望まない物事、出来事、人々と出会ってしまう。人生において、我々に完全な満足を与えてくれるものなどない。あらゆるものに限界がある。

3つ目の相は、無我（アナッタン）である。無我とは、すべてのものが常に変化しているため、それ自身全く変わらないものや、不変の本質を持つものなど存在しない、ということである。通常、我々は、物体（たとえば、木）を一つ一つ独立したものとして捉え、独立したものとして定義する。しかし、実際には、あらゆるものが、それを生み出す要素のお陰で存在するのであって（土、水、日光がなければ、木は育たない）、どのようなものも、我々の常識や言語で捉えられるような形で定義され、永遠に変わらずにいるなどということはあり得ないのである。

縁起の概念、そしてそこから導き出される無常・苦・無我の三相（340ページ「四法印」参照）という考え方は、議論のための材料ではなく、現実の観察結果である。それらが示すのは、世界はどうあるべきかということではなく、実際に世界がどのようであるか、なのである。そしてまた、そのような世界の実情を否定しようとすることこそが、我々の日々の不満の根源である、ということも示されている。

その後のブッダの教えは、縁起の概念に基づいて作られていった。この概念によって、苦が変化と結び付けられたことで、苦を最小限に抑えるための方法や状況が存在することが示された。それについては、後に四諦、八正道（136〜143ページ参照）と呼ばれるようになる教えの中で説明されている。

日常生活に中道を適用する

中道の精神は、多くの点で仏教徒の慣習の基盤となっている。たとえば、禁欲生活の重要性を強調する宗派もあるが、禁欲の誓いは一生涯守られるも

仏教の僧侶は、敢えて極端な苦行を求めることはしない。彼らは、在家の信者に食べ物をもらい、適度につつましい食事をとる。これは相互依存の実例と言える。

のではなく、上座部仏教では、数か月あるいは数年の間、出家修業者として過ごした後、多くの人は家庭生活に戻っていく（145ページ参照）。また、不要な苦しみを引き起こすことがないように、仏教徒は菜食主義を心がけるものの、菜食主義の食事が手に入りにくい場合や医学的に肉を食べることが必要な場合には、肉食も認められている。同様に、托鉢僧は、差し出された食べ物は何でも食べることになっている。これらはいずれも妥協ではなく、あらゆる物事は状況次第であるという認識から生まれた慣習である。

　我々が、宗教、道徳、哲学について考える際にも、中道という概念は大きな影響力を持っている。我々の人生とは常に変化するもので、老いや死が必然的にやって来る。そういった人生の現実は、物質的安定によっても禁欲によっても決して避けることなどできないのだということを、中道という概念は示している。人がこのような考え方を受け入れると、その人の価値観や道徳観、そして、どのような人生を生きるかという選択にも、変化が表れてくるのである。

柔軟性を備えた思想

　宗教的な観点から見たとき、ヒンドゥー教のウパニシャッドで定義された「永遠で不変の自我」という存在を仏

> これがあるとき、かれがある。
> これが生ずるが故に、
> かれが生ずる。
> これがないとき、かれがない。
> これが滅するが故に、
> かれが滅する。
> **ブッダ**

花が咲き、やがて枯れるように、あらゆるものは一時的で常に変化する（無常）というのが、ブッダが示した存在に関する普遍的特性である。ここから導き出される概念が、無我（すべてのものが常に変化しているため、不変の本質を持つものなどない）である。

教が否定したことは、革命的な出来事だった。この否定はつまり、従来の宗教では人生を理解することも人生の苦しみを取り除くこともできない、ということを意味していた。道徳哲学としてではなく宗教として見た場合、仏教は確かに、神の存在も永遠の魂という考え方も、否定してはいない。しかし、そういったものは不必要な混乱を招くと、仏教では見なされているのである。この世界は永遠に続くものであるか、悟りを開いた人間は死後も生き続けることができるか、といった質問をされたとき（このような質問は宗教の核心であると考えられることが多いのだが）、ブッダは答えることを拒んだという。哲学的な観点から見ると、仏教においては、知識とは、抽象的な思索からではなく経験の分析から生まれるものであるという主張がなされている。これはつまり、仏教が、教義にとらわれず、柔軟で、新しい文化的発想を受け入れることができたということであり、それと同時に従来の基本的な姿勢を堅持してきたことの表れでもある。仏教哲学の基盤となっているのは、連続性と変化の釣り合いがとれている状況において、すべてのものの相依相関性を理解する姿勢である。

　仏教において論じられている概念には、心理学的な意義もある。自己とは、永遠に続く単純なものではなく、複雑で変化するものであると示されたことで、我々は、固定されていない存在として自己を探求することが可能になった。更に、中道をたどるべきだというブッダの教えはすべての人に開かれている。そのため、仏教では神への信仰は行っていないものの、しきたりや儀礼を大切にする社会において、魅力的な思想として人々を引き付けているのである。■

苦しみには終わりがある
永遠の繰り返しから脱する

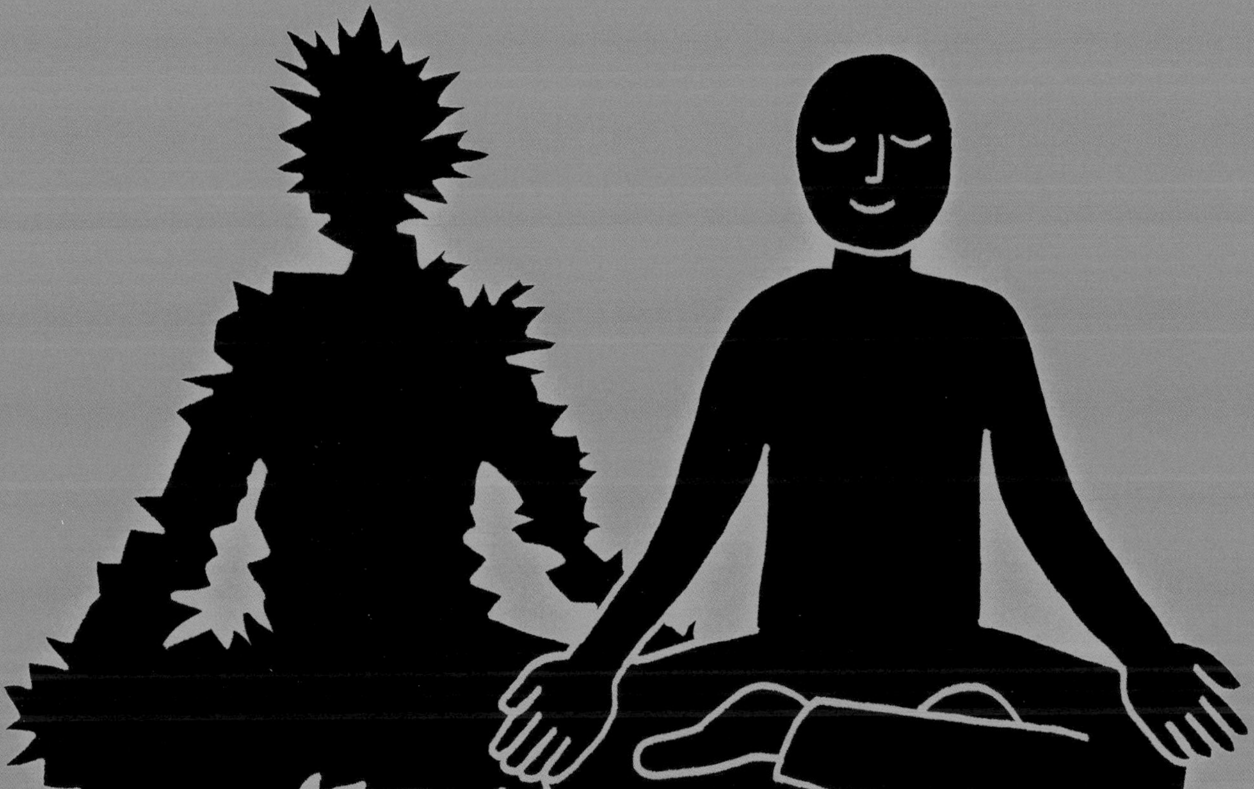

138 永遠の繰り返しから脱する

背景

主な文献
ブッダの最初の説法（初転法輪）とその後の教え

時代と場所
紀元前6世紀頃、インド

前史
先史時代〜 苦しみは神々からもたらされる罰であると見なされることが多い。

紀元前700年〜 ヒンドゥー教では、苦しみは業（ごう 前世や現世での行い）によって生じる、避けることのできない結果であると考える。

後史
紀元前3世紀 マウリヤ朝の王アショーカが、仏教の徳を取り入れた現実的な政策を実施することで、苦しみを最小限に抑えようとする。

紀元前2世紀 自己とは実体を持たず常に変化するものなのだと認識することによって、人生に対する満たされない思いを克服することができると、ナーガセーナが説く。

ブッダ（釈迦）の教え（ダルマ）が目指すのは、苦しみを乗り越えることである。この目的に寄与しない事柄は、仏教においては重要視されない。仏教の思想は、それ自体が目的と見なされるべきものではなく、この世界の本質について客観的に思索を行った結果でもない。仏教思想とは人生についての考察であり、実践に移すべき原則なのである。

四諦（したい）

仏教のダルマは、「四諦」と呼ばれる4つの真理から始まる。そこでは、人間の苦しみとその解決法が説かれている。四諦は、ブッダが菩提樹の木の下で悟りを開いた後、最初に行った説法の内容であったと考えられており、人間の苦しみに関する問題が扱われている。

ブッダが示した四諦の1つ目は苦諦（苦の真理）である。これは、人生とは必ず苦しみが伴うものだという考え方で、仏教の教えの中核となる。ガウタマ・シッダールタが長い時間をかけて真理を追究することとなったきっかけも、この苦の問題であった。ブッダによれば、人間の人生はもろく儚い。その上、苦こそが人生の主たる特質なのである。ここで使われている「苦」という語は極めて広い意味を持っており、「激しい痛み」といった意味に限定されず、誰もが感じる不満など、より一般的な感情までを含んでいる。たとえば、愛する人の死によってもたらされる感情面での苦しみ、人生が無意味で空虚に感じられるという消し去り難い感覚、更には、交通渋滞などの状況で感じる不快感などが含まれる。つまり苦とは、ストレスや不快感や不満を感じる状況で生まれる感情のことである。そのような状況に陥ると、我々は、どこか別の場所へ逃げたくなったり、誰か他の人間になりたいと感じたりする。

ブッダは、幸せになりたいと願うことで人々は間違った方向へと進んでしまうのだと考えた。人々は、快楽、富、権力、財産といったものを渇望し、それらが手に入れば幸せになれると考える。しかし、この誤った考えのために、四諦の2つ目である集諦（じったい 苦の源は渇愛であるという真理）が生じることとなる。渇愛（タンハー）とは、自分の好きなものにしがみつこうとする態度を言う。人々は、あるものを手に入れ、それを保持することができれば、自分の抱える問題がすべて解決されると考えるのである。タンハーには「渇き」という訳語をあてることもできる。喉が渇くことが我々人間にとって自然で本質的であるように、渇愛も避けられないものだという響きを感じ取ることができるだろう。しかしブッダは、いかに避け難いものであろうとも、渇愛は非生産的であり、そこから生まれるのは苦しみと不幸だけであると説いている。

ブッダによると、渇愛は、物欲や権力欲に留まらないという。渇愛の対象は、特定の考え方、思想、決まりごと、習慣などにも及び、これらに固執することも同様に有害であるとされる。このように、仏教は、他の多くの宗教とは大きく異なっており、救済のために

> 聖なる人（世尊、釈迦）は
> あわれみ深く、
> 我々の幸福を望んでおられる。
> あわれみの心から、
> 教えを説いてくださっているのだ。
> **キンティ・スッタ（如何経）**

人々は、葬式やその他の悲しい出来事で涙を流すことが多い。仏教では、そのような苦しみは、物や人を手放したくないという間違った願望によって生じるものだと考える。

仏教

参照：自己を道と調和させる 66-67 ■ 合理的な世界 92-99 ■ 肉体的・精神的鍛練 112-13 ■ ブッダの悟り 130-35 ■ スーフィズムと神秘主義 282-83 ■ 天理教と陽気ぐらし 310

教義や宗教的習慣を受け入れなければならないと迫るようなことはしない。ブッダは、特定の考えや思想が、それ自体有害だと主張したわけではない。特定の思想などに固執して、それさえ信じていれば苦しみを脱することができるだろうと期待するのは誤りであると説いたのである。

涅槃を求めて

仏教徒は、すでに存在している状況が原因となって、あらゆる物事が生じるのだと考える。つまり、苦しみには必ず原因があるはずであり、その原因を取り除くことができれば、苦しみから脱することができると考えているわけである。それに関してブッダは、2つ目の四諦において、苦の原因は渇愛であると述べ、渇愛がなくなれば苦も消えると説いた。ここで3つ目の四諦、滅諦（苦と苦の原因がなくなること）が登場する。これはつまり、渇愛がなくなるということであるが、渇愛を消し去るために人生の通常の営みを止める必要があるとは述べていない。実際、ブッダ自身も、悟りを開いた後に45年間、説法を行いながら通常の暮らしを続けており、人間を悩ませる一般的な問題に直面していた。渇愛をなくすということは、人生がそのようなものであることを理解して折り合いをつけるということであり、自分が現在手にしている人生とは別の人生を欲する気持ちを持たないということである。

滅諦で言われているように、渇愛を消し去ることに成功したとき、サンスクリット語でニルヴァーナ（涅槃）と呼ばれる平和な段階が訪れる。これは、物や人に対する渇愛や欲望を乗り越えた状態である。乗り越えることは消滅とは異なる。完全な無を求めて現実から逃れようとする人々に対して、ブッダは批判的であった。

ブッダによれば、貪欲（貪〔とん〕）、怒り（瞋〔じん〕）、無知（癡〔ち〕）という3つの火（この3つがあるために苦が

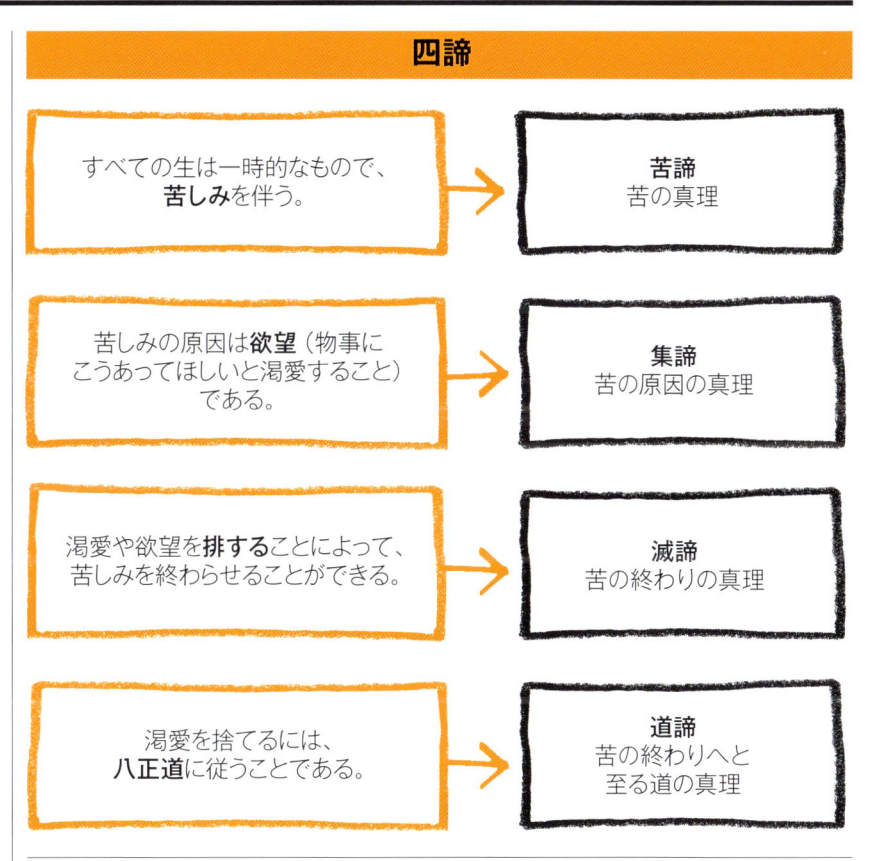

四諦

すべての生は一時的なもので、**苦しみ**を伴う。 →	**苦諦** 苦の真理
苦しみの原因は**欲望**（物事にこうあってほしいと渇愛すること）である。 →	**集諦** 苦の原因の真理
渇愛や欲望を**排する**ことによって、苦しみを終わらせることができる。 →	**滅諦** 苦の終わりの真理
渇愛を捨てるには、**八正道**に従うことである。 →	**道諦** 苦の終わりへと至る道の真理

続くと考えられている）は、より穏やかに、ロウソクの炎のように「吹き消される」のだという。そのようにして破壊的な渇愛を手放すことで、人の心は、苦しみや不幸から解放されるのである。そして、その先にある積極的な幸せと呼ばれる状態に進むことができる。積極的な幸せとは、道徳的な善い行いを積むことによって得られる幸せである。

涅槃（ニルヴァーナ）は、他のものとは違って、因果関係を超越した、独立したものであり、また、永遠で不変のものであると考えられている。この世界では、我々自身も、我々の周りにあるものも、すべてが一時的なものであり、何かしらの状況によって生まれたものである。それに対して涅槃は、外的な状況によって生じたわけではなく、それ自体で完結した状態であるため、仏教徒にとっては絶対的真理なのである。仏教では、我々が生きている間に、この至福の状態に至ることが可能であるとされている。ほとんどの宗教においては、死後の世界での幸福を得るために、現世で道徳的な人生を送ることが奨励されるが、仏教では、現世において苦しみから完全に解放され得ると説いているのである。

ブッダ自身は35歳のときに涅槃に達したと言われている。その後は説法を行い、悟りに至る方法を人々に示そうと努めた。四諦の4つ目である道諦は、「苦の終わりへの道」であり、中道と呼ばれる。また、「八正道」としても知られている。

我々に欲望や渇愛を起こさせるために、物質（たとえば靴といった商品）は「必需品」として宣伝されることもある。このような欲望は完全に満たされることがないため、苦しみにつながる。

八正道

苦しみから解放される道は8つの道で示されている。しかしその8つは、行為ではなく、仏教徒が渇愛を克服し幸福を得るために従うべき原則であるため、第1段階から第8段階へ順を追って進むという性質のものではない。八正道では、仏教徒の生活の基本的側面が3つ取り上げられている。それは、知恵（慧）について（第1～2の道）と、徳のある行為（戒）について（第3～5の道）と、精神の集中（定〔じょう〕）について（第6～8の道）である。

ブッダによると、知恵（慧）とは、心を向けるべき2つの方向（「正見」と「正思」）に関するものである。第1段階の「正見」は正しく知ることで、四諦で示された苦しみの原因とその解決法を理解して実際に特定するために重要なものだ。この正見を探求したいという気持ちがなければ、他の段階はほとんど意味をなさない。第2の「正思」も、正見とよく似ているが、「正しい取り組み」と説明することができるだろう。これは、道をたどろうとする意志を指すものである。というのも、教えを理解するだけで、それを実行に移す意志がなければ、まったく役に立たないためだ。

第3～5は、実践上の指針（戒）を示している。仏教で戒と言った場合、それは守るべき規律を指すのではなく、悟りへの道を進みやすくしてくれるような状況を作ることを言う。第3「正語」は、嘘をつかず、残酷なことや辛辣なことは言わず、無益なおしゃべりに興ぜず、悪意あるうわさ話に耳を貸すこともそれを自ら広めることもしないということである。我々は誠実に、前向きに、親切に、きちんと目的を持った話をすべきなのである。

第4は、5つの戒に従って「正業」を行うべきだというものである。その5つとは、殺さない、盗まない、感覚を間違った方法で使わない、嘘をつかない、酒などで心を曇らせない、である（特に5つ目の心を曇らせないという項目は、八正道の最後の段階で示される精神的鍛錬を行っている人々にとって重要とされる）。第5も同様に道

パーリ仏典

ブッダの死後400年間、ブッダの教えや禁欲生活のための指針は、現地の言語によって口承されていたものの、ヒンドゥー教の経典のようにサンスクリット語で書き留められることはなかった。しかし、紀元前1世紀になると、スリランカにおいてブッダの教えが書き記されるようになる。その際に用いられた言語は、ブッダ自身が話していたものに極めて近い、パーリ語と呼ばれる言語であった。これらの文書はパーリ仏典と総称されるようになり、上座部仏教（テーラワーダ仏教、320ページ参照）において経典として用いられている。

パーリ仏典は3部に分かれていることから、パーリ語では「ティピタカ」、サンスクリット語では「トリピタカ」（どちらも「3つの籠」を意味する）と呼ばれている（漢語で「三蔵」）。その3部とは、律蔵（ヴィナヤ・ピタカ、禁欲生活のための指針）、経蔵（スッタ・ピタカ、ブッダの言葉、及びブッダの伝記）、論蔵（アビダンマ・ピタカ、ブッダの教えの哲学的分析）である。

> 執着には4種類ある。
> 官能的な喜びへの執着、
> 思想への執着、規律や戒律への執着、
> 自らの主義への執着である。
> **サンマーディッティ・スッタ（正見経）**

仏教 141

> 中道というものがある。
> 中道は、平和、知識、悟り、
> ニルヴァナ（涅槃）へと
> 至る道である。
> では、中道とは何だろうか。
> それがまさにこの八正道なのだ。
> **ブッダ**

徳的な取り組みに関するもので、「正命」（正しい生活）を志す必要性が説かれる。これはつまり、仏教の道徳的教えに反しない方法で暮らしを立てることが重要だということである。

正しい心を手に入れる

第6～8は、涅槃に至るための精神的鍛練（定）についての助言である。第6は、「正精進」を積むべきだというものである。否定的な考えや有害な考えが生じた場合に、その事実に気づき、その考えを退け、その対極に位置する肯定的な考えに置き換えるべきだという内容だ。そのため、たとえば『ダンマパダ』（『法句経』）の冒頭において、ブッダは、他人の行為に対する怒りを消せずにいる人や過去に負った傷を抱えたままでいる人は、決して憎しみから逃れられないと述べている。正精進には、怒りと負の反応の連鎖を断ち切るための意識的な努力が含まれるのである。

第7は、「正念」（注意深さ）を追求すべきだというものである。我々は往々にして注意力が散漫になり、すぐに別のことに気を取られてしまう傾向がある。精神的鍛練において重要となるこの段階では、現在という瞬間に十分に意識を向け、心を鎮めて一つのことに集中するようにと求められる。仏教の瞑想の訓練において初期の段階で身に付ける「呼吸法」や「禅定」といった技法でも、正念の追求が重視されている。

最後の第8は、「正定」（正しい精神統一）を行うべきだというものである。瞑想は、仏教の教えに従う上で極めて重要となる。この段階では、自分の心をコントロールすることが、苦しみを乗り越えるために最も大切なことだとされる。なぜなら、仏教で言う「苦しみ」とは肉体的苦痛や死そのものではなく、それらに付随して生じる、自らの存在に対する不安感だからである。洞察のための瞑想においては、たとえば死といった、多くの人々が考えないようにする事柄について、静かにじっくりと考えることができる。慈（メッタ）のための瞑想では、他者への肯定的な考え方を身に付ける。自分の愛する人々への肯定的な気持ちを感じるところから始まり、最終的には自分が最も苦手とする人々に対しても肯定的な気持ちを持つことを目指す。この瞑想は、慈愛の心を育て、肯定的な考え方ができるようになることを目的としている。

八正道は自己啓発のプログラムとでも呼ぶべきものであろう。しかし、仏教には教義も従うべき指示も存在しないため、八正道はあくまでも、より苦

八正道（中道）においては、苦しみを終わらせるために、人々が自身の中で確立すべき8つの道が示されている。

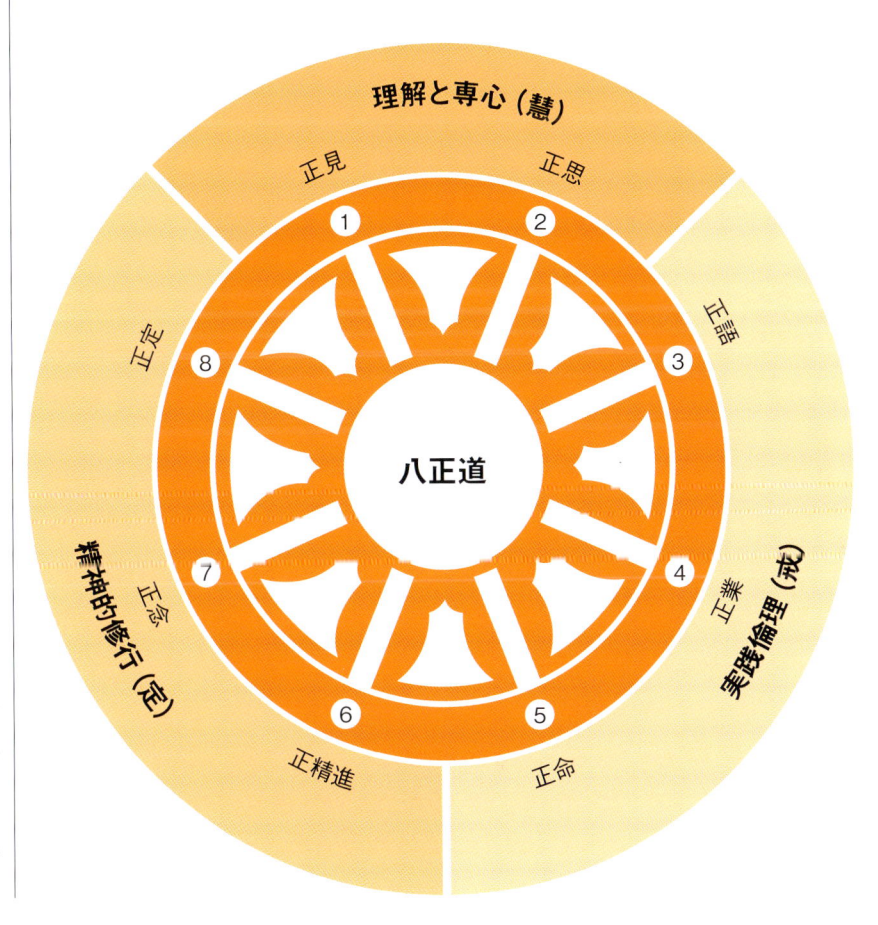

八正道

- 理解と専心（慧）
  - 1 正見
  - 2 正思
- 実践倫理（戒）
  - 3 正語
  - 4 正業
  - 5 正命
- 精神的修行（定）
  - 6 正精進
  - 7 正念
  - 8 正定

142 永遠の繰り返しから脱する

> 貪欲、怒り、無知を手放せば、人は自ら破滅に向かったり、他者を破滅させたりすることがなくなる。
> そして精神的苦痛や悲しみを味わうこともなくなる。
> これが現世において到達できる涅槃である。
> **増支部経典**

しみを感じずに生きる方法を示してくれているに過ぎない。それぞれの人が、自分の状況に応じて、八正道のそれぞれの道に取り組めるようになっている。加えて、この八正道は、第1から始まって第8で終わるという性質のものではないため、第1から順を追って進む必要はない。慧・戒・定の3つが八正道の主たる論点であり、これらは同時に身に付けることで相乗効果をもたらす可能性がある。しかし、定(瞑想)が真の効果を発揮するような状況を作り上げるには、戒(徳の行為)を扱う段階を先に進めておくことが重要であるかもしれない。

輪廻

ブッダの教えの中で特に重要なのは、「縁起」(130〜135ページ参照)と呼ばれる概念で、これは、あらゆる物事が原因や状況によって生じるという考え方である。そのため、仏教の道は常に状況を意識したものとなっており、不安や苦しみが満足や幸福に変わるような状況を作り出すことを目的としている。

我々の人生における出来事の原因と結果との関係を見ていくと、その関係性を変えることで、人生が全く違ったものになるような場合が見つかる。もしも、別の道を選んでその状況から出てくる結果を変えることができないとしたら、人々の運命や行動は無条件に決められていることになり、苦しみから逃れる術はなくなってしまう。そのため、仏教はヒンドゥー教から業(〔ごう〕カルマ)という概念(行動には結果が伴うということ)を取り入れたものの、そこに多少の修正を加えている。仏教においては、我々の行動は常に選択可能なものであると考えるのである。

原因とその結果に着目する仏教の考え方は、苦しみとそれを乗り越える方法を描いた五道や六道の輪廻図にも表れている。輪の中に描かれているものはすべて、輪廻の世界(自らの業の結果としてすべての生き物がとらわれている、終わりのない転生の世界)を表現しており、その輪を、死を象徴する恐ろしい鬼が口にくわえている。

輪の中心には、三毒(貪、瞋、癡、139ページ参照)を表す3種類の生き物(鳥、蛇、豚)が描かれているが、ブッダはこの三毒こそが、不健全な人生、ひいては人間の苦しみの根源であると説いている。その外側には衆生の世界が描かれており、上へ向かう者や下へ向かう者がその次の円に描かれるさまざまな世界を通り過ぎていく。その世界とは、通例、人間道(人間の世界)、畜生道(動物の世界)、天道(神の世界)、修羅道(常に戦っている好戦的な阿修羅の世界)、餓鬼道(腹をすかせた霊の世界)、地獄道(最も低いところにある世界)である。この絵には、人間がそれらの世界間を移動できるのだということが含意されている。ブッダの教えによって、より幸せな世界へと入っていけるのは、人間道からである。

仏教徒が苦しみから解放され、より幸せな世界へと入っていく過程を理解したいと望む人々にとっては、しばしば輪廻図の外輪として描かれている

医者の処方箋

仏教の現実的な目的は、医者の場合とよく似ており、この世の苦しみを取り除くことである。仏教の四諦は、医療処置の手順に喩えて説明することができる。つまり、診断を行い、原因を特定し、原因を取り除くことで苦しみを癒やせるという事実を示し、原因を取り除く方法を提示する、というものである。

ブッダは、人間の状態を、毒矢が刺さっているにもかかわらず、矢の細かい作りや、誰が矢を作ったのかを理解するまで、矢を抜いてもらうことを拒絶しているようなものだと表現する。実際には、その人が最優先するべきことは、矢を抜いてもらうことなのである。ブッダはまた、世界がなぜこのような状況であるかといった、西洋哲学において提起されている疑問のほとんどを、重要性が低いとして切り捨てている。このような点から、仏教は宗教ではなくセラピー(治療)であると主張する人々もいる。彼らは、仏教は信じるべき思想ではなく、従うべき健康法だと述べている。

四諦に関するブッダの教えは、医者が病気を診断して治療を施す様に喩えられる。

仏教 **143**

> 人は恐怖にかられると、
> 山々、林、霊樹、霊祠
> などに頼ろうとする。
> しかし、それらは
> 本当に安全な場所とは言えない。
> **ダンマパダ（法句経）**

12の因縁が重要となる。これは、仏教の教えの中心とされる縁起の教えを人間や家の図で示したもので、盲目の人間（精神面で全く啓蒙されていない出発点）や、窓が5つある家（感覚と精神）などが描かれている。極めて重要な瞬間が捉えられているのが7番目と8番目である。7番目には目に矢が刺さった男（痛みを感じている状態）が描かれ、8番目には男に飲み物を差し出す女（渇愛へと続く感情）が描かれているが、重要なのはその関係である。7番目の絵は、この世との関わりから生じる痛み（あるいは喜びなどの感情全般）を表しており、8番目の絵はその結果として生まれる渇愛を表している。7番から8番へのつながりが保たれた場合、輪廻が永遠に繰り返されることとなる。このつながりを断つことができたときにのみ、輪廻と苦しみから解放される可能性が生じるのである。

このようにして因果関係を断ち切るということは、ブッダの示した苦からの解脱という道の出発点に立ち戻ることを意味する。出発点とは、愛着や失望から渇愛を生み出さずに生きる能力である。こうした因縁を断ち切ることができるような状況を作り上げるためには、八正道に従うことが求められる。そのような行動を通して、人は涅槃にたどり着くことができるとされている。仏教には人を救う神が存在しないため、人は信仰心よりも智慧を身に付けることが必要だと考えられているのである。■

輪廻図は、宇宙、そして死と転生の無限の繰り返しを表している。中道に従わない限り、人間はこの繰り返しから逃れられない。

金の質を吟味するように ブッダの言葉を吟味せよ
個人的な真理の探究

背景

主な文献
パーリ仏典

時代と場所
紀元前6世紀頃、インド北部

前史
紀元前1000年〜 伝統的なヒンドゥー教の思想は、聖典ヴェーダやバラモン（司祭）の教えに基づいている。

紀元前6世紀頃 ジャイナ教徒と仏教徒が、ヴェーダとバラモンの権威を否定する。

後史
紀元前483年（383年頃）〜 ブッダの死後4世紀以上にわたり、ブッダの教えが信奉者たちによって口承で伝えられる。

紀元前29年 スリランカで第四回仏典結集が行われ、ブッダの言葉や教えをまとめた書物が編纂される。

12世紀 この頃から日本に広まった禅宗においては、権威を持つ聖典の類は一切必要ないとされる。

ほとんどの宗教において、信仰とは権威に基づいたものである。その権威とは、宗教によって、特定の指導者であったり、司祭階級であったり、聖典であったりする。そういった信仰を受け入れる人々は、自らの信仰の正当性を合理的に説明しようとするだろう。その一方で、自分の属する文化の信仰を受け入れられない人々は、異端者の烙印を押されることもある。

その点に関して、仏教は異なっている。確かに仏教では、ブッダや他の宗教指導者に大きな敬意を払い、宗派によっては特定の系譜や伝統を持つ指導者の教えを受けることを重視する。しかし、仏教では、議論もまた重要であると考えられ、指導者や知的信念は出発点でしかないと見なされる。ブッダの教えを鵜呑みにすべきではなく、理性的に、自らの経験をもとに吟味するようにと、ブッダ自身が説いている。

つまり、仏教においては、知恵は3段階で身に付くものと考える。まずは指導者や教典から、次に個人の思索によって、そして修行の結果として、である。最後の3つ目の段階では、通常、瞑想を行い、真理と精神的成長を追求し、ブッダの教えを実践に移す。

ブッダの初期の弟子たちは、ブッダの言葉を信じただけでなく、その教えを理解しようと努めることによって悟りを開いた。仏教では現在も、単に外部の権威を信用するのではなく、自らの経験に照らし合わせ納得した上で、信仰を深めていくべきであると説いている。■

> 賢者によって称えられ、
> 自身も吟味し、
> 自身と他者にとって良いものだと
> 確信したことのみを、
> 本当の真実として受け入れなさい。
> **ブッダ**

参照: 知恵は君子に属する 72-77 ■ 諸々のブッダと菩薩 152-57
■ 神は人の中に現れる 188

戒律は必要である
受戒・出家の目的

背景

主な文献
初期の仏典結集でまとめられた書物

時代と場所
紀元前5世紀より、インド北部

前史
先史時代〜 ほとんどの宗教において、精神面での成長は、社会や宗教的共同体における自らの立場の認識につながるものだと見なされる。

紀元前7世紀 ヒンドゥー教において、極度に禁欲的な苦行を行う人々が現れる。

紀元前6世紀頃 ブッダが禁欲主義と快楽主義の間の中道を勧める。

後史
12世紀〜 日本の浄土信仰と法華信仰(とくに日蓮宗)において、特定の生活様式や戒律に従うことではなく、阿弥陀への信仰や法華経への帰依が悟りや安心を得る道であるとされる。

ブッダには、生涯の間に2種類の弟子がいた。出家修行者と在家の信者である。出家修行者は、初めのうちはブッダのように各地を歩いて回っていたが、後に共同体を作って定住するようになった。その際、修行者たちは戒律を作り、共同体を維持するためだけでなく、自らの精神的成長のためにも、その戒律に従った。在家の信者たちも、仏教の教えに従い、出家者の共同体を援助することで、悟りを開くことができた。

ブッダの死から約100年がたった

若い仏僧は、短期間、戒を受けて生活する。個人的にも社会的にもより高い意識を持つことができるようにするため、受戒するのである。

頃、そのような戒律をどのくらい厳格に守るべきかという議論が行われるようになる。仏教が世界中に広まると、さまざまな宗派が生まれたが、宗派によっては(特に中国や日本において)出家者の共同体生活はあまり重視されなかった。その一方で、特にスリランカやタイといった上座部仏教(320ページ参照)を奉じる国々においては、今も、出家の教団生活は仏教の重要な要素であると考えられている。

仏教では、出家は生涯にわたるものではなく、一定期間のものである。また、受戒は仏教の教えを実践しやすい環境を作り出すことを目指しており、それ自体が目的ではない。中道に従った生き方をする上で、出家修行は必ずしも必要ではないが、役に立つものである。しかしながら、仏教においては、自らの悟りのためだけに努力をするのは正しくない行為であるとされている。なぜならそれは、仏教の教えにそぐわない自分本位な行いであり、自滅的だと考えられているためである。仏教徒は、個人的な次元ではなく社会全体を視野に入れた上で、大きな慈悲の心と善意を身に付けるべく努力しなくてはならない。■

参照：四住期 106-109 ■ ブッダの悟り 130-35 ■ 口伝律法の文書化 182-83 ■ 人々のために神に仕える 222-23

殺生をやめれば善意が生まれる

思いやりと慈悲による統治

背景

主な出来事
アショーカ王の改宗

時代と場所
紀元前3世紀、インド北部

前史
紀元前2000年〜 聖典ヴェーダに基づく宗教、次いでヒンドゥー教がアヒンサー（不殺生、非暴力）を教義に掲げるが、特定の状況下での戦いは正当化する。

紀元前6世紀頃 ブッダが信奉者に殺生を行わないようにと指示し、マハーヴィーラは一切の殺生を禁じるジャイナ教を創設する。

後史
17世紀 シク教では、抑圧に抵抗し信仰を守るための殺生が認められる。

19世紀 ヒンドゥー教徒として育ったモーハンダース・ガンディーが、政治的戦略として非暴力を取り入れる。

人が殺されると、その家族、親族、友人が**苦しむ**。

↓

そのため、**優れた指導者は殺生を行わず**、他者にも殺生を禁ずる。

↓

優れた指導者は**慈愛の心**を持ち、他者にも慈愛の心を持たせることで、**より良い社会**を築く。

↓

殺生をやめれば善意が生まれる。

仏教が生まれる母体となったヒンドゥー教には、殺生に関して相反する2つの面があった。古代インド社会は、アヒンサー（不殺生）の原則を唱えながら、その一方で動物の供犠を必要とし、肉食を認め、また、正しい戦いにおいては戦うことが義務であるとしていた。ジャイナ教の開祖マハーヴィーラを始めとする当時の多くの指導者と同様に、ブッダは重要な原則として不殺生を挙げ、それを五戒の1つ目とした。五戒とは、仏教の教えに従って生きる人々のための道徳的基盤となる原則である。

生活上の5つの規則

五戒においては、殺し、盗み、不道徳な性行為、嘘、そして飲酒など意識を鈍らせることが禁じられている（不殺生〔せっしょう〕、不偸盗〔ちゅうとう〕、不邪淫〔じゃいん〕、不妄語〔もうご〕、不飲酒〔おんじゅ〕）。この5つの禁止事項には、それぞれに対応する奨励事項があり、それが結果的に仏教徒が守るべき5つの規則となっている。その規則の1つ目は、すべての生き物に慈悲（メッター）を持って接することである。実際、仏教の瞑想法として有名なものの一つに、すべての人々に対する肯定的な気持ちを身に付けるというものがある。友人から始まり、全くの他人、更には苦手な人間に対しても、平等に気遣いと配慮を行うことができるように鍛練を積む。他者への肯定的な気持

仏教　147

参照：調和の中で生きる 38　■　苦行が霊的解放への道である 68-71　■　無私の行為 110-11　■　政治的時代のヒンドゥー教 124-25
■　教えのために死ぬ 209　■　シク教の行動規範 296-301

> それ一つで悟りを開くのに
> 十分と言えるような行いが
> あるとしたら、
> それは、
> 大いなる思いやりの実践である。
> **ダライ・ラマ**

試みたのは、紀元前3世紀のマウリヤ朝の王アショーカであった。彼は多くの詔勅を出しているが、そのうちの32の詔勅が柱や岩の表面に彫られた形で発見されており、それらの内容から、彼が不殺生の原則を政治に取り入れていたことは明らかである。彼は殺生を行わないようにと命じただけでなく、貧しい人々を救済し、従者たちを守り、医療施設を設立し、動物のための医療制度をも確立した。これらはすべて、慈悲に基づいた施策である。

穏やかな理想

自らを傷付けるという行為も稀に見られるものの（極端な形の政治的主張として、自分の体に火をつけて自殺した僧侶たちがいたことは、よく知られている）、一般的には、仏教が理想を社会に押し付けるようなことはなく、仏教が戦争に関わるということもなかった。

不殺生の原則に従えば、仏教徒は菜食主義を貫くのが理想である。しかし、ブッダの説いた中道（130～135ページ参照）では、自身の命を脅かすほどの禁欲生活は行うべきでないとされている。したがって、自身の健康のために必要なときや、果物や野菜が足りない場所（たとえばチベットの山の中）に

仏僧は、あらゆる命を神聖なものと見なす。彼らは、すべての生き物が平和に共存できると信じている。タイのカンチャナブリーにある「トラ寺」で証明されているように、人間と虎でさえも共存可能だと、彼らは考える。

ちや善意を身に付けるというこの1つ目の規則は、志の高い前向きな取り組みであり、他の4つの規則を支える基盤となっている。その4つは、それぞれ五戒の2番目から5番目に対応するもので、気前のよさ、搾取を行わないこと（不邪淫戒は一般的に、姦通、強姦、その他の性的な搾取と解釈される）、正直であること、正しい決断や行為が行えるように醒めていること、である。

不殺生の原則は、仏教においてその初期からの大きな特色であるが、その原則を初めて社会全体に適用しよう

おいては、仏教徒は肉や魚を食べることがある。出家修行者は、肉や魚を差し出されたとき、それが自らのために殺されたものでなければ、食べることが許されている。■

アショーカ王

アショーカは紀元前304年（日本の通説では紀元前268年）にインドに生まれた。彼はマウリヤ朝の王ビンドゥサーラの息子であり、紀元前268年にマガダ国の王になると、自分の地位を守るために、兄弟や敵対関係になる可能性のある人々を殺した。そして領土拡大のために容赦なく軍を進め、南端を除くインドのほぼ全域を支配する帝国を築いた。

とりわけ残虐な戦いが終わった後、多くの死者と彼らの死を嘆く人々を目にしたアショーカは、二度と戦いは行わないと決意した。彼は仏教に答えを見出し、改宗して熱心な信者となった。

改宗によって彼の姿勢は大きく変わった。彼は帝国全土で仏教思想を奨励し、道徳に関する命令を発し、動物の供犠を禁じ、福祉政策への予算を増やした。また、仏教を広めるために国外に使節を送った。しかし、仏教以外の宗教に対しても肯定的な姿勢をとっており、道徳に関する命令を発する際も、国内のすべての宗教集団が受け入れることのできる命令しか出すことはなかった。

人が何であるかを
言うことはできない

絶えず変化する自己

背景

主要人物
ナーガセーナ

時代と場所
1世紀、インド

前史
紀元前6世紀 ヒンドゥー教のウパニシャッドが、肉体・思考と経験からなる「自己」・永遠の自己の3つを区別する。

紀元前6世紀頃 ブッダが、万物は絶えず変化するもので、不変の本質を持つものなど存在しないと述べる。

後史
12世紀 禅宗の指導者たちが、「小さな心」（自我）と「仏の心」とを区別する。

20世紀 仏教徒と同様に、実存主義の思想家が、人間は自らの決断によって人生を作っていくのだと主張する。

ほぼすべての宗教において、人間は物質的な肉体と非物質的な自己（魂）とで作られていると信じられている。この考え方から生まれるのが、死後の世界についての憶測である。我々は天国か地獄に行くことになるのか、それとも、非物質的な自己が新しい肉体を得て生まれ変わるのかと、人々は考える。このように魂を不滅のものと見なし、神の存在を信じることは、宗教の本質であると思われている。ところがブッダは、このいずれの立場も退け、不変の自己などというものはないと主張したのである。

自己は不変のものではなく絶えず変化するものであるという考え方は、仏教の教えの中核であり、他の信仰や哲学には見られない仏教の特色である。この考え方はブッダの説いた「中道」（130～135ページ参照）という概念に

参照： 死後の世界への準備 58-59 ■ 究極の真理 102-105 ■ 純粋な意識で見る 116-21
■ ブッダの悟り 130-35 ■ キリスト教における不死 210-11

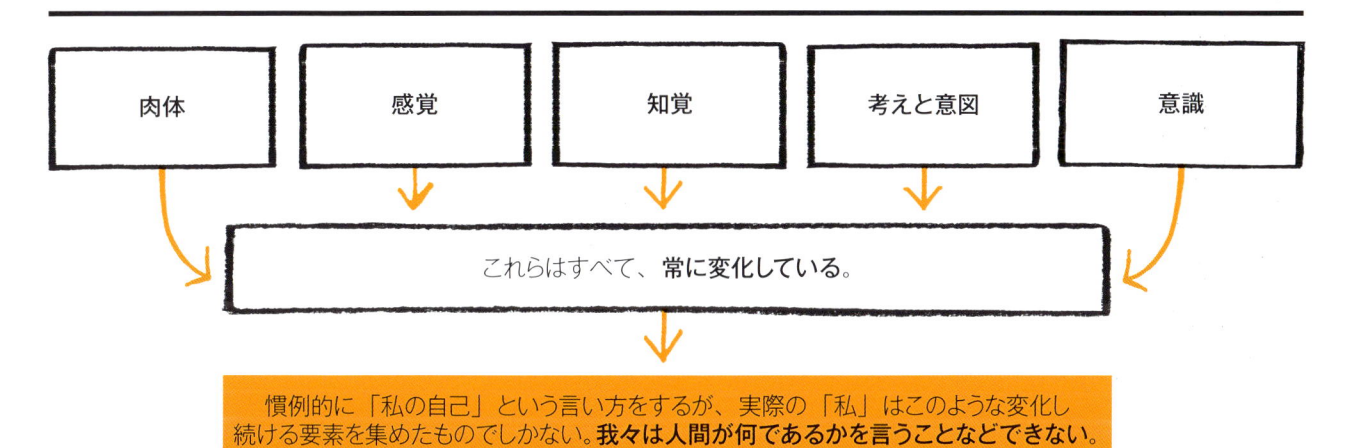

仏教 **149**

```
┌──────┐  ┌──────┐  ┌──────┐  ┌──────────┐  ┌──────┐
│ 肉体 │  │ 感覚 │  │ 知覚 │  │考えと意図│  │ 意識 │
└───┬──┘  └───┬──┘  └───┬──┘  └─────┬────┘  └───┬──┘
    │         │         │            │           │
    └─────────┴─────────┼────────────┴───────────┘
                        ▼
         ┌─────────────────────────────────┐
         │ これらはすべて、**常に変化している。** │
         └────────────────┬────────────────┘
                          ▼
```

> 慣例的に「私の自己」という言い方をするが、実際の「私」はこのような変化し続ける要素を集めたものでしかない。**我々は人間が何であるかを言うことなどできない。**

も表れている。また、あらゆるものは縁起の中にあるというブッダの教えも、この考え方と深く結び付いている。しかしながら、1世紀に書かれた『ミリンダ王の問い』ほど、「自己は変化するものだ」という考え方をうまく説明しているものはない。この仏典は、仏教の学僧ナーガセーナとミリンダ王（紀元前150年頃、インド・グリーク朝の王としてインド北西部を支配した）との問答の形をとっている。

自己の分析

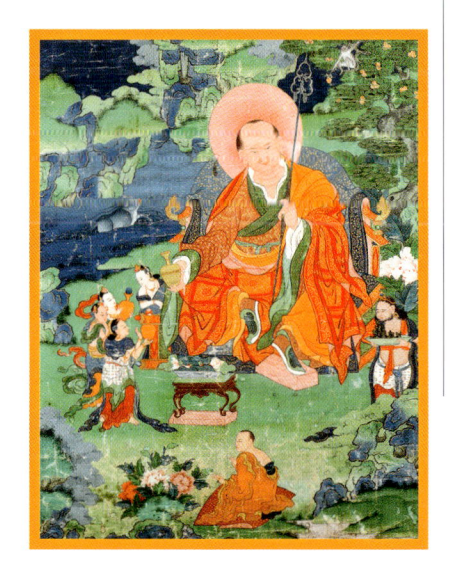

問答の始まりは、ミリンダ王の何気ない問いである。王は、自分と挨拶を交わした人間は本当にナーガセーナなのかと尋ねた。その問いを受けて、ナーガセーナは直ちに議論を開始する。彼は、「ナーガセーナ」という名前は自身を指すものとして習慣的に使われているが、実際には「ナーガセーナ」などというものは存在しないのだと述べた。ナーガセーナという語は「単なる名称」であって、「ナーガセーナという名前が実際の人間を表すわけではない」と、彼は言う。厳密に言うならば、「ナーガセーナ」はいないのである。

ミリンダ王は困惑して、なぜそうなるのかと尋ねた。というのも、ナーガセーナは明らかに王の目の前に存在していたからである。それに対して、ナーガセーナは比喩を用いて答える。王はその場所に馬車に乗ってやって来ていた。ということは、明らかに馬車が目の前に存在しているということである。しかし、ナーガセーナは、馬車の部品について話し始める。馬車には、車軸や車輪、そしてそれ以外にもさまざまな部品がある。それらの部品は馬車だろうか。王は、部品自体は馬車ではない、と答える。車軸も車輪も、そ

僧ナーガセーナは、十六羅漢（または十八羅漢）の一人と位置づけられることが多い。羅漢とは、精神的に極めて高い段階に到達した人々のことである。

の他の部品も馬車ではないとしたら、馬車はどこにあるのかと、ナーガセーナは尋ねる。馬車を構成している部品とは別に、「馬車」というものがあるはずはない。「馬車」とは、それらの部品を組み立ててでき上がった乗り物の名称なのだ。それと同様に、人間もさまざまな部位からでき上がっているが、その部位とは別に「不変の自己」などというものが存在するわけではないのだと、ナーガセーナは言う。ミリンダ王が「これがナーガセーナだ」と指し示すことのできるようなものは存在しないのである。馬車がさまざまな

> ❝
> 私はナーガセーナとして知られています。
> しかし「ナーガセーナ」は慣例的な名前に過ぎません。
> この名前が指す不変の人格(魂)は存在しないのです。
> **ナーガセーナ**
> （『ミリンダ王の問い』）
> ❞

150 絶えず変化する自己

我々の多くは人間を不変の物体と見なす。しかしナーガセーナは、自己とは絶え間ない変化の過程そのものであり、動きと同様に、明確に特定できないものであると主張した。

部品からできているのと同じように、「ナーガセーナ」も様々な部位からでき上がっていて、それらの各部位が互いに依存し合いながら「ナーガセーナ」を作り上げているのだ。

仏教においては、人間は五蘊（ごうん）によって作り上げられていると考える。その5つの蘊（「集まり」、「塊」という意味）とは、色蘊（人間の肉体）、受蘊（人間が感覚を通して絶えず得ている、世界についての情報）、想蘊（人間が知覚によって得る、世界についての認識）、行蘊（人間が物事を知覚することで絶え間なく生まれる思考・思索・意思、精神の形成と衝動）、識蘊（人間が生きていることで生じる感覚全般、五感を通じて入ってくる情報や自身の思考・思索・感情に対する認識を含む）で、それらは互いに依存し合っていると考えられている。

ナーガセーナの議論で重要なのは、五蘊が絶えず変化しているという点だ。これは特に1つ目の色蘊（人間の肉体）において顕著で、我々人間は年をとることで赤ん坊から大人へと変化していく。それと同様に他の4つの蘊も不変ではない。我々の人生においては、経験やそれに対する反応が絶えず姿を変える波のように押し寄せてくる。4つの蘊はその流れを反映し、常に変化し続けているのである。ナーガセーナが主張したのは、「これがナーガセーナだ」と指し示すことのできる人間が存在しないのと同時に、どのような人間も生涯を通じて「同じ人間」でいることは不可能だということだ。それにもかかわらず、我々は、それぞれの人間が生涯を通じて「同じ人間」であるという感覚を持っている。それは、それぞれの人間にその人の過去と未来があるためである。したがって、ある人をずっと「同じ人間」だと見なすことは道理に合わないことであるが、同様に、「同じ人間」ではないと考えることも道理に合わないことだと、ナーガセーナは指摘する。

そもそも、ミリンダ王の問い自体がおかしいのだとナーガセーナは言う。なぜなら、王の問いは、「自己」とは肉体に依存しない不変のものだということを前提にしているためである。自己が肉体に依存するものであることを説明するために、ナーガセーナはまた別の喩えを持ち出す。彼は王に、牛乳とチーズとバターについて考えてみてほしいと言う。これら3つは同じものではない。しかし、チーズとバターは、牛乳がなければ作ることができない。つまり、牛乳が存在して初めて、チー

文化の出会い

ミリンダ王とナーガセーナが出会った背景には、文化同士の出会いがあった。彼らが出会う100年ほど前に、アショーカ王が送った伝道師によって、仏教がインド北部に広まっていた。同じ頃、古代ギリシャの文化が地中海沿岸地域から東方へと広まっており、ついにはインド北部に到達し、その土地の統治者たちに受け入れられていった（いわゆるヘレニズムである）。

そのような統治者の一人に、ミリンダ（ギリシャ語ではメナンドロス）がいた。彼は紀元前2世紀に、インド・グリーク朝と呼ばれる地域（現在のインド北西部）を統治していた。したがって、ナーガセーナも紀元前2世紀から紀元前1世紀の間に、その地域に住んでいたものと考えられる。

ミリンダ王が実在していたことは、硬貨や古代の作家の著作によって裏付けられているものの、哲学者であり僧であったとされるナーガセーナに関する記録は、ほとんど何も残されていない。唯一、ナーガセーナについての記述が見られるのは、『ミリンダ王の問い』（1世紀に書かれ、上座部仏教の文献として広く読まれた）での王との対話のみである。ナーガセーナに関する伝説の一つに、彼がパータリプトラ（現在のインドのパトナ）に住んでいたときにエメラルド仏を作ったというものがある。エメラルド仏とは金が施された翡翠製の仏像で、現在はタイのバンコクのワット・プラケーオという寺院に安置されている。

ズやバターが存在し得るということであり、チーズやバターは牛乳に依存しているということである。それと同じように、「人間を構成する要素も、決まった順番に並んで結び付いている。ある要素が消えると別の要素が現れるという連続が絶え間なく続いていくのである」と、ナーガセーナは言う。

誤った分類

20世紀に、イギリスの哲学者ギルバート・ライルは、物質的な肉体に非物質的な精神が宿っているという考え方を否定した。その際にライルが用いた論法は、ナーガセーナの理論と極めてよく似たものであった。オックスフォード市を訪れ、いくつもの学寮や図書館などの建物を見た人々は、「ところで、オックスフォード大学はどこにあるのですか」と尋ねる。しかし、それらの建物とは別に「オックスフォード大学」が存在するわけではないと、ライルは論じる。

同様に、肉体とは別に「精神」というものが存在すると考えるのは誤りである。そのようなものの存在を信じている人々は、「誤った分類」を行っているのであり、実際は同じ種類に属しているものを、別々の種類に分類してしまっているのだ。「精神」が能力や性質の集合体であるとすれば、精神を、実体を伴った物質であるかのように扱うのは間違っている。

> 今日の自分は
> 昨日の考えから生まれ、
> 今日の考えが明日の人生を作る。
> 人生とは、
> 自分の精神が
> 作り上げるものなのである。
> ブッダ

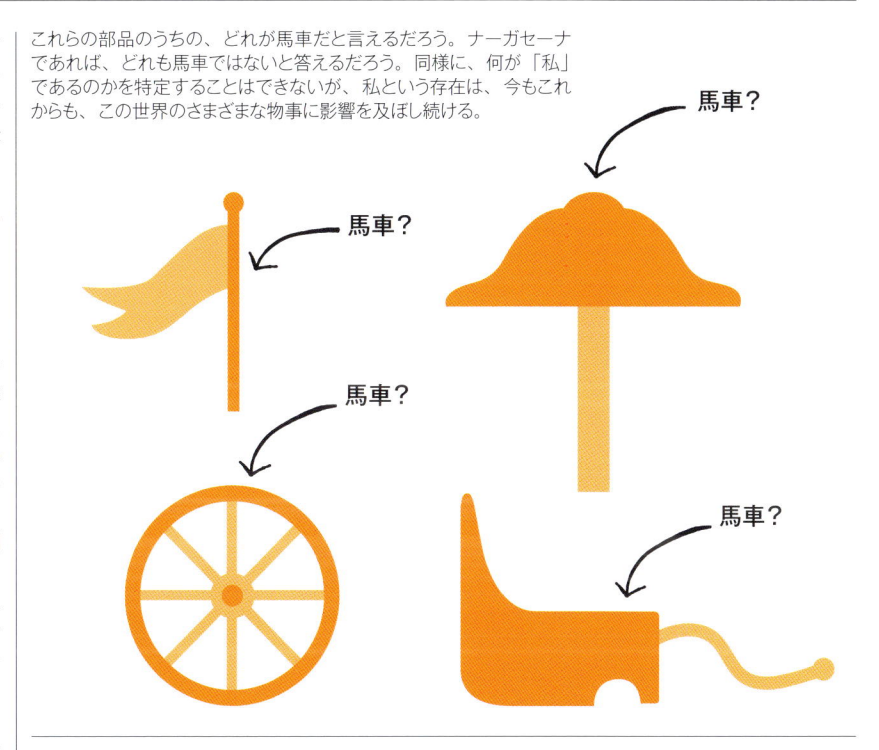

これらの部品のうちの、どれが馬車だと言えるだろう。ナーガセーナであれば、どれも馬車ではないと答えるだろう。同様に、何が「私」であるのかを特定することはできないが、私という存在は、今もこれからも、この世界のさまざまな物事に影響を及ぼし続ける。

20世紀の終わりから21世紀の初めにかけて、西洋の哲学者の大部分は、精神に関して唯物主義(物理主義)の立場をとっている。「精神」とは、脳の働きでしかない。現代科学においては、肉体とは別の「自己」などというものは存在しない。経験や反応に関わる複雑な処理を、我々は「精神」や「自己」と呼んでいるが、それは脳の働きに過ぎないのである。

このような20世紀以降の考え方とナーガセーナの提示した論との間には、一つ大きな違いがある。それは、「我々人間は、考え、感じ、反応する存在である」と我々自身が感じていることに関して、ナーガセーナの方がより細かい分析を行っているという点だ。しかし、我々がそのように感じているという事実が、「自己」と呼ばれるものが独立して存在することの証拠にならないのは、ナーガセーナがミリンダ王に説明した通りである。

現代哲学の別の一派である実存主義において、偶然にもこの仏教の教えと同じ思想が提示されている。その思想を端的に言うと「実存は本質に先立つ」となる。これはつまり、人間は人生の目的を手にする以前に、ただ生まれて、ただ存在するのだ、という意味である。実存主義では、我々人間は自らの選択によって人生を作り上げていくものだとされており、我々はその選択の責任を負わなくてはならないと考えられる。つまり我々は、自分の選んだものになるのである。「本当の自己」や「本質」などというものが、初めから備わっているわけではない。

絶対的真理

この自己についての議論から、仏教の教えの重要な特徴が見えてくる。それは、慣例的に真理と見なされているものと、絶対的真理との違いである。正常な活動を維持するために、我々には現実的な姿勢が必要であり、物体はすべて認識できる、不変の、独立した存在として扱うことが必要になる。

あらゆるものについて、その構成要素から話を始めなくてはならないとしたら、意思疎通は不可能になるだろう。そのため、仏教では、慣例的な真理の必要性を認めている。しかし、慣例的な真理を絶対的真理だと思い込むことがないように、両者の区別は明確に保たれているのである。■

悟りには
多くの相がある
諸々のブッダと菩薩

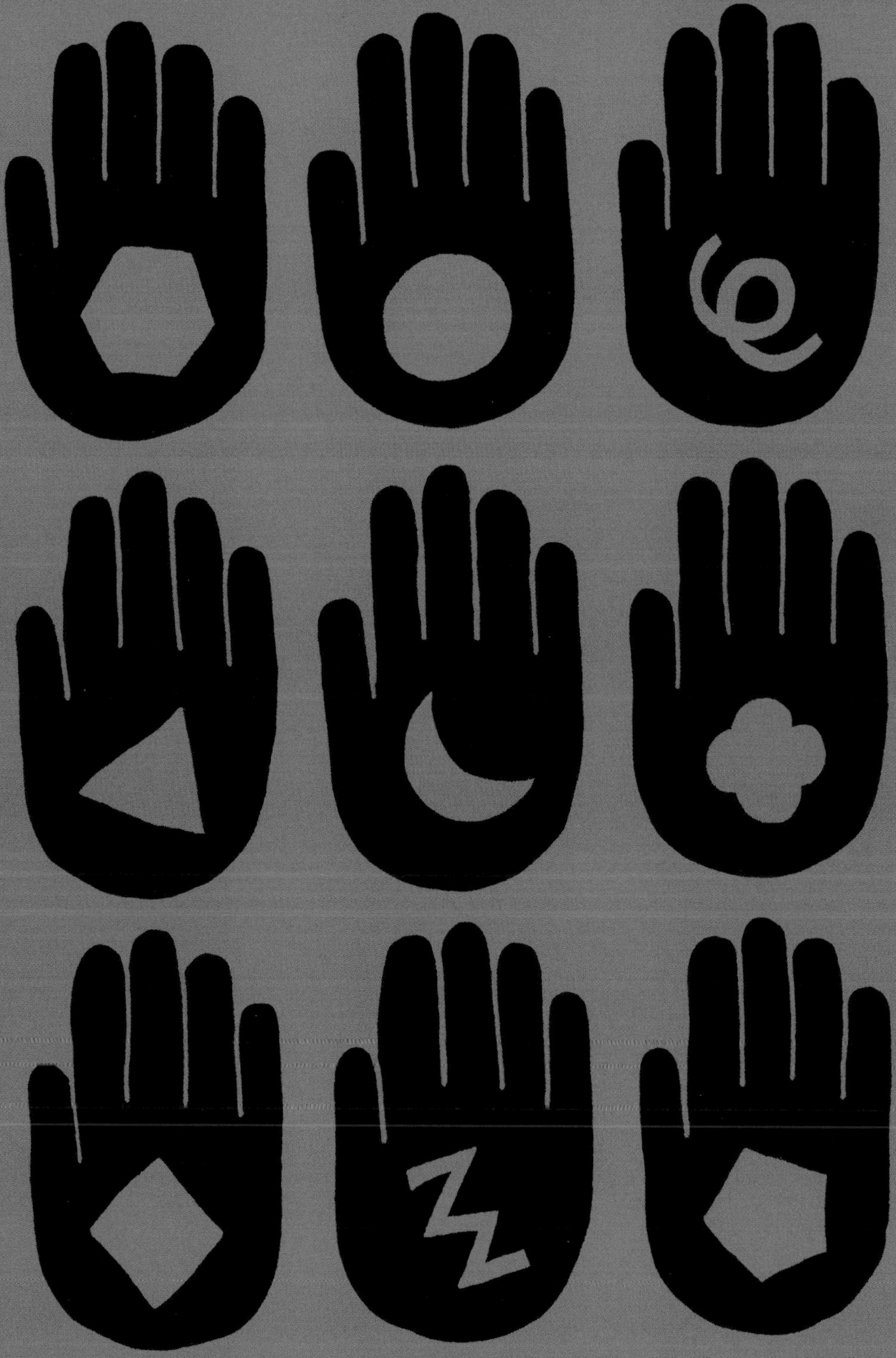

154 諸々のブッダと菩薩

背景

主な出来事
大乗仏教の発展

時代と場所
2～3世紀、インド

前史
紀元前1500年～ ヒンドゥー教の聖典ヴェーダに多くの神や女神が登場する。そのそれぞれが、自然や生命の特定の性質を表すものとされる。

紀元前2世紀～ ヒンドゥー教において献身的な崇拝を行うことが重要となる。

後史
7世紀 詳密な仏画や仏像、そして儀礼を用いる大乗仏教がチベットで確立する。

8世紀 ブッダや菩薩の仏画と同様に、仏教の指導者の肖像画が、導きを与えてくれるものとして用いられる。特に人気のある肖像画は、チベットに密教を伝えたパドマサンバヴァ（グル・リンポチェ）のものである。

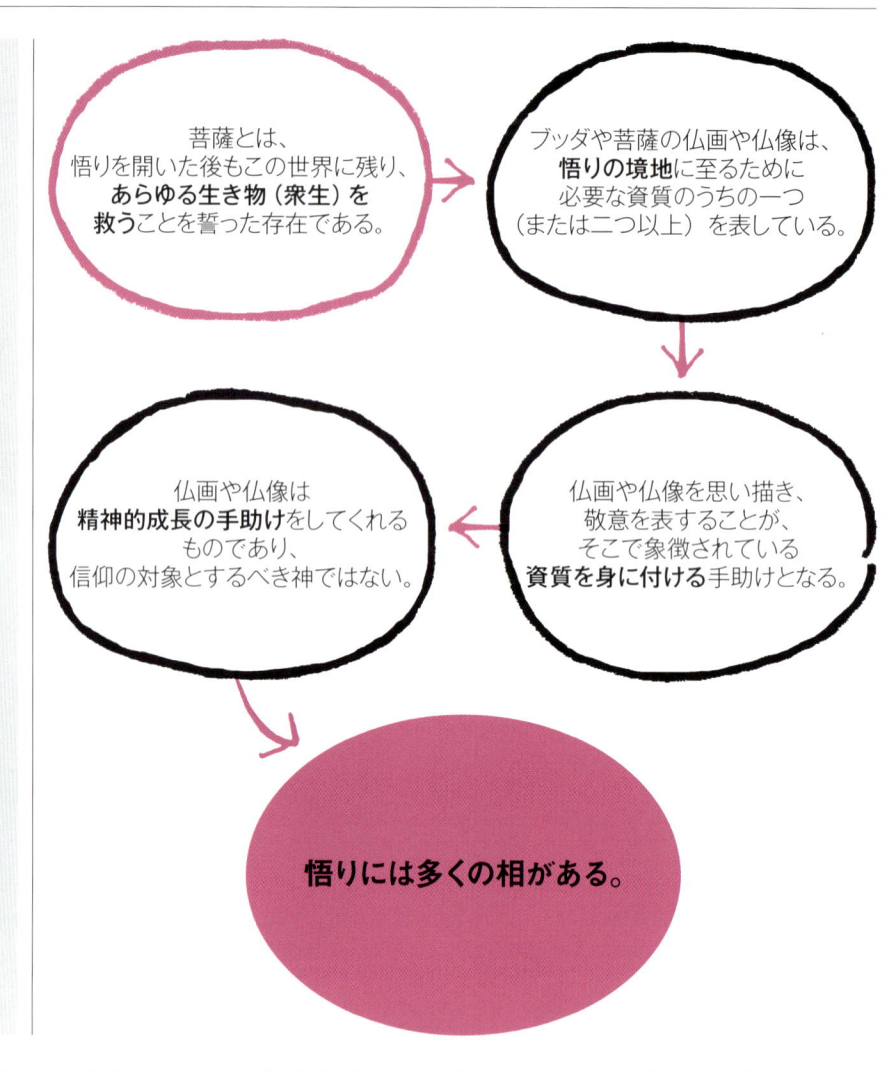

- 菩薩とは、悟りを開いた後もこの世界に残り、**あらゆる生き物（衆生）を救う**ことを誓った存在である。
- ブッダや菩薩の仏画や仏像は、**悟りの境地に至るために必要な資質**のうちの一つ（または二つ以上）を表している。
- 仏画や仏像を思い描き、敬意を表することが、そこで象徴されている**資質を身に付ける**手助けとなる。
- 仏画や仏像は**精神的成長の手助けをしてくれる**ものであり、信仰の対象とするべき神ではない。

悟りには多くの相がある。

ブッダ（釈迦）が四諦八正道（136～143ページ参照）で示した教えは、率直で合理的なものであった。その教えに従うためには、精神的鍛練と経験の分析が必要であったが、形而上学的思索（何が存在し、何が存在しないかを考えること）や、宗教的儀礼は求められず、また、（少なくとも最初の数世紀は）仏画も仏像も用いられなかった。しかし、現代の中国やチベットにある大乗仏教の寺院を訪れる人々は、数多くの手の込んだ仏画や仏像と、それに対して祈りを捧げる信者の姿を目にすることになるだろう。

それらの仏画や仏像（さまざまな色を塗られ、男性の場合も女性の場合もあり、恐ろしい形相のものもあれば静かに瞑想する姿のものもある）は崇拝の対象であるかのように見え、しかもその崇拝は、外部の人間の目には、他の宗教における神々への崇拝と同じであるように見えるだろう。仏教は現在も合理的であると言われることが多いが、そうであるとすれば、なぜこのような非合理的なことが行われるようになったのだろうか。そして仏教は、それをどのように正当化するのであろうか。

菩薩道

インドでは輪廻転生が一般的に信じられていたため、極めて早い段階から、人々はブッダの前世について考えるようになった。また、ブッダがその前世で涅槃へと至るために見せたであろう行動や特徴についても、人々は考えを巡らせた。人々がこうしたことを考えた結果として編纂されたのが『ジャータカ（本生譚）』である。『ジャータカ』には人間や動物が登場し、悟りを開くために仏教徒が持つべきだとされる特質（慈悲、あわれみ、知恵）についての物語が展開される。「菩薩」という概念が提示されたのも『ジャータカ』であった。菩薩とは、悟りの境地に達することが可能であるにもかかわらず、この世に留まることを選び、転生を繰

仏教　155

参照：究極の真理 102-105　■　肉体的・精神的鍛練 112-13　■　純粋な意識で見る 116-121
■　言葉を超えた禅の洞察 160-63　■　神は人の中に現れる 188

> 私の中に、あらゆる知識を得たいという意志が生まれた。それはあらゆる生き物を対象としている。つまり、生き物たちがいるこの全世界を解放することが目的だ。
> 『シクシャーサムッチャヤ』

り返し、他のすべての人々のために奉仕している存在である。この菩薩という概念が導入されたことで、仏教徒の人生に関する考え方が大きく変化した。阿羅漢（「尊敬に値する者」を意味し、悟りを開いた仏弟子を指す語、「羅漢」とも）になるために努力するという、それまで理想とされた生き方に変わって、ブッダの見習いのような立場（あらゆるものへの慈悲を持って世界に奉仕する菩薩）を目指すという、より志の高い道を進むことが可能になった。

大乗仏教

この新しい生き方を選んだ人々は、そのような考え方をマハーヤーナ（「大乗」）と呼んだ。そして、それ以前の考え方を視野の狭すぎる思想であるとし、ヒーナヤーナ（「小乗」）と呼んだ。彼らは、マハーヤーナの方が深い教えであると考えており、もともとのブッダの教えに合致するものだと主張した。マハーヤーナで用いられる経典（特に法華経）においては、多様な側面を持つ広大な宇宙の中でブッダが人々に教えを説く姿が描かれ、我々のこの世界はそのような宇宙のごく一部でしかないとされている。マハーヤーナを信じる人々は、それ以前の思想が狭い視野しか持っていなかったのはやむを得ないことであると論じた。自分たちの信じるマハーヤーナは、何世紀にもわたって隠されてきたのであり、それは、そのような教えを説くのにふさわしい状況ができ上がるのを待っていたためであると、彼らは信じていた。

大乗仏教が発展したのはインドであったが、その後、北方に広まり、まずは中国で、それからチベットで確立されることとなる。それ以前の教えはテーラワーダ仏教（上座部仏教）と呼ばれるようになり、今も信奉者を集めている。今日では主にタイ、スリランカ、東南アジア諸国で盛んに信仰されている。

二人の菩薩

現在テーラワーダと呼ばれている伝統的な教えにおいて、菩薩と見なされているのは二人だけである。その一人は、歴史上の人物であるブッダ（シャーキャ・ムニ・ブッダ〔釈迦牟尼仏〕）の成道前の姿であり、もう一人はマイトレーヤ（弥勒菩薩、仏法の真実を説くために、いつか現れるとされる）である。その一方で大乗仏教においては、僧院で暮らす出家修行者だけでなく、在家の信者も、涅槃に到達して菩薩になることを目指すべきだとされる。そのようにして計り知れない数の菩薩が生まれ、そのそれぞれが世界中に悟りをもたらす役割を担うのだという説が受け入れられたとき、仏像や仏画を用いる習慣が急速に広まった。なぜなら、その菩薩たちを想像力豊かに描き出すことによって、他の人々にも悟りへの道について考えるきっかけを与えることができるからである。

仏像と仏画

菩薩は皆、自らがブッダ（仏陀、悟りを開いた者）になることと、他者を悟りへと導くことを誓う。その実現のために、菩薩は、6つの「波羅蜜」を修めなくてはならない。それはつまり、布施（施し与えること）、持戒（戒律を守ること）、忍辱（苦難に耐えること）、精進（たゆまぬ実践）、禅定（瞑想）、智慧（般若ともいう）である。これらの資質は、それぞれ別々の菩薩の仏画に描き出されている。たとえば、智慧という資質は、文殊菩薩の仏画に表現されていると見なされる。文殊菩薩は、若い男性の姿をしており、蓮の花（悟りの象徴）と燃える剣（知恵の象徴、無知の覆いを切り裂く）を持っている。

最も人気のある仏画は、観音菩薩（観世音菩薩、慈悲の菩薩）のものである。観音菩薩のサンスクリット名は「観察することに自在な者」という意味で、観音菩薩は、あたかも父親が子供を見守るかのように、この世の人間を見守っている。そして揺るぎない慈悲の心を持って、人間を助け、人間を過ちや苦しみから解放してやろうとしているのだとされる。

観音菩薩は、チベットでは「チェンレジー」、中国では「観音（クアン・イン）」、日本では「観音（かんのん）」と呼ばれる。また、中国や日本では女性

タンカと呼ばれる絹の掛け軸で、女性の菩薩となることを誓ったタラが描かれている。男女という概念は幻想に過ぎず、男女差は重要ではないということを示す。

156　諸々のブッダと菩薩

> 絶望した人々を救うための
> 無尽蔵な宝庫となれますように。
> 彼らが傍にいて欲しいと
> 願うような存在になれますように。
> **シャーンティデーヴァ**
> （寂天〔じゃくてん〕）

仏教徒は信心を表すために仏画や仏像の前に香や花を供えることがある。これは神への崇拝ではなく、悟りを開いた人への敬意を象徴的に表したものである。

の姿をとっている。多くの場合、観音菩薩は4本の腕を持つ姿で描かれており、2本の腕は胸の前で交差され、3本目は蓮の花を持ち、4本目は数珠を持つ。交差した腕は、観音菩薩の心から人間に注がれる慈悲を象徴している。そして、蓮の花は悟りと純粋な知恵を、数珠は人間を無限に続く輪廻から解放してやりたいという観音菩薩の願いを象徴しているとされる。ダライ・ラマ（159ページ参照）は、伝統的に、この観音菩薩の化身であると考えられている。

大乗仏教で用いられる仏像・仏画がすべて精巧に描かれているわけではない。たとえば、阿弥陀仏のような禅定（瞑想）の仏は、足を組み、非常に質素な衣類をまとい、目を閉じて瞑想する姿で描かれる。そうした仏画が精巧なものであろうとなかろうと、また、かつてブッダ（釈迦）本人が教えたことからどれほど遠ざかっているように見えたとしても、それらはすべて、悟りのさまざまな側面を描いたものだ。仏教徒は寺院においてそのような仏画を前にして祈りを捧げるが、それは決して、神々を崇拝するように仏画を崇拝しているというわけではないのである。

瞑想への集中

諸々の菩薩やブッダを描いた仏画は、精神的成長を助けるものだと考えられている。瞑想の際に、自分の選んだ仏画を心の中に思い浮かべることがうまくなってくると、想像力によって自在に菩薩やブッダを思い描くことができるようになる。瞑想を行う人々は、そのようにして特定の菩薩やブッダと長期にわたる関係を結ぶのである。したがって仏画を選ぶときは、指導者の助言を得て、自分が向上させようとしている資質と関係の深い菩薩やブッダを選ぶことが多い。このような方法で瞑想を行っても、その効果が表れるのには、通常時間がかかるものである。そのようにして進められる精神的成長は、自動的に生じるものではない。仏画の象徴する資質や理想に絶えず意識を集中することで、ようやく達成されるものなのである。

儚い曼荼羅

精神的な成長のために仏教徒が創り出したもう一つの図柄が曼荼羅で、瞑想にも教育にも用いられる。曼荼羅は、さまざまな図形や文字、そしてブッダや菩薩が複雑に組み合わされた幾何学模様である。

祭りの際には、そのような幾何学模様が色の付いた砂で丁寧に描かれ、最後に壊される。この、最後に壊すという点が重要である。なぜなら、それによって、すべてのものは儚いのだという考え方をはっきりと示すことができるからだ。曼荼羅を壊さずにとっておこうとすると、執着や渇愛が引き起こされ、失望や苦しみへとつながっていく。これは仏教の教えに反することである。手放すこと（つまり、別れを受け入れること）によって初めて、悟りへの道が開けるのである。

空（くう）とブッダ

仏教哲学者ナーガールジュナ（157ページのコラム参照）は、あらゆるものがその存在に関して「空」であると論じた。それはつまり、生き物を含めてこの世のあらゆるものが「我」を持たないということであり、更に言えば、どのようなものにもその存在の基盤となる本質などないということである。ナーガールジュナは、この考え方は、縁起（130～135ページ参照）についてのブッダの教えにおいて述べられている内容であると主張した。縁起とは、あらゆるものが他の存在に依存しているため、どのような生物も無生物も本質（あるいは固有性）を持っていないという考え方である。我々人間にも、存在の基盤となるような独立した本質がないとすれば、瞑想を行う目的は、我々の感覚や感覚を通して得た認識を超えたところにある究極の真理を、直接見

仏教 157

> 人々を幸せにしたければ、
> 慈悲の心を実践しなさい。
> 自分が幸せになりたければ、
> 慈悲の心を実践しなさい。
> **ダライ・ラマ**

ることであろう。

　瞑想の最中に諸々のブッダや菩薩が現れる可能性があるということは、ブッダも菩薩も実体を持っている(つまり、肉体を持っている)わけではなく、宇宙のどこかに存在しているわけでもない、ということを意味する。心の中にブッダや菩薩が浮かんでくるのは、瞑想を行っている人の想像力によるものとは考えられておらず、その人に関わる究極の真理の一部分だと見なされている。膨大な数に上るブッダや菩薩の仏画は、すべての人々が、自分はブッダになることのできる存在なのだという事実を認識するために、一時的な手助けとして用いられるだけのものなのである。■

菩薩には3つの型があり、人々が悟りの境地へと至るための手助けをする際の手法が異なっている。

- **船頭型**「人々を連れていき、共に悟りを開こう」
- **王者型**「私が悟りを開き、その後に人々を悟りへと導こう」
- **羊飼い型**「皆を悟りへと導き、その後で私が悟りを開こう」

ナーガールジュナ（龍樹）

　ナーガールジュナは、ブッダ（釈迦）以降、最も重要な仏教哲学者であると見なされている。彼は2世紀にバラモン（司祭階級）の家に生まれた。場所は、インド南部であったと考えられる。8歳で死ぬと予言されていたため、両親は、7歳で彼を僧院に送り、偉大な師サラハのもとで学ばせた。ナーガールジュナは、8歳の誕生日の前夜から誕生日当日の夜明けまで、休みなく経を唱え続け、それによって死を免れたと言われている。その後、彼は受戒した。

　ナーガールジュナは、ブッダの教えとされる般若経典を人々に教えたことで有名である。伝説によると、彼は、ナーガ（蛇に似た鬼神）のもとで般若経典を見出したために、ナーガールジュナ（「ナーガの主」）という名を得たとされている。ナーガールジュナは多くの論書を書き、また、仏教哲学の中観派を開いた。

主著

200年頃 『中論』『大智度論』

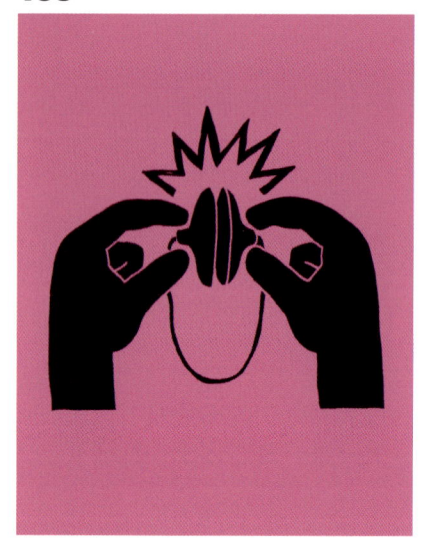

信仰を身体に現せ
儀礼を繰り返し執り行う

背景

主な組織
チベット仏教

時代と場所
8世紀より、チベット

前史
300年 インドのヒンドゥー教のいくつかの宗派において、霊的実在を演劇的に現出するタントラの儀礼が発展する。

4〜5世紀 瑜伽行唯識（ゆがぎょうゆいしき）学派の仏教哲学では、人間が現実に関して知っていることはすべて、人間の精神による解釈だとされる。したがって、想像に基づく行動や象徴としての行動も、人間にとっては「現実」である。

後史
19世紀 西洋の東洋学者が密教的ヨーガに関心を抱く。

1959年 中国がチベットに侵攻したことを受けて、ラマたちが、チベット密教を、欧米を中心とした他の地域に広める。

チベット仏教では、**華やかで想像力豊かな儀礼が**行われる。 → その目的は、知性の面だけでなく、**感情的、肉体的**にも、仏教徒を引き付けることである。

↓

信仰を身体に現せ。 ← これによって仏教徒は、**悟りを開く**とはどのような感覚であるかを経験することができる。

仏教の多くの宗派において、儀礼は簡素なものであるが（たとえば、仏像の前に供物を捧げるのみ）、チベット仏教の儀礼は華麗で印象的である。祈りを捧げる間中、僧侶は繰り返し真言（マントラ）を唱え、人目を引く頭巾を被り、ホルンを吹き、複雑な手の動き（手印、ムドラー）を用いる。また、小さな法具（金剛杵、ヴァジュラ）や鈴（金剛鈴）を手にしていることも多い。一般の信徒たちも真言を唱え、マニ車を回し、派手な祈禱旗を掲げる。祭りの際には、芝居や踊りが披露され、絵の描かれた巨大な布が広げられたり寺院の壁にかけられたりする。そして、曼荼羅と呼ばれる複雑な砂の模様（156ページ参照）が描かれて、その後、壊される。これらの事柄はすべて、初期の仏教の簡素さからかけ離れているように思われる。その逸脱は、どのように説明され、どのように正当化されるのであろうか。

1000年以上にわたって、仏教とヒンドゥー教はインドで共存しており、互いに影響を与え合っていた。そして、パドマサンバヴァ（チベット仏教の創始者として崇拝されている）が8世紀初頭に仏教をチベットに伝えた頃には、仏教は大きく2つのものから影響を受けていた。1つ目は、大乗仏教で

仏教 159

参照：象徴主義が現実を作る 46-47 ■ 神々の道を生きる 82-85 ■ プージャーによる礼拝 114-15 ■ 諸々のブッダと菩薩 152-57 ■ スーフィズムと神秘主義 282-83

あり、2つ目は、その前の世紀にインドで一般化したバクティ（ヒンドゥー教における神への献身的な信仰）であった。バクティはそれまでの諸信仰に比べて、より個人的で感情面を重視するものであった。このようにバクティが浸透したことで、ヒンドゥー教と仏教において密教が発展するための基盤が築かれたと言えるだろう。

密教では、精神的な活動によって何が達成できるかについて考えるだけではなく、「身体に現す」ことも重要となる。たとえば、ブッダを思い浮かべるだけでは不十分で、自らがブッダだと想像することが求められるのである。それも、理性だけで考えるのでは十分でなく、悟りを開くとどのような状態になるのかを、自らの全存在で感じ取るという実践が必要とされる。

たとえば密教における印相（印、ムドラー）は、ブッダや菩薩の仏画に描かれている動作と同じもので、一つ一つの印が特定の資質を表現していると考えられている。手を開いて掌をこちらに見せる印は「願いをかなえること」を表す。また、右手を挙げて挨拶をしているようにも祝福を与えているようにも見える印（「制止」の合図のようでもある）は、「恐れなくてもよいこと」を表しており、人々の決意を引き出すものとされている。このような印を結ぶことで、仏教徒はブッダや菩薩を真似、それによってその印の表す資質を体得するのである。密教に見られる真言や印といった要素は、悟りへの道とはどのようなものなのかということを、単に説明するのではなく、信者が強烈な体験によって現実のものだと感じることができるように考案されたものなのだ。

個人的儀礼

タントラでは、儀礼は師僧（ラマ）の指導のもとで行われ、ラマはそれぞれの信者のために、彼らが必要とする徳に合った儀礼を選ぶ。つまり、信者は、それぞれの持つ資質や成し遂げたい目的に応じて、どのブッダや菩薩を思い描くべきか、どの真言を唱えるべきか、そしてどの印を用いるべきかを、個別に指示されるのである。

チベット仏教の密教的要素は公的儀礼にも含まれているが、密教儀礼の多くは、個人的に執り行われるべきものとして作られており、その詳細は、通常、公にされない。個人的に行われる場合でも公的に行われる場合でも、すべての儀礼に共通する点としては、難解な経典や所作を用いながら、信仰や徳性を「身体的に現出すること」を目指すということが挙げられる。■

仏教の僧たちがインド北部の修道院で儀式を行っている。明るい色の僧衣と頭巾は、信者を感情的に引き込むことを目的としている。

チベットのラマ

大乗仏教では、菩薩は人々を救済するために地上に留まる存在であるとされており、おそらくは何度もそのために地上で転生を繰り返すと考えられている（154ページ参照）。チベット仏教では、その考え方が更に進み、「化身ラマ」、「転生ラマ」という概念が登場した（「ラマ」とは、チベット仏教において指導者的立場にある高僧に対する敬称である）。偉大なラマが亡くなると、そのラマの仕事を引き継ぐための人間が誕生すると考えられている。そのため、新しいラマとなるべき転生者を探し出すこととなる。候補者とされた子供は、先代ラマの遺品を選び出すなど、転生者である証拠を見せなくてはならない。化身ラマは何百人も存在するが、おそらく最も有名なのはダライ・ラマである。彼は観音菩薩（慈悲の菩薩であり、チベットの守護尊とされる）の化身と見なされている。ダライ・ラマは菩薩の化身であるため、この世界において観音菩薩として生きるという特別な使命を負っているものの、通常の人間であることに変わりはない。

ダライ・ラマは、15世紀にチベット仏教のゲルク派を開いたツォンカパから数えて14代目に当たる。

自分の中に ブッダとしての本性を 見出す

言葉を超えた禅の洞察

背景

主な出来事
禅宗の発展

時代と場所
12〜13世紀、日本

前史
紀元前6世紀頃 瞑想により洞察力を得て悟りに至ることができると、ブッダが説く。

6世紀 仏僧菩薩達磨が中国に瞑想仏教（禅）をもたらす。（少林寺において武道の修行が始まったのはこの時以来であるとされる。）

後史
1950年代〜1960年代 禅思想が欧米の対抗文化において人気を集める。ビート詩人たちの作品や、ロバート・パーシグの『禅とオートバイ修理技術』が有名である。禅の瞑想を行うグループが数多く現れ、カリフォルニアに初めて禅寺が建てられる。

禅とは「瞑想」という意味である。仏教の禅宗は、インドの僧侶である菩提達磨（ボーディダルマ）が開いたものと一般に考えられており、達磨本人がそれを520年に中国に伝えたとされている。達磨によれば、禅とは「文字によらず、教説とは別に、覚醒した意識を直接伝えること」である。

この定義には、禅の重要な特徴が表れている。それは、「禅とは、心を浄化した結果として、自然に悟りの境地に達することを促すものである。その過程において、理屈による議論、文献、儀礼は必要としない」というものだ。これはつまり、禅とは、人間の心の中の混乱を直接的な洞察に置き換えることができるような状況を作り出すものだ、ということである。そのような混乱を抱えていると、人間の精神は澄み

参照：自己を道と調和させる 66-67 ■ スーフィズムと神秘主義 282-83

仏教 **161**

言葉を使うこと（祈りでも議論でも）は、**我々の心に混乱を生み出す。**

↓

思考や黙読は、**頭の中**により多くの「**言葉**」を生じさせるだけである。

↓

答えや洞察力を追い求めると、**その欲求により心が曇る。**

↓

仏陀の資質を見出そうと望むのであれば、それらすべてを排し、**心を無にしなくては**ならない。

↓

心を無にすることで、言葉を伴わない**洞察と理解**とが、我々にもたらされる。

切った状態に到達することができないためだ。

禅は仏教の初期の教えを直接受け継ぐものであると禅者は主張する。ある伝承によれば、ある日のこと、ブッダが、弟子に囲まれている際に、一輪の花を手に取り、何も言わずにその花を手の中で回した。すると、弟子の一人である迦葉がほほ笑んだ。迦葉にはブッダの真意が理解できたのだ。このような言葉を介さない洞察が、師から弟子へと、28世代にわたって伝えられたと言われており、28世代目に達磨が受け継ぎ、中国へと伝え、そこから日本にも伝播したのだとされる。したがって禅宗は、仏教の二大宗派である上座部仏教と大乗仏教（320ページ参照）から生まれたものではなく、仏教の初期の教えから独自に発展したものであると、禅者は主張している。

ブッダの心

「人間は不変の自己を有している」という思い込みによって、この世で生きることが辛くなるのだというのが、仏教の中核となる考え方である。不変の自己が世界の他のものから独立して存在しつつも、他のものに執着し、常に変化する物事を同じ状態で留めておきたいと願ってしまうのだと考えられている。

禅においては、そのような考え方は視野が狭く表面的な「小さな心」であるとされる。確かに人は、生まれたときからそのような考え方を持っており、周囲の影響を受けて、その考え方をより強めていくものである。しかし同時に、人には「ブッダの心（仏性〔ぶっしょう〕）」というものも備わっているのだと、禅宗では考える。仏性とは、

西田幾多郎（にしだ・きたろう）

日本人哲学者西田幾多郎（1870～1945年）は、禅宗と西洋哲学史とを学び、仏教徒という立場での洞察を、西洋哲学の用語を用いて表現しようとした。彼は1910年から1928年まで京都大学で教鞭をとっており、「京都学派」を形成した。

西田は、主体と客体、自己と世界が分離する前に、純粋な経験が生じると論じた。この主体と客体といった対比は、禅において「自我を基盤とする心」と「（左側の本文参照）未分化な統一体としての仏性」とを対比させるのと全く同じ分け方である。西田は、この分け方は、ドイツ人哲学者イマヌエル・カント（1724～1804年）の示した区分とも類似すると述べている。カントは、物体に関する人間の経験（現象）と物体そのもの（物自体）とを区別し、後者（物体そのもの）は認識することができないと論じた。西田はまた、実在や我々の「真の自己」の基礎として神の概念を導入した。そして禅を、ハイデガー、アリストテレス、ベルクソン、ヘーゲルの思想と比較してみせたことでも知られている。

主著

1911年　『善の研究』

言葉を超えた禅の洞察

自我や既成概念にとらわれないあり方で、我々が生まれつき持っているものである。ところが、小さな心が混乱を引き起こすことで、仏性が見失われてしまう。禅宗では、自らの中に仏性を見出すことによって、何かを得られるとは考えない。ただ、自分が本来持っているものを認識すべきだとしているだけである。

禅僧の道元によると、真の自己とは、人が現在持っている表面的な自我のことではなく、生まれる前に与えられて経験によって確立する「本来の面目」のことだとされる。人は、本来のものではない「面目」を発達させてしまうことによって、自らを他のものから独立した存在だと認識するようになり、自己中心的になるのである。したがって、自らの人生や経験によってそのような面目が作り上げられてしまう前に、人は本来の自己を見出す努力をすべきであると、道元は説く。

日本の禅

日本の禅には、臨済宗と曹洞宗という二大宗派がある。臨済宗は、12世紀に栄西が日本に伝えたもので、18世紀に白隠がよりわかりやすく教えを説き直した。臨済宗によって日本にもたらされた禅の精神は、「この世界は幻想である。真理とは、非常に単純で分かつことのできないただ一つの存在である」というものだった。禅には経典がなく、決まった形の伝授法もない。教えは口承で伝えられ、瞑想の手法は師から弟子へと受け継がれる。したがって重要なことは、経験豊かな指導者のもとで鍛錬を積むことである。

白隠によって導入された臨済宗の大きな特色は、「公案」を用いることである。公案とは、答えることが不可能な質問で、その答えを考えることによって通常用いられる思考回路が遮られることになる。白隠が用いた公案の中で最も有名なものは、おそらく「片手で拍手をする際の音はどのようなものか」であろう。公案の答えがわかったと思った人々も、繰り返し考えることが求められる。そしてその際には、一度出した答えをすべて手放して、初めから考え直すことになっている。公案や禅問答に関して合理的な検証を行っても、優れた洞察力を得ることはできない。なぜなら、個人が自らの推論の及ぶ範囲内でそのような思考を試みたとしても、禅において求められる深みには到底達することができないためである。禅の指導者は、そういったことを考慮した上で修行者を導く役割を負っている。

禅の修行を行っていると、突然、悟りの境地を垣間見る瞬間が訪れる。ただしこれは、完全に悟り切った状態に到達できるということではなく、ほんの一瞬の体験で、おそらくは何度も繰り返される。そのような瞬間は、偶然と言ってもいいようなもので、体験しようと思ってできるものではない。悟りに達したいと願うことは執着へとつながるため、意識的にこの体験を求めることは教えに反する。禅は、悟りの本質を定義することを目指しているわけではないのである。

曹洞宗が道元によって日本に伝えられたのは、13世紀のことだった。道元は中国でこの禅の技法に出会い、日本に持ち帰った。彼の伝えた瞑想法は臨済宗のものとは大きく異なり、瞑想によって突然悟りが開けることを期待するものではない。曹洞宗においては、ただひたすら座禅を組むことでゆっくりと悟りへの道を進んでいくことができると考える。

曹洞宗では、宗教上の伝統や儀礼は不要であると見なされ、悟りの境地に達するために必要なものは座禅のみだと考えられている。座禅の際には、背筋を伸ばして脚を組んで、無地の壁に向かってひたすら座る。そして時々、立ち上がって瞑想しながら歩く（経行〔きんひん〕と呼ばれる）。座禅を組んでいる間は、頭の中を空にすることが求

> 曹洞宗において、悟りを開くために必要とされるのは座禅のみである。心を鎮めることで、自己という幻想を排することができる。

> 禅の最初の語を理解できれば、最後の語もわかるだろう。最後の語と最初の語は、同じ語ではない。
> **無門（『無門関』）**

仏教

> 道で仏に出会ったら、
> その仏を殺せ。
> **禅の公案**

められるため、この座禅という行為自体が悟りそのものだと見なされる。悟りを開くために座禅を組むのではなく、座禅を組んでいるときにすでに悟りが開かれているのだ。心を鎮め、「自己」が独立した存在だという幻想を消すことこそが、悟りなのである。

言葉を超越する

禅によって何かが見えることがあるが、見えたものについて説明はできない。書道の文字や枯山水の庭（どちらも禅宗の特色とされる）に意識を集中することで、普段は途絶えることのない思考を遮り、心を無にすることができ、自然と調和した行動をとれるようになるとされる。禅はこのような特色を持つために、華道からコンピュータ・デザインまで、さまざまな芸術や芸能の中に生かされることとなった。

禅とは、洞察をもたらす状況を作り出すことであり、その際に合理的な説明や表現は必要としない。禅の目的を詳細に説明しようとするようでは、禅の本質を理解していない。禅とは、あらゆる物事から自由になることを目指すものであり、禅自体はそういった物事の中に含まれていない。禅は学ぶものではなく、実践するものである。そして最終的に悟りに達したとしても、何か新しいことを理解できるわけではない。理解する必要などないと理解できるだけである。禅がこのように敢えてさまざまな逆説を取り込んだ狙いは、通常の論理的な思考を徐々に崩していくことであった。

何かについて説明しようとすることは、その対象への執着である。そして、執着こそが、苦しみを生み出す原因であるとブッダは説いている。人々が物を得ようとし、知識や洞察を自らの所有物のように扱っているこの世界において、禅とは究極的な挫折である。禅に関連する美しい品物を集めても、それらの品物の裏に隠された真意を理解することはできない。禅とは、手放すことである。

ある意味で禅は、仏教の初期の段階に立ち戻った思想である。仏教では次第に仏画や仏像が用いられるようになり、献身的な礼拝が行われ、経典が尊ばれるようになっていったが、禅はそれ以前の思想を受け継ぐ。すべての人が悟りを開くことができる。それに気づくことさえできれば、実はすでに悟りを開いているのである。禅は、宗教に関係するほぼすべてのものを、不要であるとして退けた。それによって禅は、無用な宗教色を排した、純粋な洞察と理解の道となった。

禅はまた、意図的に無秩序な状態を作り出しているところがあり、刺激的な逸話も多く、挑発的な師たちが存在したことでも有名である。仏道とは何かと問われて、菩薩達磨は「広大な空（くう）であり、神聖でも何でもない」と答えたとされている。予想外の答えではあるが、核心を突いている。■

風と旗と心には、本質的に違いはないのだということを、この公案は示している。外面に見えるもので区別をするのは自我にとらわれた心であって、仏心はそのような区別は行わない。

「私は、旗が動いていると思います。」

「私は、旗ではなく、風が動いていると思います。」

「風も旗も動いてはいない。動いているのはお前たちの心だ。」

ユダヤ教

紀元前 2000年～

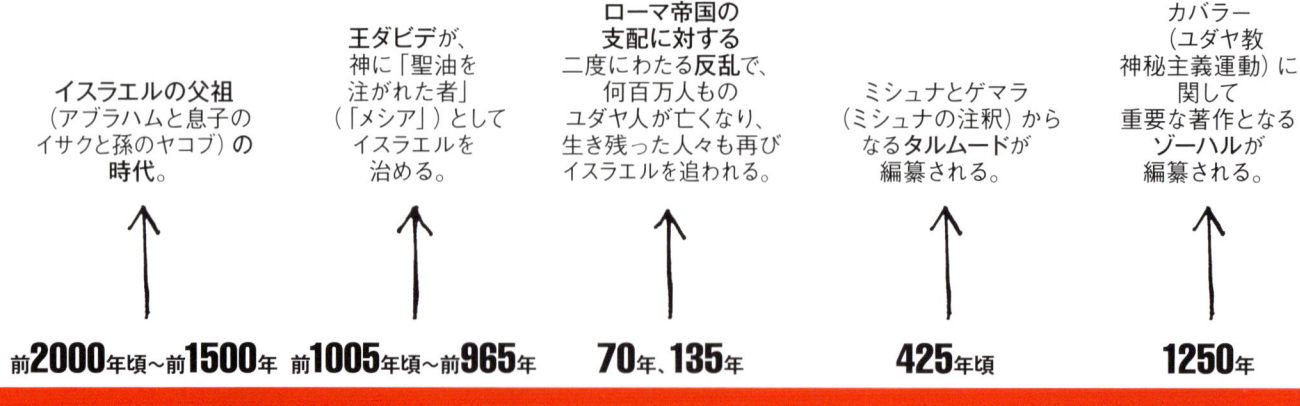

はじめに

年表（上段）

- **前2000年頃～前1500年**: イスラエルの父祖（アブラハムと息子のイサクと孫のヤコブ）の時代。
- **前1005年頃～前965年**: 王ダビデが、神に「聖油を注がれた者」（「メシア」）としてイスラエルを治める。
- **70年、135年**: ローマ帝国の支配に対する二度にわたる反乱で、何百万人ものユダヤ人が亡くなり、生き残った人々も再びイスラエルを追われる。
- **425年頃**: ミシュナとゲマラ（ミシュナの注釈）からなるタルムードが編纂される。
- **1250年**: カバラー（ユダヤ教神秘主義運動）に関して重要な著作となるゾーハルが編纂される。

年表（下段）

- **前1300年頃**: モーセがユダヤ人をエジプト捕囚から自由にし、「約束の地」であるカナンへと導く。また、トーラーを授かる。
- **前6世紀初頭**: 紀元前586年にバビロニアがダビデの王国であるイスラエルを征服し、エルサレムの最初の神殿を破壊する。
- **200年**: ユダヤ教の口伝律法を記録するミシュナが編纂される。
- **900～1200年**: スペインでユダヤ文化の黄金時代が花開く。哲学者マイモニデスが影響力のある著書を書く。

現存する最古の宗教の一つであるユダヤ教は、3500年以上前にレバント地方南部のカナンの人々の信仰から発展したもので、ユダヤ民族の歴史と深い関係を持つ。ヘブライ語聖書（タナハ）には、神の世界創造の物語に加えて、神とユダヤ人の特別な関係についての物語も収められている。

自分が偉大な民族の父になろうと、神がアブラハムに約束したことから、神とユダヤ民族との契約が始まった。アブラハムの子孫は神に従い、契約の証として割礼の儀礼を行うべきであると、神はアブラハムに言った。そうすればその報いとして、彼らを導き、彼らを守り、彼らにイスラエルの地を与えようと、神は約束した。アブラハムは、その信心深さゆえに息子のイサクを授けられた。そしてイサクにはヤコブという息子が生まれた。ヘブライ語聖書によると、そのヤコブからイスラエルの12の部族が生まれたと言われる。アブラハム、イサク、ヤコブの3人はユダヤ民族の父祖とされ、肉体的・精神的な祖先と見なされている。

ヘブライ語聖書の「出エジプト記」には、ヤコブとその子孫がエジプトで奴隷となった様子、そしてその後、神の命を受けたモーセによって解放される様子が描かれている。神との契約の一部として、モーセはシナイ山でトーラー（モーセ五書）を授けられた。モーセは、彼に従う人々をイスラエルの地へと連れ戻し、再びそこで暮らし始める。その後、神は、ダビデ（メシア〔「聖油を注がれた者」〕）を王位につけた。このことから、人々は、ダビデの子孫がメシアとして現れ、ユダヤ民族に新しい時代をもたらすものと信じるようになる。ダビデの息子のソロモンは、エルサレムに神殿を建て、イスラエルの地がユダヤ民族のものであることの象徴とした。しかし、ユダヤ民族は、その「約束の地」から二度も追われ、神殿も破壊されることとなる。一度目は紀元前6世紀にバビロニア人に追い出され、その後イスラエルに戻るものの、ローマ帝国の支配下に置かれ、1世紀に再びイスラエルを追われるのである。

ユダヤ民族の離散

他民族の支配によって祖国を失ったユダヤ人は、異郷の地に住まざるを得なくなった。後にセファルディムと呼ばれることになる一部の人々は、スペイン、ポルトガル、北アフリカ、中東に住みついた。しかし、大半のユダヤ人は中央ヨーロッパと東ヨーロッパにコミュニティを形成し、アシュケナジムと呼ばれるようになった。このように地理的に離れた場所に定住したことによって、必然的に、それぞれのコミュニティにおいて異なる宗派が発達していくこととなる。スペインでは10世紀から12世紀の間にユダヤ思想の黄金時代が花開き、モーゼス・マイモニデスを始めとする高名な哲学者が現れた。このスペインの黄金時代は、カバラーと呼ばれるユダヤ教の神秘的な

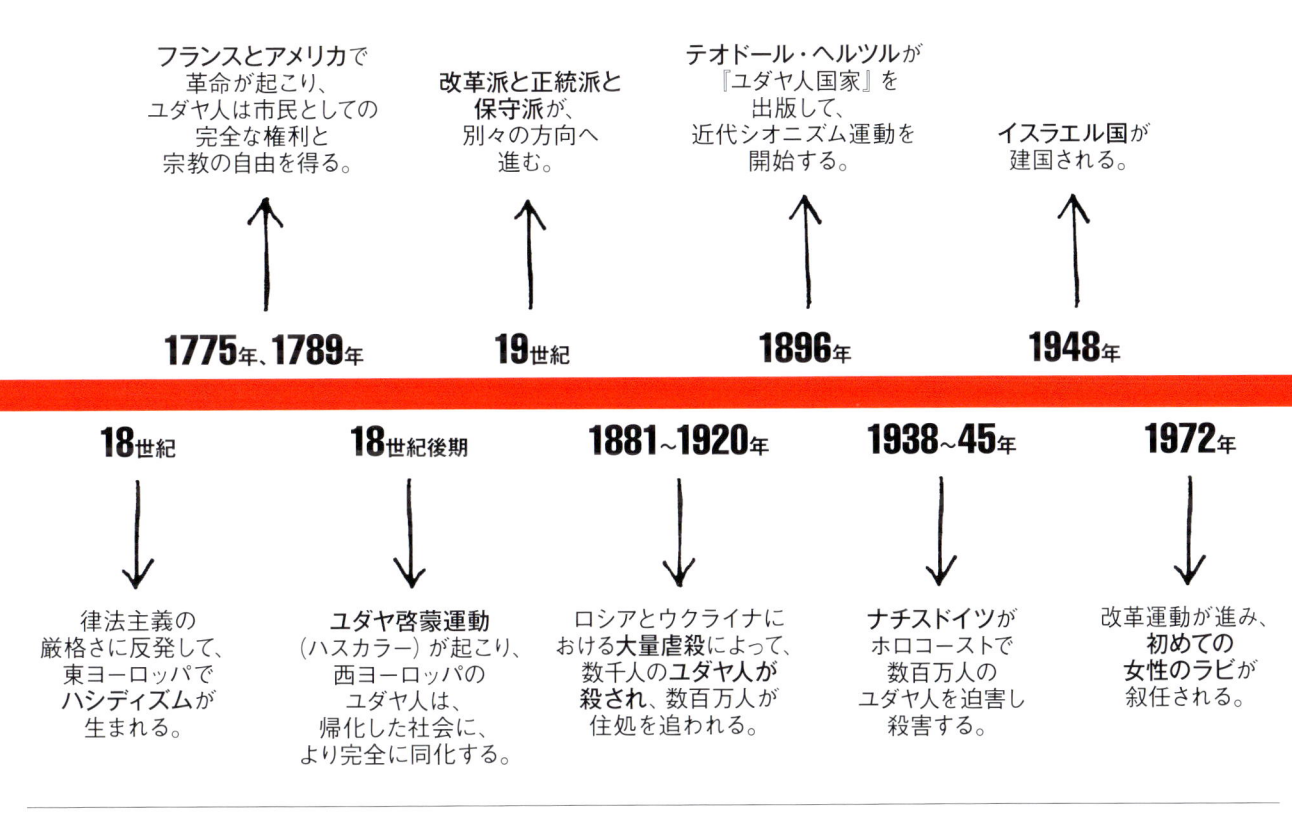

ユダヤ教

1775年、1789年 — フランスとアメリカで革命が起こり、ユダヤ人は市民としての完全な権利と宗教の自由を得る。

19世紀 — 改革派と正統派と保守派が、別々の方向へ進む。

1896年 — テオドール・ヘルツルが『ユダヤ人国家』を出版して、近代シオニズム運動を開始する。

1948年 — イスラエル国が建国される。

18世紀 — 律法主義の厳格さに反発して、東ヨーロッパでハシディズムが生まれる。

18世紀後期 — ユダヤ啓蒙運動（ハスカラー）が起こり、西ヨーロッパのユダヤ人は、帰化した社会に、より完全に同化する。

1881～1920年 — ロシアとウクライナにおける大量虐殺によって、数千人のユダヤ人が殺され、数百万人が住処を追われる。

1938～45年 — ナチスドイツがホロコーストで数百万人のユダヤ人を迫害し殺害する。

1972年 — 改革運動が進み、初めての女性のラビが叙任される。

側面の研究が中世で最も盛んな時代でもあった。東ヨーロッパには、シュテトルと呼ばれるユダヤ人の小さな町がいくつもできた。これらの孤立した町では、ユダヤ教の学術的研究はコミュニティの結束向上の役には立たないと見なされ、より宗教的な活動を重視するハシディズムという動きが生じた。その後、数世紀の間に、主にユダヤ教の戒律の解釈をめぐって、ユダヤ教内部では更なる分裂が起こった。ユダヤ教正統派は、神が授けたと信じられているトーラーを厳守することを主張した。それに対して、改革派と保守派はそれほど厳格な立場はとらず、トーラーは必ず守るべき義務ではなく、行動の指針であると考えた。20世紀に宗派間で意見が分かれた問題は、女性の位置づけについてであった。生まれた子供がユダヤ人になるかどうかは、母親がユダヤ人であるか否かによって決まるという教義であるにもかかわらず、最近まで、ユダヤ教では宗教上の式典において女性が積極的な役割を果たすことはなかったのである。

弾圧と独自性

ユダヤ人は国を追われた移民であり、独特の信仰を持つ民族であったため、その歴史を通してさまざまな地域で迫害を受けてきた。多くの国でゲットーに隔離され、非難と攻撃を受け続けた。18世紀以降は、アメリカやフランスといった国々でユダヤ人にもあらゆる権利が与えられるようになり、地域社会に同化しようとする動きが高まった。しかしながら、ここで、ユダヤ人の独自性についての問題が生じる。ユダヤ人とは、宗教的な集団だろうか、民族だろうか。それとも文化的集団、あるいは国家と見なされるべきだろうか。この疑問に答える形で登場したのが、ユダヤ人国家の設立を求めるシオニズム運動である。ホロコーストが起きたことでこの動きは更に活発化し、ついに1948年にイスラエル国が建国された。今日、ユダヤ教徒の人数を明示することは困難である。なぜなら、自らをユダヤ人と呼ぶ人々の多くが、それほど宗教には関心がないためである。とはいえ、世界中のユダヤ教徒の数は1300万人を超えると考えられており、その大半は北アメリカまたはイスラエルに居住している。■

あなたたちを私の民とし、私はあなたたちの神となろう

神とイスラエル人の契約

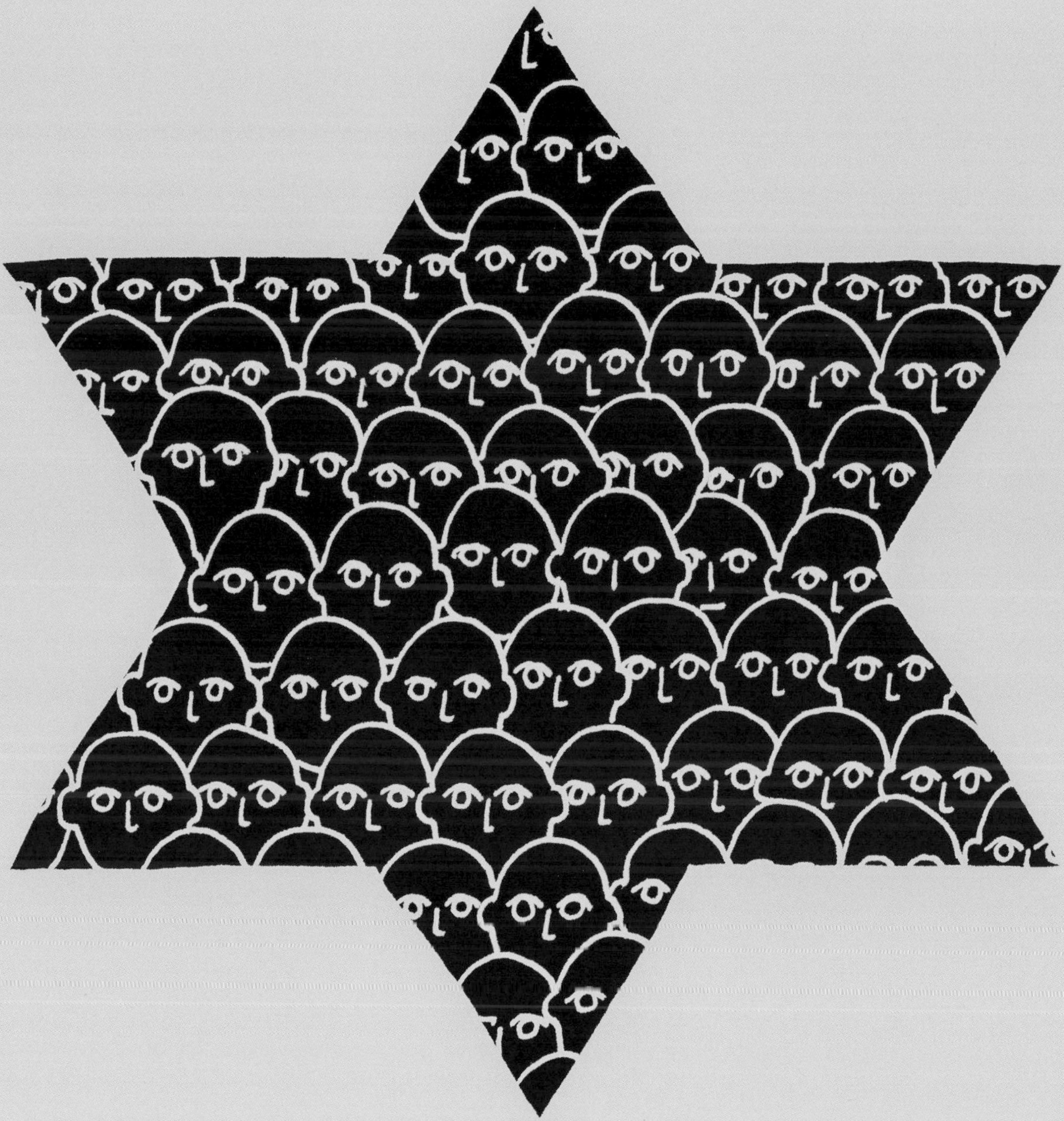

170 神とイスラエル人の契約

背景

主な文献
トーラー

時代と場所
紀元前1000年頃〜前450年、中東

前史
紀元前1300年頃 ヒッタイトの王家の協定書が、トーラーに書かれた契約のひな型となる。

後史
200〜500年 ミシュナとタルムードにおいて、ラビによって伝えられてきた「口伝律法」が成文化される。それらはその後、聖書の解釈や契約の指針を示すものとして用いられる。

1948年 第二次世界大戦直後にイスラエル国が建国され、ユダヤ人が故国イスラエルに帰還することが可能となる。

1990年 アメリカの神学者ジュディス・プラスカウが、ユダヤ人は、女性を契約から排除する伝統的文献を解釈し直すべきだと論じる。

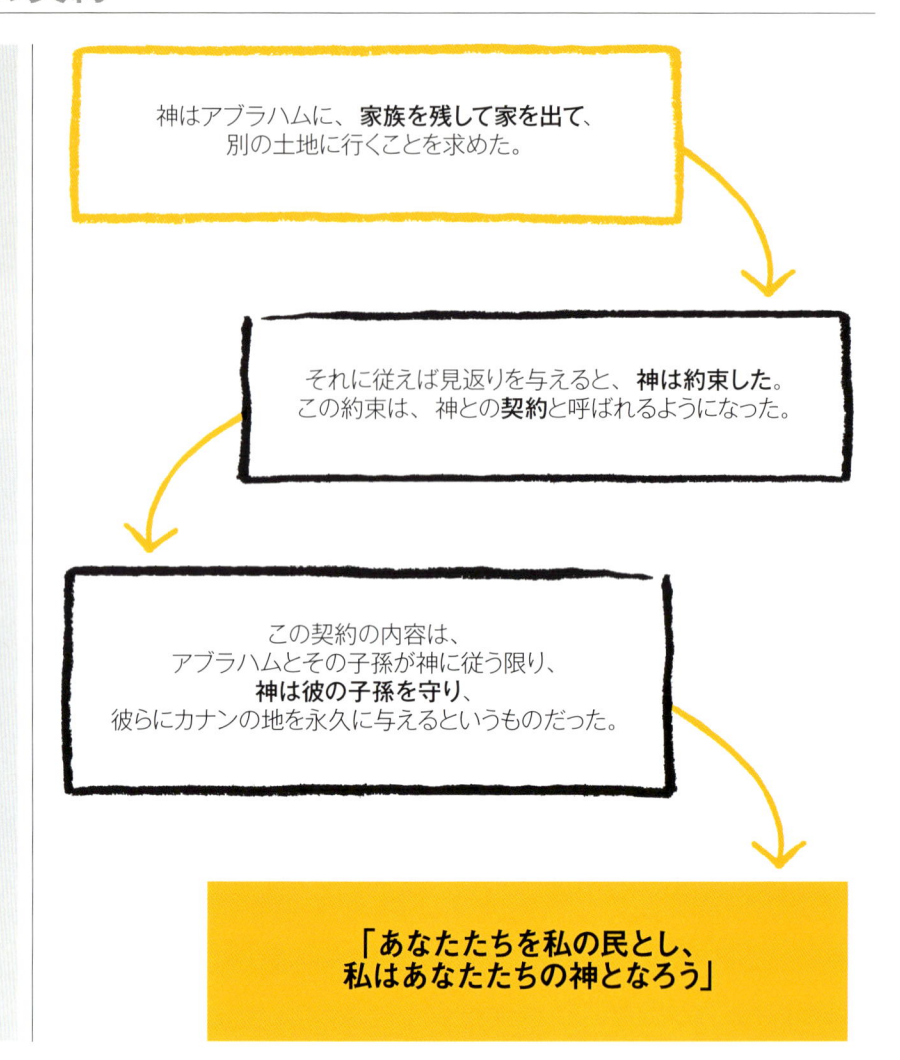

神はアブラハムに、**家族を残して家を出て**、別の土地に行くことを求めた。

↓

それに従えば見返りを与えると、**神は約束した**。この約束は、神との**契約**と呼ばれるようになった。

↓

この契約の内容は、アブラハムとその子孫が神に従う限り、**神は彼の子孫を守り**、彼らにカナンの地を永久に与えるというものだった。

↓

「あなたたちを私の民とし、私はあなたたちの神となろう」

ユダヤ教の中心概念は神との契約である。この契約は、古代中東の民族であるイスラエル人の信仰にまでさかのぼる。そして現在でも、ユダヤ人は、自分たちは一連の契約によって神と結び付いていると考えている。初めの契約はアブラハムによるもので、その中で神は、イスラエル人こそが神によって選ばれた民族であると明言している。後にモーセの契約によって、神とイスラエル人とのこの結び付きが再確認された。

イスラエル人(時にヘブライ人と呼ばれることもある)は、現在のイスラエルとパレスチナのあたりにあったカナンという土地に、おそらくは紀元前15世紀という早い時期から居住していた。紀元前1200年頃、この地域がエジプトの支配下にあった時代に、「イスラエル」という語が民族名として初めて碑文に刻まれた。

紀元前6世紀に、多くのイスラエル人がバビロニアに連れ去られた。このバビロニアで捕虜とされていた時期に、彼らはヘブライ語聖書と呼ばれるユダヤ教の聖書の大部分を書き上げた。この聖書には、イスラエル人の歴史と、彼らの信仰の起源が記されている。

最初の契約

古代中東の多くの民族と同様に、イスラエル人は、多神教を奉じていた。しかし同時に、イスラエル人を特別に保護してくれる「民族の神」を崇拝してもいた。その後、ユダヤ人はその神の名前は神聖過ぎて口に出すことが許されないと考えるようになり、もともとあった母音を消してしまった。そして4つの子音のみが残され、YHWH(おそらく「ヤハウェ」と発音する)として知られるようになった。ヤハウェには他の呼び方もあり、たとえば「神」を意味する「エル」や「エロヒム」といった名前を持っていた。

ユダヤ教 171

参照：初期のアニミズム 24-25 ■ 供犠と血の捧げもの 40-45 ■ 儀礼を行う責務 50 ■ 契約への疑念 198

『創世記』（ヘブライ語聖書の最初の5巻であるトーラーの1巻目）によると、イスラエル人がカナンの地に住んだのは、神の命に従ったためであるとされる。神は、メソポタミアの都市国家ウル（現在のイラク）に生まれたアブラハムという男の前に姿を現し、カナンという場所まで旅をするようにと命じた。そのカナンこそが、イスラエル人の国となるべき土地だと神は言った。トーラーによると、そのカナンにおいて神はアブラハムと契約を結んだという。その契約は、当時、王が忠実な部下との間で結んでいたものとよく似た形のものであった。その契約で定められた内容は、アブラハムが神に忠実であることへの見返りとして、神はアブラハムに、その土地を受け継いでいくべき多くの子孫を授ける、というものであった。この契約に同意する証として、アブラハムと彼の一家の男性は皆、割礼を施されることとなった。この慣習は今日に至るまで続いており、ユダヤ人の男の子は生まれて8日目に割礼を受け、神との契約に同意していることの証を立てる。

アブラハムには、イシュマエルとイサクという二人の息子がいた。神はイシュマエルに祝福を与え、彼は大いなる民の父になると約束した。しかし、神とアブラハムとの契約を継承する人間として、神が選んだのはイサクだった。神は直接イサクの前に現れて、そのことを伝えた。イサクの次に契約を受け継いだのは、イサクの息子のヤコブであった。契約を引き継いだときに、ヤコブは、神によって「イスラエル」という名を与えられた。そして、この神との契約は、代々、ヤコブの子孫に受け継がれていくこととなる。

アブラハム、イサク、ヤコブは、イスラエルの祖として知られている。なぜなら彼らは、神との契約に関わった最初の三世代を代表する人々だからである。

シナイの契約

トーラーによると、カナンが飢饉に見舞われたとき、ヤコブとその息子たちはエジプトに移った。その後、彼らの子孫はエジプトで奴隷にされた。数世代後になって、エジプト内のイスラエル人の人口が増加すると、神はモーセ（イスラエル人だが、エジプトの宮廷で育った）に、人々を奴隷状態から救い出しカナンの地へ連れ戻すようにと命じた。イスラエル人のエジプト脱出に際しては、数多くの奇跡が起きたとされている。神はエジプト人に災害をもたらし、たとえば、彼らを腫れ物で苦しめ、ナイル川の水を血に変えた。神はまた、紅海の水を二つに分けて道を作り、イスラエル人たちが通り抜けることができるようにした。これらの奇跡によって、神は自らの力を人々に見せ、そして、自分はイスラエルの祖と呼ばれた三人との契約を守るのだということを示した。

イスラエル人をエジプトから脱出させ、カナンへと連れて帰る途中で、神は彼らをシナイ山（ホレブ山とも呼ばれる）へと導いた。モーセはシナイ山に登り、神と話をした。そして、神とイスラエル人との間に、新しい契約が成立したのだった。この新しい契約は、

神がアブラハムに、息子イサクを生贄に差し出すようにと求めたとき、アブラハムの忠誠心が試された。しかし、この18世紀の絵画に描かれているように、最後の瞬間、神はアブラハムを止めるために天使を送ったとされる。

ヘブライ語聖書

ヘブライ語聖書とは、つまり、ユダヤ教の聖書のことであり、ユダヤ人にとっての聖典である。その大半はヘブライ語で書かれており、紀元前1000年頃から約1000年にわたって編纂された。書かれている順番や内容に多少の違いはあるものの、これとほぼ同じものが、キリスト教では旧約聖書と呼ばれている。

ユダヤ教では伝統的に、聖書を3つの部分に分ける。そのうちの最初の部分は「律法（トーラー）」（あるいは「モーセ五書」）と呼ばれ、神による世界創造と、神とイスラエル人との契約が記録されており、その中にはイスラエル人に課された戒律も含まれている。以前は、トーラーは、モーセが神から授かったものだと見なされていたが、現代の学者は、多くの人々が数世紀にわたって書いたものであると考えている。

ヘブライ語聖書の2つ目の部分は「預言者」といい、イスラエルの歴史が書かれている。イスラエル人がカナンに到着したところから始まり、都と神殿が破壊されて人々がイスラエルから追い出されるという、国の崩壊までが描かれる。預言者による文章も、この箇所に含まれている。

最後の部分は「諸書」と呼ばれ、後の時代のさまざまな文献が集められている。

172 神とイスラエル人の契約

神がイスラエル人を救うと約束したことを思い出させるものであった。そしてまた、神がシナイ山でモーセに与えた戒律を守れば、イスラエル人が神の「宝」となることを約束するものでもあった。

トーラーによると、雲と火で隠されたシナイ山の山頂から、神はこの戒律を直接告げたとされる。イスラエルの人々は皆、それを山のふもとで聞いていた。伝承では、この戒律を神が自ら2枚の石板に刻んだとされている。そしてその石板を持って、モーセがシナイ山から降りてきたと言われている（ただしトーラーにはこの部分は明記されていない）。ところが、モーセが山頂にいる間に、イスラエル人たちは黄金の子牛の像を作って、その像を神として崇拝していた。それを見たモーセは、怒って石板を壊してしまう。その後モーセは再びシナイ山に入り、新しい石板を手に入れてくる。その石板は「契約の箱」と呼ばれる金で覆われた木箱に収められた。この箱には担ぎ棒が取り付けられていて、イスラエル人がカナンに運んでいけるようになっていた。

戒律

シナイの契約の中で最も有名な戒律は「十戒」である。十戒は、イスラエルの民と神との契約の根幹をなす規則であり、他の宗教の神々を崇めることや偶像崇拝を禁じ、毎週安息日を守ることを定め、更にいくつかの特定の行為（殺人や姦通など）を禁じている。

トーラーには、十戒の他にも多くの法が含まれる。それらはすべて、シナイ山やその他の場所で、神がモーセを通してイスラエル人に示したものであるとされており、神との契約の一部にもなっている。タルムード（ラビによるユダヤ教の法の解釈）に示されたある計算によると、トーラーには全部で613の戒律が存在するという。それらの戒律は、カナンにおけるイスラエル人の生活のさまざまな面についての規則である。中には民法と呼べるようなものもあり、政府制度に関する記述、財産争いについての規制、殺人や窃盗といった事件をどう扱うかの指針などが見られる。他には、神への礼拝を行う神聖な場所を建設する際の決まりや、世襲の司祭によって執り行われるべき供儀に関する規則などもある。更には、イスラエル人の私生活についての項目もあり、何を食べていいか、誰と結婚していいか、といった点から、仲間に対する公平で寛容な接し方に至るまで指示が出されている。全体として、この戒律は、当時の基準に照らして公正だと言える社会、そして神への

> カナンのすべての土地を、あなたとその子孫に、永久の所有地として与える。わたしは彼らの神となる。
> 『創世記』17章8節

イスラエル人がエジプトを脱出した際、神は彼らを守り、食べ物を与えた。15世紀の作品「マナの収集」に、その様子が描かれている。

ユダヤ教　173

崇拝において独自性を持つ社会を築くことを目的としたものであった。

トーラーの最終巻である『申命記』には、神とイスラエル人との間で結ばれた三番目の契約が記されている。この契約は、イスラエル人がカナンにたどり着く前に、モアブという土地（現在のヨルダン）で結ばれたものだとされる。『申命記』によれば、この追加の契約をイスラエルの人々と結ぶことは、神がモーセに命じたのだという。このモアブでの演説は、約束の地カナンにたどり着く前に命を落とすことになるモーセの最後の演説となった。モーセは、イスラエル人に対して、神がイスラエルを救済したことを思い出すようにと述べ、シナイで神が彼に与えた戒律を再度繰り返した。更にモーセは、イスラエル人がその戒律に従えば、神が彼らに祝福を与えることを約束し、逆に従わない場合には災いが与えられると警告した。モアブの契約は、神と神の与えた戒律に対して、イスラエル人が忠実であることを再確認するものであった。

契約の実践

伝統的なユダヤ人は、トーラーの戒律は永遠に拘束力を持つものだと考えている。しかし、トーラーの戒律の解釈に関しては、何世紀にもわたる議論が行われており、実際には多くの戒律がもはや守られていない状況にある。たとえば、王の統治に関する法は、紀元前6世紀にユダ王国が崩壊したために適用できなくなった。また、動物の生贄を捧げる儀礼（供儀）は、ローマ人が西暦70年にエルサレムの神殿を破壊して以来、主流派のユダヤ人の間では行われていない。加えて、トーラーの法には農業に関係するものも多く、それらはイスラエルにおいてのみ効力を持つものと見なされる。現在、ユダヤ人は、戒律とその解釈をめぐって、さまざまな意見を持っている。伝統的なユダヤ人は、安息日や祭礼や食事（ある種の肉を避けることや、肉と乳製品を同時に食べないこと）に関する規則やその他の戒律を守る。しかし現在では、多くのユダヤ人にとって重要な法は、隣人への愛や他の人々への正しい接し方についての法のみである。進歩的なユダヤ人は、ラビであり法律学者であったヒレル・ザ・エルダーの黄金律「あなたがされて嫌なことを、隣人にしてはならない。それがトーラーのすべてであって、残りはその説明でしかない」を引用することが多い。

土地に関する約束

アブラハムとの契約において、神は、アブラハムらイスラエルの祖の子孫に、カナンの地を、奪われることのない贈り物として与えた。しかし聖書の至る所に、イスラエル人は、戒律を守るという条件のもとに、その土地を所

安息日にロウソクに火を灯す、といったユダヤ教の儀礼は、ユダヤ人に、契約によって神と結び付いていることを思い出させる。

有できるのだと書かれている。最終的にイスラエル人が敵に征服され、彼らの土地を追われることとなったのは、この条件に従わなかったためであると言われている。シナイとモアブの契約を、イスラエル人が破った場合に降りかかる災いの一つとして、追放が挙げられている。実際、そのような出来事が起こったために、これらの記述が行われたのだろうと、現代の学者の多くは考えている。

ノアは、ユダヤ教とキリスト教だけでなく、イスラム教においても重要な人物である。ノアと神との契約は、コーランでも言及されている。

ノアと神との契約

トーラーには、神とイスラエルとの契約に加えて、神とあらゆる生き物との契約についても書かれている。この生き物との契約を、神は、ノアとの間に結んだ。ノアの家族は、地上のほとんどの生物の命を奪った原初の洪水を生き延びた。この契約には、神は二度と洪水で世界を滅ぼすことはないと明記されている。ノアの後に現れた「イスラエルの祖」と呼ばれる人々と同様に、ノアは、彼の子孫がこの地上で繁栄することを約束された。神とノアの契約の証は虹で、その後は虹が出ると、神がノアたちの安全を約束したことが思い出されるようになった。後にユダヤ教では、この契約には、全人類が守るべき「ノアの七戒」が含まれていると考えられるようになる。その戒律とは、偶像崇拝、殺人、冒瀆、窃盗、性的不道徳（近親相姦など）、特定の肉を食べることを禁じ、裁判所を設立することを命じるものであった。

174　神とイスラエル人の契約

イスラエル人の神への忠誠心が、故国を追われ砂漠をさまよった40年の間に試された。「仮庵の祭り」は、この体験を記念するもので、砂漠の家に似せた壊れやすい小屋が建てられる。

しかし同時に、トーラーには、神がイスラエルの祖との契約を放棄することは決してないという記述もある。事実、国を追われている間にも、イスラエル人たちには悔い改める機会が与えられており、最終的に神は彼らを、彼らの土地に連れ帰っている。つまり神は、アブラハムとの契約を守ったのである。したがって、土地に関する約束は、条件付きではあるものの永遠に効力を持つものとされている。罪を犯すことでイスラエル人は一時的に土地を失うことがあるかもしれないが、その土地を取り戻す希望を失う必要はないと考えられている。

> 今、もしわたしの声に聞き従い、
> わたしとの契約を守るならば
> あなたたちは
> すべての民の間にあって
> わたしの宝となる。
> 『出エジプト記』19章5節

「選民」

神がなぜイスラエルの祖とその子孫たちを選んだのかについて、トーラーではほとんど説明がなされていない。しかし、神との契約関係によって、イスラエル人が他の民族にはない特権を与えられた立場にあるということは強調されている。聖書を書いた人々は、イスラエル人が他の民族よりももともと優れていると考えていたわけではない。むしろその反対で、イスラエル人は罪深く価値の低い民族として描かれている。それでも、イスラエル人が特別な立場の人々であるということは、聖書にはっきりと記されているのである。ユダヤ人が、自分たちの信仰する神は世界を司る唯一の神であると信じるようになるにつれて、その神に選ばれた民族という彼らの地位は、より重要性を持つものになっていった。

歴史を通じてユダヤ人は、なぜ神が自分たちを選んだのか、そして、選ばれたことによって自分たちはこの世界でどのような位置に置かれたのかを、理解しようと努めてきた。ある古い言い伝えでは、神がイスラエルを選んだのではなく、イスラエルが神を選んだのだという見方がなされている。この言い伝えによると、神は地上のあらゆる民族に戒律を提示したのだが、イスラエル以外の地域の民族は、負担が大き過ぎると考えて拒否したのだという。この説を信じるとすれば、イスラエル人が選民とされたのは、神が選んだためではなく、イスラエル人が自由意志によって選び取ったためだということになる。このように考えると、ユダヤ人は祖先の決断に責任を負わされている形になり、個人の選択の自由が否定されているようにも感じられる。

中世に起源を持つユダヤ教の神秘主義派の中には、別の見方をする人々もいる。彼らは、ユダヤ人の魂は創造のときに選ばれたのだという立場をとっており、したがって、ユダヤ人はもともと他の民族よりも優れていると考える。しかし、現代のユダヤ教の主な宗派(現代正統派、保守派、改革派)に属する著名な思想家たちは、ユダヤ人とそれ以外の民族とが本質的に異なるという考え方を一切認めない。現代のユダヤ教の思想家は、神との契約はユダヤ人に使命を課すものだと考える。その使命とは、神の意志に従って生き、神の真理を世界に伝えるというものである。更に、ユダヤ人だけが選ばれて使命を課されたのではないと主張する人々もいる。彼らは、他の民族もまた、別の使命を果たすべく、選ばれているはずだと考えている。また、進歩主義のユダヤ人の中には、「選民」という概念を拒絶する人々もいる。彼らは、「選民」という考え方自体が、他の民族よりも優れているということを前提とするものであり、民族中心主義を助長するものだと考える。

ユダヤ教 175

> ユダヤ人の歴史は、
> 神との契約への
> イスラエルの忠実さを軸として
> 展開している。
> **アブラハム・ヨシュア・ヘッシェル**
> （ポーランド生まれのアメリカ人ラビ）

契約への参加

伝統的なユダヤ教においては、神との契約は親から子供へ、母方の血筋によって伝えられると考えられている。したがって、母親がユダヤ人であれば子供もユダヤ人になることが決まっており、神の戒律に従うことが義務づけられる。この、生まれながらに与えられる「ユダヤ人」という立場は、決して奪われることがない。戒律に従わないユダヤ人は、神との契約に違反していることになるが、それでもユダヤ人という属性は失われない。また、もともとはユダヤ人でない人が、改宗することでユダヤ人になることも可能である。そのような場合、改宗希望者は、ラビの伝統の法に則って、ユダヤ教の戒律を受け入れ、水浴場で清めの儀礼を行う（男性であれば割礼を受ける）。それが完了すると、改宗者は、ユダヤ人としてのすべての権利を手に入れ、すべての義務を負うこととなる。

かつては、ユダヤ教に改宗するためには、厳しい規則を守ることが求められた。しかし現在では、ユダヤ教の進歩的な宗派においては、ユダヤ人になることについても規則の順守についても、個人の自主性がより尊重されるようになっている。アメリカの改革派ユダヤ教でも、イギリスの自由主義ユダヤ教でも、ユダヤ人の父親と非ユダヤ人の母親との間に生まれた子供が、自分自身をユダヤ人だと見なす場合には、正式の改宗儀礼を行わずにユダヤ人として受け入れている。

信条や実践にはさまざまな違いがあるものの、ユダヤ教のすべての宗派において、神との契約がその中核を貫いているという点は、今も変わらない。神との契約は、個々のユダヤ人がこの世界で果たすべき目的を示すものである。また、時を超えてすべてのユダヤ人を一つの民族としてまとめ上げ、ユダヤ人と神との結び付きを守り続けているのも、この契約なのである。■

個人がどのような形で契約に関わるかは、その人の信仰、あるいは両親によって決まる。ユダヤ教は積極的に改宗を勧めることはないが、献身的な人、誠意を見せる人を受け入れる。

- **母親がユダヤ人**で、父親が非ユダヤ人の場合は、必ず**ユダヤ人**となる。
- **父親**のみが**ユダヤ人**の場合、現代的な宗派の中には改宗の儀礼なしで**ユダヤ人と見なす**宗派もある。
- 両親がどちらも非ユダヤ人の場合、適切な儀礼を行うことで、ユダヤ教に**改宗**できる。

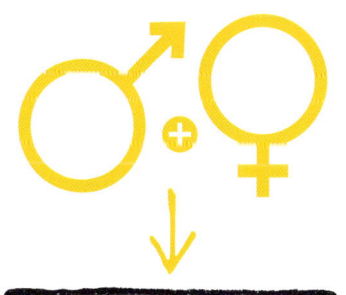

私のほかに神は存在しない

拝一神教から一神教へ

背景

主な文献
『第二イザヤ書』

時代と場所
紀元前540年頃、バビロンとユダヤ

前史
紀元前1400年～前1200年 預言者ゾロアスターが、最高の一神を信仰する新しい宗教を設立する。

紀元前1000年頃 聖書の『出エジプト記』に出てくる賛歌「海の歌」では、ヤハウェが神々の中で最高の位置にあると讃えられる。

紀元前622年頃 ユダ王国の王ヨシヤがヤハウェ以外の神々の崇拝を廃止する。

後史
紀元前20年頃～40年 アレキサンドリアのフィロンが、聖書に見られる唯一神という概念は、後のギリシャ哲学における神の概念を先取りするものだと論じる。

7世紀 預言者ムハンマドがイスラムの一神教的啓示を受け、アラブの部族的多神教が排される。

ヤハウェは**最も偉大な神**であり、その力は普遍的で永続的で最高のものである。

↓

彼は**全能**であるため、従者を必要としない。

↓

彼の望みに**反対できる者**はいない。

↓

彼の民であるイスラエル人を害するような**出来事**も、**彼が計画**したものである。

↓

この世界の「**善**」も「**悪**」も、**彼の計画**の一部である。

↓

ヤハウェのほかに神は存在しない。

最初期にユダヤ教の聖書の編纂に携わった人々は、多数の神々が存在すると考えていたようである。しかし彼らは、YHWH（ヤハウェ）という名前で記した神こそが最も偉大な神であり、イスラエル人はヤハウェのみを崇拝すべきだと主張した。その後、聖書が編まれている途中のいずれかの時点で、ユダヤ民族は拝一神教から一神教へと立場を変えたものと思われる。つまり、多数の神々の中から一神を崇拝するという考え方から、唯一の神しか存在しないのだという考え方へと移行したのである。

ヤハウェがすべての民族を司る

聖書を編纂した人々の見せた姿勢に加え、考古学的な証拠からも、イスラエルの人々が早い時期には複数の神々を崇拝していたことがうかがえる。ヤハウェの啓示を告げる預言者たち（聖書の多くの部分を書いた人々）は、そのような多神崇拝を激しく非難した。預言者たちがすべて、ヤハウェを唯一の神だと信じていたかどうかは定かではないが、彼らは少なくとも、ヤハウェが極めて大きな力を持ち、すべての民族を司る神であると信じていた。

紀元前722年にアッシリア人がイスラエル王国（イスラエル民族の北側の国）を征服し、イスラエル人を追放した。そしてその約130年後に、バビロニア人がユダ王国（イスラエル民族の南側の国）を征服した。古代の中東に

ユダヤ教

参照: 新しい社会のための信仰 56-57 ■ 善と悪の戦い 60-65 ■ 神とイスラエル人の契約 168-75 ■ 定義できないものを定義する 184-85 ■ 神の唯一性が必要 280-81

イスラエルの民は紀元前8世紀にアッシリア人に征服され、国を追われた。ニネヴェのセンナケリブ宮殿の浮き彫りに、その様子が描かれている。

おいては、通常、そのような征服は、勝った民族の神が負けた民族の神に勝利したと解釈された。そのため、ヤハウェが最も偉大な神であるという説に疑問が呈された形となった。しかし、預言者たちは、こうした出来事もすべてヤハウェの力によって引き起こされたものだと主張した。イスラエル人がヤハウェとの契約を守らなかったために、他の民族を使って災いをもたらしたのだと、預言者たちは説明した（168〜175ページ参照）。

ヤハウェ以外に神はいない

紀元前538年、ペルシアの国王である大キュロスがバビロニアを征服し、彼の命令によってユダヤ人はバビロン捕囚から解放され、故国へと戻った（当時ペルシアではゾロアスター教が信者を集めていた）。

ちょうどこの頃、聖書の『第二イザヤ書』に、明確に一神教であることを示す文章が現れる。ヤハウェが単独で世界を創造し、支配するのだという内容がはっきりと書かれている。イスラエルを再び建て直すことができたのは、ヤハウェが歴史を支配していることの証であり、その支配は、個人の行為から極めて大規模な事柄にまで及ぶとされる。ヤハウェは王たちの行動を決定し、同時に、羊飼いが羊の群れを導くかのごとく、彼の民を救済へと導くのである。

悪の問題

一神教には「悪の問題」が付きまとう。その問題とは、聖書において述べられているように、公平で慈悲深い神が一人だけ存在するのだとしたら、その神はなぜ正しい人々が苦しむような世界を創り上げたのか、というものである。この問題は、聖書の『ヨブ記』においても取り上げられており、正しい人がひどい不幸に見舞われるのを、なぜ神は許容するのかという疑問が提起される。聖書の中で神が見せる反応から、この疑問に対する正しい答えは存在しないという結論を導き出すことができるだろう。神による世界の支配は、人知の及ばないものなのだ。■

『第二イザヤ書』

聖書の『イザヤ書』は、紀元前8世紀後半から紀元前7世紀初頭にかけて活動した預言者イザヤによって書かれたとされている。しかし、『イザヤ書』の後半には紀元前6世紀の出来事が書かれている。ユダヤ人のバビロン捕囚からの帰還を扱っているこの部分を、現代の学者は『第二イザヤ書』と呼び、6世紀の編者（一人または複数）によって編まれたものと考えている。

『第二イザヤ書』は『第一イザヤ書』に書かれた言葉や内容を繰り返しているものの、同時に、明確な一神信仰といった新しい思想や主題を導入している。また、それ以前の預言者による文献と同様に、祖国滅亡をイスラエル人の罪に対する罰であったと解釈している。しかし、イスラエルの人々が最終的にヤハウェのみを信じるようになったとき、その罰は終わり、永遠に続く栄光を授けられるだろうと、『第二イザヤ書』には書かれている。

多くの学者は、『イザヤ書』の最後の部分はこれよりも後に書かれたもので、『第三イザヤ書』と呼ぶべきものであると考えている。

> わたしの前に神は造られず、わたしの後にも存在しない。
> **『イザヤ書』43章10節**

メシアが
イスラエルを救う
新しい時代の約束

背景

主な文献
死海文書

時代と場所
紀元前150年頃～68年、パレスティナ

前史
紀元前1005年頃～前965年 王ダビデがメシア(「聖油を注がれた者」)としてイスラエルを統治する。

紀元前586年 バビロニア人がユダ王国を征服してユダヤ人を追い出したことで、ダビデ王朝が終わる。

後史
1世紀 イエスがメシアであると言われる。

2世紀 シメオン・バルコフバがメシアであると言われる。

20世紀 ハシディズムの一派の指導者メナヘム・メンデル・シュニアスンが、ユダヤ教の教えを守ることがメシアの出現につながると述べる。彼自身もメシアとして信奉者に崇められる。

記録された歴史においては、イスラエル人は、ほとんどの時期に王を戴いていた。イスラエルには「塗油式」と呼ばれる戴冠式にも似た儀式があり、国王の頭に油が注がれ、神がその王を統治者として選んだ証とされた。そのような統治者は「メシア」(ヘブライ語で「聖油を注がれた者」という意味)と呼ばれた。もともとメシアという語は、聖油を注がれたすべての統治者を指すものであったが、後にその意味が特化される。すなわちメシアとは、将来現れる指導者で、イスラエルを敵から守り、黄金時代(メシアの時代)をもたらす者であるとされた。メシアの時代とはどのような時代であるのかについて、ユダヤ教では昔からさまざまな推測が行われてきたが、それはおそらく、地上に兄弟

参照: 神とイスラエル人の契約 168-75 ■ 信仰と国家 189
■ 近代の政治的シオニズムの起源 196-97

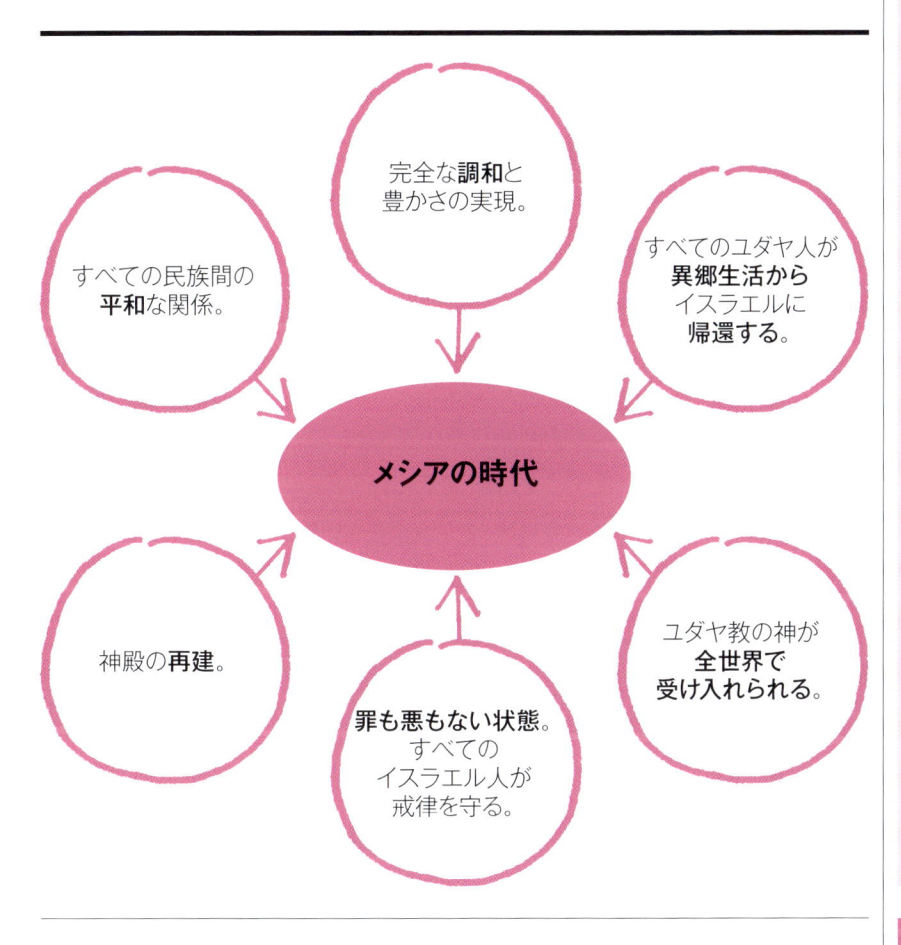

ユダヤ教 179

メシアの時代

- 完全な調和と豊かさの実現。
- すべての民族間の平和な関係。
- すべてのユダヤ人が**異郷生活から**イスラエルに**帰還する**。
- 神殿の**再建**。
- 罪も悪もない状態。すべてのイスラエル人が戒律を守る。
- ユダヤ教の神が**全世界で受け入れられる**。

愛と栄光とが溢れる時代になるだろうという点では、大方の意見が一致している。そのような世界では、思いやりと奇跡が至る所で見られ、剣は打ち直されて鋤の刃に変えられ、狼が子羊と共に暮らすだろうと、人々は考えた。

メシアとは、(神と特別なつながりを持った)人間の統治者だろうと考える人々もいれば、天地創造以前にメシアの役割を割り当てられた天上の存在だろうと推測する人々もいた。メシアの時代に関しても同様に、この世界の通常の歴史の一部であろうと考える人々もいれば、神が直接この世界を統治する奇跡の時代のことだろうと想像する人々もいた。

メシアはダビデの子孫

イスラエル・ユダ連合王国の初期の王の一人であるダビデは、紀元前1005年から紀元前965年頃に王位に就いていた。聖書によると、ダビデはイスラエルの人々をまとめ上げる手腕にたけており、ペリシテ人の攻撃を退けて国を守ることにも力を発揮したという。聖書には、ダビデは神に愛された人間で、神はダビデを自らの「息子」と呼んでいたと書かれている。そのため、神はダビデと契約を結び、ダビデの子孫が永遠にイスラエルを統治することを約束した。

しかしバビロニア人が紀元前586年にユダ王国を征服し、そこに住んでいた人々の大半を国外に追い出し、神殿を破壊したことで、ダビデの王朝は終

イスラエル人とユダヤ人

アブラハムの息子イサクは、エサウとヤコブという二人の息子の父となった。そして、聖書によると、神がヤコブの名前を「イスラエル」に変えたという。ヤコブの12人の息子から、イスラエルの12の民族が生まれ、彼らは現在のイスラエルとほぼ同じ土地に住んだ。紀元前10世紀後期に、イスラエル人は2つの王国へと分裂し、南側はユダ王国、北側はイスラエル王国と呼ばれた。イスラエル王国は紀元前722年にアッシリア人によって、ユダ王国は紀元前586年にバビロニア人によって征服されて崩壊した。しかし、ユダ王国の人々は、独自の宗教を持つ独特な民族として団結を失わず、このときから「ユダヤ人」と呼ばれるようになり、彼らの宗教も「ユダヤ教」と呼ばれるようになった。もっとも、彼ら自身は自らをユダヤ人ではなくイスラエル人と呼んでいた。

> 彼らは剣を打ち直して鋤とし槍を打ち直して鎌とする。国は国に向かって剣を上げずもはや戦うことを学ばない。
> 『イザヤ書』2章4節

新しい時代の約束

わりを迎えた。王国が崩壊したことは、神がダビデとの契約を破ったことの表れだと解釈されるかもしれない。しかし、ユダ王国の人々は、神との契約を信じ続けた。彼らは、いつの日か、ダビデの子孫が再びイスラエルを統治するという希望を捨てなかった。その統治者こそが、神に選ばれたメシアなのである。

預言

ユダ王国の終焉以前に、すでに、「ダビデの子孫が王となり、2つの王国を1つにまとめ、敵を打ち負かす」と預言した人々がいた。こういった預言はさまざまな時代に行われ、特定の王の名前を挙げる預言者もいたが、後の世代の人々は、これらの預言はすべてメシアのことを言っているのだと解釈した。バビロニアによる征服を受けた後、ある預言者たちが「イスラエルの人々は最終的に故国に戻り、神殿を再建する」と述べた。中には「世界の人々は、いずれ、イスラエルの神こそが真の神だと気づき、その神を崇めるためにエルサレムを訪れる」と預言した人々もいた。しかし、これらの輝かしい未来を実現するためには条件があった。預言者たちは、イスラエルが災難に襲われたのは、イスラエル人とその指導者が罪を犯したことで神の罰が下ったためだと信じており、イスラエルが悔い改めた場合にのみ、将来の再建が可能になるだろうと述べた。

他民族による支配

ペルシアの王である大キュロスが、バビロニア人を倒し、多くのユダヤ人が故国に戻り神殿を建て直すことを許したとき、預言の一部が現実のものとなった。事実、大キュロスは聖書の中で「神のメシア」と呼ばれている。しかし、故国に戻ったユダヤ人を待ち受けていたのは、他民族による支配であった。彼らは長期間にわたって、ギリシャやローマ帝国といった勢力の支配を受けることとなる。その間、彼らは再び聖書の預言を心の支えとし、メシアの出現と国家の再建を待ち望むようになった。

ユダヤ人の信じた預言は、善と悪との大きな戦いが起こり、神が勝利し、罪人たちが罰せられるというものであった。この時期に、ユダヤ人は、死海文書を始めとする終末に関する記述を残している。そこには、善と悪との戦いについて、また、その際に起きる災いや試練について、詳しい描写が見られる。洪水や地震が起こり、太陽と月が闇に隠れ、星が空から落ちるとされるが、それらはすべて、メシアが現れる前兆と見なされる。こういった一連の災いは「メシアの生みの苦しみ」と呼ばれるようになった。これらは確かに苦難をもたらすものであるが、その次に来るメシアの時代を、人々は待ちわびていたのである。メシアの時代が来れば、地上から悪が追い払われ、帝国による圧政が一掃され、混乱や犯罪の存在しない世界が実現されると信じられていた。

メシアの出現

長い歴史の中で、時折、この人がメシアなのではないかと言われる人物が現れることがある。ナザレのイエスもその一人であった。イエスの信奉者たちは、彼のことを「キリスト」（「メシア」を意味するギリシャ語）と呼んだ。イエスがローマ人によって殺された後

> わたしの僕（しもべ）ダビデは
> 彼らの王となり、
> 一人の牧者が
> 彼らすべての牧者となる。
> 彼らはわたしの裁きに従って歩み、
> わたしの掟を守り行う。
> 『エゼキエル書』37章24節

死海文書の半分近くは聖書の内容であった。その大部分は、ヘブライ語、アラム語、ギリシャ語、ナバテア語で羊皮紙に書かれていた。

死海文書

1947年、あるベドウィン人のヤギ飼いが、死海北西岸のクムランにある洞窟の中に、巻物が隠されているのを発見した。その巻物は、古代ユダヤ教の宗派であるエッセネ派の書物であると考えられている。西暦66年から70年に、ユダヤ人がローマ帝国に対する反乱を起こした際に、逃げてきたエッセネ派の人々がここに隠したとされる。エッセネ派は、当時、エルサレムの神殿を中心としてできあがっていた宗教組織に従わず、独自のコミュニティを作り上げて砂漠で暮らしていた。彼らはそこで終末のときが来て、メシアの時代が始まるのを待っていた。そのときが来れば、自分たちだけが救われ、新しく汚れのない神殿や聖職者が重んじられる世界が訪れると信じていたようである。死海文書には、現存するヘブライ語聖書の写本の中で最初期のものが含まれており、また、それ以降のユダヤ教関係の文献も大量に見つかった。これらは、この時期のユダヤ教の思想を理解する上で、大いに役に立つものである。

ユダヤ教

ユダヤ人思想家の中には、異郷の地へと追われたユダヤ人が故郷に戻ることと、エルサレムの再建とが、メシア出現の前触れとなる2つの重要な出来事だと主張する人々もいる。

も、イエスの信奉者たち（「キリスト教徒」と呼ばれるようになる）は、イエスこそがメシアであったと信じていたが、多くのユダヤ人はこの主張を認めなかった。

シメオン・バルコフバもまた、メシアではないかと言われた人物である。彼は、132年にローマの支配に対する反乱を指揮した。しかし彼の反乱は完全な失敗に終わり、結果としてユダヤ人はエルサレムとその周辺に住むことができなくなってしまう。生き残ったユダヤ人はローマ帝国全土に散り散りになり、多くは奴隷として売られた。

ローマ帝国の支配に対する反乱に何度も失敗し、また、ユダヤ人の信仰の中心地であるエルサレムを再び失ったことで、バビロン捕囚の頃に行われた預言が再び注目を集めるようになっていった。

復活と死後の世界

メシアの時代とは、もともとは民族の建て直しを意味しており、イスラエルが力を取り戻し、イスラエルを征服していた民族が滅ぶときであるとされていた。しかし後に、メシアの時代とは裁きのときだと解釈されるようになり、生者も死者も、すべての人々が裁かれ、善人は報われ、悪人は罰せられるのだと信じられるようになった。

ヘブライ語聖書には、死後のことに関してはほとんど何も書かれていない。聖書の最初期の編纂者の多くは、古くからの信仰を保持していて、死者は黄泉の国で暮らすものだと信じていた。しかしその詳細については、ほとんど書き残さなかった。後に多くのユダヤ人は、人間の最終的な運命は、生きているときの行い次第であると考えるようになる。善人は天国で生き続けることができるが、悪人は地獄で苦しみを味わうことになると言う人々が現れた。また別の人々は、メシアの時代とは最後の審判を指すもので、死者が よみがえるときであると主張した。これらの考え方は、ユダヤ人の信仰として後の世代にも引き継がれ、メシアの時代と死後の世界とをまとめて「来世」と呼ぶようになった。

今日のユダヤのメシア信仰

ユダヤ教の正統派においては、メシアによる救済の約束が、今も信仰の中核となっている。すべてのユダヤ人が神を崇拝し、神の示した戒律に従えば、メシアの出現時期が早まるだろうと、多くの指導者が述べている。しかしそもそも、メシアという概念は、ユダヤ人が抑圧されていた時代に彼らの心を捉えたものである。現在の世界においては多くの場合、ユダヤ人は比較的自由な状況に置かれており、ユダヤ民族を建て直さなくてはならないという強い思いは薄れてきている。特に改革派においては、メシアの王が現れ、ユダヤ人が故郷へ戻り、神殿を建て直すという考え方自体がすでに否定されている。そのような時代の変化に伴って、近年、メシア信仰そのものが見直されつつある。現在のユダヤ教におけるメシア信仰とは、人類（特にユダヤ人）は、正しい行いによって、より良い未来を手にすることができるという考え方である。この新しい解釈のメシア信仰が、現在のユダヤ教の全宗派において信仰の中核となっている。■

> 将来メシア王、人の子がたち、ダビデの王朝を古代さながらに建て直すであろう。
> **モーゼス・マイモニデス**

宗教の戒律は日常生活にも適用できる
口伝律法の文書化

背景

主な文献
タルムード

時代と場所
2〜5世紀、パレスティナとバビロニア

前史
紀元前140年〜70年 ファリサイ派が口伝律法を信仰に取り入れる。

2世紀 ローマ帝国の支配に対する反乱が続く中で、多くのイェシバ（トーラーを学ぶ学校）が破壊される。ラビが口伝律法を記録し始める。

後史
11世紀 ラビのシュロモ・ベン・イツハク（ラシ）が、タルムードの注釈書を作り、後に印刷版で広く読まれるようになる。

1170年頃〜1180年 ユダヤ人哲学者マイモニデスが『ミシュネー・トーラー』（トーラーの戒律に関する解説と考察の書）を著す。

タルムードの各ページには、**ミシュナ**（ヘブライ語での口伝律法の記録）が記されている。
↓
ミシュナの**周りにゲマラ**（ミシュナの説明と議論）が置かれている。
↓
ミシュナとゲマラの**周りには**、後の時代の人々の文章や注釈が**置かれている。**
↓
タルムードは、**議論のための書である。**
↓
その議論が読み手を**真理の中核**へと導く。

ユダヤ教では、神がモーセに戒律と教えを授け、モーセがそれをイスラエルの人々に伝えたと言われている（168〜175ページ参照）。その戒律と教えの大部分は、ヘブライ語聖書の最初の5冊（トーラーと呼ばれる）に記録されている。しかし、ユダヤ人の中には、モーセがそれ以外にも神から教えを受けたと信じている人々がおり（モーセがその教えをユダヤ人共同体の指導者たちに口頭で伝え、その後、代々伝えられたとされている）、ユダヤ教ではそれを「口伝律法」と呼んでいる。口伝律法には、聖書の戒律の詳細や解釈が含まれている。

2世紀に、ユダヤ教のラビ（「学者」、「指導者」を意味する）たちが、口伝律法を記録する作業に着手した。その結果、大量の新しい文献が生まれ、その多くはタルムードと呼ばれる書籍としてまとめられた。厳格なユダヤ教徒にとっては、このタルムードは、聖書に次いで重要で権威を持った聖典とされている。

口伝律法が重要視される理由の一つは、聖書の戒律が、多くの場合曖昧であるということだ。たとえば、聖書では安息日に働くことが禁止されているが、どのような種類の労働が禁じられるのかについての説明はなされていない。タルムードには、39種類の活動（大工仕事、料理、文章を書くことなど）を禁じると明記されており、聖書の曖昧さが解決されている。

ユダヤ教 183

参照: 神とイスラエル人の契約 168-75 ■ 進歩主義ユダヤ教 190-95 ■ 調和のとれた人生への道 272-75

タルムードの主たる目的は、前の世代の最も優れた知性を持つ人々によるユダヤ教の伝統の分析を記録することであり、若い研究者に彼ら自身の真理を見出すように促すことである。

タルムードには、モーセに授けられた戒律に加えて、ラビたちの間で起きた解釈をめぐる議論が記録されている。戒律を解釈する権限はモーセからラビへと受け継がれているため、このような議論も口伝律法の一部であると見なされる。

タルムードのページは、この議論を伝えることを意図して構成されている。タルムードの中で最初に書かれた部分であるミシュナ(口承された戒律を記録した部分)の周りにゲマラ(ラビたちによる議論)が配置されており、タルムードを読むことで、ラビたちが行った一連の議論を知ることができるようになっている。

タルムードの受容

口伝律法という概念は、すべてのユダヤ人に受け入れられているわけではない。タルムードが書かれる以前に、口伝律法に含まれる教義は、ファリサイ派と呼ばれるユダヤ教の一派によって、すでに広められていた。しかしカライ派とサドカイ派が、その教義を否定していた。カライ派はバグダードで8世紀頃に生まれた一派で、現在に至るまで続いている(サドカイ派は現存していない)。カライ派は、独自の聖書の解釈を行っており、聖書に書かれた内容以外の教えをモーセが授けられたとは考えていない。しかし、ユダヤ教の他の宗派は、タルムードを聖典として受け入れており、正統派ユダヤ教では、今も、タルムードの起源は、神からモーセに与えられた口伝律法であると信じられている。とはいえ、現代のユダヤ人の多くは、タルムードの起源がモーセまでさかのぼれるとは思っていない。彼らは、タルムードは生きた伝統の一部であると考えており、あらゆる世代のためにユダヤの戒律を保存し解釈してくれるものであり、また、神学的な議論を促してくれるものであると捉えている。■

タルムードの2つの版

タルムードは、数百年の間、何千人ものラビによって書かれた文献を集めたもので、戒律や伝承の内容ごとに6部構成になっており、それが更に細かい章に分けられている。タルムードには2つの版がある。1つは4世紀にイスラエルで編纂されたエルサレム・タルムードで、もう1つは500年頃にバビロニア(現在のイラク)で編纂されたバビロニア・タルムードである。

この2つの版には類似点が多いが、通常、6000ページ以上に及ぶバビロニア・タルムードの方が権威があると見なされ、ユダヤ教の学者によって用いられることが多い。エルサレム・タルムードは、イスラエルにおけるユダヤ人への迫害のために未完のままであり、それゆえ、バビロニア・タルムードよりも遥かに短く曖昧である。

> モーセはシナイでトーラーを授かり、それをヨシュアに伝えた。ヨシュアはそれを長老たちに伝え、長老は預言者へ、そして預言者が大集会に集まった人々に、それを伝えた。
> **ピルケー・アボード**

神は実体を持たず、不可分で、唯一無二の存在である

定義できないものを定義する

背景

主な思想家
モーゼス・マイモニデス

時代と場所
12世紀、北アフリカ

前史
紀元前30年～50年 ユダヤ人哲学者フィロンが、ギリシャ哲学の用語を用いて、アリストテレス派とは別の形で、聖書の神について論じる。

933年 ラビ・サアディア・ガオンが、『宗教的信仰と知的確信』において、神は唯一の存在であるという主張を行う。

後史
13世紀 無限で単一のものである神性が、創造と10種のセフィーロートの流出という形で具現化されたと、ユダヤ教神秘主義の文献ゾーハルが論じる。

1730年頃 ラビ・モーシェ・ハイム・ルッツァットが、『神の道』において、神はすべての完全性を備えており、その完全性は神の中に一つの本質として存在するのだと論じる。

聖書が編纂されて以来、唯一の神の信仰が、ユダヤ教の主たる特色となった。しかし、神の「一」なる性格は、さまざまな形で理解され得る。数多くの神聖な存在の中で、神が最も偉大であるという解釈も可能であろうし、いくつかの要素で構成された単一の存在が神であるという解釈も可能であろう。中世には、イスラム教徒の影響力の強い地域に住むユダヤ人哲学者の多くが、このようなさまざまな解釈を排し、神の唯一性の正しい理解を示そうと努力していた。

その中で、特に影響力を持った哲学者の一人に、モーゼス・マイモニデスがいた。彼は、ユダヤ教の一神教という教義を、古代ギリシャ哲学で用いられた「神は単一の存在である」という

- 神は、我々が説明できるような**物質的・精神的特性は持たない**。なぜなら、神は不可分の存在であり、神性以外の属性を持ち得ないからだ。
- 神は**全能**である。なぜなら、神の支配が及ばないものは存在しないからだ。

↓ ↓

- 神の**単一性と本質**は、我々の理解できるどのようなものとも異なる。

↑ ↑

- 神は**無限**である。なぜなら、我々は神の存在と力の限界を想像できないからだ。
- 神は**永遠**である。なぜなら、我々は神が存在しない時代を想像できないからだ。

ユダヤ教 185

参照：拝一神教から一神教へ 176-77 ■ 神は人の中に現れる 188 ■ 神の唯一性が必要 280-81

学説を援用して説明した。つまり、神は複数の構成要素や特性を持つものではない、ということである。

マイモニデスによると、神の唯一性は、他のどのようなものの唯一性とも異なるとされる。神は、ただ一つの、独自性を持つ不可分の存在であって、人間が理解して説明することなどできない。したがって、特定の属性を当てはめることも不可能だとされている。

神は分類され得ない

神はどのような種にも属していないと、マイモニデスは言う。神は、何らかの特徴を共有する集団の一員ではない。たとえば、3人の男性がいる場合、彼らは別々の個人であるが、「男性」という性別を共有しているため、「男性」という集団に属していると見なされる。それに対して神は、一切の特性を持たないため、どのような集団にも（神聖な存在の集団にも）所属し得ないのである。

神の唯一性は、部分に分けることのできる物体的単一性とも異なる。神は、分割可能な物質ではない。マイモニデスは更に、神は概念の上でも不可分であるとした。つまり、（アリストテレスが神を定義する際に行ったように）

マイモニデスによると、神は何よりも先に存在し、すべてのものを創造したとされる。神の存在は他の何物にも依存しないが、神以外のものはすべて、神がいなくては存在できない。

> 神は2つ以上のものではない。いかなる被創造物よりも一層単一なただ1つの存在である。
> **マイモニデス**

何らかの属性を神に持たせることはできないということである。なぜなら、属性を持っていると考えた場合、神は「本質」と「属性」とに分けられることになってしまうからだ。たとえば、神が「永遠」であるとすると、神は「神」と「神の永遠性」という2つの概念に分けられることになる。

マイモニデスの示した、神はいかなる属性も持たないという思想は、「否定神学」と呼ばれる学派で生まれた。彼らは、肯定的な表現で神の特徴を説明しようとするのは間違っていると考える。肯定的表現を使う場合、人間の言語には限界があるので、我々は「神は永遠である」という言い方をする。しかし、厳密に言えば、我々が断言できるのは「神は永遠でないとは言えない」という点だけであり、それ以上の神の本質は、我々の理解の及ばないものなのだ。マイモニデスは、ユダヤ教の基盤となる13の原理の中に、神の唯一性という教義を記した。その13の原理には、ほかに、神の永遠性、トーラーの神による起源などが含まれている。これらの原理を多くの人がユダヤ教の基本的信条としている。■

モーゼス・マイモニデス

モーゼス・マイモニデス（ラムバムとも呼ばれる）は、スペインのコルドバのユダヤ人の家庭に、1135年に生まれた。彼は、子供時代に異文化の影響を大いに受けている。彼はヘブライ語とアラビア語の教育を受け、ラビであり裁判官であった父親からユダヤ法（イスラム教が支配的だったスペインでの適用）について教えられた。1148年にベルベル人のアルモアデ朝が政権を握ると、マイモニデスの家族はスペインを離れた。彼らは10年間、居を定めずに転々とした後、まずはフェズ（現在のモロッコ）で、それからカイロで暮らした。マイモニデスは、家庭の経済的事情により、医者として働くようになった。働き始めてほんの数年後に王家から指名が来るほどの名医であったという。ラビとして、また、裁判官としても働いたが、これは仕事としてお金をもらうべきものではないと、彼は考えていた。1191年、カイロのユダヤ人社会の長となった。1204年に没した後、マイモニデスの墓は、ユダヤ人の巡礼の地となった。

主著

1168年 『ミシュナー注解』
1168～78年 『ミシュネー・トーラー』
1190年 『迷える人々の導き』

神と人類は宇宙をさまよっている

神秘主義とカバラー

背景

主要人物
イツハク・ルーリア

時代と場所
16世紀、パレスティナ

前史
紀元前1200年〜 人間が道徳的に正しい行為を行うことで、宇宙規模での善と悪との戦いにおいて善を後押しすることができると、ゾロアスター教徒は信じる。

10〜15世紀 中世ヨーロッパにおいて、キリスト教神秘主義が開花する。

後史
18世紀 ヨーロッパでハスカラー（ユダヤ啓蒙運動）が起こり、神秘主義を退ける。イツハク・ルーリアのカバラーの解釈に基づいて、イスラエル・ベン・エリゼルがウクライナでユダヤ教ハシディズム派を設立する。

1980年代 ロサンゼルスのカバラーセンターにおいて、ユダヤ教神秘主義に基づいた教えが示され、著名人の信奉者が集まる。

ユダヤ教の教典には、ヘブライ語聖書（171ページ参照）とタルムード（ラビによる注釈をまとめたもの）に加えて、カバラーと呼ばれる神秘主義に関する文献がある。カバラーの内容は、もともとは口承で伝えられていたが、13世紀後期にスペインで『ゾーハル』（『光輝の書』）に記録された。1490年代にイベリアを追われ、異郷の地での生活を強いられていたユダヤ人（特にパレスティナのツファトの学者たち）にとって、この『ゾーハル』とカバラーに見られるような神秘主義的な思想は、重要な意味を持っていた。その学者たちの中に、イツハク・ルーリアという指導者がいたが、彼の『ゾーハル』の解釈における天地創造の説明は非常に独特で、異郷生活を送るユダヤ人がその生活の中で活かすことのできるものであった。ルーリアは善と悪の説明を行い、救済がどのように起きるのかを述べた。

ルーリアの解釈によると、創造の前に存在したのは神のみであった。世界を創るために、神はまず空間を創ったが、その際、神は自らを収縮させた（ツィムツーム）という。もともとは無限である神が、自らをそのような小さな状態に閉じ込めるという行為は、創造のために、ある種の追放を自らに課したものだと解釈される。神の聖なる光が、創られたばかりの空間に流れ出し、それは10種のセフィーロート（神から流出する神性）となった。アダム・カドモン（「原人間」）が、そのセフィーロートを収めるための器を作ったが、その器は聖なる光を入れておくには弱すぎて、上の3つには傷が付き、下の7つは完全に壊れてしまった。そのため、聖なる光が溢れ出て四方八方へと散っていった。このように器が壊れたこと（「シュヴィーラート・ハ・ケリーム」、「シュヴィーラー」と呼ばれる）で、創造に乱れが生じてしまい、宇宙は創造を支持する勢力と創造に抵抗する勢力に分裂した。それがすなわち、善と悪であり、上界と下界である。

この壊れた容器は直すことができると、ルーリアは説明する。そのためには、神の光の「聖なる輝き」を、それにしがみついている下界の悪の勢力から取り戻すこと、そしてその輝きをも

エルサレムにて、贖罪の祈り（スリホート）を捧げるユダヤ人男性たち。カバラーによると、戒律を守ることでユダヤ人は救われ、故郷に帰還できるとされる。

参照: 新しい時代の約束 178-81 ■ 神は人の中に現れる 188
■ スーフィズムと神秘主義 282-83

ユダヤ教 **187**

イツハク・ルーリア

イツハク・ベン・シュロモー・ルーリア・アシュケナジは、1534年にエルサレムに生まれた。ドイツ人であった父親は、イツハクが子供のときに死去したため、彼は母親と共に、母親の兄弟のいるエジプトに移り住んだ。そこで彼は、ベザレル・アシュケナジを始め、当時最も優れているとされたラビたちと共に、ラビの用いる文献やユダヤの法について研究した。商人として働き、15歳で結婚したが、研究はやめなかった。そして6年後に、ナイル川流域の島に移り、『ゾーハル』と初期のカバラー主義者について研究した。その間、彼はほとんど誰とも言葉を交わさず、話すときにはヘブライ語のみを用いた。遥か昔に没した預言者エリヤと話をし、ツファト(オスマントルコに支配されたパレスティナにおけるカバラー研究の中心地)に移るようにエリヤに言われたと、ルーリアはこの時期に述べたという。

ルーリアはモーシェ・コルドベロと共に研究を行い、カバラーの教えを説いて、名前を知られるようになった。彼の弟子たちはルーリアをハアリ(「神の如きラビ、イツハク」の頭文字で、「ライオン」の意味になる)と呼んだ。彼は1572年にツファトで没した。

- 神は自らを収縮させて**空間**を作った。そしてその中に**世界**を創造し、自らはすべてを超越した。
  - そこに**10種**のセフィーロトが**流れ出した**。このセフィーロトをすべて合わせると神の目的を表す**聖なる光**となる。
  - しかし、セフィーロトを入れた器は**強度**が足りず、砕けた(シュヴィーラー)。
- これが**善と悪の源**であり、後にアダムの堕落において具現化される。
- **聖なる輝きが再び一つに集められる**ときまで、この損傷は修復されない。
- **それまでの間、神と人類は宇宙をさまようこととなる。**

もと生まれた場所である上界に返してやることが必要だと、ルーリアは言う。このようにして容器を直すことは、ティークーン・オーラム(世界の修復)と呼ばれ、その責任を負うのはユダヤ人であるとされている。ユダヤ人が神の戒律に従うと、聖なる輝きを1つ、悪から取り戻すことになり、罪を犯すと、その輝きを1つ、悪へと渡してしまうことになる。聖なる輝きをすべて善の世界に取り戻すまで、救済は訪れず、人類は宇宙をさまよい続けることとなる。

ルーリアはカバラーについての自分の解釈を書き残すことはしなかったが、彼の深遠な教えは弟子たちに受け継がれていた。そしてルーリアの死後、彼の思想はヨーロッパ全土に急速に広まった。ルーリアのカバラーに関する思想が論理的で包括的なものであったため、カバラー研究はユダヤ教の重要な要素になっていき、18世紀には、神との神秘的な関係を重視するハシディズム運動(188ページ参照)の根幹を支える思想となった。■

> トーラーは隠されている。
> 義人の域に達した人々のみ
> それは示される。
> **『タルムード』「ハギガ」**

聖なる輝きは すべての人に宿る

神は人の中に現れる

背景

主要人物
イスラエル・ベン・エリエゼル

時代と場所
1740年代、ウクライナ

前史
16世紀 イツハク・ルーリアを始めとする指導者たちが、カバラーの神秘主義に対する興味を呼び起こす。

後史
19世紀 ユダヤ教の知性化・世俗化が進んだことへの反動として、ハシディズムが信奉者を集める。

1917年 ロシアでボルシェヴィキ革命が起こり、ハシディズム派のコミュニティの多くが崩壊する。

1930年代 ナチスの台頭により、ドイツ、東ヨーロッパ、ロシアのユダヤ人がアメリカに逃れる。第二次世界大戦中に、ヨーロッパのハシディズム派のコミュニティは、すべて崩壊する。

1948年 イスラエル国が建国され、多くのハシディズム派のユダヤ人がそこに移り住む。

ユダヤ教のハシディズムは、イスラエル・ベン・エリエゼル（バアル・シェム・トーブ、ベシュトとも呼ばれる）によって1740年代に創始された運動である。その特徴としては、熱狂的な信仰と、宗教上の指導者（ツァディク）のもとで、精神的高揚を伴って大人数で行われる儀礼が有名である。ハシディズムの主な教えの一つは、神がすべての人々に宿るというものである。ハシディズムは現在では、ユダヤ教の中でも超正統派のおもだった宗派の一つに数えられている。

ハシディズム運動は18世紀に、中央ヨーロッパと東ヨーロッパのユダヤ人コミュニティで始まった。これらのコミュニティは、小さな、孤立したものであることが多く、そこに暮らすユダヤ人の生活は、他の地域の都市部に住んでいるユダヤ人のものとは大きく異なっていた。その頃には、主流のユダヤ教哲学は理論的なものになっており、神学も律法主義的になっていたが、こういった発展は、小さな村（特にポーランド南部の地域）に暮らすユダヤ人の生活とは相容れないものであった。

コサック（東スラブの民族）の迫害に苦しむ中で、これらのコミュニティの団結を維持するために、宗教指導者は各地を飛び回った。彼らはユダヤ教徒に助言を与えただけでなく、より積極的に宗教活動を行う機会を提示した。ラビの教えが人々に届かなくなってしまった地域においては、バアル・シェム・トーブのようなカリスマ的指導者が、トーラーはラビ以外の人々にも開かれたものなのだと説いた。精神的な学びは、すべての人々の手の届くところにある。ルーリアが神秘主義思想と呼ばれるカバラーを解釈した際に言及した「聖なる輝き」（神が光として現れたものと見なされる）は、あらゆる人々の中に見出されるものなのである。■

ハシディズム派の男性たちが結婚式で踊っている。ハシディズム派のユダヤ人の独特な服装は、東ヨーロッパの古い時代のもので、この服装によって他の宗派とは明確に区別される。

参照： 神秘主義とカバラー 186-87 ■ キリスト教の神秘体験 238
■ スーフィズムと神秘主義 282-83

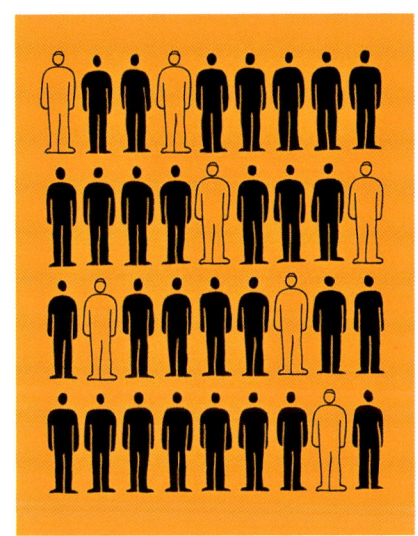

ユダヤ教は国家ではなく宗教である
信仰と国家

背景

主要人物
モーゼス・メンデルスゾーン

時代と場所
18世紀後期、ドイツ

前史
135年　ローマ人によってユダヤ人がイスラエルを追われる。

後史
1770年代〜1880年　ハスカラー（ユダヤ啓蒙運動）が起こる。特に西ヨーロッパにおいて、ユダヤ人が帰化した社会に徐々に溶け込んでいく。

1791年　フランス革命中にフランスでユダヤ人の解放が起こる。それに続いて、オランダ、ナポレオンが征服した国々においても、ユダヤ人が解放される。

1896年　テオドール・ヘルツルが『ユダヤ人国家』を出版し、近代シオニズム運動が始まる。

19世紀　ハスカラーに触発され、改革派ユダヤ教が活発化する。

1948年　イスラエル国が建国される。

ヨーロッパで啓蒙主義が発達したのを受けて、ハスカラーと呼ばれる「ユダヤ啓蒙運動」が起こった。この運動は、ドイツのユダヤ人哲学者モーゼス・メンデルスゾーンの影響を強く受けたものである。彼は、ユダヤ教徒に対して迫害が相次ぐのは、ユダヤ教徒が、自分の住んでいる地域社会に溶け込んでいないことが大きな原因であると説いた。

メンデルスゾーンがユダヤ教徒と他の宗教の信仰者との間の溝を批判したことで、「ユダヤ教徒である」ことは何を意味するのかという問題が提起された。寛容な多元的社会においては、ユダヤ教は他の宗教と同じように扱われるべきであるとメンデルスゾーンは主張した。ユダヤ教徒は、自分の住んでいる国の国民として信教の自由を認められるべきである。しかし、それは同時に、ユダヤ教徒であるということが、特定の国家や民族に属していることにはならないということを意味する。

メンデルスゾーンは、『エルサレム あるいは宗教的権力とユダヤ教』(1783年)において、ユダヤ人の解放を訴えつつも、ユダヤ人は「ゲットーから出て」、宗教以外の活動においても積極的な役割を担うべきであると述べた。彼は特に、ユダヤ人は自分の住んでいる地域の言葉を学ぶべきであり、それによって非ユダヤ人社会に溶け込みやすくなるのだと主張した。彼自身もドイツ語を学び、トーラーをドイツ語に訳して出版している。

メンデルスゾーンは正統派ユダヤ教の信者であった。しかし、彼の思想の影響でハスカラーが始まり、さらにそのハスカラーは19世紀に生まれる改革派の基盤として用いられることになる。■

> 国家は物理的な力を持ち、必要な時にそれを行使する。宗教の力は愛と恩恵である。
> **モーゼス・メンデルスゾーン**

参照: 神とイスラエル人の契約 168-75 ■ 進歩主義ユダヤ教 190-95 ■ 近代の政治的シオニズムの起源 196-97

過去から学び、
現在に生き、
未来のために働きなさい

進歩主義ユダヤ教

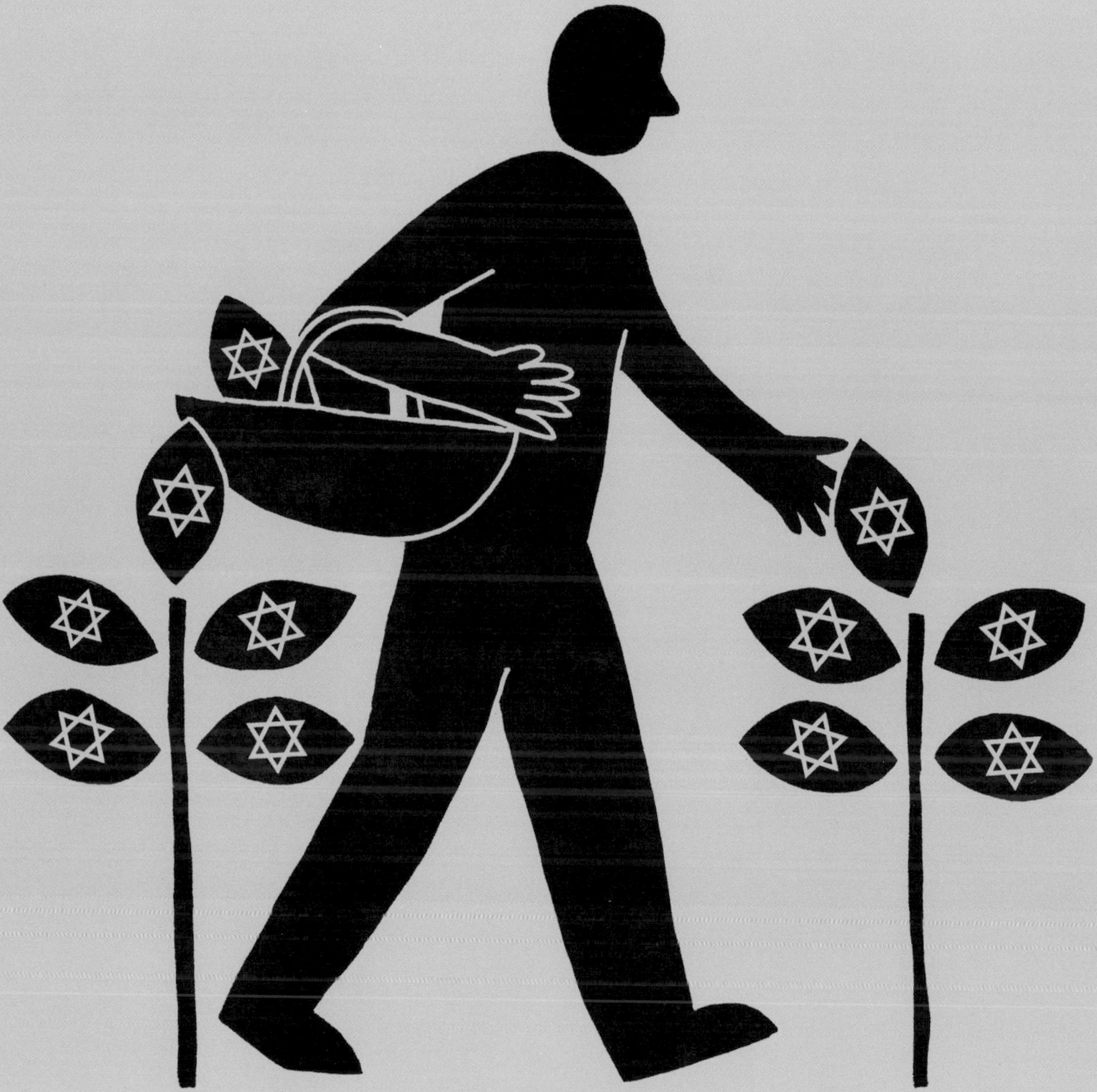

192 進歩主義ユダヤ教

背景

主な動き
進歩主義ユダヤ教

時代と場所
19世紀、ヨーロッパとアメリカ

前史
19世紀 ドイツで啓蒙主義が発達したために、ユダヤ人にも教育と社会参加の機会が与えられる。

後史
1840年 ウエスト・ロンドン・シナゴーグが設立される。

1872年 ベルリンに、改革派の学校であるユダヤ教科学高等学院が建てられる。

1885年 アメリカで改革派ユダヤ教が盛んになる。「ピッツバーグ綱領」において、改革派の基本的な定義が示される。

20世紀 進歩主義派の礼拝堂やコミュニティが世界中で作られる。

ヨーロッパにおけるユダヤ人解放は、18世紀にドイツで始まった。それ以前は、ユダヤ人は、住むことのできる場所が限られており、大学に入ったり専門職に就いたりすることが禁じられていたが、ヨーロッパに啓蒙主義が広まったことで、ユダヤ人にも市民としての平等な権利が与えられるようになったのである。イディッシュ語を話していたユダヤ人がドイツ語を学ぶようになり、近代世界において果たすべき役割を与えられると共に、個人の自由を感じ始めていた。そして多くのユダヤ人は、ユダヤ教の伝統的教育よりも、一般的な教育を受けることの方が、自らの可能性を実現させるための手段として有効であると考えるようになった。ドイツの改革運動と同時に生まれた進歩主義ユダヤ教は、こういった変化、近代化、新しい自由を反映した宗派であった。

最初に明らかな改革が起きたのは、ベルリンとハンブルクであった。それはユダヤ教の礼拝堂での礼拝に関する変化である。説教がドイツ語で行われるようになり、それまで別々に座っていた男性と女性が一緒に座るようになったのだ。更に、急進的なユダヤ教徒の中には、近代の聖書研究の影響を受けて、聖書が持つとされる神聖な権威を疑い、ユダヤ人を社会から切り離してきたユダヤの伝統に疑問を抱く人々が現れた。伝統的なラビの権威も、もはや過去のものと見なされ、その有効性が疑問視されるようになっていった。

このような新しい考え方に直面して、それを変化の好機と捉え、ユダヤ教を捨てて世俗的な国家主義を選び取る人々が出現した。また、ユダヤ教の歴史的・学術的研究(ユダヤ教科学と呼ばれた)の成果を活かして、ユダヤ教を近代化しようとする人々も現れた。この変化はあまりにも急速で、ついていけない人々が、進歩的なコミュニティから次々と離れていった。彼らはおそらく、より正統派のラビのもとへと戻っていったものと考えられる。

> タルムードは、その時代のイデオロギーに関するもので、その時代には正しいものだった。私は私の生きている時代の、より進んだイデオロギーを支持しており、この時代には私が正しい。
> **19世紀ドイツの急進的改革主義者**

アーブラハム・ガイガー

アーブラハム・ガイガーは、1810年にドイツのフランクフルト・アム・マインに生まれた。彼はユダヤ教とドイツに関する古典を学び、「ムハンマドはユダヤ教から何を拝借したか」という論文を書くためにアラビア語も学んだ。彼はまた、ユダヤ教を学問的に研究するユダヤ教科学の熱心な提唱者であり、画期的な研究方法を用いて、ユダヤ教の根底にある不滅の宗教的・道徳的本質を明らかにすることを目指した。彼は独自の運動を組織しようとしたわけではなく、ユダヤ教を全体的に現代化しようと努めており、そのために、歴史的な理由づけがもはや有効とは言えない古い慣例を退けた。1838年にブロツワフの2番目のラビとなったが、彼よりも前からいる伝統主義者のラビが、ガイガーの権威に異議を唱えた。ガイガーもそのラビも、コミュニティ全体のための公的なラビなのだが、結局はそれぞれが自分の宗派のために活動することとなった。その後、ガイガーは、フランクフルト、次いでベルリンで、総括的な立場のラビを務めることとなる。また、1874年に没する直前の2年間は、新しい革命派のアカデミーで教鞭をとった。

主著

1857年『聖書の原典と翻訳』

ユダヤ教 **193**

参照： 新しい時代の約束 178-81 ▪ 近代の政治的シオニズムの起源 196-97 ▪ プロテスタントの宗教改革 230-37
▪ イスラム復興運動 286-90 ▪ 信仰の適合性 291

神学に対する疑問

　神学においても革新が起こり、その結果として典礼が改革され、1818年にはハンブルクで改革派による新しい祈りの書が出版された。また、アーブラハム・ガイガーのような学者やラビが、神学において前提とされてきた主要な考え方に疑問を呈するようになった。ガイガーは、かつて、新しい状況に適応するためにユダヤ教の伝統を修正した歴史的事実があったことを指摘した上で、今回も、近代の生活様式に合うように、ユダヤ教の信仰のいくつかの部分を変更することができるのではないかと提案した。

　ユダヤ教の伝統的な神学的理論の中にも、放棄されたものがいくつかある。人間の姿をしたメシアが現れて、ユダヤ人をイスラエルへと連れ帰り、神殿を再建して司祭による供犠を復興させるのだと、ユダヤ人は長く信じてきたが、ドイツの改革者たちはもはや、そのようなメシアの出現を祈ることはできないと感じていた。そこで彼らは、メシアとは、理想的な世界を象徴する概念なのだと考えるようになった。つまり、メシアが現れるという表現は、地球上のすべての国々が平和に暮らせる世界の実現を意味しており、そのためにユダヤ人が努力しなくてはならな

> 少数派は
> 常に考えることを強いられる。
> それが少数派であることの
> 恩恵だ。
> **レオ・ベック**
> （進歩主義派のラビ）

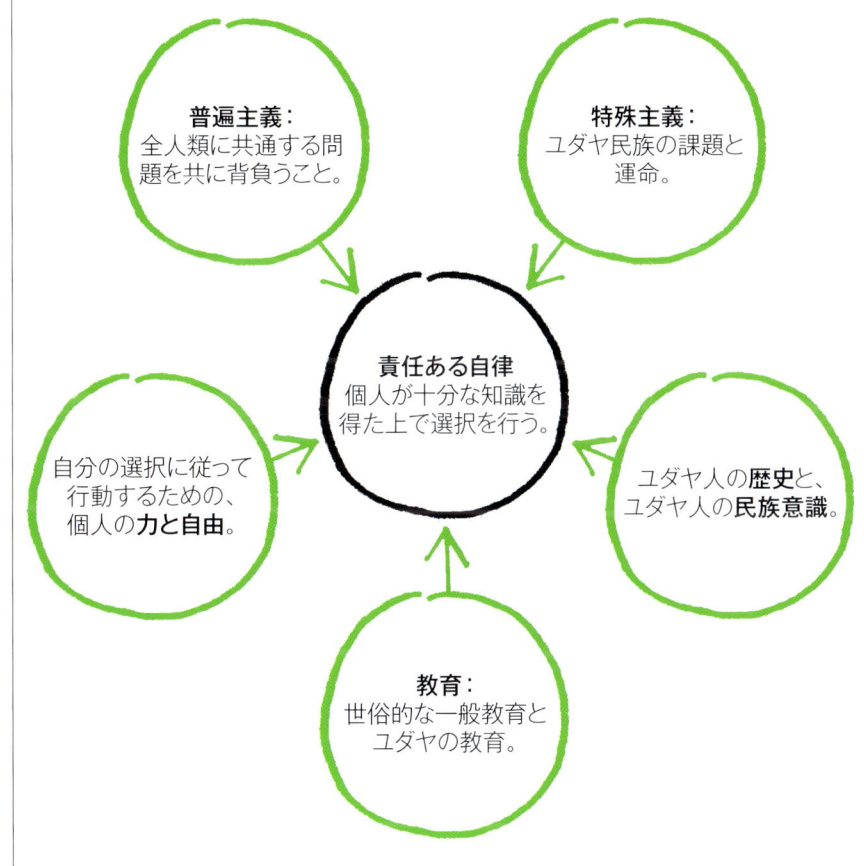

いという解釈である。更に急進的な人々は、ユダヤ人がイスラエル帰還を目指して異郷の地で暮らしているという考え方さえも否定した。ユダヤ人にはもはや帰還の必要などなく、近代国家の市民として、ユダヤ人の運命を実現させることができるのだと、彼らは主張した。

　しかし、彼らのこの希望的な見解は、短期間で打ち砕かれることとなった。多くのユダヤ人にとって、キリスト教への改宗なしに真の社会的統合はあり得なかったという事実、更には第二次世界大戦とドイツのナチスによるホロコーストが起きたことで、理想的な社会を目指して人類の啓蒙を進めても、そこには限界があるのだということを、彼らは思い知らされた。

普遍主義：
全人類に共通する問題を共に背負うこと。

特殊主義：
ユダヤ民族の課題と運命。

責任ある自律
個人が十分な知識を得た上で選択を行う。

自分の選択に従って行動するための、個人の**力と自由**。

ユダヤ人の**歴史**と、ユダヤ人の**民族意識**。

教育：
世俗的な一般教育とユダヤの教育。

宗教的な自律

　今日のユダヤ教のさまざまな宗派と同様に、進歩主義のユダヤ教は葛藤を抱えており、国家や地域社会の一部であろうとする立場（普遍主義）と独自の運命を背負う立場（特殊主義）との間で何とかバランスをとろうとしてきた。進歩主義的なユダヤ教徒が他と異なっている点は、おそらく、自律（自分たちがユダヤ教徒としてどのように生きるかを決める自由）に関する近代的な取り組み方であろう。進歩主義的なユダヤ教では、責任ある自律を行うために必要とされることとして、過去に敬意を払いつつ未来に対する責任感を持って、道徳・ユダヤ教の教育・ユダヤ民族への献身に基づき、自らの生き方

進歩主義ユダヤ教

を選び取らなくてはならないと教えている。

ユダヤ教の神学理論は、今も発展し続けている。根本的な教義として、一神教であることは変わらないが、神が「命令を下す」という考え方から、神とユダヤ教徒が継続的な関係を築いていくという考え方に変化しており、しかもその関係性において、ユダヤ教徒は個人としての自由を有するとされている。「ミツバ」という語は戒律を表すが、神とのこのような関係性を含んだ戒律を指している。

一元論

進歩主義の思想家の中には、神は人間の外部に存在するものではなく、自己と切り離せないものなのだと考える人々もいる。また、ユダヤ教神秘主義の考え方を取り入れた人々もおり、彼らは、創造はすべて神の中で起きたものだと考えるため、あらゆるものが神であると信じている。このように唯一の神を信仰する場合、一元論という立場をとることになる。それはつまり、この世界に存在するものは一つしかなく、その一つとは神である、という考え方だ。このようにして、ユダヤ教の進歩主義的な宗派において神学理論が変化した結果、個人と戒律との関係は、もはや固定的なものではなくなった。個人と神と戒律との関係が新たに定義されたことに伴って、進歩主義的ユダヤ教徒は、ヘブライ語聖書に関しても従来の解釈を見直すこととなった。それまで、聖書は神の言葉の記録であると信じられていたが、彼らはもはや、聖書の権威がそのような単純なものだとは考えていなかった。聖書はさまざまな時代の文献を集めたものであり、人間と神との長期的な関わりを記録したものであると、彼らは考えた。つまり、神は一度に明確な形で啓示を授けたわけではなく、何回にもわたって継続的にその意志を示しているのだと解釈するようになったわけである。

同様に、ユダヤ法ハラハー（聖書の戒律と古典期のラビの判断に由来する伝統的法規）についても、時代が変わり判断を下す人が変わっていく中で、その内容は変化を繰り返してきたと、進歩主義者は認めている。進歩主義的な宗派においても、正統派の宗派においても、ハラハーは変化し続けているのである。その時代ごとの倫理的な問題や実生活における問題に対応するために、ハラハーは常に適応を繰り返してきたのだと考える進歩主義者もいる。つまり、幹細胞研究のような現代の科学的発展が考慮されるということであり、また、終末医療などの問題に取り組む際には、その時代の倫理観が強力な判断基準になるということである。進歩主義者の中には、ハラハーが絶対的な力を持たなくなると、ユダヤ教は、ヘブライ人預言者が重んじられた古代のユダヤ教に似たものとなり、倫理的動機に基づく預言者的ユダヤ教となると主張する人々もいる。

儀礼と慣習

儀礼に対する姿勢も、ユダヤ教内で進む変化を反映したものとなっており、もはやトーラーのみが権威を持つとは考えられていない。たとえば安息日は、労働を行う平日とは区別された、休息のための神聖な日であると見なされる。進歩的なユダヤ教徒も、この安息日を大切にしており、金曜日の夕方にロウソクの火を灯して、安息日に入ることが多い。しかし彼らは、保守的な人々とは違って、日暮れが早い時期にも日没前にロウソクに火を灯さなくてはならないとは考えていない。また、伝統的には、安息日に礼拝堂に行く際に自動車を運転してはならないことになっているが、進歩主義的な人々はその慣習にも従わないだろう。

食事戒律

カシュルート（食事の規定）については、進歩主義のユダヤ教徒の中には、すべての戒律を時代遅れだとして退ける人々もいるが、守るべき戒律とそうでない戒律を分けている人々もいる。たとえば、トーラーで禁止されている肉は食べないが、トーラー以降にラビが決めた禁止事項（肉と乳製品を分けておくこと、材料によって調理器具を使い分けること）には従わない、などである。また、カシュルートを、食生活への意識の高さを表す指標として用いている人々もいる。彼らは、たとえば、有機栽培で育てられ、公正な取引方法で販売されている商品や、「フード・マイレージ」（食品の輸送距離）の短い商品を選ぶことが、カシュルートの精神に則っていると考える。あるい

正統派のユダヤ人は、トーラーはシナイ山において神からモーセに与えられたものだと信じている。それに対して、進歩主義的ユダヤ人は、トーラーは神の導きによって複数の人間が書いたものであり、その権威は絶対的ではないと考える。

ユダヤ教

進歩主義派のコミュニティでは、女の子がバト・ミツバ（戒律の女児）となるときに祝いの儀礼を行う。伝統的な習慣では、女性は儀礼に参加することが禁じられていた。

は、菜食主義こそが適切な食生活であ る（「カシュルート」はヘブライ語で「適切な」という意味）と考える人々もいる。彼らはこうした選択が、現代社会においてカシュルートに従うことであると主張する。

今日の典礼

ユダヤ教の典礼は、新しい祈りが加えられるために、時代が下るにつれて長くなっていく傾向にあった。そのような中で、進歩主義派の礼拝においては、大枠と主要な祈りは保持されているものの、繰り返しの部分が省略されるようになった。省略されたのは、進歩主義の人々の信じている内容と一致しない祈りやその翻訳にあたる部分で、たとえば、死者の復活、神殿の再建、動物の犠牲についての祈りが唱えられなくなった。また、進歩主義の宗派の典礼では、神や信者についての表現において、封建的な言葉や、男性のみを表す表現は避けられる。たとえば、神に対しては、男性を表す「主」という語ではなく「永遠なるもの」という語が用いられ、祖先についても「父祖」という語は使われなくなった。更に、イスラエル人の祖として通常は男性の名前が挙げられていたが、聖書に出てくる女性も、その中に加えられるようになった。

従来は含まれていなかった要素が、典礼に組み込まれることもある。たとえば、異なる宗教を信じる人々の相互理解について詩や祈りの言葉を述べたり、トーラーの一節を毎週朗読したりする宗派がある。また、多くの儀礼でヘブライ語も取り入れられており、音楽が用いられることも少なくない。そして、イスラエルの民であるユダヤ人の慣習として、トーラーに記されているイスラエル人の祭礼を、全く同じ日に執り行う。これは、パレスティナを離れて暮らすようになっている正統派・保守派のユダヤ人とは対照的である。というのも、正統派・保守派の人々は一般的に、358年にユダヤ暦が確立する以前にイスラエル国外で行われていた習慣に従って、祭礼の期間を一日延ばすようになっているためである。

進歩主義の宗派においては、礼拝堂でも家庭でも女性と男性が完全に平等で、儀礼における役割や指導的な地位（ラビの地位も含む）を同じように与えられる。そのため、男の子が13歳で成人式を行う（バル・ミツバ「戒律の男児」となる）のと同様に、女の子も13歳で成人式を行う（バト・ミツバ「戒律の女児」となる）。その儀礼において戒律の子は、トーラーを読み、祈りの際の進行役を務める。

今日の進歩主義派

ドイツで生まれた改革派の中心的な理念がドイツ国内で定着すると、やがてそれは世界中に広がり、ユダヤ教の進歩主義的な宗派の発展へとつながっていく。イギリスでは改革派と自由派が現れた。アメリカでは、ドイツのユダヤ人がアメリカに移住したことを受けて改革運動が起こり、再建派や保守派（神学理論は現代的だが、伝統的な習慣を守る）が生まれた。これらを始めとして世界中で数多くの進歩主義的な宗派が確立していき、他の地域よりも伝統的な信仰が行われてきたイスラエルにおいてさえ、進歩主義的な宗派が登場した。

近年、宗教という領域を超えて、ユダヤ教を学ぶことに興味を示す人々が増加しており、精神的、文学的、倫理的側面からヘブライ語の古典文献を研究する動きが高まっている。今日のユダヤ教徒は、さまざまな宗派の考え方に触れる機会を持ち、また、非宗教的な事柄からも多くの影響を受けている。そのため、生涯を通して一つの宗派に所属し続けるユダヤ教徒は、減少傾向にあると言えよう。■

> 過去は投票権を持つが、拒否権は持たない。
> **モルデカイ・M・カプラン博士**
> （進歩主義派の神学者）

もしあなたが望むなら、それは夢ではない
近代の政治的シオニズムの起源

背景

主要人物
テオドール・ヘルツル

時代と場所
1896年、オーストリア＝ハンガリー帝国

前史
紀元前586年 バビロンの王ネブカドネザルがエルサレムの神殿を破壊し、ユダヤ人を追い出す。紀元前583年から、ペルシャ皇帝大キュロスの命により、ユダヤ人はイスラエルの地に戻り始める。

70年 ローマ人が再建された神殿を破壊し、再びユダヤ人を追い出す。

635年 イスラム教のカリフがパレスティナを征服する。1516年にオスマン帝国が同地方を支配する。

後史
1882～1948年 離散して暮らす（ディアスポラの）ユダヤ人が、次々とイスラエルの地に移り住む。

1948年 イスラエル国が建国される。

「ユダヤ人問題」の解決策は同化ではなく、**ユダヤ民族国家の設立**である。

↓

そのためには国際社会での**請願運動**が必要となる。

→

異郷の地での暮らしを強いられてきたユダヤ人は、**シオン（イスラエルの地）への帰還**を夢見てきた。

↓

そして、それを望むユダヤ人の数が十分であれば、**それは達成され得る**。

↓

もしあなたが望むなら、それは夢ではない。

バビロニア人とローマ人によって故国を追われて以来、異国で暮らすユダヤ人の多くは、聖地イスラエル（エルサレムのシオン山にちなんでシオンとも呼ばれる）への帰還を夢見てきた。彼らのそのような願いがようやく政治運動に発展したのは、19世紀末になってからのことだった。その政治運動は、パレスティナにユダヤ民族のための国家を建設することを目指すもので、シオニズムと呼ばれた。

ハスカラー（ユダヤ啓蒙運動）が活発化した時代に、モーゼス・メンデルスゾーン（189ページ参照）の影響を受けたユダヤ人思想家たちは、度重なる迫害から逃れるためには、自らが帰化した国の文化に同化することが重要だ

参照: 神とイスラエル人の契約 168-75 ■ 信仰と国家 189

ユダヤ教

> ❝ ユダヤ人問題は、社会問題でも宗教問題でもない。それは国家の問題だ。❞
> **テオドール・ヘルツル**

と論じた。そして実際、アメリカと西ヨーロッパの多くの国々において、特に中流階級のユダヤ人は社会に溶け込むことができた。

そのようなユダヤ人の一人であり、ジャーナリストで作家のテオドール・ヘルツルも、ユダヤ人は同化を目指すべきであると強く信じていた。しかし、彼は、表面上は自由の国であるとされていたフランスにおいて、強力な反ユダヤ感情が噴出する事件を目の当たりにする。その結果ヘルツルは、さまざまな場所で反ユダヤ主義が掲げられ、ユダヤ人がゲットーに閉じ込められている現状は、起きるべくして起きたものだと考えるようになった。ユダヤ人は、ここならば迫害されないだろうと思う場所に集まる傾向があるが、そのような場所に多数のユダヤ人が集まるようになると、反ユダヤ感情が生じ、迫害が起きるのである。それ以外の場所でも、もともと住んでいる人々の地域社会に溶け込もうと努力し、忠実な市民として行動した場合でさえ、ユダヤ人は結局よそ者として扱われ、孤立してしまうのだった。このような問題は同化によって解決できるものではなく、ユダヤ人が集まって暮らせるような場所を用意するしかないと、ヘルツルは結論づけた。反ユダヤ主義を叩き潰すことも根絶することもできないが、ユダヤ民族の国家を設立することで、反ユダヤ感情から逃れて暮らすことができると、彼は考えた。

ユダヤ人の故国

1896年にヘルツルの著作『ユダヤ人国家』が出版された。ヘルツル自身が「ユダヤ人問題に対する現代的解決策の提案」と呼んだその著書においては、ユダヤ人の故国を作り上げるべきだという意見が提示されている。ユダヤ人国家の候補地は、当然、イスラエルの地である。当時そこは、オスマン帝国が支配するパレスティナの一部であった。このヘルツルの提案によって、神学的な希望ではなく、政治運動としての近代シオニズムが始まった。翌年の1897年には、ヘルツルは第1回シオニスト会議と呼ばれる国際会議を開催した。この会議によって、ユダヤ人国家設立を求める政治的な動きが明確になり、また、十分な人数のユダヤ人が国際社会に対して圧力をかけていけば、ユダヤ人国家を作り上げることが可能だということが確認された。ヘルツルの小説『古く新しい国』の一節である「もしあなたが望むなら、それは夢ではない」が、シオニズム運動のスローガンとして掲げられた。■

1948年に採用が決まったイスラエルの旗は、第1回シオニスト会議のために作られたデザインをもとにしている。青い縞模様の祈禱用のショール(タリート)とダビデの星が用いられている。

テオドール・ヘルツル

テオドール・ヘルツルは、1860年にペスト(現在のブダペストの一部)で生まれた。18歳のときに家族と共にウィーンに移り、そこで法律を学び、短期間、法曹界で働いた。その後1891年にパリに移って、「ノイエ・フライエ・プレッセ(新自由新聞)」の記者として働きながら、劇作家としても活躍した。

1890年代にドレフュス事件(ユダヤ人の大尉が軍部によってスパイ容疑で逮捕された冤罪事件)を報道した後、ヘルツルは、シオン(イスラエル)にユダヤ人の故国を建国することが不可欠であると結論づけた。彼の著書『ユダヤ人国家』において、その概略が示され、小説『古く新しい国』で更なる詳細が提示された。ヘルツルはシオニズムの理念を推進するために精力的に働いた。1897年にスイスのバーゼルで第1回シオニズム会議を開催し、1904年に没するまで、世界シオニスト機構の長を務めた。ヘルツルの遺体は1949年にウィーンからエルサレムに移され、再埋葬された。

主著

1896年 『ユダヤ人国家』
1902年 『古く新しい国』

ホロコーストの間、神はどこにいたのか
契約への疑念

背景

主な動き
ホロコースト神学

時代と場所
20世紀半ば、ヨーロッパ

前史
1516年 ヴェネツィア共和国にゲットーが設立され、その後ヨーロッパ中で作られるユダヤ人隔離のためのゲットーの見本となる。

1850年代 ヨーロッパにおける反ユダヤ主義が、それまで以上に非宗教的・人種差別的になる。

1880年代 ロシアにおいて、ユダヤ人に対する集団的迫害行為（ポグロム）が始まる。

1930年代 ヒトラーがドイツの首相となり、ユダヤ人に対する迫害と大量虐殺を開始する。

後史
1945年 第二次世界大戦が終わり、ユダヤ人が強制収容所から解放される。多くはアメリカに渡り、後に、新しく建国されたイスラエルに移り住む。

西暦70年にローマ人によってイスラエルを追われて以来、ユダヤ人は異国での生活と迫害に耐えてきた。しかし、ヨーロッパのユダヤ人のうちの3分の2に当たる約600万人のユダヤ人が組織的に殺されたホロコーストは、ユダヤ人にかつてない恐怖を与え、また、神との契約に対するユダヤ人の信仰を試すものとなった。このような試練を受けて、ユダヤ人は、「ホロコーストは神が行ったことなのか、それとも、ホロコーストを神が傍観したと解釈すべきか」という重大な問題について考えるようになる。ユダヤ教神学では、その答えを見つけ出そうという必死の努力がなされたが、多くのユダヤ人は神に見捨てられたと考えて、神への信仰を失っていった。

最大の試練

ユダヤ教のさまざまな宗派が、それぞれにホロコーストの解釈を提示した。ホロコーストは、規模こそ大きいものの、ユダヤ人がそれまで受けてきた迫害と変わりはないという立場の宗派では、ホロコーストはこの世における最大の苦しみの一つであり、信仰を試すものだと考えた。また、ホロコーストを神による罰であると見なす宗派は、ユダヤ人が神とその戒律に従わなかったために、罰として神が一時的に姿を消したのだと、説明した。更に別の宗派は、ホロコーストは人間が神から離れた結果であると主張した。彼らは、ホロコーストは人間の自由意志によって起きたことで、人間が過ちを犯すことの実例であり、神が本質を収縮させた（カバラーの用語でツィムツームと呼ぶ）ために生じたことだと説明できるのではないかと考えた。

このような議論の中から、「ホロコースト神学」とでも呼ぶべき新しい分野が誕生し、ホロコーストを考慮に入れた上で、神との契約についての再検討が行われている。■

> 私の神と私の魂を殺した
> あの瞬間を、
> 私は決して忘れない。
> **エリ・ヴィーゼル**

参照： 神とイスラエル人の契約 168–75 ■ 神秘主義とカバラー 186–87
■ 近代の政治的シオニズムの起源 196–97

女性も
ラビになることができる
ジェンダーと契約

背景

主な動き
ユダヤ教におけるフェミニズム

時代と場所
20世紀後期、アメリカとヨーロッパ

前史

19世紀 ユダヤ教で改革派運動が起こり、女性が契約において積極的な役割を果たすことが課題となる。

1893年 シカゴでの世界宗教会議の後に、全国ユダヤ人女性協議会が設立される。

1912年 アメリカ女性シオニスト組織であるハダーサが設立される。

1922年 米国ラビ中央会議で女性ラビの叙任案が議論されるが、合意には至らない。

1935年 ドイツのベルリンでレギーナ・ヨナスが初めての女性ラビに叙任される。

ユダヤ人になるかどうかは、母親がユダヤ人であるかどうかによって決まる（175ページ参照）という伝統があるにもかかわらず、ユダヤ教の歴史においては、長い間、女性は儀礼への参加が認められていなかった。たとえば、19世紀までは、女性が人々の前でトーラーを読み上げたり、祈りの進行役を務めたりすることは異端であると見なされた。ましてや、女性がラビになるなどということは、考えられないことであった。

しかしながら、ユダヤ教の中でも自由な改革派が生まれたことや、進歩主義的な再建派の運動が活発化したことで、神との契約における女性の役割について考えることが重要になった。そのような中で、1935年にドイツの改革派において、初めての女性のラビが誕生する。1970年代にはフェミニズム運動が起きたことを受けて、アメリカやイギリス、そしてヨーロッパの至る所で、変革を求める動きが強まった。アメリカの改革派においては、1972年に初めての女性のラビが任命され、その3年後には女性が祈りの進行役を務めることが認められた。これに続く形で、ユダヤ教の他の宗派においても改革が進められ、女性が儀礼に参加することが認められ、バル・ミツバ（「戒律の男児」）に対応するバト・ミツバ（「戒律の女児」）という概念が導入された。1980年代にはついに、ラビになるための学校に女性が入学できるようになった。今日では、女性がラビになることに反対しているのは、正統派ユダヤ教のみである。女性は、ユダヤ教のすべての宗派において、礼拝の中で（指導者的立場ではないとしても）重要な役割を担うようになってきている。■

イタリア初の女性ラビであるバルバラ・アイエッロによって、ハヌカ祭が執り行われている。女の子が宗教教育を受けられるようになったことで、ユダヤ教における女性の役割が大きく変わった。

参照: 神とイスラエル人の契約 168-75 ■ 口伝律法の文書化 182-83 ■ 進歩主義ユダヤ教 190-95

キリスト教

1世紀～

はじめに

- **前4年頃**: イエスがローマ帝国統治下のユダヤに生まれる。キリスト教徒は、イエスが神の子で処女マリアから生まれたと信じている。
- **26年頃**: イエスが洗礼者ヨハネによって洗礼を受け、宣教活動を開始する。
- **30年頃～36年**: イエスがローマ帝国のユダヤ統治者によって十字架にかけられる。キリスト教徒は、イエスが三日後に復活し天に昇ったと信じている。
- **44年頃～68年**: ヨハネ以外のすべての使徒が殉教する。
- **313年**: ローマ皇帝コンスタンティヌス1世がミラノ勅令を発布し、自由にキリスト教を信じることが許される。
- **325年**: ニカイア公会議においてニカイア信条が採択され、後にキリスト教会の普遍的な信条として承認される。
- **380年**: キリスト教がローマ帝国の国教となる。ヒッポのアウグスティヌスといった人々がキリスト教に改宗する。
- **1054年**: 東西教会の大分裂が起きる。キリスト教世界は西のローマ・カトリック教会と東の正教会とに分裂する。

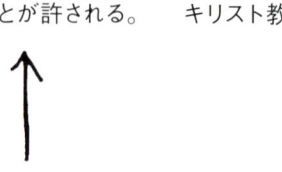

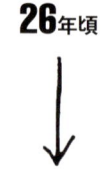

「キリスト教」という語はギリシャ語の「クリストス」という語に由来する。「クリストス」はヘブライ語の「メシア」（「聖油を注がれた者」）という単語がギリシャ語訳されたものである。イエスに対してこの「クリストス」（日本語では「キリスト」）という語を使い始めたのは、ユダヤ教のある一教派の人々だった。彼らは、イエスこそがユダヤ教の聖書タナハで預言されているメシアであり、人間の形をとった神の息子であると信じていた。イエスがこの世に現れたことは、神との新しい契約（神とユダヤ人の間で交わされた「旧約」に続く「新約」）の到来を告げるものであると、キリスト教徒は信じている。

キリスト教の主な信仰はイエスの生涯と教えに基づいている。それらは1世紀にイエスの弟子たちによって記録され、新約聖書の中の福音書（福音とは「良い知らせ」という意味）と書簡という形にまとめられている。

キリスト教徒にとって、イエスが十字架にかけられ、復活し、昇天したという一連の出来事は非常に重要な意味を持つ。イエスが自分を信じる者たちを救うために、苦しみ、死んで葬られた後に復活したこと、そして父である神の傍らに座して世界を治めるために天に昇ったことは、キリスト教信仰の根幹となっている。

この一連の出来事から読み取れることは、イエスは単なる預言者ではないということだ。彼は神の息子であり、受肉（じゅにく）した（人間の肉体を持った）神であり、人間性と神性を併せ持つ存在であると見なされる。また、このような考え方から、三位一体（唯一神である神が「父」、「子」、「聖霊」という三つの異なる位格を持つ）という概念が生まれることとなる。

キリスト教の礼拝では、イエスの生涯に由来するさまざまな儀礼が行われる。それらの中で最も重要なものが、秘跡（サクラメント）と呼ばれる儀礼である。中でも、洗礼の秘跡と聖体（聖餐）の秘跡は、特に重要なものと見なされる。聖体の秘跡は、イエスが最後の晩餐において弟子たちにパンと葡萄酒を分け与えたことに由来する。秘跡としては、ほかに、堅信、叙階（聖職者の任命）、ゆるし、病者の塗油、結婚が挙げられるが、教派によっては、洗礼と聖体以外は秘跡として認めていないところもある。

迫害から公認へ

キリスト教は、ローマ帝国統治下のユダヤで誕生し、今日までに世界最大の宗教に発展したが、その歴史を通じてヨーロッパ文明の多くの部分を形作ってきた。初期のキリスト教はユダヤ教の権力者やローマ帝国による迫害を受け、多くの殉教者を出した。それにもかかわらず、初代の教会の指導のもとで信仰を保ち続け、ローマ帝国の権力者たちにも徐々に許容されるようになる。そしてついに、キリスト教会の普遍的な信条が採択されたニカイア公会議の後、380年に、キリスト教はロ

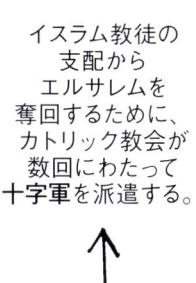

キリスト教

1095年〜1291年
イスラム教徒の支配からエルサレムを奪回するために、カトリック教会が数回にわたって**十字軍**を派遣する。

1305年
フランスのアヴィニヨンに教皇庁が移され、その後、**対立教皇**が立てられる。

1517年
マルティン・ルターが聖職者の腐敗に対してドイツで95箇条の論題を提示し、プロテスタントの宗教改革を開始する。

17〜18世紀
ジョン・ウェスレーがイギリスでメソディスト運動を起こす。この時期ヨーロッパでプロテスタントの教派が数多く誕生する。

1274年
トマス・アクィナスが『神学大全』を出版し、それがカトリック教会の公式教義の土台となる。

1478年
スペインの異端審問（異端を弾圧するための最も悪名高い審問制度）が、国王フェルナンド2世と女王イサベルによって設立される。

1562年〜98年
フランスでカトリックとプロテスタントの間に宗教戦争（ユグノー戦争）が勃発する。

1925年
スコープス裁判（モンキー裁判）が開かれ、進化論と聖書の創造論が対立する。

ーマ帝国の国教となった。

それ以降、キリスト教はヨーロッパと中東地域において、文化と政治の両面で多大な影響力をもつようになる。その影響は瞬く間に広がり、ヒッポのアウグスティヌス（キリスト教への改宗者で、ギリシャ哲学の思想をキリスト教の教義に取り込んだ）を始めとする思想家たちが登場する。ローマ帝国が崩壊したことで、ヨーロッパにおける権力は、使徒と初代司教たちの後継者と目されるローマ教皇に移った。11世紀に教会大分裂が起こり、キリスト教世界は西のローマ・カトリック教会と、東の正教会とに分裂する。また、8世紀以降、キリスト教世界はイスラム帝国の侵攻を受けており、12世紀から13世紀にかけて、聖地エルサレムをイスラム教徒から奪回するために、数度にわたって十字軍が派遣された。

教会の影響力

カトリック教会はヨーロッパにおける影響力を失わず、その教義は中世を通じて学問や文化を支配していた。この時代には、哲学的・科学的な事柄はしばしば異端と見なされ、偉大なトマス・アクィナスでさえ、当初は、アリストテレスの論理的思考をキリスト教神学に導入したことで非難を受けた。アクィナスの思想がカトリックの公式教義として採用されたのは、彼の死後数百年たってからのことだった。

14世紀から15世紀にかけてルネサンスが盛り上がりを見せ、人文主義の立場の人々が教会権力に対して異議を唱えるようになる。また、科学の黄金時代が幕を開けたのも、この頃であった。そして、古典文化復興を目指す人々の熱意が高まるにつれて、カトリック教会への批判が激化し、1517年にマルティン・ルターが95箇条の論題を発表したことが引き金となってプロテスタントの宗教改革が勃発した。プロテスタントは北ヨーロッパで教徒を集め、後にそこから新しいキリスト教の教派が次々と生まれてくる。今日、全世界でおよそ22億人（世界人口の約3分の1）に上るキリスト教人口のうち、半分以上がカトリック、約3分の1がプロテスタント、そしてその残りが正教の信者である。■

イエスは
終わりの始まり

全世界へのイエスのメッセージ

背景

主要人物
ナザレのイエス

時代と場所
紀元前4～30年、ユダヤ

前史
紀元前700年頃 ユダヤ人の預言者イザヤが神の治世の到来を預言する。

紀元前6世紀 イスラエル人のバビロン捕囚の間に、預言者ダニエルは暴虐に満ちた地上の国々が終わるという啓示を見る。

紀元前450年頃 「主の日」の到来がユダヤ教における預言の主題となる。

後史
1世紀 初期のキリスト教徒たちが、イエスの教えをローマ帝国全土に伝える。

20世紀 キリスト教神学とキリスト教の道徳において、神の国が主題となる。

紀元前63年、ローマ帝国の将軍ポンペイウスがエルサレムを占領し、一世紀にわたるユダヤ人の自治に終止符を打ち、エルサレムをローマの属州とした。エルサレムは500年以上にわたって、バビロン、ペルシア、ギリシャ、エジプト、シリアなどの勢力に次々と占領され支配され、ローマ帝国がその最後の征服者となった。このように繰り返し主権を失ったことは、ユダヤ人の民族としての誇りを傷つけ、宗教的混乱を引き起こし、自分たちは神に選ばれた民族であるという自信を揺るがせた。

ローマに支配される直前の数百年間に書かれたユダヤ教の重要な宗教文書(『イザヤ書』など)では、イスラエルの神が全世界の支配者となる日が来ると約束されている。神は、メシア(「聖油を注がれた者」という意味)と呼ば

参照：新しい時代の約束 178-81 ■ イエスの神性 208
■ 信仰に入る 224-27

キリスト教

人間に支配されている地上の国では、
正義と平和が欠けている。

神は、**この世の終わりに自らが支配する国において、
我々が望む**正義と平和を**実現することを約束した。**

イエスは我々に、神が約束した**赦し、平和、正義を**
どのように体現するか教え、示した。

つまり、**イエスの宣教**は神の国の始まりを示す。
それは**終わりの始まり**である。

れる自らの代理人を通して、すべての人々に正義と平和をもたらすと信じられていた。メシアの到来は、この世界の歴史の頂点となるべき瞬間であり、預言書に書かれているように、メシアの到来をもって古い時代が終わり、神の時代が幕を開けるはずであった。ところが、ローマ帝国に占領されてしまったことで、そのような神の国は遠い夢であるように思われた。

新しい世界の到来を告げる

西暦20年代後半に、ローマの支配下にあったイスラエルで、イエスというユダヤ教のラビが、短い期間ではあったが驚くべき活動を展開した。

イエスが最も伝えたかったことは、人々の待ち焦がれていた神の国が、ついに訪れるということであった。これ

イエスは弟子たちに説教をし、宣教の中心となる教えを語った。それは、皆が待ち望んでいる神の国はすでに実現している、ということである。

ナザレのイエス

イエスは、紀元前4年頃、ローマ帝国の属州であったユダヤのベツレヘムに生まれた。イエスの母マリアは処女で出産したという奇跡が伝えられている。イエスの幼少期についてはほとんど知られていないが、ユダヤ教や聖書について教育を受けたと考えられる。また、父の職業を継いで大工となり、ナザレで働き、暮らしていたと信じられている。

イエスは30歳前後で住んでいた地域の周辺で宣教活動を開始し、教えを説き、人々の病気を癒やして回った。福音書によれば、魅力的な話、大胆な教え、そして驚くべき奇跡に惹かれて、多くの群衆が彼のもとに集まったという。イエスはその中でも、とりわけ12人の弟子（12使徒）に目をかけた。しかし、イエスの神の国についての教えは、たちまち時の権力者の激しい反発を招いた。そして、弟子の一人ユダに裏切られ、逮捕され、無実の罪で処刑される。ところが、十字架にかけられてから三日後に、イエスの葬られたはずの墓が空になっていて、復活したイエスが弟子たちの前に現れたと言われている。

全世界へのイエスのメッセージ

イエスが、貧しい人々や見捨てられた人々に手を差し伸べると同時に、目が見えない人の目を癒やすといった奇跡を行っていたことは、神が、身分に関係なくすべての人々を神の国に招き入れることを表している。

を聞いた人々の中には、イエスが兵を挙げてローマ勢力をイスラエルから追い出そうとしているのだと考える人たちもいた。しかし、イエスの目的はイスラエルの政治的な独立ではなく、全世界をあらゆる悪から解放することであった。山上の説教(新約聖書『マタイによる福音書』に含まれている)として知られる教えの中で、イエスは、神の国が天上から地上にも広がりつつあると述べている。そして、神の国においては、人間の国に存在する間違った価値観は覆される。神の国は、貪欲な人や傲慢な人、戦争を行う人たちのものではなく、貧しい人や柔和な人、平和を実現する人たちのものなのだと、イエスは言う。

すべての人が招かれている

イエスの教えは、イエスの行動を見れば明らかである。イエスが現れる数世紀前に、ユダヤ人の預言者イザヤが、神の国が到来するときには素晴らしい癒やしの奇跡が行われると預言していた。「見えない人の目が開き、聞こえない人の耳が今や神が王であることを聞くだろう。そして歩けなかった人が鹿のように躍り上がるだろう」と彼は述べた。イエスの宣教についての聖書の記述は、イザヤが語ったような癒やしの物語で満ちている。更にイエスは、もはや神の国に入ろうとする人を阻むものは何もないと言っている。それまで、ユダヤ教の教えにおいては、ユダヤ人以外の人々は、神の法を守らない人(罪人)と同様に、救われることはないとされてきた。しかしイエスは、そのような人々も神の国に招かれていると説いた。そして、社会に見放された人々や神の法に背いた人々と一緒に食事をすることで、罪人も赦されるのだということを証明してみせた(ユダヤ社会では、食事を共にするということは非常に親しい間柄であることを表し、意味深い行為と考えられていた)。イエスはまた、未来を神による宴会に喩え、その宴会には世界中のすべての人々が招かれることになるだろうと述べた。

しかし、人々は困惑した。神の国は世界の歴史の最後を飾るはずではなかったのか。もしそうなら、イエスが神の国の到来を知らせたのと同時に、なぜこの世は終わらないのか。これに対してイエスは、神の国とは、多くの人々が考えているように一時に訪れるものではないのだと答えた。イエスは、わかりやすく説明するために喩え話を用いることが多かったが、その中の一つにおいて、神の国をパン生地に入れるパン種(イースト)に喩えている。また、別の喩え話においては、神の国を地面にまいた種に喩えている。パン種も、まかれた種も、そこから何かが生み出されるのには長い時間がかかる。しかし、ゆっくりと確実に進展しているのである。

新しい宗教

イエスは、自分の話を聞いた人々に、直ちに神の国とその価値観を受け入れて生きるように勧めた。神の国はすでに到来したとも言えるし、まだ到来していないとも言える。人々が神の価値観を受け入れ、赦しと癒やしを経験しながら、神の支配に従って生きることを選ぶならば、神の国はすでに始まっており、拡大し続けていると言えるのである。しかし同時に、イエスは、この地上の世界が終わりを迎え、あらゆる国々を神が支配するときがやって来ると述べている。この審判の日が訪れたときに、神の新しい国に入ろうとしても、もう遅い。そのため、イエスは、急ぐようにと人々に言う。人々はすぐに決心しなくてはならない。遠い夢どころか、終わりはすでに始まっているのだ。

「イエスは終わりの始まりである」という考え方によって、キリスト教は、その起源であるユダヤ教とは明らかに

> 心の貧しい人々は、
> 幸いである、
> 天の国はその人たちのものである。
> **イエス**
> (『マタイによる福音書』5章3節)

キリスト教

どのように終わりは始まるのだろうか。イエスは、神の国が完全にこの世と入れ替わるのには時間がかかると言っている。イエスを信じることによって神の国に自分の場所を確保するための時間を、人々に与えるためである。

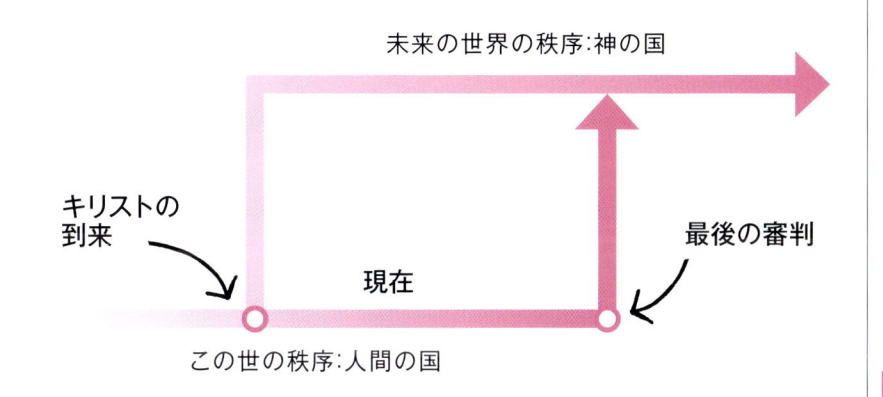

```
                未来の世界の秩序：神の国
           ┌─────────────────────────→
           │                      ↑
  キリストの │                      │  最後の審判
  到来    ↓                      │
           ○──────現在──────────○
                この世の秩序：人間の国
```

> 時は満ち、
> 神の国は近づいた。
> 悔い改めて福音を信じなさい。
> **イエス**
> (『マルコによる福音書』1章15節)

違う宗教となった。イエスの弟子たちは、もはや神のメシアを待つ必要はないと主張した。なぜならイエスこそがメシアであり、神が自分の国を地上にもたらすために遣わした者だからである。しかし敵対する人々はこれを否定し、イエスを殺して黙らせた。ところが、弟子たちはイエスが死んだ後でさえ、イエスがメシアであるということを一切疑わず、人々にイエスの教えを説いて回った。神はイエスを死からよみがえらせ、イエスの敵を打ち負かしたのだと、彼らは主張した。彼らの信仰は死をも超越した存在によって導かれるものとなり、従来の宗教とは異なる新しい独特な宗教が、ここに誕生した。

「イエスの出現は終わりの始まりを告げるものである」と信じることが、そもそもキリスト教の始まりであった。キリスト教の重要な祈りの一つである「主の祈り」は、イエス自身が教えたものであるが、神の国が「天にあるごとく」地にも訪れるようにと願うものである。この祈りを唱えながら、キリスト教徒は、神の国がすぐにも地上に到来してくれることを求めている。そして、いずれこの世が終わるとき、地上の神の国が、天上のものと同じ形で完成することを望んでいるのである。

今日の世界における神の国

キリスト教会は歴史的に、「神の国」や「天の国」といったものは純粋に霊的なものであって、現実の世界とは関係がないと考えることがあった。しかし20世紀の初頭に、新約聖書を研究する学者たちは、ユダヤ教におけるイエスの役割に興味を抱くようになる。そしてそれ以降、神の国についてのイエスの教えが、キリスト教神学において重要な地位を占めるようになった。イエスの教えの背景に注目したことで、神の国の到来の政治的・経済的意味合いが、より明らかになってきたのである。そしてキリスト教徒は、今日では、神の支配によって現状や価値観を変えることができるような場所であればどこでも、神の国は実現し得るのだと信じている。このような信念を得たことで、多くのキリスト教徒が、社会変革のための運動に身を投じることとなった。その例としては、マーティン・ルーサー・キングによるアメリカ合衆国での自由民権運動、グスタボ・グティエレスによる南アメリカでの貧民解放運動、デズモンド・ツツによる南アフリカでのアパルトヘイト撤廃運動などが挙げられる。

すべての物事の終わり

イエスが「終わりの始まり」を示すという考え方は、神学においては「開始された終末論」という表現で知られる。「終末論」という語は、ギリシャ語の「最後」と「学問」という2語からできており、「物事の終わりについての学問」（あるいは「あらゆる物事の終わりについての学問」、「世界の終わりについての学問」）という意味を持っている。キリスト教徒にとっては、神の国についてのイエスの教えこそが、キリスト教に「開始された終末論」をもたらしたものであった。つまり、イエスの教えによって、すべての物事の終わりが始まったのである（始まってはいるが、まだ完成してはいない）。現在、キリスト教徒の生き方にはすでに神の国が存在しているにもかかわらず、それは未だに「終わりの始まり」と呼ばれている。この事実が示すことは、キリスト教においては今も、本当の終わりは神の最後の審判なのだということである。■

神は我々のために一人息子を送った

イエスの神性

背景

主な信者
初期キリスト教徒

時代と場所
1世紀、地中海沿岸地方

前史
紀元前500年頃〜 ユダヤ教の聖書において、神の地上での代理人を表す表現として「神の子」が用いられる。

30年頃 イエスが神の子を名乗ることで神を冒瀆したとして、ユダヤ教の指導者たちによって逮捕され告発される。そして民衆を扇動したという理由で、ローマ総督ポンテオ・ピラトのもとに送られ、裁判にかけられ処刑される。

後史
325年 ニカイア信条において、イエスは「父と同一の本質をもつ」神聖な神の息子であるとされる。

451年 カルケドン信条において、イエスは真の神であり真の人間であるとされる。

古代の世界において、多くの王や皇帝は、自分は神によって任命され、支配者としての正当性を神から与えられていると主張した。中には、ユリウス・カエサルのように、死後に神の地位まで祭り上げられ(神格化)、崇拝された者もいる。

福音書の中で、イエスは何度も神を自分の父と呼んでいる。しかし、この表現はさまざまに解釈することが可能で、創造主である神は全人類の父であるという最も広い解釈から、象徴的な意味としての「父」、そして文字通りの「父親」という解釈などが成立する。イエスと神の関係は、この文字通りの「父親」であると、初期のキリスト教徒たちは主張した。彼らは、福音書に記されているイエスの行った数多くの驚くべき奇跡、中でもイエスが死から復活したことを強調し、それこそが神の計画においてイエスが特別な役割を担っていることの証であると述べた。

人間になった神

初期のキリスト教徒たちはまた、イエスが神から与えられた役割は、他の統治者が与えられたものとは全く異なると主張した。イエスは、神に従う見返りとして神から役割を与えられたわけではない。イエスはこの世に誕生する以前から常に神の息子であり、人間として生きている間中ずっと神性を保持していたのである。

この考え方は受肉(じゅにく)といい、キリスト教の教義の中心的な部分である。受肉は神格化の対極にあって、常に神性を備えた神の息子が、イエスという人間の形をとっているのだという考え方を指す。神は自分の国を天だけでなく地上にも実現するために、自分の神聖な息子を人間としてこの世に送ったのである。■

> " あなたはメシア、生ける神の子です。
> 『マタイによる福音書』16章16節 "

参照: 新しい社会のための信仰 56-57 ■ 新しい時代の約束 178-81 ■ 三位一体 212-19 ■ 預言者とイスラム教の起源 252-53

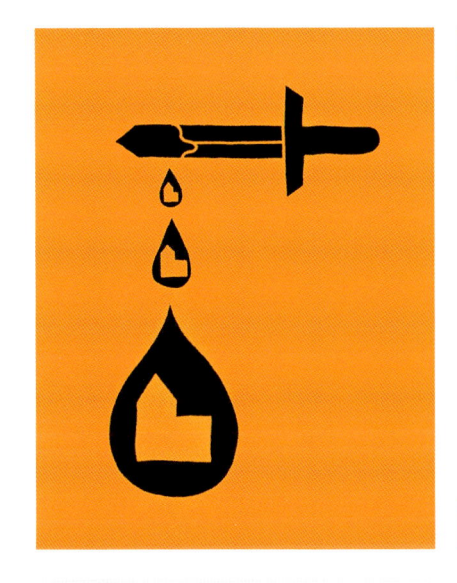

殉教者の血は教会の種

教えのために死ぬ

背景

主な動き
初期キリスト教徒たちへの迫害

時代と場所
64年頃〜313年、ローマ帝国

前史
30年頃 イエスが弟子たちに、自分の次は弟子たちが迫害されると予告した後、十字架にかけられる。

1世紀 エルサレムでローマ当局による迫害が行われる。キリスト教徒は地下にもぐって活動を展開し、エルサレムを去ってローマ全土に散る。

後史
3世紀 迫害を恐れて信仰を捨てた人々が教会に復帰することに、非主流派の一派が反対する。

16世紀 ヨーロッパにおいてカトリックとプロテスタントが互いに迫害しあい、両者とも自分たちが苦しんでいることは神に忠実である証だと考える。

203年3月9日、二人の若い母親（ローマ貴族出身のペルペトゥアとその女奴隷フェリチタス）が、他のキリスト教徒と共にカルタゴの闘技場に引き出された。そこで彼らは鞭で打たれ、野生の獣をけしかけられ、最後には処刑されて殉教した。この二人の女性殉教者の逸話は「ペルペトゥアとフェリチタスの受難」として記録され、たとえ迫害や死に脅かされても堅く信仰を保つようにと、キリスト教徒を励ますものとなった。

死は命をもたらす

当時カルタゴで執筆活動を行っていた神学者テルトゥリアヌスは、「キリスト教徒の血は種である」と記し、キリスト教の殉教論を展開した。ローマ帝国の皇帝たちは、国家の権威よりもイエスの権威を重視する宗教が市民の間に広まるのを恐れ、キリスト教をより激しく迫害した。しかし、テルトゥリアヌスが論じたように、迫害によってキリスト教の発展を止めることはできず、むしろ迫害がキリスト教の普及を後押しする形となった。キリスト教徒は迫害を受けても、イエスが神によって定められたこの世界の正当な統治者であると信じることをやめなかった。それどころか、喜んで自らの命を手放した。このような事実は、キリスト教徒ではない人々にとって珍奇であり、同時に魅力的でもあった。

殉教に対するキリスト教徒のそのような姿勢は、歴史を通じて、キリスト教の発展に大いに寄与するものであった。というのも、そのような考え方をしていたために、キリスト教徒は、宣教活動が非常に激しく妨害されても失敗であるとは思わず、むしろ成功の種であるという確信を得たからである。■

初期のキリスト教徒たちは喜んで殉教した。彼らは自分たちが死ぬことによって、他の人々の心にキリスト教宣教の種がまかれると信じていた。

参照： 神とイスラエル人の契約 168-75 ■ 信仰と国家 189 ■ プロテスタントの宗教改革 230-37 ■ イスラム復興運動 286-90

肉体は死んでも魂は生き続ける

キリスト教における不死

背景

主要人物
オリゲネス

時代と場所
3世紀、エジプトとパレスティナ

前史
紀元前4世紀 古代ギリシャの哲学者プラトンが、「死とは、死すべき肉体から不死の魂が分離することである」というソクラテスの教えを広める。

30年頃 イエスが亡くなった当時、ユダヤ人の考え方は二分されており、ファリサイ派は、神に忠実な人々は死後、実際に肉体が復活すると信じるが、サドカイ派はあらゆる死後の生を否定する。

後史
13世紀 ダンテの神曲は、死後に魂がたどる行程について、中世の人々が思い描く世界を体現している。

1513年 第5ラテラノ公会議において、魂の不死が正統なキリスト教の教義であると宣言される。

神は変化しない。
↓
それゆえ
神と人間との関係も
変化しないはずだ。
↓
人間の肉体は死ぬ。
したがって、神との不変の関係性は
肉体に関するものではあり得ない。
↓
人間は**不死の魂**を持つはずだ。
そうであれば、
神との関係は継続し得る。
↓
**肉体は死んでも
魂は生き続ける。**

我々が死ぬと、何が起きるのだろう。我々は何らかの形で存在し続けることになるのだろうか。それとも肉体同様に我々の存在すべてが消え去ってしまうのだろうか。古代の世界において、多くの思想家が、この問いやそれに関連する諸問題に取り組んだ。ローマ帝国では古代ギリシャ思想が影響力を持っており、イエスが生まれ、死に、復活する数百年前まで、このような問題に関してはプラトンの考え方が広く支持されていた。

プラトンの思想は二元論に基づいており、人間の命は二つの部分からなっていると考えられた。一つは絶えず変化し最終的に死ぬ「肉体」であり、もう一つは思考を司り永遠に生き続ける「魂」である。

3世紀には、古代キリスト教神学者の一人である、アレクサンドリアのオリゲネスが、キリスト教の教えの一部をギリシャ哲学の用語を用いて説明した。特に彼は、魂について理解するためにプラトンの考え方をキリスト教に導入したが、彼のその思想は、その後何世紀にもわたって受け継がれることとなる。

魂のみが重要である

プラトンと同様にオリゲネスは、人間の肉体は死ぬが、魂は不死だと信じていた。プラトンと異なる点として、オリゲネスは、魂が不死であることは

参照：肉体的・精神的鍛練 112-13　■ 神は人の中に現れる 188
■ 正しい人々への究極の報い 279

キリスト教　211

オリゲネス

オリゲネスは、西暦185年頃、北アフリカのアレクサンドリアで、キリスト教徒の両親の間に生まれた。17歳で父親が殉教した後、厳しい研究生活に入り、思想家としてキリスト教会内外から尊敬を集めるようになる。アレクサンドリアの司教によって教理教育の学校を任され、キリスト教への改宗希望者の洗礼前の教育にあたる。後に司教との間に諍いが起こったため、アレクサンドリアを去ってパレスティナのカイサリアに移った。その地で著した書物の中には、キリスト教の批判者であった哲学者ケルソスに対し、教会を擁護する目的で書かれた8巻からなる著作も含まれる。

250年頃、オリゲネスはキリスト教信仰を捨てさせようとするローマ当局によって迫害を受ける。獄中で抵抗を続け、しばらくして解放されたが、それから数年後の254年、おそらく迫害されたときに受けた傷がもとで死去した。

主著

220年頃　『諸原理について』（キリスト教神学についての最初の体系的な解釈書）

248年　『祈りについて』、『殉教の勧め』、『ケルソス駁論』

オリゲネスによれば、死後に神のもとに戻る部分が魂である。芸術家たちにとって、人間の姿を用いずに魂や神を表現することは極めて困難だった。この16世紀の絵画は聖パウロと三位一体を描いたものである。

考えていた。イエスが肉体を持って死からよみがえったということは、彼を信じる者も同じように復活できることを示しているのだと見なされた。しかし、オリゲネスの説が出されて以降、肉体の復活はそれほど重要視されなくなり、キリスト教の教えにおいては、もっぱら魂の生前の在り方と死んだ後の運命に重きが置かれるようになった。神を否定した人々の魂は霊的に死んでしまい、永遠に地獄に留まらなければならない。それに対して、イエスの教えを受け入れた人々の魂は天に昇り、神と同様に完全な状態となる。

現代の見方

今日のキリスト教神学者は、オリゲネスはあまりにプラトン主義に偏り過ぎている、という見方を示している。現在では、二元論（魂と肉体を分けて考える）ではなく、神が肉体を復活させたときに初めて魂もよみがえるという考えが、キリスト教神学において優勢になってきている。そしてまた、「条件的不死」という概念も今日広く支持されている。これは、不死は全ての人にではなく、イエスを信じている人だけに与えられるという考え方である。■

神の不変の性質を示しているのだと考えた。神が変化することなどあり得ないため、神と人間との関係も、人間の肉体が消滅したからといって終わるはずがない。だとすれば、その関係を維持するために人間には不死の要素があるはずであり、それこそが魂であると、オリゲネスは考えた。典型的なプラトン主義者であったオリゲネスは、魂を肉体より遥かに重要なものと見なしており、肉体は宗教的な生活を送る上では妨げになるものであるとさえ考えていた。

地獄と天国

それ以降、キリスト教の救いに関する最も一般的な考え方は、オリゲネスの思想に基づいて形成されることとなる。プラトン主義者と異なり、旧約聖書の著者たちは、もともと魂と肉体を分けて考えてはいなかった。もし、死後に何らかの暮らしがあるのだとすれば、死からよみがえるためには、魂を運ぶべき肉体が必要だろうと、彼らは

> 魂は固有の
> 実体と生命を持っていて、
> この世を去った後、
> 自らの功罪に応じて
> 報いを受ける。
> **オリゲネス**

神は三であり
一である
三位一体

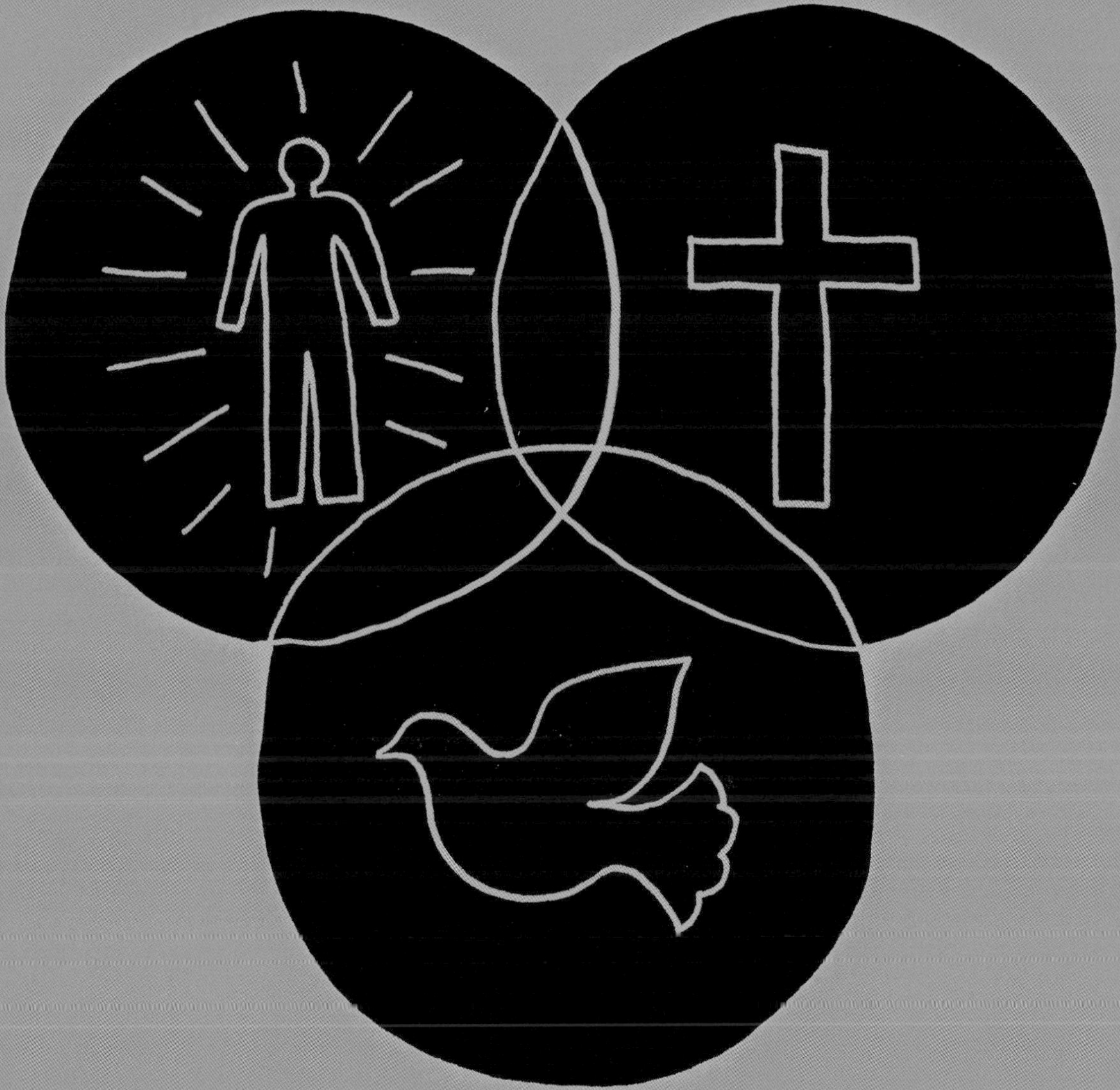

214 三位一体

背景

主な文献
ニカイア信条

時代と場所
4世紀、ニカイアとコンスタンティノープル

前史
紀元前500年 ユダヤ教の日々の祈りに、神の唯一性を唱える「シェマ」の祈りが加わる。

1世紀 キリスト教徒がイエスと聖霊とイスラエルの神を礼拝する。

200年頃 テルトゥリアヌスは三位一体を、1つの実体が3つの位格を持つものと説明する。

後史
400年頃 聖アウグスティヌスは『三位一体論』の中で、三位一体を、人間の人生の3つの要素、つまり精神と知と愛に喩えている。

20世紀 三位一体という教理から始まった「三位一体の神学」が、神学者カール・バルトによって発展を遂げる。

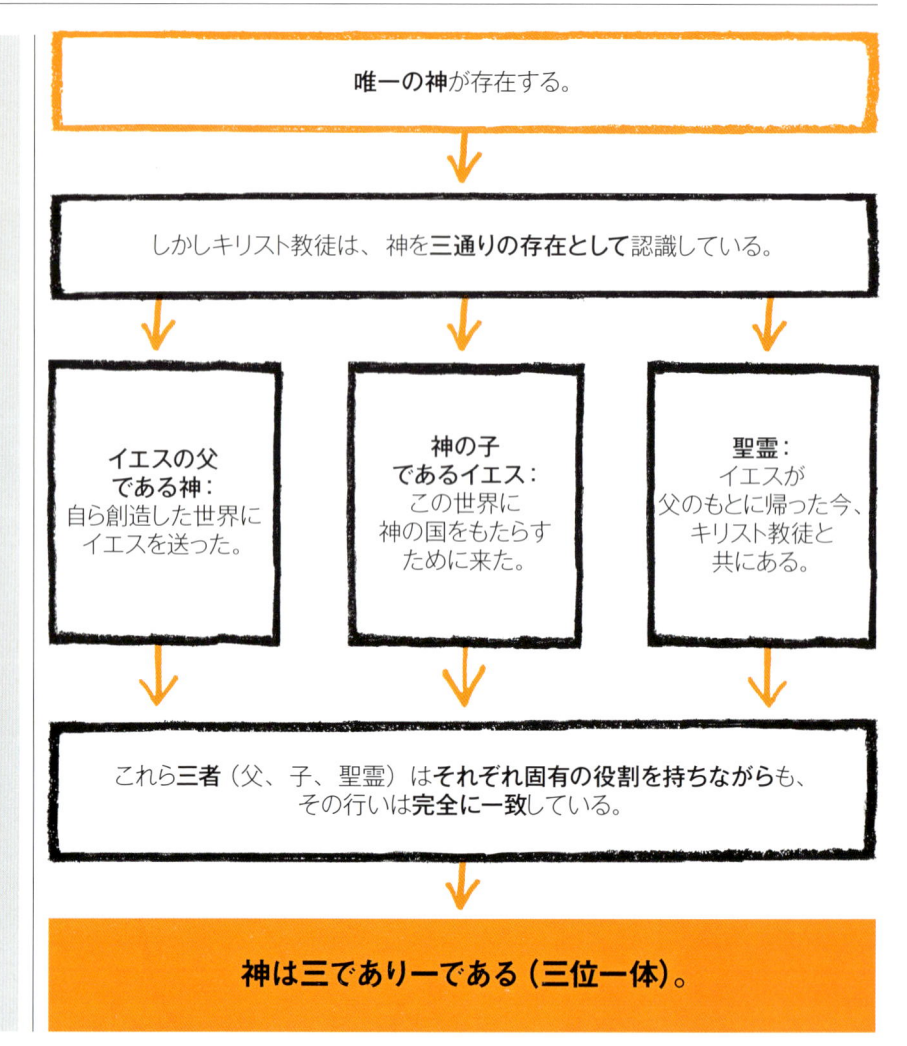

```
唯一の神が存在する。
          ↓
しかしキリスト教徒は、神を三通りの存在として認識している。
    ↓              ↓              ↓
イエスの父         神の子          聖霊：
である神：       であるイエス：    イエスが
自ら創造した世界に  この世界に     父のもとに帰った今、
イエスを送った。   神の国をもたらす キリスト教徒と
               ために来た。      共にある。
    ↓              ↓              ↓
これら三者（父、子、聖霊）はそれぞれ固有の役割を持ちながらも、
        その行いは完全に一致している。
                  ↓
       神は三であり一である（三位一体）。
```

数学のテストでは1＋1＋1＝3と答えれば問題ないだろうが、神学のテストではそうはいかない。キリスト教信仰に関して、よく知られている最も難解な問題の一つは、神について述べる際に1＋1＋1の解が3ではなくて1になるということだ。神は唯一の存在でありながら三つの異なる位格（父、子、聖霊）を持ち得るということを説明しようと、偉大なキリスト教神学者たちが苦労して取り組んできた。三位一体と呼ばれるこの概念こそが、キリスト教神学の要となる。この概念によって、キリスト教における神についての解釈が、他の宗教とは明らかに異なるものになっているためである。

三位一体の教理は、神について説明する際によく用いられる概念で、イエスが亡くなって300年ほどたったころ、初期の教会によって確立されたものである。キリスト教信仰がローマ帝国の外にまで広がりを見せる中で、さまざまな思想が生まれるようになり、それに対応する形で、教会の指導者たちが教理を打ち出したのだった。

ユダヤ教起源

キリスト教の起源はユダヤ教にある。イエスはユダヤ社会に生まれ、自らをユダヤ教におけるメシアであると主張した。ユダヤ教と同じくキリスト教も一神教であり、ユダヤ教徒と同様にキリスト教徒も唯一の神を信じている。しかし、初期のキリスト教徒は、神としてのイエスと、イエスが父と呼ぶ神の両方を崇拝しながら、自分たちを一神教の信仰者であると言えたのだろうか。また、神が信徒たちのもとに留まることができるように、イエスが送ると約束した聖霊は、神とどのような関係にあると言えばいいだろう。聖霊も神として崇められることを考えると、キリスト教は一神教ではなく、三神教ではないだろうか。三位一体の教理は、「キリスト教徒は三つの位格を持つ唯一の神を信じているのだ」と説

キリスト教　215

参照：拝一神教から一神教へ 176–77　■　イエスの神性 208　■　神の唯一性が必要 280–81

17世紀のフレスコ画において、三位一体が息子と父と鳩の姿で表されている。鳩が描かれたのは、聖霊が「鳩のように降りてきた」という、キリストの洗礼の場面に由来する。

明することで、この複雑な問いに答えようとするものである。

イエスの教え

福音書の著者が記しているように、イエスは宣教の間中ずっと、神を父と呼び続けた。このことから、イエスは神の子であり、神と同じ神性を持っていると主張していることが明らかである。イエスはまた、聖霊と自分との密接な関係についても述べている。「父がわたしの名によってお遣わしになる聖霊が、あなたがたにすべてのことを教え、わたしが話したことをことごとく思い起こさせてくださる」（『ヨハネによる福音書』14章26節）。更に、「大宣教命令」と呼ばれるイエスから弟子たちへの命令の中で、神の三つの位格が神性を共有していることが暗に示されている。「すべての民をわたしの弟子にしなさい。彼らに父と子と聖霊の名によって洗礼を授けなさい」（『マタイによる福音書』28章19節）。この教えに従い、初期のキリスト教徒たちはイエスを崇めた。結局のところ、信仰を持つすべての人が、神の家族に加わることを可能にしたのは、イエスなのである（以前はユダヤ人にしか認められていなかった）。イエスは、彼らが神に逆らった過去を赦し、神が平和と正義をこの世にもたらすときに、彼らがその場所に入れることを保証した。そして、神だけが言えること、行えることを、語り、実践した。つまり、その生涯に示されているように、イエスは神なのだ。

似てはいるが同一ではない

三位一体という教理が登場したのは、初期のキリスト教徒たちが、誤り、または「異端」であると見なした他の思想に取って代わるためであった。このような退けられた思想の一つとし

> 唯一の神である全能の父を、
> 唯一の主である
> イエス・キリストを、
> 命を与えてくれる主である
> 聖霊を、
> 我々は信じます。
> **ニカイア信条**

ニカイア信条

4世紀の初めまでに、キリスト教はローマ帝国全土に広まっていた。そのように広範囲にわたったために、信仰の統一的な理解を確立することが難しくなった。ローマ皇帝コンスタンティヌス1世は、異なる理解によって引き起こされる問題を解決するために、公会議を開催することを決める。そして325年、ニカイアでの公会議のために、帝国全土から司教たちが招集された。皇帝は、すべてのキリスト教徒に受け入れられるような信仰の宣言文をまとめるように（そしてその中で三位一体の本質について定義するように）と、司教たちに命じた。この信条はその後、教会で唱えられ、アレイオス派（216ページ参照）などの異端の教えから、キリスト教徒を守り導くのに役立つこととなる。381年、皇帝テオドシウス1世が、コンスタンティノーブルで公会議を開催した。その公会議では325年の信条がより明確にされ、また、文章が補われて、ニカイア信条として採択された。ニカイア信条は、今日、全世界の教会で唱えられている。

216 三位一体

アレクサンドリアの聖アタナシオスは、アレイオス派の教えに対して、神学理論を持って、断固として三位一体説を擁護したことで知られる。彼は、ニカイア信条を起草する際に、重要な役割を果たした。

て、アレイオス主義が挙げられる。エジプトのアレクサンドリアのキリスト教指導者アレイオス(250年頃～336年)によって提唱されたこの神学思想は、一神教を強調するあまり、子の神性を否定し、聖霊の神性も暗に否定している。アレイオスにとっては、父のみが真の神であった。子は父と最も緊密な関係にあり、敬われるべきではあるが、父の神性を代わりに行使しているに過ぎず、神性そのものを共有しているわけではないと、アレイオスは考えた。

アレイオスの考え方は、一般に受け入れられているキリスト教の考え方と、いくつかの点で一致している。たとえば、神の本質的な特徴の一つとして、神は創られた存在ではないという点を主張する。神には始まりも終わりもない。それに対して、子供は生まれるものであり、始まりを有している。それゆえ、アレイオス主義者たちは、神の子は、神の本質をすべて持つことはできないと論じている。神の子は、生まれてくる存在であり、始まりを有しているためである。アレイオス派は神の子について、「かつて彼が存在しない時間があった」と述べる。つまり、神の子が生まれる以前から、神は存在していたのである。したがって、彼らの意見では、理論的に父のみが本当の神であると証明されることとなる。アレイオス派が子を表す際に使った単語の一つに「ホモイウーシオス」があるが、このギリシャ語の単語は、父と「同一」ではなく「類似の実体」という意味である。

アレイオス派は、一神教であることには賛成したが、子と聖霊の神性を認めなかった。これはキリスト教の信仰を揺るがすものであった。というのも、神の子であるイエスの生と死と、死からの復活とを通して、神自身が人々を救うというのが、キリスト教の中心的な考えだったからである。もし神の子が真に神でないのなら、神自身が本当に人々の罪を赦して神の国に受け入れたいと思っているという保証はどこにあるのだろうか。

325年のニカイア公会議で、アレイオス主義の中心教義が否定された。つまり、イエスは父である神と類似しているだけで神性を有していないという彼らの主張が退けられたわけである。そして、イエスは「ホモウーシオス」、すなわち「同一実体(本質)」であるということが宣言された。これはつまり、神の子イエスが父である神と神性を共有することが認められたということである。その結果として、神の子には始まりがないということになり、神は常に「父と子と聖霊」であったという結論に至った。

位格であって、仮面ではない

三位一体の問題について、次に異端と見なされた思想は、3世紀にローマの司祭サベリウスとその弟子たちによって提唱されたものである。アレイオス派とは異なり、サベリウス主義者は子と聖霊も完全に神であると認めていた。彼らは神が1か3かという問題を、神という唯一の存在が父と子と聖霊という3つの様態を持つと説明することで解決しようとした。この考え方は様態論と呼ばれている。

様態論においては、父と子と聖霊は、劇の中で1人の役者が被る仮面のようなものだと考えられる。役者は1人だが、その人は3つの異なる仮面を被るだけで3役をこなすことができる。当初、この考え方は、神を認識する方法を説明するのに、良い手段だと思われた。キリスト教徒は、父としての神に出会うこともあれば、子としての神、またあるときは聖霊としての神に出会うこともある。

しかし、もしキリスト教徒が神の3つの仮面しか見たことがないとしたら、どうして神自身に会ったと確信することができるだろうか。そもそも、仮面というものはその人の正体を隠すために身に付けるものである。もし、神が自分自身ではない者のふりをするために仮面を付けているとしたら、そこには一体どのような意味があるのだろう。そこで神学者たちは、仮面や様態についての議論をやめ、「ヒュポスタシス」というギリシャ語(ラテン語では「ペルソナ」〔「位格」〕と訳される)を使うようになり、神は、1つの「ウーシア」(ギリシャ語で「本質」や「存在」を意味する。ラテン語では「スブスタンティア」〔「実体」〕)の3つの位格であるとした。つまり、1つの実体が3つの位格を持つものだと解釈したわけである。このような神学的な論証では、神の偉大さを適切に表現するために、それぞれの用語に関して通常より広く意味をとるようになった。それに最も成功した神学者は、カッパドキ

> いわば神は分けられているが、
> 分かれていない。
> 分かれた状態で一致している。
> 神は3において1なるものであり
> 3は1である。
> **ナジアンゾスのグレゴリオス**

キリスト教

> 神から被創造物に対して
> なされるすべての行為は、
> 父が開始し、
> 子を通して進められ、
> 聖霊によって完成される。
> **ニュッサのグレゴリオス**

アの教父たちである。カイサリアのバシレイオス、ナジアンゾスのグレゴリオス、ニュッサのグレゴリオス（バシレイオスの弟）は4世紀後半に活動した教父たちで、「ウーシア」（「本質」もしくは「実体」）と「ヒュポスタシス」（「位格」）の違いを、比喩を用いて説明した。それは、ウーシアが人類という種全体（人間の本質）を指すとすれば、ヒュポスタシスは個々の人間にあたる、というものである。それぞれの人間は、人間の本性を持つという点で、他の人々と共通である。しかし一方で、それぞれの人間は、その人固有の特徴を持つことで、他とは異なる独自の存在になっている。したがって、人間というものを定義する場合、「何十億もの個人に共通する1つの本質を、経験的に知っている」ということが基盤となり、それに加えて、かつて生きた人々、現在生きている人々、そしてこれから生きる人々を網羅的に挙げることになるだろう。

このような三位一体の定義によれば、人々が皆、人間の本質を持っているのと同様に、三位一体の全位格は皆、神性を持つ、ということになる。つまり1つの聖なる実体が3つの位格（父、子、聖霊）を持っている、ということである。

ヒュポスタシスやペルソナという言葉を使うことによって、キリスト教の神学者たちは、サベリウス主義や様態論が持つ問題に陥るのを避けることができた。すべての人間の背後に理想の人間が潜んでいるわけではないのと同様に、父と子と聖霊は、神性を持つ謎めいた役者が被っている3つの仮面ではないということで、神学者たちの意見は一致した。3つの位格（父、子、聖霊）が存在し、その3つはすべて神なのである。

三位一体を理解する

キリスト教徒にとって、3人の別々の神ではなく、3つ位格を持った唯一の神を信仰することが、なぜ重要なのだろう。答えは次の通りである。もし、三位一体が異なる3人の神として理解されるなら、イエス・キリストが語った神と、この世を創った神、そして今日この世界で神性を発揮している神との間に関わりがあると、確信することができなくなるためである。

三位一体という考え方は、神とこの世界とが強く結び付いていることを保証している。伝統的に、父はこの世界を創った者、子はこの世界を救いに来た者、聖霊はこの世界を神が望む姿に変える者、と考えられてきた。ここで重要なのは、3人の神が三者三様に別の方角に進んでいるのではなく、唯一の神が同じ目的に向かって（神の愛をこの世界と共有するために）三通りの方法で働いていると思えることである。アウグスティヌス（221ページ参照）は、この愛こそが三位一体を結び付けているのだと述べている。

三位一体の比喩

何世紀もの間、3であり1であることを説明するために、多くの人々が三位一体をどのような比喩で表すべきか

三位一体は、3つの異なる位格からなる。3つの位格は役割を交換することはできないが、神性を持った実体を共有している。そしてその実体は、これら3つの位格の中にのみ存在するものである。

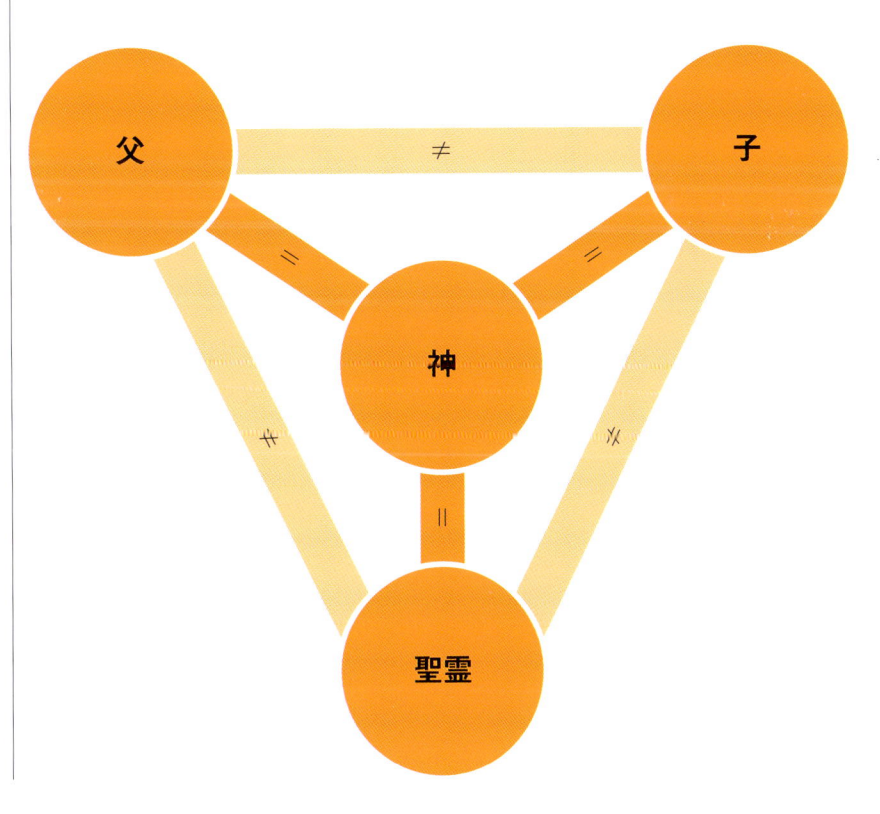

218 三位一体

ローマのパンテオンでは、ペンテコステのミサの最後に赤い薔薇の花弁を降らせる。これは、ペンテコステの日にキリストの弟子たちの上に聖霊が降りてきたさまを模している。

原則を定義する

　三位一体という教理は、しばしばキリスト教神学の最も曖昧で複雑な問題の一つと考えられる。それにもかかわらず、キリスト教徒は、この教理こそが神の本質的な特徴を示していると信じ、堅く守っている。4世紀のアレイオス主義者やサベリウス主義者との論争に見られる通り、三位一体という概念はキリスト教の正統信仰に必要不可欠なものである。エホバの証人やユニテリアン主義者など、この概念に反する見解を持っている教派は、ほとんどの場合、キリスト教の主流派から正統的なキリスト教とは見なされていない。

　現代における興味深い発展は、「社会的三位一体」という考え方である。これは、三位一体の3つの位格の間に見られる協調の在り方を、人間社会の模範とするという見方である。父と子と聖霊の密接な関係が維持されることによってのみ、神は神であると見なされる。それと同じように、神の姿に似せて創られた人間も、神や他の人々との有意義な関係が維持できているときにのみ、本当の人間であり得るのだと考える。

と考えてきた。たとえば、聖パトリック（5世紀にキリスト教をアイルランドに広めた宣教師）は、三つ葉のクローバーのイメージを使って三位一体を説明した。また、「話すこと」を喩えとして使った人々もいる。その説によると、父は話す人であり、子は話される言葉であり、聖霊は言葉を送り出す息であると考えられる。20世紀に最も影響力があった神学者は、スイスの牧師であり教授でもあるカール・バルトである。彼は三位一体という概念を理解する際に役立つ方針を提案し、現代の多くの神学で受け入れられている。バルトによれば、三位一体とは、キリスト教の神について語られることは、どのようなことでも三度語られなければならないということを示す教理である。それはあたかも同じ話を3つの異なる視点から話すようなもので、しかもその3つの視点が互いに補い合う関係にあるのである。バルトによれば、この繰り返しこそが、神の存在が実際にどのようなものなのかを示している。つまり、神は何を行うにせよ、それを父として、子として、そして聖霊として行うのである。

> 父と子と聖霊とは、3である。彼らは被創造物に対して唯一の神が行う行為の、3人の実行者なのである。
> **ロバート・ジェンソン**

キリスト教

三位一体と聖霊

聖霊は、三位一体の位格の中で忘れられることが多い。これはおそらく、4世紀の論争は、主として神の子であるイエスと父である神との関係に焦点が当てられたもので、聖霊については信条の中でも僅かしか言及されていないためだと考えられる。また、もう一つの理由として、聖霊が3つの位格の中でも最も理解し難いことが挙げられる。そして、より状況を複雑にしたのは、聖霊を表すために「聖なる霊」(Holy Ghost)という表現が選ばれたことである(ゴースト〔ghost〕はもともと「霊」を意味するガスト〔gast〕という語であった)。

『ヨハネによる福音書』によれば、イエスは弟子たちに、自分が去って天に昇った後も、彼らと共に留まるように神の聖霊を送ると語っている。聖霊は神に従う者たちの生き方を内側から完全に変え、その結果、彼らは神が望む聖なる生活を送るようになると考えられていた。それゆえ、聖霊は「聖なる霊」と呼ばれるようになったのである。

各教派はそれぞれの方法で聖霊を理解してきたが、20世紀のペンテコステ派の運動によって聖霊はかつてなく注目されるようになった。この運動の名前はペンテコステの日、つまりイエスが聖霊を弟子たちに送った日に由来する。その日、神の聖霊が弟子たちの頭上に、炎のような形で現れ、弟子たちは聖霊に満たされたと言われている。そして弟子たちは、それまでは知らなかった言葉を使って宣教ができるようになったという。

聖霊が変化させる力を持つという考え方は、ペンテコステ派の人々にとって、非常に重要である。彼らは、聖霊が弟子たちを満たしたのと同じように、自分たちも聖霊によって満たされるのだと信じている。これは「聖霊のバプテスマ」と呼ばれる、非常に強烈で、個人的な経験である。ペンテコステ派の人々は、一般的な信仰生活を送りながら、この霊的な革新の瞬間を強く求めている。

キリスト教のカリスマ運動

1960年代以降、カリスマ運動によって、他の教派にも、聖霊に対するペンテコステ派の熱烈な信仰を受け入れる動きが出てきた。カリスマという語は「恵みの賜物」を意味するギリシャ語に由来し、霊的な賜物を指している。その賜物は、キリスト教徒の間で聖霊が働いていることの証とされ、具体的には、癒やし、預言、別の言語を語り出すことなどが含まれる。

ペンテコステ派やカリスマ運動によって聖霊に重要な役割があるとされたことで、キリスト教会は、三位一体の3つの位格すべてについて考え、理解することを求められた。三位一体という概念は依然として重要であり、自分たちが信じ、礼拝する神について、キリスト教徒がどのように語れば良いのかを示してくれるものである。■

> 父と子と聖霊という
> 3つの名は、
> 神が唯一の存在でありながら、
> すべてが三度繰り返される
> ということを意味する。
> **カール・バルト**

聖霊の賜物

キリスト教の教会では、多くの霊的な賜物が認められている。これらの賜物は神が教会に与えたもので、この世界において教会が神の国の仕事を行うのを助けるものであると、キリスト教徒は信じている。その目的は主に3つあり、聖なる職務、教会への奉仕、そして奇跡の顕現である。

キリスト教徒は、聖霊の働きによって、教会で特別な役割を果たすようになる人がいると信じている。これが職務の賜物で、牧師や宣教師となるための正式な召命もここに含まれる。奉仕の賜物は、教会の働きを助けるための実際的な賜物で、預言や説教を行い、施しをし、人々を導き、憐れみを示すことなどが含まれる。聖霊の働きは、異言(神を賛美するために習ったことのない言語で話すこと)、癒やし、その他の奇跡など、特別な形で現れることも多い。これらの賜物は奇跡の顕現と呼ばれ、聖霊が実際に働いていることを示す。

聖書によれば、聖霊はキリスト教徒の人生において、良い実を結ぶ手伝いをする。つまり、キリスト教徒は、聖霊の助けを得て「愛、喜び、平和、寛容、親切、善意、誠実、柔和、節制」(『ガラテヤの信徒への手紙』5章22～23節)に向かって成長するのである。

神の恩寵は
決して失敗を犯さない
アウグスティヌスと自由意志

背景

主要人物
ヒッポのアウグスティヌス

時代と場所
354～430年、北アフリカ（現代のアルジェリア）

前史
紀元前1000年頃～ ユダヤ人は、自分たちが神に選ばれたのは、自分たちに備わっている徳のためではなく、神の恩寵によるものだと認識する。

30年頃 イエスが弟子たちに、恩寵について「あなたがたが私を選んだのではない。私があなたがたを選んだのだ」と語る。

後史
418年 アウグスティヌスの恩寵に関する教えが教会に受け入れられ、ペラギウスはカルタゴの教会会議において異端と宣告される。

16世紀 カルヴァンが、予定説についての自らの教義の中で、アウグスティヌスの教えを発展させる。これは宗教改革において、プロテスタント神学の中心要素となる。

我々が神を選んだのか、神が我々を選んだのか。この問いは、初期の段階からキリスト教の神学者たちを悩ませてきた。その根幹にあるのは、自由意志という難しい哲学的な問題である。この問いに答えるためには、キリスト教信仰という枠組みの中で、その自由意志について考えなくてはならなかった。そしてついに、神の選択と人間の選択との関係に説明を与えることに成功したのが、神学者アウグスティヌスの巧みな議論であった。

ペラギウス論争

5世紀の始め、ケルト系の修道士ペラギウスが北アフリカにやって来ると

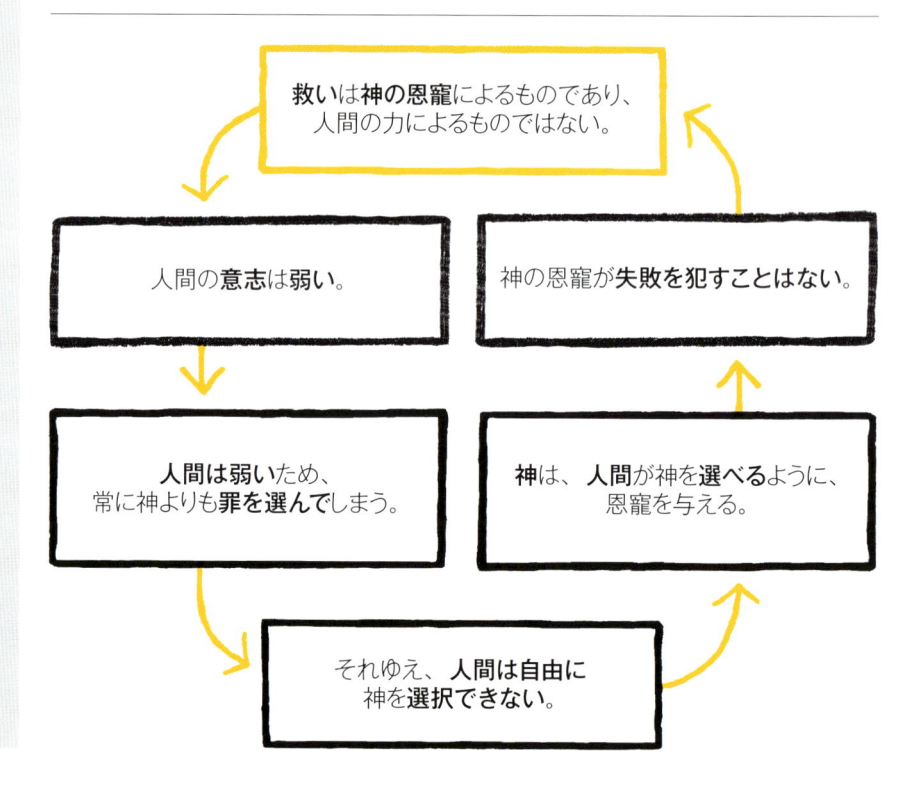

救いは神の恩寵によるものであり、人間の力によるものではない。

↓ ↑

人間の**意志は弱い**。　　　　　　神の恩寵が**失敗を犯す**ことはない。

↓ ↑

人間は弱いため、　　　　　　神は、**人間が神を選べる**ように、
常に神よりも**罪を選んで**しまう。　　　　恩寵を与える。

↓ ↑

それゆえ、**人間は自由に
神を選択できない。**

キリスト教 221

参照：神とイスラエル人の契約 168-75 ■ なぜ祈りは通じるのか 246-47 ■ 神への信仰を深める努力 278

幼児洗礼では罪の汚れが洗い流されると、キリスト教徒は信じている。幼児はまだ自由意志を持たないため罪を犯し得ないと、ペラギウスは主張した。

き、アウグスティヌスは自由意志をめぐる論争に巻き込まれた。それは、幼児洗礼に関する議論から始まった。当時、洗礼は罪の汚れを洗い流すものだと一般的に信じられていたが、ペラギウスは、幼児は洗礼を受ける必要はないと主張した。罪は人間の自由意志の結果であり、幼児はまだ自由意志が発達していないのだから、罪を犯すことはありえない。更に、子供が成長するにつれて自由意志が発達し、神の道に従うことを自ら選択した場合にも、彼らは洗礼を受ける必要はないと、ペラギウスは論じた。

アウグスティヌスは、ペラギウスの主張のほぼすべてに異議を唱えた。アウグスティヌスは論理的な思考と自らの経験をもとに、人間が神の道に従うことを自由に選択するのは不可能であると反論した。人間とは、生まれたときから意志の弱い存在で、間違った物事を選択する傾向がある。これが「原罪」と呼ばれる概念である。アウグスティヌスは、神を選択するために人間は神の助けを必要とし、その際に洗礼がとても重要になると論じた。神は人間に恩寵（神の救済を受けるための助け）を与えることを選択する。そして神は全能であるため、その行為はすべて効果的であるはずだ。したがって、神の恩寵を受けた人間は、罪ではなく神を自由に選択することができるようになる。アウグスティヌスは神の選択と人間の選択とのバランスに気を配っており、神の選択によって人間の選択が不要になるわけではないと論じた。神が選ぶことによって、人間は選択することができるようになるのである。

予定説

予定説の教義として知られるアウグスティヌスの思想は、プロテスタントの宗教改革者、中でもジャン・カルヴァンによって採り入れられた。予定説の極端な解釈の中には、神の恩寵に怠りがあるはずはないという考えを強調するあまり、人間の自由を犠牲にして、人間の決定を取るに足らない行為であると見なすものもある。神が今後起きることをすでに決定してしまっているため、というのがその理由である。このような見方は、自由意志のパラドックスと呼ばれる。多くの人が論じているように、このような解釈では、予定説が人間から自由意志を奪ってしまう。アウグスティヌスの恩寵に関する思想は、神の選択と人間の選択の間のバランスが保たれた、意義深い考え方である。■

> 神は人間に恩恵を与えたが、それは人間が神をすでに知っていたからではなく、神を知ることができるようにするためである。
> **ヒッポのアウグスティヌス**

ヒッポのアウグスティヌス

アウレリウス・アウグスティヌスは、354年、北アフリカのタガステに生まれた。熱心な信者であった母によってキリスト教徒として育てられるが、青年時代にはその信仰を否定し、数年間、放蕩生活を送る。カルタゴでギリシャ哲学を学んだ後、ペルシアの宗教であるマニ教に傾倒したが、ミラノで司教アンブロシウスの説教に感銘を受け、また、砂漠の隠修士アントニオスの生き方に心を動かされ、キリスト教に戻る。

アウグスティヌスは387年の復活祭に洗礼を受け、396年にヒッポの司教に任命される。430年に亡くなるまでに、神学論争に関する説教や著作活動を精力的に行った。最も偉大なキリスト教神学者の一人で、その思想は西洋キリスト教世界において、今なお広く影響力を持ち続けている。英国国教会とカトリック教会から聖人として認められ、14世紀には教会博士という極めて名誉ある称号も与えられている。

主著

397～400年 『告白』
413～427年 『神の国』

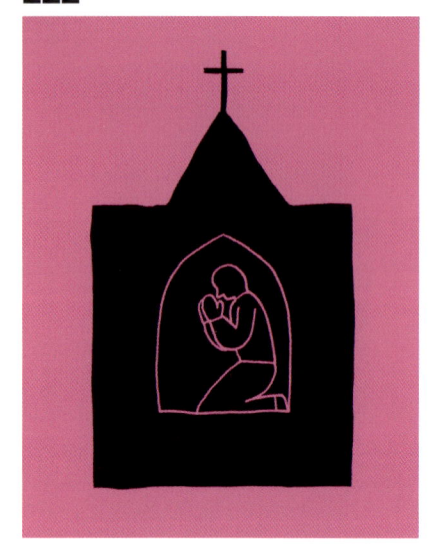

この世界にありながら、この世界に属さない

人々のために神に仕える

背景

主な動き
修道制

時代と場所
3世紀より、地中海地方

前史
紀元前2世紀〜1世紀 ユダヤ教の人々の中で、禁欲主義のエッセネ派が純潔と禁欲の生活を送るために集まり、修道院的共同体を形成する。

後史
529年 聖ベネディクトゥスがイタリアに修道院的共同体を設立する。817年には、彼の定めた戒律が西ヨーロッパですべての修道士が守るべき規範と認められる。

11世紀 聖フランシスコが修道士のためのフランシスコ会を、聖クララが修道女のためのクララ会を設立する。

16世紀 ヨーロッパにおいて、プロテスタントの宗教改革の時期に、あまりに裕福になり腐敗していると見なされた修道院が閉鎖される。

キリスト教徒は**この世界**で生きなくてはならない。

↓

この世界は**神から離れてしまうような誘惑に**満ちている。

↓

この世界から**隠遁する**ことで、修道士や修道女は**宗教的な生活を**送ることができる。

↓

この世の誘惑から離れて、**彼らを取り巻く世界が**より良いものとなるよう、**祈り、求める**ことができる。

↓

修道制とは、この世界に属することなく、この世界にあり続けるための制度である。

今日では、修道院は過去の遺物と思われることがある。しかし、5世紀に西ローマ帝国が崩壊した後、修道院が発展し始めた中世初期には、修道院は社会において重要な位置を占めていた。文化的な側面から言うと、当時ヨーロッパは暗黒時代と呼ばれる時期に入っており、そのような時代にあって修道院は学びと革新の灯火となった。このように有力な組織であった修道院は、キリスト教の中心的な考え方を現実のものとしていた。つまり、自分自身のためだけでなく他者の幸福のためにも宗教的な生活を送ることに集中するという目的で、世俗的な生活の煩わしさを免除され得るという考え方である。そのようにして俗世間から退き、広い世界の人々のために祈るということが、常に修道制の重要な役割の一つであった。

洞窟から修道院へ

修道制の始まりは、3世紀以降にエジプトの砂漠で暮らしていた「砂漠の父」、「砂漠の母」と呼ばれる人々の生き方にさかのぼる。彼らのような初期の修道士と修道女は、献身と祈りの質素な生活を送るために、俗世間から隠遁した。彼らは、「たとえ全世界を手に入れても、自分の魂を失ったら、何の得があろうか」というイエスの言葉に従い、世俗的な富や結婚ではなく、宗教的な生活を選んだ。当時、この世界には多くの誘惑が存在し、神の道か

キリスト教 223

参照：苦行が霊的解放への道である 68-71 ■ 高次の教え 101 ■ 受戒・出家の目的 145 ■ キリスト教における不死 210-11 ■ プロテスタントの宗教改革 230-37

3世紀に、最初の砂漠の隠修士の一人である聖アントニオスの周りに数千人の賛同者が集まり、近くの洞窟に住みついた。この修道院はエジプトのその地に建設されたものである。

ら人々を離れさせる恐れがあると考えられていたのである。俗世間の生活の煩雑さに飲み込まれないように砂漠の洞窟で暮らしながら、苦行者たちは、静かで瞑想的な祈りに専念した。「荒れた水面に顔を映して見ることができないように、雑念を振り払わなければ、魂もまた、黙想のうちに神に祈ることはできない」と言われていた。

修道制が砂漠からヨーロッパに広がるにつれて、洞窟ではなく、修道院と呼ばれる独特の構造を持つ建物が、そのような生活の場として使われるようになった。修道院の多くは、回廊（黙想のために使われる隔絶された庭）を中心に建てられた。彼らの住む場所は砂漠から人口が多い環境へと移されたが、宗教的な生活を営むためにこの世界から離れて暮らすという思想は受け継がれていた。

他者のために生きる

しかし、修道院は単に、俗世間からの宗教的な避難場所というわけではなかった。当時、ほとんどのキリスト教徒が農民であり、生きるために長時間働かなくてはならず、祈りに時間を割くことは困難だった。修道士や修道女は彼らのためにミサをあげ、祈ったのである。また、ベネディクト会（6世紀創設）やシトー会（12世紀創設）などの修道会は、祈るだけでなく、必要な場合には施設を提供し、慈善活動を行った。更に、中世を通して、修道院は教育の中心であった。修道士や修道女は貴重な写本を書き写し、彩色を施し、知識を伝えた。修道制の理想通りに、俗世間からの隠遁は、神の名において世界のために奉仕する時間と活力を彼らに与えたのである。■

東方のキリスト教会には、修道会は一つしかない。そこでは、聖バシレイオスによって書かれた修道規則が順守されている。

東方の修道制

西ヨーロッパの修道制が立派な共同体の建物によって知られている一方、多くの東方の修道院では、より古い伝統に従い、聖アントニオスの例にならって、修道士や修道女は互いに比較的孤立した生活を送っている。また、東方における初期修道制の伝統の極端な例として、聖シメオンに代表される柱頭行者が挙げられる。彼らは柱の上で暮らし、断食を行い、祈り、説教をした。修道制の実践の方法が西ヨーロッパと若干異なるとはいえ、東方の修道院も宗教的な生活を目的としており、人々の助けとなるために俗世間から離れて暮らすという理念を今なお保っている。東方修道制の最も神聖な場所の一つにギリシャの聖なる山、アトス山があり、そこには最初期の修道院の建物が残っている。この孤立した半島は完全な自治権を持ち、俗世間から隔離されていて、女性がこの地に近づくことは禁じられている。

教会の外に救いはない

信仰に入る

背景

主な動き
第4ラテラノ公会議

時代と場所
1215年、ローマ

前史
1世紀 最初のキリスト教共同体が形成される。

313年 ローマ皇帝コンスタンティヌスがミラノ勅令を発布し、キリスト教徒に信仰の自由を与える。

1054年 教会大分裂が起こり、ローマ・カトリックと東方正教会が分裂する。

後史
1545〜63年 プロテスタントが主張する2つの秘跡に対抗して、トレント公会議が7つの秘跡を再確認する。

20〜21世紀 エキュメニカル運動によって、すべてのキリスト教徒は教派を超えて、全世界に及ぶ一つの教会の一員であることが確認される。

教会の一員にならなくても、キリスト教徒でいることは可能なのか。今日では、多くの人々が「可能だ」と答え、イエスが弟子たちに宗教的な組織を作り上げるように指示しなかったことを指摘するだろう。あるいは、キリスト教徒でいるために必要なことは、教会に所属することではなく、イエスを個人的に信じることだと主張する人々もいるだろう。

そのような議論はあるものの、教会の一員であることは、歴史を通して、キリスト教信仰の本質的な要素であると考えられてきた。イエスの死と復活から数年間、キリスト教徒たちは、ユダヤ教のシナゴーグでの宗教的な集まりを、自分たちに合うように作り変えていた。そしてそのような集まりから、初期の信者たちが生まれてくることと

キリスト教 225

参照：神とイスラエル人の契約 168-75 ■ 信仰と国家 189 ■ 主要な信仰行為 262-69

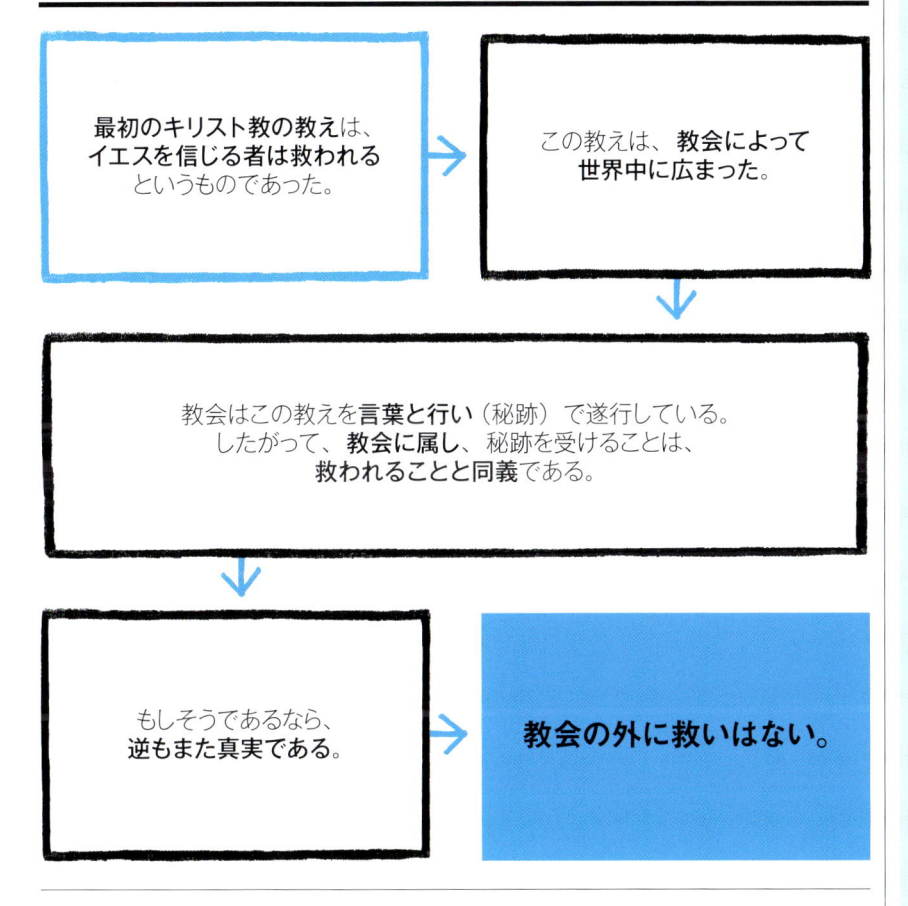

```
┌─────────────────────┐      ┌─────────────────────┐
│ 最初のキリスト教の教えは、│ ───> │ この教えは、教会によって │
│ イエスを信じる者は救われる│      │ 世界中に広まった。     │
│ というものであった。    │      │                   │
└─────────────────────┘      └─────────────────────┘
                                        │
                                        ▼
┌────────────────────────────────────────────────┐
│ 教会はこの教えを**言葉と行い**（秘跡）で遂行している。  │
│ したがって、**教会に属し、秘跡を受けることは、**       │
│            **救われることと同義**である。           │
└────────────────────────────────────────────────┘
              │
              ▼
┌─────────────────┐      ┌─────────────────┐
│ もしそうであるなら、│ ───> │ **教会の外に救いはない。** │
│ 逆もまた真実である。│      │                 │
└─────────────────┘      └─────────────────┘
```

キリスト教の地獄

キリスト教の歴史を通じて、地獄という概念は、神の救いから外れることを象徴するものであった。イエスは教えの中で、地獄を表すために「ゲヘナ」という言葉を使ったが、これは、ヒンノムの谷という、エルサレムの壁の外に実在する場所を差している。ここはかつて、子供たちが生贄のために焼かれたと考えられており、呪われた場所と見なされていた。このことから、永遠に火が燃える場所という一般的な地獄のイメージが生じた。

中世を通して、地獄の恐怖は宗教美術の題材であった。その作品を見た人々は、永遠の苦しみから逃れたければ、カトリック教会の内に留まる必要があるのだと感じたものだった。

今日、キリスト教の神学者は、次のような見解を示している。イエスが言おうとしていたことは、実際に地獄と呼ばれる場所があって、イエスの教えを受け入れない人々がそこで永遠に罰せられるということではない。「地獄」という言葉は、「神なしに存在すること」を表すイエス独自の表現である。神は命の創造主であるため、神がない状態でいるということは、存在しないということ、もしくは永遠の死を意味する。

なる。ユダヤ教徒と同様に、キリスト教徒も祈り、歌い、食事を共にし、聖書を朗読するためにシナゴーグに集まっていた。キリスト教徒にとって、聖書とは、旧約聖書として知られるようになるヘブライ語聖書と、イエスと彼の重要性について書かれた、新約聖書と呼ばれるようになる新しい文書の両方を指した。

キリスト教の教えがユダヤ世界の外に広がるにつれて、キリスト教徒の集まりも独自の形に発展し、エクレシアと呼ばれるようになる。エクレシアとは「呼び出された」という意味のギリシャ語の単語からきており、このキリスト教徒の集まりが世界にイエスの教えを伝えるために、神によって呼び出されたのだ、という考えを示している。

母なる教会

3世紀半ばには、神学者キュプリアヌスが、教会に属することはキリスト教信仰において、選択肢ではなく不可欠な要素であると主張した。当時、多くのキリスト教徒が、ローマ当局による激しい迫害に苦しんでおり、自らの命を守るために信仰を棄てる者もいた。教会の指導者たちは、このような信徒に対してどのような方針をとるべきか確信を持てずにいた。信仰を棄てた者たちが心から悔い改めるなら、再び教会に受け入れるべきか、それとも、二度と教会には受け入れず、彼らに別の共同体を形成させるべきか。キュプリアヌスは一貫して、教会は彼らを赦すべきであり、彼らが教会に戻れるようにすべきだと主張した。なぜなら彼

226 信仰に入る

は、真の教会はただ一つしかなく、教会の外で人々が救われることは不可能であると信じていたからだ。キュプリアヌスは教会を、旧約聖書の洪水物語に登場するノアの箱舟に喩える。洪水のときに箱舟に乗った人々だけが助かったように、神の最後の審判から救われるのは教会に属する人々だけであると、彼は述べた。

キュプリアヌスの時代には、教会は発展し、明確に定められた制度を備えていた。助祭と司祭が地方の会衆を導き、司教や大司教がそれよりも少し広い地域をとりまとめる。この時代にローマ市が政治的・経済的に重要な役割を果たしていたこともあり、ローマの司教は次第に全教会の指導者と目されるようになる。そして6世紀には、司教の中でただ一人、教皇(英語 pope はギリシャ語で「父」を意味する papas に由来する)と呼ばれるようになった。

教皇の権力は、中世を通じて強まっていく。当初、教皇が優位性を持つことは、全教会を統一する上で有効だと思われた。しかし11世紀になると、東方のギリシャ語圏の教会指導者たちは、西方のラテン語圏の教皇に不当に支配されていると感じるようになっていた。1054年、教会大分裂が起こり、教会は東方と西方に分離した。その際に問題となったのは、教義上の違いと、教皇の権威であった。しかしローマ教皇は、その後も全世界の教会の頂点に立つことを主張した。そして1215年に、教会の指導者たちを集めて開かれた第4ラテラノ公会議において、教皇イノケンティウス3世は、東方教会の有力な司教たち(コンスタンティノープル、アンティオキア、アレクサンドリア、エルサレムの司教)の上に、自分の権威を置くことを改めて表明した。

西ヨーロッパでは、中世が終わるまで、教皇によって統括されたローマ・カトリック教会が、信心深いキリスト教徒の唯一の共同体であるかのように思われていた。そのようにローマ・カトリック教会が中世の生活を支配していたために、教会の外で救われること

> 教会を母に持つのでなければ、神を父に持つことはできない。
> **キュプリアヌス**
> **『カトリック教会の一致について』**

は不可能であるという考え方が、より説得力を増すこととなった。

7つの秘跡

中世の間に、教会は政治的・経済的に強い影響力を持つようになったが、教会の持つ最も重要な力は宗教的権力であった。教会の主な役割の一つは、神と神を信じる人々との間の霊的な結び付きを目に見える形で示すことだと考えられていた。神と信徒の関係は捉えようのない性格のものであるから、教会との関係によってその人の信仰の強さを測れることは非常に便利であった。

教会の中では、キリスト教徒の人生のさまざまな段階において、特別な儀礼が行われた。それらは秘跡(サクラメント)として知られ、宗教的に大切な意味を持っていた。もともと初期の教会は、2つの秘跡だけを行っていた。それは、洗礼と聖体(聖餐)で、どちらもイエスの行為や教えに直接由来するものであった。しかし中世の間に、秘跡の数は7つにまで増え、そのすべてがカトリック教会の権威に裏付けられるものと見なされた。その7つの秘跡とは、洗礼(教会に加わり、その罪が洗い流される)、堅信(キリスト教的な生活を送る助けとなる聖霊の賜物を受ける)、聖体(イエスの死と復活によって与えられたゆるしを表す儀式で、定期的に行われる、「聖餐」とも)、ゆる

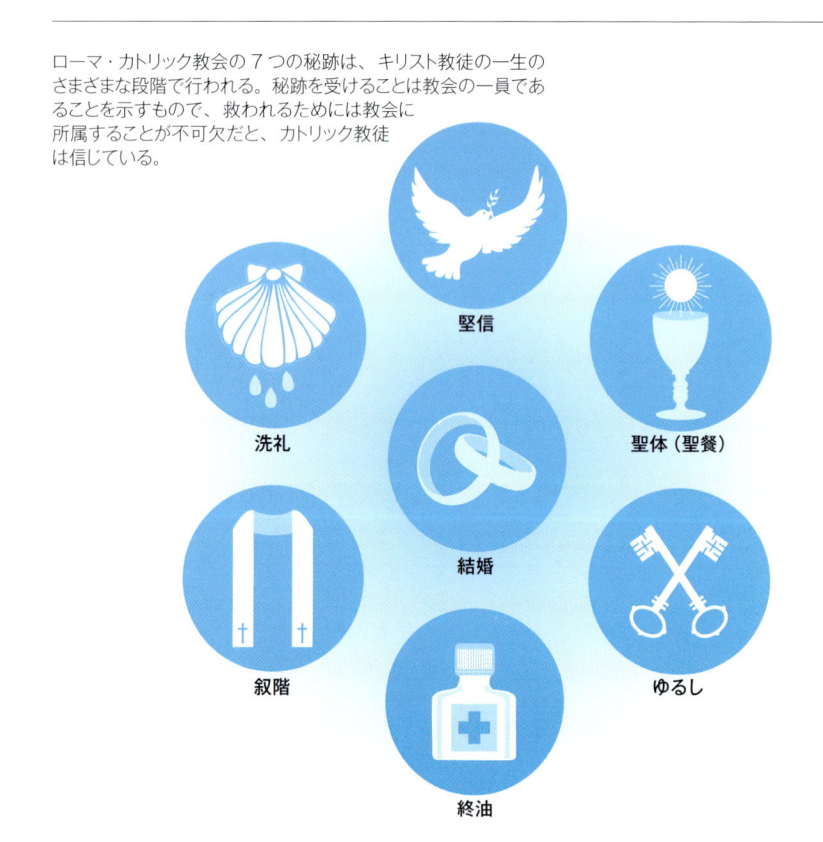

ローマ・カトリック教会の7つの秘跡は、キリスト教徒の一生のさまざまな段階で行われる。秘跡を受けることは教会の一員であることを示すもので、救われるためには教会に所属することが不可欠だと、カトリック教徒は信じている。

- 堅信
- 洗礼
- 聖体(聖餐)
- 結婚
- 叙階
- ゆるし
- 終油

キリスト教

> 信徒の普遍の教会は
> ただ一つであり、
> その外にはいかなる救いもない。
> **第4ラテラノ公会議**

し(罪を告白した後に、神と和解するために司祭によって定められる償いの行為)、終油(死んでいく人に、塗油を施し、安らぎを与え、ゆるしを保証する)、叙階(教会の内で神に仕えるために、自分の生涯を捧げることを決意する)、そして結婚である。結婚は、夫と妻の深い関係が、神とキリスト教徒の関係を反映していると見なされたため、秘跡に含まれた。

秘跡を受けることは、その人がカトリック教会の一員であり、神の救いが保証されているということを、はっきりと示すものだった。それゆえ、秘跡の正しい使われ方について、司祭と信徒のための指針として、教会において決まりが定められた。秘跡はとても重要であると考えられていたため、聖職者は秘跡を遂行することによって利益を得ることを禁じられた。また、すべてのキリスト教徒は聖体を少なくとも年に一度、復活祭に受けなくてはならず、加えて、少なくとも年に一度、自分の罪を告白し贖罪の行為を行わなくてはならないということが、第4ラテラノ公会議で定められた。更に、病床における司祭の祈りが不可欠なものと考えられたため、医者は自分の仕事をする前に、病人に付き添う司祭を呼ぶべきであるとされた。これらの重要な規定は、教会が秘跡を自由に定期的に行うこと、そして教会に所属する人々がその秘跡を受けられることを保証するものであった。

地獄に落ちないために

第4ラテラノ公会議においては、それ以前、及びそれ以降の教会会議と同様に、カトリック教会の秘跡を拒否することは教会から離れることであり、神に代わって教会が与える救いを失うことであると明確に示された。もし教会が信徒にとっての「母」と見なされるなら、教会の「子供」でない人は救いを受けることができないのである。

自らが秘跡を受けない人々に対しても、他者に秘跡を拒否するように教えた人々に対しても、特定の処罰が待っていた。ローマ教皇は、ペトロ(イエスの最も近い弟子の一人であり、初代教皇と見なされている)から正しい教えを受け継ぎ、伝える人物であると信じられていたため、教皇の教えを拒否することは、イエスの教えを拒否することだと考えられていたのである。悔い改めない異端者(カトリック教会の教え以外のものを信じる人)には、破門という罰が与えられた。彼らは、心を入れ替えるまで、教会から追放され、秘跡を受けることも禁じられた。そして異端のまま死んだ場合は、神の救いから外れ、地獄の恐怖に耐えなければならないと考えられた。

中世が終わるころ、カトリック教会によってのみ救済が与えられるという状況に抵抗したプロテスタントが、宗教改革を起こす(230〜37ページ参照)。その結果、特定の教会組織が、その特定の教会の外に救いの可能性はないと主張することは不可能となった。しかしながら、より広い意味で、キリスト教教会の外に救いはないという考え方は、今も多くの教派において信じられている。■

聖ペトロはイエスの直弟子であり、ローマで殉教した。教皇はペトロの権威を受け継いでいると考えられているため、教皇の言葉を拒否することはイエスを拒否することだと見なされる。

これは私の体、これは私の血である

聖体（聖餐）の秘跡

背景

主要人物
トマス・アクィナス

時代と場所
1225〜74年、ヨーロッパ

前史
紀元前300年〜 ユダヤ人が過越（すぎこし）の食事のときに、酵母を入れないパンを食べることに加え、聖別された葡萄酒を飲むようになる。

1世紀 聖パウロが初期のキリスト教徒たちに、イエスが弟子たちと共にとった最後の晩餐を定期的に執り行うようにと指示を書き送る。

1215年 第4ラテラノ公会議において、聖体がカトリック信徒にとって不可欠な7つの秘跡の一つであると定義される。

後史
16世紀 プロテスタントの改革者たちは実体変化を否定し、イエスの言葉をより象徴的に理解するべきであると考える。

聖体（聖餐）の秘跡を通して、キリスト教徒はイエスの「現存」を体験する。

↓

しかし、聖体において実際に使われるのはパンと葡萄酒であり、肉体と血ではない。

↓

アリストテレスは「実体」と「偶有性」（物質の形や属性）を区別する。

↓

パンや葡萄酒の「偶有性」は明らかに変化していない。

↓

したがって、パンや葡萄酒からイエスの肉体と血に変化するのは「実体」に違いない。

↓

これが聖体（聖餐）の秘跡である。

とらえられ十字架にかけられる直前、イエスは弟子たちと共に、パンと葡萄酒で過越（すぎこし）の食事をとったが、その際に「これは私の体である」、「これは私の血である」と述べている。それ以降、この儀礼はキリスト教徒によって礼拝の中で執り行われてきた。その呼び名は、「聖体(礼儀)」、「聖餐(式)」、「主の晩餐」などさまざまある。しかし、何世紀もの間、このイエスの言葉の意味と重要性とが、激しい論議の対象となってきた。いったいどうして、パンと葡萄酒がイエスの体と血に変わるのだろうか。

13世紀に、中世の偉大な神学者トマス・アクィナスが実体変化の理論を発展させた。彼は、その当時再発見されたアリストテレスの哲学を援用して、聖体についての教えを明確化した。

キリスト教 229

参照：新しい社会のための信仰 56-57 ■ 信仰に入る 224-27 ■ プロテスタントの宗教改革 230-37

> キリストの本当の肉体と血とが
> この秘跡に現存することは、
> 感覚や理解によってではなく、
> 信仰によってのみ
> 感じ取ることができる。
> **トマス・アクィナス**

それ以降、アクィナスの教えは、ローマ・カトリック教会の公式教義となった。

アクィナスの教義の目的は、パンと葡萄酒の中にイエスが「現存」するということが、いかにして起こり得るかを説明することにあった。これは重要なことである。というのも、キリスト教徒は聖体を秘跡（宗教的な真実を体現する聖なる行為）だと考えていたか

らである。もし、パンと葡萄酒が配られるとき、イエスがそこに存在していないのであれば、秘跡はその意味と重要性を失ってしまうだろう。

パンは、いつパンでなくなるのか

アリストテレスによれば、「実体」とは、物質や人間に備わっている唯一の本質（たとえば、机が「机であること」）を指す。それに対して、「偶有性」とは実体の属性であり、実体を変化させることなく、偶有性のみが変化するということが起こり得る（たとえば、木製で青色の机も、金属製でピンク色の机も、「机である」という本質は変わらない）。

この理論を援用して、アクィナスは、物質や人間の実体が、他の物質の偶有性の中に存在し得る（つまり、イエスの実体が、パンや葡萄酒の偶有性の中に存在し得る）と論じた。アクィナスはまた、ある物質が他の物質に変化することもあり得ると述べている。それゆえ、司祭がパンと葡萄酒に対して祈ったときに、パンと葡萄酒の実体がイエスの体と血の実体に変化するということが起こり得る。これがアクィナスの説いた「実体変化」（ある実体が別の実体に変わること）である。しかし、パンや葡萄酒の偶有性はそのままであ

聖体はほぼすべてのキリスト教徒の信仰にとって、不可欠なものである。ローマ・カトリックと正教の教会は実体変化を信じている一方で、他の教派はより象徴的な行為として捉えている。

るため、パンと葡萄酒の中のイエスの「現存」は、目に見えるものではなく、信じるものなのである。■

トマス・アクィナス

トマス・アクィナスは、中世スコラ学の最も偉大な神学者と考えられている。スコラ学の特徴は、キリスト教信仰を、より学問的に厳密に考えるという新しい手法をとったことである。アクィナスは、1225年にナポリに近いロッカセッカの貴族の家に生まれた。ナポリ大学在学中に、当時設立されたばかりの説教者兄弟会（後にドミニコ会として知られるようになる）に加わった。パリとケルンで勉強を続け、最終的にはカトリック教会で高い評判を受ける教師となる。キリスト教に対する彼の最大の貢献は、キリスト教神学を説明し擁護するために、ギリシャ哲学、特にアリストテレスの著作を援用したことである。彼の神学体系は「トマス主義」として知られるようになり、何世紀もの間、カトリック神学の基準として用いられることとなる。トマス・アクィナスは1274年、リヨンで開催される普遍公会議に出席するための旅の途中で、49歳で没した。

主著

1260年頃　『対異教徒大全』
1265年頃〜1274年　『神学大全』

神の言葉に仲介者は必要ない

プロテスタントの宗教改革

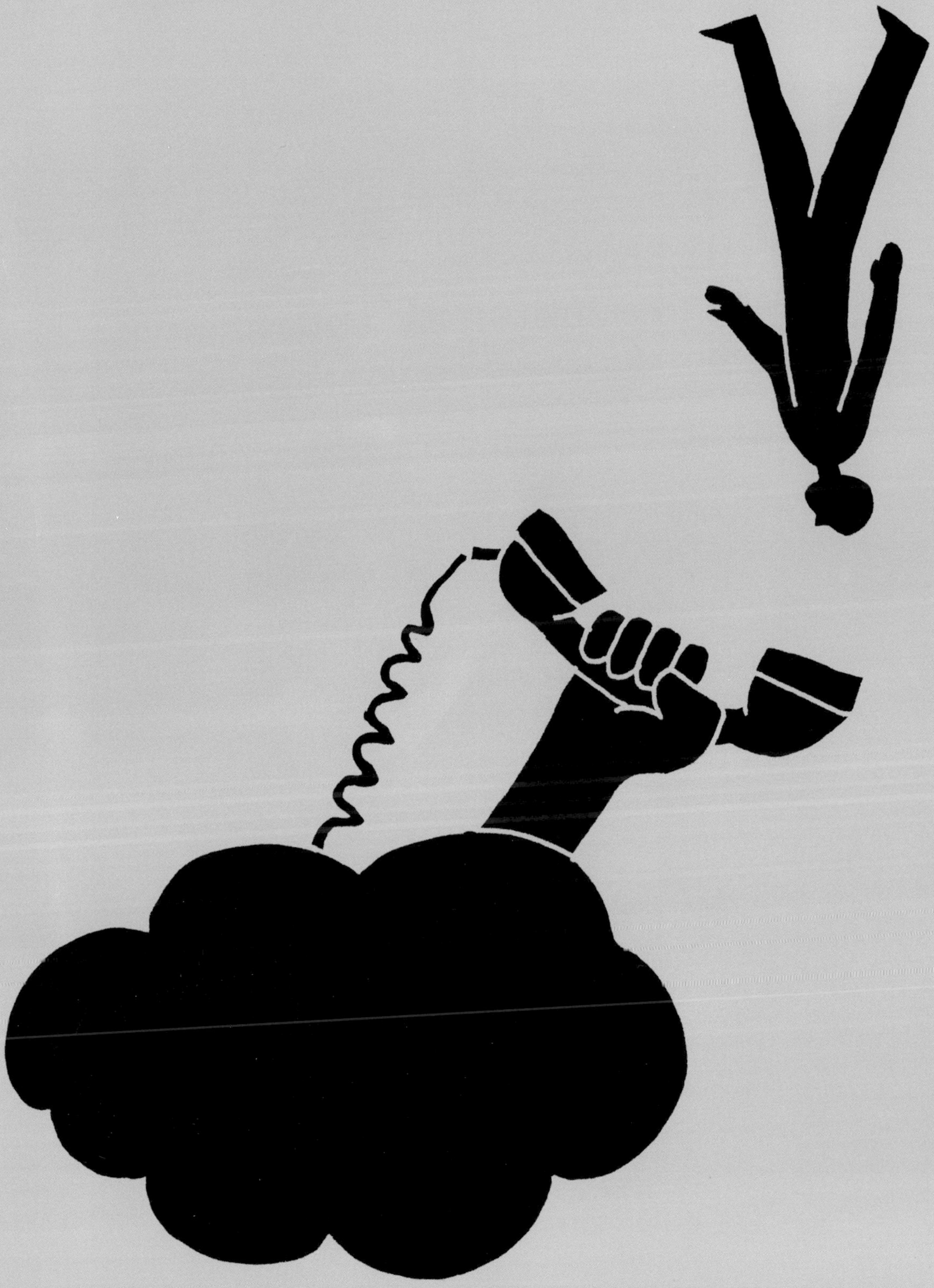

プロテスタントの宗教改革

主な動き
宗教改革

時代と場所
16世紀、西ヨーロッパ

初期
1382年 ジョン・ウィクリフが、本格的な翻訳聖書を初めて出版する。

1516年 人文主義者で神学者のエラスムスが、自ら訳したラテン語とギリシャ語の対訳新約聖書を出版する。

後半
1545～63年 トリエント公会議が開催される。カトリック教会の体系が再び確立し、プロテスタントの運動を非難する。

1563年 「ハイデルベルク教理問答」が出版される。カルヴァン派のルター派に対する勝利を決定づける教理書の一つであり、改革派教会の重要な教理問答とする。

聖書の教えに 中心を置き改革

↑

その土地の言葉に翻訳された、すべての神の言葉を自分自身で、読み、聞くことができるようになる。

←

中世の間、ラテン語の聖書が存在しなかったため、ほとんどの人は聖書の内容について自分自身で判断することができなかった。

←

初期のカトリック教会は、信仰について自分を律するために、聖書を学ぶように命じていた。

←

当時の一般的な聖書であった聖書は (旧約はヘブライ語、新約はギリシャ語)。

ルターサンス期のヨーロッパ

16世紀になると、ヨーロッパは中世から近世へと移り変わっていた。ロシアを征服する1492年のアメリカ・ポルトガル、スペイン、ポルトガルは探検航海に励み、新大陸の発見があって、海路を通じて航海へと繰り出し、アフリカや西インド諸島に進出した。新航路の発見が、その結果国家の貿易を活発にし、新しい通商関係や都市国家が作られ、それらの国家の繁栄は目立つようになり、経済的基盤を築いていった。また、文化的側面においても、芸術家、科学者たちが革新的な文化を生み出し、古い伝統を捨てた体制を維持していた一連の動きや様々な動きがあった時期であり、この運動はルネッサンス期を迎えることになる。このまま教会は、重要な役割を果たすこともなかった。

揺らいだ神の権威

しかし、16世紀初頭に起こったこの宗教改革によって、十字の一般人たちが自分たちの規範にとらわれることもなく、教会と民衆を困難な立場に陥れていた。宗教者たちに言われ、ローマ・カトリックの腐敗を訴え、聖書にはない多くの規範を取り入れていた。教会は大きな権力を持ち、政治・経済的な支配を拡大したいために、重税を押し付けたいという主張をさせ、ユダヤ人を差別にすることに従う人々が増えていく一方、教会の教え方に伝統より人為的に、教会の決めたことを批判する中で、ローマ・カトリックの主教的な支配を強くし、それを中心として構成されていたものとして位置づけ、ヨーロッパ中により教会の影響力を奪うため、人は教会を収益することを求めた。

キリスト教 233

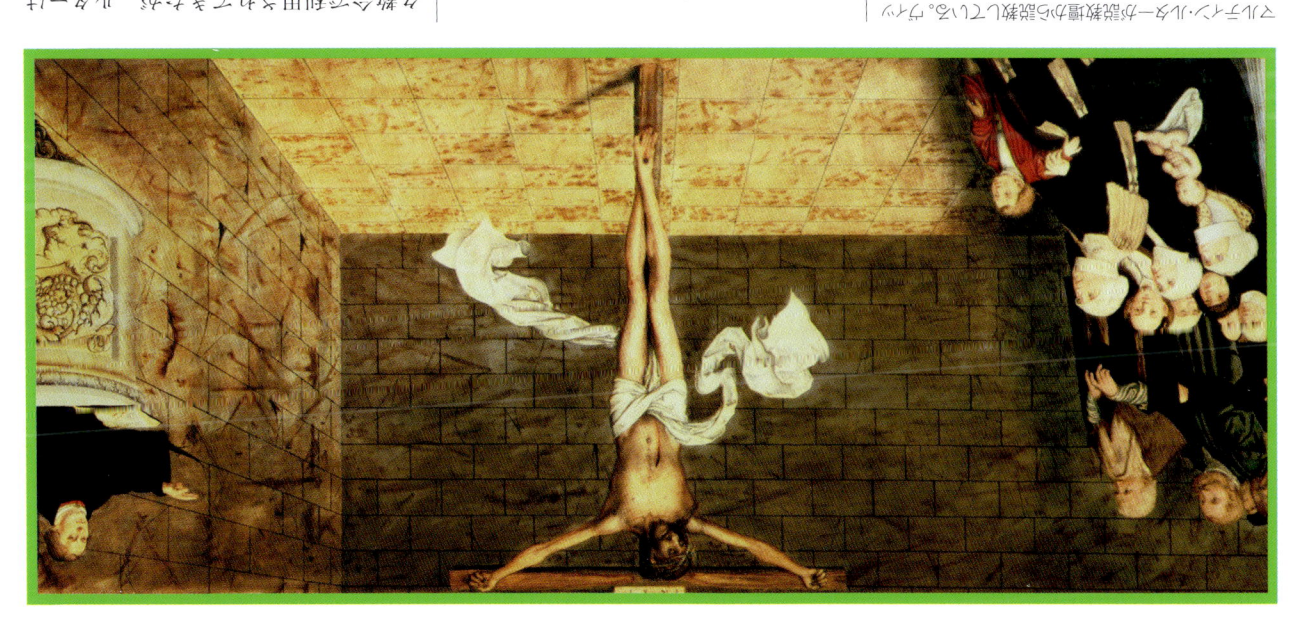

> キリスト教徒たちのうちの
> 上に立つ者たちが、
> 誰にも従属していない
> キリスト教徒すべての
> 幸せするる権（けん）であって、
> あらゆる人に従属している。
>
> ——マルティン・ルター

ローマとの闘争

宗教改革の始まり、ドイツの修道士マルティン・ルターは、ペトロ大聖堂の建築資金を得る目的で贖宥状を販売していたローマ教会を批判する「95箇条の意見書」を掲示した。人々が免罪符に頼らず聖書に直接向かうことを主張し、教会の腐敗を糾弾した。

ドイツ諸侯の中にはルターを擁護する者もおり、宗教改革の波はヨーロッパ各地に広がった。ルターは教皇から破門されたが、ザクセン選帝侯フリードリヒの保護を受け、ドイツ語訳聖書を完成させた。また、近隣諸国では、スイスのツヴィングリやフランスのカルヴァンらが独自の改革を進めた。16世紀、北ヨーロッパの諸国は次々とプロテスタントの教えを受け入れることとなった。

一方、カトリック教会はトリエント公会議（1545～63）を開催して教義の再確認を行うとともに、イエズス会などの修道会による宣教活動を強化し、南ヨーロッパや新大陸、アジアへの布教を進めた。

カトリック教会とプロテスタント教会の対立は、ヨーロッパ各地で宗教戦争を引き起こし、多くの血が流された。特に17世紀の三十年戦争はドイツを荒廃させ、後に各国は信仰の自由を認めるようになり、近代的な世俗国家への道を歩むことになった。

これ以降、ヨーロッパのキリスト教は一様ではなく、多様な教派の伝統に従って発展することとなった。

キリスト教の精神は、その後も芸術や思想の面に大きな影響を持っていて、現代に至るまで、当時の絵画の多くが、キリスト教の信仰について人々に強い信仰を持ち続けさせるため、教会の依頼で描かれたものである。

ペルリヒを経てエロニスムへと進む者は、4世紀に書かれた正書のもとに、新約の経典を含む聖書が完成している。

キリスト教の神秘体験 238

参照： シャーマンの7つ 26-31 ・ 個人的成長の探求 144 ・ ブラヴァツキーによる自由意志 220-21

プロテスタントの宗教改革

ルターは聖書を翻訳し、特に新約聖書『ローマの信徒への手紙』から、神の赦しを受けるうえで、神が人間に望むのはただ一つ、神が人類を救うという聖書の記述を信じる信仰を持つことのみから、彼が確信状を持つ教会の贖宥状の販売を批判した「95箇条の論題」を発表した。その論題はドイツ中に広まり、彼を支持する人々が現れた。そして、ローマカトリック教会の聖書に関する多くの教義を彼は否定していた。それが、教皇はルターの抗議に、聖書に従ってたちまち撤回せよと言った。ルターは拒否し、1520年、彼はついに教会から追放された。ルターは16世紀初頭のドイツにいた一人の神学者であり修道士でもあった。ルターは10世紀以降ずっと続く聖書の次の与えられた姿を排した。

聖書の権威

ルターのいないことはつきりしていた。「聖書は教会の権威の

の王庭の宣教活動のように、 ルターは聖書を通した地域に広

らは、聖書の権威が教えるような、あまりに多くのことを（なかで）「ただ信仰のみによって」と彼は語った。ルターは聖書のみを権威として、16世紀初頭のヨーロッパの贖宥状を受け、地位を主張した。ス主義（俗化）の傾向が強くなっていた時代、贖宥状の販売を目

宗教改革の主要目的の一つは、人々が聖書を直接読めるようにすることだった。多くの人々が文字を読めなかったが、そのため聖書は大きな影響を与えることができなかった。また、聖書はラテン語で書かれており、理解できる人はあまりいなかった。

印刷機の発明

ルターは聖書を訳すようになった。

人々は、改革運動に加わるようになった。そして宗教改革を支持する改革者の基盤がより大きく強固になっていた。（田語はヘブライ語、新約聖書はギリシア語から）、聖書（1466～1536年）のラテン語、エラスムス（1466）の翻訳から、まず聖書は各国語に訳された。

この19世紀の絵画には、バチカン、バチカン、ヒエロニムス、聖書の翻訳に携わったエラスムス、ヒエロニムス、ローマ教皇らが工房で、聖書やコリント2書やいろ様子が描かれている。

> "
>
> 救革の勝利によって
> すべての国から解放され
> 救われると悟る
> 贖宥説教師は、
> 誰も救われない。
>
> マルティン・ルター
>
> "

キリスト教

> ルターは、不和の霊によって
> この世に送り込まれた。
> 世界の至る所が彼のせいで
> 混乱している。
> 教会の腐敗が劇薬を
> 必要としていることは、
> 誰もが認めるところだ。
> **エラスムス**

語に翻訳しようという初期の試みは、カトリック教会の強い抵抗にあった。1382年という早い時期に、ジョン・ウィクリフが聖書を英語に翻訳していたものの、それは多くの人が手に入れられるものではなかった。

しかし、ルターの時代になると、書籍の出版事情は大きく変わった。1440年にマインツの近郊で、ヨハネス・グーテンベルクによって活版印刷機が発明されたのだ。ルターはこの新しい技術を活用した。彼は、人々が日常的に話しているドイツ語に聖書を翻訳する作業に着手し、1522年には新約聖書を、1534年には聖書全巻を出版した。自分たちが話す言語で書かれており、更に比較的安価であったために、ドイツ中のキリスト教徒が聖書を読めるようになった。間もなくして、フランス語と英語の聖書も印刷され、宗教改革の思想がヨーロッパ全体に広まっていった。また、印刷技術によって、聖書だけでなく、宗教改革者によって書かれた冊子や書籍が普及し、新しい思想を求める人々によって熱心に読まれるようになった。

抗議と教会の分裂

当初、ルターと彼の賛同者は、カトリック教会内での改革を望んでいたに過ぎなかった。そのために彼らは、「改革者」と呼ばれた。ところが、帝国議会と呼ばれる一連の会議において、ドイツのカトリック教会には改革者の要求を受け入れるつもりがないことが明らかになった。この要求に含まれる内容は、教皇からの独立、ラテン語ではなく自国語でミサを行うこと、そして聖職者の妻帯などであった。そして、カトリック教会改革の望みは、最終的に1529年のシュパイアー帝国議会で打ち砕かれる。

ルターの賛同者たちは、「抗議文書」を提出し、教会の権威に従うことを拒否した。このときから、彼らは「プロテスタント」（抗議する者）と呼ばれるようになる。このプロテスタントという呼び名は、カトリック教会の権威に対する拒絶と、聖書を自分自身で解釈するのだという新たな自信を表すものであった。

政治的な支持

プロテスタントの運動は、ドイツの諸侯に広く支持された。彼らはルターの宗教上の反乱を、自らの領土の政治的な独立のために利用しようと考えた。そこで彼らは、「統治者の宗教がその土地の宗教」という主張を掲げ、それぞれの領土内において、カトリックの信仰とカトリック教会の影響力を排除する動きに出た。つまり彼らは、統治者である自分に教会を選ぶ権利があり、領民はその選択に従うべきだと主張したのである。

プロテスタントの思想が確立されたことで、ヨーロッパの宗教的・政治的な情勢は一変した。他の統治者たちも、教皇の影響力を排除するための論拠として、プロテスタントの思想を用いるようになったのである。その例として、ヘンリー8世によって始められたイングランドの宗教改革が挙げられる。国王ヘンリー8世は、一時は宗教改革者の敵であった人物だが、自分の妃であるキャサリン・オブ・アラゴンと離婚してアン・ブーリンと結婚したいと考えた。彼は、そのために、教皇の権威

マルティン・ルター

マルティン・ルターは、1483年にドイツで生まれた。嵐の中、雷に打たれそうになった経験の後、大学での法学の勉強を断念して修道士を志す。1508年には、司祭を務めていたヴィッテンベルクの大学で神学を教えるようになった。研究を通してルターが得た洞察は、後に信仰義認という教義に発展する。信仰義認とは、神が人々を神の前で正しいと認めるのは、単に神に対する信仰によるのであって、善い行い（たとえば贖宥状を購入するなど）をしたためではない、という考えである。ルターは、教皇の権威に抵抗したことで告発されたが、自説の撤回を拒否した。その後ルターは説教と著述に専念し、1546年に没したときには、ルター派の教会はすでにしっかりと確立されていた。

主著

1520年　『ドイツのキリスト者貴族に与える書』（教会の改革を訴える）

1534年　『ルター訳聖書』（旧約・新約聖書の翻訳）

プロテスタントの宗教改革

を抑制すべく、この思想を利用したのである。

プロテスタント主義が確立したことで、教会内に教派と呼ばれる多くの新しい宗派が生まれた。それまでは数世紀にわたって、カトリック教会がヨーロッパで唯一の教会であったが、プロテスタントの宗教改革によって、多数の教派が誕生することとなった。プロテスタントの各教派は、ローマ・カトリック教会の権威を否定することでは一致していたが、その代わりとなる教義体系に関して、協力して意見をまとめ上げることができずにいた。そのため、プロテスタントの教派間の論争は、時として、カトリックとプロテスタントの間の論争と同じくらい激しいものであった。

プロテスタントの普及

この混乱の時代に、3つの主要なプロテスタントの流れが生じた。マルティン・ルターの思想に従うルター派、ジャン・カルヴァンの著作に影響を受けた長老派(次ページ参照)、そして英国国教会(聖公会、イングランドを基盤とする穏健なプロテスタントで、他のプロテスタントが否定したカトリック的な側面を数多く留めている)である。

対抗宗教改革

教徒と教会の関係性を統制したカトリックのやり方が、全面的に間違っていたというわけではない。教皇の権威による統制なしには、教会が統一された思想を維持することは不可能であったのだ。教会の腐敗や世俗化した振る

> 聖書は、
> それまで我々の中で混乱していた
> 神への印象を一つにまとめ、
> 暗闇を吹き払い、
> 神の真の姿を
> 我々にはっきりと示す。
> **ジャン・カルヴァン**

舞いに対する不満を解消し、「失われた魂」をプロテスタントから取り戻すために、カトリック教会は対抗宗教改革に着手した。1545年、カトリックの指導者たちがイタリアのトリエントに集まった。その目的は、プロテスタントの隆盛を抑えて、カトリックの優位性を取り戻すことであった。トリエント公会議は18年後の1563年に閉会したが、それまでの間に、伝統的なカトリックの教義が再確認された。そして更に、聖職者の許容し難い行為(これこそがプロテスタントによる宗教改革を燃え上がらせた原因である)を排除するための改革も導入された。

禁書目録が発行され、583の書物がその対象となったが、そこにはほぼすべての翻訳聖書とエラスムス、ルター、カルヴァンの著作が含まれていた(この目録は1966年まで効力を持っていた)。また、教会建設が計画され、何千人もの礼拝出席者を収容でき、その地方の言語で行われる説教(これは初の試みだった)がよく聞こえるような、大きくて新しい教会が設計された。元兵士でスペイン貴族出身のイグナティウス・デ・ロヨラはイエズス会の設立を任されたが、これは自らの危険を顧みず、カトリックの教えを広めるため

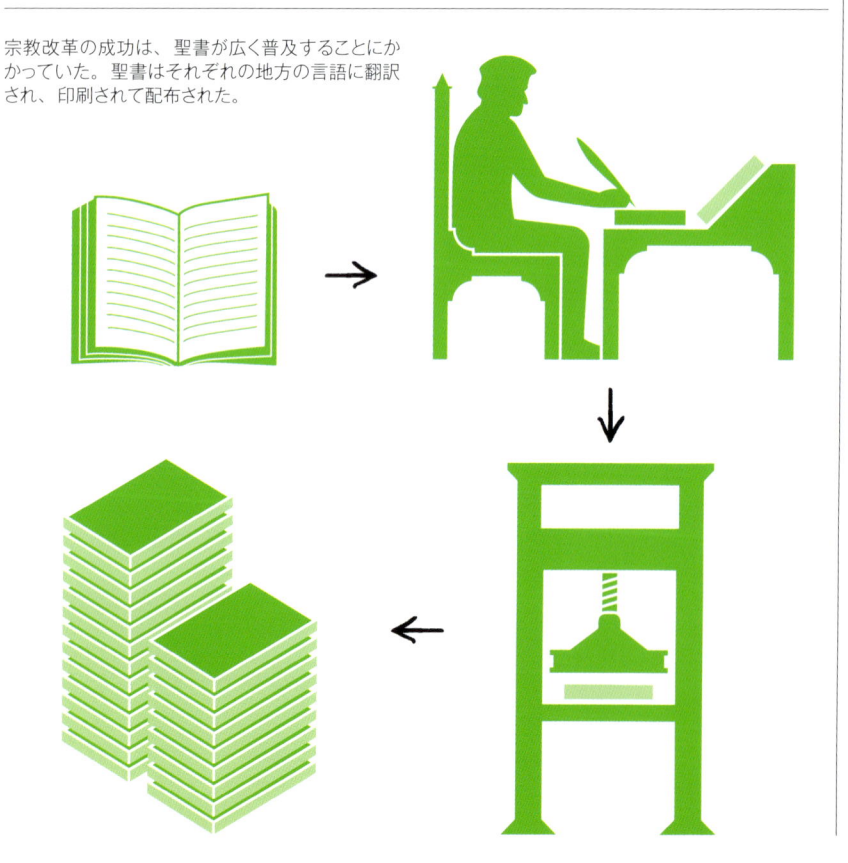

宗教改革の成功は、聖書が広く普及することにかかっていた。聖書はそれぞれの地方の言語に翻訳され、印刷されて配布された。

キリスト教 237

アイスランドのヴィークにあるルター派の教会のように、プロテスタントの集まりのために建てられた北ヨーロッパの教会は、装飾などがない簡素なものが多い。

にはどこにでも赴く宣教修道会であった。カトリック教会はまた、自分たちの権威を再び確立するために、異端審問として知られる制度を用いて、異端と告発された者を裁判にかけた。その際に、被告から真実を引き出すために残酷な方法を用いることも少なくなかった。

暗黒時代から抜け出す

対抗宗教改革は、イタリア、スペイン、フランスなどで部分的に成功を収めた。しかし他の場所では、カトリック組織に対する改革はほとんど行われず、プロテスタントを信仰するようになった人々をカトリックに引き戻すほどの魅力は全くなかった。それ以降、ヨーロッパにはさまざまな教会が次々と現れ、信徒を獲得しようとして争うようになる。カトリックが長い歴史と輝かしい伝統を誇る一方で、プロテスタント思想には時代の精神に合致しているという強みがあった。宗教改革のスローガンの一つに、「闇の後に光」というものがある。いわゆる「暗黒時代」の後に、プロテスタント思想が目指したところは、中世カトリックの影響力から脱し、新しい思想を掲げることであった。そしてとりわけ、理解できる言葉で聖書を読み、聞くことによって、司祭や教皇や贖宥状を介さずに、神との関係を築くことができるのだという点を、プロテスタントの人々は強く信じていた。■

ジャン・カルヴァン

ジャン・カルヴァンは、1509年に北フランスに生まれた。ブールジュの大学で法学を学んでいるときに、キリスト教人文主義に触れる。そしてこの時期に、宗教上の転換を経験し、カトリック教会を離れて、盛んになりつつあったプロテスタントの動きに加わることになる。フランスから離れることを余儀なくされ、スイスのジュネーヴで1536年から1538年まで牧師を務めた。その後、シュトラースブルク(現在のストラスブール)で1541年まで牧師を務めた後、ジュネーヴに戻り、1564年に没するまでジュネーヴに居住した。

カルヴァンが強調したのは、人間は罪深いこと、また聖書を学ばなければ神を知ることはできないということであった。そして、神の権威について説き、神は自分が選んだすべての人に救いの恵みを与えることができるのだと論じた。カルヴィニストとして知られるカルヴァンの賛同者は、世界中に教会を設立し、後に長老派(英語 presbyterian は「長老」を意味するギリシャ語に由来する)として知られるようになった。

主著

1536年 『キリスト教綱要』(初版のラテン語版)

神は心の内に隠されている

キリスト教の神秘体験

背景

主要人物
アビラのテレサ

時代と場所
16世紀、スペイン

前史
3世紀〜 修道士や修道女が、世俗の煩わしさから逃れ、神だけに心を向けるため、砂漠で厳格な生活を送る。

1373年頃 イングランドの神秘主義者、ノリッジのジュリアンが、『神の愛の十六の啓示』において自分の見解を示す。

16世紀 儀礼を通してではなく、神と個人的な関係を結ぶことが強調されるようになり、プロテスタントの宗教改革に至る。

後史
1593年 アビラのテレサと、その賛同者である十字架のヨハネ(スペインの神秘主義者で対抗宗教改革の主要人物)により、観想的な跣足カルメル会が成立する。

初期キリスト教の時代から、キリスト教徒は、自分たちはイエスを通して神と直接的な関係を結ぶことができると信じていた。しかし、教会で礼拝に取り組む人々の中には、それがあまりに儀礼的であると感じる人も出てきた。中世後期になると、形式的な礼拝への反動として、神との個人的な体験が熱烈に求められるようになった。この動きは、キリスト教神秘主義と呼ばれる。神秘主義者たちは、定められた祈りの言葉を繰り返すのではなく、沈黙のうちにひたすら神について思いを凝らすことを奨励した。そのような観想によって、神の愛を感じる圧倒的な体験を得られることが多かった。神秘主義は多くのキリスト教徒に支持された。なぜなら、神秘主義には、信徒を指導する司祭や祈禱書は必要なく、神との個人的な交わりのみが求められたためである。

内面の旅

神秘体験の古典的著作の一つは、スペインの修道女であるアビラのテレサ(1515年〜1582年)によって書かれた『霊魂の城』である。その中で、テレサは、キリスト教徒の魂が城の中の6つの部屋を通って、最後に神が住まう一番奥の7番目の部屋にたどり着くまでの旅程について語っている。部屋は祈りを表し、1つ進むごとにより深い祈りへと入っていく。そして最終的に、魂は神と完全に一致する状態(テレサは「霊的結婚」と呼んでいる)に至る。■

男性が支配的立場を占める教会において、有名な神秘主義者の中には、数名の女性が含まれていた。たとえば、アビラのテレサ(左図)、シエナのカタリナ(1347年〜1380年)、ノリッジのジュリアン(1342年頃〜1416年)である。

参照: 苦行が霊的解放への道である 68-71 ■ 神は人の中に現れる 188 ■ スーフィズムと神秘主義 282-83

キリスト教 239

魂と同様に
体も救いを求めている

社会的ホーリネスと福音主義

背景

主要人物
ジョン・ウェスレー

時代と場所
18世紀、イギリス

前史
1世紀 屋外でのイエスの説教は誰でも聞くことができた。餓えている者に食べさせ、裸の者に服を与え、病気の者を世話するように、イエスが弟子たちに指示したと聖書が伝える。

17世紀後期 敬虔主義の運動がヨーロッパ大陸で起こり、キリスト教的な生活の実践を主張する。

後史
19世紀 アメリカで、ウェスレアン・メソジストと自由メソジストが、奴隷制廃止運動を活発に行う。

1865年 メソジスト派の牧師ウィリアム・ブースが救世軍を設立し、魂だけでなく肉体も救うための宣教活動に携わる。

産業革命は、キリスト教に新しい挑戦を突き付けた。産業革命後の社会では、選ばれた少数の人々がかつてないほどの富を享受する一方で、都市部の多くの人々が危険な環境で働き、健康を害し、ひどい貧困に耐えていた。イギリスでは、英国国教会の司祭であるジョン・ウェスレー、チャールズ・ウェスレー兄弟が、変化する社会の要求に対して、社会的ホーリネス（聖潔）という概念を提示した。ジョン・ウェスレーは、この社会的ホーリネスの信仰について、単に個人的で内面的なものではなく、その時代の社会問題に公に取り組むものであると説明した。

キリスト教の教え

1738年5月、ウェスレー兄弟はマルティン・ルターの著作を読んで深く感銘を受け、救いのために必要な信仰について新たな見解を抱くようになった。この経験が彼らの活動に大きな影響を与え、ウェスレー兄弟は、活発になりつつあった信仰覚醒運動に加わることとなった。この運動家たちは教会の外に出て、屋外で、市場で、そして家々へとキリスト教の教えを伝えて回った。彼らは、真のキリスト教を体験することによって、個人のみならず社会も変えられると強く信じていた。そして、重要な運動（たとえば、奴隷売買の廃止、労働組合運動、労働者階級の子供たちに無償で教育を受けさせること）を牽引した。ウェスレー兄弟の賛同者たちは、メソジストとして知られるようになった。人々が必要とすることに自分たちの信仰を合わせるために、秩序ある実際的な方法（メソッド）を用いたことに由来する呼び名である。■

> 救いとは、
> 単に地獄を免れることや
> 天国に行くことを指すのではなく、
> 今このときに、
> 罪から解放されることを意味する。
> **ジョン・ウェスレー**

参照： 調和の中で生きる 38 ■ 思いやりと慈悲による統治 146–47 ■ シク教の行動規範 296–301

科学的な発展は聖書を否定するものではない

近代の挑戦

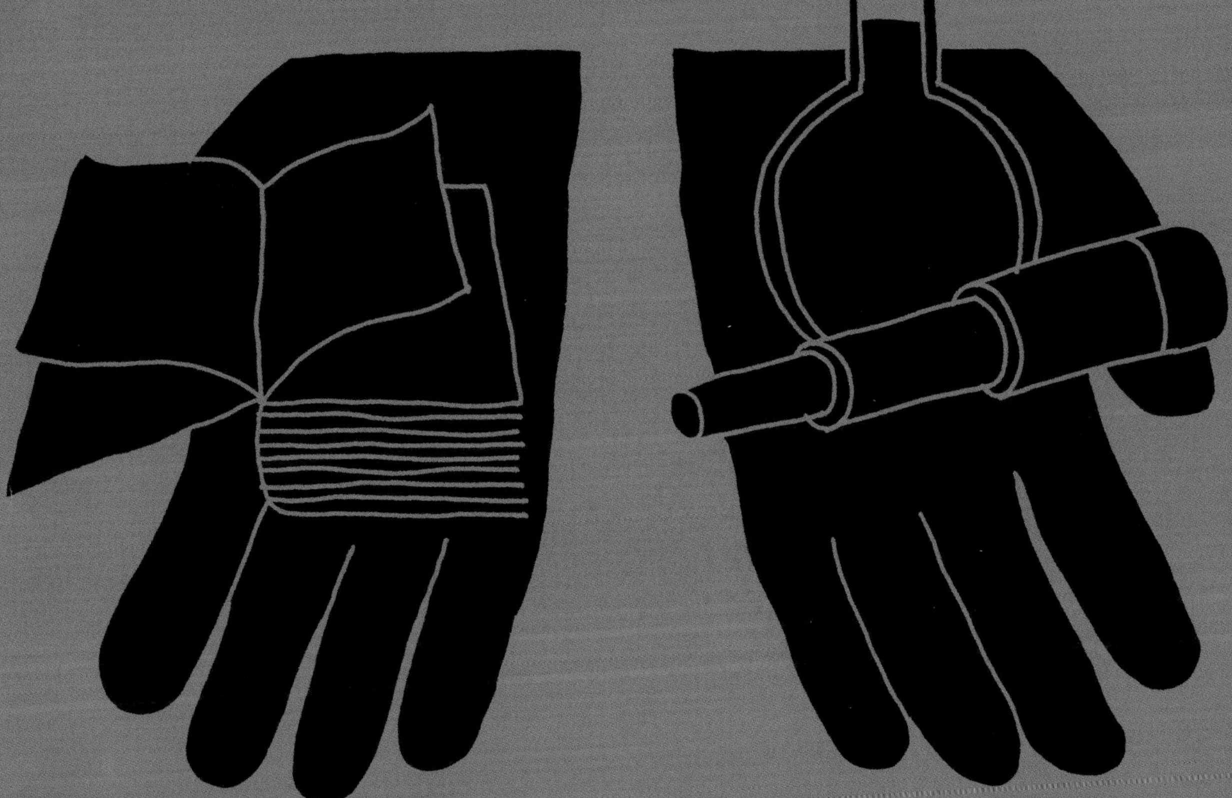

242 近代の挑戦

背景

主な動き
プロテスタントの自由主義

時代と場所
19世紀、ヨーロッパとアメリカ合衆国

前史
17世紀後期〜 ルター派の中から敬虔主義が起こる。

1780年代〜 イマヌエル・カントの哲学において、理性が重んじられる。

1790年代 啓蒙主義に代わって、ロマン主義がヨーロッパで影響力を持つようになる。

後史
1859年 チャールズ・ダーウィンが『種の起源』を出版し、聖書を保守的に解釈する立場と科学との間で緊張関係が高まる。

1919年 神学者カール・バルトの『ローマの信徒への手紙』への註解によって、自由主義の終わりと新正統主義の始まりが示される。

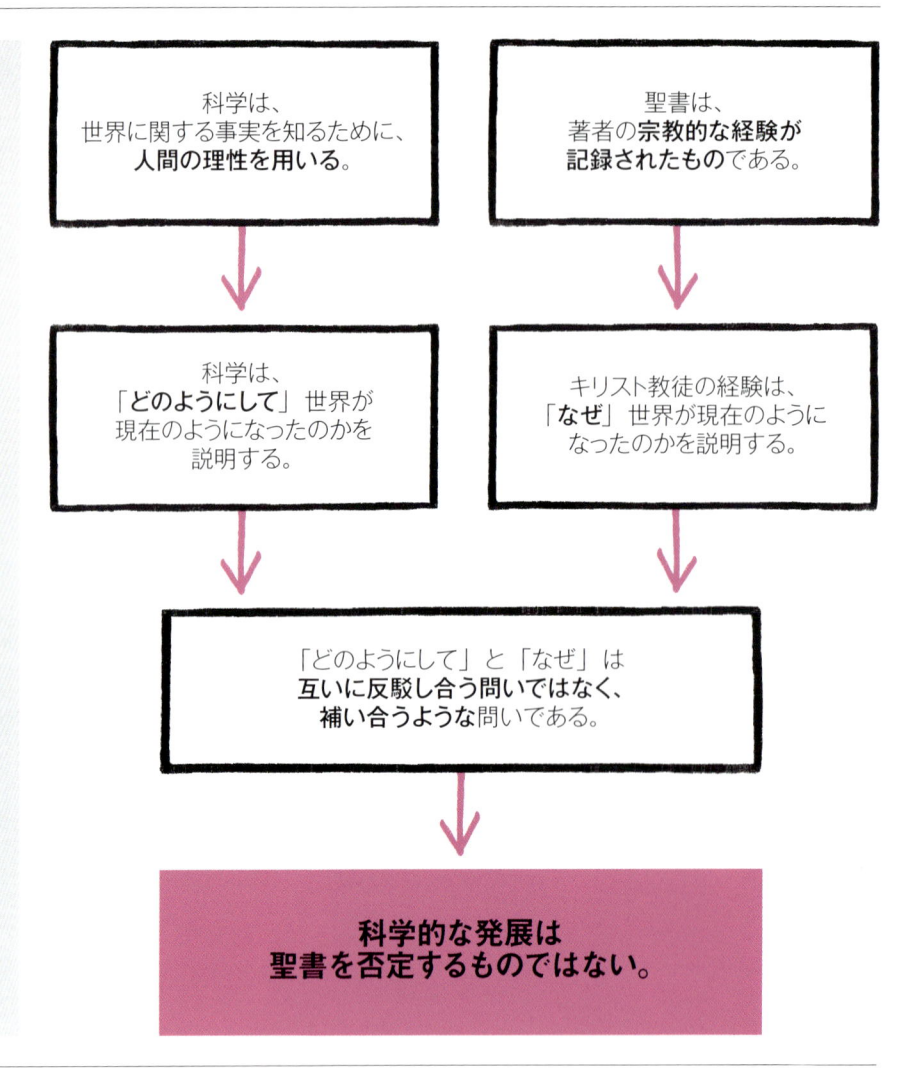

```
┌─────────────────────┐        ┌─────────────────────┐
│ 科学は、世界に関する  │        │ 聖書は、著者の宗教的な │
│ 事実を知るために、    │        │ 経験が記録されたもの  │
│ 人間の理性を用いる。  │        │ である。             │
└──────────┬──────────┘        └──────────┬──────────┘
           ↓                              ↓
┌─────────────────────┐        ┌─────────────────────┐
│ 科学は、「どのように   │        │ キリスト教徒の経験は、│
│ して」世界が現在の    │        │ 「なぜ」世界が現在の  │
│ ようになったのかを    │        │ ようになったのかを    │
│ 説明する。           │        │ 説明する。           │
└──────────┬──────────┘        └──────────┬──────────┘
           └──────────────┬───────────────┘
                          ↓
            ┌─────────────────────────┐
            │ 「どのようにして」と「なぜ」│
            │ は互いに反駁し合う問いでは │
            │ なく、補い合うような問いで │
            │ ある。                    │
            └────────────┬────────────┘
                         ↓
            ┏━━━━━━━━━━━━━━━━━━━━━━━━━┓
            ┃ 科学的な発展は            ┃
            ┃ 聖書を否定するものではない。┃
            ┗━━━━━━━━━━━━━━━━━━━━━━━━━┛
```

　太陽が地球の周りを回っているのではなく、地球が太陽の周りを回っているのだという考え方は、今日では事実として受け入れられている。しかし、1543年にポーランドの天文学者コペルニクスによって発表されたこの理論は、17世紀の初頭においては、カトリック教会の教えと真っ向から対立し、当時の一流の自然科学者たちを巻きこむ論争に発展した。最も有名なのは、フィレンツェの数学者ガリレオ・ガリレイで、この理論を支持したことにより、異端と宣告された。

　教会とガリレオの見解が異なっていたのは、「真実」にたどり着くための方法が異なっていたためである。教会側は、「真実」は神によって啓示されるものであり、聖書の言葉によって支えられていると考える。そして、聖書の記述は、地球が宇宙の中心であることをうかがわせる。一方科学は、実験や観察によって（ガリレオは天文学において望遠鏡を使用した先駆者である）この世界の仕組みについての理論を構築した。中世に入ってしばらくの間は、この二つの方法は対立することなく並存していた。

　たとえば13世紀に、中世の神学者トマス・アクィナス（229ページ参照）が自然界について体系的に調査すべきであると主張したが、彼は被造物を深く理解することは、創造主についてより深く知ることにつながると考えていた。

　しかしながら、この並存関係は、科学的な推論が「神の啓示」（神によって聖書を通して伝えられた真実）と一致する限りにおいて維持されるもので、両者が異なる結論に至った場合には成立しないものであった。

　カトリックとプロテスタントの両教会は、神の啓示は信頼できるものだと主張したが、多くの人々の目には、実験や理性によって導き出された結論の方が遥かに信憑性があるように映った。近代ヨーロッパの到る所で、キリスト教の土台を揺るがすような難問が

キリスト教　243

参照：プロテスタントの宗教改革 230-37　■　信仰の適合性 291

次々と提示され、18世紀の終わりには教会は危機的な状態にあった。人々はキリスト教信仰の合理性や啓示に対して懐疑的になっていき、教会は支持を失おうとしていた。この状態に対応するために、キリスト教の神学者たちは、宗教と科学が(つまり信仰と理性が)共存できるということを、全く新しい方法で示さなければならなかった。

事実から感情へ

このキリスト教の新しい時代の幕を開けたのは、ドイツ人神学者フリードリヒ・シュライアマハー(右のコラム参照)であった。ベルリンの病院付き牧師として働いていたときに、シュライアマハーはロマン主義の思想に触れた。ロマン主義とは、啓蒙主義の理性偏重に対する反動として起こった文化運動のことである。ロマン主義者たちは、あらゆる思想や物事が科学的な信憑性や実用性によってのみ評価される時代において、感性と感情に重きを置いた。シュライアマハーは、科学的知識と同じ基準を用いて同じレベルで判断される限り、キリスト教信仰は不合理なものと見なされるだろうと理解していた。そこで彼は、キリスト教の真実を(多くの先人がしたように)科学的な理論として証明するのではなく、ロマン主義によって提唱されたように感性の分野として解釈したのである。

シュライアマハーは、科学と信仰は対立関係にあるわけではないということを強調した。両者は、それぞれ人間の人生の異なる側面に重点を置いており、補い合う関係にあるのだと、彼は主張した。

宗教を再定義する

シュライアマハーの思想で最も重要な点は、宗教の本質を再定義したことである。この点に関する最初の重要な著作『宗教について―宗教を軽蔑する教養人のための講話』(1799年)において、シュライアマハーは、人間が生きていく上での三つの領域、つまり知識、行為、そして感情について論じている。この三つの領域は、それぞれが

ロマン主義は理性よりも感情を、知性よりも感覚を重視する。この運動は19世紀初頭に、芸術、文学、哲学などの分野で繰り広げられた。

フリードリヒ・シュライアマハー

フリードリヒ・シュライアマハーは、1768年にヴロツワフ(当時のプロイセン領シレジア)で、改革派の牧師の息子として生まれた。彼は、厳格な敬虔主義のモラヴィア兄弟団において教育を受け、その後、より自由なハレ大学で神学と哲学を(カントの思想を特に重点的に)学ぶ。1796年にベルリンに移り、そこでロマン主義運動の中核を担っていた人々と知り合う機会を得る。1810年には、ベルリン大学で神学の教授となる。1834年に没したときには、教義に対する彼の急進的な再解釈を基盤として、自由主義神学と呼ばれる新しい神学体系がすでに確立していた。自由主義神学はそれ以降、およそ100年にわたって、ヨーロッパとアメリカ合衆国において、強力な知的勢力として影響力を持つこととなる。

主著

1799年　『宗教について―宗教を軽蔑する教養人のための講話』(シュライアマハーの神学に関する最も急進的な著作)

1821～22年　『信仰論』(シュライアマハーの神学に関する体系的な著作の代表作)

244 近代の挑戦

フリードリヒ・シュライアマハーは、真の宗教は特別な種類の「感情」であると主張した。これは、知識や行動とは区別され、それ自体が目的である。知識と行動と感情は、異なりつつも、互いに関連している領域である。

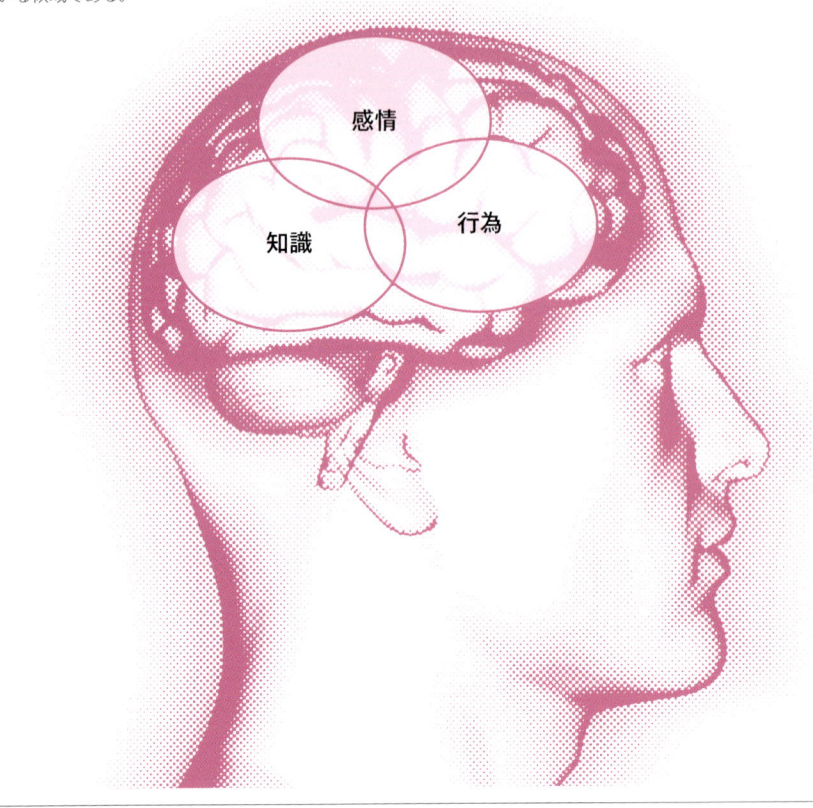

必然的に関連しているが、混同すべきではない。そして、シュライアマハーによれば、知識は科学に、行為は倫理に、感情は宗教に属しているのである。キリスト教が直面している問題は、知識と行為の分野を重視し過ぎて、感情の分野をおろそかにした結果であると、シュライアマハーは考えた。そのために、キリスト教は近代世界の合理主義による批判にさらされ、危機に瀕しているのである。科学的合理主義の立場からは、キリスト教信仰の本質(たとえば、奇跡やイエスの復活)に対する疑問が呈された。また、カントを始めとする哲学者は、道徳は聖書の内容ではなく普遍原理に基づくべきものだと論じた。しかし、科学や哲学といった分野からキリスト教に対してこのような批判が上がったことで、シュライアマハーが動揺することはなかった。むしろ、このことは、彼がまさにキリスト教の本質と考えるもの(つまり「神に触れ、神を感じること」)を捉え直す機会となった。『信仰論』(1821〜22年)の中で、シュライアマハーは、キリスト教神学を信徒による経験の記述として、体系的に解釈し直している。たとえば、彼によれば、「神は存在する」という発言は、神が実際に存在すると主張しているわけではない。むしろ、発言した人物が自分を超越した何ものかに依存しているという感覚を表しているのである。

経験の記録

19世紀半ば、多くの学者(主としてドイツの学者)が、聖書の本文を検討する際に「高等批評」という分析方法を使用した。彼らは中東起源の聖書に関する一次資料を研究し、歴史の流れの中で聖書の内容を再解釈しようとした。この分析方法は、聖書が人間による一連の記録として書かれ、編纂されたものであることに着目する。その結果、聖書からその神聖な起源(神によって書かれたと信じること)が失われた。そして、多くの人々にとって、聖書はもはや神聖な神の言葉ではなくなった。

しかし、フリードリヒ・シュライアマハーの視点は、人々の不信から聖書を救うこととなった。シュライアマハーは宗教が根本的に経験と結び付くものである以上、聖書は宗教的経験の記録として何よりも重要であると主張した。それゆえ、聖書はキリスト教徒の経験に関する最高の指南書として用いることができる。つまり、信徒は神を頼りにする自分の感情を、聖書に記されている人々の感情と比較することができるのである。

聖書に対するこのような見方は、より保守的な見方に対して、「自由主義神学」として知られるようになった。保守的な見方とは、高等批評にさらされてもなお、聖書には神についての事実が書かれているのであって、人間の経験が記されているのではないと主張する立場である。この二つの見解の間の緊張関係が、それ以降のプロテスタントを形作ることとなる。

> 敬虔さとは、
> 絶対的に依存しているという意識であり、
> すなわち
> 神と関係するものという意識である。
> **フリードリヒ・シュライアマハー**

予期せぬ結果

シュライアマハーは、キリスト教を守るために、宗教的経験についての思想を発展させた。その結果、科学が未来を形作ろうとしている世界にあって、キリスト教は過去の遺物となることを免れた。宗教と科学を、人間の人生の異なる分野に割り振ることにより（宗教は感情に、科学は知識に）、シュライアマハーは両者が共存し得る方法を確立したのである。

多くの人々が、シュライアマハーの理論を、科学と宗教の間の摩擦を解決するものとして受け入れた。しかし、キリスト教信仰を感情の領域に押し込めることに満足できない人々もいた。彼らはまた、この理論に従うと、予期せぬ結論にたどり着くことに気づいた。もしキリスト教が何よりも個人の感情と強く結び付いているとしたら、キリスト教は、もはや公の場で影響力を持つことができなくなるのではないか。これは、キリスト教の根本的な教えに矛盾しているように思われた。なぜなら、もともとキリスト教の教えは、（単なる個人の宗教的経験ではなく）この世における神の国の到来に関するものであり、神の国が社会の中で果たす重要な役割について述べたものであったからである。

> キリスト教の教義とは、言葉として語られたキリスト教徒の宗教的感情の記述である。
> **フリードリヒ・シュライアマハー**

立場を明確にする

20世紀に入ると、自由主義神学は、新しい世代の学者たちによる強い批判にさらされるようになった。この学者たちの中には有名なスイスの神学者であるカール・バルトも含まれていた。バルトは特に、彼の大学の自由主義神学の教授たちが、1930年代ドイツで台頭してきたナチズムに対して、断固とした立場を取らなかったことに強いショックを受けた。彼は、これはシュライアマハーの理論が教会の中で影響力を持ち過ぎた結果であると主張した。個人的なキリスト教経験を重視し過ぎると、外の世界で必要とされている物事に無関心になりがちなのだと、彼は論じる。

現代の世界における科学や知識の明らかな悪用（大量殺戮、軍備拡張、核兵器など）に、キリスト教が立ち向かうためには、キリスト教神学は個人の感情以上のものを基盤に据える必要があるののだと、バルトは考えた。

キリスト教の神学者は、依然として聖書の信憑性を説明するという難問を抱えている。この世界に関する聖書の記述に対して、科学的な理論をもとにした反論が相次ぐ中、聖書の中の神についての記述をどうすれば信用できるのか、人々に説明する必要がある。キリスト教徒の多くは、シュライアマハーの見解を修正し、そこに答えを見出すかもしれない。聖書に書かれている内容は、科学、歴史、政治、及びその他の社会科学が説明している現実と同じものである。違うのは、設定する問いである。つまり、科学が「どのようにして世界は現在のようになったのか」という問いに答えようとしているのに対して、聖書は「なぜ世界は現在のようになったのか」という問いを設定しているのだ。科学と信仰（つまり「どのようにして」と「なぜ」）は、互いに反駁し合うものではなく、補い合うものである。その二つによって、人々は、ガリレオが望遠鏡を通して観測した宇宙を、より完全な形で理解できるようになるだろう。■

聖職者が、核兵器反対の意志を示す平和のシンボルを運んでいる。自由主義神学を批判する人々は、自由主義によって個人的感情に重きが置かれることで、世の中の重要な問題に対する関心が失われると主張する。

我々は神に影響を及ぼすことができる
なぜ祈りは通じるのか

背景

主な動き
プロセス神学と開かれた神論

時代と場所
20世紀後期、アメリカ合衆国とヨーロッパ

前史
先史時代〜 原始的な信仰体系の多くが、超自然的な力や存在の恩恵を受けようとして、祈りと儀礼を用いる。

紀元前1000年〜0年 聖書によると、神がモーセの祈りに応えて、金の子牛を崇拝したイスラエル人を滅ぼすことを思い留まる。

後史
1960年代 南アメリカで起きた「解放の神学」の運動において、社会的・経済的正義が強調され、神は特に貧しい人々や社会的に虐げられている人々の祈りに応えてくれると主張される。

初期の段階から、ユダヤ教やキリスト教の神学者たちは、神の性質や、神と人間の関係についての複雑な問題に取り組んできた。ある人々にとっては、神は復讐に燃える存在であり、世の終わりに審判を下すだけでなく、人間の祈りに応えるかどうかも選択する。また、他の人々にとっては、神はすべてを知る存在であり、世界の歴史の方向性を定め、あらゆる出来事を司る。そのような立場の人々の考え方によれば、未来におけるどのような些細なことも予め計画されていると見なされる。したがって、神は助けを求める人間の訴えに応えることはしない。なぜなら、神はあらゆる状況の結末を予め完全に知っているからである。

祈りの妥当性

神とこの世で起こる出来事との関係がどのように理解されるかは、キリスト教における祈りの役割と深い関わりを持つ。もし神が過去、現在、未来をすべて予め知っているのであれば、祈り（言葉によって神を称賛したり、神に頼ったりすることによって、または思索や黙想を通して、あるいは礼拝という直接神に向けた行動という形で、

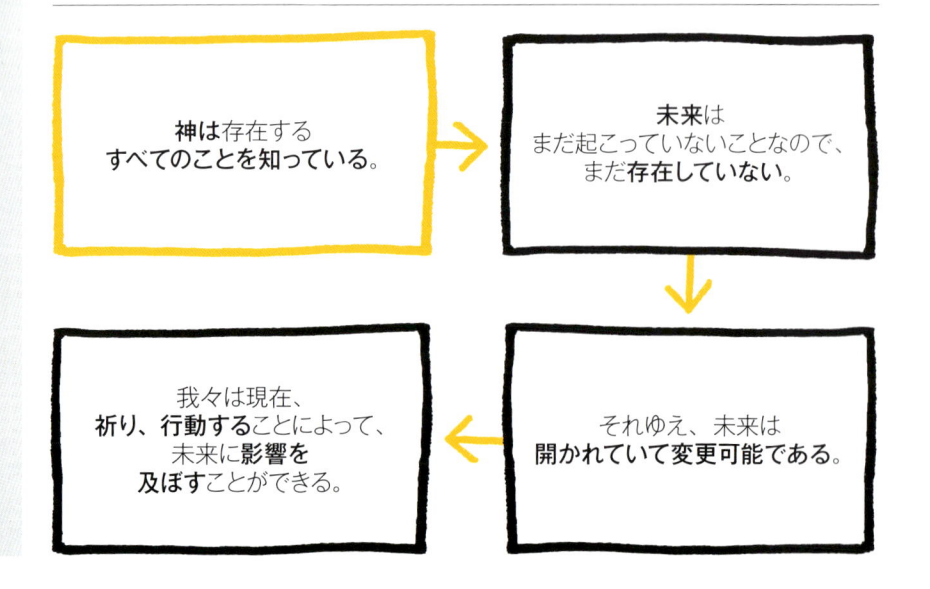

神は存在する
すべてのことを知っている。
→
未来は
まだ起こっていないことなので、
まだ存在していない。
↓
我々は現在、
祈り、行動することによって、
未来に影響を
及ぼすことができる。
←
それゆえ、未来は
開かれていて変更可能である。

キリスト教 247

参照：善と悪の戦い 60-65 ■ 未来の予言 79 ■ プージャーによる礼拝 114-15
■ 全世界へのイエスのメッセージ 204-207 ■ アウグスティヌスと自由意志 220-21

> 神は
> 世界に深く関係しているため、
> 神と世界とは「ギヴ・アンド・テイク」
> の関係にある。
> 神はこの世界で起きる事柄の
> 影響を受ける。
> **ノーマン・ピッテンジャー**

希望の神学

神の予知（神が未来の出来事を知っていること）、神の不変性（神の変わらない性質）、神の受苦不能性（神がいかなる感情からも自由であり、他の存在から影響を受けないこと）といった伝統的な神学的概念を否定する流れは、20世紀の神学において、一つの学派に留まらなかった。プロセス神学、開かれた神、開かれた神論といったさまざまな思想が生まれ、20世紀後半には、「希望の神学」と呼ばれる思想を奉じる神学者たちが現れた。その中には、ドイツのユルゲン・モルトマンやヴォルフハルト・パンネンベルク、アメリカのロバート・ジェンソンなどが含まれる。彼らの中心的な主張の一つに、「未来は（神にとっても）まだ存在しないものであるため、キリスト教の本質的な特徴は希望なのだ」という考え方が挙げられる。

神と交信すること）は無意味であるように思われる。神がすでに知っていることを神に語ったところで、今後起こることを変えられるという望みは持てないだろう。しかし、もし未来が神によって定められておらず、本当に開かれているのであれば、祈りは未来を変えるための重要な要素となる。

神の心の内

伝統的なキリスト教神学では、神はすべてを知る存在であり、過去、現在、そして未来におけるあらゆる事柄を完全に把握していると考えられてきた。しかし、20世紀になると、神学者の中から、神が未来を予め知っているという考え方を否定する人々が現れた。もし神が今後起きることを知っているのであれば、未来はすでに変更不可能だということになり、その結果、歴史から本当の自由と自発性が奪われることになるだろう。また、神がすべてを知っていると考えた場合には、神の本質的な善に対する疑問が生まれる。つまり、神が悪い事柄について予め知っていたのに、それを防ぐためにどのような行動も起こさなかったのだとしたら、神は悪に加担していることになるのではないか。たとえば、神の全知に照らせば、人間を創造する以前から、人間がこの世に苦しみと邪悪をもたらすことは明らかであったはずである。

未来は開かれている

伝統的なキリスト教思想において、神が予知を行うと考えられているのは、神が時間を超越した存在だと信じられていたためである。そのため、人類に対して未来に起こること（まだ存在していないし、知ることもできない）は、神にとっては過去（すでに存在しており、知ることができる）であると考えられる。しかし、この見解は、純粋なキリスト教思想というよりも、古代ギリシャ哲学の流れをくむものである。聖書に描かれる神は、時間の流れの中で積極的に人間に寄り添う存在であり、時間を超越した遠い場所から傍観するだけの存在ではない。更に、イエスが人間としてこの世に到来したということも、神がこの世界における人間の時間や現実と無関係の場所に存在するわけではないことを示しているのだと、キリスト教徒は考える。なぜなら、イエスが、人間であるがゆえの多くの制約を受けながら、人間として生きたためである。そして、人間のみならず神にとっても、未来がまだ存在していないとしたら、未来は確かに開かれているのである。このように考えた場合、神は離れた場所にいる傍観者ではなく、歴史に積極的に参加する存在だと見なされる。人々の祈りや訴えに耳を貸し、人々が必要とするときにはその求めに応じ、人々に寄り添って人生の旅路を共に歩いてくれるのが、神であると考えられる。■

核兵器などの武器を戦争において使用することは、悪に傾きやすい人間の性質を示している。神はこのことを知りながら、傍観しているのだろうか。

イスラム教

610年～

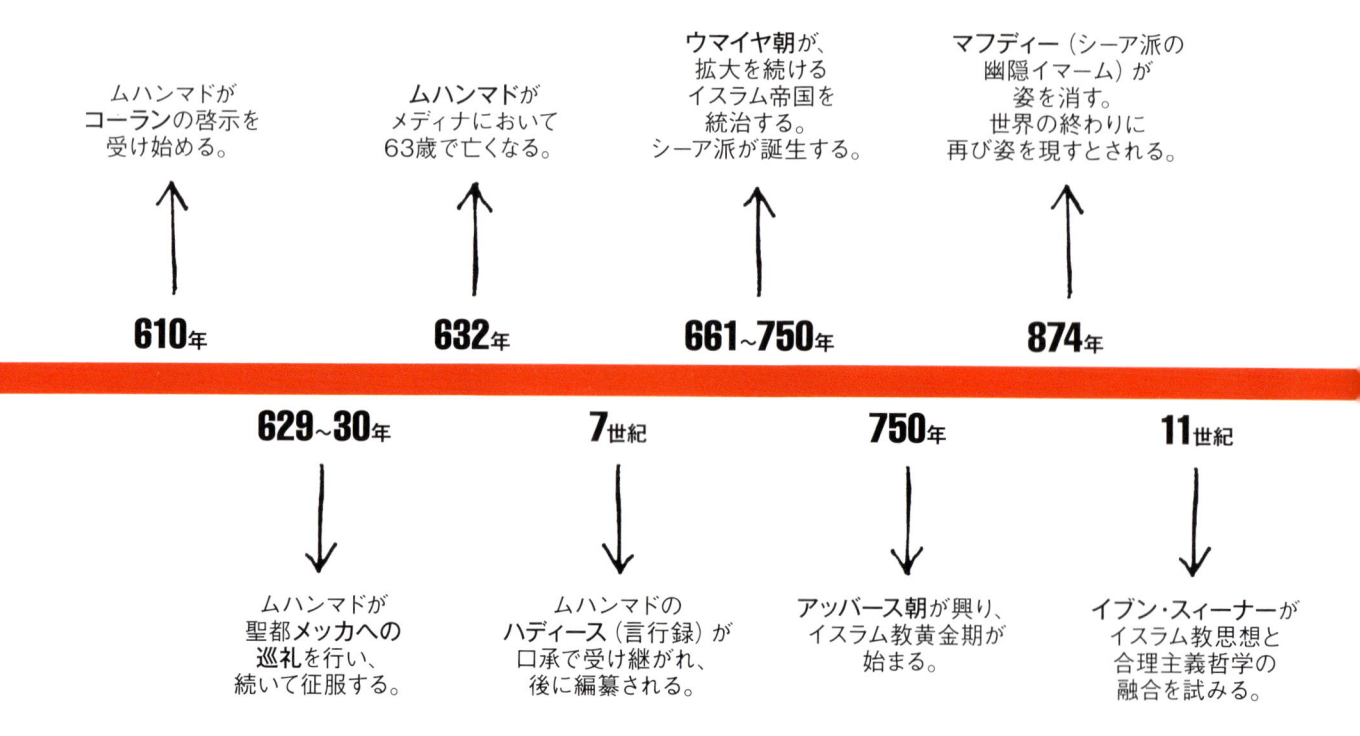

はじめに

610年 — ムハンマドがコーランの啓示を受け始める。

632年 — ムハンマドがメディナにおいて63歳で亡くなる。

661～750年 — ウマイヤ朝が、拡大を続けるイスラム帝国を統治する。シーア派が誕生する。

874年 — マフディー（シーア派の幽隠イマーム）が姿を消す。世界の終わりに再び姿を現すとされる。

629～30年 — ムハンマドが聖都メッカへの巡礼を行い、続いて征服する。

7世紀 — ムハンマドのハディース（言行録）が口承で受け継がれ、後に編纂される。

750年 — アッバース朝が興り、イスラム教黄金期が始まる。

11世紀 — イブン・スィーナーがイスラム教思想と合理主義哲学の融合を試みる。

イスラム教は、7世紀に成立した宗教である。しかし信者たちの信じるところでは、イスラム教は、神が定めた宗教として遥か昔から存在する信仰だとされている。彼らは、ユダヤ教やキリスト教と同様に、イスラム教の起源はイブラーヒーム（アブラハム）までさかのぼると考える。これらの宗教においては、アブラハムが啓示を受けた最初の預言者と見なされており、その後にムーサー（モーセ）やイーサー（イエス）が続く。そして、この一連の預言者たちの最後に現れた人物がムハンマドであると、イスラム教では信じられている。預言者ムハンマドが、後にコーラン（クルアーン）に記されることとなる啓示を神から受け取り、今日の形のイスラム教が誕生することとなった。

イスラム教は厳格な一神教で、絶対神アッラー（アラビア語で「神」を意味する）の唯一性を強調し、人々がその神に仕える義務について説く。人間の一生は神からの授かりもので、どのような人生を送ったかに従って最後の裁判の日に裁かれるのだと、イスラム教では教えている。その信仰告白は「イスラムの五行」にまとめられている。信仰生活の中心にあるのはモスクであり、そこは祈りと学びの場であると同時に、地域社会の社交の場でもある。

最後の預言者

ムハンマドが受けた啓示は、神の啓示の最終形であり、完全な啓示であると考えられている。ムハンマドから啓示を聞いた信者たちがそれを暗記し、後にコーランとしてまとめた。コーランはイスラム教の聖典であり、疑う余地のない究極の神の言葉とされている。コーランのほかには、ムハンマドの発言をまとめたハディースと呼ばれる文献群がある。これらの書物の学術的な解釈をめぐって、多彩な研究が生まれることとなる。また、聖典についての神学者の見解や預言者ムハンマドの生涯に関する研究から、シャリーアと呼ばれる宗教法・道徳規範の体系が生まれ、多くのイスラム系の国々の民法の基盤となっている。

イスラム教は、その初期から、市民生活と政治生活に深い関わりを持っていた。ムハンマド自身、宗教的な指導者であり思想家であると共に、政治的な指導者でもあった。一神教を説いたために、ムハンマドとその信奉者たちはメッカを追われ、メディナに移住した（イスラム教徒はこの移住を「ヒジュラ」を呼び、記念日としている）。メディナの地でムハンマドは初のイスラム教都市国家を築き、宗教的・政治的・軍事的指導者となった。そして信徒を率いて再びメッカに入り、その地を征服する。これこそが、アラビア半島のさまざまな民族を統治下に収める帝国の始まりであった。ムハンマドが没した632年から一世紀も経たないうちに、イスラム帝国は北アフリカからアジアにまで、その勢力を広げていった。ムハンマドの後継者を誰にすべきかという論争のために、イスラム教は

イスラム教 251

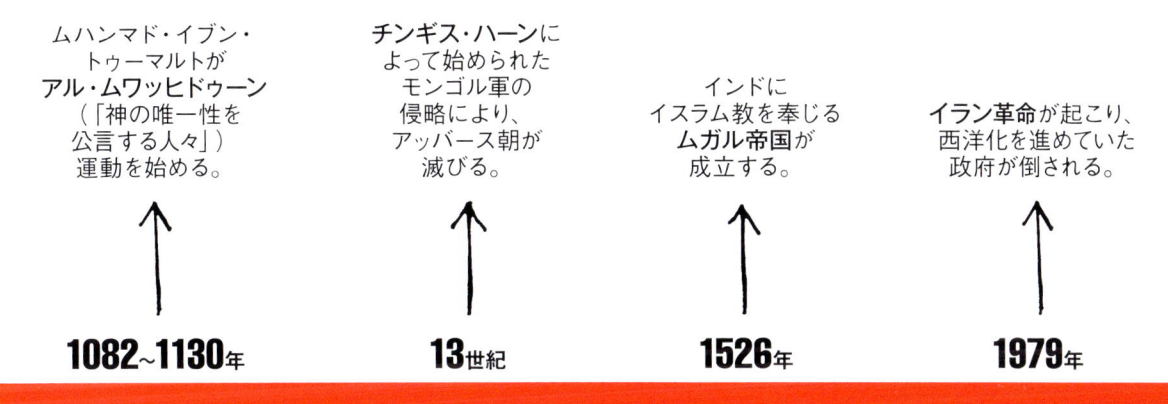

1082～1130年 — ムハンマド・イブン・トゥーマルトが**アル・ムワッヒドゥーン**(「神の唯一性を公言する人々」)運動を始める。

13世紀 — チンギス・ハーンによって始められたモンゴル軍の侵略により、アッバース朝が滅びる。

1526年 — インドにイスラム教を奉じる**ムガル帝国**が成立する。

1979年 — **イラン革命**が起こり、西洋化を進めていた政府が倒される。

1095～1291年 — キリスト教の**聖地奪還**を目指して、カトリック教会が、イスラム教に対して**十字軍**による攻撃を行う。

1453年 — オスマントルコのメフメト2世がコンスタンティノープルを征服し、**オスマン帝国**の支配下に置く。

1948年 — イスラエル国が建国され、今日まで続く**アラブ・イスラエル紛争**が始まる。

2011年 — **アラブの春**が起きる。民主化により選挙が行われ、いくつかの国でイスラム主義政党が勝利する。

スンナ派とシーア派に分裂することとなったが、その過程でカリフ制(イスラム教徒の政治的・宗教的共同体がカリフによって統治される制度)が登場したことによって、政治的な結束と力を手に入れる結果となった。

イスラム教黄金期

イスラム帝国は瞬く間に拡大し、キリスト教を奉じるヨーロッパよりも広い地域を統治下に収めた。キリスト教では科学思想は教義を脅かすものと見なされたが、イスラム教においては、科学や哲学が神学と相容れないものだとは考えられなかった。バグダードやダマスカスといった都市は、学術研究の中心となった。イスラム教関連の文章や詩が大いに書かれるようになり、それに伴って、芸術的な文字などの装飾美術も発展した。

イスラム帝国は最終的に崩壊したが、イスラム教は現在も強大な宗教であり、その信者は全世界の人口の約25パーセントを占めている。そのうちのおよそ四分の三がスンナ派、10～20パーセントがシーア派である。世界の約50か国において、イスラム教徒が人口の過半数を占める。その中には、宗教法に基づく統治が行われるイスラム国家と見なされている国家も、少数ではあるが存在する(サウジアラビア、アフガニスタン、パキスタン、イランなど)。それ以外のイスラム教徒の多い国家では、イスラム教が国教に指定されていることが多い(主に中東の国々)。残りの国々では、イスラム教徒が多数派であっても、国家は宗教に関係しないという政策を取っている。イスラム教徒人口が最も多い国はインドネシアで、次いでパキスタン、インド、バングラディッシュである。

イスラム教徒の約25パーセントは、中東及び北アフリカに居住している。また、世界の国々のほぼ半数に、イスラム教徒のコミュニティが存在している。

キリスト教が十字軍を派遣し、続いてヨーロッパ列強が植民地化を進めるようになった頃から、イスラム教はキリスト教世界とイデオロギー的にも政治的にも対立してきた。近年の緊張関係から、ジハード(「奮闘」)の極端な解釈が一部の原理主義者によって行われるようになり、イスラム教徒は宗教上の義務として戦いによって信仰を守らなくてはならない、などと言われている。しかし、本来イスラム教は平和的な宗教であり、イスラム教徒のほとんどは、イスラム教が掲げる慈愛に満ちた原則の方により共感しているのである。■

ムハンマドは神の最後の使徒である
預言者とイスラム教の起源

背景

主要人物
ムハンマド

時代と場所
570〜632年、アラビア

前史
紀元前2000年頃〜前1500年
ヘブライ語聖書によると、神が、イスラエル民族の祖先アブラハムと契約を行う。イスラム教ではアブラハム（アラビア語ではイブラーヒーム）を最初期の預言者の一人と見なす。

紀元前14世紀〜前13世紀 ユダヤ教、キリスト教、イスラム教の伝承によると、古代イスラエル人を率いていたモーセがシナイ山で神から十戒を受ける。

1世紀 後にイスラム教徒により預言者として認められるイエスが、最後の預言者または神の使徒の到来を予言する。

後史
19世紀 インドでミールザー・グラーム・アフマドが、自分はイスラム教を改革する新たな教えをもたらす預言者であると主張する。

モーセとイエスに、神が啓示を与えた。
↓
人類は啓示の教えを**誤解し曲解した**。
↓
神は啓示を直接**ムハンマドに与えた**。
↓
イスラム教の純粋な**啓示**は、神の人間への最終的な啓示である。
↓
ムハンマドは神の最後の使徒である。

イスラムの言い伝えによると582年頃のある日、シリアの砂漠で暮らすキリスト教修道士バヒラが、ラクダを引き連れて通りかかった隊商の中の、ある少年に目をとめたという。彼は少年と話をし、少年が預言者になることを感じ取ったため、偉大な人物になるので大切に育てるべきだと述べたとされている。

その少年の名前はムハンマド・イブン・アブドゥッラーフといい、後にイスラムの預言者となった。イスラム教徒によれば、彼は神の最後の使徒であったという。ムハンマド以前にも神（アラビア語ではアッラー）が遣わした使徒がおり、有名な人物としては、ムーサー（モーセ）とイーサー（イエス）が挙げられる。ムーサーに対して、神はユダヤ教徒を導くトーラー（律法）を啓示した。イーサーに対してはインジールが与えられた。インジールとは「福音書」という意味であるが、すでに原典は失われており、キリスト教の四福音書（新約聖書）とは違った形のものであった。

イスラム教徒（ムスリム）はユダヤ教徒とキリスト教徒を「啓典の民」と見なしている。なぜなら、自分たちと同じ一神教徒であり、啓示によって神から伝えられた聖典を持つ人々だからである。イスラム教徒は、ムハンマド以前の使徒が受けた啓示にも敬意を払っている。しかし同時に、それらは損なわれた啓示であるとも考えている。ユダヤ教徒は、直接神から受けた啓示以

イスラム教 253

参照：神とイスラエル人の契約 168-75 ■ 全世界へのイエスのメッセージ 204-207 ■ アフマディーヤの起源 284-85

> 「ムハンマドは
> 神の使徒であり
> 預言者の封印である。」
> **コーラン 33 章 40 節**

外の内容をトーラーに取り込んでしまった。キリスト教においても、イーサーの弟子たちがイーサーの教えを正しく受け取らず、福音を曲解し、神のもともとの意図を誤って伝えていると、イスラム教徒は考える。したがってイスラム教においては、ユダヤ教とキリスト教で現在用いられている聖典は純粋な神の啓示ではなく、人間の過ちによって歪められたものであると教えている。

完全な神の言葉

それまでの啓示がすべて損なわれてしまったため、神は最後にもう一度だけ、純粋な啓示を伝えることとした。それが、神の最後の使徒であるムハンマドを通して伝えられたコーラン（クルアーン）であった。したがってイスラム教徒は、イスラム教を、新しい聖典を持つ新しい宗教とは見なしていない。彼らによれば、イスラム教は、初めから神が伝えようとしてきた唯一の純粋な啓示である。モーセやイエスが受け取った啓示が、信徒たちによって歪められてしまったために、それに代わるものとして再び神に与えられたものだとされている。

そしてイスラム教徒は、これこそが最終的な啓示であると考えている。ムハンマドは、預言者の「封印」（最後）であり、神からの啓示を締めくくるための、特別な最後の使徒であると見なされる。

7世紀初頭には、ムハンマドは自らを預言者と呼び、唯一の真の神への崇拝を説くことが自らの使命であると述べている。多くのユダヤ教徒、キリスト教徒、多神教信者が、彼の教えを信じた。結成されたばかりのイスラム共同体は、その信仰を理由に迫害され、そのためにムハンマドはメッカを離れて近くのメディナに移った。その地でイスラム共同体は発展を遂げる。

イスラム教におけるムハンマドの地位は傑出したもので、イスラム教徒は彼の言葉や生き方をイスラム教的生活の模範としてきた。ムハンマドの言葉（ハディース）と行い（スンナ）の多くは、「スンナ」として記録されており、イスラム教徒の生き方の手本となっている。■

現在のサウジアラビアに位置するメッカは、ムハンマド生誕の地であり、イスラム教において最も神聖な都市である。中心に聖モスクがある。

ムハンマド・イブン・アブドゥッラーフ

ムハンマド・イブン・アブドゥッラーフは570年頃にメッカの近くで生まれ、おじアブー・ターリブに育てられた。早くから隊商の一員としておじに同行し、さまざまな文化や宗教を持つ旅人たちと出会う。その頃から賢く誠実な人柄で知られていたという。

20代前半になると、裕福な未亡人ハディージャに仕事を任されるようになる。彼女もラクダのキャラバンを率いる隊商の仕事をしていた。後にハディージャから結婚を申し込まれ、ふたりは夫婦となる。彼女の死後ムハンマドは再婚し、生涯に13人の妻を持ったと言われている。

ムハンマドはしばしば仕事や家庭から離れ、砂漠の中の洞窟で瞑想していた。610年の月のない夜に瞑想していると、まぶしい光の中に天使ジブリール（ガブリエル）が現れて最初の啓示を与えたという。その後も啓示は続き、最終的にそれらを記したものがイスラム教の聖典コーランとなる。ムハンマドは預言者として22年間啓示を受け続け、632年にメディナで没した。

コーランは
天から与えられた

神の言葉と意志

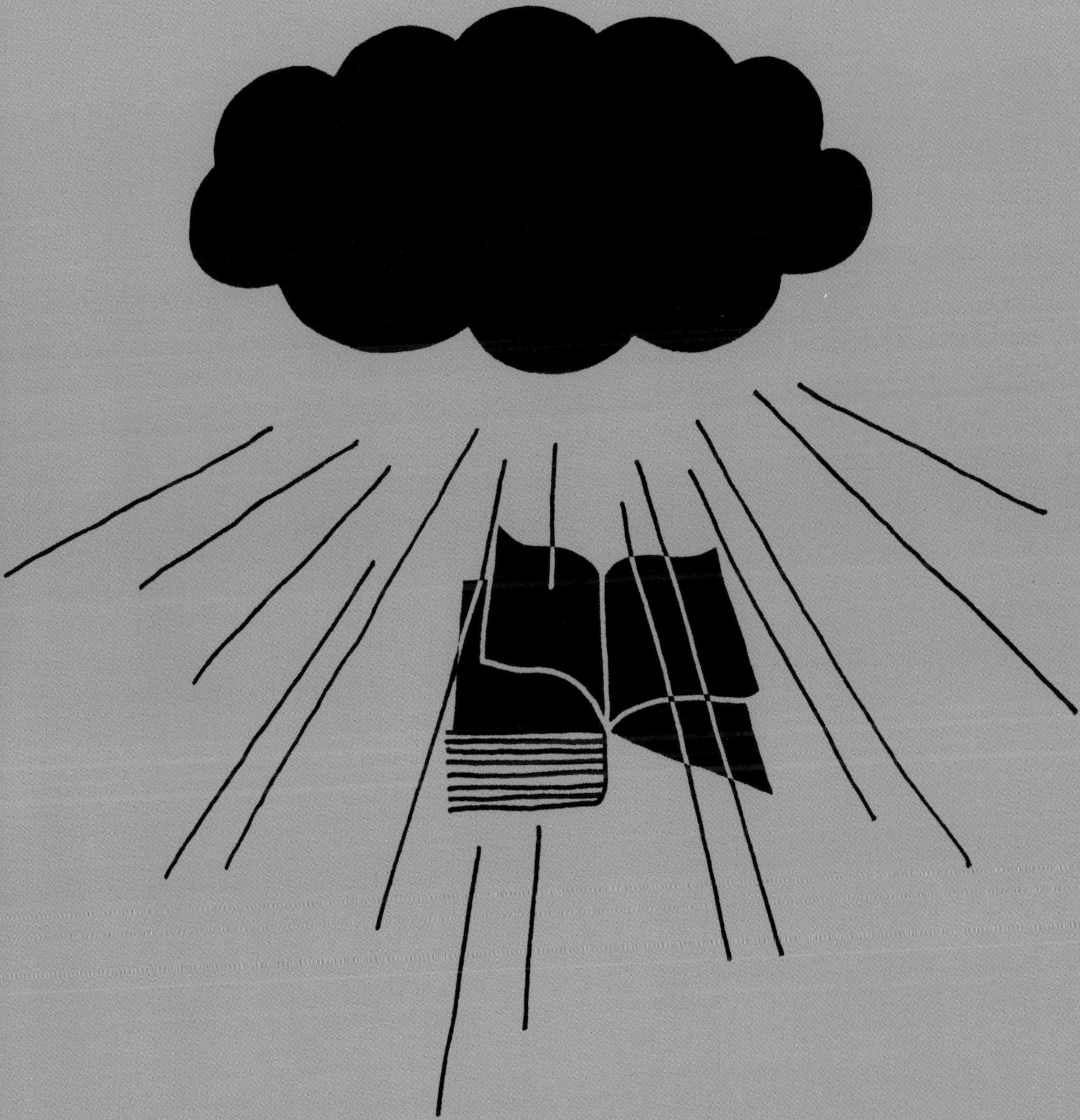

神の言葉と意志

背景

主な文献
コーラン（クルアーン）

時代と場所
610〜632年、アラビア

前史
紀元前1300年頃 イスラム教徒の信じるところによると、モーセがシナイ山でトーラーを授かる。

紀元前10世紀〜前9世紀 ダーウード（古代イスラエルの王ダビデ）が、神からの第二の啓典『ザブール』を授かる。これが聖書の『詩編』になったとされる。

1世紀 イスラム教によると、神が啓典と真理をイエスに授ける。

後史
7世紀頃 ムハンマドの教友が、初めてコーランを書き起こす。

8〜9世紀 法学者シャーフィイーが、コーランをシャリーア（イスラム法）の第一の典拠とする。

イスラム教によると、神は人類に意志を伝える際、自然、歴史、そして言葉を用いるとされる。自然は神の創造物であり、神が存在することの証である。歴史においては、帝国の興亡が、神が人類を統治していることの証とされる。しかし、最も重要なのは、預言者を介した啓示として、神の意志が言葉によって伝えられるということである。

イスラム教においては、最も大切な神の言葉や意志は、コーラン（クルアーン）に収められている。コーランは、神が選んだ最後の使徒である預言者ムハンマド（252〜253ページ参照）が受けた啓示を記録したものである。コーランには、神が世界に望むことや神の命令が、「アーヤ」（節）に分けられた形で記されている。コーランの別名の一つとして「タンズィール」（降ろされたもの）という呼び方があるが、イスラム教徒にとってコーランは、文字通り天から人類に降ろされた神の言葉なのである。

誦まれるべきもの

イスラム教で伝えられているところによると、ムハンマドはメッカを臨むヒラー山の洞窟で何日間も瞑想していた。ある夜、天使ジブリール（「ガブリエル」のアラビア語）が洞窟にいる彼の前に姿を現し、ムハンマドは預言者であると告げ、「誦め」と命じたという（253ページ参照）。そしてコーランの最初の啓示が授けられた。コーランの全文は、間隔をおきながら長期間にわたってムハンマドに下された。それをムハンマドが、他の人々に随時口頭で伝えていった（アラビア語の「クルアーン」の意味は「誦まれるべきもの」であり、声に出すべきものとされている）。その啓示の多くをムハンマドはトランス状態で受け取っており、610年に始まった啓示は22年間続いたとされる。初めのうちは、ムハンマドが啓示を暗記し、人々に口頭で伝えていた。ムハンマドの信奉者たちは、伝え

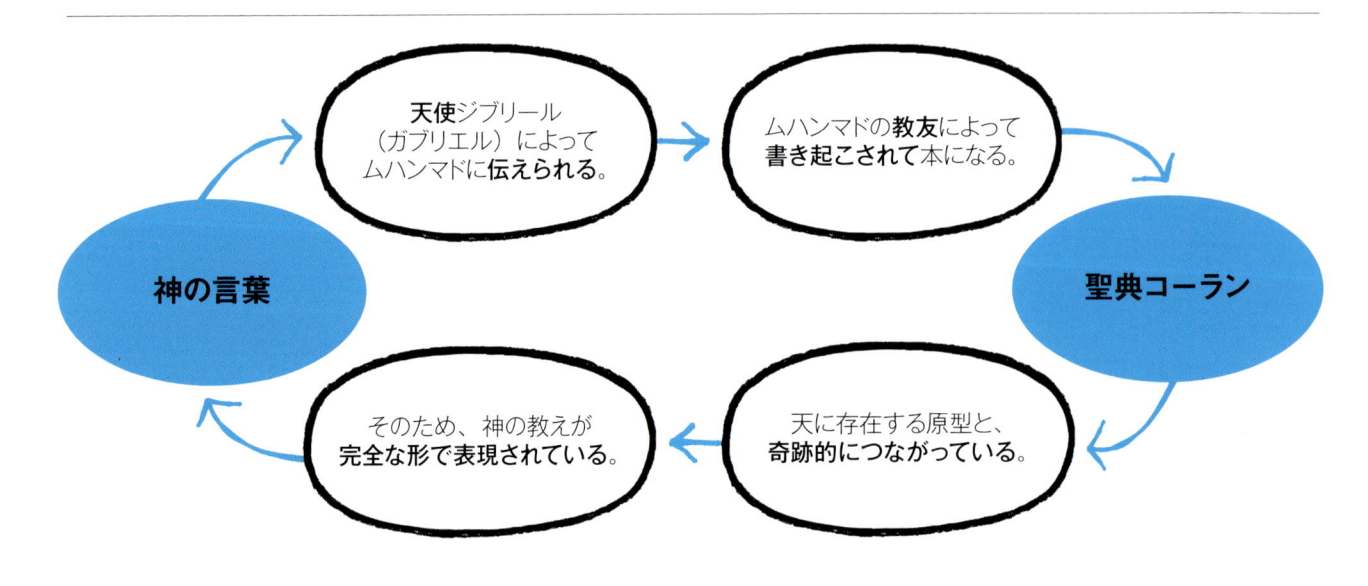

> 誦め、
> 凝血から人間をお創りになった
> 創造主の御名において。
> **コーラン96章1〜2節**

神の言葉 → 天使ジブリール（ガブリエル）によってムハンマドに伝えられる。 → ムハンマドの**教友**によって**書き起こされて本になる。** → **聖典コーラン** → 天に存在する原型と、奇跡的につながっている。 → そのため、神の教えが**完全な形で表現されている。** → （神の言葉へ戻る）

イスラム教 257

参照： 神とイスラエル人の契約 168-75 ■ 預言者とイスラム教の起源 252-53 ■ 主要な信仰行為 262-69
■ 調和のとれた人生への道 272-75

天使ジブリールが現れ、ムハンマドに最初の啓示を与える。イスラム教の伝統により、ムハンマドの顔は描かれていない。

内容は多岐に渡り、信仰・政治・結婚・家庭生活のための指針、恵まれない人々への支援、更には衛生、共同体の問題、経済に関する事柄までが扱われている。

コーランの章を分類して時系列に沿って並べるために、現代の学者たちは、それぞれの章がいつ書かれたものなのか見極める方法を見出した。この分類方法においては、ムハンマドが預言者になって間もなくの頃、彼がメッカに住んでいた時代の啓示を、メッカ啓示と呼んでいる。メッカ啓示の中でも特に初期のものは、非常にリズミカルで抽象的なものが多い。また、誓いの言葉で始まるものも少なくない。

たとえば95章は、「イチジクとオリーブにかけて、シナイ山にかけて、この平安な国にかけて（誓います）」という表現で始まっている。

メッカ啓示の後半は、より落ち着いた語り口で、自然や歴史から読み取

られた順に内容を暗記していたが、そのうち書き留めるようになった。ムハンマドの書記が書き留めることもあれば、彼の信奉者が書き留めることもあったという。実際、コーランの一部が記された動物の骨や皮、石、シュロの葉や羊皮紙が見つかっている。

まとまった本の形でコーランが編纂されたのは、7世紀半ばで、ムハンマドが亡くなって間もなくのことだった。このような編纂が行われたこと、そしてその結果としてできあがった114章6000節の構成は、すべて神の啓示によって決まったものであると、イスラム教徒は信じている。

コーランには、旧約聖書や新約聖書と同じ内容、または類似した内容が多く含まれている。しかしイスラム教徒は、旧約・新約聖書を損なわれた啓示であると考えており（252〜253ページ参照）、コーランこそが、それらを修正し発展させたものだと信じている。

章の構成

コーランの章（スーラ）と節（アーヤ）は、時系列に沿って並べられているわけではなく、主題ごとに分類されているわけでもない。大まかに捉えると長さの順に並べられていると言えるようで、冒頭に長い章があり、後ろに短い章が置かれている。全体として、

> " あなたが人々に少しずつ
> 聞かせることができるように、
> 我々（アッラー）は
> コーランに区切りをつけた。
> そして我々は、
> 少しずつ授けたのである。
> **コーラン 17 章 106 節** "

258 神の言葉と意志

る神の教えについて、その意味するところを説いているものが多い。この部分は他の章よりも表現が固く、教義に関してもしばしば論じられる。また、神を指して「慈悲深いお方」という表現を何度も用いている。

それに対して、ムハンマドがメディナで暮らしていたときに受けた啓示は、メディナ啓示と呼ばれる。このメディナ啓示は、メッカ啓示とは明らかに文体が違っている。この時期にはムハンマドは、すでに確立した大きなイスラム共同体の指導者となっていた。

そのような背景を反映して、メディナ啓示には、教義についてや神による奇跡についての記述はあまり見られない。重きが置かれているのは法的・社会的問題で、発展していくイスラム共同体での生活を規律あるものにするために、どのような規則を適用すべきかといったことが論じられる。

たとえばコーラン24章の規定として、イスラム教徒は姦通罪を告発するために4人の証人が必要であるとされている。これは女性を守るための大切な規定であった。というのも、当時は、女性が、身内でない男性と一緒にいるのを見られただけでも、姦通を疑われるような社会であった。十分な証拠を示すことができない証言は退けられ、そのような不十分な証言を行う者に対しては、このメディナ啓示に基づいた厳しい罰が与えられた。

暗記と朗誦

欧米の学者は、参照しやすくするためにコーランの章と節に番号を振った。しかしイスラム教徒の間では、章はその中に出てくる特定の言葉で表される。たとえばコーランで2番目に置かれている最も長い章は「雌牛の章」として知られている。その章には、イスラエル人がいやいや犠牲に供した若い雌牛の話があり、そこから「雌牛の章」と名付けられた。犠牲となった雌牛の体で殺された男を打つと、死者が甦り自分を殺した犯人を名指ししたとの伝承がある。

節に関しても、イスラム教徒は番号を用いることはほとんどなく、多くの場合、節の冒頭を引用する形でその節を示す。そのためには、コーランの本文を理解しているだけでなく、相当の記憶力が必要とされる。それでも多くのイスラム教徒はコーランのかなりの部分を暗記しており、中には全文を暗記している人々さえ見られる。

コーランの全文を暗記することは尊敬に値し、祝福されるべきことだと考えられていて、それを成し遂げた人には「ハーフィズ」（コーランの「守護者」）という敬称が与えられる。ハーフィズは神の聖なる書を生かし続ける者であり、しばしば「シャイフ」（長老などへの尊称）と呼ばれる。彼らは、日々の祈りや重要な儀式などでコーランの朗誦者となることが多い。この能力は高く評価されており、朗誦のコンテストには多くの人々がつめかける。

コーランはイスラム教において重要な書物であり、世界に関する神の計画において大切な役割を持つとされてい

> このコーランは、
> 神以外によって
> 作られるようなものではない。
> **コーラン10章37節**

コーランは物語の順を追って、あるいは時系列に沿って記されているものではない。どこを開いても神の意志を再確認することができる。スーラ（章）は、そこに含まれる物語、主題、真理などから名前がつけられている。

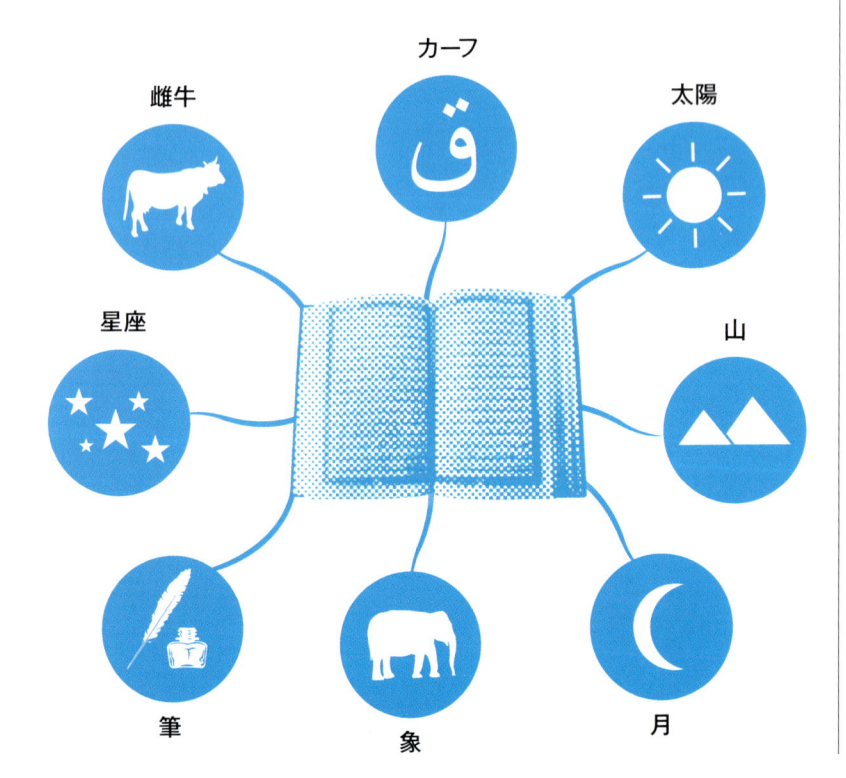

- カーフ
- 雌牛
- 太陽
- 星座
- 山
- 筆
- 象
- 月

イスラム教

コーランを読み、学び、朗誦することは、イスラム教育の中心である。それは成人してからも一生を通して、イスラム教徒の日常生活の一部となっている。

る。また、コーランは、預言者ムハンマドを仲介者として、神から与えられた奇跡であると見なされている。つまり、神が天にコーランの原型（アラビア語）を持っており、それが地上においても同じアラビア語で書かれたのだと、イスラム教徒は信じているわけである。仲介者であるムハンマドが口頭で伝え、それが書き記されたのはしばらくたってからであるにもかかわらず、天に存在する原型が奇跡によって地上に同様の書物としてもたらされたと考えられ、その書物自体も神聖なものなのだとされている。

コーランに対する敬意

コーランの原型が天の神のもとに存在すると信じているために、地上にもたらされたコーランも、慎重に丁寧に扱うべきであると考えられている。そのため、イスラム教徒がコーランをどのように取り扱うべきであるかに関して、いくつかの指針が設けられている。コーラン（特にアラビア語で書かれたコーラン）を決して床や不浄な場所に置きっぱなしにしないこと。他の書物と一緒に置く場合には、必ず一番上に置くこと。本棚に保管するときには、一番高い棚に置くようにし、その左右や上に何も置かないこと、などが決められている。

更に、コーランを手に取る際には、祈りを捧げる前と同様に、定められた手順に従って身体を清めることになっている。また、持ち運ぶときにも細心の注意を払うべきだとされており、損傷を避けるために袋に入れて運ぶことが多い。落としてしまった場合には、口づけをするなどして敬意を払ってから元の安全な場所に戻される。更に、コーランを不注意に扱ってしまった際には、慈善寄付を行う人もいる。

コーランに対する敬意は、コーランが古くなっても失われることはない。コーランを捨てることは許されず、一般的には敬意を持って埋められる。それぞれがふさわしい場所に埋めることとされているが、海に流される場合もある。また、火で燃やすという方法を認めている人もいる。

コーランの処分に関する決まりごとは、コーランの一節が書かれた紙、宝飾品、装飾品などにも適用される。そのため、イスラム教徒が多く住む地域

コーランと聖書

旧約聖書・新約聖書をコーランと読み比べると、登場人物や物語の内容の多くが共通していることに気づくだろう。コーランの言葉は、旧約聖書や新約聖書の言葉と共通点が多いものの、細部に関しては若干の訂正が加えられている。たとえば、コーランでは、アダムとハウワー（エバ）は楽園の外に出される前に神に赦されている。なぜなら彼らが神の慈悲を求めたからである。そのため、聖書に見られるような、追放され呪われるという物語にはなっていない。コーランにおいては、イエスも（神聖な存在ではなく預言者として）何度か登場するが、それより圧倒的に登場回数が多いのがイエスの母マリアであり、非常に好意的に描かれている。聖書では語られない奇跡も記されている。マリアが心ない人々に姦淫を責められたとき、ゆりかごの中の赤ん坊のイエスが、母の名誉を守るべく抗議したという。

> コーランを
> ゆるやかに
> 読誦するがよい。
> **コーラン 73 章 4 節**

神の言葉と意志

印刷され製本されたコーランは、出版される前に、間違いがないように丁寧に確認される。サウジアラビアにあるファハド国王の名を冠したコーラン発行所で、熟練した600名の読み手によって確認作業が行われている。

では専用の容器を用意して回収し、定められた手順に従って処理しているところもある。

敬意を払うためのこうした取り決めは、文字で書かれたコーランのみならず朗誦にも適用される。コーランは神の言葉であると見なされているため、朗誦すると、言葉が命をもつと考えられている。そのため、コーランを声に出して読むときには頭を覆うことが多く、一人でコーランの勉強をしているときでさえ、頭を覆う人もいる。

言語の役割

神の元にあるコーランの原型はアラビア語で書かれているとされるため、アラビア語はイスラム教において聖なる言語と見なされており、更には、神の言語であると考えられている。したがって、コーランが他の言語に訳されると、神の啓示としての力を失うものと、多くのイスラム教徒は信じている。そのため、コーランの翻訳にはアラビア語も併記されることが多い。それでもなお、その翻訳版は、もともとのアラビア語のコーランの意味を伝えるだけのものと見なされ、アラビア語のコーランに代わるもの、あるいは同等のものと見なされることは決してない。

コーランで用いられているアラビア語は神聖な言語とされており、イスラム教徒の生活や考え方にもその影響が及んでいる。たとえばイスラム教徒たちは世界中で、意味を理解しているかどうかにかかわらず、コーランや祈りをアラビア語で記憶する。

おそらく最も重要なことは、アラビア語で書かれたコーランは神聖なものであり、その著者である神と共通する特徴を持っていると考えられていることであろう。つまり、コーランは神と同様に、他の何者かによって創られたのではない独自の存在であり、完璧で永遠で不変のものだと見なされる。イスラム教にはコーランの「奇跡」性という大切な概念があり、コーランの言語、文体、内容のすべてについて、人間がどれほど努力をしても同等のものは作り出せないのだと信じられている。コーランのアラビア語の文法構造から、朗誦されたときの響き、そして預言の内容に至るまでのすべてが、無比の奇跡であると見なされる。コーランと同等のもの、あるいはコーランよりも優れたものを生み出そうとする試みは必ず失敗に終わると、イスラム教徒は考えている。

コーランの持つ他の奇跡的な側面として、基本となる主題が独特な形で繰り返されるという点が挙げられる。コーランのどの節を読んでも、ほぼ必ず、本質的な教えが書かれている。このように、形式的で簡潔とも言い得る点は、イスラム教徒以外の人々や、他の聖典の物語構造に慣れている人々にとっては難しいと感じられるかもしれない。しかしイスラム教徒にとっては、この神秘的な文体も、コーランが持つ類まれなる魅力なのである。

コーランはイスラム教における最も神聖な書物であるのみならず、アラビア語の文学作品の最高傑作であるという評価を受けている。イスラム教徒はもちろんであるが、それ以外の人々からも、素晴らしい作品であると見なされている。そのため、神の導きとして読まれるのと同じくらい、詩的な散文として研究されることが多い。また、イスラム教徒は、コーランに対して(主にその教えと朗誦に関して)敬意を払い、比類なきものとして絶大な評価を寄せているが、コーランは他の人々からもさまざまな点に関して同様の高評価を受けている。たとえば、コーランで使われているアラビア文字さえも視覚的な芸術的価値が高いとされており、イスラム芸術の中心の一つと目されている。

イスラム芸術

一切の偶像崇拝を避けるため、コーランでは昔から挿絵は用いられないことになっている。しかし、模様などの抽象的な図柄の使用は許されており、アラビア文字そのものが芸術的な形態へと高められていった。コーランには美しいアラビア文字が使われ、鮮やかな色のインクや貴重な金箔による装飾が施されている。

動物や人物を描くことが禁じられていたため、芸術家たちはアラベスク文様(唐草文様)を生み出した。これは芸術的な装飾の一種で、規則性のある直線、巻き付いて絡み合う精巧なつる草の絵、そして幾何学模様が組み合わさ

> たしかに、
> 我々(アッラー)は
> この託宣を下した。
> 我々はそれが
> 損なわれないように
> 守るのである。
> **コーラン 15 章 9 節**

イスラム教

> "
> 人々のための
> 導きとして、
> 導きを
> 明確に示すものとして。
> **コーラン 2 章 185 節**
> "

れてでき上がっている。こうした装飾は、コーランやモスクの内装などに用いられているが、そこには宗教的な意味合いも込められている。途切れずに絡み合いながら続く模様は、始まりも終わりもないように見え、アッラーの無限性を表すものと考えられているのである。■

イスラム教においては、宗教的な図像を描くことが許されておらず、その代わりに美しい文字や模様が用いられる。その幾何学的な図形は、アッラーによってもたらされる秩序と調和を表している。

コーランの筆記者たち

コーランの完全性を保つため、ムハンマドの近しい仲間（教友）の一人であったザイド・イブン・サービトは、筆記者のグループを結成し、ムハンマドが啓示を受ける度にそれを書き記した。そのようにして、ザイドと彼の弟子たちの手によってコーランができ上がり、更に、啓示を記憶していた者が内容に誤りがないことを確認した。完成した書物はムハンマドの妻の一人であったハフサに贈られた。

アラビア語は母音を書き記さない言語であるため、コーランを正しく読み、正しく発音できるかどうかは、読み手の熟練度にかかる。意見が割れた場合には、ムハンマドが属していたクライシュ族の方言が優先された。これほど厳密さを心がけたにもかかわらず、文字化されたコーランには、さまざまな異本が出てくるようになった。そこで、ムハンマドの仲間であったウスマーン・イブン・アッファーンが、7世紀半ばにコーランの正典を編纂した。今日知られているコーランは、このウスマーン版をほぼそのまま受けついだものである。

イスラムの五行
主要な信仰行為

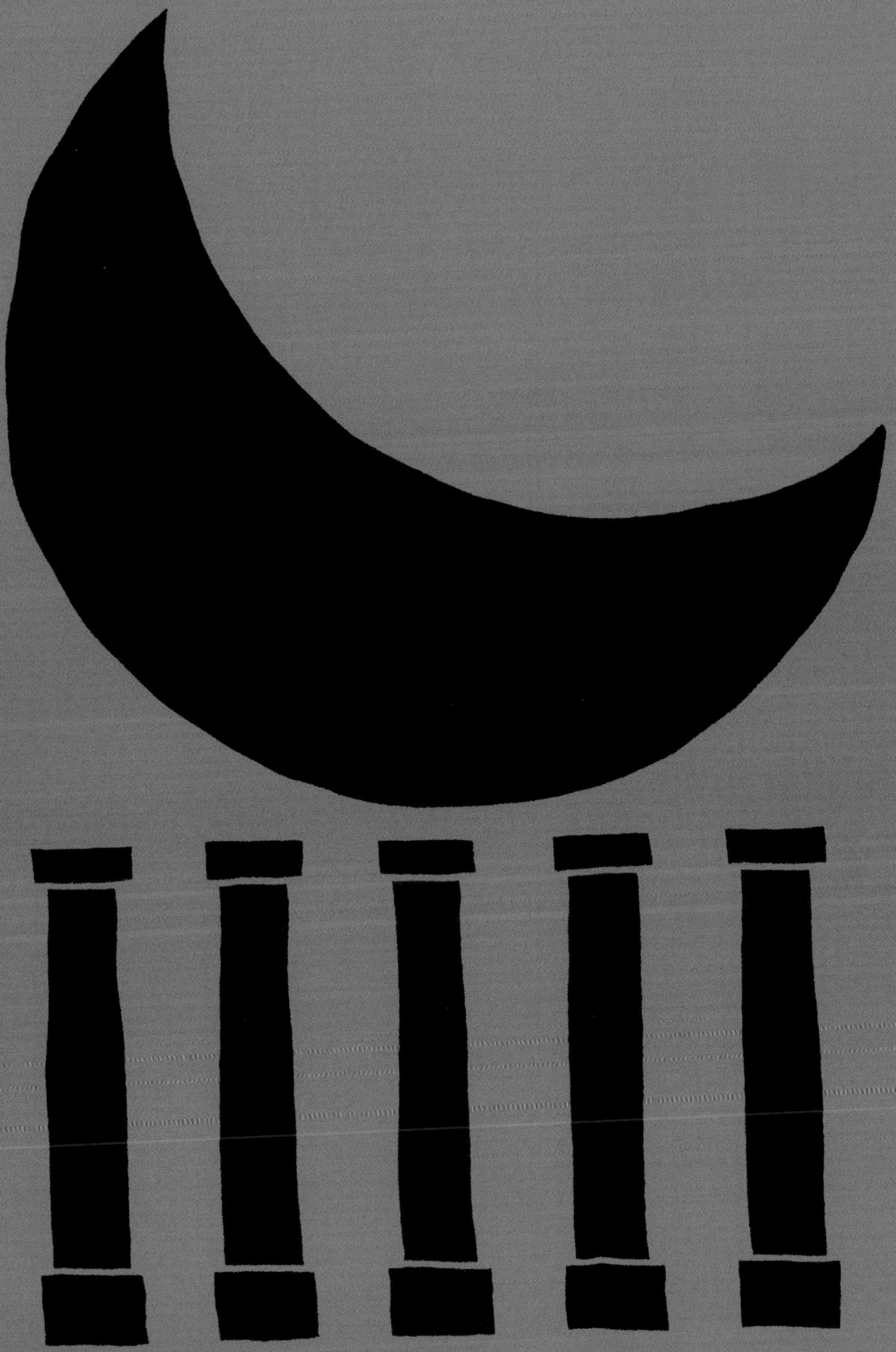

主要な信仰行為

背景

主な文献
ムハンマドのハディース（言行録）

時代と場所
7世紀初期、アラビア

前史
紀元前1000年～ トーラー、次いでタルムードによってユダヤ教徒としての生活の規則が定められ、神とイスラエル人との契約の一部が形成される。

1世紀 キリスト教がユダヤ教の契約（特に十戒）を取り入れる。

610年 預言者ムハンマドがコーランの啓示を受け始める。

後史
680年 イスラム教シーア派が追加の「行」を導入し、信仰と慣例の指針とする。

8世紀 イスラム法を研究する学派が発展し、イスラム教徒の生活や信仰の実践の指針となる解釈をもたらす。

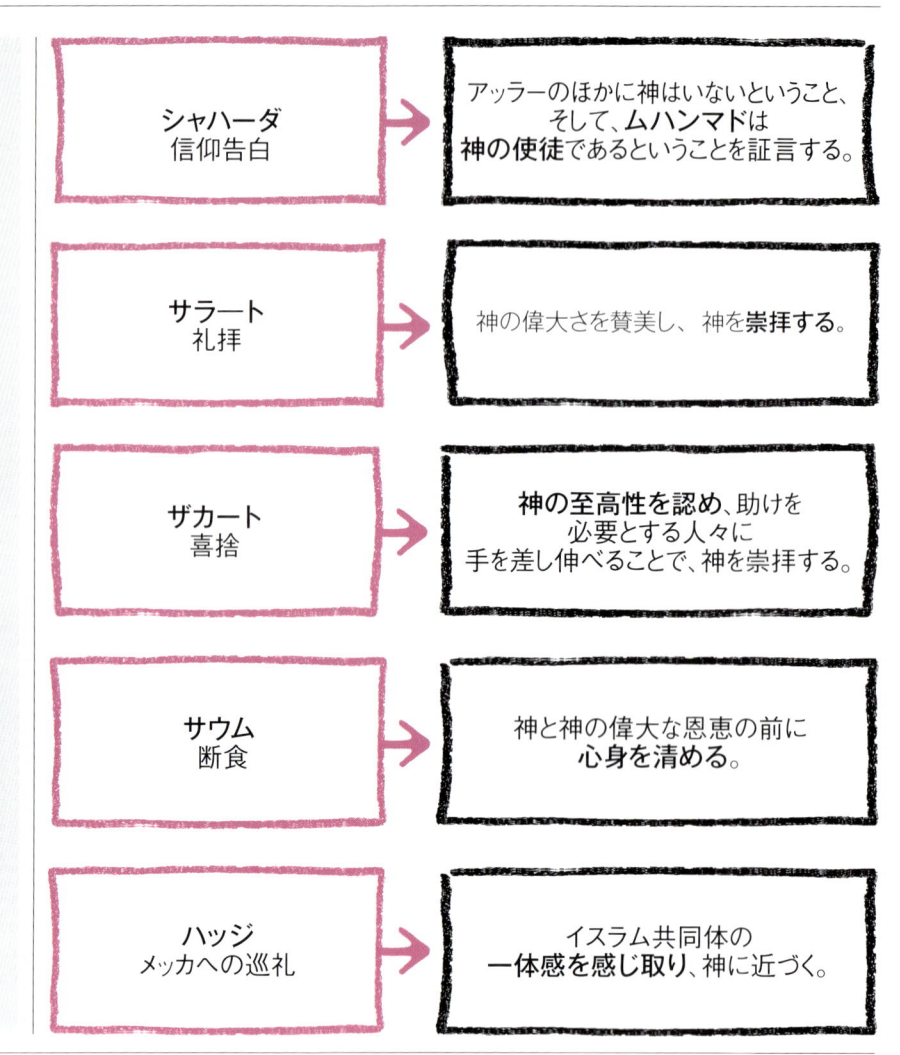

シャハーダ 信仰告白	→ アッラーのほかに神はいないということ、そして、ムハンマドは**神の使徒**であるということを証言する。
サラート 礼拝	→ 神の偉大さを賛美し、神を**崇拝する**。
ザカート 喜捨	→ **神の至高性を認め**、助けを必要とする人々に手を差し伸べることで、神を崇拝する。
サウム 断食	→ 神と神の偉大な恩恵の前に**心身を清める**。
ハッジ メッカへの巡礼	→ イスラム共同体の**一体感を感じ取り**、神に近づく。

アブドゥッラー・イブン・ウマル・イブン・アル＝ハッターブ（ムハンマドのもとでイスラム教の指導者となった人物）が語ったところによると、ムハンマドは、イスラム教とは5つの原則に基づいた宗教だと述べたという。その5つとは、「アッラー以外に神はなくムハンマドは神の使徒であると証言すること、忠実に完璧に祈りを捧げること、定められた喜捨を行うこと、メッカへの巡礼を行うこと、それにラマダーン月に断食を行うこと」である。

これらの原則をイスラム教徒は「イバーダート」（「神への奉仕」）と呼び（一般的には「イスラムの五行」として知られている）、イスラム教のあらゆる宗派において、信仰の核として受け入れ、実践している。

信仰の告白

宗教としてのイスラム教のすべてを要約しているとは言えないとしても、この「イスラムの五行」には、イスラム教徒が従うべき最低限の義務が示されている。イスラム教では、宗教的な規定の重荷を背負わずに神に従うべきだと考えられているため、この五行はわかりやすさに主眼がある。コーランにも書かれているように、「（神は）この宗教を信仰するせいで、あなた方に負担をかけるようなことはしない」のである。このことを念頭に置いた上で、イスラム教の教義の中心である最初の行を読むと、「真の神が唯一であること、使徒ムハンマドが無二の立場にあることを、単純に認めよ」ということが書かれている。これは信仰の告白であって、シャハーダ（「証」）と呼ばれ、イスラム教徒となるための唯一の手段である。イスラム教徒は生まれたときと、死ぬときに、耳元でシャハーダをささやかれる。また、一日を通して、祈りを捧げるたびに繰り返し唱える。シャハーダは簡潔なものではあるが、2つの重要な内容を含んでいる。1つ目は、神が唯一であると証言すること

イスラム教 265

参照：儀礼を行う責務 50 ■ 苦行が霊的解放への道である 68-71 ■ 拝一神教から一神教へ 176-77 ■ 口伝律法の文書化 182-83 ■ イスラム教シーア派の誕生 270-71

イスラム教徒の子供は、誕生すると耳元で信仰の告白（シャハーダ）をささやかれる。またアラビアの昔からの習慣に従って、今でも赤ん坊の唇に蜂蜜を塗る人が多い。

である。これはまさに、イスラム教の中核的な教義の一つ（タウヒード〔「神の唯一性」〕）である。同時に、このように証言することで、多神崇拝（複数の神を信じること）や神以外のものを崇拝することが、イスラム教においては罪になるということを確認する意味合いもある。

シャハーダの後半部分に含まれる2つ目の内容は、ムハンマドが神の預言者であり、しかも、彼より前に現れた預言者たち以上の使命を帯びた特別な預言者であるというものである。ムハンマドは、更に、最後の預言者であるとされている。

礼拝の義務

イスラムの五行の2つ目は、サラート（礼拝）である。イスラム教徒が、個人的に祈りを捧げたり、神に願いをきいてほしいと頼んだりすることもあるかもしれない。しかし、主要な祈りは厳格に定められており、決まり事に従って神を敬うことになっている。

> " アッラーのほかに神はいない。
> ムハンマドは
> アッラーの使徒である。
> **シャハーダ** "

イスラム教徒は1日に5回（夜明け前、正午、午後、日没後、夜）、祈りを捧げる。以前は、礼拝を主導するムアッズィンが、ミナレットというモスクの外にある高い塔の上からシャハーダを詠唱し、地元のイスラム教徒に対してモスクに集まるように促していた（現在でも場合によっては行われる）。今日では、ムアッズィンはマイクを使うことが多く、拡声器によって地域全体に聞こえるようになっている。予め録音された声が流されることもある。イスラム教徒は礼拝のためにモスクに出向くことが多いが、叶わない場合には、一人で、あるいは集団で、モスク以外の場所で祈ることも許されている。

礼拝の前には身を清めることになっており、これはムハンマドが「信仰の半分」と言ったとされているほど、重要である。5回の祈りの前に毎回、水で手を洗い、口をすすぎ、鼻孔を洗う。それから、顔全体を洗い、手首からひじまでを洗い、濡れた手で頭を触り、足と足首を洗う。それぞれの部分を何度清めるかは宗派によって異なる。定められた通りに身を清めた後、イスラム教において最も神聖な都市であるメッカの方角を向いて祈りを捧げる。モスクの壁には、ミフラーブというメッカの方角を示すくぼみがある。モス

アブドゥッラー・イブン・ウマル

アブドゥッラー・イブン・ウマル・イブン・アル=ハッタープは、ムハンマドの死後、イスラム共同体の2代目の指導者となったウマル1世の長男である。7世紀初頭に生まれ、父親と共にイスラム教に改宗した。ムハンマドの極めて近しい仲間（教友）であり、戦場でムハンマドの隣にいたことも何度かある。その高潔さと献身とで、尊敬を集めた。

最も重要なことは、イブン・ウマルがイスラム教の初期の歴史に関する権威の中で、最も信頼できる人物の一人だということである。ムハンマドや他の重要人物に近いところにいたために、彼は当時の情勢について広い知識を持っていた。彼はまた、ムハンマドのハディース（言行録）についても信頼できる情報を持っていた。84歳になろうという頃、メッカへ巡礼し、その地で693年に没している。

主要な信仰行為

以外の場所では、専用のコンパスやインターネットのアプリなどを使ってメッカの方角を正確に知ることができる。モスクの外で礼拝をする場合は、通常、専用の敷物の上で行う。これは、清潔な場所で祈りを捧げているという意味合いを持つ。

礼拝は「神は偉大である」と唱えることで始まる。それからイスラム教徒は一連の決められた祈りを唱えるが、その中には、コーランの最初の章に書かれている次の文言も含まれている。「慈悲深く慈愛あつき神の御名において。万有の主であり、慈悲深く慈愛あつきお方、また最後の裁きの日の主宰者である神に、すべての称賛と感謝を。我々はあなたのみを崇め、あなたのみに助けを願う。我々を正しい道に導きたまえ。あなたの怒りを受けた者や、迷ってしまった者たちの道ではなく、あなたの恵みを受ける者が進むべき道へと導きたまえ」。その後、信仰の告白が繰り返される。そして「あなたの上に神からの平安と慈悲と祝福がもたらされますように」という言葉で、他者の平安を祈る。これらの祈りはアラビア語で唱えられ、平伏、礼、手の上げ下げといった動作も行われる。

非イスラム教徒からすると、イスラム教の礼拝の儀礼は複雑で型にはまりすぎていると感じるかもしれない。しかしイスラム教徒は、決められた通りに清めの儀礼や礼拝を行うことで、かえって負担を感じずに済むため、自由に神を崇拝することができるのである。また、他のイスラム教徒たちと調和して礼拝を行い、世界中の同胞たちが同じ方法で神を崇拝しているのだと思うことで、神の偉大さを再確認することにもつながる。

慈善の重要性

イスラムの五行の3つ目はザカート（喜捨）である。コーランで繰り返される最大の懸念は、貧しい人々、社会から取り残された人々、環境的に恵まれない人々に対するものである。そのため、イスラム教徒には、自分の住む地域への社会的・経済的貢献が求められる。慈善活動も推進されているが、更に、一定の金額を救貧税として支払うことが義務づけられている。成人しているイスラム教徒で、可能な者は全員、収入だけでなく保有資産からも一定の割合を支払うことになっており、その割合は伝統的に2.5パーセントとされている。これは、スンナ（ムハンマドの伝承）に基づいて、学術的に検討されて導き出された数字である（スンナには、銀の「十分の一の四分の一」というくだりがある）。農業や産業による資産の20パーセントが、喜捨として支払われることもある。

喜捨は自主性に任されることが多いが、政府によって規定されている国もある。こうした地域では、寄付金を送るための専用の切手が発行され、配布される。あるいは、モスク内や他の場所に寄付金専用の箱が設けられている場合もある。

喜捨は神への崇拝を表す行為であると見なされるが、同時に、義務とも考えられている。イスラム教徒が受け取るものは神の恵みであるため、多くを受け取った人々が、少ししか受け取らなかった人々に分け与えるのは当然のことだと見なされる。そのためイスラム教徒にとって、喜捨は慈善行為ではなく、支援を必要とし、求めている人々に対して行うべき務めなのである。コーランには、喜捨を受け取る権利のある人々が明記されており、貧しい人々、孤児、未亡人、奴隷解放のために働く

> アッラーは偉大である。
> アッラーのほかに神はいないと、私は証言する。ムハンマドは神の使徒であると、私は証言する。
> 急いでサラートに来なさい。
> 成功のために来なさい。
> アッラーは偉大である。
> **礼拝の呼び掛け**

礼拝の呼び掛けはモスクの塔（ミナレット）の上から行われる。呼び掛けるのは、ムアッズィンと呼ばれる選ばれた人々で、呼び掛けに続いて礼拝のスケジュールを知らせることもある。

イスラム教 267

> 本当の敬虔とは
> 喜捨を行う人々のことである。
> **コーラン 2 章 177 節**

人々、負債者、イスラム教を広めるための活動を行う人々であるとされている。

ラマダーンを祝う

　イスラムの五行の4つ目はサウム（断食）で、特にラマダーン月の断食を指す。ラマダーンとはヒジュラ暦の9番目の月の名前である。1ヶ月続く断食の終了日の前夜は、ムハンマドが天使ジブリールから最初の啓示を受けた記念の日にあたる。敬虔なイスラム教徒は、神に届くことを念じて一晩中祈る。一般的にラマダーンの間は、健康面に問題を抱えていないイスラム教徒は全員、日中は飲食を行わず、また、性的な行為を避ける。ラマダーンの間にすべきことは、身を清め、内省し、過ちを振り返り、神の大いなる慈悲を思い、そして自分の住んでいる地域の恵まれない人々のことを考える、といったことである。

　毎朝、日が昇る前に家族で集まり、飲食のできない一日を乗り切るために軽い食事を取る。夜、日が暮れた後には、家族は互いの家を訪問し合い、皆で食事をする。この食事には特別な食べ物が用意されることも多く、たとえば、ムハンマドが断食明けに食べたと言われているナツメヤシなどが出される。

　多くのイスラム教徒は、ラマダーン中には夜の礼拝のために地元のモスクへと足を運び、断食月だけに用いられる祈りを唱える。また、この期間にコーランの全文を読み上げるなど、信仰的行為を行う人々もいる。

　ラマダーンは、イード・アル＝フィトルという断食明けの祝宴で終了する。この祝宴を行うことは義務であるが、皆が大いに楽しめる機会でもある。

　家族は互いに訪ね合い、ご馳走を食べ、プレゼントやお菓子を交換する。このお祝いの間は仕事も休みとなることが多く、時にはそれが数日間に及ぶこともある。

メッカの方角は「大圏」という考え方で決められる。つまり、（必要であれば北極や南極を通って）最短ルートをとるのである。8世紀から13世紀にかけてのイスラム教研究の黄金期には、イスラム教徒の科学者たちにとって、この計算が最大の関心事であった。

メッカの方角は「キブラ」と呼ばれ、礼拝のために、イスラム社会の公共の建物には、通常、表示がある。

メッカへの巡礼

　イスラムの五行の5番目は、ハッジ（サウジアラビアにある聖地メッカへの巡礼）で、ラマダーン月の後に始められる。身体的にも経済的にも問題のない成人のイスラム教徒は、一生の間

268 主要な信仰行為

朔の後に現れるヒラール（新月）は、ラマダーン月には、断食の開始と終了の合図となる。もっとも、月を見ずに計算によって期間を示すことも可能である。

ら集まった人々が、カアバをとりまく聖モスクで精神的に一体となるさまが象徴されていると言えよう。

メッカでの儀礼

巡礼者は聖モスクに入ると、タワーフという儀礼（カアバを反時計回りに歩いて7周回る）を行う。できるだけ建物に近づき、可能であればカアバの一角にはめこまれている黒石に口づけするか、触るようにする。以後7日間、巡礼者は聖モスクの中で礼拝し、他の儀礼に参加する。儀礼の例として、モスク内にあるザムザムの泉の水を飲むことが挙げられる。イスラム教徒の伝承では、これは奇跡の泉とされている。赤ん坊のイスマーイールが母親ハージャル（ハガルのアラビア語）と砂漠に取り残されていたときに、彼らを救うために神が作ったものと信じられている。巡礼者の中には、ハージャルが砂漠で水を求めたことを思い、サファーとマルワという2つの丘の間を走って往復する人々もいる。更に、メッカの

に少なくとも一度は巡礼を行うべきだとされている。そのためにイスラム教徒は、あらゆる手段を用いてメッカに旅をする。旅行会社の多くは、快適で思い出深い旅にするために、個人あるいは団体向けの特別なハッジ・ツアーを用意している。巡礼者たちはしばしば、メッカの近くまで来ると「アッラーの御前におります」と叫ぶ。巡礼の最大の目的地はカアバ聖殿で、これは、メッカの聖モスクの中心部に位置する立方体の建物である。伝承によると、カアバは元々イブラーヒーム（アブラハムのアラビア語）と息子のイスマーイール（イシュマエルのアラビア語）によって、イブラーヒームが天使ジブリールから授かった黒石を安置するために建設されたという。この黒石は、神とイスマーイールとの契約を象徴するものであった。イスラム教以前の時代にも、カアバは多神教を信仰する人々の巡礼の地とされていた。当時カアバには、多くの部族の神々の像があった。しかしムハンマドの指導のもとにこれらは一掃され、カアバは、唯一神アッラーへの信仰の象徴とされた。

カアバに到着する前に、巡礼者たちは身を清めなければならない。男性は継ぎ目のない白装束に着替え、散髪する。頭を剃る者もいる。女性でも白装束を身に着ける人はいるが、大多数は出身国の簡素な伝統衣装を着る。身体を清く保つため、男女共に性行為を避け、宝石や香水も付けない。口論など、清浄を汚す恐れのある行為もすべて避けられる。本質的に、白装束の人々は清浄だけでなく、調和と平等も象徴している。ハッジにおいては階層や不和が退けられ、巡礼中は神への完全な崇拝とイスラム教徒としての特別な礼拝に集中することとされている。その一方で女性の巡礼者の服装は実にさまざまで、世界の多様なイスラム共同体か

> 夜が明けて白糸と黒糸が
> 見分けられるようになるまで、
> 食べて飲みなさい。
> その後は、日が暮れるまで
> 完全な断食を行いなさい。
> **コーラン 2章 187 節**

> 神の御心に沿うために
> ハッジ（巡礼）を行う人は
> 誰でも……帰るときには
> 生まれたてのように
> 罪から解放されている。
> **ブハーリー『真正集』26 章 596 節**

イスラム教

> アッラーの御前におります。
> **メッカ到着時の巡礼者の祈り**

巡礼の制限

聖地メッカに入ることが許されるのは、イスラム教徒だけである。サウジアラビアで実践されている極めて保守的なスンナ派においては、カアバ聖殿のみが巡礼の目的地として認められている。スンナ派の中でも厳格なワッハーブ派では、遺跡、墓、イスラム教の歴史に関わる建造物を崇敬することは強く禁じられている。このような行為は、神以外のものを崇拝する偶像崇拝(シルク)という罪につながりかねないためである。「聖地」や「聖堂」などというものは存在しないと考えられているので、メッカでは古い建物の多くが取り壊され、新たな開発が行われてきた。その結果、現在のメッカは、ほぼ完全な近代都市の様相を呈している。しかし、イスラム教のすべての宗派が、シルクをこのように解釈しているわけではない。たとえば、スーフィズムと呼ばれる立場の人々は、聖人や学者の墓に深い敬意を払う。

外にあるミナーの谷やアラファート山に足を延ばすこともある。彼らはそこで、神に祈り、イスラム共同体全体の罪に対する神の赦しを請う。その後彼らは、再びメッカの聖モスクへと戻り、カアバを回って別れのタワーフを行う。

巡礼は、イブラーヒームと彼の神への献身を称える祝宴で幕を閉じる。巡礼をしていないイスラム教徒も参加して祝い、祝宴は3日間続く。たくさんのご馳走が振る舞われ、残ったものは貧しい人々に分け与えられる。

メッカへの巡礼を終えた人々は、イブラーヒームが見せた忠誠心に敬意を表して、悪魔の象徴として作られた3本の柱に向けて石を投げつける。そして旅の最後に、多くの巡礼者はメディナまで行き、預言者ムハンマドが埋葬されているモスクを訪れる。

負担を軽くする

イスラムの五行は、信仰の全体像であり、神が信者に課した「軽い負担」であると考えられるだろう。確かに五行はイスラム教のわかりやすさを表すものであるが、定められた規則に従うことが困難な場合も予想される。

礼拝の方角が分からない場合はどうすればいいのだろうか。ラマダーンの期間中、一日だけ断食ができないとしたら、どうしたらいいだろう。神はこうした障害に対して、明快な解決策を用意してくれている。「東も西も神の土地である。あなたがどの方角を向こうとも、そこに神がいる。神は、自らの創った生き物たちが必要とすることをすべて知っていて、そのすべてを満たしてくれる存在である。」

イスラム教徒にとって大切なことは、他のイスラム教徒たちと同じように神を礼拝できるときが来るまで、知り得る限り最良の方法で神を拝することなのである。■

メッカにあるカアバ聖殿は、四角い石造りの建物で、イスラム教が成立する何世紀も前から存在する。その周りに聖モスクが建設された。

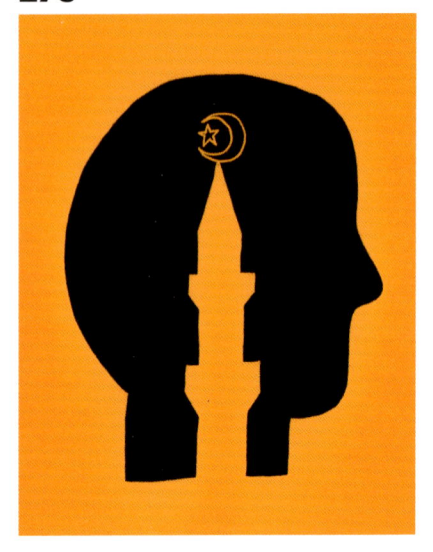

イマームは神に選ばれた指導者
イスラム教シーア派の誕生

背景

主要人物
アリー・イブン・アビー・ターリブ

時代と場所
632年頃〜661年、アラビア

前史
紀元前1500年〜 ヘブライ語聖書で、アブラハムとその後継者たちはイスラエル人を導くために神に選ばれたとされる。

1世紀 死後、イエスはキリストすなわちメシア（「聖油を注がれた者」）として知られるようになる。イエスの母親マリアを崇敬する人々が増加する。

610年頃 イスラム教においてムハンマドが神に選ばれ、コーランの啓示を受ける。

後史
1500年頃 ペルシャのサファヴィー朝がスンナ派からシーア派に改め、イランがシーア派の重要な拠点となる。アラビアでは依然としてスンナ派が主流を占める。

イスラム教の開祖である預言者ムハンマドが632年に没したとき、イスラム教の影響力は、戦いや征服を通してアラビア半島全体に行き渡っていた。しかしその時点でムハンマドの息子は一人も残っていなかったため、ムハンマドの死後、誰が次の指導者になるべきかという点に関して、イスラム共同体では意見が割れた。

ムハンマドは神から統治権を授かったと考えられていたが、その権利は彼で終わった。イスラム教徒の大半は、ムハンマドの「教友」と呼ばれる少人数の集団が指導者に最も適していると考えた。ムハンマドに一番近いところで教えを聞き、コーランの編纂にも携わっていたからである。そして、教友の中でもムハンマドと特に近しかったアブー・バクルが、後継者に選ばれた。アブー・バクルの後も、ウマルとウスマーンという2人の教友が指導者の地

> 誰が**預言者ムハンマドの後**を継ぐべきか。

↓   ↓

多くの信者は、**指導者を選出**することは、スンナ（ムハンマドの教えと言葉）に沿うと考えている。

シーア派は、預言者ムハンマドの**一族内での正当な継承**が神の意志に沿うと考えている。

↓   ↓

したがって、イスラム教スンナ派は、**合意によって選ばれた人物を**指導者としている。

したがって、イスラム教シーア派は、**神によって選ばれたイマームを**指導者としている。

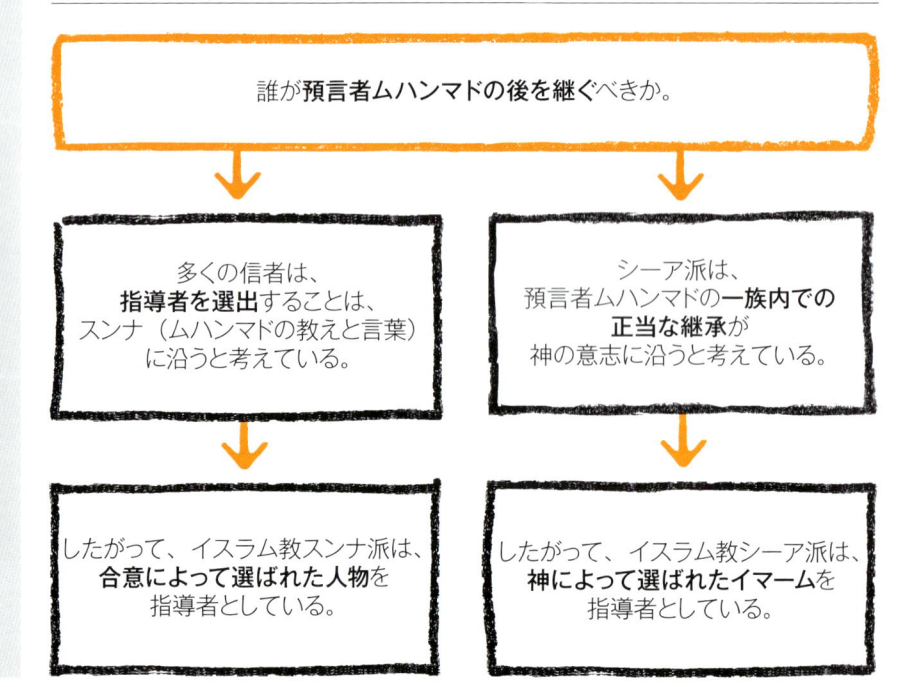

参照： 主要な信仰行為 262-69　■　神への信仰を深める努力 278　■　アフマディーヤの起源 284-85

イスラム教　**271**

初代イマームであるアリーとその息子たちは、預言者の家族の一員であるため、神聖な知識を持つとされた。ここでは天からの光を受ける姿が描かれている。

ーア派と呼ばれるが、彼らがアリーをムハンマドの正当な後継者と考えていたことから、シーア・アリー（「アリーの党」派）という呼び名でも知られている。

結局、アリーは、ウスマーンの死後、656年にイスラム共同体の指導者に選ばれた。しかしアリーが亡くなると、イスラム教徒は再び分裂する。シーア派がアリーの息子を後継者に推したのに対して、スンナ派はシリアの有力な統治者、ムアーウィヤ1世を支持したのである。今日に至るまで、シーア派はイスラム共同体の中の少数派として存在しており、アリーとその子孫を指導者として掲げている。彼らムハンマドの子孫はイマームと呼ばれ、圧倒的な宗教的権威を持っており、彼らの知識は神から与えられた完全なものと見なされている。シーア派の主流においては、現在イマームが空席となっており（右のコラム参照）、その間、代理の人物（マルジャア）が率いる形をとっている。イランのアーヤトッラー・ホメイニーもその代理の一人である。

この一連の論争が指導者をめぐる問題であるため、シーア派はイスラム教内部の運動と捉えられており、別の信仰体系とは考えられていない。しかし、シーア派には独自の主張も存在する。たとえば、イスラムの五行に対して、シーア派では更に5つの行が加えられている。そのうち3つは、共同体の利益のための喜捨、勧善、禁悪で、シーア派以外の人々にも広く実践されている。残りの2つはシーア派に特有のもので、預言者の家族への敬愛、そして、預言者の家族の敵からの離反である。■

位を引き継ぎ、彼らはカリフ（イスラム教支配地域の指導者）と呼ばれた。彼らは賢明な指導者という評価を受けており、「最高のイスラム教徒」として知られている。信者たちは、共同体の合意によって指導者を選ぶという方法が、スンナ（ムハンマドの教えと言葉）の考え方に最も合っていると信じていた。そのため、初期のカリフたちは共同体の合意によって選ばれている。そして、アブー・バクル、ウマル、ウスマーンの支持者たちは、スンナを尊重したことから、スンナ派（スンニー派）として知られるようになる。

もう一つの選択

ある少数派の信者たちは、そもそもアブー・バクルが後継者として選ばれたことに反対していた。彼らは、正当な指導者はムハンマドの近親者から選ばれるべきであり、特にコーランで「預言者の家族」と呼ばれている人々が適切だと考えた。このグループは、ムハンマドが生前に後継者を指名していたと主張した。ムハンマドが、彼のいとこであり娘婿であるアリー・イブン・アビー・ターリブについて、共同体を指導する能力を有していると公言していたことを根拠としている。彼らはシ

シーア派の更なる分裂

イスラム教シーア派の初代イマームであるアリーの後、誰を後継者にするかという点で意見が分かれたことで、シーア派は分裂を経験する。そして更に、4代目と6代目イマームが没した後の論争から、それぞれ「五イマーム派」と「七イマーム派」が生まれることとなった。

「七イマーム派」（「イスマーイール派」とも呼ばれる）は、預言者の家族の中の誰が、神の目から見て正当な後継者なのかという問題で更に分裂した。その中で最大の分派はニザール派で、ニザール派の指導者は代々アーガー・ハーンと呼ばれる。

「十二イマーム派」はシーア派における圧倒的な多数派である。彼らは、最後のイマーム（6歳のムハンマド・アル＝カーイム）は874年に没したのではなく、「幽隠」という状態に入ったのだと考える。そして最終的に、アル＝カーイムはイマーム・アル＝マフディーという救世主として戻ってくると信じている。彼の再臨は、究極の善の闘いの始まりで、世界の終わりだとされている。

> （預言者の）家の者たちよ、
> 神はあなた方から
> （罪の）不浄を除き、
> あなた方を
> 清浄にしたいと一途に望んでいる。
> **コーラン 33章 33節**

神は
シャリーアによって
我々を導く

調和のとれた人生への道

背景

主要人物
アブー・アブドゥッラー・ムハンマド・イブン・イドリース・アッ＝シャーフィイー

時代と場所
767～820年、アラビア

前史
紀元前1300年頃 神がモーセに授けた宗教的・道徳的戒律である十戒が、トーラーに記録される。

7世紀 預言者ムハンマドがコーランの啓示を受ける。彼の言行は信奉者たちによって伝えられていく。

後史
14世紀 イスラム教法学者イブン・タイミーヤが、モンゴルはシャリーアに基づいた法を採用していないとするファトワー（法学裁定）を出す。

1997年 ヨーロッパのイスラム教徒のシャリーア解釈を手助けする目的で、「ファトワーと研究のための欧州理事会」が設立される。

イスラム教の思想においては、神の導きに身を任せる（「イスラーム」とは「帰依すること」という意味である）のが真のイスラム教徒だとされる。信者が神を喜ばせるような人生を歩むための手引きとして、神はシャリーア（「水場に至る道」）と呼ばれる方法を示した。アラビアの砂漠において水場への道が大いなる宝であるのと同様に、シャリーアも、神の法に沿って調和のとれた人生を送るための大切な宝となる。シャリーアは、人類を治め、人類のすべての行いを正しい方向へと導くための、道徳体系であり、法学（フィクフ）なのである。

イスラム教徒は、シャリーアを理解するために、初めの頃はムハンマドの啓示（コーラン）と彼の言行（スンナ）に頼っていた。しかしムハンマドが亡く

イスラム教 273

参照：調和の中で生きる 38 ■ 知恵は君子に属する 72-77 ■ 個人的な真理の探究 144 ■ 口伝律法の文書化 182-83 ■ 神の言葉と意志 254-61

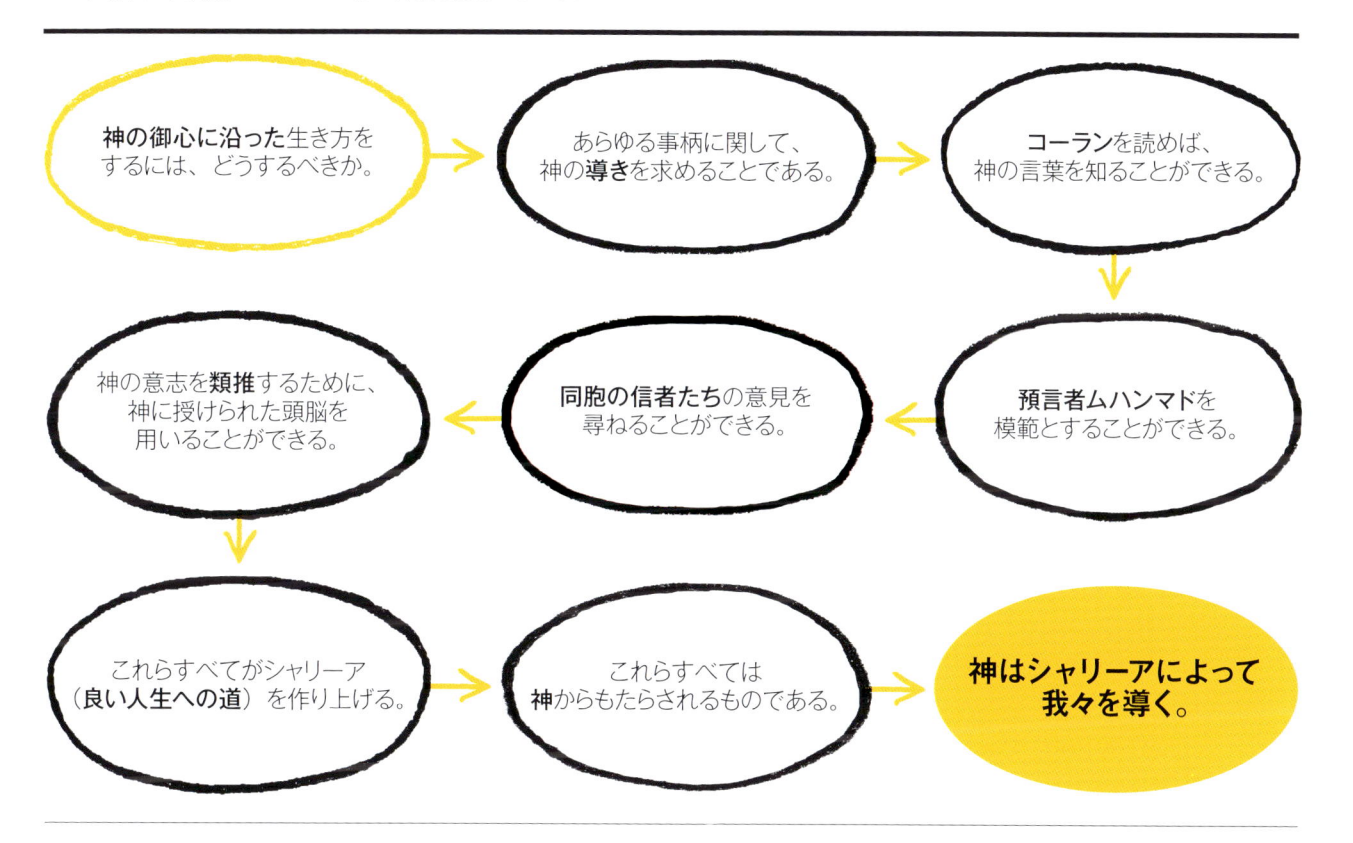

```
┌─────────────────┐      ┌─────────────────┐      ┌─────────────────┐
│ 神の御心に沿った │  →   │ あらゆる事柄に   │  →   │ コーランを読めば、│
│ 生き方をするには、│      │ 関して、神の導き │      │ 神の言葉を知る   │
│ どうするべきか。 │      │ を求めることである。│    │ ことができる。   │
└─────────────────┘      └─────────────────┘      └─────────────────┘
                                                           ↓
┌─────────────────┐      ┌─────────────────┐      ┌─────────────────┐
│ 神の意志を類推   │  ←   │ 同胞の信者たちの │  ←   │ 預言者ムハンマドを│
│ するために、神に │      │ 意見を尋ねることが│     │ 模範とすることが │
│ 授けられた頭脳を │      │ できる。         │      │ できる。         │
│ 用いることができる。│    │                 │      │                 │
└─────────────────┘      └─────────────────┘      └─────────────────┘
        ↓
┌─────────────────┐      ┌─────────────────┐      ┌─────────────────┐
│ これらすべてが   │  →   │ これらすべては   │  →   │ **神はシャリーア**│
│ シャリーア（良い │      │ 神からもたらされる│     │ **によって我々を**│
│ 人生への道）を   │      │ ものである。     │      │ **導く。**       │
│ 作り上げる。     │      │                 │      │                 │
└─────────────────┘      └─────────────────┘      └─────────────────┘
```

なったことで、新たな導きを得られなくなってしまう。そのような中で、さまざまな文化にまたがって拡大していくイスラム共同体の日常生活に、既存の啓示をどう適用していくかということは、極めて難しい問題であった。イスラムの裁判官が現れたことで、公的・私的な問題を裁くことは可能になっていたものの、統一され、より明確な定義を持つシャリーアを求める声が高まっていった。

イスラム法の定義

多くのイスラム共同体で、イスラム法学の確立を目指すイスラム法学者が現れ、法の適用についての意見が分かれるようになった。コーランとスンナの教えの範囲内でのみ適用するべきか、それとも、法学者が独自の分析や推論を組み込んでもよいのだろうか。

8世紀になる頃には、イスラム教徒の中で、さまざまな方法でシャリーアが適用されるようになっていた。イスラム法源学の父と呼ばれるアッ＝シャーフィイーは、当時の法に対する考え方を統一しようと試みた。アッ＝シャーフィイーによると、法源は、コーラン（クルアーン）、スンナ、共同体の合意（イジュマー）、類推（キヤース）の4つであるという。

神の言葉と信じられているコーランが、イスラム教の信条や価値観の第一の法源である。コーランには、殺人、貧しい人々からの搾取、高利貸し、盗み、姦通に直接言及し、これらの行為をはっきりと非難している箇所が多くある。また、コーランの内容が、特定の行為を禁止する方向に徐々に変わっていく例も見られる。たとえば、初期の啓示はアルコールに関して、「多少の利点はあるが、同時に罪悪でもある」（2章219節）と述べているが、その後の啓示では、飲酒をした状態で祈るこ

シャリーアとは「水場に至る道」という意味で、過酷な気候の砂漠で暮らす信者たちにとっては非常に理解しやすい概念である。

とを禁じている(4章43節)。更に後の啓示では、はっきりと飲酒を非難している(5章93節)。コーランは個人的な問題や、共同体の問題についても論じている。たとえば、コーランには奴隷制度を禁じるという記載はないが、奴隷をどのように扱うべきかについては指示が見られる。また、一夫多妻制、結婚持参金、女性の相続権といった結婚に関する問題についても、コーランで論じられている。

以上のような場合には、コーランの規定は明白で、はっきりとした指針が示されている。しかし、コーランで論じられている他の道徳に関する問題や社会生活を営む上での義務などは、法的な面から見ると漠然としたものが多い。そのような場合には、スンナに記されているムハンマドの言行が、コーランの不足部分を補っていると考える。スンナにはコーランほどの権威はないが、ムハンマドの言行は神の導きによるものだと信じられているため、彼の言行も権威あるものと目されるようになっていった。アッ＝シャーフィイーは法的な問題に関して、どの程度までスンナを適用できるかを明確にし、ムハンマドに関する記述のみを適用するという形に限定した。そうすることで、地域の慣習に関する記述とはっきり区別することができるようになり、預言者ムハンマドの伝承が持つ権威は一層高まった。しかし、ムハンマドの言行や、彼が禁じたことや許可したことを集めたところ、かなりの数に上り、厳密な検証が必要となった。最終的には、ムハンマドの正当な伝承と認められるもの(真実であるという権威づけが可能で、かつコーランと矛盾しないもの)が法源と見なされることになった。

法の解釈

このようにしてアッ＝シャーフィイーが導き出した定義を用いても、コーランにもスンナにも言及されていない状況が持ち上がることがあった。ムハンマドはすでに亡くなっていて、そういった法的問題に関して指南を仰ぐことができないため、解釈の果たす役割が極めて重要になった。そこでアッ＝シャーフィイーは、イスラム教徒共同体の合意に基づく法解釈に権威を持たせようと試みた。かつてはこれこそが、コーランやスンナで触れられていない問題の解決法であり、多数派の意見に従って判断が下されたものだった。時代が変わり、法律上の定義として、「共同体の合意」における「共同体」は法学者と宗教的権威の集団を指すようになった。彼らがイスラム教徒の共同体を代表して、判断を下すということである。そのように決めたものの、場合によっては、権威を持った文献が存在せず、合意に達することができないこともあった。こうした場合、当初は、法学者が独自の判断で結論を出していた。これはイジュティハード(知的に努力する行為)と呼ばれ、法学者の個人的な見解を取り入れたものだった。アッ＝シャーフィイーはイジュティハードにおいて個人的な見解を取り入れることを制限し、コーランやスンナで類似事例を探して、類推によって新たな法的見解を導き出すべきだと主張した。たとえばコーランでは、金曜日の礼拝への呼び掛けの最中に物の売買を行うことが禁じられている。イスラム教徒は売買をやめ、礼拝に向かうべきだとされる(62章9～10節)。礼拝への呼び掛けの最中に起こり得る他の契約はどうだろうか。たとえば、結婚の取り決めは行ってもいいだろうか。コーランでは結婚には触れていないが、類推を用いて法的な見解を導き出すことができるだろう。呼び掛けの最中の売買を禁じるというコーランの規定が、イスラム教徒を礼拝から遠ざけないようにすることを目指すものであるとしたら、その仕事についての規定を、他の契約、行為、儀式など(たとえば結婚)にも当てはめることができるはずである。法学者の個人的な見解を用いるのではなく、権威を持ったイスラム教の法源(コーランとスンナ)の範囲内で創造的に考えるための基盤を、アッ＝シャーフィイーが整えたわけである。

> 神からあなた方に光明と啓典が下された。それらによって、神は、神の御心に沿った生き方をする人々を、平和の道へと導くのである。
> **コーラン5章15～16節**

イスラムの学者及び指導者は、特定の事柄に関して法源の記述が明瞭でない場合に、法源の解釈を任される。

イスラム教

類推によって、容認される行動を決定することができる。コーランは麻薬について言及していないが、アルコールを禁じている。したがって、酩酊作用を持つものはすべて禁止されていると推論できる。

法学派

アッ＝シャーフィイーが4つの法源（コーラン、スンナ、共同体の合意〔イジュマー〕、類推〔キヤース〕）を提案したことは、シャリーアを統一する上で大いに役に立った。しかし次第に、これらの4つの法源を、それぞれの学派が独自の方法で用いるようになっていく。13世紀になると、イスラム教最大の宗派であるスンナ派内部において、4つの学派が勢力を持つようになった。それらの学派は、それぞれの学派を作り上げた人物（シャーフィイー、ハンバル、ハナフィー、マーリク）の名前で呼ばれた。シャーフィイー学派とハンバル学派は、法を解釈する際に、法源を重視するが、ハナフィー学派とマーリク学派は、さらなる類推解釈も奨励している。

更にシーア派からも、新しい法学派が現れた。元々シーア派においてはイマームが重要な役割を担っていると考えられており、これらの新学派でもアリー（ムハンマドのいとこ）とイマームが重視される。シーア派ではアリーが最初のイマームと見なされており、この点でスンナ派とは意見を異にしている。シーア派の新学派においては、類推や共同体の合意よりも、最高指導者であり法の最高権威でもあるイマームの裁定が重要視される。

イスラム社会には、今日も法学派が存在する。イスラム教徒の多い地域では、法学的な事柄に関しては、法学者が裁判所で審議を行い、ファトワー（法学裁定）を出す。そして裁判官が、法が順守されていることを確認する。イスラム教徒として最良の生き方をするにはどうしたらいいのか、といった日常生活に関する疑問を抱えた人々も、法学者に権威ある助言を求めることができる。イスラム教徒が多数派でない地域では、地元の法学者が共同体に対して指針を示すなどの活動を行う。また現代では、国際的な機関が運営するイスラム法専門のインターネット・サービスを利用することもできる。法律の適用に関して今日でも意見の相違はあるものの、多くのイスラム教徒にとって、シャリーアは、神が信者に与えてくれる最高の人生へとまっすぐ続く道なのである。■

アブー・アブドゥッラー・ムハンマド・イブン・イドリース・アッ＝シャーフィイー

アッ＝シャーフィイーの人生に関しては、さまざまな伝説が生まれた。そのため、彼の幼少期については何が真実なのかはっきりしないが、現存する最も古い記録によると767年にガザで誕生したという。少年時代に一家でメッカに移り、そこでハディース（ムハンマドの言行録）と法律を学ぶ。10歳までに、コーランの全文を暗記していたと言われている。その後、メディナに移り、マーリク・イブン・アナス（マーリク法学派の祖）のもとで法律を学んだ。それから、バグダードで教鞭をとり、晩年はエジプトに落ち着いた。教師及び学者としての仕事を通じてイスラム法学の確立に貢献し、イスラム法源学の父として知られる。820年に死去、フスタート（現在のカイロ）に埋葬された。

主著

9世紀　　『論考』『ウンム』

> 私の共同体が
> 誤ちについて合意することは、
> 決してない。
> **ムハンマドのハディース**

我々は神について考えることはできるが、理解することはできない
イスラム教の神学的な見解

背景

主要人物
アブー・アル＝ハサン・アル＝アシュアリー

時代と場所
10世紀、アラビア

前史
990年頃 シリアの哲学者アブー・アル・アラー・アル＝マアッリーが、合理主義をもって宗教的教義を否定し、教義の主張を「不可能」だと非難する。

後史
11世紀 イブン・スィーナー（欧米ではアヴィケンナの名で知られる）が合理哲学とイスラム神学の融合を試みる。

11世紀 アル＝ガザーリーが、イスラム神学において哲学を援用することに関して『哲学者の自己矛盾』を著す。

12世紀 イブン・ルシュド（欧米ではアヴェロエスの名で知られる）がアル＝ガザーリーの書に対する反駁の書『自己矛盾の自己矛盾』を出版する。

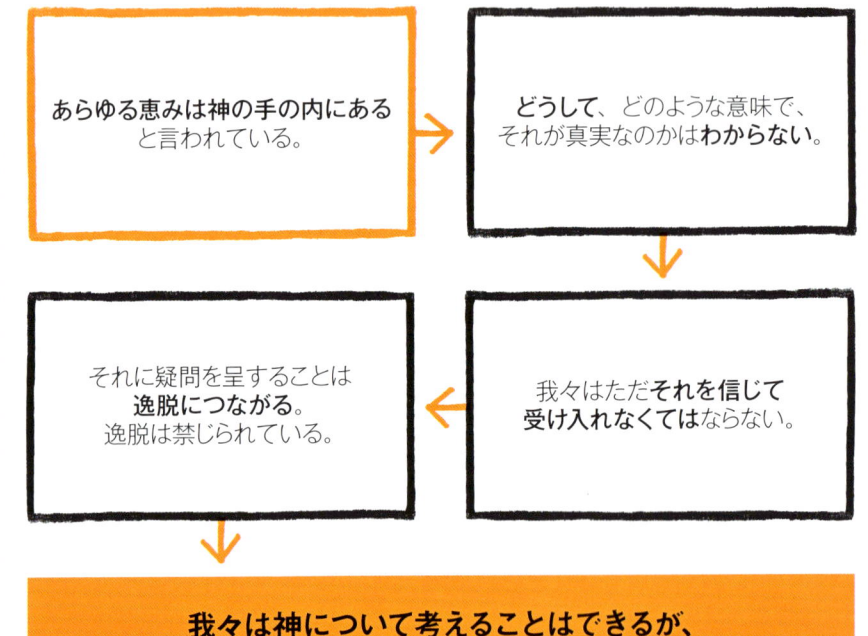

あらゆる恵みは神の手の内にあると言われている。

→ どうして、どのような意味で、それが真実なのかは**わからない**。

↓

我々はただ**それを信じて受け入れなくてはならない**。

←

それに疑問を呈することは**逸脱につながる**。逸脱は禁じられている。

↓

我々は神について考えることはできるが、理解することはできない。

イスラム教において、神は、人間の理解を超えた超越的な存在である。イスラム教徒は神について考え、神とは何者なのか、何をするのかと思索することはできるが、そのように考えることで、神の本質や行為を理解できるなどと期待してはならない。これは、10世紀にイスラム教において神の本質についての哲学的議論が起きていた際に、アブー・アル＝ハサン・アル＝アシュアリーが導き出した結論である。

8世紀に、アッバース朝のカリフたち（イスラム国家の行政的・宗教的最高指導者）は、イスラム世界における学問と芸術の発展を奨励した。その結果、アリストテレスを始めとするギリシャ哲学の書物のアラビア語翻訳版

イスラム教 277

参照：定義できないものを定義する 184-85 ■ 調和のとれた人生への道 272-75
■ 神の唯一性が必要 280-81

> 神は頭に浮かぶ
> どのようなものにも、
> 想像の中で描かれる
> どのようなものにも似ていない。
> アル＝アシュアリー

を、イスラムの神学者たちが手にすることができるようになった。神学者の中に、この「新しい」ギリシャの考え方をコーランの内容に適用する人々が現れ、彼らはムウタズィラ派と呼ばれるグループを形成した。ムウタズィラ派は、9世紀にはイスラム神学における有力な学派となった。

急進派

ムウタズィラ派は、ギリシャ哲学の手法が、コーランで一見矛盾しているように見える事柄の解決法になるのではないかと考えた。コーランは神の単一性を強調している。つまり神は不可分で、人間のように部分ごとに分かれる身体というものを持たない。しかしコーランには、たとえば神の「手」や「目」について具体的に述べられている箇所がある。こうした描写を文字通りに受け取ることは擬人化（神を人間に見立てること）につながり、神による創造物と神とを同等に見ているととられかねない。それは重大な罪と見なされる。ムウタズィラ派は、このような表現を隠喩ととるべきだと提案した。たとえば、神の手というのは、神の力を表していると解釈できる。彼らはギリシャ哲学の論理を他の神学的な問題にも適用した。そしてその内容は、自由意志、予定説、コーランの本質の決定（ずっと存在していたものか、あ

るいはどこかの時点で神が作ったものか）といったことにも及んだ。

しかししばらくすると、ムウタズィラ派の広範囲にわたる推論は、人々の反感を買い、非難を浴びるようになった。確かに、イスラム教において、神に関する神学的・哲学的推論は重要なものとして許されている。が、コーランにも書かれず、ムハンマドにも取り上げられていない質問に対して答えを出そうとすることは、不必要であるばかりか、ビドア（逸脱）と見なされる。

ムウタズィラ派の思想家の一人であるアル＝アシュアリーは、コーランの神の描写を隠喩と考えることを否定し、同時に神を擬人化することも否定した。そうではなく、神は、イスラム教徒には知り得ない様態で手を持っており、それがコーランに描写されている可能性があると主張した。アシュアリー派（アシュアリーとその支持者からなるグループ）は、神は人間の理解を超えた存在であるから、人間が使う用語を無理やり神に当てはめるべきではないと論じた。彼らはそのように主張することで、コーランの言葉を一切変えずに、神に対する神学的な考え方を純粋なままに保つことに成功したのである。■

イスラム教の学者たちが神について考え、神とは何者なのか、何をするのかと思案することは自由だが、神の本質や行為について理解できると思ってはいけない。

アブー・アル＝ハサン・アル＝アシュアリー

アブー・アル＝ハサン・アル＝アシュアリーは873年頃、今日のイラクにあるバスラという地で生まれた。彼はカラーム（イスラム教義神学）の発展に貢献し、多くの偉大な学者を指導している。彼の思想と弟子たちの功績によって、アシュアリー派は、一般的なイスラム教徒に対して最も強い影響力を持つ学派となった。彼はもともとムウタズィラ派に所属していたが、40歳のときに同派の思想をほぼすべて捨て去った。師との論争がその原因だったとする説もあれば、イスラム教とムウタズィラ派神学との矛盾に気がついたからだとする説もある。アシュアリーは935年に没した。

主著

9〜10世紀 『イスラム教徒の諸説』
『宗教の根本原理の解明』

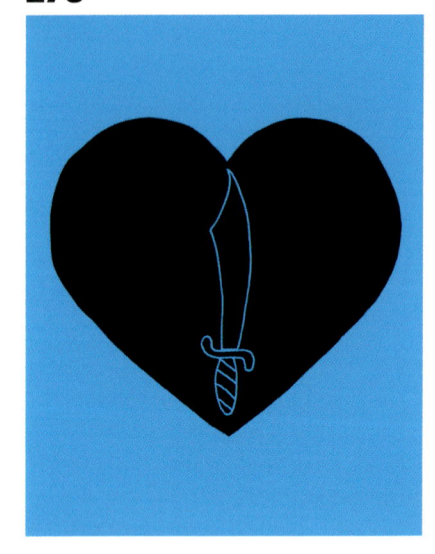

ジハードは我々の宗教的な義務である
神への信仰を深める努力

背景

主要人物
シャムス・アル＝アインマ・アッ＝サラフスィー

時代と場所
11世紀、ペルシア

前史
7世紀 ムハンマド軍がアラビア半島の大部分を、イスラムの旗のもとに征服、統一する。

8世紀 イスラム勢力が、西はスペイン、東はペルシアにまで及ぶ。

8世紀 法学者アブー・ハニーファが、イスラム教において許可されているのは自衛のための戦争のみだと論じる。

後史
12世紀 イスラム教哲学者イブン・ルシュド（アヴェロエス）が、ジハードを4種類（心・舌・手・剣によるジハード）に分類する。

1964年 エジプトの著述家サイイド・クトゥブが、イスラム教を全世界に広める使命をジハードと呼び、賛同する。

コーラン、ムハンマド、シャリーアの教えに導かれていても、神に気持ちを向け続け、規律ある生活を維持するのは、イスラム教徒にとって大変なことである。神への信仰から心を逸らせるような誘惑が常に存在し、悪もいつも近くにある。したがってイスラム教徒は、神の近くにいるように絶えず努力し、悪と闘わなくてはならない。この「努力」や「戦い」はジハードと呼ばれている。

多くのイスラム教徒は、ジハードという語を二通りに使い分ける。最も一般的に使われるのは「大ジハード」で、個人が罪を犯さないように絶えず努力することを指す。この大ジハードには、懺悔をし、神に慈悲を求め、誘惑を退け、他者のために正義を求めることも含まれる。もう一つの「小ジハード」は、イスラム教徒の間ではそれほど一般的ではないものの、世界的にはより広く知られている。これは正当な力の行使を指し、ときには、悪を働くものに対して軍事的な力を使うことを意味することもある。

11世紀に、高名なイスラム教法学者シャムス・アル＝アインマ・アッ＝サラフスィーが、小ジハードには4つの段階があると論じた。1段階では、他者に向けられるジハードは平和的で控えめであるべきだとする。2段階では、イスラム教は平和的な議論で守られるべきだとしている。3段階において、イスラム共同体への不正に対し、イスラム教徒が自衛を行うことが許可される。そして4段階になると、イスラム教徒は武装闘争に参加することが求められる。ただしこれには、イスラム教が危機にさらされた場合に限り、イスラム法とコーランに示される基準の枠内でという条件が付けられている。■

幼い子どもであっても、立派なイスラム教徒として生きることの大切さを学ぶ。そのためには、信仰を守り、神の慈悲を求め、誘惑を避け、他者のために公正さを追求することが求められる。

参照： アウグスティヌスと自由意志 220–21 ■ 調和のとれた人生への道 272–75 ■ イスラム復興運動 286–90

この世界は神への旅路の1段階だ
正しい人々への究極の報い

背景

主要人物
アブー・ハーミド・ムハンマド・アル＝ガザーリー

時代と場所
1058〜1111年、ペルシア

前史
紀元前500年 ヘブライ語聖書に、天国の楽園に人間のいる様子が初めて描かれる。

1世紀 イエスが地上における「神の国」の始まりを告げる。

874年〜 イスラム教シーア派は、将来、この世の終わりに、「幽隠イマーム」が人々を導くために戻ってくると信じている。

1014〜15年 イスラム教徒の哲学者イブン・スィーナー（アヴィケンナ）が、終末論に関する重要な論者を著す。

後史
1190年 イスラム教徒の哲学者イブン・ルシュド（アヴェロエス）が、『聖法と叡知の関係を定める決定的議論』において最後の審判の日について論じる。

コーランによると、終末の日には最後の審判が行われ、正義の天秤によって人々の運命が決められる。この世での善行が悪行を上回ると、ジャンナ（楽園）に進める。ジャンナはイスラム教では豊かな楽園として描かれている。悪行が善行を上回った者は、ジャハンナム（火獄）に追いやられ、炎に苦しめられる。

神の審判という考え方は、コーランに何度も描かれている神の慈悲と赦しの対極に位置する。イスラム教徒は神に慈悲を求める者であり、その点でイスラム教徒以外の人々と明確に区別される。彼らはまた、その慈悲を受ける際、神と会うことを心待ちにしている（最後の審判の日について、コーランには、神に会える日であると記されている）。

希望と天国

イスラム教学者アブー・ハーミド・ムハンマド・アル＝ガザーリーは、イスラム教徒にとっての「希望」という概念と「楽園」という概念との関係に焦点を当てて、『恐れと希望の書』という本を著した。その本によると、本当に神を畏れる者は、神のもとに走り慈悲を請うという。ガザーリーは、イスラム教徒が神に会いたいと望む気持ちを、種を撒いた農夫に喩えている。農夫は耕した畑に種を撒き、確実に水をやり、定期的に雑草を取る。そしてその正当な結果として実りを待つのである。同様に、神を信じるイスラム教徒が神の命令に従い、道徳的な正しい人生を送れば、神からの慈愛と楽園という報いを期待することができるという。 ■

> 希望の手綱以外に、慈悲深き神のもとへ、そして楽園の喜びへと、導いてくれるものはない。
> **アル＝ガザーリー**

参照： 死後の世界への準備 58-59 ■ 新しい時代の約束 178-81 ■ 全世界へのイエスのメッセージ 204-207

神は無比の存在である
神の唯一性が必要

背景

主要人物
ムハンマド・イブン・トゥーマルト

時代と場所
1082～1130年、北アフリカ

前史
800年頃～950年 アリストテレスの著書がアラビア語に翻訳される。

10世紀 イスラム教徒の哲学者アル＝ファーラービーが第一原因（神）について論じる。

1027年 ペルシアの哲学者イブン・スィーナー（欧米ではアヴィケンナとして知られる）が、理性によって神の存在を説明できると主張する。

後史
1238年頃 著名なイスラム神秘主義指導者イブン・アラビーが、「存在一性論」を提唱する。

1982年 パレスチナの思想家イスマーイール・アル＝ファールーキーが『タウヒード：思想と生活への影響』を著す。

1990年 オザイ・メフメトが、タウヒードにはイスラム教徒の宗教的・世俗的アイデンティティの基盤があると主張する。

イスラム教は一神教であり、中心となる教義の一つにタウヒード（「唯一性」）というものがある。それはつまり、イスラム教徒の考えでは神は唯一であるということである。また、神は本質的に単一で、キリスト教徒が信じているような三位一体ではない。タウヒードという概念はコーランに度々登場し、イスラム教の中心的教義であるシャハーダの冒頭でも「アッラーのほかに神はない」と述べられている。この神の唯一性の教義から、イスラム教で最も重く、許されることのない罪が生まれる。その罪はシルクと呼ばれ、端的に言うと、タウヒードに違反することである。シルク

理性によれば、この世のもの（人間を含む）は変化し、永続しないので、それよりも前から存在していた何ものかによって創られたと考えられる。

→

すべての存在や出来事の初めに、**他のものによって作られたのではない**何かがあったに違いない。

↓

それが神であり、**唯一の創造主**である。

↓（左向き）

唯一の創造主は「始まり」も終わりもない。**神は常に存在し、今後も常に存在し続ける。**

↓

絶対的創造主は、不変で永遠で**唯一の存在**であり、すべてのものの第一原因である。

→

神は単一の存在で、**神と同等な存在はない。**

イスラム教　281

参照：定義できないものを定義する 184–85　■　三位一体 212–19
■　主要な信仰行為 262–69　■　イスラム教の神学的見解 276–77

アトラス山中の高地（モロッコ）にあるティンマル・モスクは、12世紀にアルモアデの教義を支えた精神的な中心地であった。

の文字通りの意味は「共有すること」で、神と同等のものの存在を認めることを指す。具体的には、複数の神の存在を信じることや、神が完全ではないために神と同等の存在が必要だと考えることである。

唯一性の教義

イスラム教の歴史を通じて、イスラム教徒は神の唯一性について考えてきた。12世紀には、この概念を掲げた運動が起こり、その参加者たちはムワッヒドゥーン（「神の唯一性を公言する者」）またはアルモアデと呼ばれた。最初にこの運動を起こしたのはムハンマド・イブン・トゥーマルトで、神の唯一性という概念をその運動の基盤に据えた。この概念はアルモアデの「アキーダ」（教義）に明記されている。

アルモアデの教義は、カラーム（イスラム教義神学）の要素と、コーランとスンナ（ムハンマドの言行）の直接的な解釈を組み合わせたものである。この教義の特徴として、学者たちだけでなく、広く一般の人々をも引き付けることを意図している点が挙げられる。この教義は、一般の人々も、自らの考えや個人的な体験と照らし合わせて吟味できるものであった。

因果関係

アルモアデの教義は、神の唯一性がイスラム教の最も重要な特徴だというムハンマドの言葉から始まる。教義においては、その次にアルモアデ独自の主張が示される。これはアリストテレス哲学から多分に影響を受けた部分で、信仰ではなく理性と論理によって神の存在の真偽が明らかになるという内容である。つまり、理性によって、神が存在するかどうかを推論できるという主張だ。

このアルモアデの教義では、神の唯一性を説くために演繹法を用いており、主張の根拠を一つずつ積み重ねている。それによると、全てのものに「作り手」が必要だという。この世に存在するものはすべて、何かに作られることで、形あるものとなるのである（たとえば、道具は人間によって作られ、木はドングリがあることで生えてくることができる）。人間もまた、途方もなく複雑な被創造物である。この世のすべてのものが別の何かによって作られているとするならば、一番初めの原因というものがあるはずだ。そのもの以前には何もなく、因果関係の最初の存在となるようなものである。それこそが神であり、無比かつ完全無欠な（始まりも終わりもない）存在なのだと、彼らは考える。そのような完全な存在を認めるのであれば、同時に、他の神がその力を共有することはないということも認めなくてはならない。つまり、その神のみが唯一無二の存在だということになるのである。■

ムハンマド・イブン・トゥーマルト

ムハンマド・イブン・トゥーマルトは1082年頃、アトラス山中の現在のモロッコにあたる土地で、ベルベル人系の家庭に生まれた。イスラム教神学を学ぶために東方へ向かう。宗教的熱情に触れて育ち、神が唯一であるという考え方に則ってイスラム教を改革したいと願うようになり、改革運動を組織する。

イブン・トゥーマルトは1118年頃にモロッコに戻り、彼の改革運動に賛同する人々を集め、勢力を強める。そして1121年に、自身はイスラム教に純粋さを取り戻すためのマフディー（「導かれた者」、「救世主」）であると主張するようになる。彼は1130年頃に没するが、その後、彼の後継者たちがアフリカ北西部の広い地域とスペインの一部を統治するようになった。

13世紀になると、イブン・トゥーマルトの創始した運動は勢いを失っていく。彼の著作は残されておらず、唯一、『ムハンマド・イブン・トゥーマルトの生涯』という本に、彼とその支持者たち（およびアルモアデの教義の支持者たち）のことが書かれている。

❝
理性に従えば、
神が存在すると考える以外に
道はない。
神を称えよ。
アルモアデの教義
❞

アラブ人、水差し、天使はすべて我々自身である
スーフィズムと神秘主義

背景

主要人物
ジャラール・ウッディーン・ルーミー

時代と場所
13世紀、ペルシア

前史
8世紀 イラクのバスラ出身の初期のスーフィー詩人ラービア・アダウィーヤが、禁欲と献身とを融合させ、独自のスーフィズムを発展させる。

10世紀 ペルシアの神秘主義者アル＝ハッラージュが、トランス状態で「私は絶対実在である」と発言する。その言葉は自身が神であるとの宣言と解釈され、彼は処刑される。

後史
13世紀 神の名の復唱など、スーフィーの信仰の実践の一部が、ユダヤ教の信仰に取り入れられる。

19世紀 フランスの占領に対するアルジェリアの反乱を、スーフィー学者のアミール・アブドゥルカーディルが指導する。

21世紀 100を超えるスーフィズムの教団が存在する。

イスラム教徒にとってシャリーアが真の信仰に外側から近づく道だとすれば、スーフィー神秘主義は内側からの道であり、修行者たちが神に従うのみならず、神に近づく手助けとなるものである。イスラム教が発展し始めた頃、神の意志に従うだけでは教義として厳格さが足りないと考えるイスラム教徒たちがいた。イスラム教徒の中でも指導者的立場にいる人々が権力をほしいままにするようになると、幻滅したイスラム教徒たちは、預言者ムハンマドの時代の純粋さや簡素さへの回帰を求めるようになったのだった。彼らは、禁欲的な生活を追求し、物資的な世界から身を退き、神との直接的・個人的な体験を求めた。彼らスーフィー神秘主義者の中には、自分自身の中に神が存在すると主張する人々さえ現れた。

スーフィズムが発展するにつれて、いくつもの教団が設立されるようになっていく。それぞれの教団において、神秘主義の指導者は、弟子たちに教義を説いた。多くの教団の信仰の中心は、神を受け入れるために自我を消さなくてはならないというものであった。13世紀のスーフィズム指導者ジャラール・ウッディーン・ルーミーは、砂漠に住む貧しいアラブ人とその欲深い妻について書いた。妻は、お返しに何かもらえるのではないかと期待しながら、水のいっぱい入った水差しを神に差し出すようにと、夫を促す。気が進まないながらも、夫は妻に従い、水差しを差し出す。すると水差しは金でいっぱいになって返ってくるのである。しかし、この金という「宝」は、砂漠ではほとんど役に立たない。この話は、富と自己利益の追求によって、神を求める道から逸れてしまうことをいましめている。また、同じ本の中でルーミーは、アダムに嫉妬する天使についても書いている。この天使たちもまた、神に仕える心を失っている。これらの話は、自己の利益を追求しがちな人類

スーフィズムの聖人ニザームッディーン・アウリヤーは、その禁欲主義と慈悲深さで知られ、信奉者を集めている。彼の墓には、毎日何千人ものイスラム教徒及びイスラム教徒以外の人々が訪れ、香を焚き祈りを捧げる。

イスラム教 283

参照： 儀礼を繰り返し執り行う 158-59 ■ 言葉を超えた禅の洞察 160-63 ■ キリスト教の神秘体験 238

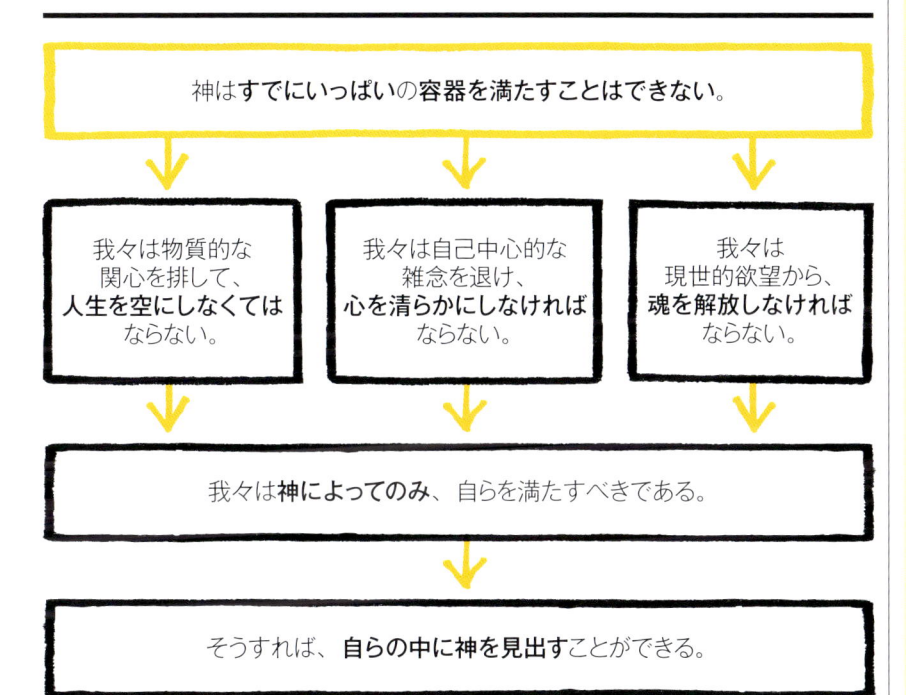

```
┌─────────────────────────────────────────────┐
│   神はすでにいっぱいの容器を満たすことはできない。   │
└─────────────────────────────────────────────┘
         ↓              ↓              ↓
┌──────────────┐ ┌──────────────┐ ┌──────────────┐
│ 我々は物質的な │ │ 我々は自己中心的な│ │   我々は    │
│  関心を排して、│ │  雑念を退け、  │ │ 現世的欲望から、│
│人生を空にしなくては│ │心を清らかにしなければ│ │魂を解放しなければ│
│   ならない。  │ │   ならない。  │ │   ならない。  │
└──────────────┘ └──────────────┘ └──────────────┘
         ↓              ↓              ↓
┌─────────────────────────────────────────────┐
│   我々は神によってのみ、自らを満たすべきである。    │
└─────────────────────────────────────────────┘
                       ↓
┌─────────────────────────────────────────────┐
│   そうすれば、自らの中に神を見出すことができる。    │
└─────────────────────────────────────────────┘
```

全般について書かれたものである。スーフィー（スーフィズム信仰者）にとって大切なことは、自我を消し、神の体験を求めることなのである。

現世の放棄

スーフィズムでは、放棄、浄化、洞察と、段階を進んでいくことで個人的に神を体験することができるとしている。そのためにスーフィーは、物質的な世界とのつながりを断ち、清貧、断食、静寂、貞潔を守る禁欲的な生活を送る。更に、心を常に神に向け、宗教的な体験を積むことで、神への献身的な愛を最大限に実践しようとする。たとえば、神の名を繰り返すこと（「慈悲深い神」、「偉大な神」など）や、瞑想的な呼吸法が有効であるとされている。こうした行為に没頭することで、スーフィズムの修行者たちは俗世から離れて、ひたすら神に心を向けるのである。

ルーミーは、神の存在を直接感じるための手段として、特に、音楽や踊りを取り入れるべきだと主張した。彼の後継者たちが設立したスーフィー教団「旋舞教団」においては、歌と身体的な動きによって感情を高揚させ、神と一体化する。彼らのリズミカルな回転は太陽系を表すとされている。指導者を中心とした円になって踊るのも、太陽系の形を模しているためだと言われる。

多くのイスラム教徒が、スーフィーの中には正統派のイスラム教から逸脱し過ぎている人々がいると考えるようになり、17世紀以降、スーフィズムは抑圧される。それでも依然として世界中に教団があり、スーフィズムは今も、イスラム教徒だけでなく多くの人々を引き付けているのである。■

ジャラール・ウッディーン・ルーミー

ジャラール・ウッディーン・ルーミーは、1207年にバルフ（現在のアフガニスタン）で生まれた。彼の一族は、アブー・バクル（預言者ムハンマドの教友であり、後継者であった）の子孫だと主張していた。彼は父親と共にペルシア、そしてアラビアを旅した後、コンヤ（現在のトルコ中央部）に居住した。

彼はコンヤで、シャムセ・タブリーズ（タブリーズ出身）というスーフィー神秘家と出会う。当時ルーミーはイスラム科学を教えていたが、このシャムスの影響により、学問を捨てて神秘主義に傾倒する。後に彼の後継者たちがスーフィズムのメヴレヴィー教団（旋舞教団）を設立し、広く知られるようになる。

ルーミーは、その思想や学問業績でも知られているが、それ以上に神秘主義の詩を作っていたことで有名である。1273年にコンヤで没した。

主著

1258～1273年	『精神的マスナヴィー』
13世紀	『シャムセ・タブリーズ詩集』
13世紀	『ルーミー語録』

後に現れた新たな預言者
アフマディーヤの起源

背景

主要人物
ミールザー・グラーム・アフマド

時代と場所
19世紀後期、インド

前史
632年 イスラム教の最後の預言者ムハンマドが、メディナで没する。

874年 マフディー（シーア派の幽隠イマーム）が姿を消す。世界の終わりに再び姿を現すとされる。

19世紀 インドにおいて、イギリスからの独立を目指す運動が成長し、一部で武闘的な動向が現れる。

後史
1908年 ハキーム・ヌールッディーンがアフマディーヤの指導者となる。

1973年 アフマディーヤがカーディヤーン派とラホール派に分裂する。

1983年 カーディヤーン派の集まりに20万人の支持者が参加する。翌年、パキスタンでのカーディヤーン派の活動に制約が課される。

- ムハンマド以降に**預言者**は現れない。
  - ↓
- しかし、イスラム教徒は、ムハンマドが受け取った**神の純粋な教え**を見失った。
  - ↓
- イスラム教徒を**純粋な信仰の道**に引き戻すための**新たな教え**が必要とされる。
  - ↓
- ミールザー・グラーム・アフマドは、改革者として、また、小預言者として、**その教えをもたらす**。

1882年、ミールザー・グラーム・アフマドが、自らはイスラム教改革のために神に指名された小預言者であると述べた。彼はイスラム教を活性化させ、もともとの純粋な形に立ち返らせる役割を担っているという。彼を中心とした一連の運動は、アフマディーヤと呼ばれるようになった。

正統なイスラム教徒たちは、預言者ムハンマドがイスラム教における最後の預言者であり、それ以外の人が預言者を名乗ることは許されないと考えていた。しかし、グラーム・アフマドはコーラン以外の新たな啓示をもたらすとは言わなかった。彼は単に、イスラム共同体をその原点に立ち返らせるために、新たな解釈を提案しようとしたのである。つまり彼は、他の小預言者たちと同様に、法を再興させようとしていたのであって、新たな法をもたらそうとしていたわけではなかった。そのような小預言者の例としては、ムーサー（モーセ）に下された啓示を復活させるために神に遣わされたと言われているアロンなどが挙げられる。

グラーム・アフマドの思想の中には、正当な教えからかけ離れたものもあった。たとえば、彼は、イーサー（イエス）は十字架にかけられて死んだのではないが、従来イスラム教徒が信じてきたように、神によって天に引き上げられて死を免れたわけでもないと主張した。彼の信じるところでは、イエスは単に気を失っていただけであって、

イスラム教

参照：預言者とイスラム教の起源 252-53 ■ イスラム教シーア派の誕生 270-71 ■ 神への信仰を深める努力 278 ■ イスラム復興運動 286-90

カーディヤーン派がグラーム・アフマドは預言者であると信じていることに対して、正統派のイスラム教徒は強い反感を抱いている。そのため、カーディヤーン派の運動に対する市民の抗議デモが起きることがある。

その後、目を覚まして、イスラエルの失われた民を探しにアフガニスタンとカシミールに行ったのだという。彼はまた、従来のジハードの定義にも異議を唱え、イスラム教の教えを平和な形で広めるような精神的なジハード以外は許されないと主張した。このような主張は、イギリスの支配に対する不満が高まりつつあった19世紀のインドにおいて、大きな意味を持っていた。

物議を呼ぶ主張

支持者が増えるにつれて、グラーム・アフマドの主張は激化していった。初めのうちは改革のための小預言者を名乗っていたものが、自分は救世主（イスラム教徒は「マフディー」と呼ぶ）であると宣言し、ついにはイエスの精神的な後継者であると主張するようになった。イスラム教徒の多くは、この主張を行き過ぎであると感じ、ムハンマドと彼が受け取った啓示に対して反旗を翻すものであると考えた。そのため、多くのイスラム教徒は、グラーム・アフマドとその支持者たちを拒絶するようになった。

グラーム・アフマドの支持者の間においても、彼の主張は論争を引き起こした。1908年に彼が没すると、アフマディーヤは2つに分裂する。グラーム・アフマドの教えをそのままの形で奉じるカーディヤーン派と、新たに発足したラホール派である。ラホール派は、グラーム・アフマドがイスラム教の改革者であるという点は認めたものの、彼のそれ以上の主張は受け入れなかった。彼らは、グラーム・アフマドが小預言者であるという主張も否定した。

1973年、パキスタンにおいて、カーディヤーン派はイスラム教の宗派とは言えないという法的決定が下された。そして1984年には、カーディヤーン派が自らの信仰をイスラム教であると述べたり、イスラム教の用語を用いたりした場合には、罰則の対象となることが定められた。それを受けてカーディヤーン派は、国際的な本部をインド亜大陸からロンドンへと移動させた。■

ミールザー・グラーム・アフマド

ミールザー・グラーム・アフマドは、1835年にインドのラホールに近いカーディヤーンという村で生まれた。彼は双子であったが、一緒に生まれた女児は誕生直後に死亡している。大半の人々が読み書きのできない地域にあって、彼はアラビア語とペルシャ語を学び、医師であった父から医学についても教えられた。青年時代は政府の仕事をし、宗教の勉強も続けた。

1882年にグラーム・アフマドは、神からの使命を受け取ったと述べた。そして1888年には、信奉者たちに正式に忠誠を誓うように求め、約40名がそれに従った。更に1889年に、彼は、運動に参加する人々が従うべき規定を発表した。グラーム・アフマドはインド北部のさまざまな土地を訪れ、自身の思想を広め、イスラム教の指導者たちと議論をした。1000年に彼が没すると、アフマディーヤ運動の指導権は仲間が引き継ぎ、更にその後、グラーム・アフマドの長男が引き継いだ。

主著

1880～84年 『アフマディーヤの主張』

1891年 『イスラム教の勝利』

1898年 『導きの星』

イスラム教は西洋の影響を脱するべきである
イスラム復興運動

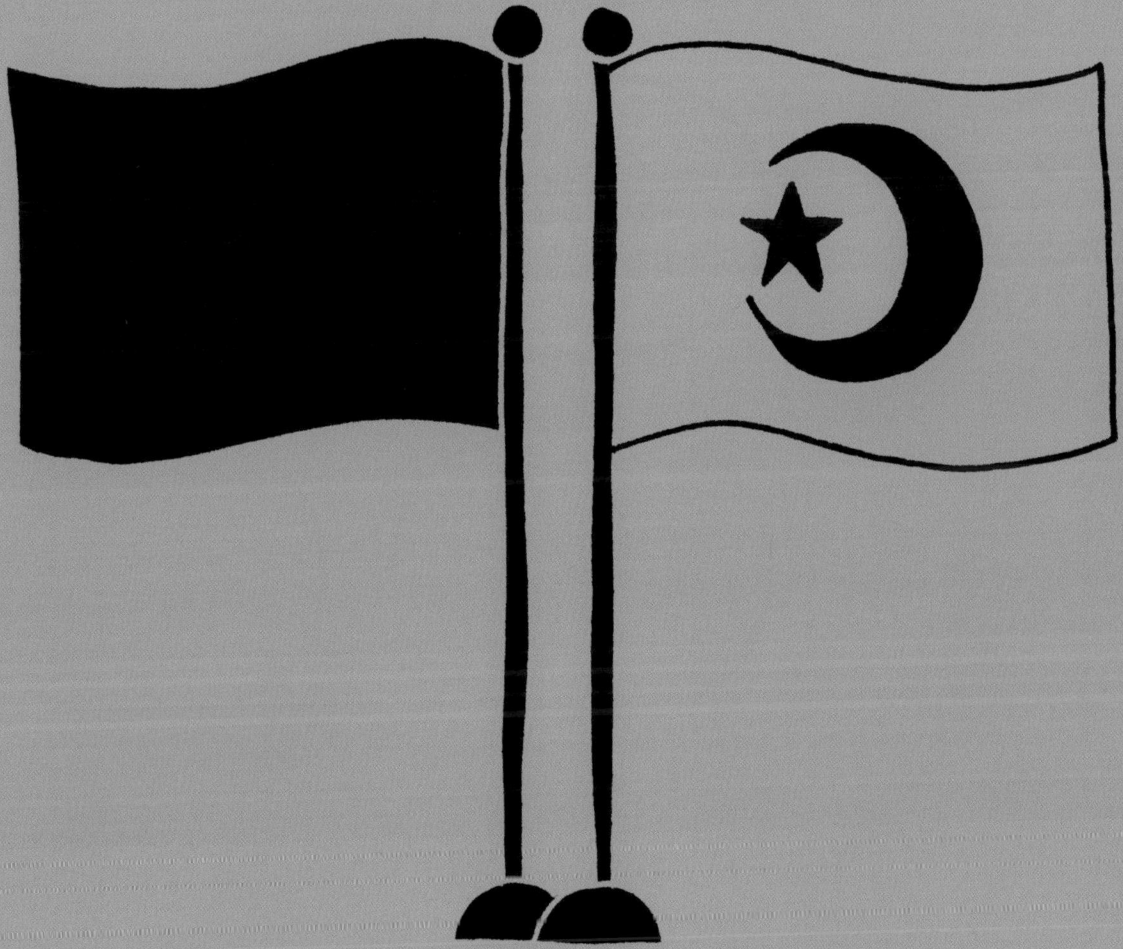

イスラム復興運動

背景

主要人物
サイイド・クトゥブ

時代と場所
20世紀、エジプト

前史
1839〜97年 改革家で著述家のジャマールッディーン・アフガーニーが、イスラム諸国が植民地化されていることを批判する。

1849〜1905年 エジプトの学者、法学者、改革運動家であるムハンマド・アブドゥが、西洋の影響を非難する。

1882年 イギリスがエジプトを占領し、イギリスの影響力が徐々に強まっていく。

後史
1903〜79年 イスラム復興思想家アブル・アラール・マウドゥーディーが、最も広く読まれるイスラム教著述家の一人となる。

1990年代〜 クトゥブ主義者アイマン・ザワーヒリーが、軍事組織アル・カーイダで重要な役割を担う。

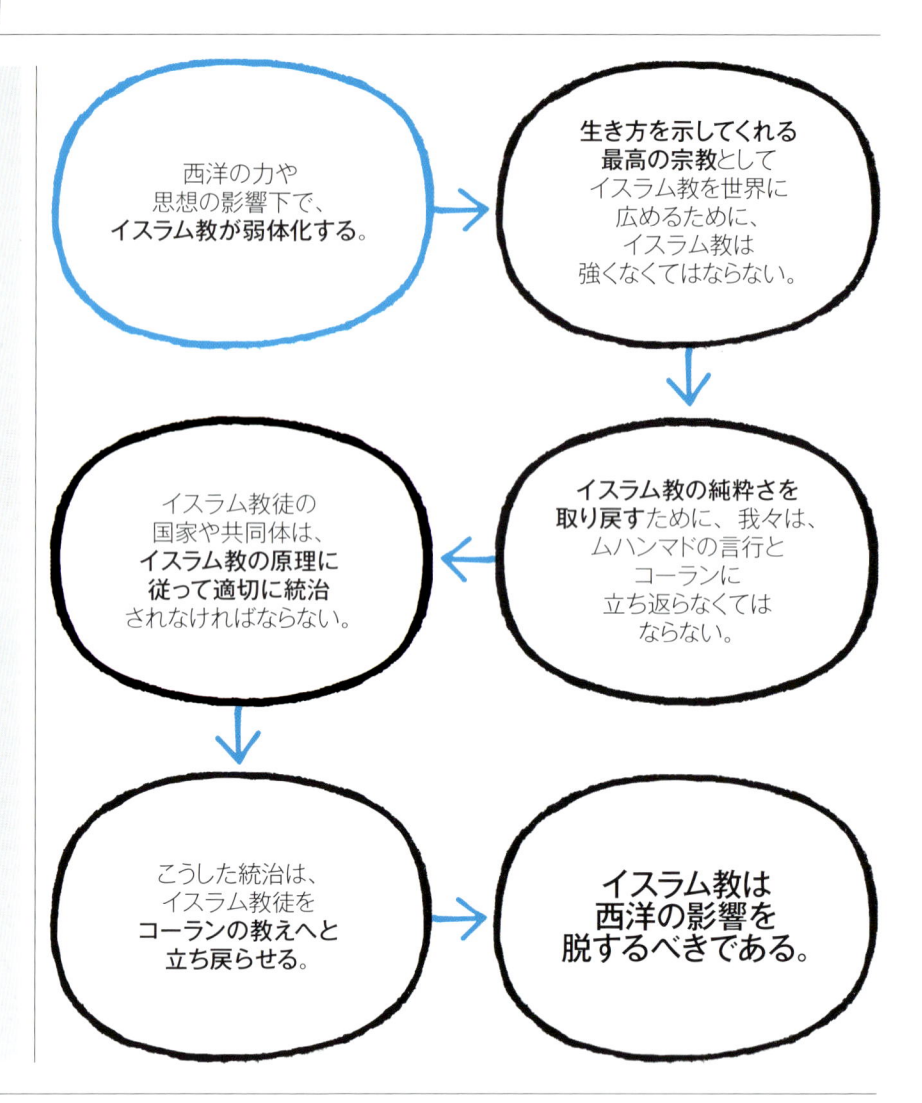

- 西洋の力や思想の影響下で、**イスラム教が弱体化する**。
  → 生き方を示してくれる**最高の宗教として**イスラム教を世界に広めるために、イスラム教は強くなくてはならない。
  → **イスラム教の純粋さを取り戻す**ために、我々は、ムハンマドの言行とコーランに立ち返らなくてはならない。
  → イスラム教徒の国家や共同体は、**イスラム教の原理に従って適切に統治**されなければならない。
  → こうした統治は、イスラム教徒を**コーランの教えへと立ち戻らせる**。
  → **イスラム教は西洋の影響を脱するべきである。**

18世紀の終わりには、強大なイスラム教国家が崩壊へと向かっていた。オスマン帝国、そしてムガル帝国が、政治的な影響力を失い、イスラム教徒が多数を占めていたアフリカやアジアのいくつかの地域において、ヨーロッパ列強が植民地を広げつつあった。フランスが北アフリカを、イギリスがインドと中東を、そしてオランダがインドネシアを植民地とした。イスラム教徒の中には、ヨーロッパ列強がもたらした変化と近代化を歓迎する人々もいた。しかし他の人々は、西洋の科学や技術、政治や経済、あるいはファッションを、生活にどのように取り入れるべきなのか悩まされることとなった。近代化と共に入ってきた世俗化からイスラム教を守りたいと考える人々もいれば、明確に反西洋の姿勢を示し、ヨーロッパの国々を倒そうと主張する、より好戦的な人々もいた。また、ある程度まで西洋文明を受け入れることには賛成しつつも、イスラム的なものとそうでないものとの区別は明確に保つべきだと考える人々もいた。

このような状況を受けて、強い影響力を持つイスラム教思想家や改革者が登場する。彼らはそれぞれ独自の背景や主張を持っていたものの、ある一点において、同じ見解を持っていた。それは、世界中でイスラム社会が弱体化しつつあり、その原因は、西洋の影響による信徒のイスラム教離れによるものだという認識である。その結果、彼らは皆、それぞれの社会において、イスラム教の力をよみがえらせなくてはならないという結論に至る。

イスラム復興を目指す運動家の多くは、最善の方法は、西洋の影響を退け、それと同時にイスラム教の優位性を強調することだと考えた。そのために彼らは、人生の宗教的・政治的な側面において、ジハード（278ページ参照）が果たす重要な役割について議論するようになった。彼らは、ジハードとは、非イスラム勢力に対する革命的な戦いであると考える。それはつまり、彼ら

イスラム教 289

参照：神の言葉と意志 254–61 ■ 調和のとれた人生への道 272–75 ■ 神への信仰を深める努力 278

1956年のスエズ動乱中に、エジプト人労働者がイギリスの兵士に検査されている。イギリス軍の宗教に対する無神経さと不適切な対応により、イスラム復興運動の気運が高まった。

が正義と信じるものを追い求めるための、悪を排する戦いである。彼らはまた、不道徳な政府は倒されるべきであり、代わりに神から与えられた基本原則に沿って打ち立てられたイスラム教体制が国家を治めるべきだと主張した。イスラム復興を目指す運動家の多くは、イスラム教の教義とコーランに基づいた政府こそが、理想的な社会制度を実現する政府であると考えていた。そして、そのような政府を作り上げるための最善の方法は、武装闘争、抵抗、革命という形のジハードであると主張した。

エジプトの行動主義

20世紀のエジプトに現れた活動家、サイイド・クトゥブは、復興運動に携わる思想家の中で最も影響力を持つ人々の一人となった。クトゥブの見解では、イギリスによる植民地支配のもとで、エジプトは弱体化が進み、堕落したという。自身の体験によって西洋とその文化に幻滅していた彼は、同胞のイスラム教徒たちを異国の支配から解放し、イスラム教に連れ戻そうと考えた。そこで彼は、コーランとその解釈について、また、国家や宗教について、精力的に執筆活動を行った。そして、1928年にエジプトで結成されたムスリム同胞団に加わった。ムスリム同胞団は、イスラム教信仰によって、「イスラム教徒の家族、個人、共同体……そして国家に秩序をもたらす」ことを目指していた。

無明時代

クトゥブによるジハード解釈の根底には、イスラム教は完璧な人生の模範を示してくれる宗教だという考え方がある。あらゆる人々がその恩恵を受けられるように、イスラム教徒は、この世界における道徳的基準を確立する義務があると、彼は考えた。そのように考えた場合、ジハードは、不信心や不正、あるいはクトゥブが「ジャーヒリーヤ」と呼んだものとの不断の戦いとなる。「ジャーヒリーヤ」という語は、「無明時代」（コーランの啓示が下される前の時代）という意味で使われていたが、クトゥブはその解釈を広げて、イスラム教にとって異質なものすべてを指す語として用いた。彼の解釈では、ジャーヒリーヤは特定の期間のみを指すわけではなく、社会がイスラム教の道から逸れるたびに繰り返し生じる状

> 西に行くと、
> イスラム教は存在したが、
> イスラム教徒はいなかった。
> 東に戻ると、イスラム教徒はいたが、
> イスラム教は存在しなかった。
> **ムハンマド・アブドゥ**

サイイド・クトゥブ

サイイド・クトゥブは、1906年にカイロの北にあるカハという農村の町に生まれた。地元の学校に通い、わずか10歳でコーランを暗誦できるようになったという。その後カイロでイギリス式の教育を受け、教師として働き始める。当初は西洋文明に夢中になり、英文学に興味を持ち、アメリカで教育学を学んだ。

しかし、アメリカの文化を無宗教であると感じ、また、第二次世界大戦でのイギリスの政策を目の当たりにして、クトゥブの西洋に対する憧れは失われる。彼は、エジプトに戻ると、ムスリム同胞団に加わる。そして、イスラム教をテーマとして執筆活動を始め、西洋の影響を排してイスラム教のイデオロギーを広めるべきだと主張するようになる。

1954年、クトゥブは、エジプト大統領ガマール・アブドゥル・ナーセルの暗殺を企てたとして、他のムスリム同胞団のメンバーと共に逮捕される。10年間を獄中で過ごした後に釈放され、彼の著書の中で最も議論を呼ぶこととなる『道標』を執筆した。その中で彼は、コーランに示された原理に基づいてイスラム教徒の世界を再建することを呼び掛けている。それはつまり、イスラム教の原理に沿わない政府を否定するものであった。クトゥブはその後、エジプトの国家転覆を謀ったとして再逮捕され、死刑宣告を受ける。そして1966年8月に処刑され、墓標のない墓に葬られた。

主著

1949年　『イスラム教における社会的正義』
1954年　『コーランの蔭で』
1964年　『道標』

イスラム復興運動

> 我々は
> かつてイギリスの自由主義と
> 思いやりを信じた。
> しかし、もはや信じはしない。
> 事実は言葉より強いのである。
> あなた方の自由主義は、
> あなた方自身にしか
> 向けられていない。
> **サイイド・クトゥブ**

況を指すものと考えられた。

イスラム教に基づく統治

クトゥブは、イスラム教の教えに基づいた統治を行っていないと自らが考える政府に対しても、ジャーヒリーヤという語を用いた。人々が「他者に隷属する」ような制度をとっている政府を、彼はことごとく非難した。なぜなら、人間によるそのような支配は、神の支配に抵触するものであると考えたためである。彼が非難した国家には、多神教国家（たとえばインド）、キリスト教やユダヤ教を奉ずる国家、そして共産主義国家（無神論を主張していた）が含まれる。彼は更に、イスラム系の国々の多くもジャーヒリーヤの状態にあると述べた。なぜなら、異質な思想（特に西洋思想）を受け入れ、政府制度、法律、文化に取り入れようとしていたためである。社会がジャーヒリーヤを脱するための唯一の効果的な方法は、イスラム教の教えに沿った生き方を実践することであると、クトゥブは主張した。人々を統治する際には、イスラム教が与えてくれる優れた戦略と思想を用いるべきだと、彼は考えていた。

新たなジハード

ジャーヒリーヤに関するこのような思想を発展させた結果、クトゥブとその支持者たちは、ジハードの実行を主張するようになった。外国の非イスラム勢力が影響力を及ぼし続ける限り、イスラム教徒の世代が変わるたびにジハードが必要になるかもしれないと、彼らは言う。イスラム教徒の学者の中には、コーランに示されているジハー

> イスラム教は、
> 我々の抱える基本的な問題を
> 解決する力を備えている。
> 問題解決のために、他国の制度を
> 借用・模倣して我々の国家で
> 用いようという案があるが、
> そのような制度よりイスラム教が
> 有効であることは、疑いの余地がない。
> **サイイド・クトゥブ**

ドの議論は現代には適用されないと主張する人々もいたが、クトゥブらの考え方は、それと対立するものであった。ジハードは、コーランの啓示が下された時代と同じように実施されるべきだと、クトゥブは主張した。これは、非イスラム教徒が権力の座に就くことを一切認めないという意味ではないかもしれないが、しかし、西洋列強が世界中に及ぼしている影響力を排除すべきだということは、明らかに含意されていた。イスラム教徒は、非イスラム教徒の力に屈せずに、純粋なイスラム教に基づいた統治体制を実現すべく努力しなくてはならないと、彼は述べた。このような形でクトゥブは、後のイスラム復興主義者たちの世界観や20世紀後半の西洋人のイスラム観を形成することになったのである。■

2012年、ムハンマド・ムルシーの支持者たちが、彼がエジプト大統領に選ばれたことを祝っている。ムルシーはムスリム同胞団の有力メンバーであった。現在でもエジプトでは、ムスリム同胞団は社会的にも政治的にも強い影響力を持つ。

イスラム教は現代的な宗教となることができる
信仰の適合性

背景

主要人物
タリーク・ラマダン

時代と場所
1960年代、スイス

前史
711年 イスラム勢力がイベリア半島への侵入を開始する。

827年 イスラム勢力がシチリア征服を開始し、965年には首長国を建設する。

15世紀 イスラム教国家であるオスマン帝国が、バルカン半島に勢力を拡大する。

後史
1960年代 トルコと北アフリカからヨーロッパへ、イスラム教徒の大規模な移住が始まる。

1979年 イラン革命により、西洋化していたイラン政府が倒される。

2008年 カンタベリー大司教ローワン・ウィリアムズが、イギリスでは、シャリーア（イスラム法）のいくつかの側面を取り入れることが不可避であると発言する。

今日、イスラム教徒が直面する最大の問題の一つは、イスラム教信仰と世俗的・現代的な生活との折り合いを、どのようにつけるかということである。この問題は、イスラム諸国の出身者が西洋に移った際に、より深刻度を増す。というのも、イスラム教は、独自の文化的背景と不可分の宗教だからである。そのような文化を背負っているため、イスラム教徒の多くは、イスラム教的なものと世俗的、近代的、西洋的なものとの間に隔たりを感じてしまうこととなる。

イスラム教学者タリーク・ラマダンは、父親がムスリム同胞団（289ページ参照）に属していたため、一家でエジプトからスイスへ逃れた経験を持つ。そういった自らの経験から、彼は、イスラム教徒でありながら、同時にアメリカ人やヨーロッパ人になることが可能であると述べている。宗教と国の文化は別のものである。イスラム教徒の務めは住んでいる国の法律を守ることであり、更に、「どこに住んでいようとも、人類愛を通して、善と公正さが遍く広まるように貢献することだ」と、彼は主張した。ラマダンはまた、イスラム学者が研究している伝統的な文献（コーランとスンナ）を手元に置き、自分の住んでいる国の文化に合わせた解釈を行うようにと、イスラム教徒に呼び掛けた。それぞれの環境に合わせて、責任を持って信仰を実践するようにと、彼は述べている。ラマダンが目指しているのは、イスラム教が抱える多くの現代的な問題を、イスラム教徒がそれぞれの環境に合わせて解決できるように手助けすることである。現代のイスラム教徒が、それぞれの文化と宗教をうまく融合させて西洋で暮らしていけるようにと、ラマダンは願っている。■

タリーク・ラマダンは、ヨーロッパ各国の政府にイスラム教徒に関する助言を行っている。彼は優れた情報発信者であり、イスラム教徒に対して各地域に溶け込むように呼び掛けている。

参照： 信仰と国家 189 ■ 進歩主義ユダヤ教 190–95 ■ 主要な信仰行為 262–69

近代・現代の宗教

15 世紀～

はじめに

1499年 — インドのパンジャブ地方において、イスラム教を奉じるムガル帝国とヒンドゥー教徒の間で緊張が高まる中、**グル・ナーナク**がシク教を創設する。

1830年 — ジョセフ・スミス・ジュニアが、神と天使モロナイの導きを得て『モルモン書』を翻訳したと主張する。その後、アメリカで末日聖徒イエス・キリスト教会を創設する。

1863年 — ミールザー・ホセイン・アリー・ヌーリーが、自分は神の使者であるとしてバハーオッラー（神の栄光）を名乗り、ペルシアでバハーイー教を創設する。

1920年代〜40年代 — 再建派ユダヤ教が、トーラー（律法）を現代社会に合わせて再解釈する。

18〜19世紀 — カリブ諸国のアフリカ人奴隷の中で、**クレオール宗教**が発展する。

19世紀 — 日本で、**黒住教、天理教、大本**など、多数の新宗教が現れる。

1885年 — 太平洋地域で西洋人の貿易が盛んになった結果、メラネシアとニューギニアでいわゆるカーゴ・カルトが生まれる。

1926年 — 神の啓示を受けて、**ゴ・ヴン・チェウ**（呉文昭）がベトナムでカオダイ教を設立する。

世界の主な宗教は、ほとんどが、その起源を古代文明にまでさかのぼることができる。そして更に、その多くは、古代文明以前から存在する民間伝承を土台としている。たとえばアブラハムの宗教（イスラム教、ユダヤ教、キリスト教）は、中東の文明が栄えるよりも前の「ノアの洪水」の物語にまでさかのぼることができる。同様に、ヒンドゥー教の諸宗派も、インド文明以前から存在する信仰が基盤となっている。

数千年の間に、哲学的思想と科学的思想が次第に発達し、これらの信仰は一つの選択を迫られるようになる。すなわち、時流に従って変化を受け入れるか、あるいは、新しいものを異端として非難するか、である。いくつもの分派が生まれ、また、ヨーロッパでの産業革命、新天地の探検及び植民地化といった出来事を受けて、さまざまな宗教運動が展開されていった。そして、目の前で起きている変化を受け入れられない人々の抵抗によって、その運動は激しさを増していった。

新たな信仰

ある分派が昔からの宗教の一派なのか、それとも全く新しい信仰なのかを判断することは、難しい場合が多い。たとえば、サティヤ・サイ・ババ・ソサエティー、創価学会、再建派ユダヤ教、アフリカ系教派、ネーション・オブ・イスラムはすべて、五大宗教（ヒンドゥー教・仏教・ユダヤ教・キリスト教・イスラム教）の変種と見なすことができ、五大宗教がそれぞれの時代と場所に適応したものだと解釈できる。それに対して、モルモン教徒はイエスの神性を信じるが、それ以外の教義の多くから、主流派のキリスト教とは別の新しい信仰だとも考えられる。天理教などの日本の新宗教運動は仏教及び神道と多くの類似点を持っている。また、瞑想を元にしたさまざまな新しい宗教運動は、明らかにヒンドゥー教から派生したものだと言える。それを「新しい」宗教と見なすかどうかは、多くの場合、「親」宗教がその宗教を受け入れるか拒絶するかによって決まる。

また、主に国を追われたり迫害を受けたりした人々の間で、全く異なる二つの信仰を合わせた混淆宗教が発展することがあった。たとえば、奴隷としてカリブ諸島に連れて来られたアフリカ人は、主人の信じるキリスト教に強制改宗させられたが、彼らはキリスト教を枠組みとして利用しながら、それを隠れ蓑として祖国の宗教を実践していた。その結果、さまざまなクレオール宗教が生まれ、彼らがどの部族出身であるかによって、サンテリア（レグラ・デ・オチャ、ルクミとも呼ばれる）、カンドンブレ、オリシャ＝シャンゴ、ヴォドゥン（ヴードゥーとも呼ばれる）などに分かれた。太平洋地域でも、西洋の影響によって、土着の民間信仰

近代・現代の宗教

1930年 — 米国での恐慌により、イスラム教の教義にアフリカ系アメリカ人の団結と公民権を組み込んだ**ネーション・オブ・イスラム**が生まれる。

1950年代 — インドで**サティヤ・サイ・ババ**がヒンドゥー教の一解釈として平等を強調し、数百万人の信奉者を集める。

1961年 — 「無教義、無信条」の**ユニテリアン・ユニヴァーサリスト協会**がアメリカで創設される。

1967年 — **トリラトナ・ブッディスト・コミュニティー**が仏教の基本的な教えを西洋にもたらす。

1930年代～40年代 — 日本の日蓮系の在家組織である**創価学会**が創立される。

1950年代～60年代 — **カリスマ運動**によって、世界的なキリスト教信仰復興運動が起きる。

1963年 — **ヒューマニスティック・ジュダイズム**が、ユダヤ文化を尊重する非有神論的な宗教を提唱する。

20世紀 — 聖なる空間に対する意識の強いアフリカ系教派が数百万人の信奉者を集める。

から新しい分派(たとえばカーゴ・カルト)が生じた。

それぞれの地域に特有のものとして生まれてきた新宗教も多い。たとえば、パキスタンとインドにまたがるパンジャブ地方において、シク教と呼ばれる宗教が生まれた。シク教は、この地域におけるヒンドゥー教徒とイスラム教徒の敵対関係の中から生まれたもので、平和的・民主主義的な社会を求めるものである。また、末日聖徒イエス・キリスト教会は、キリスト教聖書に加えて、聖人と天使に関するアメリカ先住民の神話など、特にアメリカに関して描かれている『モルモン書』を使用した。その他の現代宗教には、あらゆる信仰を統合する目的で創設されたものや、他の宗教の正当性を認めたうえで、それらを取り込む形で創設されたものなどがある。例としては、バハーイー教、カオダイ教、ユニテリアン・ユニヴァーサリズムが挙げられる。このような宗教が生まれる地域は、強力な宗教が同時に何種類も共存してきたという歴史を持つ場合が多い。

精神世界の探究

神秘主義的な悟りの探求から、ユダヤ教のハシディズム運動、そしてイスラム教のスーフィズムが生まれた。キリスト教においても、近年、カリスマ運動を展開する教派が現れた。また、欧米では、旧来の宗教から離れて、新異教主義の宗教、東洋の伝統的な思想、厳密にではないが科学的根拠を持つ信仰などを、精神的探究のための基盤として用いる人々が現れた。こうした新宗教の多くは、天啓を得たと主張するカリスマ性の強い指導者や預言者によって創設されたが、指導者を賛美するための「カルト宗教」だとして退けられてきた経緯を持つ。その後、信奉者を失った信仰もあるが、中には、強力な支持を得て最終的に「新宗教運動」として受け入れられた信仰もある。新宗教を退ける前に思い出さなくてはならないのは、キリスト教も最初はローマ人とユダヤ人によって「カルト宗教」と見なされていたということ、そして、ムハンマドも、異端の信仰を説いたとして少数の信奉者と共にメッカを追放されたということだ。■

我々は聖戦士として生きなくてはならない
シク教の行動規範

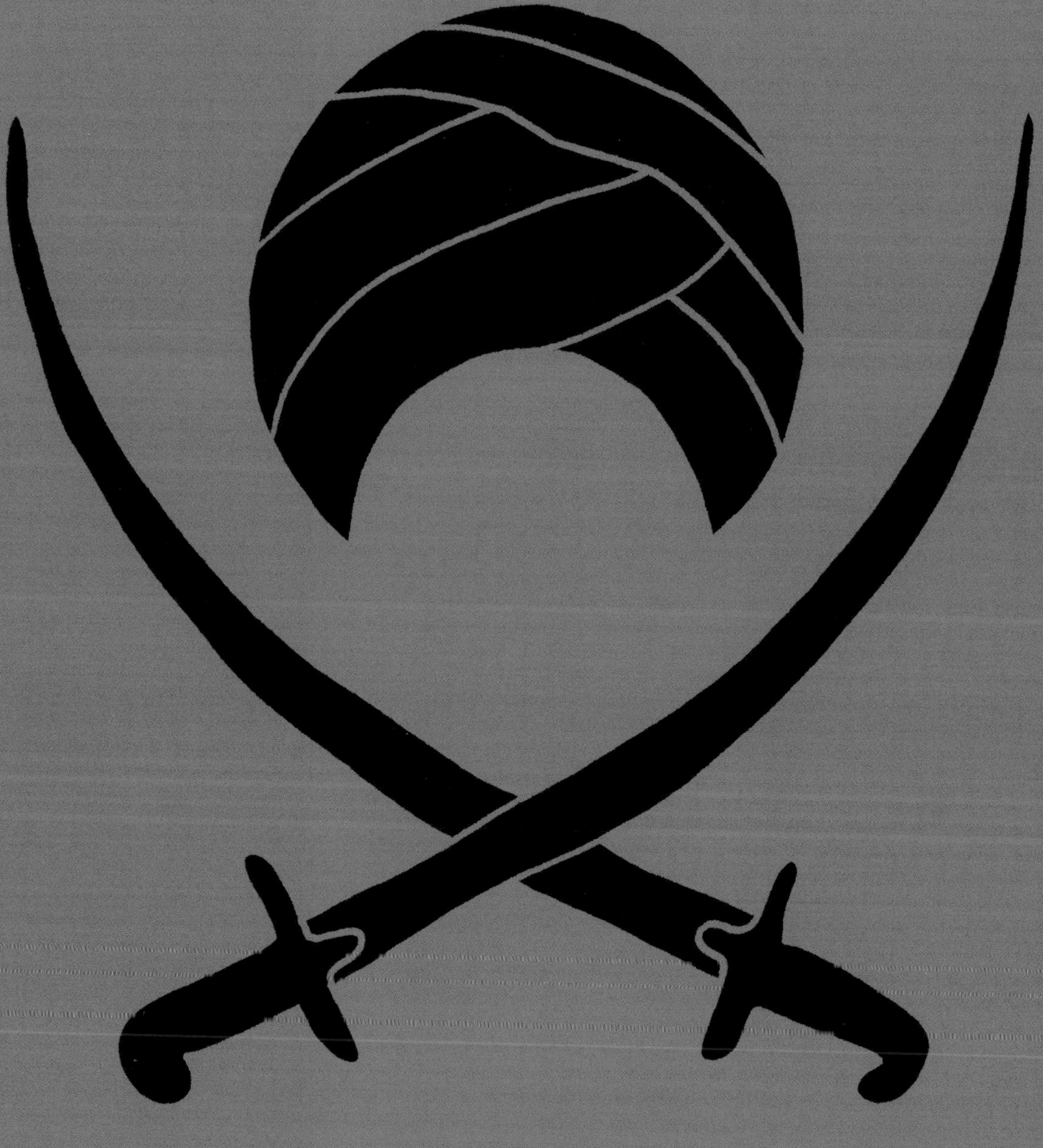

シク教の行動規範

背景

主要人物
グル・ナーナク

時代と場所
15～16世紀、インド

前史
紀元前6世紀 ジャイナ教と仏教がヒンドゥー教の正戦思想を否定し、絶対的非暴力を説く。

7世紀 コーランに、信仰と信者を守るための戦いは正しいのだと示唆するような文言が含まれる。

後史
1699年 シク教団が、戦闘が正当なものだと見なされる場合の条件と原則を定める（カールサーの改革）。

18世紀 シク教の軍隊がムガル帝国及びアフガン帝国との戦闘に従事する。

1799年 パンジャブ地方にシク王国が建国される。

1947年 インドとパキスタンの分離独立によりパンジャブ地方が分断され、宗教的な緊張関係が生じる。

シク教はグル・ナーナクによって設立された。ナーナクは、15世紀にヒンドゥー教の影響の強いラホール（現在のパキスタン北東部）付近の村で育ち、信仰心の篤い人物であったが、やがて、ヒンドゥー教に幻滅するようになる。同じ頃、この地域では、10世紀から影響力を持っていたイスラム教も、インドのムガル帝国が勢力を拡大するのに伴って、更に影響力を強めていた。

グル・ナーナクは、ヒンドゥー教徒が重要視する儀式や巡礼、また預言者や聖職者への崇敬の念といったものは、彼が最も大切だと考えたもの（我々人間と神との関係）にとっては障害であると見なした。ナーナクは、神を表すのに数々の名前を用いたが、神とは、偏在する超越的な神性であると認識していた（ヒンドゥー教のブラフマンという概念に似ている）。彼は、30歳頃に神からの啓示を受け、その後は、救済への道を説いて回ることに専念した。神との一体感を感じるため、そして救済を得るために重要となるのは、どのような生き方をするかであると、ナーナクは主張した。彼は弟子たちにグル（「導師」）と呼ばれ、以後10代目まで続くことになるシク教のグルの初代となった。グルの教えは、シク教の聖典「アーディ・グラント」にまとめられた。なお、この聖典は後に、11代目のグルと見なされるようになり、「グル・グラント・サーヒブ」と呼ばれるようになる（303ページ参照）。ナーナクの支持者がシク教徒と呼ばれたのは、サンスクリット語の「シク」という単語に由来する。「シク」は、神やグルの導きによって人生を学ぶ「学習者、弟子」を意味する。

善い人生に神を見出す

ヒンドゥー教徒と同様に、シク教徒も輪廻転生を信じている。しかし、人間の人生の目的については、彼らの考え方は異なっている。シク教において、人生の目的は、天国での居場所を獲得することではない。というのも、シク教では、人生の終着点が天国や地獄だとは考えられていないからである。そうではなく、シク教においては、人間に生まれたことは、救済への道を進むために神によって授けられた機会なのだと説く。救済への道は、罪を犯すという第1段階から始まり、輪廻転生からの解脱という第5段階まで続くと考えられている。その5つの段階とは、誤った行い、神への献身、神との霊的合一、永遠の至福の獲得、そして、再生からの解放である。

この救済への道を進むという機会を最大限に活かすために、シク教徒は厳しい行動規範としきたりに従う。その行動規範としきたりは、10代目のグルであるグル・ゴービンド・シンが、1699年に「カールサー」（シク教徒の入信共同体）を設立した際に正式に定

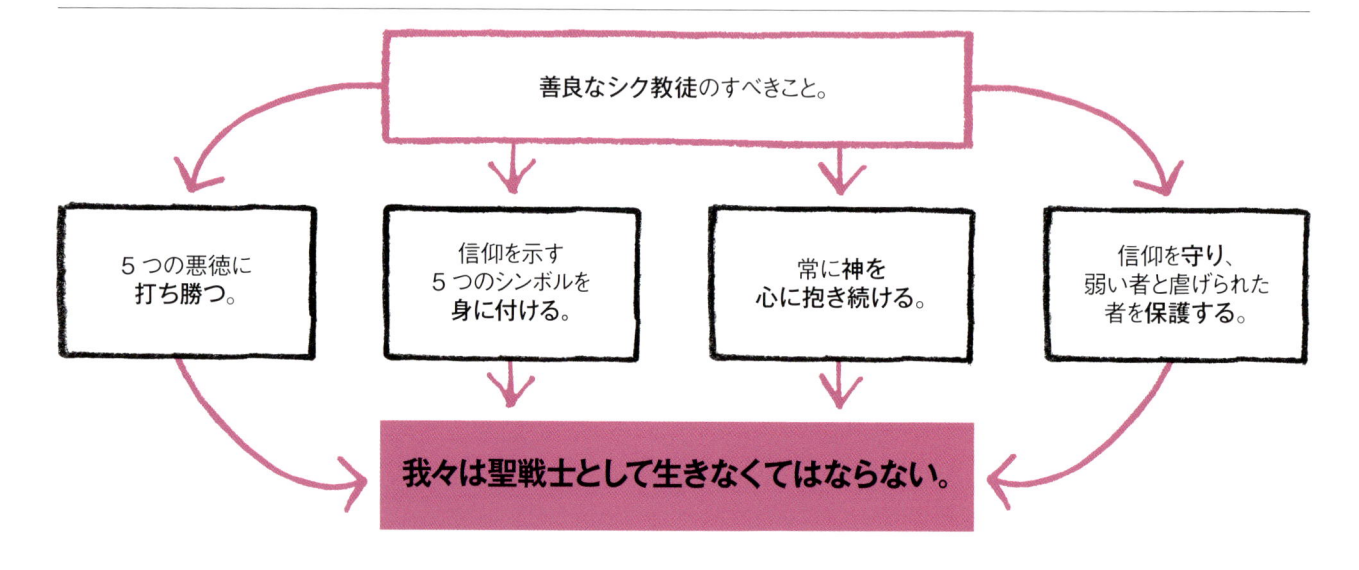

善良なシク教徒のすべきこと。

- 5つの悪徳に打ち勝つ。
- 信仰を示す5つのシンボルを身に付ける。
- 常に神を心に抱き続ける。
- 信仰を守り、弱い者と虐げられた者を保護する。

我々は聖戦士として生きなくてはならない。

近代・現代の宗教 **299**

参照：調和の中で生きる 38 ■ 善と悪の戦い 60-65 ■ 無私の行為 110-11
■ 肉体的・精神的鍛練 112-13 ■ 神への信仰を深める努力 278 ■ 階級制度と信仰 302-303

> カールサーは神のもの。
> 勝利は神のもの。
> **昔からのシク教徒の挨拶**

ムガル帝国でシク教徒が迫害されていたことを受け、グル・ゴービンド・シンが、信仰を守るために命を捧げる覚悟のあるシク教徒を募って、カールサーを組織した。

められたものである。

徳と勇気

カールサーの根底にあるのは社会正義である（「カールサー」は「純粋な者」あるいは「自由な者」という意味）。団員は他者と分かち合うことだけでなく、貧しい人々、弱い人々、虐げられた人々を保護することも奨励される。これは、グル・ナーナクが最初に抱いていた理念の極めて重要な部分で、彼以降、10代目のグルの時代までに、更に強いものとなった。その間、シク教徒は、イスラム教徒の支配者からもヒンドゥー教徒からも異端と見なされて迫害を受けていた。グル・ゴービンド・シンがカールサーを組織した目的は、バクティ（「霊性」、「献身」）とシャクティ（「力強さ」）という2つの徳を、シク教徒が実践する場を確立するためだった。ゴービンド・シンが理想としたのは、「サンチ・シパーヒー」（「聖戦士」）の生き方である。それはつまり、何よりもまず神への献身を大切にする聖人としての生き方であるが、信仰を守るため、または不正を防ぐために必要ならば、戦士として行動するという

生き方である。

カールサーでは、弱者を保護し、純潔と節制という徳に沿った生き方を貫くことが求められる。また、5つの悪徳（肉欲〔カーム〕、怒り〔クロード〕、強欲〔ローブ〕、執着〔モー〕、自己中心〔ハンカール〕）を排して、常に心の中に神を抱くべきであるとされる。グル・ゴービンド・シンは、カールサーを組織した際に、すべてのシク教徒にとってふさわしい生き方を体系化した。彼は、儀礼、巡礼、迷信的行為を禁止し、更に、正直、質素、一夫一婦制、酒と薬物の忌避など、神に身を捧げて生きるために必要な徳を示した。

カールサーにおいては、神に奉仕するために俗世間から身を退く必要はなかった。むしろその逆で、世俗の活動に積極的に参加することが求められる。それはつまり、家族と地域への献身を重んじ、社会的良心を表明するということである。このことは、シク教に見られるあらゆる徳の中でも、最高の徳の一つであるとされている。

シク教徒は、聖人として生きる中で必要に迫られた場合にのみ、戦士として行動するべきであると、グル・ゴービンド・シンは強調した。シク教徒は戦士のような聖人であるべきで、聖人のような戦士であってはならない。また、すべてのシク教徒は「恐れるなかれ、怯えるなかれ」という信条に基づいて行動するべきである。ゴービンド・シンは、このような行動に必要な勇気をライオンの勇気に喩え、カールサーに入団したシク教徒は、男性ならシン（「ライオン」）、女性ならコール（「雌ライオン」）の姓を名乗るべきだと述べている。

シク教の5つのシンボル

カールサーに入ると、シク教徒は、一般に「5つのK」として知られる、信仰を表す5つのシンボルを身に付けることが求められる。それによって、彼らが聖戦士であることが周囲にわかるようになっている。5つのKとは、ケシュ（切らずに残した髪とあごひげ）、コンガー（櫛）、カラー（腕輪）、カッチャー（下着）、キルパン（短剣）で、これらを身に付けている人がシク教徒だとすぐにわかるだけでなく、象徴的な深い意味も持っている。

シク教徒は、髪は神からの贈り物だと考えており、ケシュ（髪とあごひげ

シク教の行動規範

を切らずに残しておく慣習）は、虚栄心を抑える働きを持つとされている。しかし髪は同時に、神の御心に沿うような人生を送るという理想を象徴的に表すものでもある。したがって髪は、カールサーの行動規範を象徴的な形で外見上に表すという重要な役割を持っている。

シク教徒は、髪をよく手入れされた清潔な状態に保たなくてはならないとされており、コンガーという特別な櫛で、1日に2回髪をとかす。コンガーはターバンの中で髪を固定するのにも使われる。こうして定期的に髪をとかすことで、神に奉仕する徳の高い人生を送るというシク教徒の義務を思い出すことになる。そのため、コンガーもシク教の信仰を表す5つのKの1つに数えられるのである。

男性のシク教徒を見分ける最も簡単な手がかりであるターバンは、5つのKには数えられていない。それでもやはりターバンは、シク教徒の衣装に欠かせないものであり、身に付けることでアイデンティティと社会的なつながりを強く感じることができる。ターバンの着用を提案したのは、グル・ゴービンド・シンである。歴代のグルは皆ターバンを着用してきており、それを真似ることで、グルを模範として見習うことの助けになるはずだと、ゴービンド・シンは述べた。とはいえ、ターバン着用の第一の目的は、男性シク教徒の長い髪をまとめ、保護することである。

誘惑に負けない

徳の実践と同様に、悪徳を避けることも重要である。カラーと呼ばれる鋼鉄の腕輪は、5つの悪徳を犯さないという、シク教徒が入信式の際に立てる誓いのシンボルとなっている。カラーは手首に付けるものであるため、着用している本人の目に入りやすい。それゆえ、自分の行動が間違った方向に向かっていないかどうかを頻繁に考えることにつながる。ジャイナ教にも非常によく似た手法がある。ジャイナ教徒は手のひらのマークを用いており（70ページ参照）、そのマークを見るたびに、すべての行動の裏の意図を考えるようにと教えられる。同様に、シク教徒が用いるカッチャーという綿の下着（男性も女性も着用するゆったりした半ズボンのようなもの）は、表面上は性的な欲望を抑制するための警告として機能する。しかし同時に、より広い意味で、シク教徒はあらゆる種類の欲望を抑えて誠実な生活を送るように努力すべきであるということを思い出させる象徴としての役割も果たしている。

信仰を守る

シク教の軍事的な側面を表しているのがキルパンである。儀式で使うこの短剣は、勇気と尊厳を象徴している。

> 神は、カーストによる区別を認めない。神は、人間に身分の上下差など作らなかった。
> **スリ・グル・グラント・サーヒブ**

キルパンは、持ち主が常にシク教の信仰と道徳的価値観を守り、また、圧政に虐げられた人々を保護するという決意を忘れないように鼓舞する役割を持つ。

シク教は、その発祥の地であるパンジャブ地方において、民族主義的な政治運動に幾度となく関わってきた。この地方では宗教対立が頻繁に起こったため、シク教徒は必然的に巻き込まれてきたのである。1799年にシク王国が作られたが、1849年にイギリスによって崩壊に追い込まれ、長くは続かなかった。1920年代にシク教徒の改革派であるアカーリー派が結成された後、特に、1966年に同組織がアカーリー・ダルという政党となった際には、パンジャブ地方に独立したシク教徒の州の設立を求める声が高まった。この地方では、イスラム教を奉じるパキスタンとヒンドゥー教を奉じるインドとが常に緊張関係にあることに加えて、シク教徒とヒンドゥー教徒との間での暴力事件が、現代に至るまで続いている。その一方で、パンジャブ地方の外に移住したシク教徒の大部分は、移住先の社会に溶け込んでいった。

現代のシク教の行動規範は、1950

シク教徒のターバンは、信仰と尊厳を示す重要なシンボルである。髪をきちんと手入れした状態に保っているため、男性のシク教徒が、髪のもつれたヒンドゥー教の苦行者と見間違われることはない。

近代・現代の宗教

年に出された「シク・ラヒト・マルヤーダー」に記されている。ここには、儀式や礼拝などを含め、公的・私的生活についての指標が示されている。しかし、グル・ナーナクが当初から説いてきたように、シク教では神への奉仕を行い、社会的責任を果たして生きることの方が、儀礼や崇敬の念よりも重要とされる。このことは、グルドゥワーラーという施設にも表れている。グルドゥワーラーは、礼拝のための寺院であると同時に、シク教共同体の拠点でもある。シク教の礼拝は、一般的に、グルによって手法を定められるものではない。例外は早朝の祈りで、そこではグル・ナーナクが作ったムール・マントラ(ムール賛歌、神の名について瞑想する)を唱えることが決められている。とはいえ、この早朝の祈りも、グルドゥワーラー以外の場所で行うことが許されている。また、シク教には聖職者が存在しないため、グル・グラント・サーヒブを用いた朗読や賛歌と同様に、シク教の平等主義の精神に則って誰でも実施できることとなっている。■

シク教の「5つのK」が、シク教の象徴である剣の図を囲んでいる。キルパン(短剣)は、信仰を表す5つのシンボルのひとつ。他の4つは、切らずに残した髪とあごひげ、櫛、腕輪、綿の下着である。

- ケシュ
- コンガー
- カラー
- カッチャー
- キルパン

グル・ナーナク

シク教の創始者グル・ナーナクは、1469年にインドのパンジャブ地方タルワンディー(現在はパキスタンのナンカナ・サーヒブとして知られる)に住むヒンドゥー教徒の家に生まれた。当時この地方では、ムガル帝国がインド亜大陸の南方へと勢力を拡大するのに伴って、ヒンドゥー教徒とイスラム教徒の間で緊張が高まっていた。まだ若かったナーナクは会計官として働いていたが、常に霊的な事柄に強い関心を抱いていた。シク教徒の言い伝えによると、ナーナクが啓示を受けた際、神は彼に一杯の甘露を与え、神の名を広めるようにと命じたという。その後25年間、ナーナクはイスラム教徒の吟遊詩人バイ・マルダーナを伴って各地を旅し、教えを説くことを使命とした。5回にわたる長旅で、インドとアラビアの主要都市と宗教上の中心地を訪ねて回り、各地に礼拝所(ダルムシャーラー)を建てた。ナーナクは、信奉者からグル(「導師」)という敬称で呼ばれるようになった。最後の旅でバグダードとメッカを訪れた後、パンジャブに戻り、1539年に没した。

神へと続く
我々の道は
万人に開かれている

階級制度と信仰

背景

主要人物
グル・ナーナク

時代と場所
15世紀より、インド

前史
紀元前1700年～ ヴェーダ聖典において、社会がバラモン（聖職者）を頂点とする4つのヴァルナ（階級）に区分される。この厳格な社会階級制は、現代のインド社会にも深く根付いている。

後史
1870年頃 インドの賢人シュリ・ラーマクリシュナが宗教的寛容を唱え、どのような宗教も人々の意識状態を高めることで、最終的に神に至るものだと述べる。

1936年 インドの思想家で政治指導者でもあるマハトマ・ガンディーが「全宗教の平等」という概念を広め、インドのカースト制度に反対の声を上げる。

シク教は最も平等主義的な宗教の一つで、人種、階級、性別による区分や差別を一切行わない。グルドゥワーラー（シク教の寺院）では、その人の信仰に関係なく誰でも歓迎される。寺院には聖職者がいないため、共同体全体であらゆる決定を行う。また、男性も女性もシク教の聖典を読むことができる。このような平等主義は、シク教の起源に由来する。グル・ナーナク（301ページ参照）は天啓を受けた際に、こう告げたという。「ヒンドゥー教徒もイスラム教徒もない。それでは誰の示す道をたどるべきか。私は神の示す道をたどろう。」

当時インドに存在していた諸宗教に幻滅し、また、あらゆる宗教に社会的な不和を見出したことで、グル・ナーナクは、神の視点から見れば「ヒンドゥー教徒」や「イスラム教徒」といった宗教名は意味を持たないと考えた。そこで、そうした宗教の代わりに、儀式の執行や個々の聖人への崇敬ではなく、神への献身を基盤に据えた、万人を受容する宗教を生み出したのである。

受け継がれる平等意識

グル・ナーナクの教えは、後継者のグルたちによって強化された。そして、10代目のグル・ゴービンド・シンは、大多数のシク教徒が入団することとなるカールサーを組織した際に（298ページ参照）、この団体をすべての人々に開放した。ゴービンド・シンは当時のカースト制度と性差別を公然と非難し、論争を巻き起こした。更に彼は、聖職者が腐敗し利己的になったと感じたため、シク教には聖職者を置かないこととする（利己主義は、シク教において、克服されるべき悪徳と見なされる）。彼は、聖職者に代えて、各グルドゥワーラーに聖典グル・グラント・サーヒブの管理者を置き、寺院や家庭での礼拝では男女を問わずすべてのシク教徒が聖典を読めるようにした。

シク教徒は、特定の儀式を行ったり巡礼の旅に出たりする必要はないが、日常生活の中で神への献身を示さなくてはならない。とはいえ、グルドゥワーラーでの礼拝ですら必須ではない。グルドゥワーラーは「社交場」として

シク教徒もそうでない人々も、シク教寺院での共同の食事会に行けば歓迎される。人種、階級、性別の区別なく、全員が床に座って食事をすることで、万人の平等が強調される。

近代・現代の宗教 **303**

参照：神を意識する 122-23 ■ ジェンダーと契約 199 ■ シク教の行動規範 296-301 ■ カオダイ教は全信仰の統合を目指す 312

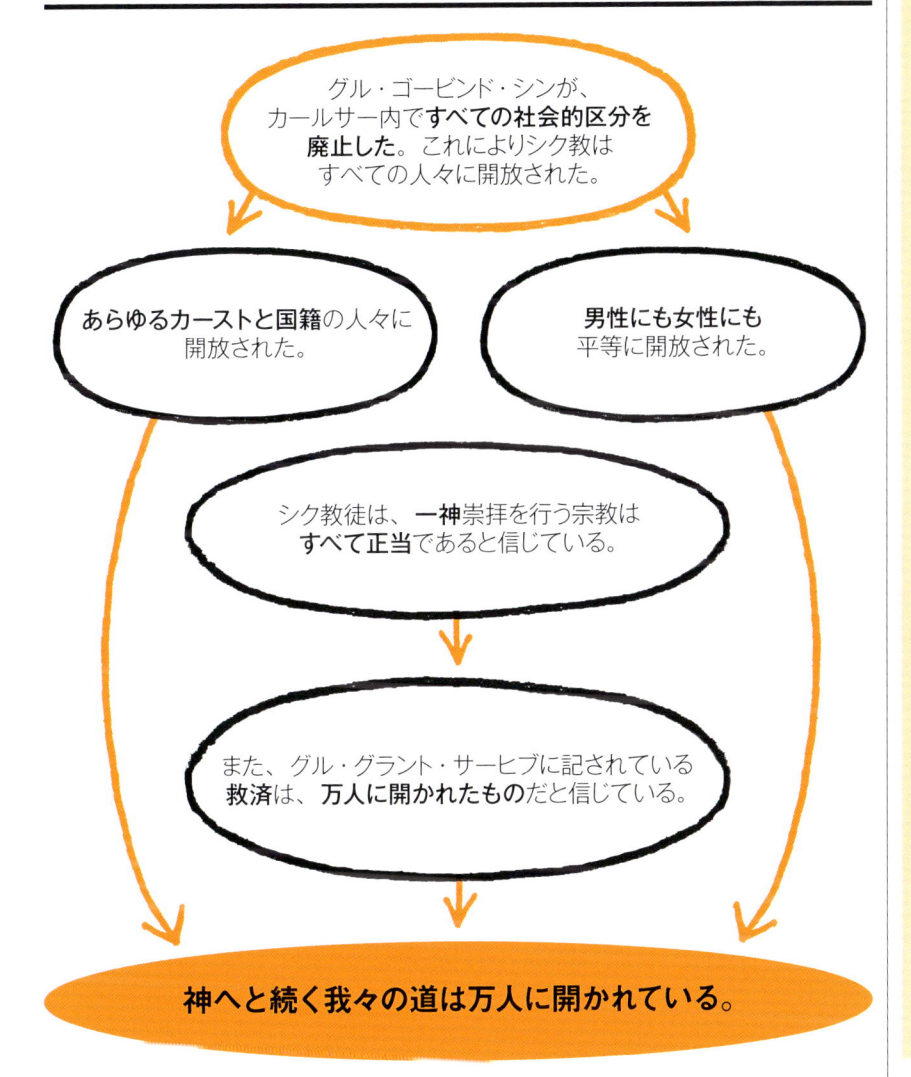

```
   グル・ゴービンド・シンが、
   カールサー内ですべての社会的区分を
   廃止した。これによりシク教は
   すべての人々に開放された。
         ↓            ↓
  あらゆるカーストと国籍の人々に    男性にも女性にも
      開放された。              平等に開放された。

        シク教徒は、一神崇拝を行う宗教は
           すべて正当であると信じている。
                   ↓
      また、グル・グラント・サーヒブに記されている
       救済は、万人に開かれたものだと信じている。
                   ↓
      神へと続く我々の道は万人に開かれている。
```

機能しており、共同体意識というシク教にとって非常に重要な概念を体現するものである。シク教においては、唯一神を信じ、唯一神を崇拝する者は皆、シク教と同じ道をたどっているものと見なされるため、それぞれの信仰に敬意を払う。シク教では、個人の宗教はその人の育った地域の文化によって決まる部分が大きいと考える。つまり、ヒンドゥー教徒、イスラム教徒、キリスト教徒、シク教徒は皆、神に対して同様の意識を持っているが、それがどのような表現形式をとるかは社会によって決まってくるという解釈である。このような理由から、シク教徒は他宗教の人々に改宗を迫ることはないのである。■

グル・グラント・サーヒブ

シク教の中心的な経典は、シク教の指導者であるグルが、1469年から1708年の間に10代にわたって集め、または自作した賛歌と詩の集大成である。この集大成は約1430ページに上るグルの教えから成っている。最初に編集された「アーディ・グラント」は、5代目のグル・アルジャン・デーヴが、彼以前のグルたちの残した言葉や文書をまとめたものだった。そしてこれが、6代目以降のグルたちによって加筆されていく。経典を完成させた10代目グル・ゴービンド・シンは、人間の指導者ではなくこの経典を自分の後継者に指名した。彼は経典を「全グルの化身」と見なし、「グル・グラント・サーヒブ」と名づけた。それまでの10人のグルとは違って、この「11代目グル」は、誰でも直接教えを請うことができる存在であり、現在、すべてのグルドゥワーラー（シク教寺院）に置かれている。もともとは特別に考案されたグルムキー文字で記され、サンチ・バーシャーと総称される混成的な方言が使われていたが、今ではいくつかの言語に翻訳されたものが使われている。

> すべての存在と被創造物は
> 神のものである。
> 神はすべてに属する。
> **グル・グラント・サーヒブ**

故郷へのメッセージ、故郷からのメッセージ
アフリカ起源のサンテリア

サンテリアは、西アフリカ古来の宗教とカトリックを組み合わせた宗教である。この混淆宗教は、16世紀から18世紀のキューバにおいて発達した。この時期、スペインがカリブ諸島を植民地化しプランテーションを建設しており、西アフリカから連れて来られた膨大な数の人々が、そこで奴隷として働かされていた。キューバの砂糖プランテーションに連れて来られて奴隷とされた人々の大部分は、ヨルバ人（現代のナイジェリアとベナンにあたる地域の人々）であった。この奴隷たちは、オヨ王国という体制の整った国家の出身者であり、彼らは発達した宗教体系を代々受け継いでいたが、スペイン人によってその信仰は禁じられた。

しかし間もなく、ヨルバ人の奴隷たちは、カトリックを実践しているよう

背景

主な信者
西アフリカ出身のヨルバ人

時代と場所
16世紀より、キューバ

前史
先史時代〜 アフリカの部族の神話は、その土地や祖先と強い結び付きがある。

紀元前9世紀〜前6世紀 ユダ王国の諸部族が、アッシリア、バビロン、エジプトにおいても自らの信仰を保持する。

15〜19世紀 ヨーロッパによる植民地化に伴い、各地でキリスト教への改宗が強制される。

後史
19世紀 奴隷制度が廃止される。カリブ諸島とブラジルにおいて、各クレオール宗教が公然と実践されるようになる。

1970年代 サンテリアがアメリカ合衆国内で定着する。

奴隷が西アフリカからカリブ諸島へと連れて来られた。

↓

奴隷たちは自らの宗教を持ち込み、初めは主人に隠すため、主人の信奉するキリスト教に組み込んだ。

↓

しかし、トランスと憑依によってアフリカにいる自分たちの神々、精霊、祖先と交信するという特性は保持した。

↓

このようにして、信者は故郷へのメッセージと故郷からのメッセージを伝達し続けた。

近代・現代の宗教 **305**

参照： シャーマンの力 26–31 ■ 死者の魂は生き続ける 36–37 ■ 神々の道を生きる 82–85

サンテリアの祭壇には、カトリックと西アフリカの信仰の両方の偶像が置かれることが多い。特定の聖人を、特定のアフリカの精霊（オリシャ）と重ね合わせているのである。

に見せかけて、その陰でアフリカの神々を崇拝する方法を考え出した。スペイン人の奴隷所有者は、このことに気づかず、奴隷たちがキリスト教の礼拝を単純化しているだけだと看過していた。そして、皮肉を込めて彼らの崇拝をサンテリア（「聖人崇拝」）と呼んだ（現在では、この用語を軽蔑的であると考える人々もいる）。

オシャの規律

ヨルバ人の宗教はレグラ・デ・オチャ（「オシャの規律」）といい（ヨルバ語ではレグラ・ルクミ）、もともと、カトリックとの共通点を備えていた。ヨルバ人は、すべての霊的エネルギーの源である唯一神オロルン（またはオロドゥマレ）を崇拝しており、カトリック教徒が唯一神を崇拝するのと似ていた。ヨルバ人はまた、神オロルンの下でそれぞれに特定の範囲を司るオリシャという精霊たちの存在も信じていた。これは、カトリック教徒が聖人を崇敬しているのに類似している。このような状況で、ヨルバ人の奴隷は、表向きはカトリック教会の聖人に祈りを捧げながら、実際はその聖人と特徴の似た精霊オリシャに祈りを捧げていた。この混淆宗教により、ヨルバ人は自分たちの文化を保持し、故郷とのつながりを保つことができた。更に彼らは、精霊たちを通して祖先と交信することもできると信じていた。

サンテリアの混淆宗教としての特徴は、多くのスペイン語を取り込んだこと、もともと崇拝していたオリシャの肖像にカトリック教会の聖人の偶像を加えたことなどがある。また、カトリック教会の礼拝の伝統的な枠組みを保持することもあった。儀式は、サンテーロと呼ばれる司祭が執り行った。賛美歌の代わりにドラム演奏と歌が繰り返され、信者はトランス状態へと導かれる。トランス状態になっている信者は、祖先の暮らした故郷からのメッセージを伝える精霊に憑依される場合もある。ドラムは、オリシャへのメッセージを伝える役割をする。

サンテリアには超自然的で呪術的な要素があり、生贄（通常は鶏）を必要とする儀式もあるが、信者たちは「黒魔術」は行わないと強く主張する。彼らは、サンテリアはハイチのヴードゥー教など他のカリブ諸国の習合宗教とは全く異なる宗教だと述べている。

サンテリアとカトリックの関係性は現在も続いている。とはいえ、もはやかつてのようにカトリックを隠れ蓑に使う必要はなくなった。今日、サンテリアの信者は、洗礼を受けてカトリック教徒になった上で、聖人とオリシャとを別々の儀式において崇拝する、という場合も多い。■

混淆宗教

サンテリアは、数あるクレオール宗教のうちの一つに過ぎない。クレオール宗教とは、奴隷制度によって、アフリカの信仰とヨーロッパの信仰が混じり合ってできたものである。ブラジルのカンドンブレ、キューバのサンテリア、トリニダード・トバゴのオリシャ＝シャンゴなど、多くのクレオール宗教が、ヨルバ（西アフリカで、奴隷商人による強奪を受けた地域の主な文化）を基盤としている。ヨルバ以外にも、ナイジェリアのイボ人を始めとするアフリカの諸部族が、自らの文化を基にして、ウンバンダやオビアといった混淆宗教を作り上げた。

アフリカとヨーロッパの宗教が混ざり合ったクレオール宗教の中で、おそらく最も有名なものは、ハイチでできたヴードゥー教だろう。これは、スペイン・カトリックではなくフランス・カトリックにアフリカのヴォドゥン信仰が組み込まれてでき上がった宗教である。ヴードゥー教はアメリカ合衆国南部にも広まった。奴隷制度廃止後、特に20世紀に汎アフリカ主義と黒人の公民権運動が盛り上がるようになると、離散したアフリカ人たちの宗教が、政治的意義を持つようになっていった。そのような中で、ジャマイカにおいて、ラスタファリ運動（331〜332ページ参照）と呼ばれる新しい混淆宗教が誕生した。

> 私は、エシュ＝ユレグバの
> 神秘の前で謙虚になります。
> あなたは、
> オロドゥマレとオリシャと
> ご先祖様の使者です。
> **オリシャ・エシュへの祈り**

「イエス様ならどうなさるか」と自問せよ
キリストに倣う

背景

主要人物
ジョセフ・スミス・ジュニア
ブリガム・ヤング

時代と場所
1830年、アメリカ合衆国

前史
1790年～19世紀半ば アメリカ合衆国で第二次大覚醒（プロテスタント信仰復興運動）が起こり、再臨派（キリストの再来が差し迫っていると考える）の教会が設立される。

後史
19世紀後期 アメリカ合衆国で「聖書研究者運動」が起こり、キリスト教教会は最初期の教えに回帰すべきだと主張する。この運動は後にエホバの証人となる。

1926年 神の啓示が新段階を迎えたとされ、カオダイ教が設立される。イエスもその聖人の一人とされる。

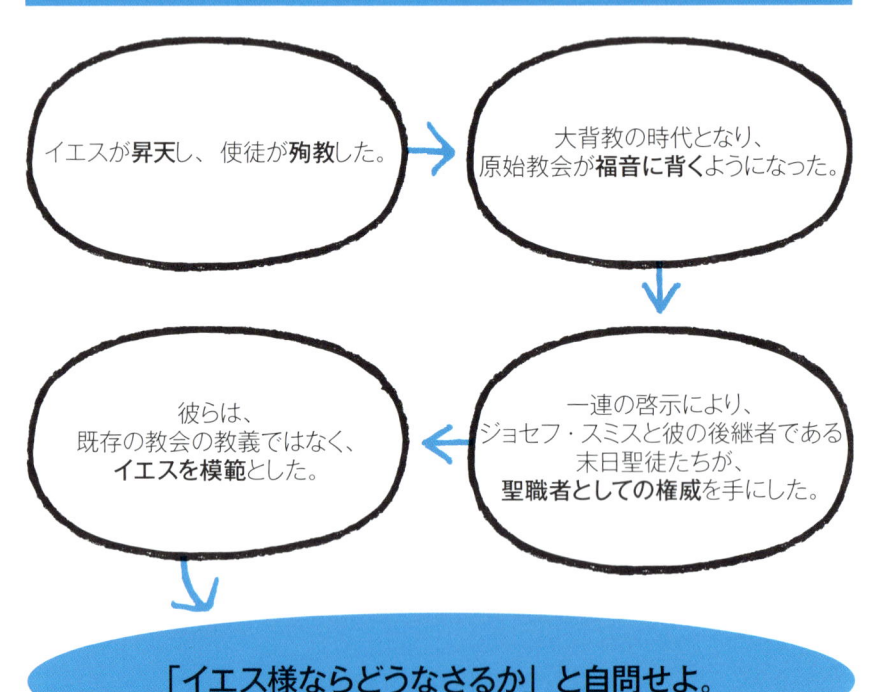

イエスが昇天し、使徒が**殉教**した。
→ 大背教の時代となり、原始教会が**福音に背く**ようになった。
→ 一連の啓示により、ジョセフ・スミスと彼の後継者である末日聖徒たちが、**聖職者としての権威**を手にした。
→ 彼らは、既存の教会の教義ではなく、**イエスを模範**とした。
→ 「イエス様ならどうなさるか」と自問せよ。

18世紀に、ヨーロッパからアメリカ大陸の植民地にまで、合理主義的な啓蒙運動が広がった。この運動に対する反動として、19世紀初めにアメリカ合衆国でキリスト教復興運動が起こった。このとき、多くのキリスト教分派が現れた。そのような分派は、すでに確立した教会の伝統を拒み、カリスマ的な要素（預言や示現〔じげん〕といった「聖霊の賜物」）を取り入れた。また、キリスト教を新約聖書の原理に「回帰」させようという動きもあった。

このような中で、ジョセフ・スミス・ジュニアが示現を受けるようになる。最初の示現では、神とイエス・キリストが現れて、真の教会を回復させるべき者としてスミスが選ばれたと伝え

近代・現代の宗教

参照: 全世界へのイエスのメッセージ 204–207 ■ イエスの神性 208 ■ 三位一体 212–19 ■ 神の言葉と意志 254–61

> モルモン教は
> イエス・キリストの
> 純粋な教義であり、
> 私自身、それを恥じるところはない。
> **ジョセフ・スミス**

た。スミス率いる「キリストの教会」が、他の万人救済論主義団体と大きく異なる点は、『モルモン書』の存在である。『モルモン書』は、神が信者を新世界に導いた経緯について語るもので、スミスが天使の導きにより発見し英語に翻訳したとされている。スミスはまた、キリストの昇天と使徒の殉教の後に起こった「大背教」の時代(原始キリスト教会が堕落し弱体化した時代)についても、神の啓示を受けたという。このようにしてスミスは、キリスト教会を再建する権限を神から授かったとされる。

現代の預言者

スミスとその後継者を、彼らの信奉者は、「現代の預言者で、聖見者で、啓示者」であると見なしており、イエス・キリストからの啓示という形で神の導きを受けたのだと考えている。そのため信奉者は、自分たちは既存の教会の教義に従うのではなく、キリストに教えられた通りに「末日聖徒」として生きているのだと信じている。末日聖徒とは、スミスが末日聖徒イエス・キリスト教会を設立した際に用いた表現である。もっとも彼らは、一般的にはモルモン教徒と呼ばれることの方が多い。末日聖徒は、啓示から導きを得ることに加えて、イエスの生き方にも倣うべきだと考えている。彼らにとって最も重要なのは、「イエス様ならどうなさるか」と考えることである。

ジョセフ・スミスが亡くなった後、この運動はいくつかの派に分かれたが、大部分はブリガム・ヤング(1801～1877年)に従い、ユタ州でモルモン教徒の共同体を築いた。彼らは厳格な道徳律「知恵の言葉」を守り、タバコを吸わず、酒、コーヒー、紅茶を飲まず、婚外交渉を行わない。婚礼は、洗礼や堅信と同じく、救済に必要な儀式

モルモン教徒の家で「家庭の夕べ」が行われ、居間に家族が集まって祈っている。これはモルモン教の伝統で、家族の絆を強固にすることを目的とする。

の一つとされる。初期のモルモン教徒は一夫多妻を実践していたが、主流派の動きに合わせて1890年に廃止した。

ジョセフ・スミス・ジュニア

ジョセフ・スミス・ジュニアは、小作農の息子として1805年にヴァーモント州の農村部に生まれた。1820年、「第二次大覚醒」と呼ばれるプロテスタント信仰復興運動の中心地であったニューヨーク州西部へ、家族と共に移った。多くの教派のうちのどれを信じるべきか困惑したスミスが導きを求めて祈りを捧げると、父なる神とイエスが現れて、教会はすべて「福音に背いている」と告げた。その後、天使モロナイが彼を訪れ、アメリカ大陸の古代先住民が金板に刻んだ聖典について語ったとされる。スミスは神の導きによりその聖典を発見し、翻訳したという。

彼はその聖典を『モルモン書』として1830年に発表し、同年、自身の教会を設立した。

異端の信仰として迫害を受けたため、スミスは頻繁に居を移した。彼は、オハイオ州とミズーリ州に末日聖徒イエス・キリスト教会の共同体を作り、最終的にイリノイ州ノーヴーに落ち着いた。1844年、イリノイ州カーセージで暴動を扇動したとして逮捕されたが、裁判を受ける前に暴徒によって殺害された。

我々は使者を通して神を知る
バハーイー教の啓示

背景

主要人物
バハーオッラー（ミールザー・ホセイン・アリー・ヌーリー）

時代と場所
1863年より、ペルシア

前史
7世紀 ムハンマドが神の最後の預言者として、イスラム教の啓示を受ける。ムハンマドの死後、指導者をめぐる争いにより、イスラム教がシーア派とスンナ派に分裂する。

1501年 シャー＝イスマーイール1世がサファヴィー朝を開き、ペルシア全土を統治し、イスラム教シーア派を国教とする。

1844年 セイイェド・アリー・モハンマド・シーラーズィーが、自分がイスラム教シーア派で預言された救世主マフディーだと主張する。自らをバーブ（「門」）と称し、イスラム教を引き継ぐ形で新たな宗教を開く。

後史
1921年 ラホール（現在のパキスタン）で、ミールザー・グラーム・アフマドが、自分はイスラム教徒に新たな神の教えをもたらす者だと主張する。

多種多様な宗教が、歴史上のさまざまな時代にさまざまな場所で開かれてきた。

↓

これらの宗教は、モーセ、ブッダ、イエス、ムハンマドといった「神の使者」によって開かれた。

↓

こうした神の使者のそれぞれが、時代と場所に適した方法で**神の教えを伝えた**。 → そして、更なる**使者たちが現れると預言した**。

↓

しかし、彼の後にもまた別の神の使者が現れ、**新しい形で啓示を伝え続けて**いくだろう。 ← バハーオッラーは、これら使者たちの中で最も近年に現れた人物で、**新しい時代に合う形で宗教の真実を示している**。

↓

我々は使者を通して神を知る。

近代・現代の宗教

参照： 新しい時代の約束 178–81 ■ 預言者とイスラム教の起源 252–53 ■ イスラム教シーア派の誕生 270–71
■ カオダイ教は全信仰の統合を目指す 312 ■ すべての信仰を受け入れる信仰 313

イスラム教シーア派では、信者の大半が、マフディー（ムハンマドの子孫で、神の宗教を回復させるために現れる人物）は、941年まで地上に生きたムハンマド・アル＝マフディー（第12代イマーム）であると信じている。彼が再来して世界に平和と正義をもたらす、というのが、シーア派の十二イマーム派（271ページ参照）という宗派を特徴づける重要な考え方である。十二イマーム派は、19世紀のペルシアでとりわけ優勢を誇っていたが、それは、ペルシアでは数世紀にわたってイスラム教シーア派が国教であったためである。そしてそのペルシアで、1844年、セイイェド・アリー・モハンマド・シーラーズィー（1819～50年）が自らをバーブ（「門」）と称し、自分は「神が遣わす方」の到来に備えて一つの信仰を確立するために来たのだと述べた。

イスラム教当局は、シーラーズィーの信徒（バーブ教徒）を迫害した。信者たちの中にミールザー・ホセイン・アリー・ヌーリーという人物がいたが、彼は、バーブが「神が遣わす方」と呼んだ人物は自分であると考えるようになった。1863年、ヌーリーは自らをバハーオッラー（「神の栄光」）と称し、神が遣わした一連の使者たち（モーセ、ブッダ、イエス、ムハンマド）の一人となるべき者であると公言した。バハーオッラーは、歴史を通してさまざまな宗教がこれらの使者たちによって創設されてきたと述べ、その使者たちはそれぞれ時代と場所に合う方法で宗教の真実をもたらしたのだと説いた。そして、その使者たちが皆、次に来る新しい使者について預言しているのは、啓示が継続的にもたらされているためだと説明した。そのようにして、神の教えが少しずつ明らかにされているのだと、彼は述べた。

啓示の本質

著書の中で、バハーオッラーは、神が世界にこれらの預言者を遣わしたのには2つの理由があると述べている。「第一には、人の子らを無知の暗黒より解放し、真の理解の光へと導くことである。第二には、人類の平和と平安を保障し、それが確立されるために必要なあらゆる手段を与えることである。」

バハーオッラーは、自身も預言された使者であると主張し、自分の使命は、世界平和、和合、正義について新しい時代に即した教えをもたらすことであると述べた。彼の伝えた教えの中心は、宗教の和合、世界の主要な宗教の多様性を受容すること、それらの宗教の預言者を神の使者として尊重すること、などである。この教えによって、これまで宗教紛争の原因となっていたものを取り除き、人類の和合を促進し、不平等、偏見、迫害を排斥したいと、バハーオッラーは願った。■

> すべての民族や国家は一つの家族をなすものであり、全員が唯一無二の父の子であり、互いに兄弟姉妹であらねばならない。
> **バハーオッラー**

バハーオッラー

バハーイー教の創始者ミールザー・ホセイン・アリー・ヌーリーは、1817年にペルシアのテヘランで生まれたが、本名よりもバハーオッラー（「神の栄光」）の称号の方が有名である。イスラム教徒として育ったが、バーブ（セイイェド・アリー・モハンマド・シーラーズィー）の最初期の信奉者となった。1850年代には、自身がバーブに預言された者であると信じるようになった。異教を信仰しているとして逮捕され、その後、バグダード、さらにはコンスタンティノープル（現在のイスタンブール）へと流され、その地で1863年に、自分はバハーオッラーすなわち神が地上に遣わした最も新しい使者であると宣言した。

バーブ教徒の大半はこの宣言を信じ、彼の信者となってバハーイー教徒と呼ばれるようになった。1868年、バハーオッラーは再びオスマン帝国当局に逮捕され、パレスティナの流刑地アッカに送られた。徐々に自由を与えられるようになっていったものの、幽閉状態のまま、1892年に没した。

バハーイー教の信者は、バハーオッラーを描くにあたって、肖像画ではなく、左の写真のようにアラビア文字で彼の名前を描く方が、より敬意を示すことになると考えている。

罪の埃を払う
天理教と陽気ぐらし

背景

主要人物
中山みき

時代と場所
1838年より、日本

前史
6世紀 仏教が日本に広まり、ヒンドゥー教に由来する輪廻の概念がもたらされる。

8世紀 仏教の影響が増したことを受け、神々や霊に対する日本の伝統的な信仰が『古事記』と『日本書紀』に記され、神道の最初の文献となる。

後史
19世紀後期 天理教は、弾圧を避けるために、仏教系の講社となるが、政府の神道体制に強制的に組み込まれる。

1945年 第二次大戦後、神道が国教ではなくなり、天理教は独立した宗教とされる。

天理教は、19世紀に日本で現れた、いわゆる「新宗教」の一つであり、神道の一派と見なされていた。1838年に病気治しのための密教の寄加持（よせかじ）という儀礼を行っている最中に、「元の神、実（じつ）の神」（天理天命〔てんりおうのみこと〕）から啓示を受けた農家の婦人、中山みきによって創始された。彼女はこの啓示の大部分を天理教の聖典である、『おふでさき』に記録し、信奉者によって「教祖（おやさま）」と呼ばれるようになった。

天理教信者は、慈悲深いただ一人の神を信じており、その神は、人間が地上で生きている間に幸せを見つけられるように願っているとされる。天理教の主な教義は、「陽気ぐらし」を実践し、良くない性質を持つと見なされるものを避けることである。他の宗教で「罪」と呼ばれるものを、天理教では「ほこり（埃）」と呼び、「ひのきしん」（親切な行いや奉仕活動を行うこと）によって、その埃を払う必要があると考える。信者が「陽気ぐらし」実践のために払うべき埃は8種類あるとされ、をしい（けち）、ほしい（貪欲）、にくい（憎い）、かわい（利己心）、うらみ（恨み）、はらだち（腹立ち）、よく（強欲）、こふまん（高慢）と呼ばれている。「ひのきしん」はまた、「かしもの・かりもの」の教

> 世界中で、人間の胸の中を掃き清めるため、神が箒となる。
> （せかいぢう　むねのうちより　このそふぢ　神がほふけや　しかとみでいよ）
> 『おふでさき』

えに基づき、信者が輪廻の中で体を「借りている」とされる天理王命に感謝を捧げるためにも行われる。

日本の幕末には、天理教のほかに金光（こんこう）教などが誕生しており、明治以降も、大本（おおもと）、霊友会、創価学会など多くの教団が生まれている。日本の「新宗教」教団については、335ページを参照のこと。■

参照： 神々の道を生きる 82-85 ■ 永遠の繰り返しから脱する 136-43
■ 思いやりと慈悲による統治 146-47

これらの贈り物は我々のためのものに違いない

太平洋諸島のカーゴ・カルト

背景

主な信者
太平洋諸島の島民

時代と場所
19世紀後期、太平洋諸島

前史
植民地時代以前 メラネシア、ミクロネシア、ニューギニアの諸部族は、神々や祖先の霊を対象とするさまざまな信仰を持つ。

1790年代 最初のキリスト教宣教師が太平洋諸島に到着する。

後史
1945年 植民地のニュース雑誌『パシフィック・アイランド・マンスリー』で、「カーゴ・カルト」という表現が初めて使われ、人類学者ルーシー・メアによって広められる。

1950年代 バヌアツ共和国のタンナ島民が、イギリス女王エリザベス2世の夫フィリップ王を崇拝し始める。フィリップ王がジョン・フラムの兄弟であり、「外国で影響力のある女性と結婚した」と信じたためである。

19世紀になると、西洋との貿易や、西洋諸国による植民地化によって、太平洋諸島に大量の近代的な物品が持ち込まれるようになった。このことは、キリスト教宣教師の努力に反して、先住民の信仰体系に予期せぬ影響を与えた。島民たちは、この物質的な富(西洋の貿易商人の「積み荷」)が超自然世界から来たものだと信じるようになったのである。彼らは、その積荷は彼らの先祖の霊からの贈り物であり、それがこれまで白人により奪われていたのだと考えた。

彼らは、先祖や神々を宗教的儀礼でなだめることによって、積み荷が自分たちに返還され、西洋人が島から追い出されるような「黄金時代」が訪れると信じていた。

このような信仰を持つ人々が、メラネシアやニューギニアの一部に現れ、航空輸送の増加した1930年代に急増した。そして第二次世界大戦のために、アメリカ軍と日本軍がこれらの島々を基地とし、大量の装備品を運び込むようになると、更に信仰者が増加した。バヌアツ共和国タンナ島でこのようなカルトの崇拝対象とされているジョン・フラムは、アメリカ兵の姿で描かれることが多い。信仰者は、物品を運んでくる人々の気を引くため、しばしば旗や軍服を用いて軍事演習を模倣するという、特別な儀礼を発展させた。そして更に、波止場や滑走路、時には、実寸大の航空機の模型を作った。

カーゴ・カルトは、現在も太平洋諸島のごく一部に残っているが、西洋文化の影響が広まったことで、大部分の島々では消滅した。■

ジョン・フラムの信仰者が、大量の荷物を積んだ軍用艦艇を引き寄せるため、武器の模型を使って「演習」を行っている。「ジョン・フラム」という名は、「アメリカから来たジョン」(John from America)に由来するという説がある。

参照: 世界を理解する 20-23 ■ 社会的ホーリネスと福音主義 239
■ アフリカ起源のサンテリア 304-305

すべての宗教は同等である
カオダイ教は全信仰の統合を目指す

背景

主要人物
ゴ・ヴァン・チェウ

時代と場所
1926年より、ヴェトナム

前史
紀元前6世紀 中国で孔子が道徳、尊敬、誠意、正義に関する哲学を説く。

紀元前3世紀 インドでガウタマ・シッダールタによって創始された仏教が、中国に広まる。

1世紀 カオダイ教で聖者として崇拝されることとなるイエス・キリストが、人類に対する神の意図を実現させるために地上に再来することを約束する。

6世紀 ムハンマドがコーランを受け取り、モーセとイエスに与えられた啓示に取って代わるものだと述べる。

後史
1975年 ヴェトナムで共産主義政権がカオダイ教を禁止する。

1997年 カオダイ教がヴェトナム政府により正式に認められる。

1920年、ヴェトナム人の官吏ゴ・ヴァン・チェウは、降霊会の最中に彼の前に神が現れ、全世界の宗教を一つにまとめる時が来たと告げたと述べた。神は自らをカオダイ(「高台」、「祭壇」)と呼んだ。そして、自分は過去に2回、預言者たちを通じて啓示と救済をもたらしたと述べた。それによって世界中の主な宗教が興ったのだと、神は言う。今回、3回目の啓示を授けるに当たり、降霊会中のゴ・ヴァン・チェウを選んだのだと、神は述べた。ゴ・ヴァン・チェウは、同様の啓示を受けた人々と共に、大道三期普度教(「三度目の啓示と救済の宗教」の意味、一般的にはカオダイ教と呼ばれる)を創設した。

カオダイ教は、複数の宗教(特に仏教と儒教)の要素を組み合わせ、世界中の主な信仰の預言者たちを崇拝する(その中にはジャンヌ・ダルク、シェイクスピア、ヴィクトル・ユーゴー、孫文といった意外な人物も含まれる)。世界中の信仰を一つにまとめ、敵意へとつながる宗教上の相違を取り除くことで、カオダイ教は世界平和を目指している。このような目的を掲げているにもかかわらず、カオダイ教は、20世紀半ばにヴェトナム独立運動に関わり、フランス植民地主義、そして共産主義に対する、政治的・軍事的抵抗に加わった。■

> 宗教の多様性のために、
> 人類は時に
> 仲良く暮らすことができなくなる。
> だから私は、
> 全ての宗教を
> 一つにまとめることとした。
> **ゴ・ヴァン・チェウへの啓示**

参照：神を意識する 122-23 ■ 全世界へのイエスのメッセージ 204-207 ■ アフマディーヤの起源 284-85 ■ バハーイー教の啓示 308-309

私にとって真実であることが真理である
すべての信仰を受け入れる信仰

背景

主な動き
ユニテリアン・ユニヴァーサリズム

時代と場所
1961年より、アメリカ合衆国とカナダ

前史

紀元前6世紀 孔子が、徳は天から与えられるものではなく、自分で養うものであると主張する。

1世紀 イエスが、神の国はイエスを受け入れるすべての人々に開かれていると述べ、自らを「選民」であると考えるユダヤ教徒を怒らせる。

16世紀 プロテスタントにおいては、ローマの権威ではなく宗教的内省が重要であるとされる。

19世紀 すべての人に開かれた、「万人救済論」を掲げる新しい宗教の一つとして、バハーイー教が現れる。

20世紀 すべての宗教は同等であるという原則に基づいて、カオダイ教が設立される。

1961年、19世紀に創設された2つの組織（アメリカ・ユニバーサリスト教会とアメリカ・ユニテリアン協会）が合併して、ユニテリアン・ユニヴァーサリスト協会（UUA）が成立した。全体としてキリスト教の伝統を汲み、中には実際にキリスト教信仰を持つ会員もいるものの、UUAは「信条、教義を規定せず、個人の信仰の自由を認める宗教」であることを目標としている。会員は、人生には霊的・宗教的側面が必要であると考えており、人は世界中のあらゆる宗教から学ぶことができると信じている。彼らは神性を持つ存在や死後の救済を信じるのではなく、ヒューマニストとして、この世の真理と意味を追求することに重きを置いている。そのため、不可知論者、更には無神論者の会員もいる。

ユニテリアン・ユニヴァーサリスト協会においては、個人的な経験、良心、理性が信仰の土台となる。したがって、あらゆる人間の意見や信条が、尊重されるべきだと考えられている。

この尊重の理念は、UUAの原理と「7原則」の基盤となっている。7原則とは、各個人の固有の価値と尊厳、人間関係における正義と公平と思いやり、互いを受け入れて互いの精神面での成長を促すこと、自由にかつ責任を持って真理と意味を追求すること、良心的判断の権利を認め集会や社会で民主的手法を用いること、世界共同体を目指すこと、この世に生きるものすべてが互いに支え合って共存することへの尊重、である。■

> 精神の自由は、
> すべての自由の始まりである。
> **クリントン・リー・スコット**

参照： 神を意識する 122-23 ■ なぜ祈りは通じるのか 246-47 ■ バハーイー教の啓示 308-309 ■ カオダイ教は全信仰の統合を目指す 312

宗教・宗派解説

宗教解説

西洋において無神論が広まったにもかかわらず、何らかの宗教を信仰している人々の数は、世界的に見ると増加している。キリスト教とイスラム教は、どちらも熱心な布教活動を行う宗教で、現在ではその2つの宗教の信者を合計すると、世界の全人口の半分以上に及ぶ。ヒンドゥー教などの他の宗教もまた、21世紀になった今も信者数を増やしている。宗教が拡大を続ける理由は多岐に渡り、たとえば、信者による布教活動、人口増加、原始宗教や他の土着の宗教が勢力を失う際に生じる「信仰の空白」を埋める必要性、などが挙げられる。具体的には、アフリカでは多くの人々が伝統的な宗教を捨ててキリスト教徒となったが、その一方で、ヨーロッパでは、キリスト教への不満や東洋思想への関心が高まったことで、仏教や他の東洋の宗教が盛んになる、といった状況が生じた。

本書で取り上げた世界の主な宗教

宗教名	成立	開祖	神	信者数
イスラム教	サウジアラビア、7世紀	ムハンマド（最後の預言者）	一神教、アッラー	15億人
カオダイ教	ベトナム、1926年	ゴ・ヴァン・チェウ	一神教、他の信仰（仏教、道教、キリスト教を含む）の創始者を崇拝する	800万人
キリスト教	ユダヤ、30年頃	イエス・キリスト	一神教、三位一体（父・息子・聖霊）の形をとる	22億人
サンテリア	キューバ、16〜18世紀	なし（混淆宗教）	400以上の神々	300万〜400万人
シク教	インドのパンジャブ、1500年	グル・ナーナク	一神教	2300万人
ジャイナ教	インド、紀元前550年頃	マハーヴィーラ	無神教、ただしいくつかの神聖な存在を崇拝する	400万人

宗教・宗派解説

宗教名	成立	開祖	神	信者数
儒教	中国、紀元前6～前5世紀	孔子	無神教、ただし万物の根源としての太極の思想もある	500万～600万人
神道	日本、先史時代	先住民	多くの「カミ」	300万～400万人
ゾロアスター教	ペルシア、紀元前1200年頃	ザラスシュトラ	一神教（アフラ・マズダー）、ただし二元論を奉じる	20万人
天理教	日本、1838年	中山みき	親神	100万人
道教	中国、紀元前	老子	道（タオ）がすべてを司る	2000万人
バハーイー教	ペルシアのテヘラン、1863年	バハーオッラー	一神教、さまざまな宗教を通して啓示を授ける	500万～700万人
ヒンドゥー教	インド、先史時代	先住民	多神教、1つの究極の真理が多くの神の形で現れると考える	9億人
仏教	インド北東部、紀元前520年頃	ガウタマ・シッダールタ（釈迦、ブッダ）	上座部（テーラワーダ）仏教は非有神論、大乗仏教ではブッダと菩薩に祈りを捧げる	5億人
末日聖徒イエス・キリスト教会（モルモン教）	アメリカ合衆国ニューヨーク、1830年	ジョセフ・スミス・ジュニア	3つの聖なる存在（父なる神、息子イエス・キリスト、聖霊）	1300万人
ユダヤ教	イスラエル、紀元前2000年頃	アブラハム、モーセ	一神教、ヤハウェ	1500万人

ヒンドゥー教の宗派

ヒンドゥー教は、3000年以上前にインダス川流域（パキスタンとインド北西部）で成立した宗教であると考えられている。現在では10億人近くの信者がおり、そのほとんどがインドに集中している。ヒンドゥー教徒は「最高神」を崇拝するが、その神をどう呼ぶかは宗派によって異なる。主な宗派としては、ヴィシュヌを神とするヴィシュヌ派、シヴァを崇拝するシヴァ派、大女神のシャクティ（力）を崇めるシャクティ派、特定の神のみに崇拝を限定しないスマールタ派の4つが挙げられる。この4つの宗派とそれ以外の宗派は、多くの教義を共有している。また、ヒンドゥー教の聖典は共通してヴェーダであり、教義の中心には、生・死・再生の繰り返しに対して、個人の行動が影響を与えるという考え方がある。

ヴィシュヌ派
紀元前600年頃、インド

ヴィシュヌ派はヒンドゥー教最大の宗派であり、ヴィシュヌを最高神として崇める。ヴィシュヌは宇宙の救済者と見なされ、ヴィシュヌの持つ神聖な慈悲は至上のものとされている。ヴィシュヌは、彼のへそにある蓮の花に座っている創造主ブラフマンに命を与え、ブラフマンが創造するすべてのものを支え、守ると言われている。ヴィシュヌは、その化身であるラーマとクリシュナという姿でも崇拝されている。ヴィシュヌ派の信者は、理論上の教義よりも献身的信愛を重視する。ヴィシュヌ派の最終的な目標は、生と死の繰り返しから離脱することであり、ヴィシュヌの元に魂として存在することである。

シヴァ派
紀元前600年頃、インド

ヒンドゥー教の4大宗派の1つであるシヴァ派においては、シヴァが最高神とされる。ヒンドゥー教の教義の中心には、さまざまな二元性が、高位の神によって統合されるという考え方がある。シヴァ派においては、他の宗派の神々にはできない、対立するものの統合を、シヴァが実現するのだと信じられている。シヴァは、生と死、時間と永遠、破壊と創造といった多くの二元性を抱いており、自身もさまざまな姿で現れる。踊りの神ナタラージャとしての姿が有名で、宇宙を破壊した後に、火（破壊の象徴）と太鼓（創造の始まりに鳴る最初の音）を持って再生の踊りを踊る。シヴァ派には多くの分派が存在し、インド、ネパール、スリランカで信仰されている。更には、インドネシアやマレーシアにまで、その影響が見られる。

シャクティ派
5世紀、インド

シャクティ派は、ヒンドゥー教の主な宗派の一つである。ヒンドゥー教の教えによれば、シャクティは創造を行い、創造を支える神聖な力であるとされる。シャクティを体現する大女神（マハデーヴィー、デーヴィー）を崇拝する人々をシャクティ派と呼ぶ（100ページ参照）。インドにおいて女神崇拝が始まったのはインダス文明の時期であるが、シャクティ派が組織化されたのは5世紀であったと考えられる。シャクティ崇拝において崇められる女神は、さまざまな名前と姿を持つ（恐ろしい姿、怒りに満ちた姿、慈悲深い姿、素朴な姿など）が、それらはすべて、一つの神聖な力の表れであると見なされる。聖典としては、ヴェーダに加えて、シャークタ・アーガマ、プラーナがある。ヨーガ、プージャー、タントラを通じ、女神に近づこうとする信者もいる。

ダルシャナ
2～13世紀、インド

ヒンドゥー教には、ヴィシュヌ派、シヴァ派、シャクティ派のように神を崇拝する宗派がある一方で、神ではなく哲学に焦点を当てたダルシャナと呼ばれる6つの学派（六派哲学）が存在する。これらの学派においては、ブラフマンという究極の真理が中心に据えられている。ブラフマンは真理であると同時に深遠な「自己」でもあり、輪廻転生からの解脱のためには、ブラフマンを知ることが必要であるとされる。ダルシャナは、インドの古い聖典を用いており、学派ごとに異なる領域につ

いて思索を行っている。その6つの学派は、サーンキヤ学派（宇宙論）、ヨーガ学派（人間の本性）、ヴァイシェーシカ学派（自然哲学）、ニヤーヤ学派（論理学）、ミーマーンサー学派（祭式）、ヴェーダーンタ学派（形而上学、究極目的）である。

スマールタ派
9世紀、インド

ヒンドゥー教の4大宗派の一つであるスマールタ派の「スマールタ」という名前は、サンスクリット語の「スムリティ」（ヒンドゥー教の伝承聖典を指す）に由来する。この宗派は正統派と見なされ、不二一元論（自己とブラフマンの統一を提起）とアディ・シャンカラ（9世紀に不二一元論を提唱したとされる哲学僧）の教えを基盤としている。信者は、古い経典に記された行動規範を守る。そして、最高神のあらゆる化身（シヴァ、シャクティ、ヴィシュヌ、ガネーシャ、ヴィーリヤなど）を崇拝することから、自由主義で無宗派的であると見なされている。

リンガーヤット派
12世紀、インド南部

「リンガーヤット」という名前は、リンガ（シヴァ神の象徴とされる物体で、信者が首にかけている）に由来する。この宗派は、12世紀にインド南部で、教師であり宗教改革者であったバサヴァによって創設されたと考えられている。リンガーヤット派の特徴は、唯一神としてシヴァを崇拝していることで、彼らの信じるところでは、シヴァと自己とは同一のものとされる。彼らは聖職者階級と聖典ヴェーダの権威を否定し、社会の平等と改革を唱えた。今もインド南部に信者が多い。

スワミナラヤン派
19世紀初期、インド西部

スワミナラヤン派は、ヒンドゥー教の他の宗派における堕落を受けて、19世紀初頭に、宗教改革者スワミナラヤンによって創設された。この宗派における儀礼、法、慣例、祈りは、ヒンドゥー教の伝統とスワミナラヤンの教えに基づいている。それらの道徳的・宗教的規範に従うことで信者が目指すのは、理想的な信者となって最終的に救いを得ることである。この宗派は、世界中に数百万人の信者を擁している。

ブラーフマ・サマージ
1828年、インドのカルカッタ

1828年にラーム・モーハン・ローイがカルカッタでブラーフマ・サマージ（ブランモ協会）を設立し、ヒンドゥー教の改革運動を提唱した。これはヒンドゥー教を近代に合わせて再解釈することを目的とする運動である。この運動が正統派のヒンドゥー教と異なる点は、普遍的で無限の唯一神を崇拝する点である。この宗派では、ヴェーダ（94～99ページ参照）の権威を否定し、また、場合によっては、アヴァターラ（神の化身）や業（ごう：過去の行為の影響）という考え方を退ける。この運動の重要な特徴の一つは社会改革で、ベンガル、インド、バングラディシュに信者を擁する。

アーリヤ・サマージ
1875年、インド

アーリヤ・サマージは、ダヤーナンダ・サラスヴァティーによって始められた近代の宗教的・社会的改革運動である。ダヤーナンダは宗教指導者で、古くから伝わるヒンドゥー教の聖典ヴェーダ（94～99ページ参照）が絶対的権威を持っていることを改めて主張した。19世紀後半に、彼は多くの学校をインド各地に建て、ヴェーダの文化を教えた。同様の試みは現在も続いており、大学や孤児院の建設、社会改革及び不正・貧困の撲滅を目指す活動が行われている。この宗派はカースト制度に反対しているが、同時に、他の宗教に対して不寛容でもあり、その点に関して批判を受けている。アーリヤ・サマージは、業や輪廻転生といった概念を支持しており、また、人生の重要な局面において行われる儀礼を宗教の中心と見なす。この宗派は、インド北部及び西部に多くの信者を持つ。

サティヤ・サイ・ババ・ソサエティー
1950年代、インド

サティヤ・ナーラーヤナ・ラージュ（1926年～2011年）は、数多くの奇跡を行った人物だとされている。彼は14歳のときにサソリに刺されて失神し、目覚めた際に、自分は霊的指導者であったシルディ・サイ・ババの生まれ変わりであると述べた。そしてそれ以降、サティヤ・サイ・ババの名を用いた。1950年代に奇跡を行って見せたことで、彼の名声が高まる。数百万人の信奉者を集め、真実（サティヤ）、義務（ダルマ）、平安（シャーンティ）、神の愛（プレーマ）という4つの原則を説いた。他の多くのヒンドゥー教徒と異なり、サイ・ババは、社会的な階層ごとに特定の義務を当てはめるということはせず、すべての人が平等であると主張した。

仏教の宗派

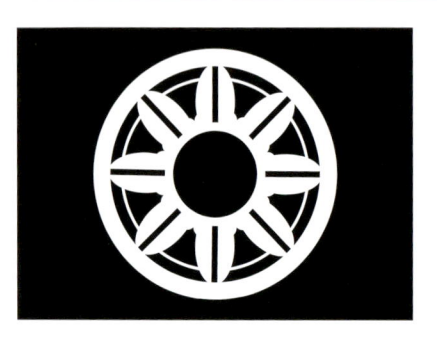

仏教は今日、世界中のさまざまな地域で信仰されている。その起源は、2500年以上前のインド北部において釈迦(ガウタマ・シッダールタ)が説いた教えにある。仏教はヒンドゥー教を母胎として、深遠な哲学と高度に抽象的な宗教文献が続々と生み出された時代に誕生した。それは思想的ではあるが、神々の信仰や教理には服さない実践であった。仏教の目標は、個人を悟りの道に導くこと、つまり、世俗的自我から霊的に解放することである。釈迦自身、この目標を達成するために有効なあらゆる手立てを尽くして教えを説いた。仏教が地理的に拡大するにつれ、実践の多様化が進み、ローカルな信仰や礼拝の形態への適応を遂げていった。今日の仏教には、禁欲的な修行に専念するものから高度に儀礼的なものまで、いくつもの形態がある。

テーラワーダ仏教
紀元前6世紀、インド北部

仏教の二大宗派はテーラワーダ(上座部)仏教と大乗仏教である。テーラワーダ仏教はブッダ(目覚めた人)となった釈迦の教え、すなわちダルマ(法)に最も近いと一般的に認められているが、今日ではスリランカ、タイ、ラオス、カンボジア、ミャンマーで実践されている。テーラワーダの最重要な特徴は、修行者の共同体であるサンガ(僧伽)にある。修行僧(基本的に男性であるが、女性も見られる)はわずかの物しか所有せず、質素な暮らしをする。八正道を実践し、五戒を守り(136〜147ページ参照)、托鉢してパーリ仏典にある法を説く。最重要の行は瞑想であり、自己の思いを空しくして涅槃(完全な悟り)に近づこうとする。完全な出家が理想であるが、俗人が一時的に出家する道も開かれている。在家の者たちは出家修行僧の禁欲修行を、たとえば食糧の提供を通じて助ける。托鉢僧への供養と引き換えに、彼らは祝福と教えを受けることができる。

大乗仏教
紀元前3〜2世紀、インド北部

テーラワーダ(上座部)と並ぶ大宗派であるマハーヤーナ(大乗)仏教は、今日、チベット、中国、韓国、日本を含む東アジア地域に広まっている。テーラワーダでは完全な悟りは世界からの離脱を意味するとされているが、大乗の解釈によれば、ブッダ(釈迦)はこの世界に永遠に留まり、他者(生き物たち)の悟りを導き続けている。大乗仏教徒は、他者が霊的に成長するのを助けることにこそ悟りの意義があると考える。釈迦ばかりではなく、あらゆる衆生がブッダになる可能性をもっているとされ、涅槃に近いところまで修行を続けている者たちを、菩薩(菩提薩埵、ボーディサットヴァ)として尊崇する。尊崇される菩薩は慈悲の中に生きるのみならず、布施(施し与えること)、持戒(戒律を守ること)、忍辱(苦難に耐えること)、精進(たゆまぬ実践)、禅定(瞑想)、智慧(般若とも呼ばれる空の認識)の六つの行(六波羅蜜)を徹底して実践する(155ページ参照)。

密教
7世紀、インド

密教は英語ではしばしばTantric Buddhism(タントラ仏教)と呼ばれる。タントラはスートラ(経)と並ぶ経典であり、他の仏教宗派の実践法よりも速やかにブッダの本性(仏性)を顕すという密教技法を記した文献である。そうした技法には儀礼、瞑想、マンダラ(曼荼羅)と呼ばれる図像、さらには呪法も含まれる。密教経典は、人間のブッダとしての本性を構成する要素である、生存のあらゆる様態や感情の間に調和を図ることを目指す。

密教では、(浄土信仰の阿弥陀仏などを含む)無数のブッダや菩薩を信仰する。そうしたブッダや菩薩は、仏性の顕れなのである。今日、密教の宗派はチベット、インド、ネパール、ブータン、中国、日本に見られる(日本では空海が開いた真言宗と最澄が開いた天台宗が密教を行っている)。

宗教・宗派解説

チベット仏教
7世紀、チベット

7世紀頃、インド僧によりチベットに仏教が伝わった。大乗仏教の密教の伝統に属するが、僧の位階制や、師僧の尊崇やさまざまなマンダラ（曼荼羅）の使用を含む独特な実践形態など、独自の発展が極めて多く見られる。

チベット仏教の最も際立った特徴は、ラマと呼ばれる霊的指導者の指名の仕組みである。高僧は際立った尊崇を集め、前世においても霊的指導者であったと信じられている者もある。継承は輪廻転生の原理に基づく。ラマが死を迎えようとするときに提示した特徴に最も合致した子供が探し出され、その生まれ変わりとされる。

浄土信仰
7世紀、中国

インドに起源をもつ無量寿経や阿弥陀経などの浄土経典の記述に基づき、浄土への往生の信仰を発展させたのは、中国の仏教徒であった。今日、中国や日本においていくつかの浄土系の宗派が存在している（たとえば日本では、法然が開いた浄土宗、親鸞が開いた浄土真宗がよく知られている）。浄土信仰では、極楽世界と呼ばれる浄土の教主である阿弥陀仏の救いを信じる。阿弥陀とは、無限の寿命をもつ者（無量寿）と訳されるアミターユス、および無限の光明をもつ者（無量光）と訳されるアミターバを合わせた呼び名である。浄土信仰では、阿弥陀を念じるさまざまな行を通じて浄土へ往生し、そこで解脱できるよう願う。特に「南無阿弥陀仏」の念仏を唱えることが奨励され、さらに、信者の自力の行の根源に、超越的な他力の働きを見る思想が生まれた。

禅
7世紀、中国

インド仏教の瞑想法を引き継ぎ、中国で禅（チャン）として大成した修行の伝統は、日本（六世紀に仏教が伝来している）にも伝わり、中世以降、日本独自の禅（ぜん）として発展した。英語圏では日本語のゼンとして広まっているが、中国仏教に由来するベトナムや韓国の仏教にも同様の伝統がある。禅は瞑想を行い、悟りの達成を目指し、経典の字面よりも体験を重視し、人間存在が万有と等しく、あらゆる事象と同一化できることを説く。

禅の実践者にとっては、身体的にも、知的にも、霊的にも、人生のあらゆる局面に禅が浸透している。詩文を詠んだり、ミニマリズム風の石庭を作ったりすることのうちに、禅が表現されるともされる。著名な宗派は、臨済宗と道元の名と共に知られる曹洞宗である。

法華信仰
13世紀、日本

法華経（妙法蓮華経）は1世紀頃にインドで編纂された大乗仏典であり、あらゆる衆生の成仏と、菩薩の実践、釈迦の永遠のブッダとしての相を強調する。6世紀の智顗（中国天台宗の創始者）や9世紀の最澄（日本天台宗の創始者）は、法華経を重視した。13世紀に日本の日蓮は、法華経の至高の霊的パワーへの情熱的な信仰を提唱する宗派（日蓮宗）を開いた。日蓮は信者たちに「南無妙法蓮華経」と法華経の題目を唱えるように説いた。彼は他の仏教宗派をすべて退け、法華経の学習のみがブッダへの道であるとした。

日蓮系の仏教は今日でも日本で大きな勢力を保っており、日蓮の信仰をベースとする新宗教教団もたくさんある。それらの中には霊友会、立正佼成会、創価学会などが含まれるが、西欧ではとくに創価学会の活動がよく知られている（335ページ参照）。創価学会は1930年代に牧口常三郎と戸田城聖により日蓮仏教による教育を目指す団体として出発し、戦時下の弾圧の後、戦後に戸田が創価学会の名のもとに在家の宗教団体として再組織した。

トリラトナ・ブッディスト・コミュニティー
1967年、英国

英国生まれの仏僧、サンガラクシタがひらいたトリラトナ・ブッディスト・コミュニティーは、その前身をフレンズ・オブ・ザ・ウェスタン・ブッディスト・オーダー（FWBO）と称した。サンガラクシタはインドで学んだ後、英国に戻り、1967年に、仏教の根本の教えを現代西洋人の生活に生かすための運動を起こした。受戒者が会員となるが、出家生活を送るか在家で活動するかは各自で選択できる。基本の信条は、仏法僧（ブッダ〔仏〕、ダンマ〔教え〕、サンガ〔修行者共同体〕）の三宝（トリラトナ）への帰依、仏性の実現の理想といった伝統的な教えである。いずれも戒律と学習と信仰のバランスを図るものとされている。同コミュニティーはヨーロッパ、北米、オーストラリア・ニュージランド圏の諸団体と協力関係にある。

ユダヤ教の宗派

ユダヤ教はユダヤ人の奉じる宗教である。その始まりは紀元前2000年にまでさかのぼることができ、中東に起源を持つ三大一神教の中で最古のものである（残りの2つはキリスト教とイスラム教）。イスラエル人の祖と呼ばれ、法を記した板を神から授かったとされるモーセによると、ユダヤ人は神に選ばれた民族で、トーラー（律法）という形で神の導きを得たという。ユダヤ人は、その歴史の大部分において故郷を追われて生きることとなった。今日でも、イスラエル以外の場所にもユダヤ教徒が存在し、ユダヤ教は広範囲で信仰されている。ユダヤ人は、自らの信仰についてそれぞれに異なる解釈を行っており、信仰上及びその実践の際に、トーラーや口伝律法をどの程度重視するかには個人差がある。

正統派ユダヤ教
紀元前13世紀頃、カナン

正統派ユダヤ教徒は、3000年前にカナンで発展し、モーセの時代に実践されてきた伝統を受け継ぐ者だと自らを見なしている。正統派は単純な一つの流れではなく、核となる信仰を共有する多くの宗派の集まりである。その信仰の核とは、トーラー（ヘブライ語聖書の巻頭の5冊、律法）が実際に神の言葉であり、人生のあらゆる側面に関する導きを与えてくれると信じることである。中世の頃から、正統派は、中央・東ヨーロッパに深く根付いており、彼ら東欧系ユダヤ人はアシュケナジムと呼ばれる。ユダヤ人は何世紀にもわたって迫害され、しばしばゲットーに入れられた。ホロコーストの際には、ヨーロッパの何百万人もの正統派ユダヤ教徒が殺された。第二次世界大戦後、多くのユダヤ人がアメリカへと渡り、更に、1948年に正統派ユダヤ教を国教とするイスラエル国が建国されると、今度はそちらへと移っていった。現在、ユダヤ教徒の50パーセント以上が、自分は正統派であると考えている。

セファルディム
紀元前10世紀、イベリア

セファルディムとは、紀元前10世紀という早い時期からイベリア（現在のポルトガルとスペイン）に住んでいたユダヤ人と、その子孫とを指す。制約のある状況下ではあったが、イベリアのユダヤ人は、何世紀にもわたってキリスト教徒と、そしてイスラム教徒と平和に共存していた。しかし、キリスト教徒が1492年にスペインを、そして1497年にポルトガルを征服した後、キリスト教への改宗を拒んだセファルディムは、キリスト教徒によってイベリアを追われた。彼らは、北アフリカ、イタリア、フランス、イギリス、オランダ、オスマン帝国、そしてアメリカ大陸にまで渡った。今日も、イスラエル、フランス、メキシコ、アメリカ合衆国、カナダに、活発なセファルディムの共同体が存在する。セファルディムの信仰は、多くの部分が正統派アシュケナジムの人々の信仰と同じであるが、神秘主義的な側面により重点が置かれている。また、言語、食事、祝日、祈り、礼拝といった文化や信仰の実践において、彼ら独自の特徴が見られる。

ハシディズム
1740年頃、メジュビジュ（現在のウクライナ）

ハシディズム（敬虔主義運動）は、正統派ユダヤ教の分派で、神との神秘的な関係を重視する。ハシディズムの信者は、トーラーは神YHWH（ヤハウェ）の言葉に由来すると信じる。厳格な信者は、世間から身を退き、神に近づくために瞑想し、祈り、トーラーを学ぶ。ハシディズムの信仰の核となる教えは、神が宇宙の中心であり無限の存在だということである。

新正統主義ユダヤ教
19世紀後期、ドイツ

新正統主義（ネオ・オーソドックス）ユダヤ教の運動は、19世紀後半、西洋でのユダヤ人迫害から生まれた。正統派の共同体に逃げ込むことも、正統派を全面的に拒絶することもしたくない人々にとって、新正統主義はその両極端の中間の立ち位置となった。彼らは、トーラーの教えを守りながら、同時に、現代の社会で求められることに適応しようと努力している。新正統主

義は、ユダヤ人が、ユダヤ人以外の人々と対立することは、致命的だと考えている。

改革派ユダヤ教
1885年、アメリカ合衆国ペンシルヴァニア州ピッツバーグ

西ヨーロッパや北アメリカに多くの信者を持つ改革派ユダヤ教は、典礼や礼拝を近代化しようとする、19世紀のヨーロッパで興った活動を起源とする。改革派ユダヤ教においては、一般的に、トーラーは実際の神の言葉ではなく、神に導かれた多くの書き手によって書かれたものだと考える。彼らは、自らの信仰やその実践を現代の生活様式に適合させているため、正統派ユダヤ教ほど厳格ではない。たとえば、改革派ユダヤ教では、食事に関する伝統的な規則の多くが放棄され、また、女性のラビを認めるなどの新しいしきたりが導入されている。

保守派ユダヤ教
1887年、アメリカ合衆国ニューヨーク市

多くのユダヤ人は、19世紀後半の改革運動は、彼らの信仰の伝統的な教義を否定し過ぎるものであると感じていた。その結果、1887年に、ヘブライ語聖書やタルムードといったユダヤ教の伝統的知識を守る宗派を立ち上げるべく、ユダヤ教神学院が設立された。その創設者たちは、保守派、マーソルティ、などと呼ばれ、トーラーとタルムードは神から与えられたものであるという立場をとり、それらの法を守らなくてはならないと主張する。しかしそれらの解釈に関しては、正統派と比べて、より多くの自由裁量がラビに与えられた。保守派のラビが行った判断の多くは、正統派ユダヤ教に退けられているが、特にアメリカ合衆国において、保守派は強い支持を得ている。

ジューイッシュ・サイエンス
1920年代、アメリカ合衆国オハイオ州シンシナティ

ジューイッシュ・サイエンスは、1920年代前半、アメリカ合衆国において、アルフレッド・G・モーゼズ、モリス・リキテンスタイン、テヒラ・リキテンスタインによって開始された。これは、19世紀末にメリー・ベーカー・エディによって創始されたクリスチャン・サイエンスの影響力が強まってきたことを受けて生まれたと見なされることが多い。ジューイッシュ・サイエンスの信奉者は、個人的な満足感や、自身及び他者に対する肯定的な考え方を身に付けるべきだとされる。そして、神は、父親的な存在ではなく、全宇宙に存在する力であり、健康を与え、支えるものだと見なされる。自助に努めること、視覚的に思い描くこと、肯定的な祈りを捧げること（肯定的な結果に焦点を当てて祈ること）が教義の中心で、それによって身体面・精神面での幸福が促進されると信じられている。ジューイッシュ・サイエンスでは、クリスチャン・サイエンスと違って、現代医学を受け入れており、通常の治療を受けることは認められている。

再建派ユダヤ教
1920年代・-1940年代、アメリカ合衆国ニューヨーク市

再建派は、リトアニア生まれのアメリカ人モルデカイ・カプランによって創設された。彼は、ユダヤ教の進歩的な実践法を提案し、それこそが現代社会における適切な信仰であると説いた。再建派では、トーラーの法は、ユダヤ人または人類全体にとって明らかに有益な結果をもたらすときにのみ有効であると考える。そのため、彼らは、法を常に再解釈し続けなくてはならない。再建派ユダヤ教において実現された変化のいくつかは、極めて急進的である。たとえば、彼らの安息日の祈禱書では、ユダヤ人を「選ばれた民族」としておらず、メシアの到来を待ち望む趣旨の記述もない。彼らはそのような教義を排し、その代わりに、善い人々の住む、すべての人にとって良い世界を作り上げる努力をすべきだと主張している。

ヒューマニスティック・ジュダイズム
1963年、アメリカ合衆国ミシガン州

ラビであったシャーウィン・T・ワインは、1960年代にアメリカ合衆国においてヒューマニスティック・ジュダイズムを設立した。その目的は、無信仰のユダヤ人に対して、伝統的な宗教の代わりに、神信仰を離れたユダヤ教を提供することであった。ヒューマニスティック・ジュダイズムにおいては、ユダヤ教とは、神によらずユダヤ人によって作り上げられた民族的文化であると考える。伝統的にユダヤ教の基盤となっている人道主義的・平等主義的思想は、ユダヤ民族の文化を中心に据えたヒューマニスティック・ジュダイズムにも受け継がれている。したがって、神の礼拝を離れた儀礼や式典は、ユダヤ人であるか否かにかかわらず、性別や性的志向も関係なく、すべての人々に開かれている。礼拝において神への言及が一切なくなったとしても、宗教行事に参加することは重要であると見なされる。宗教的な記述は、非宗教的なものへと書き改められた。ヒューマニスティック・ジュダイズムの信者は、神の権威が我々にどのような干渉を行うかについてではなく、自分の人生を作り上げるために、自ら決定し、自らを助け、自らの理性を用いることについて意識を集中させるべきであるとされる。

キリスト教の宗派

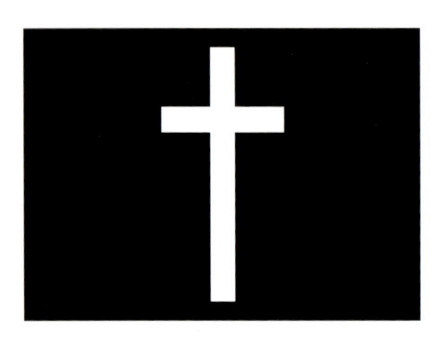

20億人以上の信者を有する世界最大の宗教であるキリスト教は、イエス・キリストの教え（新約聖書に含まれる4つの福音書にまとめられている）に基づいている。キリスト教はユダヤ教と共通の起源を持つ一神教である。しかし、キリスト教徒は、イエスこそが旧約聖書において約束されたメシアであると信じている。キリスト教は何世紀にもわたってヨーロッパで最も力を持つ宗教であり、15世紀にヨーロッパ列強によって行われた植民地化と共に世界に広まった。政治上・教義上の違いによって、キリスト教は1054年にカトリック教会と東方正教会に分裂し、更に、16世紀に始まった宗教改革によって多くの教派が登場した。

ローマ・カトリック教会
1世紀、イタリアのローマ

ローマ・カトリック教会は、キリスト教の最初の教会で、現在でも最大の教会である。その指導者である教皇は、1世紀にローマにおいて最初のキリスト教会を創設した聖ペテロの後継者であるとされている。この系譜によって、教皇がキリストの最初の弟子であるペテロと直接つながっていることとなり、教皇が特別な権力を持つことの根拠となっている。その権力ゆえに、キリスト教に関する重要な項目を定める際には、教皇の判断が絶対に正しいものとされている。

非カルケドン派正教会
3〜4世紀、各地

非カルケドン派正教会には、コプト正教会、及び、シリア、エチオピア、アルメニア（次の項目参照）の教会などが含まれ、それらの教会は、一つの見解を共有している。その見解とは、キリストは、単一の本性（不可分の神性と人性）を持っている、という考え方である。非カルケドン派正教会はすべて、その起源をキリスト教の極めて早い段階に求めることができる。コプト正教会は、3世紀に出現し、エジプトの国教となった。エチオピアの正教会は、340年にコプト正教会の分派として設立された。この教派にはユダヤ教の影響による習慣があり、たとえば、安息日を守り、割礼を行い、中東に起源を持つ食事の規則に従う。シリア正教会の信者は、シリア以外にも、トルコ南部、イラン、イラク、インドにも存在する。祈りの際にはシリア語が用いられ、その典礼は、全キリスト教会の中で最も豪華なものの一つとして知られている。

アルメニア教会
294年頃、アルメニアのエチミアジン

アルメニアは、キリスト教を国教とした最初の国である。3世紀後期に、聖グレゴリオスは統治者ティリダテス3世をキリスト教に改宗させた。アルメニア教会は、最初は東方正教会に近かったが、506年頃にキリストの性質の定義をめぐって、この二者の方向性は大きく変わった。アルメニア教会は非カルケドン派正教会の一派であり、非カルケドン派正教会と同様に、キリストは不可分の本性を持っていると考える。アルメニア教会は、5世紀に翻訳した聖書を用いて、自国の言語で礼拝を行う。この教派の教会は質素で、聖職者には2種類ある。（修道士にならないのであれば）叙階式の前に結婚しなくてはならない教区司祭と、主教になる可能性を持つ独身の聖職者である。

東方正教会
1054年、コンスタンティノープル（イスタンブール）

ヨーロッパ東部、バルカン諸島、西アジアの東方正教会は、1054年に西のローマ・カトリック教会と東の正教会とが分裂したことで生まれた。この分裂は、三位一体（212〜219ページ参照）に関する見解の相違によって起きた。それに加えて、西方の教会は人間の罪深い性質を強調する傾向があるのに対して、東方は人間の本質的な善性を強く意識する。また、西方が教義に重きを置く一方で、東方は礼拝をより重視している。正教会はすべて、カトリック教会と同様に7つの秘跡を行うが、秘跡を秘儀として取り扱う。正

宗教・宗派解説

教会は神秘性を信仰の基盤に置いており、正教会の礼拝儀礼も、その大部分は信徒の目に触れない場所で行われる。

ルター派
1520年代、ドイツ

ルター派教会の起源は、ドイツの宗教改革者マルティン・ルター（235ページ参照）である。ルター派は、16世紀及び17世紀に、ヨーロッパ北部に広まった。ルター派の信者は、聖書のみが教義を伝えるものであると考えており、人々は善行を積むことによってではなくイエス・キリストを信じることによって神に近づくことができると信じている。現在は約70のルター派教会があり、それらはすべてルター派世界連盟の傘下にある。

英国国教会
1534年、イギリスのロンドン

英国国教会は、16世紀にローマ・カトリック教会から分派した。ヘンリー8世がキャサリン・オブ・アラゴンと離婚したいと教皇に願い出たことをめぐって、宗教上・政治上の対立が生じたことが原因である。英国国教会は、初めのうちはカトリックの特徴を多く保持していたが、後にプロテスタントの宗教改革の影響を受けた。今日、英国国教会の信者には、簡素な礼拝を行う「福音主義」の人々に加えて、「アングロ・カトリック派」と呼ばれる手の込んだ儀礼を好む人々も含まれている。また、英国国教会は、世界中に30ほどの自治権を持った教会を有しており、それらによる世界連合は「アングリカン・コミュニオン（聖公会）」と呼ばれている。この教派では、聖書の重要性が信じられており、主教の系譜をたどれば途切れることなく12使徒まで続くと考えられている。また、

洗礼と聖餐（228ページ参照）という2つの秘跡が行われる。

メノナイト派
1540年代、オランダ

この教派を開いたオランダの牧師メノ・シモンズは、1536年にアナバプテスト（急進的な宗教改革集団）に参加していたカトリック教徒である。彼は、教会の改革、平和主義、成人のみの洗礼を主張していた。彼の信奉者はメノナイトと呼ばれるようになり、ヨーロッパ中に広がった。ドイツのメノナイトは、初期のアメリカ開拓移住に加わった。また、ロシアのメノナイトの多くは、第二次世界大戦後にアメリカ合衆国に移住した。今日では、メノナイトの大多数が北アメリカに住んでおり、聖書に基づいた信仰を守っている。彼らは、キリストが再び到来することを信じて、祈りを捧げ、神聖な生活を心がけている。宣教と救済活動は、彼らにとって非常に重要である。

長老派
16世紀、スコットランド

長老派は、フランスの神学者ジャン・カルヴァン（237ページ参照）といった16世紀の改革者たちに起源を持つ。カルヴァンは、予定説に関して影響力の強い思想を持っていたことに加えて、キリスト教徒を束ねるのは年長者であるべきだと考えていた。このような考え方は、スコットランドの教会の指導者たちにとって魅力的であった。彼らは、宗教活動への共同体レベルの参加を強く願っていたのである。長老派という名前は、彼らが司教制を排して長老制（牧師や信徒代表を長老とする）を採用したことに由来する。同様の経緯で、会衆派教会制が、特にイギリスにおいて発達した。アメリカに渡ったピルグリムファーザーズは、会衆派の人々であった。20世紀後期になると、長老派と会衆派の人々が世界改革教会連盟を設立する。この連盟においては、救済は神の贈り物であると見なされた。

バプテスト派
17世紀初期、オランダとイギリス

バプテスト派は、イギリスのプロテスタントから生まれた。そしてバプテスト派の最初の教会が、1612年にトマス・ヘルウィスによって設立された。バプテスト派の主要な教義としては、聖書を最優先すること、自分で信仰告白を行うことのできる成人の信者にのみ洗礼を施すことが挙げられる。バプテスト派の教会はアメリカ合衆国全土に広まり、特に黒人の共同体において人気を集めている。また、国際的に広く信者を集めており、今日、世界最大のキリスト教教派の一つである。

クエーカー派
1650年頃、イギリス

クエーカー派の運動は、17世紀にジョージ・フォックスを指導者として始まった。クエーカー（「震える者」）という名前は、フォックスが判事に対して、「神の名のために我が身が震えた」と言ったことに由来する。クエーカー派は職業的聖職者を置かず、秘跡を行わず、公的な礼拝を行わない。そして、友会徒（彼らは自らをそう呼んでいる）は、聖職者などの介入を必要とせずに直接神を崇拝することができるとされている。彼らはまた、戦争に反対し、法的な宣誓を拒絶する。クエーカー派は、さまざまな土地で迫害に遭ったものの、現在では、平和・刑務所改革・奴隷制度廃止を求める運動が評価され、称賛されている。現代のクエー

カー派の人々も、神との直接のつながりを重視しており、礼拝などでも神が信者に語らせるまで、全員で沈黙を守る。

アーミッシュ派
17世紀後期、スイス

アーミッシュ派は厳格なプロテスタントであり、メノナイト派の牧師ヤーコプ・アマンの指導によってスイスで生まれた。現在では信者のほとんどが、アメリカ合衆国東部に住んでいる。現存するアーミッシュの共同体の中で最も特徴的なのは、「オールド・オーダー」という共同体である。彼らは伝統的な衣服を身に付け、自動車などの文明を避け、自分たちで学校を運営し、公的な給付金を受け取るよりも自分たちで助け合うことを選ぶ。礼拝は自宅で行い、日曜礼拝も、順番に家を提供して、その家の家長が進行役を務める形で行われる。

モラヴィア兄弟団
1722年、ドイツのザクセン州

1722年、ドイツのニコラス・フォン・ツィンツェンドルフ伯爵は、ザクセン州の自らの領土内に共同体を作るため、モラヴィア(現在のチェコ共和国)出身のプロテスタントの人々を招き入れた。彼らは最初期に作られたプロテスタント共同体の出身で、1415年に杭にかけられて火刑とされた改革者ヤン・フスの信奉者であった。そして、ザクセンにおいてモラヴィア兄弟団と呼ばれるようになる。彼らの教会では、聖書を信仰とその実践の導きとしており、教義はあまり重視されない。信仰において重要とされる行為には、共同体で分け合う会食があり、愛餐と呼ばれる。彼らは布教活動を熱心に行うことで知られており、世界中に宣教師を送っている。

メソジスト派
1720年代〜1730年代、イギリス

メソジスト派は、18世紀にイギリスで、ジョン・ウェスレーによって創始された。現在では、イギリスにおけるキリスト教の4大教派の1つであり、世界中に7000万人以上の信者がいる。メソジスト派の人々は、キリスト教徒は聖書に書かれている「メソッド」(方法)に従って生きるべきだと考えており、聖書を重要視している。その一方で、儀礼には重要性をほぼ認めない。また、布教活動は非常に重要だと考えている。

シェーカー派
1758年頃、イギリス

シェーカー(「震える者」)という名前は、シェーカー派の信徒が経験する、宗教的な恍惚状態での震えに由来する。シェーカー派創始者であるアン・リーは、自分が女性のキリストであるという啓示を受けたと主張した。彼女と信奉者たちは、イギリスで迫害を受けたためアメリカに渡り、財産を共有し、独身生活を送った。19世紀には多くの信者を集めたが、20世紀になると人数が減り、現在ではごくわずかしか残っていない。しかし、その禁欲的な生活と、彼らが作り出した飾り気のない家具によって、現在も人々に尊敬されている。

ユニテリアン派
1774年、イギリス

ユニテリアン派は、三位一体(212〜219ページ参照)ではなく唯一の神を信じており、宗教的な教義よりも人間の経験に基づいた真理を求めている。ユニテリアン派の思想は16世紀にポーランド、ハンガリー、イギリスで現れたが、最初のユニテリアン派教会が設立されたのは、イギリスでは1774年、アメリカ合衆国では1781年であった。20世紀になって信者数は減ったものの、現在もアメリカ合衆国やヨーロッパでの集会には多くの人々が集まる。集会はそれぞれ独立しており、教会同士の上下関係はない。

モルモン教
1830年、アメリカ合衆国ニューヨーク

末日聖徒イエス・キリスト教会は、アメリカ人のジョセフ・スミスによって設立された。スミスは、天使の導きで、神の言葉が書かれた金の板を見つけたと述べた。彼はそれを翻訳して『モルモン書』(1830年)とした。『モルモン書』は、他のモルモン教の文献や聖書と共に、モルモン教の経典となった。スミスは更なる啓示を得て、その啓示に従って教会を指導する権利を主張した。その啓示の内容には、一夫多妻制を許すことや、すべての人々が神になる可能性を持つということが含まれていた。1844年にスミスが没すると、モルモン教徒は新しい指導者ブリガム・ヤングに従ってユタ州へと移る。ユタ州では今も、モルモン教の教会が強い影響力を持っている。

プリマス・ブレザレン
1831年、イギリスのプリマス

プリマス・ブレザレンは、当時のプロテスタント教会のセクト主義に反対し、より型にはまらない宗教を求めるキリスト教徒の集まりとして発足した。彼らは、すべての人々が信仰の前には平等であるべきだと信じていたため、聖職者制度を定めなかった。彼らは情熱的な伝道者で、普段の礼拝、聖

書の研究、布教活動に重きを置いていた。いくつかの神学的問題の解釈について、また、外部の人々に対する姿勢について意見が分かれたことで、1848年、開放派と閉鎖派とに分裂した。今日、プリマス・ブレザレン全体で、世界中に200万人の信者がいると考えられている。

キリスト・アデルフィアン派
1844年、アメリカ合衆国ヴァージニア州リッチモンド

キリスト・アデルフィアン派(「キリストの兄弟姉妹」という意味)という名前には、イエスに直接教えを受けた使徒たちの信仰に立ち返ろうという、創設者ジョン・トマス(イギリス人)の願いが込められている。トマスはキリスト教会がイエスの真の教えを歪めたと考えていたため、「キリスト教」という語を使わなかった。信者たちはイエスの教えに従っているが、三位一体の教義は退けた。そして、キリストの再来を心待ちにしている。キリスト・アデルフィアン派では聖職者制度を設けていない。また、信者たちは投票などの政治参加は行わず、軍事活動への参加を拒否している。

セブンスデー・アドベンチスト教会
1863年、アメリカ合衆国ミシガン州バトルクリーク

アドベンチスト派は、イエス・キリストの再来が迫っていると信じるプロテスタントの人々からなる教派である。キリストの再来(「アドベント」、再臨)のときが来ると、キリストが地上に戻ってきてサタンを倒し、新しい世界を創るのだと、彼らは信じている。アメリカのアドベンチストであったウィリアム・ミラーは、1843年頃に、このときがやって来ると述べた。しかし1843年にはキリストの再来が実現しなかったため、ミラーの再来説を信じていた人々の一部は、ジェームス・ホワイトとエレン・ホワイトの指導の下、キリストは天国において降臨前の審判を始めたところなのだと主張するようになる。そして1863年に、教会を設立した。アドベンチスト派は、旧約聖書の食事の規則を守り、世俗的な娯楽(ギャンブルやダンスなど)を避け、土曜日を安息日と定める。

救世軍
1865年、イギリスのロンドン

メソジスト派の牧師ウィリアム・ブースは、1865年にロンドンで救世軍を創設した。彼の思想は、自身の宗教的背景に強い影響を受けていたが、彼が作った救世軍の組織は軍隊から着想を得たものだった。教会の指導者は「大将」、聖職者たちは「士官」とされ、制服を着用する。ブースの目的は、布教活動と社会福祉事業を大規模に組織的に行うことであり、救世軍は貧しい人々を助けたことで高い評価を得ていた。

カリスマ運動
1950年代〜1960年代、各地

カリスマ運動は、キリスト教復興を目指す世界規模の運動である。この運動の基盤となったのは「カリスマ」(「聖霊の賜物」〔219ページ参照〕)を信じる思想である。彼らの礼拝においては、形式はあまり重視されない。カリスマ運動では、キリストの再来は近い将来に実現されると信じられている。また、聖霊(洗礼の際に信者の中に入るとされる)が非常に重要なものと見なされている。

アフリカ系教派
20世紀、アフリカ

この100年ほどで、特にサハラ以南の地域において、アフリカ独自のキリスト教が次々と現れた。19世紀後期には、アフリカの人々が、西洋の宣教師によって伝えられるキリスト教を拒絶するようになり、西洋の教会とは別のアフリカ教会を設立し始めた。その中で最大のものは、コンゴ民主共和国で創始されたキンバンギズムで、約1000万人の信者を有する。これは、ベナンにある天上のキリスト教会とほぼ同規模である。これらの教会の多くは、迫害の厳しかった時期に現れたもので、聖なる空間(教会)に対する強い思いを持っていることが多い。

イスラム教の宗派

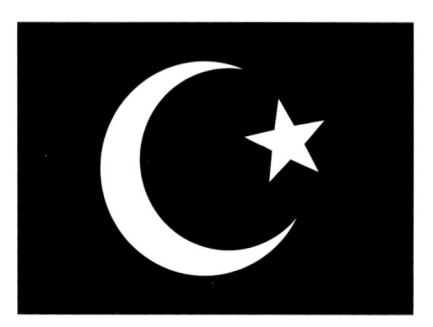

イスラム教は、一神崇拝を行う三大宗教の中で最も新しい。中東で生まれて以来、急速に信者数を増やし、世界中の学問や政治に影響力を持つようになった。イスラム教内部における最も重大な分裂は、スンナ派とシーア派が分かれたときであった。これは、イスラム共同体において、最初の指導者であったムハンマドの後継者を選ぶ際に対立が生じた結果の分裂である。その後も後継者をめぐる争いによって、更に分派が生まれることとなった。その一方で、教義上の違いが原因で生じた分裂もある。たとえば、神秘主義のスーフィズムは、一部の厳格な信仰集団によって、極めて反イスラム的な信仰を行っていると強く非難されている。

スンナ派
7世紀、アラビア半島

世界のイスラム教徒の85パーセント以上がスンナ派(スンニー派)に所属している。イスラム諸国の大半においてスンナ派が多数派となっており、例外は、イラン、イラク、アゼルバイジャン、イエメン、ペルシア湾岸の数か国のみである。アブー・バクル(ムハンマドの教友であり義父であった)がムハンマドの後継者としてカリフ(「後継者」、イスラム世界の指導者を指す)になるべきだと主張する人々がスンナ派を形成し、スンナ(ムハンマドの慣行)をイスラム教徒の行動の模範として奉じる。信者は、各人がそれぞれ、シャリーア(イスラム法、272〜273ページ参照)の解釈を行う4つの学派(シャーフィイー、ハンバル、ハナフィー、マーリク)のいずれかの解釈を強く支持している。

シーア派
7世紀、アラビア半島

シーア派という名前の由来は、「アリーの党」(「シーア」という語はアラビア語で「党派」を意味する)で、この党派の人々は、ムハンマドが自分のいとこのアリーを自らの後継者として指名したと主張する。シーア派の中で最も大きな分派は「十二イマーム派」と呼ばれ、アリーとその後に続く11代の子孫を、神によって権力を与えられたイマーム(イスラム教の宗教的指導者)と見なす。その一方で、「七イマーム派」は、この12人のうちの最後の5人をイマームと認めていない。この2派は、教義の上でもスンナ派と相違点を持つ。たとえば、この2派においては、スンナ派とは違って、神が決断を変える(「バダー」と呼ばれる)ということも起こり得ると考えられている。

ハワーリジュ派
7世紀、中東

656年に、3代目カリフであったウスマーン・イブン・アッファーンの暗殺が起きたことで、イスラム世界を揺るがす激しい対立が生じた。その中心となったのは、カリフ殺害を行ったとされる過激なイスラム教徒の集団である。彼らは後に、ハワーリジュ派(「ハワーリジュ」はアラビア語で「離れた者」、「退去した者」という意味を持つ)と呼ばれるようになる。彼らは、カリフの地位は世襲などで受け継がれていくべきものではなく、選挙によって勝ち取られるべきものであると主張した。この宗派は、確立された権力に反抗する極めて好戦的な集団であるという評価を受けたが、イスラム教学者の中には、彼らの行為を、正義を守ろうとする試みだと解釈する人々もいた。ハワーリジュ派は、コーランを字義通りに解釈し、一切の妥協を認めずにその教えに従い、イスラムの戒律に沿った禁欲的な生活をし、大きな罪を犯した者はイスラム教徒でいることはできないと考えた。度重なる反乱の結果、初期のハワーリジュ派はほとんど生き残っていない。しかし、より穏健な形のハワーリジュ派が、アフリカやオマーンに、今も存続している。

イスマーイール派
7世紀、アラビア半島

イスマーイール派はシーア派の分派であり、イスマーイール派内にもドゥルーズ派(次の項目参照)を始めとする多くの分派が存在する。この宗派が生まれたのは7世紀後期である。このときシーア派内部では、6代目イマームであったジャアファル・アッ=サーデ

宗教・宗派解説

ィクの後継者をめぐる対立が起きていた。6代目の息子イスマーイールが正当な後継者だと考える人々が作った分派がイスマーイール派である。イスマーイール派の中にはさまざまな立場があるものの、ほとんどの信者がイスラム教の基本的教理を支持しており、神、預言者ムハンマド、コーラン、シャリーアのすべてを尊重している。その一方で、彼らの教義の中には、イスラム教には外面と内面が存在するという思想がある。外面は内なる真理を秘しており、内なる真理はイマームを通じて明らかにされる、という考え方である。共同体内においては、イマームが、コーランに隠された真理に関する解釈を行う権限を持つとされている。

ドゥルーズ派
11世紀、中東

ドゥルーズ派はイスマーイール派から分派して発達した宗派である。この小さな宗派は、極めて秘密主義的であることで知られている。その教義と実践に関しては、外部の人々だけでなく、内部の者たちに対しても、知らされていないことが多い。ドゥルーズ派では、信者をウッカール（知性ある者）とジュッハール（無知なる者）とに分けており、ウッカールだけが聖典を読むことができ、また、すべての儀礼や式典に参加する権利を持っている。ドゥルーズ派の多くは、現在はレバノンに住んでいるが、シリアとイスラエルにもドゥルーズ派の小さな共同体が存在する。

スーフィズム
13世紀、ペルシア

スーフィズム（282〜283ページ参照）は、神秘的で禁欲的な宗派である。スーフィズムの信者は宗教上の指導者に従い、直接、個人的に神を経験することを求める。その経験は、多くの場合、トランス状態に似た恍惚とした感覚を極めて強烈に体験するものだという。メヴレヴィー教団の旋舞は、神を体験しようとする試みを表現したものとされる。このように、神との個人的な合一を目指していることで、スーフィズムはイスラムの教えに背いているという非難を受ける。しかし、スーフィズムの信者は、神の愛の体験は、彼らのイスラム信仰の中核であると主張する。また、他のイスラム教徒にとってと同様に、自分たちにとってもシャリーアの順守は不可欠だと訴えている。

アフマディーヤ
1889年、インドのパンジャブ

19世紀末にパンジャブ地方で創始されて以来、アフマディーヤ運動に関する論争が続いている。この運動の創始者ミールザー・グラーム・アフマドはスンナ派のイスラム教徒であるが、彼は、自分は神の導きを受けた者であると述べ、更に、メシアであると主張した（284〜285ページ参照）。イスラム教では、ムハンマドが最後の真の預言者であると考えられているため、アフマドの主張はその教えに背くものと見なされ、ほとんどのイスラム教徒が、アフマディーヤの信者たちを異端であると見なした。しかしこの運動は、イスラム教スンナ派の多くの伝統的思想を受け継ぎ、コーランを聖典としている。アフマディーヤの信者たちは、この運動が奉じる教えは、イスラム教徒のみならず、非イスラム教徒にも伝えられるべきものだと信じている。実際、この運動はアフリカ、北アメリカ、アジア、ヨーロッパに拡大している。

サラフィー主義
19世紀後期、エジプト

サラフィー主義は、現代における保守的な運動である。これはイスラム教スンナ派内で生まれた動きで、サラフ（初期のイスラム教徒たち）を、イスラム教徒としての模範的な行動を示す存在と見なす。この運動は、19世紀後期に、西洋（特にヨーロッパ）のイデオロギーが広まったことを受けて生じたものと考えられている。この運動の信奉者たちは、純粋な信仰への回帰のために、外国からの影響を排除すべきであると信じている。彼らはシルク（偶像崇拝）やビドア（逸脱）といった罪を厳格に解釈しており、カラーム（神学的思索）を退けた。信者たちはまた、シャリーアを他よりも優先し、コーランを真理と考える。

ネーション・オブ・イスラム
1930年、アメリカ合衆国

ネーション・オブ・イスラムは、アメリカ合衆国の1930年代の恐慌の中で、アフリカ系アメリカ人の住む地域で生まれた。創始者はファード・ムハンマドで、彼が神性を持っていると考える人々もいた。他の主要な人物には、公民権運動家のマルコムXやルイス・ファラカーンが挙げられる。この運動の神学は、イスラム信仰と、アフリカ系アメリカ人の結束と権利に関する政治的な課題とが結び付いたものである。黒人至上主義で反ユダヤ主義であるとして批判されたが、黒人の間に信仰と平等思想を広め、厳格な道徳的規律を支持する運動であった。

その他の宗教・宗派

20世紀は、世界中で新しい宗教が現れた時代であった。その中には、ヒンドゥー教の一派が16世紀に実践していた信仰に起源を持つハレー・クリシュナ運動のように、伝統的な宗教から生まれたものもあったが、その一方で、瞑想、異教の伝統、更には空想科学小説などから生まれたものもあった。以下に挙げる信仰は、多くの信者を霊性の探求に導いたが、異論のあるものも多い。特にサイエントロジーは、すべての国において合法的宗教と見なされているものではない。たとえばドイツにおいては、国家の安全保障のための機関によって、この組織は「全体主義的性格」を持つものと判断され、1997年から監視下に置かれている。

エホバの証人

1931年、アメリカ合衆国とヨーロッパ西部

主要人物
ジョセフ・フランクリン・ラザフォード

エホバの証人は、1870年代にアメリカ合衆国において、聖書研究会から生まれた。信者は、自分たちの信仰は、1世紀のキリスト教の一番初めの信仰に立ち戻るものだと主張しており、そのような初期の聖書解釈こそが「真理」なのだと述べている。この教団においては、他の宗教や現代のすべての政府はサタンによって支配されていて、サタンとのハルマゲドンの戦いにおいて完全に破壊されることになると考えられている。そしてその際に、真のキリスト教徒であるエホバの証人のみが救われることになると信じられている。

この教団によれば、現代の世界は終末に近づいており、1914年10月に「最後の日々」に入ったという。これはつまり、ハルマゲドンの戦いが始まったということだと当初は考えられていたが、現在では、エホバと呼ばれる神がイエス・キリストに天国の統治を委ねたということであり、イエスはその後、地上のサタンを追い出すのだと解釈されている。この最終段階において、イエスは、「忠実で思慮深い奴隷」であるエホバの証人の統治体の助力を得て、地上に、目には見えない統治を実現するのだという。エホバの証人は、イエスが実際に再び地上にやって来るとは考えていない。彼らは、イエスがある時期にサタンとの戦いを開始し、その戦いの後に神が天国を広げ、キリストの1000年間の支配のもとに地上の天国を作るのだと信じている。キリストは神の代理の統治者であり、三位一体の一部ではない。同様に、聖霊は神の一部ではなく、重力などの力として神性が現れたものだと、彼らは解釈する。

地上におけるキリストの千年王国（引き延ばされた「審判の日」）の間に、死者は復活してイエスに裁かれると考えられている。これは、サタンが世界に解き放たれる前の、最後の審判だと見なされる。そして、真の信者（選ばれた14万4000人のエホバの証人）のみが、イエスが王国の支配を神に返す際に生き残ることになるとされている。

エホバの証人は、他の宗教を（キリスト教の他の教派さえも）サタンによって堕落させられたものとして退け

> 神は、
> 天啓を伝える権利と義務を、
> 彼の信者に委ねるとおっしゃる。
> 『ものみの塔』

ジョセフ・フランクリン・ラザフォード

ジョセフ・フランクリン・ラザフォードは、1869年にアメリカ合衆国ミズーリ州の貧しい農家に生まれた。彼はバプテストとして育てられたが、家を出た後に宗教に幻滅するようになる。彼は法律を学び、ミズーリとニューヨークで優秀な法律家として認められるようになった。1890年代に、聖書研究会の創設者であるチャールズ・テイズ・ラッセルの著作を読んだことによって、宗教への関心がよみがえる。ラザフォードは、ものみの塔聖書冊子協会に積極的に参加するようになり、ラッセルが亡くなった後、1917年にその2代目の会長となった。ラザフォードの指揮下で、この組織は劇的な変化を遂げ、今日のエホバの証人の教義が確立された。彼は、戸別訪問を始めとしたさまざまな方法で信者を増やし、1942年に没するまで、会長職を務め続けた。

ため、ほとんどの宗教から拒絶されている。また、ユホバの証人は、戸別訪問によって執拗な勧誘を行い、『ものみの塔』や『目ざめよ！』という出版物（世界中でかなりの出版部数を誇る）を配布するが、これに対する社会一般の評判は悪い。しかし、彼らが、政府は「堕落」しているとして、政府に従わなかったことから、驚くべき結果が生じている。ナチスのために戦わなかったエホバの証人の多くは、強制収容所に入れられた。また、さまざまな国で、政府が引き起こした戦争に参加することを拒んだことから、良心的兵役拒否の法律に変化が加えられた。

同様に、信仰に関して一切の妥協を許さない彼らの姿勢のために裁判が起こることが多く、その結果、公民権に関する法律に変化が加えられた。

ラスタファリ
1930年代、ジャマイカ

主要人物
ハイレ・セラシエ

カリブ諸島の黒人奴隷の間で発達した他のクレオール宗教（304〜305ページ参照）とは異なり、ラスタファリは伝統的なアフリカの宗教とほとんど関係がなく、その大部分がキリスト教の聖書を基盤としている。それでも信者は、この運動のアフリカとの結びつきを強調する。

ラスタファリは、宗教というよりは政治的・社会的色合いの強い運動である。この運動は、新大陸において、黒人住民たちの「アフリカ人である」という自覚が高まっている時代に生じた。同時期に、汎アフリカ主義（アフリカ系の血筋を持つ人々に団結を呼び掛ける）も高まりを見せていた。この運動が始まったのは19世紀であるが、1920年代から1930年代にかけて勢いを得た。これには、マーカス・ガーベイ（1887年〜1940年）という政治的行動家の働きが大きい。彼は特に、彼の生まれた地であるジャマイカ（当時はまだイギリスの統治下にあった）で、強い影響力を持っていた。

ガーベイは圧制と搾取を批判したが、それは、特に貧しい暮らしを強いられていたジャマイカの人々の思いを代弁するものであった。ジャマイカ人の大部分はアフリカから連れてこられた奴隷の子孫であり、イギリス人の奴隷所有者の宗教（主にプロテスタンティズム）を信仰するように強制されていた。そして、彼ら自身のアフリカの宗教や伝統は、その大部分が失われていた。そのため、彼らが発達させた宗教は、アフリカの宗教とキリスト教の融合というよりも、キリスト教の聖書を、ジャマイカの黒人が独自の視点で解釈したものであった。

黒人の民族主義と汎アフリカ主義の影響で、ジャマイカ人の中には、白人が聖書を書き換えたに違いないと主張する人々も現れた。白人が、アフリカとアフリカ人に対する抑圧の一環として、聖書の大部分を書き換えてしまったのだと、彼らは考えた。彼らは、旧約聖書に出てくるシオンの地をアフリカであると解釈した。そして、「バビロン」（堕落したヨーロッパ人を指すと解釈する）の抑圧からアフリカ人を救うために、救世主がやって来るのだと考えた。救世主はユダの一族から現

> 長い落胆のときを過ごした後で、ようやく、目的達成の虹が地平線に現れるだろう。
> **ハイレ・セラシエ**

れ、シオンにやって来るという預言があったため、ラス・タファリがエチオピアの王となったとき、彼らは、この預言が現実のものになったと考えた。ラス・タファリが「神に選ばれたエチオピアの王の王、ユダ族の征服の獅子、ハイレ・セラシエ1世」と呼ばれたた

ハイレ・セラシエ

ハイレ・セラシエは、エチオピアの貴族の息子として生まれ、本名をタファリ・マコンネンといった。彼は敬称「ラス」(イギリスの「公爵」にほぼ対応する)を受け継ぎ、ラス・タファリ・マコンネンとなり、1916年にエチオピアの摂政の座に就いた。当時の皇太子イヤスが、イスラム教とのつながりやさまざまな不品行によって王位の後継者から外されたことで、セラシエが皇太子となる。そして1930年に王が亡くなると、セラシエが王位に就き、エチオピア正教会の敬虔な信者であった彼は、自らの王名をハイレ・セラシエ(「三位一体の力」)とした。ムッソリーニがエチオピアに侵攻したために、セラシエは数年間イギリスに亡命していたが、1941年にイギリス軍がエチオピアを解放したことを受けて、エチオピアに帰国した。セラシエは世界的には尊敬されていたものの、エチオピア国内では次第に人気を失い、1974年に、自らをデルグ(「評議会」)と称する軍事勢力によって退位させられ、拘禁された。彼の家族と政府関係者の多くが投獄され、あるいは処刑された。そして翌年の8月に、セラシエが呼吸器不全によって死亡したという発表が行われた。ただし、彼の死因に関してはいくつかの説があり、議論を呼んだ。

めである。このようにしてラスタファリ運動が始まった。ほとんどの信者は、ハイレ・セラシエ1世がイエスの再来であり、彼らの信じる神ジャーの化身であると信じていたが、中には、神が代理人として地上に遣わした指導者に過ぎないと考えている信者もいた。

ラスタファリ運動は、第二次世界大戦後に、カリブ諸島の移民たちが仕事を求めてイギリスやアメリカへと渡るのに伴って拡大した。ジャマイカの文化や音楽(特にレゲエ)が、1960年代から1970年代にかけて、これらの国々で大いに人気を集め、ラスタファリ運動も多くの信者を引き付けた。

サイエントロジー
1952年より、アメリカ合衆国

主要人物
L・ロン・ハバード

1930年代から1940年代にかけて、空想科学小説家L・ロン・ハバードは、ダイアネティックスという精神療法に関する作品を書いていた。そこから生まれた宗教哲学がサイエントロジーである。ダイアネティックスとは、過去のトラウマ体験からスピリチュアルな再生を達成することを強調する、精神療法の手法に基づく自己療法システムである。「オーディティング」と呼ばれるカウンセリングが、サイエントロジーの中核となる。

サイエントロジーの信者は、人間の真に精神的な性質が具現化される場所は、セイタンと呼ばれる永遠の精神であると信じる。このセイタンが何度も人間の肉体に宿り、生まれ変わることで、その本来の性質である精神の純粋さが失われるのだとされている。Eメーター(ハバードによって開発された電流を測定する装置)を用いて一対一のオーディティングを受けることで、信者は「エングラム」と呼ばれるトラウマとなっている無意識の部分を解放し、「クリア」と呼ばれる真の精神状態に戻ることができるという。オーディティングによって段階を踏んで治療を進めていくと、最終的に「機能しているセイタン」という段階に到達し、自らの本来の潜在能力を再発見できるとされている。ハバードは、サイエントロジーによって名声を得ようとしていた。また、一対一で行われるオーディティングの治療費や、用いられる教材の価格が高かったこともあり、サイエントロジーは金儲けのためのカルトであると告訴された。アメリカ合衆国や他の国において、長期にわたる裁判が行われ、サイエントロジーは、現在、いくつかの国で宗教として非課税の扱いを受けているものの、多くの国においては公的認知を得られていない。

統一教会(ムーニーズ)
1954年より、韓国

主要人物
文鮮明(ムン・ソンミョン)

一般に「統一教会」またはより軽蔑的に「ムーニーズ」と呼ばれる世界基督教統一神霊協会は、1954年に韓国のソウルで、文鮮明によって設立された。文が10歳のときに、彼の家族は儒教からキリスト教に改宗した。そして10代のときに、文の目の前にキリストが現れて、文には救済の使命があり、それを果たさなくてはならないと

宗教・宗派解説　**333**

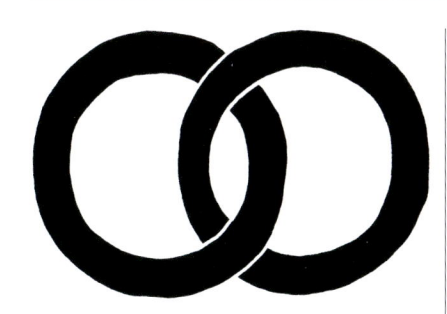

言ったとされる。

その使命を果たすため、文は統一教会を設立した。統一教会は、聖書と文の著作『原理講論』に基づくキリスト教の教派であると、文は主張しているが、原罪が生まれる際の人類の堕落の物語に関して、文の解釈はキリスト教の解釈からかけ離れている。文によると、エバがアダムと性的関係を持つ前に、サタンと精神的関係を持ってしまったことで、エバの子供はすべて不完全で罪深い性質を持つことになったという。そして、決定的なのは、キリストがその点を修正するために現れたにもかかわらず、結婚する機会を得る前に十字架にかけられてしまったことである。そのために、キリストは、部分的にしか救済を実現できなかったのだと、文は言う。

文によると、人類にとっての完全な救済の道は、1960年に、自分と韓鶴子（ハン・ハクチャ）が結婚したことで始まったという。そしてその道は、統一教会の特徴であり中心的な儀式である、合同結婚式や再献身へと続くとされる。合同結婚式で結ばれた夫婦（婚前・婚外の性交渉は禁じられている）に生まれた子供たちこそが堕落した性質を持たない存在であり、罪のない世界の到来を告げる人々であると考えられている。

ウィッカ
1950年代より、イギリス

主要人物
ジェラルド・ガードナー

20世紀のネオペイガニズム（新異教主義）の宗教の中で最もよく知られているのは、おそらくウィッカであろう。ウィッカはイギリスに起源を持ち、公務員を引退したジェラルド・ガードナーによって1950年代に広められた。ガードナーは、宗教を「ウィッチクラフト」（魔法、魔術）と呼び、その信者をwicaと呼んだが、彼が設立した宗教も、その後に生まれた宗派も、今日ではwicca（ウィッカ）と呼ばれるようになっている。

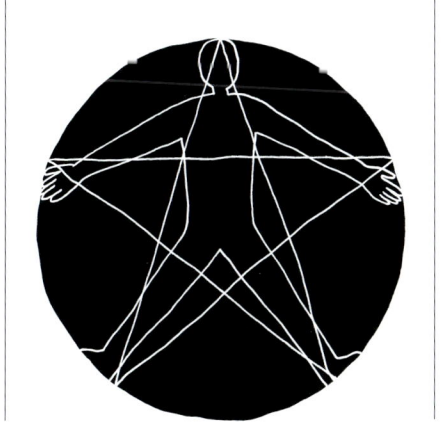

ウィッカは、男性原理と女性原理を中核としている。そしてそれが、角を持つ男神と月の女神という相補的な神々として具現化される。また、サマーランドと呼ばれる、死後に魂が過ごす「他界」の存在が信じられている。ウィッカの多くの宗派においては転生が信じられており、サマーランドは、魂が次の肉体に入る前に休憩する場所と見なされる。魂はそこにいる間に、直前の人生を振り返り、次の人生に向けて準備をすると考えられている。ウィッカの信者が、時にその魂と接触することがある。その際彼らは、ウィジャ盤などを用いて降霊術に似た魔法の

> 私は自分の過去世を
> はっきりとは覚えていない。
> 覚えていれば良かったのだが。
> **ジェラルド・ガードナー**

儀式を行うが、これはウィッカの信者全員が行うものではない。信者たちは死後の世界を信じているものの、自然に基づいた儀礼を行いながら、現世の人生を精一杯生きることが大切であると考えている。その儀礼には、季節ごとのお祝い、ウィッカニングという入信の加入儀礼（洗礼に似ている）、そして結婚や性的な結合が含まれる。

ウィッカには悪魔崇拝との類似点がある（たとえば、角を持った神の存在）ため、しばしば黒魔術カルトであるとの誤解を受けて、特にキリスト教国家において、近年に至るまで偏見や迫害を受けてきた。

超越瞑想
1958年、ヨーロッパ

主要人物
マハリシ・マヘーシュ・ヨーギ

1958年、マハリシ・マヘーシュ・ヨーギーは、ヒンドゥー教復興運動を行うという目的で、超越瞑想を教えるために西洋に向かった。彼の用いる瞑想の方法は、ヒンドゥー教のマントラの瞑想技法を発展させたもので、創造的な力を引き出すために意識の境界を越えることを目的とする。

超越瞑想の方法は、自分専用のマン

トラを使って、1日に2回、20分間座って瞑想を行うというものである。超越瞑想を行うことで、精神的・身体的健康が改善され、創造力が向上するという効果が得られると信じられている。そのような瞑想の中で、「命の源泉との交感」を経験し、否定的な思考を克服できるようになるという。否定的な物事は、「あなたの広い喜びの海に滴る小さな雨粒」に過ぎないのである。

当初は、超越瞑想を行う人々は、その手法の裏にある知識を与えてくれたヒンドゥー教の神々に感謝するように、そして聖典ヴェーダと『バガヴァッド・ギーター』を学ぶようにと促されたものだった。しかし今日では、超越瞑想は、自己啓発のための科学的な方法ですべての人々に開かれたものであると、超越瞑想の支持者たちは述べている。超越瞑想の手法は、個人によってのみならず、企業によって、更には医療行為としても用いられるようになってきている。超越瞑想は宗教なのか、それともインドの伝統的手法に基づいたセラピーと見なすべきなのかという点は、意見の分かれる問題である。

ハレー・クリシュナ
1960年代、アメリカ合衆国と西ヨーロッパ

主要人物
A・C・バクティヴェーダンタ・スワミ・プラブパーダ

ハレー・クリシュナ（クリシュナ意識国際協会〔ISKCON〕とも呼ばれる）は、マハー・マントラを唱える宗派として、よく知られている。

ISKCONの起源は、チャイタンニャ・マハープラブ（1486年～1534年）によって創設されたヒンドゥー教のゴウディヤ・ヴァイシュナヴァ運動である。この運動において信者たちは、最高神クリシュナを喜ばせ、クリシュナとの愛に満ちた関係を築くために、バクティと呼ばれる礼拝を行う。

マントラを唱えることで、精神が浄められ、心が浄化されると考えられる。神聖な名前を繰り返し唱えると、「クリシュナ意識」が魂から現れ、感覚的・身体的意識によって心を乱されることがなくなるという。マントラは「ハレー・クリシュナ、ハレー・クリシュナ、クリシュナ・クリシュナ、ハレー・ハレー、ハレー・ラーマ、ハレー・ラーマ、ラーマ・ラーマ、ハレー・ハレー」というもので、「すべてを魅了する存在」（クリシュナ）であり「至高の永遠の喜び」（ラーマ）である神（ハレー）から、力を受け取れるようにと願うものである。このマントラを用いることで、

> 我々が、自らの人生に霊性的な世界を作り出すために必要なすべてのものを、主クリシュナは与えてくれる。
> A・C・バクティヴェーダンタ・スワミ・プラブパーダ

誰であっても（ヒンドゥー教の身分制度の階級外で生まれた人であっても）、クリシュナ意識に到達することができるのだと、チャイタンニャは説いた。1960年代に、チャイタンニャの信奉者であったA・C・バクティヴェーダンタ・スワミ・プラブパーダがアメリカに渡り、ISKCONを設立した。この思想は、ヒッピーの文化や、西洋で新しく生まれていた精神世界に対する関心と合致するものであった。ビートルズを始めとする有名人に支持されたこともあり、その後、ヨーロッパにも伝播していく。

法輪功
1992年、中国

中心人物
李洪志（リー・ホンチー）

20世紀後半、中国では、気功（「生命力の増幅」）と呼ばれる瞑想の実践への関心が再び高まった。共産主義の権力者たちは、気功は国民の健康を向上させるための手段になると考えたが、その一方で、気功に精神的な意味を見出す人々もいた。その中の一人、李洪志は、1990年代初期に法輪功運動を

創始した人物である。

彼は、法輪功を実践することで、生命力を増幅させることができるだけでなく、宇宙のエネルギーに触れることによってより高い存在へと昇華することにつながると主張した。

その著書『転法輪』において、李は、精神、肉体、魂の修練に用いるべき5つの基本的な手法を記している。彼は、法輪は下腹部に位置し、それが（宇宙の回転と調和して）回転することで、その人から負のエネルギーが取り除かれ、宇宙のエネルギーに触れられるようになるのだと説いている。このような気功の実践を補うものとして提示されたのが、真・善・忍という徳に基づいた哲学である。これは、伝統的な儒教、道教、仏教の思想に似た哲学で、法輪功の実践者たちの行動の指針となっている。

法輪功は、新宗教と見なされることもあれば、精神、肉体、魂の修練のための中国の伝統的手法であると考えられることもある。中国において、法輪功は多くの信奉者を集めているが、中国ではその宗教的性格のゆえに非合法とされた。

日本の新宗教
19世紀、日本

19世紀に日本は、鎖国を解き、西洋の制度を採り入れて近代化を進める道を歩み始めたが、その前夜から、民衆の間で新たな宗教運動の胎動があった。310ページに紹介した、中山みきがひらいた天理教も、数多くある民衆宗教運動のひとつであり、他に、金光大神と呼ばれる赤沢文治（ぶんじ）がひらいた金光（こんこう）教がよく知られている。

天理教や金光教は広く神道の神の信仰に含まれるものと認識されているが、明治以降、神道系の新宗教として社会的注目を集めた教団として、出口なおと出口王仁三郎（おにさぶろう）を創始者とする大本（おおもと）がある。また、仏教系の新宗教としては、法華信仰もまた、近代化の道を歩む日本において多くの在家の教団を生み出した。著名なものとしては、霊友会、立正佼成会、創価学会などがある（321ページ参照）。

日本の新宗教教団の教理は多彩であるが、共通項も多い。それらはしばしば、シャーマニズム（28〜31ページ参照）に通じる原始的な性格をもち、また、神道や仏教などの歴史的宗教の教えを受け継ぐ側面ももっている。そして激変する社会の中でさまざまな苦しみを受けている庶民に、貧困や病苦や紛争からの解放の希望を与える、現世主義的な相互扶助集団としての性格もあったと言われている。女性教祖もしばしば見られ、世界各地における諸教混淆的な覚醒運動と共通する要素も見出される。禅やヨーガがニューエイジをはじめとする西洋の精神文化に影響を与えているというのと同様に、民衆的な多神教を基盤とする日本の新宗教もまた、文化交流史的な意義を有しているという見方もできるだろう。

なお、さまざまな要素を横断するこうした性格ゆえに、新宗教と伝統宗教とをきれいに分かつことは難しいとされている。また、宗教色の薄い修養団体などとの区別も微妙である。そしてこのこと自体は、中国を含む東アジアの宗教的伝統の特質――仏教、儒教、道教などが混在した形で信仰・実践されている――を受け継ぐものでもある。逆説的ではあるが、こうした曖昧性は、宗教（宗教一般および個々の宗教）を宗教たらしめるアイデンティティとは何かという、西洋社会を含めて、今日しばしば真剣に問われている問題に、光を当てるものであるかもしれない。

（中村圭志）

参考資料

用語解説

略語
〔ヒ〕ヒンドゥー教
〔仏〕仏教
〔ユ〕ユダヤ教
〔キ〕キリスト教
〔イ〕イスラム教
〔中〕儒教・道教などの中国宗教
〔ジャイナ〕ジャイナ教
〔シク〕シク教
〔ゾロアスター〕ゾロアスター教

あ行

アートマン〔ヒ〕 個人の自我。

アシュケナジム〔ユ〕 東欧・中欧出身のユダヤ人、および世界各地のその子孫。アシュケナジ系とも。

アッラー〔イ〕 アラビア語で唯一神を指す言葉。

アヒンサー〔ヒ〕〔仏〕〔ジャイナ〕 不殺生、非暴力の教え。

アフラ・マズダー〔ゾロアスター〕 叡智の主である善と生命の神。

アヴェスタ〔ゾロアスター〕 基本教典。

阿羅漢〔仏〕 上座部（テーラワーダ）仏教で修行者の到達できる最高位。

アルタ〔ヒ〕 ダルマ、カーマと並ぶ人生の追求目的としての実利。四住期の2つ目の段階における義務。

安息日〔ユ〕 ユダヤ教において、週に1日、仕事などを行わない日。金曜日の日没から土曜日の日没までとされる。

アンラ・マンユ〔ゾロアスター〕 破壊神。アフリマン。

イコン〔キ〕 キリストや聖人を描いた聖画。主に正教会で礼拝に用いる。

5つのK〔シク〕 カールサーが身に付ける5つのシンボル。ケシュ（伸ばした髪の毛）、コンガー（櫛）、カラー（腕環）、カッチャー（下着）、キルパン（短剣）の5つ。

イマーム〔イ〕 モスクにおける祈りの指導者。あるいはシーア派のイスラム共同体における重要な指導者。

陰陽〔中〕 宇宙の2つの本質。相互に補い合い、影響を与え合う。

ヴィシュヌ〔ヒ〕 ヴィシュヌ派において最高神として拝される神。クリシュナ、ラーマなどに化身する。

ヴェーダ〔ヒ〕 ヒンドゥー教の基本教典。神々を称える賛歌などを集めた書物。

ウパニシャッド〔ヒ〕 ヴェーダを構成する文献群のうちの最後に置かれる哲学的な文献。ヴェーダーンタとも呼ばれる。

ウラマー〔イ〕 イスラムの諸学に通じた知識人たち。この語は複数形であり、単数形ではアーリムという。

縁起〔仏〕 すべてのものが原因をもち、相依相関関係をもつという、仏教の基本の教え。

か行

カアバ〔イ〕 メッカにある聖殿。周りを聖モスクに囲まれている。イスラム教徒はカアバに向かって礼拝する。

カーマ〔ヒ〕 ダルマ、アルタと並ぶ人生の追求目的としての喜び（性愛や典雅さ）。

カールサー〔シク〕 シク教徒の入信共同体。グル・ゴービンド・シンによって創設された。

カバラー〔ユ〕 中世ユダヤ教以来の形而上学的・神秘主義的な伝統。聖書の奥義を解釈する。

カラーム〔イ〕 議論・討論のことで、主にイスラム神学に関する議論。

カリスマ〔キ〕 聖霊によって与えられる霊的な賜物。癒やしの能力や、知らない言語を話す能力として現れるとされる。

用語解説 339

気〔中〕 万物に命を吹き込む生命力。
気功〔中〕 身体、精神、魂の健康のための、呼吸法と運動法。
キブラ〔イ〕 メッカの**カアバ**の方向で、礼拝の方角。
教会〔キ〕 キリスト教徒の集まり、および常設の建物。
キリスト〔キ〕 ユダヤ教の「**メシア**」に相当する呼び名。キリスト教でイエスの称号とする。
グランティ〔シク〕 グル・グラント・サーヒブと**グルドゥワーラー**の管理者。教典を読む高い技術を持っている。
グル〔ヒ〕〔シク〕 ヒンドゥー教では指導者あるいは教師。シク教では、シク教を設立した10人の指導者の一人を指す。
グル・グラント・サーヒブ〔シク〕 シク教の聖典。アーディ・グラントとも呼ばれる。
グルドゥワーラー〔シク〕 シク教の寺院。**グル・グラント・サーヒブ**が置かれている。
契約〔ユ〕 神と**ユダヤ教徒**（イスラエル人）との合意。ユダヤ教徒は神と人間との関係において特別な役割を演じるために選ばれた民族であるとされる。
化身〔ヒ〕 アヴァターラ。神の化身。特に**ヴィシュヌ**はクリシュナ、ラーマなど10の化身となって現れるという。
堅信〔キ〕 **洗礼**を受けた信者の、信仰を強めるために行う儀礼。
業〔ヒ〕〔仏〕 カルマ。すべての行為が結果を生むという、**輪廻**転生を決定づける法則。
公案〔仏〕 禅宗において修行者の**悟り**を助けるための文書。通例、論理性を超えた対話である。
コーシェル〔ユ〕 戒律に照らして適正なもの（食物など）。
コーラン〔イ〕 クルアーン。イスラム教の教典。ムハンマドに啓示された神の言葉を記した書。
五行〔イ〕 義務である信仰行為。**シャハーダ**、**サラート**、**ザカート**、**サウム**、**ハッジ**の5つ。
五常〔中〕 儒教における**仁・義・礼・智・信**の5つの徳。
五倫〔中〕 儒教における君臣の義、父子の親、夫婦の別、長幼の序、朋友の信の5つの道。

さ行

サウム〔イ〕 断食。特にラマダーン月の間の日中の断食。**五行**の1つ。
ザカート〔イ〕 貧者のために喜捨すること。**五行**の1つ。
座禅〔仏〕 禅宗において、座って行う瞑想。
悟り〔仏〕 苦の世界を乗り越えて、究極の真理を見出すこと。
サラート〔イ〕 礼拝。**五行**の1つ。イスラム教徒は毎日5回、**キブラ**を向いて祈ることとされている。
サンガ〔仏〕 僧伽。修行者の共同体。その一人を僧と呼ぶ。
三宝〔仏〕 仏教徒が帰依する3つの対象。教主である仏（**ブッダ**）、教えである法（**ダルマ**、**ダンマ**）、教えを実践する共同体である僧伽（**サンガ**）の3つ。
三位一体〔キ〕 キリスト教の根本的信条。神は「**父**」、「**子**」（**キリスト**）、「**聖霊**」の3つにして1つであるとされる。
シヴァ〔ヒ〕 シヴァ派において最高神として拝される神。
司祭〔キ〕 カトリック、英国国教会、正教会において、信徒を指導する聖職者。カトリックや正教会では「神父」と敬称される。
四住期〔ヒ〕 理想的な人生の4つの段階。学生、家住者、引退した生活、出家遊行者の4つの段階がある。
四姓〔ヒ〕 4つの基本的階級。バラモン（司祭階級、ブラーフマナ）、クシャトリヤ（王族）、ヴァイシャ（庶民）、シュードラ（隷民）の4つ。
四諦〔仏〕 仏教の基本の教え。苦諦（迷

用語解説

いの生き方は苦である)、集諦(欲望が苦をもたらす)、滅諦(苦を滅した境地がある)、道諦(苦を滅す る八正道がある)よりなる。

使徒〔キ〕 イエス・キリストの弟子(12弟子)や**新約聖書**にその書簡が含まれているパウロなどの呼称。

ジナ〔ジャイナ〕 精神的指導者。ティールタンカラ参照。

シナゴーグ〔ユ〕 **ユダヤ教徒**の集会・礼拝所。**トーラー**の巻物を安置する。

ジハード〔イ〕 神の名において、精神的あるいは物理的に悪と戦うという宗教的義務。聖戦。

四法印〔仏〕 仏教の教義の特徴を表す言葉。諸行**無常**(すべての現象は変化する)、諸法**無我**(いかなるものにも不変の本質はない)、一切皆苦(迷いの生におけるすべてが苦である)、涅槃寂静(安らぎとしての悟りの境地がある)の4つ。

シャクティ〔ヒ〕 宇宙の女性的な力あるいは女神。

シャハーダ〔イ〕 信仰告白。「**アッラー**のほかに神はいない。ムハンマドは**アッラー**の使徒である」という意味の言葉を述べる。**五行**の1つであり、最も重要なもの。

シャリーア〔イ〕 イスラム教徒の生活の規範。**コーラン**と**スンナ**に基づくイスラム法。

修道士・修道女〔キ〕 修道会に属し、禁欲的な生き方をする人。

受肉〔キ〕 イエス・**キリスト**において神性と人性とが1つになったという信条。

浄土〔仏〕 大乗仏教において、阿弥陀などの**ブッダ**の浄福な永遠の世界。浄土信仰ではこの世界への往生を願う。

シルク〔イ〕 罪である偶像崇拝や多神崇拝。

仁〔中〕 儒教における最高の徳。人道の根本としてのいつくしみ

新約聖書〔キ〕 キリスト教の教典。**福音書**やパウロの書簡などを含む。旧約聖書と合わせて「**聖書**」と呼ぶ。

スートラ〔ヒ〕〔仏〕 ヒンドゥー教や仏教の経典。

スーフィー〔イ〕 神との個人的な結び付きを目指す神秘主義の実践者。その思想・運動はスーフィズムと呼ばれる。

スンナ〔イ〕 **預言者**ムハンマドの日常の行為や判断。イスラム教徒にとっての模範とされ、**ハディース**に記されている。

聖餐〔キ〕 秘跡の1つ。ワインとパンを**キリスト**の血と体としていただく。教派により、聖餐式、聖体礼儀など、さまざまに呼ばれる。「ミサ」はカトリックでの呼び方。

聖書〔ユ〕〔キ〕 ユダヤ教典(ヘブライ語聖書)は「タナハ」と称され、「**トーラー(律法)**」、**預言者**が預かった啓示、その他の書の三部よりなる。キリスト教ではこれを「旧約聖書」と呼び、「**福音書**」を含む「**新約聖書**」と共に教典(「聖書」)としている。

聖人〔キ〕 崇敬される模範的キリスト教徒。特にカトリックで公式に列聖する。

聖霊〔キ〕 父・子とともに**三位一体**をなすもの。人間に霊的な働きかけをなす。

セファルディム〔ユ〕 イベリア半島に起源をもつユダヤ人(北アフリカなどにも暮らす)。スファラディ系とも。もとからアラブ圏で暮らしていたユダヤ人を含んで呼ぶこともある。

セフィーロート〔ユ〕 **カバラー**における概念。神性が流出して現れた10の属性。

洗礼〔キ〕 秘跡の1つ。入信の儀礼で、入信者に水を注ぐ。

用語解説 341

た行

題目〔仏〕 法華信仰において、妙法蓮華経（法華経）のタイトル、あるいは「南無妙法蓮華経」という語句。これを唱えるのを唱題という。

ダルマ〔ヒ〕〔仏〕 法（法則、規範）。ヒンドゥー教では（**アルタ**、**カーマ**と並んで）追求すべき社会的・宗教的な規範、仏教では**ブッダ**の教えなどを意味する。

タルムード〔ユ〕 ラビ・ユダヤ教における重要な文献。**ミシュナ**と過去の賢者たちの議論とで構成されている。特に正統派ユダヤ教徒にとって、道徳的な指針となっている。

タントラ〔仏〕 密教の経典を特にタントラという。

中道〔仏〕 2つの極端な立場を離れた立場を意味する、仏教の基本の教え。苦行でもなく、快楽でもない道を目指すことなど。

ディアスポラ〔ユ〕 各地に離散しているユダヤ社会。

ティールタンカラ〔ジャイナ〕 ジャイナ教の教義を示した24人の宗教指導者（ジナ）。

道観〔中〕 道教の寺院。

道士〔中〕 道教を奉じて儀礼などを行う人。

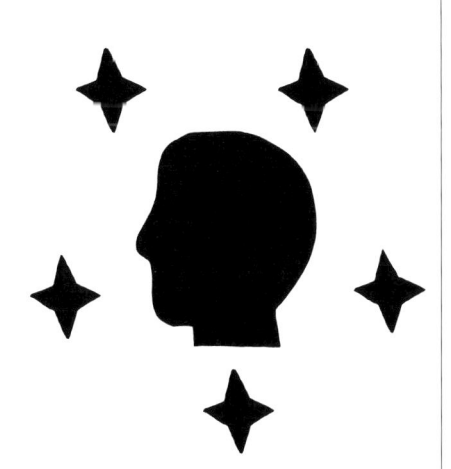

トーラー〔ユ〕 律法とも。ユダヤ教典（ヘブライ語**聖書**）の最初の5冊で「創世記」や「出エジプト記」を含む。神がモーセに授けた律法を記したものとされる。

トリムールティ〔ヒ〕 最も有力な三神（**ブラフマー**、**ヴィシュヌ**、**シヴァ**）がなす三神一体の教理。

な行

涅槃〔仏〕 煩悩の火が吹き消された**悟り**の境地。また、死（入滅）も意味し、釈迦の死を大般涅槃という。

念仏〔仏〕 浄土信仰において、「南無阿弥陀仏」と阿弥陀の名を唱えること。もとは、**ブッダ**を心にイメージすること。

は行

ハーフィズ〔イ〕 コーランを暗唱できる人に与えられる敬称。

ハガダー〔ユ〕 初期のラビの教えを集めたもの。伝承、歴史物語、道徳的教えが含まれる。

バクティ〔ヒ〕 神への積極的な献身としての信愛。

ハシド〔ユ〕 「敬虔な者」の意味。18世紀に東欧でハシディズムと呼ばれる神秘主義的な敬虔主義の運動が広まり、祈りに重点を置いた。

ハスカラー〔ユ〕 18〜19世紀のヨーロッパのユダヤ社会における啓蒙運動。

ハッジ〔イ〕 メッカへの巡礼。**五行**の1つ。イスラム教徒は生涯に1度これを実践したいと思うが、実行できる者が行えばよい。

八正道〔仏〕 仏教徒が従う規律正しい生き方。正しい理解、正しい思考、正しい発言、正しい行い、正しい生活、正しい努力、正しい注意、正しい精神統一を目指す。

ハディース〔イ〕 **預言者**ムハンマドの言行録で、コーランに次ぐ権威を持つ。

ハラーム〔イ〕 シャリーアの法規定において禁止された行為。

ハラール〔イ〕 許容される行為。特に、家畜の正しい屠り方や、正しく屠った動物の肉を指す。

バラモン〔ヒ〕 司祭階級の者、あるいは宗教的探求者。

バル［バト］・ミツバ〔ユ〕 「戒律の男児［女児］」という意味で、ユダヤ教における少年［少女］の宗教的成人式。

秘跡〔キ〕 キリスト教の重要な儀礼。英語は sacrament で、日本語では教派により聖礼典、聖奠、機密などさまざまに訳される。カトリックと正教会では、**洗礼**、**堅信**、**聖餐**、ゆるし、病者の塗油（終油）、叙階、結婚の7つがある。プロテスタントで

342 用語解説

は、通例、洗礼と聖餐の2つのみである。

ファトワー〔イ〕 イスラム法学者が信者の質問に対して提示する法学上の回答。

プージャー〔ヒ〕 礼拝供養。

福音書〔キ〕 イエス・**キリスト**の生涯や教えを記した書物。マタイ、マルコ、ルカ、ヨハネが伝えたとされる4書があり、**新約聖書**に含まれている。

ブッダ〔仏〕 仏陀、仏。悟りを開いた者。仏教徒の帰依の対象。開祖である釈迦（ガウタマ・シッダールタ）ばかりでなく、大乗仏教では多くのブッダを礼拝する。

ブラフマー〔ヒ〕 ヴィシュヌ、シヴァと共に三神一体（**トリムールティ**）をなす創造の神。

ブラフマン〔ヒ〕 宇宙の究極的原理。神々はブラフマンの一面とされる。

牧師〔キ〕 プロテスタント諸教会において、信徒を指導する聖職者。

菩薩〔仏〕 菩提薩埵。ボーディサットヴァ。**ブッダ**となることを目指す求道者で、自己のみの**悟り**のために修行するのではなく、世の人々のための実践にいそしむ者。観音など、神話的存在として礼拝されることもある。

ま行

曼荼羅〔仏〕 密教において瞑想や儀礼において用いられる図像。多数の**ブッダ**や**菩薩**を規則正しく描く。

マントラ〔ヒ〕〔仏〕 真言。ヒンドゥー教や仏教で唱えられる神聖な音や言葉。もとは**ヴェーダ**に含まれる神聖な呪句。

ミシュナ〔ユ〕 成文律法である**トーラー**と並ぶ、口伝律法の集成。ラビ・ユダヤ教の主な書物の中で最初のもの。

道〔中〕 タオ。老荘思想における、人が従うべき道。あらゆるものの根底にあって、自然の働きを司る。

ミツバ〔ユ〕 神に与えられた戒律。**トーラー**には613の戒律が記されているとされる。

ミフラーブ〔イ〕 モスクにある、**キブラ**を指す壁のくぼみ。

無為〔中〕 老荘思想で、人為的でない自然な行為。

ムール・マントラ〔シク〕 神の唯一性の信仰の言明。**グル・ナーナク**によって作られた賛歌。

無我〔仏〕 自我の執着を否定した状態。

無常〔仏〕 あらゆるものが変化消滅して留まらないこと。

ムスリム〔イ〕 イスラム教徒のこと。「イスラーム」は「帰依すること」、「ムスリム」は「帰依する者」を意味する。

メシア〔ユ〕 「聖油を注がれた者」という意味で、即位した王のことだが、救世主の意味で用いられる。

モークシャ〔ヒ〕 輪廻転生からの解脱。

や行

ヤハウェ〔ユ〕 ユダヤ教の神の名は語られないが、YHWHにあたる文字で聖書に記される。発音はヤハウェと考えられている。伝統的にはアドナイと呼ぶ。

ユダヤ教徒〔ユ〕 ユダヤ人は宗教的にはユダヤ教徒と呼ばれる。古代にはイスラエルという国をもち（現代のイスラエル国はこれにちなむ）、ヘブライ語を話していた。

ヨーガ〔ヒ〕 身体的・精神的な修行の様式。また、六派哲学の一派。
預言者〔ユ〕〔キ〕〔イ〕 神の言葉を預かった者。ユダヤ教典（旧約聖書）に預言者たちの言葉が含まれる。イスラム教では神から**コーラン**を授かったムハンマドを最後の最大の預言者とする。

ら行

ラビ〔ユ〕 **ユダヤ教徒**の宗教指導者。
ラマ〔仏〕 チベット仏教の師僧。特に、かつての宗教指導者の生まれ変わりであると考えられる人を指す。
ラマダーン〔イ〕 イスラム暦の9番目の月で、日の出から日の入りまで、毎日日中に断食をする。
輪廻〔ヒ〕〔仏〕 生き物が生死を繰り返すこと。輪廻転生。
列聖〔キ〕 教会が、ある信徒を**聖人**と宣言すること。
論語〔中〕 儒教の基本教典。孔子と弟子の言行録。

索引

太数字は見出し項目の掲載ページ。

あ

アーミッシュ（キリスト教）　326
アーリヤ・サマージ（ヒンドゥー教）　319
アイヌ　19, **24-25**
アヴィケンナ（イブン・スィーナー）（イスラム教）　250, 276, 280
アヴェロエス（イブン・ルシュド）（イスラム教）　278
アグニ（ヒンドゥー教の火の神）　96
悪魔崇拝　333
アシュケナジム（ユダヤ教）　166-167, 322
アショーカ（王）（仏教）　147
アステカ文明　18, **42-45**
アディ・シャンカラ（ヒンドゥー教）　91, **118-121**, 122, 319
アトゥン・ルナ　36
アヌビス、エジプトの神　59
アビラのテレサ（キリスト教）　238
アル＝アシュアリー、アブー・アル＝ハサン　277
アブー・バクル（イスラム教）　270, 271, 283, 328
アフマディーヤ（イスラム教）　**284-285**, 329
アフマディーヤ・カーディヤーン派（イスラム教）　285
アブラハム（ユダヤ教）　166, **170-171**, 175
アフラ・マズダー（ゾロアスター教）　62-63, 64, 65, 317
アフリカ系教派（キリスト教）　327
アボリジニ（オーストラリアの）　19, **34-35**
阿弥陀、阿弥陀仏（仏教）　156, 320, 321
アメリカ合衆国

エホバの証人　218, 306, **330-331**
サイエントロジー　332
セブンスデー・アドベンチスト教会　327
ネーション・オブ・イスラム　329
フーパ族　18, 51
ポーニー族　46-47
アリストテレス　62, 203, 229, 276, 281
アル＝ガザーリー、アブー・ハーミド・ムハンマド（イスラム教）　279
アル＝サラフスィー、シャムス・アル＝アインマ（イスラム教）　278
アッ＝シャーフィイー（イスラム教）　256, **272-275**
アル＝マフディー（イスラム教）　250, 271, 285, 309
アルメニア教会（キリスト教）　324
アルモアデ　281
アレクサンドロス大王　79
イエス（キリスト教）　202, **204-207**, 208, 211, 324
イスラエル・ベン・エリエゼル（ユダヤ教）　188
イスラム教　317
　歴史年表　250-251
　アラブの春（による民主化）　251
　アリストテレスの哲学　276, 281
　イスラム教とギリシャ哲学　276-277
　イスラム教の神学的な見解　276-277
　イスラム復興運動　288-290
　イデオロギー的・政治的対立　251
　祈りの前の清め　265-266
　黄金期とアッバース王朝　250, 251
　芸術としてのアラビア文字　261
　現代的宗教としてのイスラム教　291
　十字軍　251
　スンナ　253, 266, 270, 273, 274, 281
　西洋の影響の拒絶　289-290, 329
　法学派　275
　ムアッズィン　265, 266
　ムハンマドに対するジブリール（ガブリエル）の出現　253, 256
　メッカ　250, 253, **267-269**

　預言者として認められたイエス　252
イスラム教、信仰
　一神教　176, 250, 280-281
　神の唯一性の教義　280-281
　原理主義　251
　五行　250, **264-269**, 271
　サラート（礼拝）　265-266
　慈善の重要性　266
　ジハードと悪に対する戦い　251, 278, 285, 288-290
　慈悲深き神　279
　ジャーヒリーヤ（無明時代）　289-290
　シャハーダ（信仰告白）　264-265, 280-281
　シャリーア（イスラム法）　256, **272-275**, 291, 328-329
　審判の日　279
　タウヒード（唯一性）　280-281
　人間の理解を越えた神　276-277
　ラマダーンの順守と断食　266-267
イスラム教、人物
　アヴィケンナ（イブン・スィーナー）　250, 276, 280
　アヴェロエス（イブン・ルシュド）　278
　アッ＝シャーフィイー（学者）　256, **272-275**
　アブー・バクル　270, 271, 283, 328
　アフマド、ミールザー・グラーム（アフマディーヤ）　**284-285**, 308, 329
　アル＝アシュアリー、アブー・アル＝ハサン　277
　アル＝ガザーリー、アブー・ハーミド・ムハンマド　279
　アル＝サラフスィー、シャムス・アル＝アインマ　278
　アル＝マフディー（幽隠）　250, 271, 284, 309
　イブン・ウマル、アブドゥッラー　265
　イブン・トゥーマルト、ムハンマド（アルモアデ）　280-281
　クトゥブ、サイイド　289-290

索引

ターリブ、アリー・イブン・アビー　271
ファード・ムハンマド（ネーション・オブ・イスラム）　329
ムハンマド　250, 252-253, 265, 270-271, 284-285
ラマダン、タリーク　291
ルーミー、ジャラール・ウッディーン　282-283
イスラム教、宗派　328-329
　アフマディーヤ　284-285, 329
　アフマディーヤ・カーディヤーン派　285
　アルモアデ　281
　イスマーイール派　328-329
　サラフィー主義　329
　シーア派　250, 251, 270-271, 309, 328
　十二イマーム派　271, 309
　スーフィズム　269, 282-283, 295, 329
　スンナ派（スンニー派）　251, 269, 270, 271, 275, 328, 329
　旋舞教団　283, 329
　ドゥルーズ派　328, 329
　ネーション・オブ・イスラム　329
　ハワーリジュ派　328
　ムウタズィラ派　276-277
　ムスリム同胞団　289, 291
　ワッハーブ派　269
イブン・ウマル、アブドゥッラー（イスラム教）　265
イブン・トゥーマルト、ムハンマド（アルモアデ）　280-281
イラン（ペルシャ）
　イスラム教シーア派　270-271
　ゾロアスター教　→ゾロアスター教
　バハーイー教信仰　→バハーイー教
　マニ教　65, 221
インカ族　36
インド
　ギリシャ化　150
　サーンキヤ学派　113, 319
　シク教　→シク教
　ジャイナ教　→ジャイナ教
　パールシー（ゾロアスター教）　62
　バイガ族　19, 32
　ヒンドゥー教　→ヒンドゥー教
　仏教　→仏教
ヴァイキング　86-87

ヴァルハラと死後の暮らし　87
オーディン　86-87
シャーマニズム　28-29
ヴァルナ（ヒンドゥー教）　97
ヴィヴェーカーナンダ（ヒンドゥー教）　123
ヴィシュヌ（ヒンドゥー教）　91, 97, 115, 318
ヴィシュヌ派（ヒンドゥー教）　318
ウィッカ　333
ウェスレー、ジョン（メソジスト）　203, 239, 326
英国国教会（キリスト教）　221, 236, 325
エッセネ派（ユダヤ教）　222
エディ、メリー・ベーカー（クリスチャン・サイエンス）　323
エホバの証人　218, 306, 330-331
エメラルド仏　150
エラスムス（キリスト教の人文主義者）　232, 234
オーディン（ヴァイキング）　86-87
大本　294, 310, 335
オシリス（古代エジプト）　58-59

か

カーゴ・カルト、太平洋諸島　294, 311
ガーベイ、マーカス（ラスタファリ）　331
カールサー（シク教）　298-300, 302
ガイガー、アーブラハム（ユダヤ教）　192, 193
改革派ユダヤ教　175, 181, 189, 192, 193, 195, 199, 323
会衆派（キリスト教）　325
カオダイ教　295, 306, 312, 316
カタリ派　65
カバラー（ユダヤ教）　166-167, 186-187
カプラン、モルデカイ（再建派ユダヤ教）　323
カライ派（ユダヤ教）　183
カリスマ運動（キリスト教）　219, 327
カリブ海域諸島　→ラスタファリ運動、サンテリア教
ガリレオ・ガリレイ　242
カルヴァン、ジャン（キリスト教）

221, 237, 325
観世音菩薩、観音菩薩（仏教）　155-156, 159
ガンディー、マハトマ（ヒンドゥー教）　91, 124-125, 302
救世軍（キリスト教）　327
キュプリアヌス（キリスト教）　225-226
キリスト・アデルフィアン派　327
キリスト教　316
　歴史年表　202-203
　アレクサンドリアのオリゲネス　210-211
　アンデス地方のミイラの焼失　37
　異端　65, 227, 242
　エキュメニカル運動　224
　科学的発見の影響　242-245
　起源であるユダヤ教からの離脱　206-207
　希望の神学　247
　教会大分裂　202, 203, 226
　キリスト教とツォツィル人の宗教　45
　社会変革のための運動　207
　十字軍　203
　修道制　222-223
　殉教　209, 211
　神秘主義　186, 238
　スペインの異端審問　203
　第4ラテラノ公会議　226, 227
　プラトン哲学　62, 210-211
　プロテスタント宗教改革　203, 221, 227, 232-237
　マヤ文明　45
　ユグノー戦争　203
　ラテン語の使用　232-234
　ルネサンスと人文主義からの異議申し立て　203
　ロマン主義の影響　243
キリスト教人文主義運動　234, 237
キリスト教、聖書
　旧約・新約聖書　225
　その土地の言語に訳された聖書　232-237
　ニカイア信条　202, 208, 212-219
　『ハイデルベルク教理問答』　232
　福音書　252, 253
キリスト教、教義
　アレイオス主義と一神論　215-216

祈りの妥当性　246-247
神の予知の否定　246-247
奇跡　206
教皇の権威　226-227
キリストの受肉　208
原罪　221, 333
三位一体　202, 214-219, 324, 326, 327
地獄　225
実体変化　228-229
自由意志とペラギウス論争　220-221
条件的不死と二元論否定　211
贖宥状販売　233-234
聖餐　202, 226, 228-229, 325
罪人への赦し　206
秘跡　202, 226-227, 324-325　→聖餐
不死　210-211
メシアとその再臨　202, 204-207, 325, 327
モーセの十戒　264
幼児洗礼　221
煉獄　233-234
キリスト教、宗派　324-327
　アーミッシュ派　326
　アフリカ系教派　327
　アルメニア教会　324
　イエズス会　236
　インディアン・バプテスト、メソジスト、フルゴスペルの教会　46
　英国国教会　221, 236, 325
　会衆派　325
　カリスマ運動　219, 327
　救世軍　327
　キリスト・アデルフィアン派　327
　キリスト教人文主義　234, 237
　クエーカー派　325
　クリスチャン・サイエンス　323
　敬虔主義　239, 243
　コプト正教会　324
　サベリウス主義者　216, 217
　シェーカー派　326
　セブンスデー・アドベンチスト教会　327
　長老派　236, 325
　東方正教会　202-203, 324-325
　バプテスト派　325
　非カルケドン派正教会　324
　プリマス・ブレザレン　326
　プロテスタントの自由主義　242-245
　ベネディクト会　222, 223
　ペンテコステ派　218, 219
　メソジスト派　203, 239, 326
　メノナイト派　325
　モラヴィア兄弟団　326
　モルモン教　294-295, 306-307, 316, 326
　ユニテリアン　218, 295, 313, 326
　ルター派　232, 235, 325
　ローマ・カトリック教会　203, 226-227, 236-237, 324
キリスト教、人物
　アビラのテレサ（カルメル会修道女）　238
　異端者としてのガリレオ　242
　ウェスレー、ジョン（メソジスト）　203, 239, 326
　エラスムス（キリスト教の人文主義者）　232, 234
　カルヴァン、ジャン（プロテスタントの宗教改革者）　221, 237, 325
　キュプリアヌス（神学者）　225-226
　使徒　205
　シュライアマハー、フリードリヒ（神学者）　243-245
　スミス・ジュニア、ジョセフ（モルモン教）　294, 307, 326
　聖アントニオス　221, 223
　世界へのイエスの教え　204-207, 211
　トマス・アクィナス　203, 228-229, 242
　バルト、カール　218-219, 245
　ヒッポのアウグスティヌス　203, 214, 217, 220-221
　フォックス、ジョージ（クエーカー）　325
　ヘルウィス、トマス（バプテスト）　325
　ミラー、ウィリアム（セブンスデー・アドベンチスト）　327
　ヤング、ブリガム（モルモン教）　307
　ルター、マルティン（プロテスタント宗教改革者）　203, 233-235, 239, 325
クエーカー派（キリスト教）　325
クトゥブ、サイイド（イスラム教）　289-290
クリシュナ（ヒンドゥー教）　110-111, 318
クリスチャン・サイエンス　323
グル・ナーナク（シク教）　298, 299, 301, 302
クレオール宗教　294, 305
クレタ島（ミノア人）　78
敬虔主義（キリスト教）　239, 243
ケチュア・インディアン　18, 36-37
ケルトの神々　54, 55
ゴ・ヴァン・チェウ（カオダイ教）　312
孔子　→儒教
ゴウディヤ・ヴァイシュナヴァ運動（ヒンドゥー教）　334
ゴービンド・シン、グル（シク教）　298, 299, 300, 302, 303
コーラン（クルアーン）　250, 253, 256-261, 272-275, 281, 329
　コーランと審判の日　279
　コーランと聖書　259
　コーランの暗記と朗誦　258-260
　コーランの処分　259
　コーランの無比性　260
　神聖なアラブ言語　260
　スーラ（章）とアーヤ（節）の構成　257-258
　メッカ啓示　257-258
古代エジプト　58-59
　アヌビス、死者の神　59
　オシリス　58-59
　カー、魂の生命力　58, 59
　死後の世界を信じること　54, 58-59
　神格化されたファラオの崇拝　54
　ミイラを作ること　58-59
古代ギリシャ　78-79
　アリストテレス　62, 203, 229, 276, 281
　神々の序列　55
　神託、巫女　79
　プラトン　62, 210-211
　ミノア文明　54, 78
古代ローマ　80-81
コプト正教会（キリスト教）　324
金光教　310, 335
混淆宗教、サンテリア　294, 304-305
コンスタンティヌス1世　80

索引

さ

サーミのシャーマニズム　19, 28-31
サーンキヤ学派（インド）　113, 319
サイエントロジー　332
再建派ユダヤ教　195, 199, 323
サティヤ・サイ・ババ・ソサエティー　319
サドカイ派（ユダヤ教）　183, 210
サベリウス主義者（キリスト教）　216, 217
サラフィー主義（イスラム教）　329
サン人　19, 20-23
三神一体（ヒンドゥー教）　91, 97
サンテリア　294, 304-305
シーア派　250, 251, 270-271, 309, 328
シヴァ（ヒンドゥー教）　91, 97, 318, 319
シヴァ派（ヒンドゥー教）　318
シェーカー派（キリスト教）　326
シオニズム（ユダヤ教）　167, 189, 196-197
シク教　294-295, 298-303, 317,
　アカーリー・ダル政党　300-301
　一神教　303
　カールサー　298-300, 302
　救済への道の5段階　298-299
　キルパン（儀礼用の短剣）　300-301
　グル・グラント・サーヒブ（聖典）　298, 301, 302, 303
　グル・ガラント・サーヒブ　298, 301, 302, 303
　行動規範　298-301, 303
　ゴービンド・シン、グル　298, 299, 300, 302, 303
　信仰の5つのシンボル（5つのK）　299-300, 301
　聖戦士　298-299
　ターバン　300
　ナーナク、グル　298-301, 302
　名前の起源　101
　平等主義　302-303
　輪廻転生　298
シッダールタ、ガウタマ（釈迦、ブッダ）　90, 128, 132-133, 138, 316
シャーマニズム　28-31
ジャイナ教　66, 68-71
　禁欲　69, 70
　五大誓戒　69-70
　祭壇と寺院　71

サムヴァトサリ祭　70
象徴　70, 300
魂の解放　70
不殺生　69, 70, 146
マハーヴィーラ　55, 68-69, 71, 90, 94
瞑想　70
釈迦　→シッダールタ、ガウタマ
シャクティ（ヒンドゥー教）　100, 318
ジューイッシュ・サイエンス　323
自由主義神学（キリスト教）　242-245
自由主義ユダヤ教　175, 195
十二イマーム派（イスラム教）　271, 309
儒教　72-77, 316
　黄金律　76
　孔子　55, 66, 67, 74-75, 312, 313, 316
　五倫　76
　儒教の中の道教的要素　77
　新儒教　77
　性善説　77
　統治者への助言　74, 75
　徳と道徳の重要性　74-75
　『論語』　74-75, 77
シュメール人　→バビロニア
シュライアマハー、フリードリヒ（キリスト教）　243-245
上座部（テーラワーダ）仏教　129, 140, 145, 150, 155, 320
浄土信仰　321
ショーペンハウアー、アルトゥル　91, 129
新正統主義ユダヤ教（ユダヤ教）　322-323
神道　55, 82-85, 310, 317
進歩主義ユダヤ教　192-195
スーフィズム（イスラム教）　269, 282-283, 295, 329
スマールタ派（ヒンドゥー教）　310
スミス・ジュニア、ジョセフ（モルモン教）　294, 307, 326
スワミナラヤン派（ヒンドゥー教）　319
スンナ派（スンニー派）　251, 269, 270, 271, 275, 328, 329
聖アントニオス（キリスト教）　221, 223
聖書研究者　→エホバの証人
正統派ユダヤ教　181, 194, 322, 323
セファルディム　322
セブンスデー・アドベンチスト教会（キリスト教）　327

禅宗　144, 148, 160-163, 321
　悟りへの道　160-161, 162-163
　瞑想　162-163
　曹洞宗　162-163, 321
　西田幾多郎　161
　日本　129, 162-163
　菩提達磨　160, 163
　臨済宗　162, 321
旋舞教団（イスラム教）　283, 329
創価学会　321
ゾロアスター教　54, 62-65, 317
　アヴェスタ　63, 65
　アフラ・マズダー（神）　62-65, 317
　一神教　62-63, 176
　ズルワーン　64
　パールシー　62
ソーマ酒（神々の飲み物）　96

た

ターリブ、アリー・イブン・アビー（イスラム教）　271
大乗仏教　114, 128, 129, 154-157, 320, 321
ダライ・ラマ（仏教）　147, 156, 157, 159, 321
ダルシャナ（ヒンドゥー教）　101, 318-319
タントラ仏教　→密教
チェウォン族　19, 38
チベット仏教　129, 158-159, 321
中国
　儒教　→儒教
　道教　→道教
　仏教　114, 129, 154-157, 320
　法輪功　334-335
超越瞑想（TM）（ヒンドゥー教）　333-334
長老派（キリスト教）　236, 325
ティコピア族　19, 50
天理教　294, 310, 317, 335
統一教会　332-333
道教（タオイズム）　55, 66-67, 317
　儒教の中の道教的要素　77
　精神的・肉体的鍛練　112
　太極拳　66
　不死　67

瞑想　67
老子　55, 66, 67, 317
洞窟壁画　21
東方正教会（キリスト教）　203, 324-325
ドゥルーズ派　328, 329
ドゴン族　19, 48-49
トマス・アクィナス（キリスト教）　203, 228-229, 242
ドリーミング　34-35
トリラトナ・ブッディスト・コミュニティ　321

な

ナーガールジュナ（仏教）　156-157
ナーガセーナ（仏教）　149-151
中山みき　310, 317, 335
西田幾多郎（禅宗）　161
日本
　アイヌ　19, 24-25
　神道　55, 82-85, 310, 317
　禅宗　129, 162-163
　天理教　294, 310, 317, 335
　仏教　82, 162-163, 310, 320, 321
ネーション・オブ・イスラム　329
ネツリク・イヌイットのシャーマン　30-31
ノア（ユダヤ教）　173

は

バアル・シェム・トーブ　→イスラエル・ベン・エリエゼル
バイガ族　19, 32
ハイチのヴードゥー教　305
ハイレ・セラシエ（ラスタファリ）　331-332
ハシディズム（ユダヤ教）　167, 187, 188, 295, 322
バハーイー教　295, 308-309, 316
バハーオッラー　294, 308, 309, 316
ハバード、L・ロン（サイエントロジー）　332
バビロン（バビロニア）　54, 56-57, 176, 177, 179, 180, 183
バプテスト派（キリスト教）　325
バルコフバ、シメオン（ユダヤ教）　181
バルト、カール　218-219, 245
ハレー・クリシュナ　334
ハワーリジュ派（イスラム教）　328
非カルケドン派正教会（キリスト教）　324
ヒッポのアウグスティヌス（キリスト教）　203, 214, 217, 220-221
ヒューマニスティック・ジュダイズム（ユダヤ教）　323
ヒンドゥー教　317
　歴史年表　90-91
　アーリア人の影響　95-96, 97
　ヴェーダーンタ学派　91, 118-119, 122, 319
　階級制度（ヴァルナ）　97-98, 99, 108-109, 124, 302
　シヴァ（破壊神）　97
　周期としての時間　95
　ソーマ酒（神々の飲み物）　96
　タントラ　100, 158, 318
　定義の問題　90
　プージャー　114-115, 318
　マタ（僧院）　101
　瞑想　100, 120, 333-334
　ヨーガ　91, 100, 112-113, 318
ヒンドゥー教、経典
　ヴェーダ　54, 90, 91, 99, 100, 101, 107, 108, 114, 319, 334
　ウパニシャッド　90-91, 99, 101, 102-105, 118, 120, 121, 133, 135, 148
　『バガヴァッド・ギーター』　91, 107, 108, 110-111, 112, 334
　『マハーバーラタ』　91, 101, 111, 115
　『ヨーガ・スートラ』　91, 112, 113
　『ラーマーヤナ』　91, 101, 111, 115
　『リグ・ヴェーダ』　96, 97, 99
ヒンドゥー教、宗派　318-319
　アーリヤ・サマージ　319
　ヴィシュヌ派　318
　ゴウディヤ・ヴァイシュナヴァ　334
　サーンキヤ学派（インド）　113, 319
　サティヤ・サイ・ババ・ソサエティー　319
　シヴァ派　318
　シャクティ派　100, 318
　スマールタ派　319
　スワミナラヤン派　319
　ダルシャナ　101, 318-319
　超越瞑想　333-334
　ハレー・クリシュナ　334
　ブラーフマ・サマージ　319
　リンガーヤット派　319
ヒンドゥー教、信仰
　アートマン（純粋な意識、自己）　102-105, 118-121, 122
　アヒンサー（不殺生、非暴力）　124-125, 146
　意識と知識　119-120
　ヴェーダに基づく供犠　94-99, 111
　同じ真理へと導く道としての他の宗教　123
　感覚による経験と純粋な意識の区別　120-121
　寛容　91
　儀礼と礼拝　94-99, 114-115, 319
　供犠のための場所と火　96
　解脱の手段としての神への個人的献身　98-99
　業（カルマ）と輪廻転生　319
　サチャグラハ（真理の堅持）　124-125
　サンサーラ（輪廻）　90, 104, 319
　自己の本質　102-105
　四住期　106-109
　宗教的教義の段階　101
　ダルマ（宇宙の秩序、正しい生き方）　94, 106-109, 110
　道徳的原則　109
　内的変化　123
　バクティ（信愛、宗教的献身）　91, 94, 114, 115, 122, 159,
　ブラフマン（絶対実在）　90, 95, 97, 102-105, 122-123,
　無私の義務　110-111
　モークシャ（解脱）　90-91
ヒンドゥー教、人物・姿
　アグニ（火の神）　96
　アディ・シャンカラ　91, 118-122, 319
　ヴァルナ　97
　ヴィヴェーカーナンダ　123
　ヴィシュヌ　91, 97, 115, 318
　ガンディー、マハトマ　91, 124-125, 302

クリシュナ　110-111, 318
化身（神）　115, 318, 319
三神一体　91, 97
シヴァ　91, 97, 318, 319
秩序の諸側面としての神　96-97
女神　100
ラーマクリシュナ　91, 122-123
ファード・ムハンマド（ネーション・オブ・イスラム）　329
ファリサイ派（ユダヤ教）　210
ブース、ウィリアム（救世軍）　327
フーパ族　18, 51
フォックス、ジョージ（クエーカー）　325
仏教　316
　歴史年表　128-129
　ヴェーダの宗教の否定　133
　実存主義　151
　儒教の中の仏教的要素　77
　出家生活　134, 135, 145, 320-321
　順世派　132
　象徴　155, 156
　チベットのラマ　159
　チベット仏教　158-159, 321
　日本　82, 310, 320
　普及と多様化　129
　菩薩　154-157
　菩提樹　132, 138
　曼荼羅　156, 158, 321
　瞑想　141, 144, 146-147, 156, 157, 162-163, 320, 321
仏教、教義
　縁起　130-135, 141-143, 149, 150, 156
　渇愛と欲求　138-139
　慣例的真理と絶対的真理　151
　虚無主義の否定　133-134
　議論の重要性　144
　苦（ドゥッカ）　134, 138, 139
　五戒　146-147, 320
　再生、生まれ変わること　154-157, 321
　悟り　54, 129, 132, 144, 145, 154-157, 320
　「三毒」からの解放　112-113
　四諦　128, 134, 138-139, 140, 142, 154
　慈悲（メッター）　146-147
　『ジャータカ』（『本生経』）　154-155
　ダルマ（ダンマ）　138-143, 321

知恵の獲得の段階　144
中道　128, 133-135, 145, 147, 148
常に変化する自己　148-151
道徳面での指針　140-141
ニルヴァーナ（涅槃）に至るための精神的鍛錬　139, 140-142, 155
八正道　134, 138-143, 154, 320
非暴力（アヒンサー）　146-147
不殺生（アヒンサー）　146-147
不変の自己と存在することの不幸　161
無我（アナッタン）　134
無常（アニッチャ）　134
瑜伽行唯識学派　158
輪廻からの解放　138-143
仏教、経典
　パーリ仏典　128, 140, 320
　般若経　157
　法華経　155, 321
　『ミリンダ王の問い』　149-151
仏教、宗派　320-321
　上座部（テーラワーダ）仏教　129, 140, 145, 150, 155, 320
　浄土信仰　321
　禅宗　→禅宗
　創価学会　294, 295, 321, 335
　大乗仏教　114, 128, 129, 154-157, 320, 321
　トリラトナ・ブッディスト・コミュニティ　321
　密教（タントラ仏教）　129, 154, 158-159, 320
　チベット仏教　158-159, 320-321
　法華信仰　145, 321
仏教、人物
　アショーカ（王）　147
　阿弥陀如来（無量光仏）　156, 320, 321
　エメラルド仏　150
　観世音菩薩、観音菩薩　155-156, 159
　シッダールタ、ガウタマ（釈迦、ブッダ）　90, 128, 132-133, 138, 316
　十六羅漢（または十八羅漢）　149
　ダライ・ラマ　147, 156, 157, 159, 321
　ナーガールジュナ（哲学者）　156-157
　ナーガセーナ（賢人）　149-151
　西田幾多郎（禅宗）　161

プラトン　62, 210, 211
ブラフマン（ヒンドゥー教）　90, 95, 97, 102-105, 122-123
プリマス・ブレザレン（キリスト教）　326-327
ベトナム、カオダイ教　295, 306, 312, 316
ベネディクト会（キリスト教）　222, 223
ヘルウィス、トマス（バプテスト）　325
ヘルツル、テオドール（ユダヤ教）　167, 189, 196-197
ペンテコステ派（キリスト教）　218, 219
法輪功　334-335
ポーニー族　18, 46-47
保守派ユダヤ教（マーソルティ）　323
法華信仰（日蓮宗）　145, 321

ま

マイモニデス、モーゼス（ユダヤ教）　181, 182, 184-185
マオリ族　19, 33
マニ教　65, 221
マハーヴィーラ（ジャイナ教）　55, 68-69, 71, 90, 94
マヤ文明（マヤ族）　18, 42, 43-44, 45
密教　129, 154, 158-159, 320
ミノア人（ミノア文明）　54, 78
ミラー、ウィリアム（セブンスデー・アドベンチスト教会）　327
ムウタズィラ派（イスラム教）　277
ムスリム同胞団（イスラム教）　289, 291
ムハンマド（イスラム教）　250, 252-253, 265, 270 271, 284
メソジスト派（キリスト教）　203, 239, 326
メノナイト派（キリスト教）　325
メンデルスゾーン、モーゼス（ハスカラー運動）　189
モーセ（ユダヤ教）　171, 173
モラヴィア兄弟団（キリスト教）　326
モルモン教（キリスト教）　294, 295, 306-307, 316, 326

や

ヤング、ブリガム（モルモン教）　307
瑜伽行唯識学派　158
ユダヤ教　317
　歴史年表　166-167
　安息日の順守　172, 173, 194
　イスラエル人とユダヤ人　179
　イスラエル人の追放　170, 174, 179, 186, 196
　エジプト脱出　166, 171-172
　エルサレム　166, 181
　「神の子」という表現の使用　208
　国外離散　166-167, 181, 196-197
　ダビデの星　197
　迫害　167
　ハスカラー（ユダヤ啓蒙運動）　189, 196-197
　母方の血筋　167, 175, 199
　ハラハー（ユダヤ教の法）　194
　反ユダヤ主義　197
　ホロコースト　167, 193, 198, 322
　祭りの日　195
　メシアという語の起源　178
　メシアの時代　178-181
　ヤハウェ　170, 176-177
　ユダヤ教の基礎　54
　ヨーロッパにおけるユダヤ人の解放　192
ユダヤ教、宗派　322-323
　アシュケナジム　166-167, 322
　エッセネ派　222
　改革派ユダヤ教　175, 181, 189, 192, 193, 195, 199, 323
　カバラーと神秘主義　167, 186-187
　カライ派　183
　新正統主義ユダヤ教　322-323
　再建派ユダヤ教　195, 199, 323
　サドカイ派　183, 210
　正統派　181, 194, 322, 323
　シオニズム　167, 189, 196-197
　ジューイッシュ・サイエンス　323
　自由主義ユダヤ教　175, 195
　進歩主義ユダヤ教　192-195
　セファルディム　322
　ハシディズム　167, 187, 188, 295, 322
　ヒューマニスティック・ジュダイズム　323
　ファリサイ派　210
　保守派ユダヤ教（マーソルティ）　323
ユダヤ教、信条
　一神教　176-177, 184-185, 194
　黄金律　173
　カシュルート（食事規定）　194-195
　神の選民としてのユダヤ人　174-175, 204
　口伝律法　182-183
　契約　170-175
　死後の暮らし　181
　メシア　178-181
　預言　180-181
ユダヤ教、人物
　アブラハム　166, 170-171, 175, 317
　イスラエル・ベン・エリエゼル（バアル・シェム・トーブ）　188
　ガイガー、アーブラハム　192, 193
　カプラン、モルデカイ　323
　ノア　173
　バルコフバ、シメオン　181
　ヘルツル、テオドール　167, 189, 196-197
　マイモニデス、モーゼス　181, 182, 184-185
　メンデルスゾーン、モーゼス　189
　モーセ　171, 173
　ルーリア、イツハク（カバラー）　186-187
ユダヤ教、聖典
　『ザブール』（詩篇）　256
　死海文書　180
　十戒　172, 264
　『申命記』と三番目の契約　173
　『ゾーハル』　184
　タルムード　170, 172, 182-183, 186, 187, 192, 323
　トーラー（モーセ五書）　166, 167, 170-174, 188, 189, 195, 322, 323
　ミシュナ　166, 182-183
ユニテリアン（キリスト教）　218, 295, 313, 326
ヨルバ人の宗教（サンテリア参照）→サンテリア

ら

ラーマクリシュナ（ヒンドゥー教）　91, 122-123
ラザフォード、ジョセフ・フランクリン　330, 331
ラスタファリ　305, 331-332
ラマダン、タリーク（イスラム教）　291
立正佼成会　321, 335
リンガーヤット派（ヒンドゥー教）　319
ルーミー、ジャラール・ウッディーン（イスラム教）　282-283
ルーリア、イツハク　186-187
ルター、マルティン（プロテスタント宗教改革者）　203, 233-236, 239, 325
霊友会　310, 321, 335
老子　→道教
ローマ・カトリック教会（キリスト教）　203, 210, 226, 227, 236-237, 324

わ

ワッハーブ派（イスラム教）　269
ワラオ族　18, 39

出典一覧

Dorling Kindersley and cobalt id would like to thank Louise Thomas for additional picture research, and Margaret McCormack for the index

PICTURE CREDITS

The publisher would like to thank the following for their kind permission to reproduce their photographs:

(Key: a-above; b-below; c-centre; l-left; r-right; t-top)

21 Corbis: Anthony Bannister/Gallo Images (tr). 22 Getty Images: Per-Andre Hoffmann (bl). 23 Corbis: Ocean (tr). 25 Getty Images: Time & Life Pictures (tr). 29 Corbis: Michel Setboun (tr). 31 Alamy Images: Horizons WWP (tl); Getty Images: Apic/Contributor (br). 33 Corbis: Nathan Lovas/ Foto Natura/Minden Pictures (cr). 35 Corbis: Giles Bracher/ Robert Harding World Imagery (tr). 37 Getty Images: Maria Stenzel (tr). 39 Getty Images: Juan Carlos Muñoz (cr). 43 Alamy Images: Pictorial Press Ltd (tl). 44 Alamy Images: Emiliano Rodriguez (br). 45 Getty Images: Richard I'Anson (tl). 47 Corbis: William Henry Jackson (tr). 48 Getty Images: David Sutherland (br). 50 Corbis: Michele Westmorland/Science Faction (bc). 57 Alamy Images: Imagestate Media Partners Limited - Impact Photos (tl). 59 PAL: Peter Hayman/The British Museum (tr). 63 Corbis: Kazuyoshi Nomachi (tr); Paule Seux/Hemis (bl). 64 Getty Images: Religious Images/UIG (tl). 65 Corbis: Raheb Homavandi/Reuters (br). 67 Fotolia: Pavel Bortel (tr); Corbis: Liu Liqun (tr). 69 Corbis: Werner Forman/ Werner Forman (tr). 71 Alamy Images: John Warburton-Lee Photography (bl); Stuart Forster India (tr). 75 Getty Images: (bl); Keren Su (tr). 76 Mary Evans Picture Library: (tr). 77 Corbis: Imaginechina (br). 78 Getty Images: De Agostini Picture Library (br). 81 Corbis: (bl). 84 Corbis: Michael Freeman (bl). 87 Getty Images: Universal Images Group (tl); Corbis: Kieran Doherty/Reuters (bl). 95 Alamy Images: Franck METOIS (br). 97 Getty Images: Gary Ombler (tr). 99 Corbis: Nevada Wier (bl). 100 Corbis: Godong/Robert Harding World Imagery (cr). 103 Getty Images: Comstock (br). 108 Corbis: Hugh Sitton (br). 111 Corbis: Stuart Freedman/In Pictures (br). 112 Alamy Images: Emanuele Ciccomartino (br). 114 Alamy Images: World Religions Photo Library (cr). 119 Corbis: Juice Images (br). 121 akg-images: R. u. S. Michaud (tr). 123 Getty Images: The Washington Post (bc); akg-images: R. u. S. Michaud (tr). 125 Alamy Images: Lebrecht Music and Arts Photo Library (bl); Corbis: Bettmann (cr). 132 Corbis: Pascal Deloche/Godong (bl); Pascal Deloche/Godong (tr). 134 Corbis: Jeremy Horner (bl). 135 Fotolia: Benjamin Vess (tr). 138 Getty Images: Chung Sung-Jun (br). 140 Getty Images: Oli Scarff (tl). 142 Getty Images: SuperStock (bl). 143 Corbis: Earl & Nazima Kowall (tr). 145 Corbis: Nigel Pavitt/JAI (cb). 147 Alamy Images: Mary Evans Picture Library (bl); Corbis: Peter Adams (tr). 149 Getty Images: DEA / V. PIROZZI (bl). 150 Getty Images: Andy Ryan (tr). 155 Getty Images: Godong (br). 156 Corbis: Peter Turnley (tl). 157 Alamy Images: Mark Lees (tl); Fotolia: Oliver Klimek (bl). 159 Corbis: Alison Wright (bl); Alison Wright (tr). 162 Getty Images: Kaz Mori (tl). 171 Getty Images: DEA / G. DAGLI ORTI (bl); Corbis: Peter Guttman (tr). 172 Getty Images: The Bridgeman Art Library (bl). 173 Corbis: Christophe Boisvieux (bl); Getty Images: PhotoStock-Israel (tr). 174 Corbis: Nathan Benn/Ottochrome (tl). 177 akg-images: Erich Lessing (tl). 178 Corbis: Dr. John C. Trever, Ph. D. (bl). 179 Corbis: Richard T. Nowitz (tr). 183 Getty Images: Philippe Lissac/Godong (tr). 185 Corbis: NASA, ESA, and F. Paresce / handout (bl); Getty Images: Danita Delimont (tr). 186 Corbis: Kobby Dagan/Demotix (bc). 188 Getty Images: Uriel Sinai/Stringer (cr). 192 Alamy Images: INTERFOTO (bl). 195 Alamy Images: Israel images (tl). 197 Getty Images: Steve McAlister (bc); Alamy Images: World History Archive (tr). 199 Corbis: Silvia Morara (br). 205 Corbis: Massimo Listri (cb); Chris Hellier (tr). 206 Corbis: Francis G. Mayer (tl). 209 Corbis: The Gallery Collection (tr). 211 Getty Images: De Agostini Picture Library (tl); Universal Images Group (tr). 215 The Bridgeman Art Library: Clement Guillaume (tr). 216 Getty Images: Universal Images Group (tl). 218 Corbis: eidon photographers/Demotix (tl). 219 Alamy Images: van hilversum (tr). 221 Corbis: Tim Thompson (tl); Getty Images: Mondadori Portfolio/UIG (tr). 223 Corbis: Hulton-Deutsch Collection (br); Jose Nicolas (tr). 225 Getty Images: Conrad Meyer (tr). 227 The Bridgeman Art Library: AISA (br). 229 Getty Images: DEA / VENERANDA BIBLIOTECA AMBROSIANA (bl); Scott Olson/Staff (tr). 233 Getty Images: Lucas Cranach the Elder (t). 234 Corbis: Alfredo Dagli Orti/ The Art Archive (tl). 235 Corbis: Bettmann (tr). 237 Getty Images: (bl); Corbis: Paul A. Souders (tr). 238 Corbis: Heritage Images (cb). 243 Alamy Images: The Protected Art Archive (bl); INTERFOTO (tr). 244 Corbis: Matthias Kulka (tl). 245 Getty Images: Ron Burton/Stringer (tr). 247 Corbis: (br). 253 Getty Images: Muhannad Fala'ah/ Stringer (cb); Alamy Images: Rick Piper Photography (tl). 257 Getty Images: Leemage (tl). 259 Corbis: Howard Davies (tr). 260 Corbis: Kazuyoshi Nomachi (tl).

261 Getty Images: Patrick Syder (bl); Insy Shah (tr). 265 Corbis: Alexandra Boulat/VII (tr). 266 Corbis: Christine Osborne (bl). 267 Alamy Images: Philippe Lissac/Photononstop (br). 268 Corbis: Tom Morgan/Demotix (tl). 269 Getty Images: AHMAD FAIZAL YAHYA (br). 271 The Bridgeman Art Library: Christie's Images (tl). 273 Corbis: Bertrand Rieger/Hemis (br). 274 Getty Images: Wathiq Khuzaie (bl). 277 Corbis: Owen Williams/National Geographic Society (cr). 278 Getty Images: Rozikassim Photography (cr). 281 Getty Images: Walter Bibikow (tl). 282 Corbis: John Stanmeyer/VII (cb). 283 Alamy Images: Peter Horree (tr). 285 Alamy Images: ZUMA Press, Inc. (tr). 291 Corbis: Hulton-Deutsch Collection (tl). 299 Corbis: ETTORE FERRARI/epa (tr). 300 Corbis: Christopher Pillitz/In Pictures (bl). 301 Alamy Images: Art Directors & TRIP (tr). 302 Corbis: Christopher Pillitz/In Pictures (bl). 305 Alamy Images: Alberto Paredes (tl). 307 The Bridgeman Art Library: (bl); Corbis: James L. Amos (tr). 309 Alamy Images: Art Directors & TRIP (bl). 311 Corbis: Matthew McKee (bc).

All other images © Dorling Kindersley.

For further information see:
www.dkimages.com

監修者あとがき

日本でも世界の諸宗教を紹介するガイドブックはいろいろと刊行されているが、概念をたくさん書き並べた、一般の読者にとってとっつきにくいものであることが多い。また、仏教、キリスト教、イスラム教と、俗に「三大宗教」と呼ばれるものに偏っていることもしばしばである。

これはひとつには、今でも日本社会が、西欧諸国などと違って、街中でさまざまな民族集団の宗教に触れるという状況にはないためであるかもしれない。一般向けという点と、まんべんなくという点において、日本におけるこの方面の「編集の文化」は未だ成熟していないのである。

本書は、信徒の総数の多い世界的な大伝統であるヒンドゥー教、仏教、キリスト教、イスラム教のみならず、それなりに大きな信者人口をかかえ、歴史的な重要性をもつ、ユダヤ教、シク教、ジャイナ教、ゾロアスター教、儒教、道教、神道などについても、相応のスペースを裂いて、その思想的骨格をわかりやすく解説している。古代の宗教や近現代になって誕生した教団、少数民族の諸宗教についても、代表的なものを取り上げてある。まさに、一般向けかつまんべんない記述の、便利なガイドブックとなっている。

本書の特徴は、宗教ごとに複数のテーマをたてながら、思想的な要点や今日的な意義を大づかみに論じている点にあり、出来事やその年代、宗派やその開祖の名前、もろもろの派生的な思想を並べ挙げるようなスタイルをとっていない。たとえば仏教の項目において、インド、中国、日本の学僧や祖師たちの事績の教科書的な解説はない。むしろ西洋との思想的出逢いの事例として注目される、古代インドのギリシャ系王朝におけるナーガセーナの議論や現代の禅仏教などがクローズアップされている。他の宗教の項目でも、同様のやり方である。各宗教の思想的特徴を見て取るには、このようなやり方のほうが好都合だろう。

監修にあたって原書の構成を改変することは、翻訳契約上無理であったが、それでも、日本や東アジア、仏教に関する項目に関しては、ある程度、情報の修正と加筆を行なった。なお、道教や仏教の開基の年代について、本書は日本の通説よりも古い説に従っている。これが西欧での一般的認識であるとご理解いただきたい。

監修者としては、豊島氏のこなれた訳文の持ち味を生かすようにし、通例の宗教や宗教学の書物に見られるような、特殊に宗教的な言い回しに必ずしもこだわらないという方針を尊重した。読みやすい本として仕上がったものと思う。

中村圭志

訳者あとがき

本書は The Religions Book, Dorling Kindersley Limited. 2013 の全訳である。原著では、この分野に詳しくない読者にも理解しやすいようにと、さまざまな工夫が凝らされている。日本語版も同様に、専門的な表現をできるだけ避けて、わかりやすく伝えることを心がけた。奥深い宗教という分野について、理解の入口を提供できれば幸甚である。

本書の訳出においては、多くの方々のお力をお借りしました。日本語版監修者の島薗進さん、中村圭志さんに、まずはお礼を申し上げます。特に中村さんには、細部にわたってご指導をいただいた上、「宗教・宗派解説」の仏教のページの翻訳もご担当いただきました。また、下訳者の標珠実、稲垣みどり、古山祐子、佐藤麻子、遠藤智子、斉藤博、甲田直喜、甲田亜樹、藤本祐三子、上村悠也、小泉紘子、榎本まなみ、手嶋由美子、宮崎真弓の諸氏、全ての原稿に最初に目を通して校正してくださった豊島陽子さんに、心から感謝致します。過酷な日程での翻訳作業を、あらゆる面で支えてくださった豊島秀範さん、平林知沙さん、そして、古井力さん、本当にありがとうございました。最後に、エディマンの原島康晴さん、三省堂の樋口真理さんのご尽力に、心からお礼を申し上げます。

2014年冬

豊島実和